LA TURQUIE D'ASIE

GÉOGRAPHIE ADMINISTRATIVE

STATISTIQUE DESCRIPTIVE ET RAISONNÉE DE L'ASIE-MINEURE

ANGERS, IMPRIMERIE ORIENTALE A. BURDIN ET Cⁱᵉ, 4, RUE GARNIER.

LA

TURQUIE D'ASIE

GÉOGRAPHIE ADMINISTRATIVE

STATISTIQUE

DESCRIPTIVE ET RAISONNÉE DE CHAQUE PROVINCE

DE L'ASIE - MINEURE

PAR

Vital CUINET

———

TOME QUATRIÈME

———

PARIS

PARIS

ERNEST LEROUX, ÉDITEUR

28, RUE BONAPARTE, 28

—

1894

MER N°IRE

MER D' EUROPE

MER DE MARMARA

TURQUIE D' EUROPE

CONSTANTINOPLE

Vilayet de Castamouni

Vilayet d' Angora

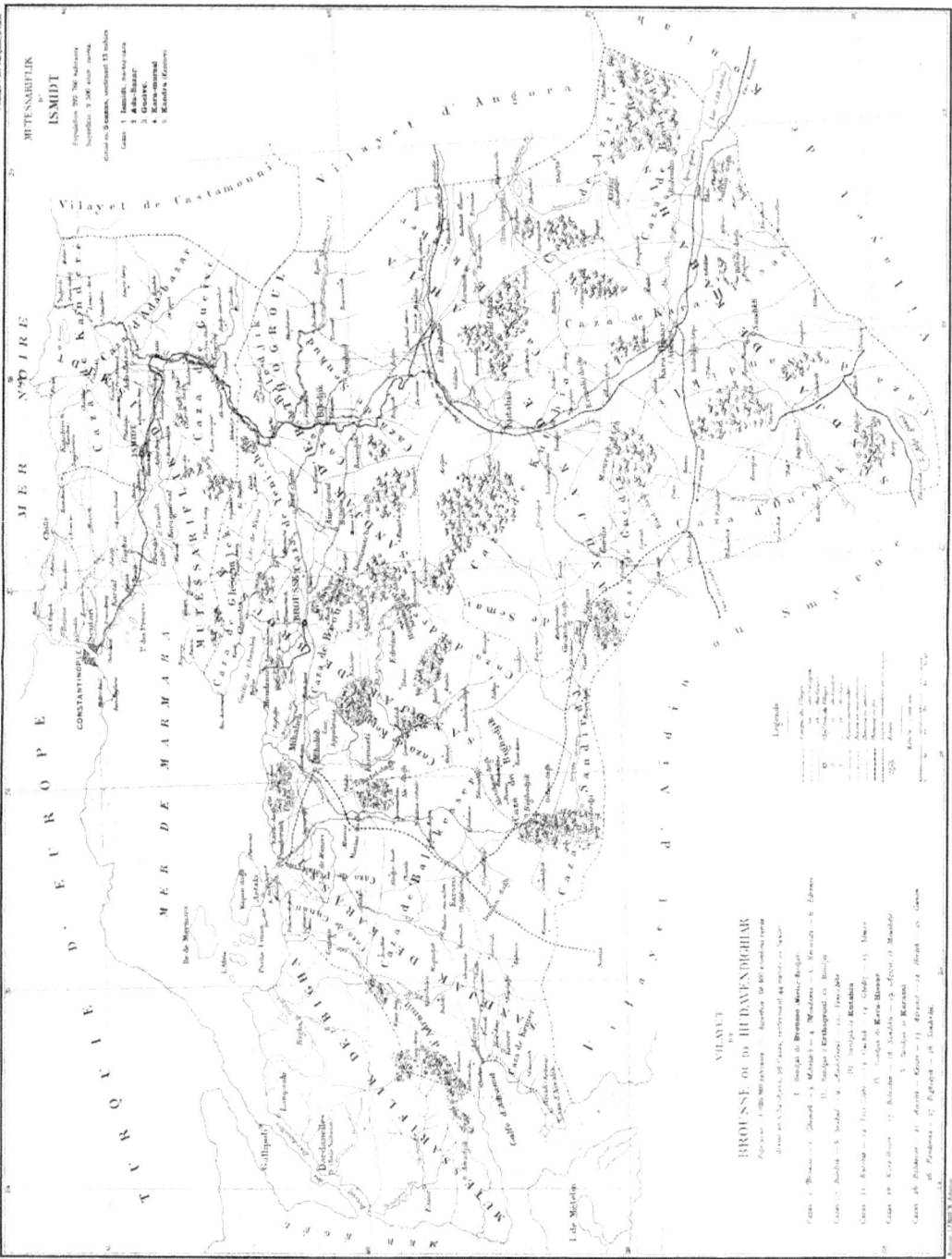

VILAYET
de
BROUSSE OU de HUDAVENDIGHIAR

Légende

VILAYET DE BROUSSE

(KHODAVENDIGHIAR)

SOMMAIRE DES MATIÈRES

Orientation. — Superficie. — Division administrative, militaire, civile religieuse. — Tribunaux.
Dette publique ottomane. — Régie des tabacs. — Postes et télégraphes.
Population. — Mœurs et usages. — Musulmans. — Grecs orthodoxes. — Arméniens, Bulgares, Israélites, Étrangers, Divers.
Écoles. — Climat. — Produits agricoles. — Mines et minières. — Écume de mer. — Chrôme. — Forêts. — Salines. — Faune. — Tabacs. — Eaux minérales.
Agriculture. — Céréales. — Vignes. — Vins. — Opium. — Oliviers. — Huile. — Cotonnier. — Muriers. — Sériciculture. — Filatures. — Soie. — Apiculture. — Bestiaux.
Fleuves, rivières. — Lacs, marais. — Pêche.
Routes. — Chemins de fer. — Transports. — Montagnes.
Industrie, productions industrielles. — Étoffes. — Écume de mer. — Tapis etc.
Commerce. — Exportation. — Importation. — Mouvement maritime.
Dimes et impôts.

MERKEZ-SANDJAK DE BROUSSE

Orientation. — Superficie. — Divisions. — Autorités. — Douanes et autres administrations.
Population. — Écoles. — Climat. — Productions. — Mines. — Forêts. — Fleuves. — Lacs. — Routes.
Industrie. — Commerce. — Exportation. — Importation.

CAZAS DU MERKEZ-SANDJAK DE BROUSSE

Merkez-caza : Brousse. — Population. — Ville de Brousse. — Monuments, Bains. — Description, etc.
Autres cazas : Ghemlèk. — Mikhalitch. — Moudania. — Kermasti. — Atarnos.

VILAYET DE BROUSSE

(KHODAVENDIGHIAR)

STATISTIQUE DESCRIPTIVE

Orientation, limites. — Le vilayet de Brousse, dont le nom officiel est *Khodavendighiar*, surnom du sultan Mourad (Amurat Ier), est situé au nord-ouest de la Turquie d'Asie, par 24°15' à 29° de longitude, et 37°45' à 40°55' de latitude.

Il est limité au nord par le mutessariflik d'Ismidt et la mer de Marmara; à l'est, par les vilayets d'Angora et de Koniah; au sud, par ce dernier et celui de Smyrne; et à l'ouest par celui-ci et le sandjak ou mutessariflik de Bigha.

Il comprend dans sa vaste étendue l'ancienne Mysie et la plus grande partie de la Bithynie et de la Phrygie.

Superficie. — Sa superficie totale est de 68,400 kilom. carrés, comme suit :

Sandjak de Brousse . .	9,400 kilom. carrés.
— d'Erthogroul . .	8,300 —
Sandjak de Kutahia. . .	18,800 kilom. carrés.
— de Kara-Hissar .	16,700 —
— de Karassi . . .	15,200 —
TOTAL ÉGAL. . .	68,400 kilom. carrés.

Division administrative. — Le vilayet de Brousse est divisé administrativement en 5 sandjaks, 24 cazas [1] et 61 nahiés, et l'on y compte 3,058 villages, comme suit :

SANDJAKS	CAZAS	NOMBRE DE NAHIÉS	VILLAGES
I. BROUSSE........ ...(MERKEZ-SANDJAK)	BROUSSE (Merkez-Caza)..........	»	130
	Ghemlek (I).................	2	43
	Mihalitch...	»	81
	Moudania................. ..	2	18
	Kermasti.................	1	70
	Atarnos (Edrénos)...	2	69
II. ERTHOGROUL ... . .chef-lieu BILÉDJIK.	BILÉDJIK	6	176
	Seuhud........	4	85
	Aïnè-Gueul....	3	105
	Yéni-Chèhr.........	2	90
III. KUTAHIA......... .	KUTAHIA	8	340
	Eski-Chèhr	1	152
	Ouchak	3	158
	Ghédos........	»	76
	Sémav.....	2	125
IV. KARA-HISSAR-SAHIB.	AFIOUN KARA-HISSAR....	»	138
	Bolvadin....................	2	29
	Sandikli................... .	4	215
	Azizié, chef-lieu Mouslidjé....	2	55
V. KARASSI............chef-lieu BALIKESSÈR.	BALIKESSÈR............	7	423
	Aïvalik	»	1
	Kémer-Adramit.....	»	41
	Adramit.........	3	123
	Erdek (Artaki)	4	34
	Gunan......	»	73
	Panderma.........	3	89
	Bighadjik......	»	51
	Sanderghi.....	»	68
5 Sandjaks	28 Cazas	61	3.058

Les nahiés seront nommément indiqués dans la notice respective de chaque sandjak.

1. Un nouveau caza vient d'être formé, avec Pazar-Keuï, pour chef-lieu, avec le territoire de ce bourg et celui des villages environnants, détachés des cazas de Ghemlek et de Yéni-Chèhr.

Division militaire. — A l'exception de quelques places qui seront indiquées plus loin, chacune en son lieu, il n'y a pas de garnisons ni de troupes de l'armée active (*nizam*) dans le vilayet de Brousse. Le contingent militaire qui y réside appartient à la réserve (*rédif*) du Ier corps d'armée, dont le quartier-général est à Constantinople. Sauf quelques hommes préposés à la garde des dépôts d'armes et magasins, tous les autres restent dans leurs foyers et sont réunis seulement durant un mois chaque année pour la manœuvre. Seuls, les généraux de division et de brigade, les chefs de corps et leurs états-majors résident dans les quartiers respectifs. Outre la direction des manœuvres des réservistes (*rédifs*) et leur mobilisation éventuelle, ils sont aussi chargés des opérations du recrutement, qui s'effectue par voie de recensement, dans chaque commune, des musulmans valides ayant atteint l'âge de 20 ans révolus, désignés ensuite par le tirage au sort.

Parmi ceux ainsi désignés, on élimine au préalable les soutiens de famille ; puis, suivant les besoins, les nouvelles recrues peuvent être appelées immédiatement au service actif ou laissées chez elles à la disposition de l'autorité militaire. Ces recrues forment la première réserve proprement dite de l'armée active (*nizam*), avec les soldats de ce même contingent en congé réglementaire de deux ans dans leurs familles (*ihtiyat*).

Les conseils de recrutement et de révision sont composés des membres des conseils administratifs, de l'autorité militaire et de deux notables de la localité où se font ces opérations.

Autorités civiles. — Les autorités civiles du vilayet de Brousse sont :

Le *vali*, gouverneur général, qui réside à Brousse, chef-lieu du vilayet, du merkez-sandjak et du merkez-caza de même nom, qu'il administre directement ; puis, sous sa dépendance immédiate, les *mutessarifs*, gouverneurs des quatre autres sandjaks. Les cazas sont administrés par des *caïmakams*, sous-gouverneurs, sous la dépendance immédiate des *mutessarifs*, et les nahiés par des *mudirs*, directeurs.

Chacun de ces fonctionnaires est assisté d'un conseil administratif, dont la composition invariable a déjà été suffisamment décrite.

Autorités religieuses. — Les autorités religieuses
sont :

Pour les musulmans, le *mufti*, qui réside à Brousse, et les
cadis, *naïbs*, *chéïkhs* et *imams* résidant dans les chefs-lieux des
sandjaks, cazas et nahiés et la plupart des villages.

Pour les grecs orthodoxes, ces autorités sont les archevêques
et évêques résidant à Kutahia, Erdek, Panderma, Ghemlek, et
le nombreux clergé soumis à la juridiction de ces prélats.

Les arméniens grégoriens ont un archevêque à Balikessèr et
des évêques à Brousse, à Kara-Hissar et à Kutahia.

Dans cette dernière ville réside également un évêque arménien catholique.

Quant aux israélites, les principales résidences de leurs
khakhams ou *rabbi* (rabbins), sont à Brousse, à Mikhalitch, Kermasti, Bilédjik, Aïné-gueul, Kutahia et Eski-Chèhr.

Les protestants, pour la plupart européens et dont le nombre
est très restreint, relèvent à peu près tous de la mission américaine établie à Brousse, à Bilédjik et à Panderma.

Services administratifs. — Les principaux services
administratifs relevant du vali et des fonctionnaires placés sous
son autorité supérieure, sont ceux des finances, de la correspondance, du culte, des tribunaux, des dîmes et impôts, des
fondations pieuses, de la liste civile, de la dette publique ottomane, de l'agriculture, du commerce et travaux publics, des
postes et télégraphes, des forêts, de l'instruction publique et
de la banque agricole.

Chacun de ces services est dirigé, dans chaque sandjak, par
un fonctionnaire spécial désigné par le département central auquel il appartient.

Tribunaux. — Il y a aux chefs-lieux du vilayet et des
sandjaks des tribunaux civils, criminels, correctionnels, du *bé-*

daïet (droit moderne) et du *chér'i* (droit islamique), ainsi que des tribunaux de commerce. Les tribunaux de droit moderne sont présidés par le *naïb*, fonctionnaire du ministère de la Justice, et ceux de droit islamique, où sont seuls jugés les musulmans, par le *mufti* ou le *cadi*, fonctionnaires du ministère du Culte. Il existe aussi dans chaque chef-lieu de caza un tribunal présidé par le *naïb* qui, selon les cas, juge suivant le droit moderne ou suivant les prescriptions du *chér'i*. Un procureur général et son substitut siègent à Brousse, et d'autres substituts du procureur général sont attachés aux tribunaux des villes de Bilédjik, de Kutahia, de Kara-Hissar et de Balikessèr.

Gendarmerie, police. — La gendarmerie du vilayet de Brousse se compose d'un régiment, sous les ordres d'un *alaï-bey* (colonel), qui réside à Brousse. Ce régiment comprend un certain nombre d'escadrons de cavalerie et de compagnies d'infanterie, qui seront énumérés plus loin aux chapitres spéciaux des sandjaks.

Il en sera de même en ce qui concerne la police, corps composé de commissaires, dont le chef (*ser-commissaire*) réside à Brousse, et d'agents de police, ainsi que le corps de soldats de police (*zaptiés*).

Les gendarmes et les *polices* ainsi nommés en turc, sont deux corps nouveaux dont la création remonte seulement au Grand-Vézirat de S. A. Edhem Pacha.

Dette publique ottomane. — L'administration de revenus concédés à la Dette publique a dans le vilayet de Brousse plusieurs agences dont les centres respectifs, dans chaque sandjak, sont énumérés dans un tableau de recettes et dépenses figurant dans le chapitre : Dîmes et Impôts.

Régie des tabacs. — La régie cointéressée des tabacs a érigé dans ce vilayet un nazaret (agence principale) dont le siège est à Brousse. Son personnel administratif se compose d'un *nazir* (agent principal), d'un *mouvin* (directeur-adjoint), de 34 agents secondaires (*mudirs* et *mémours*), de 59 employés en sous-ordre et 3 hommes de service, soit en totalité 98.

Le personnel de surveillance est en totalité de 360, et se compose de 12 chefs surveillants, 3 inspecteurs et contrôleurs, 101 cavaliers, 224 piétons et 20 auxiliaires.

Cette société fait aux cultivateurs des avances d'argent qui se chiffrent par une moyenne annuelle d'environ 150,000 piastres.

La culture du tabac dans ce vilayet a produit, en 1891, 862,272 kilogr. La régie a acheté, durant la même année, 437,064 kilogr. de tabacs en feuilles au prix moyen de piastres 1,67 1/4, soit environ 0,40 c. le kilogr.

Les ventes de tabacs manufacturés, à la consommation intérieure et à l'exportation réunies, ont donné, dans la même année, une recette totale de 12,175,204 piastres, ou environ 2,800,000 francs.

Il a été délivré 1,655 permis de vente, dont 1,355 pour une année, 238 pour six mois et 57 gratuits. Les 1593 permis payants ont donné une recette totale de 80,421 piastres.

Le taux moyen des remises sur la vente a été de 11,97 0/0.

Postes et Télégraphes. — L'administration des postes et télégraphes a formé du vilayet de Brousse une direction principale; elle compte 21 stations télégraphiques, dont 5 avec service international où sont admises les correspondances en langues turque et française et qui ont leur siège à Brousse, Bilédjik, Lefké, Eski-chèhr et Panderma. — Les 16 autres sont à service intérieur où la langue turque seule est en usage.

Longueur des lignes télégraphiques :

à 1 fil = 535 kilom.
à 2 fils = 515 —
à 3 fils = 75 —

Développement total : 1,125 kilom.

Il existe en outre d'Aïvalik à l'île de Métélin un câble sous-marin de 13 milles nautiques de longueur.

L'administration possède des bureaux de poste dans chaque chef-lieu de caza et dans quelques chefs-lieux des nahiés importants.

POPULATION. — La population totale du vilayet de Brousse est de 1,626,869 habitants. Ce total est réparti par communautés et par sandjaks comme suit :

| SANDJAKS | MUSULMANS | GRECS ORTHODOXES | ARMÉNIENS | | | BULGARES | ISRAÉLITES | ÉTRANGERS | DIVERS | TOTAUX PAR SANDJAKS |
			GRÉGORIENS	CATHOLIQUES	PROTESTANTS					
Brousse	261 386	68 749	44 974	1 419	416	398	2 701	1 294	883	382.220
Erthogroul .	201.324	36.442	16 774	860	188	»	53	»	»	255.641
Kutahia.....	302 283	9.134	10.046	754	»	»	100	»	»	342 317
Kara-Hissar.	231 900	21	58	»	»	»	»	»	»	256.961
Karassi.....	279.700	96 365	8.250	«	»	1.592	501	1.604	1.418	389.730
TOTAUX PAR COMMUNAUTÉS	1.296.393	230.711	85 354	3.033	604	1.990	3 225	2.898	2 431	1.626 869
PROPORTION 0/0	79 40	14.20	5 20	0.20	0 03	0.10	0 30	0.19	0 18	100.00

Ce chiffre total de 1,626,869 habitants sera réparti par cazas, nahiés et chefs-lieux, dans les chapitres spéciaux de chaque sandjak respectif.

Mœurs, usages, etc. — 1° MUSULMANS. — La population musulmane du vilayet de Brousse forme, comme on le voit au tableau ci-dessus, environ les quatre cinquièmes de sa population totale. Elle se compose pour la plus grande partie de *Turkomans* (Turkmènes) qui s'y sont établis très anciennement, avant même la première apparition dans ces contrées des arabes de la tribu de Hamadan, en 924 ; de *Turcs seldjoukides*, qui s'avancèrent jusqu'au mont Olympe en 1071, sous Romain Diogène, et qui s'emparèrent momentanément de Brousse en 1097 sous Alexis Comnène ; et enfin de *Turcs Ottomans* qui firent de cette ville la capitale de leur premier empire, en 1327, du temps d'Andronic Paléologue qui régnait à Constantinople.

On compte aussi parmi cette population un grand nombre d'habitants d'origine grecque, descendants de ceux qui, dès la conquête ottomane, embrassèrent l'islamisme et prirent rang comme Edrénos Bey, l'ancien gouverneur de Brousse pour les Byzantins, parmi les plus fermes soutiens de l'empire fondé, à son lit de mort, par Osman Ghazi.

A l'exception des Turkomans, dont quelques-uns ont conservé jusqu'ici de faibles restes de leurs habitudes nomades, ces populations, d'origines diverses, n'ont plus rien qui les distingue des autres musulmans de la Turquie. Quant aux *Turkomans*, peu querelleurs, grands amis de la paix et du travail et respectés pour leur ancienne et noble origine, ils se font remarquer par leurs coutumes patriarcales et le dédain de tout port d'armes. Pendant l'été, ils montent sur le plateau du Mont Olympe où sont établis leurs *yaïla*, dans la prairie, à l'ombre de bois touffus, au bord de sources fraîches et limpides, d'où la vue s'étend au loin sur le *Gueuk-déréssi* (val céleste). L'hiver, ils redescendent dans la plaine, région plus chaude, qu'ils nomment pour cette raison *gherm-chéhir*. Durant leurs voyages de l'une à l'autre de ces deux stations, assis les jambes croisées sur leurs chameaux, ils occupent leurs loisirs à filer de la laine pour leurs tapis, où à moudre du grain au moyen d'un moulin à bras. Deux sacs placés sur le cou de leur monture contiennent le grain qu'ils puisent dans l'un, et la farine qu'ils versent dans l'autre, au fur et à mesure que le moulin se remplit.

Les tapis fabriqués par les Turkomans du Mont Olympe sont prisés surtout pour l'originalité du dessin, la solidité des couleurs et la modicité du prix.

2° GRECS ORTHODOXES. — Déduction faite de l'élément musulman, il reste un cinquième de la population totale du vilayet où l'élément grec-orthodoxe domine à son tour avec une grande prépondérance, surtout dans les deux sandjaks de Karassi et de Brousse. Précisément ces deux sandjaks sont ceux qui possèdent dans leurs dépendances le littoral, la presqu'île de Cyzique et les îles, antiques territoires de puissantes cités grecques.

Quoi qu'il en soit de cette coïncidence, donnant lieu de supposer que les grecs du vilayet de Brousse sont les descendants directs des citoyens de ces illustres villes, la communauté grecque orthodoxe actuelle montre les mêmes qualités et les mêmes défauts, traits distinctifs des hellènes de tous les temps. Aucune différence notable n'existe entre les grecs de Brousse, d'Erdek d'Aïvalik, d'Adramit, d'Eski-chèhr, etc. et ceux de Smyrne ou de Constantinople.

3° Arméniens. — Les communautés arméniennes, tant grégorienne que catholique et protestante, offrent également peu de dissemblance soit entre elles, soit avec la généralité des Arméniens de l'Empire ottoman. Ces communautés sont d'ailleurs fort peu nombreuses, si ce n'est dans les cazas de Brousse et de Ghemlek et dans quelques autres centres séricicoles.

Selon toutes probabilités, les Arméniens du vilayet de Brousse descendent, comme ceux du sandjak de Bigha (Dardanelles) des réfugiés émigrés de Perse du temps des persécutions des premiers *sofis*.

4° Bulgares. — Les Bulgares installés dans les sandjaks de Brousse et de Karassi, au nombre de 398 à Mihalitch, de 15 à Gunan et de 1,577 à Balia, sont des Pomaks exilés de la principauté de Bulgarie après la guerre de 1878 avec la Russie. Le gouvernement ottoman leur a distribué des terres qu'ils cultivent assez bien, et leurs petites colonies prospèrent. Ce sont de bons travailleurs, gens paisibles et bons voisins.

5° Israélites. — Ainsi que la presque totalité des Israélites établis en Turquie, ceux du vilayet de Brousse ont pour ancêtres ceux qui furent exilés en masse d'Espagne avec les Arabes et se réfugièrent principalement sur le territoire ottoman. Ils ha-

bitent la ville de Brousse dont ils occupent un des grands quartiers, au nombre de 2,548. Le nombre total des Israélites établis
dans ce vilayet est de 3,255, dont 2,701 dans le merkez-caza,
53 dans le sandjak d'Erthogroul et 501 dans le sandjak de Karassi. Leurs occupations consistent dans le commerce des étoffes
et de la soie brute, le courtage, le change des monnaies et en
divers petits métiers, tels que celui de ferblantier, ainsi qu'en
petit commerce de détail, mercerie, épicerie, colportage et
commission. L' « Alliance universelle israélite » a créé à Brousse
de bonnes écoles où l'enseignement est donné sous sa direction
par des professeurs élevés à Paris et munis du brevet supérieur ;
elle y a joint une œuvre d'apprentissage ayant pour but de placer les élèves pauvres, à la fin de leurs études, dans les meilleurs
ateliers de menuisier, chaudronnier, mécanicien, etc. Tous les
frais de cette œuvre d'apprentissage sont, de même que ceux
des écoles, entièrement à la charge de l' « Alliance universelle
israélite », dont le siège est à Paris.

A la tête de chaque communauté israélite, petite ou grande, se
trouve placé un *rabbi* (rabbin) ou *khakham* nommé par le *khakham-
bachi* (grand rabbin de Constantinople), et assisté d'un conseil de
notables élu par la communauté. Outre l'enseignement religieux
et la direction des écoles autres que celles de l'« Alliance », ce
rabbin est aussi chargé des rapports de sa communauté avec les
autorités locales.

6° ÉTRANGERS. — DIVERS. — On ne saurait préciser, suivant
leurs diverses nationalités, le chiffre des étrangers dans le vilayet
de Brousse, où ils sont fixés principalement dans la ville de
Brousse au nombre de 1,251, et dans le caza d'Aïvalik au nombre
de 1,506. On peut toutefois estimer que la majeure partie de
cette population est composée de sériciculteurs et de négociants
en soie, français, suisses, autrichiens et allemands, ainsi que de
missionnaires protestants, pour la plupart américains, et de
religieuses catholiques françaises. Quelques étrangers s'occupent aussi de l'exploitation des mines, du commerce et de la
fabrication des vins, ou tiennent dans les principales villes des
hôtels à l'européenne. L'une des principales filatures de Brousse,

la plus importante, est française ; elle a été fondée par M. Brotte en 1852. C'est aussi un français, M. Desmazures, qui a le premier exploité dans ce vilayet un très important gisement de boracite. Le plus ancien hôtel de Brousse, hôtel honoré du séjour de plusieurs souverains, a été fondé par un italien, M. Loschi.

Parmi la grande variété des éléments dont se compose la population inscrite sous le titre « divers », dominent les *tchinganès*, généralement appelés, quand ils ne sont pas musulmans, « coptes », c'est-à-dire égyptiens. C'est le nom qu'on leur a d'abord donné à leur arrivée en Europe occidentale, et qui leur a été conservé en Angleterre, où ils sont appelés « gypsies » (égyptiens). La plupart sont nomades et s'occupent de maquignonnage et d'autres industries plus ou moins licites, ou fabriquent des ustensiles de ménage en fer, colportés par leurs filles et leurs femmes qui, de leur côté, s'occupent aussi de la cueillette des herbes médicinales et prédisent l'avenir aux gens crédules.

Ecoles. — On compte dans le vilayet de Brousse 1889 écoles,

SANDJAKS	DEGRÈS D'ENSEIGNEMENT												TOTAUX par SANDJACK	
	SUPÉRIEUR NORMAL, SPÉCIAL				SECONDAIRE PRÉPARATOIRE				PRIMAIRE ÉLEMENTAIRE					
	ÉCOLES		ÉLÈVES		ÉCOLES		ÉLÈVES		ÉCOLES		ÉLÈVES		ÉCOLES	ÉLÈVES
	GARÇONS	FILLES	GARÇONS	FILLES	GARÇONS	FILLES	GARÇONS	FILLES	GARÇONS	FILLES	GARÇONS	FILLES		
Brousse....	19	»	649	40	13	1	646	120	373	28	9.766	1.703	434	12.924
Erthogroul..	15	»	440	»	10	1	682	83	304	23	6 132	820	353	8.157
Kutahia....	12	»	310	»	10	2	338	75	418	8	6.353	128	450	7 204
Kara-Hissar	8	»	290	»	5	»	280	»	262	1	3 090	30	276	3 690
Karassi....	25	»	231	»	14	6	604	141	318	13	8 267	530	376	9.773
TOTAUX..	79	»	1 920	40	52	10	2.550	419	1 675	73	33.608	3 211		
										TOTAL GÉNÉRAL..			1.889	41.748

dont 79 supérieures, normales et spéciales, 62 secondaires et préparatoires, et 1,748 primaires et élémentaires. Ces divers établissements scolaires sont fréquentés par 41,748 élèves, dont 38,111 garçons et 3,637 filles.

Le tableau ci-dessus montre, pour chaque sandjak et par degrés d'enseignement, le nombre d'écoles et d'élèves:

Ces totaux, répartis par communautés, présentent les résultats ci-après, par écoles et par élèves :

COMMUNAUTÉS	ÉCOLES		ÉLÈVES		TOTAUX PAR COMMUNAUTÉ		Proportion par rapport au chiffre de la population de chaque communauté
	GARÇONS	FILLES	GARÇONS	FILLES	ÉCOLES	ÉLÈVES	
Musulmans	1 489	10	27.035	267	1 499	27 602	4 460
Grecs orthodoxes	290	50	9.078	2 663	340	11 241	9.500
Arméniens grégoriens.	30	6	1.400	170	36	1.770	8.200
id. catholiques .	3	1	160	25	4	185	3.100
id. mission protes. .	2	»	110	130	2	240	46.150
Catholiques-latins .. .	1	1	68	250	2	318	33 550
Israëlites...	4	2	260	132	6	392	15 450
TOTAUX PAR ÉCOLES.. .	1.819	70	38 111	3 637			
TOTAL GÉNÉRAL... .					1.889	4 1.748	

Les détails concernant ces établissements scolaires, par degrés d'enseignement et par communautés, se trouvent plus loin aux chapitres spéciaux des sandjaks, cazas et villes principales.

Climat. —Très varié, suivant les conditions de site et d'altitude, le climat du vilayet de Brousse est généralement tempéré et sain. Dans le sandjak de Brousse, l'air est humide, la température chaude en été et froide en hiver. Autrefois des fièvres paludéennes y règnaient durant l'été, entretenues par des rizières qui ont été depuis supprimées; dès lors toute mala-

a disparu. L'hiver n'existe que peu ou point dans le sandjak
rthogroul ; le thermomètre n'y descend guère au-dessous de
). Pourtant les chaleurs n'y sont pas excessives. A Eski-Chèhr
Kutahia, l'hiver est au contraire assez rigoureux, mais les
leurs de l'été sont fort adoucies par le vent du nord qui
flle presque continuellement en cette saison. On souffre un
à cette époque de l'année dans le sandjak de Kara-Hissar,
sa situation rapprochée des grandes plaines de l'Asie-Mi-
ıre rend plus accessible aux ardeurs du soleil, tandis que les
ıtes montagnes qui l'entourent forment un obstacle aux
ıts. Les neiges sont très abondantes et fréquentes dans cette
'tie du vilayet de Brousse ; la gelée s'y maintient assez long-
ıps et porte souvent de graves préjudices à la production de
)ium en détruisant les jeunes plants de pavots semés en au-
ıue.

)n cite dans le sandjak de Karassi une seule localité maréca-
ıse, *Thahir ovassi*, plaine située sur le littoral, entre la pres-
ıle de Cyzique et le sandjak de Bigha, où règnent des fièvres
ıdéennes. A cette unique exception près, le sandjak tout entier
it d'une parfaite salubrité. C'est vers le mois de juillet qu'ont
ı les plus fortes chaleurs, qui font, à Balikessèr, monter le
rmomètre centigrade jusqu'à 42 degrés à l'ombre (été de
ı5). Le mois de janvier est celui où le thermomètre s'abaisse
ılus, mais l'hiver est en général assez clément. Toutefois, à
intervalles d'environ 5 à 6 six ans, il survient des froids ex-
ıtionnels, tels que celui de 1887 où, à Balikesser, à la suite
ıeiges très abondantes par toute la contrée, la température
ıima a été de — 8° centigrades.

ın temps ordinaire, la neige ne se voit guère que sur les
ıtes montagnes telles que le *Kaz-dagh* (mont Ida), et ses con-
 forts principaux, et le *Kéchich-dagh* (olympe de Bithynie) ;
ı est extrêmement rare dans les plaines. Cependant, vers le
is d'avril, on voit quelquefois des abaissements de tempéra-
e assez forts pour nuire aux nouvelles pousses de la vigne et
ı arbres fruitiers. En été, le ciel est presque toujours pur,
ıineux, la nature entière resplendit sous les rayons du soleil.

Produits agricoles. — Les principaux produits agricoles du vilayet de Brousse sont les céréales, l'olivier et autres
plantes oléagineuses, le murier et la soie, le cotonnier et autres
plantes textiles, les plantes légumineuses et tinctoriales; l'o-
pium, le miel, la cire, la vigne, les vins, alcools et autres produits viticoles, le tabac, les fruits frais et secs de toute espèce, etc., etc.

On estime l'ensemble de cette production, à laquelle il y a
lieu d'ajouter les produits forestiers et accessoires de l'élève du
bétail, comme suit :

	HECTOLITRES.		HECTOLITRES.
Blé	6.614.610	Méteil (Mélézé)	282.000
Orge.	3 531.976	Maïs.	408 529
Seigle	480.273	Millet	418.936
Avoine.	262 608	Divers	131 000

	KILOGRAMMES.		KILOGRAMMES.
Fèves	9.986 200	Cire	44.770
Haricots	1.792.790	Raisins secs	3.960 000
Pois-chiches	6 882.210	Figues	1.455 000
Lentilles	218 000	Raisins frais	48.350 000
Vesce	351.130	Fruits divers	61.000 000
Graine de lin.	1.362.860	Vallonée	44.990 000
Sésame.	650.100	Châtaignes	2.100.000
Coton	2.097.000	Noix.	2.282.000
Opium	750.000	Cocons . . . . . . ·	1.140 655
Tabac	2.165.000	Soie.	220.000
Huile d'olive.	10.690.310	Poil de chèvre	493.295
Vin	14.800.008	id. mohair. .	637 800
Chanvre	71 100	Laine	3.735.150
Miel	802.636	Divers	921.000

Ce tableau sera plus loin reproduit, aux chapitres spéciaux
des sandjaks, pour indiquer la proportion afférente à chacun
d'eux.

Mines et Minières. — Le vilayet de Brousse est extrêmement riche en minerais de toutes sortes; on y rencontre de
nombreux et importants gisements de plomb argentifère, de
cuivre, de zinc, de fer magnétique ou aimant, de chrôme, de

manganèse, d'étain, d'antimoine, d'asbeste ou amiante, de
quartz hyalin incolore ou cristal de roche, de silicate de magnésie ou écume de mer (mœrschaum), de boracite, de kaolin très
pur dit de l'olympe, etc., etc.; ainsi que des carrières de beaux
marbres blancs, roses, bleu antique, de lazulite ou lapis-lazuli;
de pierre meulière, de granit, de pierre lithographique, etc.
On a découvert en divers endroits des gisements houillers considérés généralement comme devant être très riches, mais deux
ou trois ont été seuls exploités rien qu'à la surface, de sorte qu'on
n'en a tiré que des lignites, suffisant du reste aux besoins locaux actuels.

Beaucoup de permis de fouilles et de firmans de concessions
ont été accordés; cependant sur un nombre de mines connues
montant à quelques centaines, il n'y en a que fort peu d'exploitées. Les unes n'ont pas donné de résultats satisfaisants; d'autres,
qui contiennent du plomb argentifère et du cuivre, semblent
pouvoir être avantageusement exploitées; mais ces dernières,
concédées à M. Reiser, attendent des capitalistes. Le même
concessionnaire, possesseur d'un certain nombre de firmans ou
actes de concession, en a transféré trois à la Société Hellène des
Usines du Laurium. Les deux premières mines ainsi rétrocédées
sont situées dans le sandjak de Karassi, à Balia, nahié dépendant de Balikessèr, et consistent en une mine de plomb argentifère nommée *Hodja-Gumuch*, exploitée depuis 1882, et en un
gisement carbonifère qui fournit depuis trois ans le lignite nécessaire à cette exploitation. On le nomme *Mandjilik*. La troisième, située à *Avnié*, nahié du caza d'Adramit, est appelée
Kara-Aïdin.

La mine de *Hodja-Gumuch* produit annuellement 4,000 tonnes de minerai de plomb argentifère, contenant 40 à 50 0/0 de
plomb, et 1,800 à 2,500 grammes d'argent par tonne, estimée,
en conséquence à une valeur de 12 à 15 livres turques, soit
environ 276 à 345 fr. Cette mine occupe 400 ouvriers; on y
emploie 6 machines pour l'exploitation, la conduite de l'eau et
la préparation du minerai. L'une de ces dernières, de la force
de 135 chevaux, sort des ateliers de la maison Lusinig de Dresde,

et a déjà amélioré considérablement le rapport de la mine en permettant d'extraire du minerai, au lieu d'une moyenne de 45 0/0 de plomb, 75 0/0 de ce métal et un rendement proportionnel d'argent.

D'autres améliorations ont eu lieu aussi dernièrement. Les diverses galeries sont mises en communication au moyen du téléphone, et la circulation s'y fait sur des rails ; une route carrossable récemment construite, relie la mine de Hodja-Gumuch à la chaussée de Balikessèr à Adramit. Cette mine paie au gouvernement une redevance de 3 0/0 de la valeur du minerai à l'extraction et de 1 0/0 à l'exportation.

Dans ce même nahié de ce même merkez-caza de Balikessèr, à Irvindi, une mine d'antimoine est exploitée depuis cinq ans par la maison Lorando de Constantinople ; 50 tonnes de ce minerai ont été récemment expédiées à Adramit.

Les mines de boracite, dites de *Sultan-tchaïr* se trouvent également situées dans le sandjak de Karassi et les dépendances directes du merkez-caza de Balikessèr, au nahié de Frèt. La première concession de ces importantes exploitations est une des plus anciennes qui aient été faites en Turquie d'Asie à des étrangers, en vertu des lois et règlements qui venaient alors d'être édictés par le sultan Abd ul-Mèdjid.

Cette circonstance, jointe aux particularités de leur découverte fortuite, ajoute un attrait de plus à l'inérêt qu'inspirent naturellement des établissements aussi éminemment utiles. Un architecte français, M. Desmazures, avait été chargé, vers 1856, de la construction du phare de la pointe du Séraï, sous la direction de M. le commandant Michel, aujourd'hui Michel Pacha, Administrateur Général des phares de l'Empire Ottoman. Il fit à Constantinople la connaissance de M. Groppler, qui déjà exploitait à Panderma une carrière de l'espèce de marbre connue en Europe sous le nom de « marbre rosé d'Orient », et qui le pria de venir voir ses installations. M. Groppler, pour maintenir ses marbres lorsqu'on les sciait, se servait parfois de plâtre du pays dont il restait un stock dans son magasin. M. Demazures remarqua dans ce plâtre des morceaux d'une autre substance

qui lui parut mériter d'être soigneusement examinée, mais
faute d'appareils et de réactifs, il ne put en déterminer la nature. Toutefois il envoya un de ces morceaux à Paris, à M. Sainte-
Claire-Deville, qui le reconnut pour un biborate de chaux, contenant 40 à 44 pour 100 d'acide borique.

Aussitôt édifiés, MM. Desmazures et Groppler envoyèrent leur
principal agent, M. Ratynski, à la recherche du gisement de
plâtre d'où provenait la boracite, ce qui nécessita un retard de
quelques jours, puis ils en sollicitèrent la concession qui fut
d'abord refusée, parce qu'il s'agissait d'une substance nouvellement découverte, encore inconnue des chimistes ottomans et
ne figurant dans aucun des traités de commerce conclus jusqu'alors. Bientôt cependant une concession provisoire de 20 ans
fut accordée à MM. Desmazures et Groppler, qui s'empressèrent
d'acheter les terrains du gisement de plâtre, d'une contenance
de 38 *deunums*, soit environ 349 ares et d'en commencer l'exploitation.

Tel fut le commencement d'une entreprise qui s'étend aujourd'hui sur 150 hectares environ, après de nouvelles acquisi-
tions faites par les premiers concessionnaires et la fusion de
leur groupe financier avec celui d'inventeurs subséquents,
MM. Lorando, Giove, Hanson et Cⁱᵒ. sous le nom de « Compagnie
du borax ». Cette fusion a été sanctionnée par Iradé (Décret
Impérial) en juillet 1887.

Les mines de boracite de Sultan-Tchaïr occupent actuellement
200 ouvriers sous la direction d'un ingénieur des mines français,
et emploient quatre machines pour leur exploitation. La redevance qu'elles paient au gouvernement est de 16 0/0 à l'exportation.

Une autre mine de boracite, située dans le même nahié, au
village de Démir-Kapou, est concédée au Maréchal Fuad Pacha ;
elle n'est pas encore exploitée, mais elle a expédié à Panderma,
à destination des places de commerce européennes, 30 tonnes
de minerai à titre d'échantillon. Cette concession vient d'être
acquise par des capitalistes français de Lyon, qui se préparent
à lui donner une grande extension.

Parmi les autres mines exploitées dans le vilayet de Brousse, les plus dignes d'intérêt par leur vaste étendue, la beauté de leurs produits et les énormes bénéfices qu'on en pourrait obtenir au moyen d'une meilleure exploitation, sont les gisements d'argile smectique ou terre à foulon (*kil*), employée au dégraissage des étoffes et aux soins de propreté chez beaucoup de dames turques. Ces gisements en recouvrent de beaucoup plus importants encore, ceux de *silicate de magnésie*, vulgairement nommé « écume de mer » (meerschaum).

Ces gisements occupent un territoire de plus de 100 kil. de longueur sur une largeur variable et indéfinie comprise, pour la majeure partie, dans le sandjak de Kutahia et principalement dans le caza d'Eski-Chèhr, entre les deux rives du *Poursak-tchaï* et la rive gauche du fleuve *Sakaria* (Sangarius). Les exploitations commencent déjà à prendre une assez grande importance à Kahé, dans le vilayet d'Angora. Elles se répandent de là à travers le sandjak de Kutahia jusqu'à Mikhalitch, où se trouvait, il y a 60 ans, tout le commerce de ces deux produits miniers, dont le centre commercial et en même temps celui de production est aujourd'hui Eski-Chèhr.

Autrefois la terre à foulon (*kil*) qui forme au-dessus du silicate de magnésie une couche épaisse d'un mètre environ, était recueillie avec soin, transportée à Mikhalitch dans le vilayet d'Angora, et de là, chargée sur de petites charrettes à deux roues, était expédiée en caravanes dans toutes les villes de l'intérieur. Leur chargement vendu, les caravaniens vendaient aussi les deux bœufs qui l'avaient traîné, démolissaient leur charrette et ramenaient les roues à dos d'âne. Quoique la terre à foulon soit toujours d'un grand emploi pour le lavage des laines et l'usage des bains (*hammam*), son exploitation n'a plus aucune importance commerciale et l'on ne s'occupe plus guère, aux mines d'Eski-Chèhr, que de l'extraction de la magnésie ou « écume de mer ».

Actuellement, tous ceux qui désirent extraire cette substance peuvent obtenir à cet effet un permis de l'Administration des Mines en payant un droit fixe de 5 piastres, et sont tenus de n'ouvrir de puits d'extraction qu'aux points qui leur sont désignés par cette même administration, à l'un des quatre centres de cette industrie minière ci-après énumérés :

1° Les mines de *Sari-sou*, sont situées à une distance d'environ 27 kil. à l'est d'Eski-Chèhr. On a commencé, il y a 12 ans, à creuser des puits à cet endroit où l'on en compte aujourd'hui 8,000, dont 6,000 abandonnés et 1,500 exploités. Le nombre des mineurs s'élève à 4,000. Il y a à Sari-sou une mosquée, 5 *han* ou hôtelleries, 80 boutiques, 6 fours, 30 cafés et 1,000 baraques. On y tient un marché chaque vendredi.

2° Au village de *Sèpètdji*, situé à 30 kil. environ au nord-est d'Eski-Chèhr, on compte environ 20,000 puits sur un espace de 10 kil. de l'est à l'ouest ; 150 puits seulement sont en exploitation ; tous les autres sont épuisés. On assure que la date de l'ouverture des mines de Sèpètdji remonte à 1,000 ans, ce qui ne semble pas incroyable, car la magnésie a pu être employée à toute autre chose qu'à fabriquer des fourneaux de pipes, et l'on sait d'ailleurs que l'exploitation de la terre à foulon, aujourd'hui dédaignée, se faisait jadis sur une vaste échelle. Les mineurs actuels ne sont pas plus de 500, ils habitent les villages voisins.

3° A *Ghéikli*, localité située à proximité de Sèpètdji, il existe 3,000 puits dont 100 sont exploités par 400 mineurs. Dans ces deux villages réunis, on ne compte pas plus de 80 baraques, 2 *han* ou hôtelleries, 6 boutiques et 4 cafés.

4° Enfin, *Nemlou*, dernier point d'exploitation aujourd'hui désigné par l'administration des mines aux entrepreneurs qu'elle autorise à extraire l'écume de mer, n'a plus actuellement que 20 puits exploités par 100 ouvriers. On fait remonter l'ouverture de cette mine à 2,000 ans.

L'exploitation des mines d'écume de mer dites « d'Eski-Chèhr », jadis très active et qui s'étendait de Kahé jusqu'à Mikhalitch, est donc réduite, par sa concentration autour de la ville d'Eski-Chèhr, à 1,770 puits où travaillent environ 5,000 mineurs.

Ce travail est effectué comme suit :

Un contre-maître, ayant 2 à 15 ouvriers sous ses ordres, décrit une ouverture d'un mètre de largeur et fait creuser à la pioche un puits dont la profondeur, très variable, est déterminée par la rencontre d'une terre rouge, premier indice de l'existence de la magnésie. Quelquefois cette rencontre a lieu à quelques mètres seulement au-dessous du sol, mais d'ordinaire il faut creuser jusqu'à 20 mètres et souvent jusqu'à 40 et même 60 mètres avant de trouver cette terre rouge dans laquelle la magnésie est disséminée en rognons, de forme en général irrégulière. Le volume de ces blocs d'écume de mer dépasse rarement 30 à 40 centimètres cubes; la plupart sont de la grosseur d'une noix ou de celle d'une pomme. Arrivés à la couche de terre rouge qui contient la magnésie, les mineurs commencent leur exploitation en creusant péniblement une ou deux galeries horizontales à travers cette matière dont chaque coup de pioche ne peut guère détacher qu'environ 50 grammes. Quelques-unes de ces galeries n'ont pas moins de 400 mètres de long, et comme elles sont percées au hasard et sans orientation préalable, il arrive parfois que deux entreprises se rencontrent. Les ouvriers travaillent nuit et jour, éclairés par des lampes à pétrole. Au fur et à mesure de l'extraction, les morceaux d'écume de mer sont tirés de la mine et entassés dans les baraques des mineurs. Les *lulèdji*, marchands dont le nom est formé du mot « lulé » qui signifie « fourneau de pipe », viennent d'Eski-Chèhr où ils sont environ 150, faire leurs achats en bloc à forfait, au marché du vendredi.

Les *lulèdji* transportent cette marchandise brute, encore enveloppée de sa gangue, à Eski-Chèhr. Là, les morceaux d'écume de mer sont nettoyés, opération qui se fait au moyen d'un simple grattage ou taille au canif, car la matière est encore à ce moment très tendre. Plus de 1,000 ouvriers sont occupés au travail des blocs. Ces blocs sont ensuite divisés, suivant leur grosseur, en 4 classes, et vendus à des commissionnaires, au nombre de 12 à Eski-Chèhr. Ceux-ci disposent ces 4 classes avec soin dans des caisses d'égale grandeur, remplissant les vides avec du coton afin qu'il n'y ait ni frottement ni choc entre les morceaux. Les quatre classes ou sortes commerciales sont disposées comme suit :

CLASSE ou SORTE	NOMBRE DE BLOCS QUE PEUT CONTENIR LA CAISSE
1° — *Sira-Mali*	1 à 40
2° — *Birèm-birlik*.	40 à 75
3° — *Pamboukli*.	75 à 175
4° — *Deukmè*.	175 et plus.

Les prix de chaque caisse sont, à Vienne, principale place de destination, comme suit :

Sira-Mali : 20 à 50 livres turques, soit 460 à 1150 fr. la caisse.

Birèm-Birlik : 12 à 20 livres turques, soit 276 à 460 fr.

Pamboukli : 5 à 10 livres turques, soit 115 à 230 fr.

Deukmè : 2 à 4 livres turques, soit 46 à 92 fr.

L'administration des mines perçoit un droit de 10 0/0 sur la valeur de ces blocs d'écume de mer. L'extraction annuelle est de 10 à 12,000 caisses, d'une valeur totale d'environ 100,000 livres turques, sur laquelle il est perçu par le fisc environ 10,000 livres turques, soit 230,000 francs.

En dehors de la Turquie, on ne connaît qu'un très petit nombre de gisements de silicate de magnésie dit « meerschaum », ou « écume de mer ». Les principaux sont situés en Hongrie et en Grèce, mais l'écume de mer des mines d'Eski-Chèhr est de beaucoup la plus belle, et ces mines, qui peuvent en quelque sorte être considérées comme inépuisables, constitueraient une source de revenus des plus importantes pour la Turquie, si elles étaient bien exploitées.

Il y a à *Dagh-Ardi*, nahié du caza de Sémav, situé aussi dans le sandjak de Kutahia, et à Domanidj, nahié du caza de Aïné-Gueul, dans le sandjak d'Ertoghroul, des mines de chrome exploitées par concession. Le minerai brut, contenant, dit-on, 50 à 55 0/0 d'oxyde de chrome, est expédié à Londres en grande partie, et un peu en France. Son prix moyen, à l'expor-

tation, est de 5 à 600 piastres les 797 okes (1022 kilogr.), soit
110 à 120 fr. la tonne.

Telles sont, parmi le grand nombre de mines connues dans le
vilayet de Brousse, celles qui semblent actuellement le plus
dignes d'intérêt. Plusieurs autres, qu'il eût été trop long d'énumérer ici, sont citées plus loin en leur lieu et place.

Forêts. — Les forêts exploitées par l'État ou sous son contrôle, dans le vilayet de Brousse, sont au nombre de 97, couvrant
une superficie de 23,411 kil. carrés, dans les 5 sandjaks.
Cette superficie est répartie dans les divers cazas forestiers,
comme suit :

SANDJAKS	CAZAS	NOMBRE DE FORÊTS	SUPERFICIE KILOM. CARRÉS	NATURE DU PEUPLEMENT	EXPLOITATION
BROUSSE.......	Brousse........	5	724	Chêne, charme, châtaignier, pins.	Consommation locale.
	Ghêmlèk.......	11	2.303	Orme, châtaignier, pistachier, pins.	Bois à brûler, de construction, charbon, exportation.
	Mikhalitch.....	6	877	Chêne, châtaignier, essences diverses.	Exportation, charbon.
	Kermasti......	5	1.244	Chêne, pin, laricio, piu silvestre.	Consommation locale.
	Atarnos.......	15	2.023	Chêne, orme, charme, pins et sapins	»
	Totaux....	42	7.471		
ERTHOGROUL...	Aïné-gueul	18	4.148	Chêne, hêtre, châtaignier, charme, pins, et sapins.	Consommation locale. Fourniture pour la marine.
KUTAHIA	Kutahia	3	1.822	Charme, châtaignier, pins et sapins.	Consommation locale.
	Eski-chêhr	3	822	Chêne, pins et sapins.	»
	Ouchak	4	824	» »	»
	Ghédos	4	917	Exclusivement le chêne.	»
	Sémav	2	619	Chêne, pin jaune.	»
	Totaux....	16	5.004		
KARA-HISSAR..	Kara-Hissar ...	6	1.326	Chêne, pin laricio et pin silvestre.	Consommation locale.
	Bolvadin	8	2.425	»	»
	Total ..	14	3.751		
KARASSI........	Balikessèr.....	6	2.718	Chêne, hêtre, charme, pins et sapins.	Consommation locale.
	Bighadjik......	1	619	» » »	»
	Total...	7	3.337		
	Total général........	97 FORÊTS	23.411 KILOM. CARRÉS		

Il existe dans le vilayet de Brousse beaucoup d'autres belles
forêts qui ne sont point exploitées, du moins sous la surveillance
de l'État, et dont la contenance et le peuplement sont inconnus.
La raison en est le manque de routes et la difficulté d'y pénétrer.
C'est aussi le défaut des voies de communication qui rend l'exportation des bois coupés dans les forêts exploitées par l'État ou
sous son contrôle, presque nulle, à l'exception de ceux de quelques
forêts des cazas de Ghèmlèk et de Mikhalitch, dans le merkez-
sandjak de Brousse, et du caza d'Aïné-Gueul, dans le sandjak
d'Erthogroul.

Aussi les revenus de l'Administration des forêts, dans cette
région forestière par excellence, qui embrasse une partie de la
vaste contrée à laquelle les Turcs ont donné le nom de « mer
d'arbres » (*aghadj-dénizi*), s'élèvent-ils à peine, en totalité, y
compris les droits perçus sur les scieries et autres, à la somme

de. . . . .   2,272,547 piastres
contre une dépense totale de . . .   367,920   —

ce qui donne un revenu net de. . .   1,904,627 piastres

afférent, d'après les chiffres officiels, à l'exercice de 1307 (1890-
91), soit environ 438,000 fr.

Toutefois, il est permis de l'espérer, ou, pour mieux dire, on
n'en saurait douter, lorsque la réalisation des chemins de fer
actuellement en cours de construction et dont plusieurs sections
ont été déjà livrées à la circulation, aura facilité la création de
nombreuses voies carrossables qui viendront s'y relier, la production forestière prendra sa part des profits offerts par ces
nouveaux débouchés. Ce sera, dès lors, une des plus importantes
ressources du pays, et l'État, ainsi que les populations, trouveront
certainement dans leur exploitation rationnelle un surcroît
considérable de richesse.

Parmi les forêts non exploitées ou plutôt non surveillées jusqu'ici, on en cite plusieurs, notamment dans le sandjak de Karassi, qui sont réputées impénétrables. Cependant, partout où

un débouché est possible, c'est-à-dire où il existe un sentier à la rigueur praticable, on ne manque pas d'abattre un grand nombre de pins et de sapins, de chênes, de hêtres, principales essences employées comme bois de construction. Les conifères sont en outre employés de préférence et presque à l'exclusion des autres essences, comme bois de chauffage, tandis que l'on choisit pour faire du charbon, le hêtre et les branches de noyer. Dès qu'une éclaircie a pu être pratiquée, pour peu que le transport puisse être effectué dans un certain rayon aux alentours, on s'empresse d'installer des scieries rudimentaires, et l'on fabrique sur place des planches, des douves et autres bois de construction. La plupart de ces exploitations primitives sont faites par des Bulgares.

Les habitants des villages environnants font des rigoles et des baquets avec le bois du platane, du saule, du peuplier et du tremble; l'aune et le tilleul leur servent à fabriquer des cuillers et autres ustensiles domestiques, et le frêne leur fournit du matériel de charronnage. Ils font aussi, dans ces forêts, d'abondantes cueillettes de noix, de noisettes, de pignons et de châtaignes; mais les principales récoltes de ce genre ont lieu dans les forêts exploitées sous le contrôle de l'État, surtout dans celles du merkez-sandjak de Brousse, dont les châtaignes sont renommées. Le pin pignon (*pinus pinea*) y abonde.

Les autres produits accessoires, outre les écorces de pins et de chênes pour les tanneries, sont : la noix de galle, une espèce de lichen, de la poix et du goudron, le sumac, le jalap et des quantités très considérables de glands qui proviennent de 15 à 16 kil. carrés de forêts du nahié de Balat et de 27 kil. carrés de celles du nahié de Ghebsoun.

Faune. — Les forêts du vilayet de Brousse et leurs environs sont fréquentées par de nombreux animaux sauvages, parmi lesquels on doit citer l'ours, le loup, le renard, l'hyène, le lynx, le chacal, le blaireau, la martre, l'hamster, le putois, la loutre, le chat sauvage et une petite espèce de léopard.

On y trouve aussi la chèvre sauvage, le chevreuil, le daim,

le cerf et la biche devenus rares, et le lièvre en abondance. Le
gibier à plumes, aussi nombreux que varié, se compose de l'outarde, l'oie, le cygne, le canard et le dindon sauvages ; la perdrix,
les pigeons et ramiers, le faisan, la bécasse et la bécassine, la
caille et d'un innombrable menu gibier.

Salines. — Le vilayet de Brousse ne renferme pas de
salines naturelles ni artificielles.

La partie nord du vilayet est alimentée par les salines de
Phocée ; l'ouest par les salines de Yunda et autres sises dans le
golfe d'Adramit, et enfin le sud et le sud-est par les salines de
Kotch-Hissar, sises dans le vilayet de Koniah.

Sur le littoral de la mer de Marmara, l'administration de la
Dette publique ottomane, qui exploite le monopole du sel dans
l'Empire, a établi des dépôts de sel à Ghèmlèk, à Moudania et
à Panderma, où ce condiment est débité, en gros et en détail,
au prix fiscal de 15 paras le kil., augmenté des frais de transport.

Le sel de Kotch-Hissar est débité dans les mêmes conditions ;
seulement le prix de transport est variable selon la saison et le
plus ou moins d'existence de bêtes de somme et de chariots.

Plusieurs dépôts de sel vont être établis aux principales stations du chemin de fer d'Ismidt-Angora qui traverse la partie
nord-est du vilayet, de même que sur la ligne d'Eski-Chèhr à
Angora, et celle d'Eski-Chèhr à Koniah, par Kutahia et Kara-
Hissar.

Tabacs. — La culture du tabac, très importante autrefois
dans le vilayet de Brousse, s'est considérablement amoindrie
depuis l'institution de la régie. Il en est de même dans beaucoup
d'autres provinces de la Turquie d'Asie, fait qu'on attribue
généralement aux prix peu rémunérateurs offerts aux cultivateurs par cette administration. Ces prix ont été, comme on l'a
vu plus haut, au chapitre spécial de la régie, de 0,38 c. le
kil. en moyenne durant l'année 1890-1891.

D'un autre côté, de nombreux contrebandiers, malgré les

saisies, les prisons et les fortes amendes auxquelles ils sont exposés, parviennent, il est vrai, à recevoir livraison de fortes quantités de tabacs en feuilles qu'ils trouvent avantageux de payer, dit-on, jusqu'à 10 piastres l'oke, soit environ 2 fr. 30 c. les 1282 gr. On ne cultive plus guère le tabac que dans les terrains montagneux impropres à toute autre culture, tandis qu'on lui consacrait les meilleurs terrains quand sa production donnait des bénéfices.

Quoi qu'il en soit, la production du tabac, outre les quantités inconnues livrées à la contrebande, a été en 1307 (1890-91) de. . . . . 2.165.000 kil.

à déduire :

Pour le service de la culture.   862.272 k.
Acheté par la Régie. 437.064
                              _____
                              1.299.336 k.   1.299.336 kil.
                                              _____
                              Reste . . .   865.664 kil.

Ce reste peut être considéré comme ayant été détruit par incinération pour cause de mauvaise qualité ou d'avaries, mises toujours à la charge du producteur, bien qu'elles se soient produites dans les dépôts où l'administration les emmagasine.

On croit dans le pays, peut-être avec raison, que la culture du tabac, si importante pour la Turquie et autrefois si profitable aux cultivateurs, pourrait être relevée par la régie qui du même coup anéantirait la contrebande, en réalisant ainsi d'assez notables économies et de plus grands bénéfices. Il suffirait, dit-on, qu'elle payât au producteur, en moyenne, 6 piastres le kil. de tabac en feuilles, soit environ 1 fr. 38 c., en attendant mieux.

Eaux minérales. — Aucun pays n'est plus riche en eaux minérales, soit froides, soit thermales, que le vilayet de Brousse. En effet, sans compter les bains de Brousse dont la renommée fut grande au moyen âge et qui sont encore aujourd'hui très fréquentés, on compte dans les divers sandjaks de cette belle province beaucoup d'autres sources qui ne méritent pas moins d'être citées pour leurs vertus curatives, dûment établies par une longue expérience appuyée sur des faits certains et d'exactes analyses.

La description de ces sources, suivant l'ordre où se présentent les cazas dans la classification faite plus haut, est comme suit :

MERKEZ-SANDJAK DE BROUSSE

On peut diviser les eaux thermales de Brousse, d'après leur composition chimique et leurs propriétés, en deux classes bien distinctes : 1° eaux sulfureuses ; 2° eaux thermales indifférentes.

1° *Eaux sulfureuses*. — Cette première classe comprend les eaux des établissements de Brousse connus sous les noms de *Buyuk* et de *Kutchuk-Kukurtlu* et celles qui alimentent les bains de *Yéni-Kaplidja* et de *Kaïnardja*. Ces sources sont au nombre de deux. L'une alimente les deux *Kukurtlu*, l'autre fournit l'eau nécessaire aux deux autres bains.

Les thermes de Brousse sont à 2 kil. environ du centre de la ville dont les sépare un ravin profond qui part des gorges du mont Olympe. On peut s'y rendre en 20 minntes.

Yéni-Kaplidja et *Kaïnardja*, situés en face l'un de l'autre, sont, le premier à 20 et le second à 30 mètres environ de la source sulfureuse qui les alimente. Elle prend naissance dans une excavation et sourd à 80 centimètres au-dessous du niveau du sol ; en cet endroit, sa température est de + 86° C. ; des bulles de gaz viennent crever à la surface de l'eau, d'où se dégage une odeur d'œufs pourris. A quelques pas de là, la conduite se divise en deux branches aboutissant, l'une à *Yéni-Kap-lidja*, l'autre à *Kaïnardja*.

Le premier de ces deux bains, assez vaste, est un édifice carré, massif, surmonté de dômes percés d'ouvertures rondes par lesquelles pénètre, à l'intérieur de la coupole, un jour tamisé à travers d'épaisses lentilles de verre. La salle d'entrée ou *djamékian* est d'architecture ottomane, avec pavage en mosaïque de lapis-lazuli, de marbre rose et de marbre vert antique, rapportés de quelque monument byzantin. Au-dessus de la porte de l'étuve est encastrée une plaque de brique émaillée, à fond bleu de roi, sur lequel une inscription en lettres blanches court entrelacée dans un fouillis d'œillets et de tulipes. On y lit que le bain de *Yéni-Kaplidja* a été reconstruit par Rustem Pacha, grand vézir du sultan Suléïman el-Kanouni (1520-1566), en reconnaissance de ce que ce souverain y avait été guéri de la goutte.

La salle principale, ou bain proprement dit, est octogone, avec huit cabinets, pratiqués en retraite sur chaque face; salle et cabinets sont complètement revêtus de tuiles émaillées, à dessins très variés, couleur turquoise. L'eau se précipite avec bruit de toutes parts, amenée par d'innombrables conduits dans une piscine de 8 m. de diamètre sur un peu plus d'un mètre de profondeur, située au centre de la salle; on y descend par quelques degrés de marbre blanc. Quatre énormes colonnes byzantines s'élèvent des bords du bassin central et supportent la coupole. Tous les jours, vers huit heures à la turque, on vide totalement cette piscine au moyen de bouches ménagées au ras du fond, puis on la remplit de nouveau, et les baigneurs la trouvent prête à les recevoir après le coucher du soleil, c'est-à-dire à partir de douze heures du soir à la turque.

Outre ce renouvellement total et journalier, l'eau de la piscine est sans cesse purifiée par les courants qui y sont continuellement introduits, tandis que le trop-plein s'échappe par des tuyaux de décharge.

Des lits de repos sont dressés tout autour du *djamékian* ou salle d'attente, où les baigneurs s'arrêtent quelque temps avant l'entrée et la sortie du bain.

On trouve à *Yéni-Kaplidja* deux autres salles de bains plus petites, pourvues chacune d'un petit bassin et de quelques baignoires; mais généralement les baigneurs préfèrent aller s'ébattre dans la piscine. Tous les objets en métal, bijoux, monnaie d'or et d'argent, etc., sont noircis par les émanations gazeuses répandues dans la salle de bain.

Kaïnardja est un petit édifice réservé aux bains de dames et qui n'a rien de remarquable.

La composition de l'eau de ces deux bains, prise à la source même, est comme suit :

Température, + 86° C.

Densité,   1,00086.

Un litre de cette eau renferme :

	gr.
Gaz acide sulfhydrique	0.0022
— carbonique	0.1465
TOTAL	0.1487
Azote.	. . . . traces
Bicarbonate de chaux.	0.2785
— de fer	0.0006
Chlorure de sodium.	0.1480
— de potassium	0.0190
— de magnésium	0.0860
Sulfate de soude.	0.2742
— d'alumine	0.8255
Sulfure de calcium	0.0530
Silice.	0.0147
Matières organiques	0.0275
TOTAL	1.8757

Les deux bains nommés *Buyuk* et *Kutchuk Kukurtlu* sont séparés par une cour dans laquelle l'eau qui les alimente tous deux, sort d'un petit carré en maçonnerie, fermé par une porte en fer, dont la clef est déposée chez le fermier de ces deux établissements, qui appartiennent au même propriétaire. On voit crever à la surface de l'eau des bulles de gaz en petite quantité avec dégagement d'une faible odeur de soufre.

Deux conduites de direction opposée amènent l'eau de la source dans chacun des deux *kukurtlu*, en passant par le *boughoulouk* (sudatorium) qui a la même température dans le petit (*kutchuk*) et dans le grand (*buyuk*); cette température est de + 38°75 C.

L'eau froide qui sert à tempérer l'eau de la source dans les baignoires des deux *kukurtlu* est amenée par des tuyaux en terre cuite, d'une localité appelée *In-kaya*, située à une heure de marche dans la direction du mont Olympe.

La composition chimique de l'eau thermale des deux *kukurt-lu*, prise à la source, est comme suit :

Thermomètre : + 82° C.

Densité : 1,00083.

Un litre de cette eau renferme :

	gr.
Gaz acide sulfhydrique libre . . .	0.0014
— carbonique	0.1009
TOTAL.	0.1023

	gr.
Bicarbonate de chaux	0.3627
— de protoxyde de fer .	0.0004
Chlorure de sodium	0.0855
— de magnésium	0.0365
Sulfate de soude	0.2760
— de chaux	0.0250
— d'alumine	0.0162
Matières organiques azotées . . .	0.0231
TOTAL	0.9277

Afin d'éviter le mélange de l'eau froide amenée d'In-kaya, les baignoires sont remplies, soir et matin, d'eau thermale pure dont les baigneurs ne peuvent se servir que douze heures après ce remplissage. L'eau d'une baignoire remplie à onze heures du matin ayant été examinée à trois heures, marquait + 59° C.

Un avis en plusieurs langues, affiché à la porte du petit *Kukurtlu*, prévient que les bains sont à la disposition des hommes à partir du matin jusqu'à 10 heures 1/2 à la turque et qu'à partir de cette dernière heure jusqu'au matin, ils sont réservés aux dames.

2° *Eaux thermales indifférentes.* — Cette seconde classe comprend, comme la première, deux sources, dont l'une alimente le bain *Kara-Moustapha*, et l'autre celui d'*Eski-Kaplidja* et les autres établissements du village de Tchékirgué.

Kara-Moustafa est situé près de *Yéni-Kaplidja*, sur la route qui va se relier un peu plus bas à la grande chaussée carrossable de Brousse à Moudania. Son apparence extérieure n'a rien qui le distingue d'une simple maison bourgeoise ; ses dispositions intérieures sont celles de tous les bains turcs (hammam). Il a été fondé par le Grand Vézir Kara-Moustafa (1676-1683), beau-frère et successeur d'Ahmed Keuprulu, d'où lui vient son nom.

L'eau thermale qui alimente ce bain est amenée, par deux conduites différentes, dans un bassin ouvert placé au dehors, à quelques pas du mur extérieur du côté de l'est. Une troisième conduite amène dans le bassin du *djamékian* de l'eau froide dont on se sert ensuite pour tempérer l'eau des bains, car les deux bassins de marbre blanc destinés aux baigneurs n'étant éloignés que de quelques mètres du bassin extérieur où l'eau thermale marque + 57° C., sa température à l'intérieur du bain est sensiblement la même.

On ne connaît le véritable point d'émergence ni de l'eau thermale ni de l'eau froide. La première est extrêmement limpide, ce qui lui a fait donner le nom de *Gumuch-sou* ou « eau d'argent ». Quand elle est froide, on n'y saurait percevoir aucune odeur ni saveur particulière.

Sa composition chimique, lorsqu'on prend cette eau dans le bassin extérieur, sans aucun mélange d'eau froide, est comme suit :

Température : 57° C.

Densité : 1,00039.

Un litre de cette eau renferme :

	gr.
Gaz acide carbonique.	0.0490
Bicarbonate de chaux.	0.0416
Chlorure de sodium.	0.0345
Sulfate de soude	0.0591
— magnésie.	0.0772
— chaux	0.0085
Silice	0.0050
Matières organiques	0.0094
Total	0.2843

Dans le village de Tchékirgué se trouvent situés le bain d'*Eski-*
. Kaplidja et les établissements secondaires de *Bey-Guzel*, de
Husni-Guzel et autres de moindre importance, alimentés par la
source thermale qui émerge à l'extrémité ouest de ce village,
dans la rue même. C'est l'ancienne *Pythia*, déjà célèbre au temps
de Justinien par ses thermes que visita l'impératrice Théodora
avec une suite de quatre mille serviteurs.

Eski-Kaplidja est un monument remarquable, composé de
très beaux ouvrages byzantins, restes probables du bain impérial que, selon Procope, Justinien fit construire à Pythia. Le
sultan Mourad 1er (Khodavendighiar) (1360-1389) fit restaurer
ce bain et l'agrandit en y ajoutant un vaste dôme et des bâtiments
importants cités dans l'inscription placée au-dessus de l'entrée
principale du *djamékian*.

Voici la composition chimique de l'eau d'*Eski-Kaplidja* et
autres bains du village de Tchékirgué, prise dans le bassin entouré d'un massif de maçonnerie et fermé d'une porte de fer, où
cette eau est captée et de là distribuée par un *taksim* ou comp-
teur dans les conduites des divers établissements :

Température : + 38° C.

Densité : 1,00039.

Un litre de cette eau renferme :

	gr.
Gaz acide carbonique	0.0745
Bicarbonate de chaux	0.1055
— soude	0.0586
— protoxyde de fer. .	0.0017
Chlorure de sodium	0.0025
Sulfate de soude	0.0035
— magnésie.	0.0025
Silice	0.0150
Matières organiques.	0.0150
TOTAL	0.2796

Au nombre des vertus curatives attribuées aux eaux de Tchékirgué, on compte leur efficacité contre les troubles utérins. Un

usage consacré par la tradition locale semble confirmer cette efficacité. En effet, les femmes qui affluent à Tchékirgué, dans la saison des bains, principalement pour cause de stérilité, ne manquent pas de faire un pélerinage au *turbé* (chapelle funéraire) du Sultan Mourad Ier, situé précisément à côté du grand bain d'*Eski-Kaplidja*. Dans ce *turbé*, devant le tombeau du Sultan, outre les armes qu'il portait le jour de sa mort, à la victoire de Kossova, (1389) et parmi les quelles on vénère surtout la tunique de mailles d'acier teinte de son sang et portant la marque du poignard de Milosch Kabilovitch. Outre ces reliques d'un héros, père de la patrie ottomane, on remarque un grand vase métallique posé au milieu de la chapelle sur un piédestal. Ce vase est toujours plein de grains de blé, objet de l'ardente convoitise des pèlerins. En effet, suivant la croyance populaire, ce blé consacré a la vertu de faire cesser la stérilité, et de rendre les femmes fécondes ; mais il faut qu'il soit dérobé en cachette, sans que personne ne s'en aperçoive, et consommé sur place immédiatement sans qu'on le voie ! Le gardien du *turbé*, soigneux de ses propres intérêts, sait à propos détourner la tête.

Or, il est extrêmement fréquent que des femmes stériles, après un semblable pèlerinage et une saison passée aux bains de Tchékirguè, obtiennent les joies de la maternité.

SANDJAK D'ERTHOGROUL

Les principales sources minérales du sandjak d'Erthogroul sont celles de *Tchitli*, de *Bakmadja* et de *Terdjé*.

La station de Tchitli est située à 55 kil. sud-est de Brousse en ligne directe ; la distance réelle, par la route, est de 60 kil. ; on la parcourt en 10 heures. Tchitli est à 11 kil. sud-est d'Aïné-Gueul, chef-lieu du caza de même nom. La source émerge d'un des derniers contreforts du mont Olympe, à 15 minutes environ du village dont elle porte le nom, et à 30 mèt. au-dessus de la fertile et riante plaine d'Aïné-Gueul, d'une étendue de 14 kil. sur 4 kil. et d'une altitude de 385 m. en moyenne. Cette source a été découverte par M. Anghelos Rindjper-oghlou qui le premier en a obtenu la concession.

En 1867, la source de l'eau de Tchitli a été l'objet d'une nouvelle concession à Fayk-Pacha (M. Georges Della-Sudda). C'est de ce moment là que datent les travaux de captage et la sérieuse exploitation de cette eau, dont le débit était, avant l'exécution des travaux, d'un litre par minute, soit en moyenne de 1440 litres en 24 h. Ce débit était, en avril 1871, de 3 litres 565 par minute, soit 5133 litres en 24 h. Il n'est plus aujourd'hui que de 3 litres 342 par minute, soit 4812 litres en 24 h.

L'eau de Tchitli est incolore, limpide, fraîche, d'un goût fort agréable, un peu piquant, avec une saveur alcaline très prononcée. Suivant de nombreuses expériences, faites durant neuf mois, de mars à novembre, où la température de l'air a été successivement de 3° jusqu'à 28° centigrades, celle de cette eau est restée invariable. La composition chimique de l'eau de Tchitli est comme suit :

Température : 14° C.

Densité : 1,005.

Un litre de cette eau renferme :

	gr.
Acide carbonique libre.	0.483
Bicarbonate de soude.	4.506
— potasse.	0.142
— chaux	0.367
— fer (à l'état de protoxyde) . .	0.005
— magnésie.	0.365
Sulfate de soude	0.132
Phosphate de soude	0.061
Chlorure de sodium	0.066
Iodure de sodium.	traces
Manganèse	—
Silice.	0.060
TOTAL.	6.187

On a souvent employé l'eau de Tchitli, et toujours avec succès, comme un parfait équivalent des eaux de Vichy, de Vals, de Carlsbad et autres sources de même nature. Il en est fait aussi grand usage comme eau de table.

Un sentier frayé par les chevaux à travers champs, suivant la lisière de la plaine d'Aïné-Gueul, en se dirigeant vers l'est, conduit au village de *Gunnuk*, arrosé par une petite rivière du même nom, qui sort d'une vallée profonde et large, route de caravanes pour Kutahia durant la belle saison. Après environ 45 minutes de marche à cheval dans cette direction, par des chemins ombreux et frais, on franchit un escarpement raide, mais court, et l'on arrive sur un plateau rougeâtre, élevé de 55 m. au-dessus de la plaine d'Aïné-Gueul et mesurant 90 m. sur 40 m.

Du centre de ce plateau émerge, avec un vif bouillonnement, la source de *Bakmadja*, d'où se dégage du gaz acide carbonique. Une bougie allumée que l'on expose à 30 centimètres au-dessus du niveau de l'air s'éteint rapidement. Beaucoup de femmes des villages environnants viennent visiter la source de *Bakmadja* et respirer ses émanations qui leur procurent une sorte de soulagement, consistant en anesthésie et en hallucinations attribuées par elles à un pouvoir magique. Il est impossible de leur faire entendre que cela s'explique naturellement.

On ne saurait déterminer rigoureusement le débit de cette source, mais M. Béral, ingénieur des mines de France, autrefois détaché au service du Gouvernement ottoman, aujourd'hui sénateur, l'estime à un minimum très approximatif de 70 litres par minute, soit plus de 100,000 litres en 24 heures. Tout autour de la source, les roches se présentent en feuillets superposés par couches de stratifications, légèrement colorées par l'oxyde de fer, et entre lesquelles on aperçoit souvent des empreintes de feuilles de chêne dont les détails les plus délicats sont très nettement conservés. Ces roches, produit des sédiments déposés là de temps immémorial, résonnent avec une grande sonorité sous le pied du passant.

L'eau de *Bakmadja* est limpide, incolore, inodore ; elle a une saveur acidulée très prononcée et tapisse les parois du récipient dans lequel on la recueille d'une multitude de petites bulles de gaz. Sa composition chimique est comme suit :

Température : + 26° C.

Densité : 1,0035.

Un litre de cette eau renferme :

		gr.
Acide carbonique libre		0.5659
Bicarbonate de soude.		2.0211
—	potasse	0.1081
—	magnésie	0.0112
—	chaux	0.9182
—	fer	0.0091
—	manganèse (traces sensibles)	
Chlorure de sodium		0.0738
Sulfate de soude.		0.0637
Silice.		0.0270
Matière organique soluble (traces impondérables)		
TOTAL		3.7981

L'eau de *Bakmadjà*, par sa composition, se rapproche donc des eaux de Condillac, de Pougues, et particulièrement de l'eau de Royat (Puy-de-Dôme) ; elle entre par conséquent dans la catégorie des eaux minérales bicarbonatées calciques mixtes.

On trouve aux environs des débris d'antiquités.

La source de *Terdjé* sort en bouillonnant des flancs du mont Olympe, à quelques mètres du village de Kerlès, à côté d'un torrent d'eau douce qui sert de moteur à une scierie voisine nommée *Bitchki*, située à 24 kil. sud d'Aïné-Gueul. Pendant la saison des pluies, le torrent déborde et inonde la source.

L'eau de cette source est incolore et inodore ; lorsqu'on en débouche une bouteille pendant une journée chaude, il s'en dégage un grand nombre de globules, remplies de gaz qui vien-

nent tapisser les parois du verre, phénomène qu'on n'observe
pas par un temps froid, mais qu'on peut produire à volonté en
élevant artificiellement la température. A l'abri de l'air dans la
bouteille, l'eau de *Terdjé* est d'une limpidité parfaite, mais exposée à l'air, il s'y forme un précipité blanc rougeâtre que la
chaleur active beaucoup. Sans être piquante, la saveur de cette
eau est d'abord aigrelette, puis elle prend faiblement ce goût
d'encre, particulier, comme on le sait, aux sels de fer. La température de l'eau de *Terdjé* est, à la source même, de + 13° C.

Un litre de cette eau renferme :

	gr.
Acide carbonique libre	0.546
Bicarbonate de soude ⎫	
— potasse ⎬	0.062
— chaux	0.545
— magnésie	0.112
— protoxyde de fer	0.081
— — manganèse . .	traces.
Chlorure de sodium ⎫	
— potassium ⎬	0.048
Sulfate de soude	tr. sensibles.
Alumine	0.005
Silice	0.012
Matières organiques	traces.
	1.511

D'après sa composition, l'eau de *Terdjé* doit être rangée parmi
les eaux ferrugineuses connues, à côté de celles de Spa, de
Schwalbach, d'Orezza, de Pyrmont, etc.

Tout ce qui précède, au sujet des eaux minérales des sandjaks
de Brousse et d'Erthogroul, est emprunté aux remarquables travaux de Bonkowski pacha, chimiste du Palais Impérial, publiés
en grande partie dans le journal turco-français l'*Osmanli*, sous
la direction de M. Marie de Launay. Pour ce qui concerne l'histoire ottomane et l'épigraphie turque, ce travail a été contrôlé

avec le plus grand soin par Hassan Tahsin Effendi, ancien grand-maître de l'Université (*Dar ul-Founoun*) de Constantinople.

SANDJAK DE KUTAHIA

Au milieu de la ville d'*Eski-Chèhr*, ancienne *Dorylæum*, cité phrygienne qui fut plus tard un lieu de plaisance pour les empereurs byzantins, il existe encore des thermes renommés dans toute l'Asie, restes de la munificence de ces empereurs. Ces bains ferrugineux, situés dans le quartier du bazar, sont alimentés par une même source fort abondante, dont les eaux sont amassées sous les terrains de ce quartier, où il suffit de creuser à un mètre de profondeur pour trouver partout l'eau thermale. Trois de ces bains sont à l'usage des hommes et le quatrième est réservé aux femmes. La ville les donne à loyer pour 600 livres turques par an, soit environ 13,800 fr.

Bon nombre d'habitants de la ville d'Eski-Chèhr ne boivent pas d'autre eau que celle de ces thermes, refroidie. Ils trouvent qu'elle facilite les fonctions digestives et guérit les maux d'estomac.

Non loin de la même ville, à *Valianos*, village situé à 35 kil. au sud ; à *Kaïmaz*, éloigné de 40 kil. à l'est ; à *Hassirdji-tchiftlik*, vers le sud-est du caza, on trouve également des eaux thermales ferrugineuses qui jouissent des mêmes propriétés, étant refroidies, et dont les habitants font aussi leur boisson ordinaire ; mais il n'y a pas de bains dans ces localités. A *Ilidja*, vers le nord du caza, il existe un petit établissement thermal très fréquenté.

Aux environs de *Topdjilar*, à 30 kil. nord-est d'Eski-Chèhr, surgit entre deux rochers une source d'eau minérale froide ; au dire des populations des alentours qui viennent y boire en foule, l'eau de cette source guérit les maux d'estomac les plus invétérés et tue les vers intestinaux. Tous les animaux aquatiques, assure-t-on, fuient cette eau, et ceux qu'on y introduit meurent aussitôt. A 5 kil. à l'est de ce même village de Topdjilar, à *Djirdjiros*, on rencontre une autre source d'eau minérale dont la température est tiède en hiver et glaciale en été.

SANDJAK DE KARA-HISSAR

Il n'y a pas d'eaux minérales connues dans ce sandjak.

SANDJAK DE KARASSI

Cette contrée est très riche en sources d'eaux minérales, pour la plupart thermales, et presque toutes pourvues d'établissements balnéaires et de bassins à la disposition du public.

Dans le caza de Balikèssèr, à 20 kil. environ du chef-lieu, près de *Yuruk-ova* (la plaine des nomades), on rencontre la source renommée de *Yilanlar* (les serpents). L'établissement des bains est assez bien construit et convenablement tenu ; les bassins sont en marbre blanc. La température de l'eau est de + 60° C. ; elle contient du sulfate de fer. Cette source est fréquentée avec succès par les anémiques et les convalescents qui y reprennent des forces au moyen de bains ordinaires et de bains de fange.

Près des villages d'*Eftélia* et de *Kiraz*, à 11 kil. de Balikèssèr, des sources à la température de + 40° C. sont assidûment fréquentées, bien qu'elles ne semblent pas devoir être fort actives. Leurs effets curatifs sont assez problématifs.

Plusieurs sources minérales du nahié de Balia ont acquis plus justement une grande réputation. L'une des plus célèbres, nommée *Hozloudja*, à 5 kil. de Tchamli, contient des sulfates et des carbonates, du fer, du soufre et de l'iode. La température de son eau est de + 80° C. ; elle peut facilement être abaissée au moyen de l'eau froide d'un ruisseau voisin. On peut y prendre aussi des bains de fange. Cette source est habituellement fréquentée avec succès par les femmes stériles.

Il existait encore dans ce même nahié de Balia, il y a 6 ans, une autre source d'eau minérale très efficace pour les enfants anémiques. Cette eau contenait des sulfates alcalins et une si grande quantité de fer, qu'il s'est formé devant la source des amas considérables de sédiments ocreux. Prise en boisson, elle coupait la fièvre, et guérissait en lotions les maux d'yeux. Malheureusement la compagnie qui exploite la mine de *Hodja-*

Gumuch, située à proximité, a creusé des galeries dans le voisinage immédial de cette source si bienfaisante, qui s'est tarie.

On trouve encore dans le nahié de Frèt, à trois quarts d'heure des villages de *Sultan-tchaïr* et de *Yildiz*, une source dont l'eau, d'une température de + 60° C., contient des sulfates et du soufre. Elle est fréquentée pour la guérison des maladies nerveuses et des rhumatismes. On voit aux environs quelques ruines antiques qui semblent provenir d'anciens thermes. Le même nahié possède, à *Omer-keuï*, un bain chaud dont l'eau contient peu de substances en dissolution; ses effets ne sont pas bien définis; sa température est de + 38° C.

A *Chéikhler*, dans le nahié de Ghebsoun, jaillit une source en tout semblable à la précédente; elle est cependant renommée contre les affections du cerveau.

Près du bourg de *Gundn*, chef-lieu du caza de même nom, se trouve une source dont l'eau est efficace contre les catarrhes mal soignés; elle est à la température de + 40° C., et contient des sulfates alcalins et des composés de chlore.

Le nahié de Manias, dans le caza de Panderma, possède aux environs de *Singherli* des sources thermales remarquables par leur volume qui est celui d'une rivière, et leur chaleur exceptionnelle qui est celle de l'ébullition. Les eaux sont recueillies le long de la vallée, par un canal d'environ 1,000 mètres et font tourner plusieurs moulins sur leur passage. Elles sont douces au toucher, et contiennent des carbonates de chaux, de magnésie et autres, avec un excès d'acide carbonique qui s'évapore au grand air et laisse sur le passage des eaux des dépôts calcaires, augmentant sans cesse en hauteur et en étendue, et formant, comme à Iliérapolis, près Dénizli (Laodicée), des ponts suspendus et des arcades. Ces eaux, refroidies, sont légèrement salées et piquantes; leur saveur est agréable; prises en boisson, on en obtiendrait probablement d'heureux effets curatifs, mais on n'en fait usage qu'en bains, dans un bassin creusé en terre, au milieu d'une salle grossièrement construite en troncs d'arbres bruts. Ces sources étaient connues dans l'antiquité; il en est fait mention par l'orateur Aristide comme se trouvant voisines de *Pœmaninus*, ville sur l'emplacement de laquelle est bâti le village actuel de Manias.

Il y a dans la petite île dite *Zéïtoun-adassi*, située en face d'Erdèk (Artaki), une source chaude très abondante, dont les propriétés ne sont pas bien connues.

Le caza d'Adramit possède dans ses dépendances plusieurs sources thermales exploitées. Celle du petit port de *Loudja*, à 15 kil. ouest de la ville d'Adramit, paraît avoir des qualités fort discutables; son degré de thermalité est de + 40° C.

Au village de *Frènk*, à environ 2 kil. d'Adramit, il existe un établissement balnéaire avec piscines, baignoires, habitations pour les baigneurs et écuries pour les chevaux. La température de la source varie de 20 à 30 degrés; cette source est intermittente; elle fait son apparition au mois d'octobre et disparaît l'année suivante, en juillet, pour reparaître de nouveau deux mois plus tard. Les eaux de *Frènk*, très fréquentées pendant les dix mois de leur durée, contiennent des sulfates alcalins et du fer. Elles sont renommées pour la guérison des névroses et des paralysies.

Près des villages d'*Aktché* et de *Ghidirlar*, dans le nahié d'Avnié, un autre établissement également bien pourvu de piscines et de baignoires, est alimenté par une source à la température de + 60° C., contenant de l'acide carbonique libre, de l'acide sulfurique, des alcalis et du soufre. On dit cette eau très efficace contre la goutte et les rhumatismes. Dans ces derniers cas, on prend surtout des bains de fange. Une belle forêt de hêtres et une source d'eau limpide et fraîche, contribuent à rendre le séjour de cette localité salubre et agréable pour les baigneurs.

Dans le même nahié, à 3 kil. environ de la plaine des *Yuruk*, voisine de la source de *Yilanlar* déjà citée plus haut, on voit couler entre des rochers escarpés un cours d'eau d'une température de + 45° C., où les femmes des villages d'alentour viennent laver leur linge. On ignore si cette eau possède des vertus curatives.

Une autre source thermale, dans le caza de Bighadjik, à proximité du chef-lieu, au village de *Hissar*, n'a été également l'objet d'aucune étude ; elle est cependant assidûment fréquentée par la population locale qui tient cette eau en grande estime.

A *Osmanlar*, dans le caza de Sanderghi, coule une source d'une très haute température, qui ne peut être employée qu'après avoir parcouru une grande étendue de terrain et s'être ainsi refroidie, car il n'y a point d'eau froide dans le voisinage. Ce petit cours d'eau thermale sert de moteur à un moulin, en aval duquel on a établi une salle de bains au moyen de branches d'arbres entrelacées en forme de claie, faisant office de clôture. Les baignoires sont des trous creusés dans la terre. On vante beaucoup l'efficacité de ces eaux.

Agriculture. — Bien qu'elle ne soit en réalité qu'à l'état d'enfance, l'agriculture peut relativement passer comme avancée dans le vilayet de Brousse, si on le compare à tous les autres, celui de Smyrne excepté.

En effet, ces deux provinces, encore plus favorisées, s'il est possible, sous le rapport de l'extrême fertilité du sol, que ne l'est en général l'Asie Mineure, possèdent en outre un vaste développement de littoral qui permet, du moins dans un certain rayon de distance des côtes, un plus ou moins facile écoulement de leurs produits. Déjà, dans le second de ces vilayets, une plus grande extension donnée aux lignes existantes de chemin de fer, a fait prendre un nouvel essor au commere, ranimé l'agriculture et encouragé l'industrie. Les mêmes causes amèneront bientôt, ainsi qu'on peut le prévoir, les mêmes effets dans le vilayet de Brousse, parcouru à l'est par le chemin de fer d'Anatolie qui traverse les sandjaks d'Erthogroul et de Kutahia, les met dès à présent en communication par voie rapide avec Constantinople et les rattache dans l'intérieur du pays à l'importante place d'Angora, et bientôt à celles de Yuzgat, Kir-Chèhr et Césarée. D'autre part, la ville de Brousse se trouve elle-même reliée à la mer de Marmara par la petite ligne de Moudania, que ses concessionnaires ont la faculté de prolonger jusqu'à Tchitli ; ils profiteront sans doute de cette latitude, et malgré l'étroitesse de la voie, la ligne de Moudania à Tchitli, par Brousse, rendra certainement des services dignes d'être appréciés.

Une troisième voie ferrée, celle-ci à largeur normale, ayant Panderma pour tête de ligne, et devant traverser le vilayet de Brousse tout entier pour aller se relier à un prolongement du chemin de fer d'Anatolie sur Koniah, à Afioun-Kara-Hissar, avait été concédée. Il est vrai que la compagnie concessionnaire n'ayant pas rempli ses engagements dans les délais fixés, s'est trouvée déchue par ce fait, et a vu saisir son cautionnement. Mais cette ligne offre de trop grands avantages pour qu'elle puisse être abandonnée. Elle sera certainement reprise, de manière ou d'autre, au grand avantage du relèvement de l'agriculture, particulièrement dans cette région.

On doit croire ce relèvement prochain d'autant mieux assuré que, de toutes parts, sans attendre l'établissement des chemins de fer, chacun a mis résolument la main à l'œuvre. Se plaçant en tête du mouvement, les diverses administrations publiques poursuivent cette œuvre avec énergie. Le ministère de la liste civile prêche d'exemple en multipliant de tous côtés la création de grandes exploitations agricoles; plusieurs riches particuliers suivent cette voie où leurs propres intérêts marchent si parfaitement d'accord avec l'accroissement de la richesse publique et le bien-être général. Les ministères de l'agriculture, du commerce des travaux publics, de l'instruction publique, et des finances, l'administration de la dette publique, interviennent directement au moyen des banques agricoles destinées à faire cesser les prêts usuraires qui ruinent les cultivateurs, de fermes-modèles, de cours spéciaux de viticulture et de greffage de la vigne, de stations séricicoles, d'écoles de sériciculture, etc. etc., utiles créations qui, pour la plupart, atteignent dès le principe le but proposé, et dont les autres, telles par exemple que les banques agricoles, produiront d'aussi heureux fruits, dès que leurs opérations seront débarrassées de formalités trop compliquées.

Ces créations, d'une utilité générale évidente, trouvent plus particulièrement leur application pratique dans les divers san-

djaks du vilayet de Brousse, où les principales branches de
l'agriculture ont surtout pour objet, outre la production des
céréales, celle de la soie, du vin, de l'huile d'olives, de l'opium,
et ont pour corollaires un certain nombre d'industries qui se
rattachent directement à cette production et ne sont pas moins
considérables qu'elle. Parmi ces industries, qui feront plus loin
l'objet d'un chapitre spécial, il n'est pas inutile de mentionner ici
les filatures, les magnaneries, la fabrication des étoffes de soie,
de coton, de laine; celle des tapis, de la minoterie, des savonneries, etc. On se rendra compte ainsi de la prépondérance de
la culture des céréales, du mûrier, de l'olivier, du pavot, de la
vigne, du cotonnier, l'importance accordée à l'élève de la race
ovine, qui pourraient paraître l'objet de préférences trop exclu-
sives dans des contrées si bien disposées, à d'autres cultures
très productives, telles, par exemple, que celles de la pomme de
terre et de la betterave. En effet, d'après des expériences nombreuses, faites par des cultivateurs européens et indigènes, ces
deux dernières plantes peuvent atteindre en ce pays, bien mieux
qu'à Malte, lieu de production renommée, un haut degré de
perfection.

Céréales. — Quoi qu'il en soit, la situation agricole actuelle, qui, toutefois, s'améliore déjà de jour en jour, les cultures
préférées dans tous les sandjaks du vilayet de Brousse sont à
peu près uniquement celles qui viennent d'être ci-dessus énumérées. Les méthodes et les instruments employés, sauf de rares
exceptions, sont encore généralement des plus primitifs. Ainsi,
pour les céréales, on se sert toujours de la charrue du pays, et
le sol n'est pas labouré à plus de 4 à 5 centimètres de profondeur.
On n'en obtient pas moins de riches moissons. Dans les plaines
de Balikessèr et dans le caza d'Adramit, notamment, on fait
chaque année de belles récoltes. Il en est de même en beaucoup
d'autres localités des sandjaks de Karassi, de Brousse et d'Erthogroul. Le dépiquage des grains ne s'opère pas moins som-
mairement que le labourage. Ce travail est exécuté presque partout au moyen d'une simple planche, dont le dessous est garni de

morceaux de silex, vulgairement « pierre à fusil », plus ou moins
tranchants. A cette planche, sur laquelle un ouvrier monte, un
ou deux chevaux sont attelés ; l'appareil, qui ressemble assez à
un char antique parcourant l'hippodrome, foule les épis amassés
sur l'aire, et sépare ainsi les grains de la paille ; il ne reste plus
qu'à vanner. On voit que cette opération, malgré son côté très
pittoresque, et quoique fort peu coûteuse, n'est pas en réalité
bien économique.

Pourtant, comme on le voit plus haut, au tableau de la production agricole du vilayet de Brousse, cette production ne
s'élève pas en moyenne chaque année à moins de 12,129,982 hectolitres de céréales, dont 10,146,586 d'excellent froment et
d'orge de qualité supérieure. Que sera-ce donc quand de bonnes
méthodes et de bons instruments d'agriculture auront été enfin
adoptés d'une manière générale et que cette terre, si fertile,
exploitée rationnellement, récompensera l'agriculture en proportion de son travail ?

Vignes, raisins, vins. — La culture de la vigne n'est
pas mieux soignée que celle des céréales et n'est pas moins ré-
munératrice. Elle est répandue dans le vilayet tout entier et
principalement dans les deux sandjaks de Brousse et de Karassi,
auxquels un littoral assez étendu et de bons ports permettent
l'exportation de leurs vins estimés et de leurs raisins frais et secs.

Sur une production totale de 48.350.000 kilogr. de raisins
blancs et noirs, le sandjak de Brousse fournit pour sa part
16.750.000 kilogr. et le sandjak de Karassi 15.600.000 ; les
principaux lieux de production, tant pour la qualité que pour
la quantité, dans ces deux sandjaks, sont d'abord Brousse et
sa banlieue, dont la récolte moyenne est d'environ 11 millions de kilog. de raisin blanc et de 800.000 kilog. de raisin
noir, et tous les cazas du sandjak de Karassi, à l'exception de
Kémer-Adramil, dont le territoire, d'une étendue très bornée,
est surtout riche en belles forêts.

Les autres cantons vignobles sont, dans le sandjak d'Erthogroul, les cazas de Bilédjik et d'Aïnè-Gueul, qui produisent un

raisin noir donnant des vins fort estimés Le sandjak de Kutahia n'a qu'un seul vignoble, c'est le caza d'Ouchak. Quant au sandjak de Kara-Hissar, les vignobles y sont nombreux et très productifs, particulièrement ceux du merkez-caza exploités en raisins secs noirs dits « de Smyrne », dont il se fait dans cette ville un grand commerce. Des Grecs venus des vilayets voisins fabriquent aussi avec ces raisins des vins estimés.

On compte au nombre des produits de la plaine de Brousse les plus recherchés, les raisins de table de Filandar, blancs, à grains très gros et de forme allongée, d'un excellent goût, espacés sur de longues grappes à râpe dure. Ces raisins se conservent frais jusqu'au mois de mai, époque à laquelle ils cessent de figurer au dessert des maisons riches. Le *tchaouch*, autre raisin blanc très goûté, est cultivé pour la consommation de Constantinople. Les plants sont, dit-on, originaires des rives du Bosphore. Le chasselas de Fontainebleau est issu de plants semblables, du moins quelques-uns l'assurent ; cependant les grains de ce dernier raisin sont bien plus petits que ceux du *tchaouch*, et ses grappes beaucoup moins volumineuses ; mais ils ont tous les deux le même aspect attrayant et la même saveur délicate.

Les autres espèces de raisins blancs servent plus spécialement à fabriquer des vins et des raisins secs, quoique le tiers environ de la production soit consommé en fruits frais ; on en fabrique aussi du *pekmèz*, sorte de jus épais et sucré ressemblant à la mélasse, et dont il se fait une consommation très considérable en Turquie, tant pour la confection des confitures que pour beaucoup d'autres usages. Les raisins noirs servent exclusivement à la fabrication du vin, du *raqi*, sorte d'eau-de-vie blanche, tantôt anisée, tantôt parfumée avec la gomme-résine du lentisque ; on la nomme *mastic* dans ce dernier cas.

Presque tous les vins du vilayet de Brousse sont renommés à divers titres ; parmi les plus dignes d'être cités, on doit ranger ceux du mont Olympe, dont les qualités supérieures viennent du versant méridional et sont récoltées dans les villages d'Aktchékeuï, Dolandjé et Kézarli. Ces vins blancs et roses, d'un bouquet

fin et délicat, d'une limpidité parfaite, ne sont pas capiteux
comme plusieurs autres vins d'Asie ; ils ressemblent beaucoup,
quant à la saveur, aux meilleurs crus de France. Leur production s'élève à 1,000 hectolitres environ par an. Ils se conservent
longtemps, s'améliorent encore en vieillissant et supportent
bien les longs transports. On en expédie à Constantinople, en
Russie et en Angleterre où ils sont fort goûtés. On vendait, à
Brousse même, il y a 40 ans, les vins du mont Olympe 5 fr.
la bouteille, tandis que ceux de la plaine ne valaient que 2 piastres (0,46 c. l'oke), soit 0,32 c. le litre. Depuis ce temps, les
vins de la plaine de Brousse ont toujours tendu à s'améliorer et
les prix à s'unifier, de sorte qu'aujourd'hui les meilleurs vins de
l'Olympe ne se vendent plus que 2 à 3 fr. la bouteille et que
certains vins de la plaine, notamment les vins blancs de Ghèmlèk et de Moudania, assez appréciés à Constantinople, valent
1 à 2 fr. le litre ; mais le prix courant des vins ordinaires est
toujours de 1 à 2 piastres (0,23 à 0,46 c. l'oke), et les vins noirs,
c'est-à-dire les gros vins rouges, se vendent de 60 à 100 paras
l'oke (0,34 à 0,57 c. environ), soit 0,27 à 0,35 c. le litre. Ces
derniers sont en général riches en degrés, doux et capiteux. Le
prix des vins vieux ordinaires est le plus souvent de 10 piastres
(2 fr. 30 c. l'oke), soit environ 1 fr. 80 c. le litre. Tous ces prix
sont ceux de la vente au détail dans les grands centres du
vilayet.

Les vins du sandjak d'Erthogroul (Bilédjik et Aïné-Gueul)
sont en tous points comparables aux vins du merkez-sandjak de
Brousse, ceux du mont Olympe exceptés. On en peut dire à peu
près autant des vins des sandjaks de Kutahia (Ouchaq) et de
Kara-Hissar. Certains vignobles du sandjak de Karassi produisent
des vins de couleur ambrée, doux et capiteux, mais éminemment
fortifiants quand on en fait un usage modéré. Plusieurs de ces
vins possèdent les qualités des vins d'Espagne et de Madère. On
ne saurait établir aucune différence entre les vins rouges de ce
sandjak et les vins rouges des Dardanelles, parmi lesquels d'ailleurs ils sont comptés pour la plupart et dont ils contribuent à
bien asseoir la réputation.

Il y a lieu de donner ici une mention spéciale à un vin du caza d'Erdek (Artaki), nahié de Pacha-Liman. Outre des quantités considérables de vins rouges dits « des Dardanelles », Pacha-Liman en produit aussi d'importantes quantités connues sous ce nom. C'est un vin extrêmement chargé en couleur, paraissant noir, et ne prenant une belle nuance d'un ton d'or que lorsqu'il est abondamment étendu d'eau. Son goût est amer; pris en excès, il n'enivre point, mais il pèse sur l'estomac et ne produit en aucun cas cette sensation de chaleur, effet habituel d'un vin généreux. Les Arméniens l'ont en grande estime; ils le considèrent comme une sorte de panacée, et le préfèrent en général à tout autre vin.

On estime la production totale des vins du vilayet de Brousse à 14,800,000 kilogr. par an, dont 6,400,000 kilogr. représentent la production du merkez-sandjak de Brousse, y compris 130,000 kilogr. de vins du mont Olympe; 7,600,000 kilogr. sont produits dans le sandjak de Karassi; le reste, soit 800,000 kilogr. est récolté dans les trois autres sandjaks.

Pavot, opium. — Kara-Hissar est le principal centre de la culture du pavot, répandue d'ailleurs dans le vilayet de Brousse tout entier. C'est pourquoi, pour distinguer cette ville de Kara-Hissar-Charki (l'oriental), on l'appelle communément Afioun Kara-Hissar (l'opium) quoique son nom officiel soit Kara-Hissar Sahib (le maître), parce qu'elle est la plus importante de ces deux places. Sur 351,400 kilogr. d'opium et de semences de pavots recueillis dans le sandjak, 143,680 sont produits dans les dépendances directes de cette ville et dirigés sur Smyrne, le plus grand marché d'opium de l'Asie.

Après Kara-Hissar et le sandjak de même nom, les centres de production de l'opium sont, par ordre d'importance, les sandjaks de Karassi, de Kutahia, de Brousse et enfin celui d'Erthogroul dont la récolte ne dépasse pas 22,600 kilogr. En totalité, le vilayet de Brousse produit une moyenne de 750,000 kilogr. d'opium et semences de pavots par an.

Le mode de culture du pavot à opium, les époques des semailles, des récoltes et tout ce qui concerne cette branche d'agriculture ne diffère pas de ce qui a déjà été dit au chapitre spécial du vilayet de Smyrne.

L'opium est entièrement exporté en Angleterre, en Hollande, aux Etats-Unis d'Amérique et enfin en France où il n'en est guère consommé d'autre. Il est fait trois parts des graines : l'une pour semence, l'autre pour faire de l'huile comestible con-' sommée sur place, et la troisième est exportée à l'étranger.

Olivier, olives, huile. — La culture de l'olivier est très étendue dans le vilayet de Brousse, principalement sur le littoral de la mer Égée, du golfe d'Adramit et de la presqu'île de Cyzique, ainsi que dans la plaine de Brousse où l'on compte, seulement entre Ghèmlèk et Moudania, plus de 400,000 plants d'oliviers en plein rapport, produisant chacun en moyenne 75 okes d'olives par an, soit un total de 30 millions d'okes d'olives (38,488,500 kilogr.). La moitié de cette récolte est employée à faire de l'huile ; on sale l'autre moitié pour être mangée en conserves. On peut estimer en moyenne la production en huile d'olives de la plaine de Brousse, 2,309,300 kilogr. d'huile, produit de 19,244,250 kilogr. d'olives. Il reste dans les tourteaux une quantité d'huile évaluée à 10 0/0 environ ; il serait facile de l'en extraire par les procédés chimiques connus, et les résidus n'en seraient pas moins bons comme engrais et autres usages ordinaires.

Dans le sandjak de Karassi, la culture de l'olivier occupe une étendue de 183.817 *deunum*, soit environ 16.900 hectares ; elle est la principale richesse des habitants d'Aïvalik. L'huile d'olives de ce sandjak est en bon renom ; elle a mérité la médaille d'or à l'Exposition Universelle de Paris en 1867. C'est un article considérable d'exportation pour la Russie, la Roumanie et l'Angleterre. Karassi en produit 8.102.000 kilogr. par an.

L'ensemble de la production du vilayet de Brousse est d'environ 10.690.310 kilogr. d'huile d'olives d'excellente qualité.

Cotonnier. — La culture du cotonnier ne fournissait jadis presque rien au-delà des besoins de la fabrication locale, fort importante du reste, car la spécialité d'étoffes, dites « soie de Brousse », mélangées de coton, celle des serviettes-éponges et de la lingerie de bain, etc, ont de tout temps exigé des quantités considérables de matières premières. Toutefois le producteur se bornait à fournir à la fabrication les quantités nécessaires à sa consommation. C'est seulement à l'époque de la guerre de sécession d'Amérique (1860-1865) que les marchés européens, se trouvant privés de l'énorme approvisionnement de coton de provenance américaine qui jusqu'alors leur avait largement suffi, l'on songea à combler ce déficit en stimulant la production universelle. Naturellement, la Turquie d'Asie devait, une des premières, être mise à contribution et le gouvernement ottoman prit spontanément les mesures propres à développer la culture du cotonnier, dans les vilayets de Smyrne et de Brousse surtout. Des avantages spéciaux furent accordés aux producteurs de coton, des terres leur furent concédées et des graines de premier choix distribuées gratuitement. Les graines de provenance égyptienne donnèrent d'excellents résultats, notamment à Balikessèr. En 1863, à l'Exposition nationale ottomane, il fut constaté que la longueur et la solidité de la fibre de cette sorte, cotée alors 2 schellings, 5 pence la livre à Liverpool, n'avaient d'égales que celles de la qualité dite « Sea Island ».

On estime la production totale actuelle de la culture du cotonnier dans le vilayet de Brousse à 2.000.000 de kilogr., par an, de coton des qualités les plus estimées sur tous les marchés européens.

Mûriers, sériciculture. — D'après M. B. J. Dufour, spécialiste qui fait autorité en cette matière et qui a longtemps habité le vilayet de Brousse, le mùrier cultivé à la façon de Turquie, c'est-à-dire le mùrier blanc sauvage recepé tous les ans, donne 25 0/0 de production de feuilles de plus que par la culture européenne. De vastes espaces plantés de ces arbres exploités suivant ce système, se rencontrent dans tous les sandjaks,

mais les plantations les plus estimées sont celles de Brousse,
Bilédjik, Moudania, Guèmlèk, Démirdèch, Panderma et leurs
environs.

Une autre supériorité de la sériciculture de ces contrées consiste dans l'élevage au rameau et non pas avec des feuilles dé-
tachées comme il est d'usage en d'autres pays. Ce procédé, entre
autres avantages, est beaucoup plus économique; il supprime
l'usage des claies, le travail du défeuillage et les délitages, mais
il est moins hygiénique, en ce sens que, sous les vers, la litière
accumulée a quelquefois une épaisseur de 80 centimètres.
Dans cette litière, on rencontre très fréquemment de la moisis-
sure qui peut à la longue se transformer en flâcherie. Il résulte
cependant de ce système une notable réduction de personnel
et une économie de temps qui naturellement diminuent dans
la même proportion le prix de la main-d'œuvre. Les filatures de
Brousse tirent 1 kilogr. de soie grège de très belle qualité
de 8 kilogr. 500 de cocons frais, résultat bien supérieur à ceux
qu'on obtient ailleurs par d'autres méthodes.

Avant 1855, c'est-à-dire quand la maladie des vers à soie
dite la « pébrine », n'avait pas encore fait son apparition en
Turquie d'Asie, le vilayet de Brousse ne produisait pas moins
de 600,000 kilogr. de soie dans les années de récolte ordinaire. Mais dès 1856, la diminution de la production était très
sensible et en 1864 elle s'était abaissée jusqu'à 192,440 kil.
A partir de cette date jusqu'en ces derniers temps, tous les
efforts du gouvernement en faveur de la sériciculture restèrent longtemps impuissants contre le découragement des sériciculteurs qui, pour la plupart, arrachaient les plants de mûriers
pour y substituer d'autres cultures plus productives.

Avant de montrer comment, avec le concours de l'administration des revenus de la Dette publique ottomane, la sollicitude
infatigable des autorités ottomanes est enfin parvenue à rame-
ner la sériciculture à son état normal et même à un état plus
prospère que jadis dans le vilayet de Brousse, il sera peut-être
intéressant autant qu'utile de rappeler en peu de mots les origines lointaines de cette branche si importante de l'agriculture,

et de retracer les diverses phases qu'elle à dû péniblement traverser pour s'introduire du fond de l'extrême-orient à Constantinople, en Asie Mineure, en Grèce et enfin, de là, dans plusieurs contrées de l'Europe occidentale.

Les plus anciens historiens chinois nous apprennent que l'impératrice Chiling-Chi, femme de Hoang-Ti, éleva la première le ver à soie, 2700 ans av. J.-C., et tissa de ses mains la première pièce d'étoffe de soie. L'art de la sériciculture fit en Chine de grands et rapides progrès, mais les chinois cachèrent avec un soin jaloux le secret de l'élève du bombyx, et l'on ignora pendant de longs siècles d'où provenait la matière première des brillants produits de leurs manufactures. Selon le témoignage d'Aristote, les soieries qui venaient de Chine par la petite Boukharie, l'Inde et la Perse, étaient, depuis une époque déjà très reculée, défilées et remises en œuvre dans les îles de l'archipel grec, où ces étoffes lourdes et d'un prix excessif étaient transformées en gazes légères et transparentes beaucoup moins chères. On attribuait l'invention de ce procédé économique, imité plus tard par les dames romaines à une femme de l'île de Cos nommée Pamphylla. Aristote, à qui son élève Alexandre le Grand envoyait les productions naturelles des pays traversés par ses armées, a donné une description du ver à soie assez exacte, mais il n'a pas indiqué de quelle contrée cet insecte est originaire.

Les Macédoniens victorieux rapportèrent sur les bords de la Méditerranée le luxe des Indes et de la Perse, et Pompée, après ses conquêtes d'Asie, introduisit à Rome l'usage de la soie. Toutefois, le prix en était encore si exorbitant que, sous le règne de Tibère, il n'y avait encore que les femmes du plus haut rang qui pussent porter ces étoffes remaniées d'après l'ancien procédé grec, dont l'extrême finesse et la transparence leur attiraient la censure et la moquerie des satiriques latins.

Une ambassade dont parle l'historien chinois Ven-Hien-Tung fut inutilement envoyée en Chine par l'empereur Marc-Aurèle, en 165 ap. J.-C., pour ouvrir un commerce direct avec le pays producteur. La Perse demeura en possession du monopole des

transports de la soie, dont le prix resta tellement énorme qu'au
III⁰ siècle, parmi les reproches de prodigalité faits à l'empereur
Héliogabale, on l'accusait d'avoir porté un vêtement de cette
étoffe nommé « *holosericum* », et qu'à la fin du même siècle un
vêtement pareil était refusé par Aurélien à l'impératrice sa
femme. Lorsque le siège de l'empire romain fut transporté à
Constantinople, le goût du luxe, devenu général, enrichit le
commerce persan, toujours en possession du monopole des
soieries; mais précisément à cette époque, le secret, si longtemps
gardé par les Chinois, passait à un autre peuple voisin. Une princesse chinoise, mariée à un prince du Khokand en 419, cachait
dans ses cheveux des œufs de vers à soie et dotait ainsi sa nouvelle patrie, l'un des principaux *khanats* du Turkestan, de la
merveilleuse industrie séricicole dont le mystère se trouva ainsi
divulgué.

En 552, sous l'empereur Justinien, deux missionnaires chrétiens, persans d'origine, apportèrent du Khokand à Constantinople des œufs de vers à soie, enfermés dans la pomme de leurs
cannes. On les fit éclore au moyen de la chaleur du fumier et
ces vers, nourris de feuilles de mûriers sauvages, filèrent
leurs cocons, se multiplièrent et enrichirent l'empire romain d'orient de nombreuses manufactures fondées à Tyr, à
Beyrouth et autres points de la Syrie, de l'Asie Mineure et de
la Grèce, par les soins de Justinien, sous la direction de son
trésorier.

L'Europe occidentale et les autres pays situés hors des limites
de l'empire d'Orient, profitèrent d'abord fort peu de ce bienfait,
car le monopole n'avait fait que changer de place et la fiscalité
des souverains byzantins y trouvait seule des bénéfices considérables. Le prix de la soie était toujours si élevé, qu'en 790
Charlemagne crut faire au roi de Murcie, qui le reçut comme
tel, un présent vraiment royal en lui offrant deux vestes de
soie.

Le monopole de la sériciculture ne fut véritablement détruit
qu'en 1130, lorsque Roger Iᵉʳ, roi normand de Sicile, en guerre
avec Manuel Comnène, pilla Athènes, Thèbes et Corinthe et

emmena en captivité un grand nombre d'ouvriers en soie qu'il établit à Palerme. De ce premier centre séricicole et manufacturier d'Occident, la culture de la soie se répandit bientôt en Italie, en Espagne, puis plus tard en France et dans les autres pays européens.

Quand aux établissements de Brousse et autres places du Khodavendighiar, leur importance ne fut jamais grande sous les byzantins, à cause des troubles et des ravages dont ils eurent à souffrir pendant les invasions des Arabes, suivies de tant de terribles batailles, sièges et assauts, livrés entre les croisés latins, les Grecs et les Turcs seldjoukides. L'ère de leur prospérité date de la domination ottomane (1329) qui rendit enfin à ce pays une paix durable.

Les soies du vilayet de Brousse ont été, depuis lors, avantageusement connues sur les marchés de l'occident pour leurs belles et bonnes qualités; mais on ignora pendant des siècles leur lieu d'origine. Ce n'est guère que vers 1840 que l'on sut en France et en Angleterre d'où arrivaient ces produits si estimés, et que l'on connut à Londres les noms de Démirdèch (Timourtach) près Brousse, et de Lefké, qui fournissaient depuis si longtemps au commerce anglais des cocons recherchés et des soies grèges qui, plus régulièrement filées, eussent été les premières du monde. On pensa alors à augmenter cette belle production et à perfectionner les procédés de filature. En 1845, après quelques tâtonnements qui avaient duré un an, la première filature à vapeur fut établie à Brousse par Tachdjian efendi, assisté du fabricant suisse, M. Falkeisen père et d'un directeur français, M. Goular. Cet établissement possédait 60 bassines. Ses bâtiments servent aujourd'hui d'école aux jeunes garçons de la communauté grecque.

La seconde filature, établie à Brousse en 1846, a été celle de M. Bilézikdji de Constantinople.

Ces deux établissements ont servi d'exemple et de modèle à plusieurs autres qui ont été créés successivement. En 1847, trois établissements furent fondés par Keuléyan Ovaghim Agha et Papazian. En 1850, la filature impériale de la liste civile, usine considérable où fonctionnent 78 tours, fut fondée à Tchimar-Dibi (Brousse). Trois autres furent créées à la même époque par M. Léon Arakélian et par MM. Brotte et Garabed Kirmizian.

D'après le compte-rendu de l'Exposition nationale ottomane de Constantinople, en 1863, environ 5,000 tours fonctionnaient à Brousse, dans les filatures, sans compter un nombre assez considérable de tours sur lesquels on filait la soie à la main dans les maisons.

A un certain moment, l'élan général de la sériciculture a été tel dans le vilayet de Brousse, par suite de l'impulsion donnée au chef-lieu dans 37 filatures, que l'on a pu compter à Bilédjik, Keuplu, Lefké, Moudania, Ghèmlèk et autres centres d'industrie séricicole réunis, jusqu'à 85 usines, outre les tours à main qui fonctionnaient par milliers. Dès lors, non seulement l'exportation des cocons a cessé, mais encore a-t-il fallu, pour faire face aux exigences toujours croissantes des filatures du pays, augmenter d'année en année la quantité de graines soumises à l'incubation. Partout, les grands propriétaires ne s'occupaient plus qu'à planter des mûriers, et l'on ne voyait pour ainsi dire dans tout le vilayet que cette unique culture, source de grands bénéfices et d'une aisance générale. La supériorité de la soie des cocons blancs du ver *sina* produits dans les magnaneries locales, a provoqué alors des demandes considérables de cette qualité de soie en Angleterre, en Belgique et surtout à Lyon. Les sériciculteurs français et italiens importaient chez eux de Brousse, chaque année, de grandes quantités de graines. On se disputait les cocons au prix de 120 fr. le kilogr. Leur exportation reprit ainsi son ancien mouvement. Sa valeur totale annuelle s'élevait à plus de 18 millions de francs, lorsque diverses maladies sévirent sur les vers à soie par suite d'un élevage où le bon choix des graines et les conditions hygiéniques essentielles n'étaient plus observés, les éleveurs, éblouis par l'appât du gain, ne s'occupant plus que d'élever la plus grande quantité possible de graines dans les espaces trop restreints dont ils disposaient.

Cet oubli ou plutôt cette ignorance des notions les plus élé-

mentaires produisit fatalement des résultats tout à fait contraires
à ceux qu'ils en attendaient, trompés par un désir trop exagéré
du lucre. Entre autres maladies épizootiques qui s'en suivirent,
la pébrine atteignit des magnaneries entières en 1860, et au
bout de quelques années, la qualité de cocons blancs qui
faisait la réputation de Brousse avait presque totalement disparu.

Quelques efforts infructueux furent faits à plusieurs reprises
pour se procurer en divers endroits des graines saines, mais la
maladie sévissait aussi dans les autres pays, et après ces insuccès, la production des cocons du vilayet de Brousse, de
4,000,000 de kilogr. qu'elle atteignait au moment de l'apparition de l'épizootie n'était plus que de 400,000 kilogr.
En même temps survenait la baisse soudaine du prix de la soie
à la suite de l'ouverture du canal de Suez, dont une des consé-
quences fut, comme on le sait, de faciliter les relations avec
les Indes, la Chine et le Japon, d'inonder dès 1869 tous les
marchés de l'Europe des produits de ces contrées éminemment
séricicoles.

Toutes ces circonstances réunies découragèrent profondément
les sériciculteurs du vilayet de Brousse. Ainsi qu'il a été déjà dit
plus haut, les efforts du gouvernement pour enrayer la déca-
dence d'une branche de l'agriculture qui enrichissait la Turquie
restèrent longtemps sans succès. Les plantations de mûriers
étaient arrachées et remplacées par d'autres cultures, et la
ruine des industries séricicoles était devenue imminente.

Cependant depuis quatre ans déjà, en 1865, M. Louis Pasteur
avait créé le système qui porte son nom et qui consiste principalement dans la sélection des papillons au microscope, afin
d'obtenir des graines saines. Ce système avait été promptement
adopté en France et en Italie, et les sériciculteurs de Brousse
commencèrent à reprendre un peu d'espoir en apprenant les
beaux résultats obtenus dans ces deux pays qu'ils avaient autrefois fournis de graines, et desquels à leur tour ils devinrent bientôt tributaires pour l'importante somme de 3 millions de fr. par
an. Les résultats obtenus à Brousse des graines de race jaune

achetées en France et en Italie, furent d'abord très satisfaisants ;
mais la fraude ne tarda pas à s'introduire dans le commerce des
graines ; les sériciculteurs ottomans, alléchés par le vil prix
d'une production industrielle dont ils n'avaient aucun moyen de
reconnaître l'infériorité, furent victimes de leur ignorance et de
leur économie mal placée, et la conséquence nécessaire de cette
faute fut une diminution nouvelle de leur production de cocons.

Quelques graineurs de Brousse et de Ghèmlèk eurent alors
l'heureuse idée de se rendre en France pour étudier le système
Pasteur à sa source même. De retour de ce voyage, ils entre-
prirent la sélection des graines de Bagdad ; mais les quantités
qu'ils purent préparer étaient d'une importance trop minime
pour remédier à la situation qui resta à peu près la même, jusqu'au moment où M. Hermann Scholer soumit à l'administration de la Dette publique ottomane un projet ayant pour but la
solution radicale des difficultés.

Parmi les revenus concédés à cette administration, en vertu
de l'Iradé Impérial du 8/20 mouharrem 1881, figure en effet la
dîme des soies du vilayet de Brousse, qui, lorsqu'elle en a pris
possession, en 1882, était de 14,695 livres turques par an. Elle
prit en sérieuse considération le projet qui lui était soumis et qui
consistait à ne permettre l'entrée qu'aux seules graines accom-
pagnées de leurs papillons, et à soumettre toutes celles qui
auraient satisfait à cette condition préalable à l'examen d'un
service micrographique à créer.

Pour mettre ce projet à exécution, il était indispensable
d'avoir un homme du métier pour diriger l'important service de
micrographie qui devait être installé à la douane. A cet effet,
l'administration de la Dette publique s'adressa à M. Pasteur,
qui en référa à M. Maillot, alors directeur de la station séricicole
de Montpellier. Celui-ci proposa au choix de l'administration
un ancien élève diplômé de l'École d'Agriculture de Montpellier,
M. Kévork Torkomian, qui occupait à ce moment le poste de
sous-directeur des domaines de la Couronne à Tchataldja. Celui-
ci, avant de répondre à l'offre qui lui fut faite du poste de chef
du contrôle du service micrographique, demanda à étudier ce

projet sur lequel il émit un avis défavorable, et soumit à l'administration de la Dette publique, le 14/26 février 1887, un contre-projet proposant la création à Brousse d'une station séricicole ayant pour double but de former des graineurs indigènes et de propager dans le pays les bonnes règles de l'élevage du ver à soie.

Après avoir passé par diverses phases dont il serait trop long de retracer ici toutes les circonstances, — parmi lesquelles on peut citer l'essai qui fut fait d'un système mixte en août 1887, au moyen de l'établissement d'un bureau technique dirigé par MM. Scholer et Wagner, qui donna lieu à plusieurs mécomptes, à beaucoup de plaintes et qui dut cesser de fonctionner vers la fin du mois de décembre de la même année, — le contre-projet de M. Torkomian fut enfin adopté par l'unanimité des membres du conseil d'administration de la Dette publique. Ses deux présidents, MM. Aubaret et Vincent Caillard, et le directeur général Sélim Efendi Melhamé, qui s'y étaient tout particulièrement intéressés dès le principe, pensant que son auteur pourrait mieux que tout autre en assurer la parfaite exécution, firent alors une demande officielle au ministère impérial de la Liste civile, auquel appartenait ce jeune fonctionnaire, afin d'obtenir pour Torkomian Efendi l'autorisation de diriger en même temps la station séricicole de Brousse pendant trois mois chaque année. Cette demande, accueillie avec une vive satisfaction par le ministre, feu S.E. Agop Pacha, fut aussitôt soumise par lui à S. M. I. le sultan qui voulut bien lui accorder sa haute approbation par un décret (Iradé) impérial en date du 26 janv. (6 fév.) 1888.

Torkomian Efendi, en vertu de cet acte souverain, fut chargé par l'administration de la Dette publique du premier établissement et de la direction de la station séricicole de Brousse, conformément à son propre projet. Dès le commencement de la campagne séricicole de 1888, les cours et les éducations modèles étaient inaugurés; douze élèves fréquentaient la station qui ne tarda pas à prendre un plus grand essor, et dont le siège, devenu trop étroit, dut à deux reprises être transféré dans de plus vastes locaux.

Actuellement la station séricicole de Brousse a déjà parcouru une période quinquennale, durant laquelle quatre-vingt-quatorze élèves ont obtenu leur diplôme. De retour dans les divers cantons du vilayet de Brousse et du mutessariflik d'Ismidt, ils y ont propagé le système Pasteur et les saines règles de l'élevage. Le nombre des graineurs indigènes s'est considérablement accru, et la production de la meilleure qualité de graines est devenue chose ordinaire dans la contrée. Les cultivateurs, reprenant espoir, se sont mis à l'œuvre pour reconstituer sur une très vaste échelle les anciennes plantations de mûriers, et le nombre des nouveaux plants s'est élevé, pendant les cinq dernières années, au chiffre approximatif de 30 millions. La bonne qualité des graines et l'abondance des feuilles de mûrier, le mouvement ascendant de la production des cocons qui en a été la suite naturelle, ont provoqué la réouverture des filatures, fermées depuis la crise causée par les maladies des vers à soie.

On compte aujourd'hui dans le vilayet 88 filatures à vapeur, et dans la seule ville de Brousse, outre des milliers de tours à main, 45 de ces usines contenant en totalité 2.169 bassines.

Non seulement le vilayet de Brousse est affranchi, dès à présent, du tribu annuel d'environ 3 millions de fr. qu'il payait à l'industrie étrangère du grainage, mais encore il exporte depuis quelque temps d'importantes quantités de graines dans les autres parties de l'Empire, ainsi qu'en France, en Italie et en Russie.

Durant la campagne séricicole de 1892, il a été mis à l'incubation, dans le vilayet de Brousse, 122.776 onces de graines, soit, à raison de 25 grammes l'once, 3.069 kilogr. environ.

En présence d'un état aussi prospère, plusieurs personnes, notamment MM. Fernandez, Alatini de Salonique et Pascalidi, ont sollicité du gouvernement ottoman et de l'administration de la Dette publique la concession du monopole de la confection et de la vente des graines de vers à soie qui leur a été refusée. On a également rejeté le système d'affermage de la dîme des soies.

Ce n'est pas tout : pour encourager les sériciculteurs à persister dans la bonne voie, afin d'arriver au maximum de la production économique, des concours agricoles annuels ont été institués sur la proposition de Torkomian Efendi, adoptée par l'administration de la Dette publique, avec l'approbation du gouvernement. Pour ces concours, dont deux ont eu lieu déjà à Brousse en 1891 et 1892, et le troisième à Bilédjik et à Ismidt en 1893, il est alloué par la Dette publique une somme de 300 livres turques (environ 6,900 fr.) par an pour ce service. Le succès de cette institution toute nouvelle pour la Turquie a été complet. Le Jury a constaté, au concours de 1892, que les cocons de plusieurs magnaneries avaient donné de superbes rendements en soie; ainsi, des cocons frais de qualité extra ont rendu 1 kilogr. de soie grège pour un poids total de 7 k. 900.

Les prix accordés aux lauréats de ces concours consistent en microscopes et en sommes d'argent. Ces encouragements don-nés par l'administration de la Dette publique continueront sans nul doute à exercer une influence de plus en plus salutaire sur les progrès de la sériciculture en Turquie.

Les résultats précieux obtenus en cinq années de fonctionnement de la station séricicole de Brousse l'ont mise au rang d'une institution désormais indispensable, et il a été décidé de la doter, comme les autres écoles nationales ottomanes, de bâtiments spéciaux qui auront pour annexes une magnanerie modèle, construite suivant les exigences de la science actuelle.

Pour assurer plus complètement l'action bienfaisante de cette utile fondation et rendre impossible le retour des funestes circonstances qui ont failli ruiner à jamais la sériciculture en Turquie, l'administration de la Dette publique a élaboré et soumis à la sanction impériale un règlement spécial en vertu duquel la confection et la vente des graines de vers à soie seront interdites à toute personne non munie d'un certificat de capacité.

En résumé, l'état actuel de la sériciculture dans le vilayet de Brousse se présente comme suit :

Nombre de mûriers plantés depuis 5 ans dans tout le vilayet : environ 30 millions.

Superficie totale des plantations de mûriers : 563,600 *dennum*, soit 51,811 hectares.

Nombre de filatures à vapeur : 88, contenant 5,000 bassines.

Nombre de filatures à vapeur dans la seule ville de Brousse : 45, contenant 2,169 bassines.

Graines mises à l'incubation en 1892-93, soit du 1ᵉʳ mars 1892 au 28 février 1893, dans tout le vilayet de Brousse : 128,484 onces de 25 grammes, soit 3212 kilogr. 100.

Cocons récoltés dans le vilayet : 4,324,670 kilogr.

Valeur de cette récolte : 560,172 livres turques, soit environ 12,900,000 fr.

Dîme de ce revenu à la dette publique : 56,017 livres turques, soit environ 1,300,000 fr.

En 1882, quand l'administration de la Dette publique prit possession de ce revenu, la dîme des soies du vilayet de Brousse n'était que 14,695 livres turques.

Augmentation obtenue : 41,322 livres turques.

Outre l'école spéciale de sériciculture ou « station séricicole » ayant pour annexe une magnanerie modèle précitée, une école pratique d'agriculture a été fondée récemment près de Brousse, à Karaman-keuï, et l'enseignement agricole y a été inauguré en 1891. Cette école, à l'institution et à l'organisation de laquelle a présidé, par ordre de S. M. I. le sultan, le conseiller d'agriculture et des travaux publics, Djémal Bey, ancien élève de l'école nationale d'agriculture de Grignon, a pour directeur Kiatibian Efendi, également ancien élève de cette institution française renommée, et pour sous-directeur Sinanian Efendi, qui a reçu comme eux une instruction spéciale en France. La nouvelle institution agricole de Brousse, dûment pourvue des meilleurs instruments aratoires et dotée d'un bon cheptel de bestiaux choisis sur les domaines impériaux, compte actuellement 40 élèves appartenant aux diverses communautés du vilayet, proportionnellement au nombre d'habitants dont chacune se compose. Elle recevra chaque année, suivant cette même proportion, 20 nouveaux élèves. La durée des cours étant de trois ans, le nombre des élèves sera toujours de 60 à partir de 1894, date de la sortie des 20 premiers reçus qui auront alors terminé leurs études.

Ce bel établisement aura sans doute pour première conséquence, én répandant dans le vilayet de Brousse les enseignements de la science agronomique et la pratique éclairée de l'agriculture, de multiplier et de perfectionner la production déjà si abondante et si remarquable de cette fertile contrée. On est en droit d'espérer que ces effets bienfaisants s'étendront bientôt plus loin et provoqueront la création d'institutions semblables dans les vilayets moins favorisés que celui-ci par la nature, et dont les populations, plus ignorantes, ont besoin d'avoir pour stimulants de bons exemples mis en permanence sous leurs yeux.

Bestiaux. — La production du bétail dans les 5 sandjaks du vilayet de Brousse est, en moyenne annuelle, comme suit :

Bœufs et vaches.	1,180,000
Chevaux et mulets.	203,000
Moutons	1,245,050
Chèvres communes. . . .	624,030
— mohair	930,920
Chameaux	17,000
TOTAL . . .	4,200,000 têtes de bétail.

La grande importance accordée à l'élève de la race ovine dans le vilayet de Brousse s'explique naturellement par la supériorité exceptionnelle des laines de cette province, dont la qualité n'est surpassée que par celle dite *yerli* (produit local) de Smyrne. En effet, c'est cette laine qui assure aux tapis d'Ouchak (dits de Smyrne) et autres de provenance des divers sandjaks de ce même vilayet de Brousse, la haute prééminence sur tous les tapis d'Orient, soit turcs, soit même persans, car les imitations de tapis de Perse faits à Ouchak sont bien souvent préférables sous tous les rapports, aux originaux.

Quoi qu'il en soit, le produit en laine brute de chaque mouton variant de 2 à 5 kilogr., si l'on prend une moyenne au minimum de 3, on obtient, pour total moyen de ce produit accessoire, une quantité annuelle de 3,735,150 kilogr. de laine brute. La sorte la plus estimée est celle d'Afioun Kara-Hissar.

La plus grande partie de ces laines, après la quantité nécessaire à la consommation locale, est exportée par Smyrne à destination des principales places de commerce de l'Europe.

Apiculture. — On pratique avec succès l'éducation des abeilles dans tous les cazas et nahiés. On cite spécialement le miel d'Adramit, renommé pour son excellent goût et son parfum suave, qui le font rechercher par-dessus celui de toutes les autres localités. Cette supériorité est attribuée, à tort ou à raison, à une espèce particulière de pin sylvestre qui croît dans cette région et dont un petit insecte, propagé avec grand soin par les apiculteurs, pique l'écorce et fait couler la sève; les abeilles s'en nourrissent et le miel en prend ses qualités exceptionnelles. On exporte chaque année des milliers d'okes de ce miel.

La production totale en miel et en cire du vilayet de Brousse est estimée comme suit, en moyenne annuelle :

Miel. . . . . 802,636 kilog.
Cire . . . . 44,770 —

Fleuves, rivières, etc. — Bien que le vilayet de Brousse soit abondamment arrosé par une multitude de cours d'eau, peu méritent d'être cités. Les principaux fleuves ou rivières sont le *Sakaria* (Sangarius); le *Sémav-sou* ou *Soussourlou-tchaï*; le *Khodja-tchaï* (Æsepus); le *Ghédiz* (Hermus) et leurs affluents, auxquels il faut ajouter deux grandes rivières, affluents des lacs *Apollonia* et *Manias* : le *Zindjan-sou* et le *Manias-tchaï*, qui eux-mêmes reçoivent certains cours d'eau d'une importance relative, dignes cependant d'une mention particulière.

Parmi les fleuves ci-dessus énumérés, il convient d'éliminer tout d'abord le *Sakaria*, dont la description sera mieux placée au chapitre spécial du mutessariflik d'Ismidt, et le *Ghédiz* déjà décrit à celui du vilayet de Smyrne.

SAKARIA. — Il suffira de dire ici que le *Sakaria* (Sangarius), venant du vilayet d'Angora, fait son entrée dans le vilayet de Brousse au nord-est du sandjak d'Erthogroul, qu'il parcourt dans la direction du nord-ouest sur une longueur d'environ 75 kilom., avant de passer au sud du mutessariflik d'Ismidt, où se trouvent la plus considérable partie de son cours et son embouchure dans la mer Noire. A son passage, il reçoit sur sa rive gauche les deux rivières *Kara-sou* et *Gueuk-sou*, la première 10 kilom. en amont et à l'est de Lefké et la seconde à 5 kilom. en aval de la même ville. Le *Kara-sou* prend sa source au sud, près de Boz-euyuk, passe à Karakeuï, Keuplu, Bilédjik et Vézir-Khan près duquel se trouve son confluent. Le *Gueuk-sou* sort au sud-ouest par un grand nombre de sources, du versant nord du mont Olympe et se dirige vers le nord-est jusqu'à son confluent près Lefké en passant par Yéni-Chèhr.

GHÉDIZ. — Quant au *Ghédiz* (Hermus), qui prend sa source à Ghédos dans le sandjak de Kutahia qu'il traverse du nord au sud, en passant par Derbent-keuï, à 20 kilom. d'Ouchak, il entre à 30 kilom. ouest de la même ville dans le vilayet de Smyrne, après un parcours de 60 kilom. environ, à partir de son origine, au pied du Mourad-dagh.

BANAZ-TCHAÏ. — Le *Banaz-tchaï*, affluent du *Buyuk Mendérès* (Méandre), sort également du Mourad-dagh et parcourt du nord au sud environ 80 kilom. dans le sandjak de Kutahia avant d'entrer à l'est dans le vilayet de Smyrne où se trouve son confluent.

KHODJA-TCHAÏ. — Le *Khodja-tchaï* (Æsepus) prend sa source près d'Avnié, dans le caza d'Adramit, au pied du versant nord du Kaz-dagh (mont Ida). La direction générale est du sud-ouest au nord ; il coule d'abord de l'ouest à l'est à partir des

environs d'Avnié jusqu'auprès de Balia, nahié du caza de Balikessèr, situé à deux kilom. de sa rive droite, sur un petit
affluent. Là, il fait un coude et se dirige vers le nord en inclinant légèrement vers l'est jusqu'à Gunan, puis il prend sa dernière direction, du sud au nord, et va se jeter dans la mer de
Marmara au nord-ouest du caza de Gunan, sur la limite du
mutessariflik de Bigha (Dardanelles), à 20 kilom. ouest d'Aïdindjik, après un parcours total de 85 kilom. dans le sandjak
de Karassi.

Ce fleuve pourrait facilement, à peu de frais, être rendu
navigable pour de petits bâtiments. Actuellement, il n'est utilisé qu'au transport par flottage de troncs de pins équarris qui
sont chargés sur de grands caïks près de son embouchure, à
destination de Constantinople où ils sont employés aux constructions maritimes.

Le *Khodja-tchaï* reçoit sur ses deux rives un grand nombre
de cours d'eau sans aucune importance, parmi lesquels il faut
compter la petite rivière de *Gunan* dont les habitants de cette
ville boivent l'eau avec délices.

SÉMAV-SOU. — Le *Sémav-sou* ou *Soussourlou-tchaï* (Macestus), prend sa source au pied des collines voisines du petit lac
de Sémav-gueul, dans le sandjak de Kutahia. Après avoir parcouru de l'est à l'ouest ses 12 premiers kilom., il passe près
de la ville de Sémav qu'il laisse à 5 kilom. sur sa gauche, et
à 8 kilom. plus loin, il entre dans le *Sémav-gueul* à l'est et
en sort à l'ouest à Kilissé-keuï. De ce village il suit la même
direction jusqu'à la ville de Sanderghi, chef-lieu d'un caza du
sandjak de Karassi, puis, traçant une courbe, il se dirige du sud
au nord par Bighadjik, Ghebsoun, Yildiz, Sultan-tchaïr, Soussourlou, Yahiakeuï, et là sort du sandjak de Karassi pour se
diriger vers le nord-est sur Mikhalitch, caza du sandjak de
Brousse qu'il arrose, et gagner son embouchure dans la mer
de Marmara, à 47 kilom. est de Panderma et 35 kilom.
ouest de Moudania, après un parcours total d'environ 300 kilom., dont 60 dans le sandjak de Kutahia, 168 dans le san-

djak de Karassi et 72 dans le merkez-sandjak de Brousse.

Durant ce parcours, le *Sémav-sou* décrit de nombreux méandres et reçoit plusieurs affluents considérables dont les principaux sont : le *Zindjan sou,* le *Manias-tchaï,* tous deux déjà cités parmi les plus importants cours d'eau de ce vilayet ; l'*Ouzoundjadéré-sou* et enfin le *Nilufer* ou *Ulufer* (Nénuphar) qui fertilise la plaine de Brousse.

Avant de décrire ces quatre rivières, dont certains affluents méritent également une mention particulière, il convient d'ajouter ici que le *Sémav-sou* est navigable pour des bateaux à vapeur d'un faible tonnage. La compagnie concessionnaire des mines de boracite de Sultan-tchaïr avait organisé le transport du minerai au moyen de remorqueurs, dont le plus petit, le *Démir-Kapou,* faisait le service des mines jusqu'a Mikhalitch, sur un parcours d'environ 60 kilom. Un second vapeur, un peu plus grand, le *Sultan-tchaïr,* effectuait à son tour les transports de Mikhalitch à l'embouchure du fleuve, distante d'environ 28 kilom., et là un troisième bâtiment reprenait les chargements pour les conduire à Constantinople. Le Gouvernement ayant suspendu ce mode de transport, la navigation à vapeur sur le *Sémav-sou* n'est plus pratiquée actuellement.

Manias-tchaï. — Le *Manias-tchaï* (Tarsus) sort du versant nord-est du Madara-dagh et prend son cours dans la direction générale du sud-ouest au nord-est, passe à Kayali, à Ivrindi, à Hodja-Avchar, à Ismaïl-Bey et autres villages du caza de Balikessèr, qu'il quitte pour entrer dans celui de Panderma, où il se jette dans le lac de Manias, à peu près à la moitié de sa largeur du côté sud. Il en sort à l'est sous le nom de *Kara-déré-sou* et rejoint son confluent avec le *Sémav-sou,* à 2 kilom. environ en aval de Mikhalitch, après un parcours total de 160 kilom. environ, dont 120 de sa source jusqu'au lac Manias, 10 dans la traversée de ce lac et 30 du point où il en sort jusqu'au *Sémav-sou.*

On n'a jamais tenté de rendre le *Manias-tchaï* navigable, à cause des chutes considérables de sa partie supérieure et des

ensablements de son cours inférieur. Les anciens y avaient construit, prés de Cadi-keuï et de Sémiz-keuï, deux ponts conduisant
à des forteresses aujourd'hui complètement ruinées ainsi que
ces ponts eux-mêmes, dont les piles seules sont assez bien conservées. Actuellement, il existe sur cette rivière deux ponts, l'un
à Hodja-Avchar, l'autre à Ismaïl-bey. Il y a aussi sur le *Sémav-*
sou deux ponts, à Ghebsoun et à Soussourlou. Ce dernier est
dans le voisinage du pont antique de Sultan-tchaïr, dont il reste
huit piles et quelques débris d'arches. Les quatre ponts existants sont bien loin de suffire à la circulation locale, surtout en
hiver et dans les saisons de grandes pluies où l'on n'a pas d'autre
moyen de passer d'une rive à l'autre. Certains riverains ont
alors, pour arriver à ces ponts, à se détourner de 50 à 60 kilom.
de leur droit chemin.

ZINDJAN-SOU. — La source du *Zindjan-sou* est située près
de Hamzali, aux environs de la rive nord du Sémav-Gueul. La
direction générale de cet affluent du lac *Apollonia* et du
Sémav-sou est du sud-est au nord-ouest. Il passe successivement à Sinékler, Guéné, Kourchoumlou et autres villages du
sandjak de Brousse ; puis à Kermasti, et se jette dans le lac
Apollonia, à 10 kilom. au nord de cette même ville, sur la
rive ouest du lac. Il en sort à l'extrémité de cette ville, à Ou-
loubad, et va faire sa jonction avec le *Sémav-sou*, à 5 kilom.
de Mikhalitch, au dessous du confluent de ce fleuve et du *Ma-*
nias-tchaï, après un parcours total d'environ 145 kilom., dont
125 de sa source au lac *Apollonia*, 10 dans la traversée de ce
lac, et 10 d'Ouloubab à son confluent.

Durant ce parcours, le *Zindjan-sou* reçoit sur ses deux rives
un contingent considérable d'affluents parmi lesquels deux,
sur la rive droite, attirent particulièrement l'intérêt. Ces deux
rivières sont le *Guéné-tchaï* et l'*Atarnos-tchaï* (Rhyndacus),
qui de leur côté sont grossis par une infinité de petites rivières,
de sources et de ruisseaux.

GUÉNÉ-TCHAÏ. — On trouve la source de *Guéné-tchaï* au

sommet du Chabchané-dagh. En descendant de ces hauteurs et
où il prend sa direction du sud-est au nord-ouest, le *Guéné-tchaï*
passe à Déré-keuï, à Assardjik, à Eghri-Gheuz, et atteint son
confluent avec le *Zindjan-sou* à Guéné dont il prend le nom,
après avoir parcouru 80 kilomètres,

ATARNOS-TCHAÏ. — L'*Atarnos-tchaï* (Rhyndacus) prend sa
source à l'est du Mourad-dagh, se dirige d'abord vers le nord en
passant par Soussouz-keuï, Tchiandir-hissar, où sont les ruines
d'OEzani, Akdjé-chéhir, Tavchanli, où il change de direction
en décrivant un arc de cercle vers l'ouest, et traverse dans ce
nouveau trajet Harmandjik, Atarnos (Edrénos), chef-lieu du
caza de même nom, et va enfin rejoindre son confluent avec le
Zindjan-sou près de Kéklik, à 30 kilom. à l'entrée de cette
dernière rivière dans le lac Apollonia et à 20 kilom. au sud-
est de Kermasti, après un parcours total d'environ 190 kilom.,
dont 100 dans le sandjak de Kutahia et 90 dans le merkez-sandjak de Brousse.

OUZOUNDJA DÉRÉ-SOU. — Au milieu du versant nord du
vaste plateau nommé Ouzoundja-Yaïla, situé entre le Madara-
dagh et le Démirdji-dagh, dans la direction du sud-ouest au
nord-est, descend un affluent du *Sémav-sou* qui va se jeter dans
ce fleuve près de Ghebsoun, au village de Manda-chora, après un
parcours total de 50 kilom dans le sandjak de Karassi, dont
il fertilise les cantons du sud et l'est de la partie centrale.

NILUFER OU ULUFER. — Pour compléter la description des principaux affluents du *Sémav-sou*, il reste à parler du *Nilufer* ou
Ulufer qui fertilise la plaine de Brousse en serpentant à travers
les champs de blé et d'orge, les plantations d'oliviers, de mûriers,
les grasses prairies et donne un attrait de plus à cette riche et
charmante contrée. La source principale du *Nilufer* se trouve,
ainsi que plusieurs autres ruisseaux ne contribuant pas moins à
former cette jolie rivière, au sommet du versant nord du mont
Olympe. Elle contourne à l'ouest la montagne pour aller se

joindre, à 5 kilom. nord de la ville de Brousse, au cours d'eau déjà formé par les autres sources. Celui-ci parcourt environ 30 kilom. d'est en ouest, avant cette jonction, à partir de l'origine de celle de ces sources nommée *Déli-sou* qui contourne à l'est le même versant nord de la montagne où tous ces ruisseaux prennent naissance au milieu des neiges et des glaces perpétuelles du sommet. Le *Déli-sou* les reçoit et les porte au *Nilufer*, qui, de son côté, parcourt à l'ouest également environ 30 kilom. de son origine à leur confluent. A partir de là, entre Brousse et Démirdèch, le *Nilufer* poursuit son cours de l'est à l'ouest, passe à Bademli, à Has-keuï, côtoie la limite des cazas de Moudania et de Mikhalitch, et va se jeter dans le *Sémav-sou*, à 15 kilom. au sud de son embouchure, après un parcours total de 85 kilom. environ, qui reste le même à compter, soit de la source principale du *Nilufer*, soit de celle du *Déli-sou*, l'une à l'est et l'autre à l'ouest du mont Olympe.

Le nom de *Nilufer* (Nénuphar) donné à cette rivière, provient, suivant la légende orientale, du nom d'une princesse grecque enlevée à Bilédjik, lors de la prise de cette place par le sultan Orkhan. Celui-ci épousa la princesse qui fut la mère du sultan Mourad Ier Khodavendighiar. On a cru devoir assimiler le *Nilufer* à l'ancien fleuve *Odryssès* cité par Strabon; mais ce dernier fleuve sortait du lac Dascylitis, venait de l'ouest et se jetait dans le *Rhyndacus*, tandis que le *Nilufer* vient de l'est, sort du mont Olympe et se jette dans le *Sémav-sou*.

MENDÉRÈS (MÉANDRE). — Le *Mendérès* (Méandre), qui prend sa source à Dinaire, station du chemin de fer de Smyrne-Aïdin située dans le sandjak de Kara-Hissar (caza de Sandikli), a déjà été décrit au chapitre spécial du vilayet de Smyrne. La longueur de son parcours dans le vilayet de Brousse est d'environ 90 kilom. et sa direction générale de l'est à l'ouest.

POURSAK. — Le *Poursak* (ancien *Thymbrius*), affluent du *Sakaria* (Sangarius), sort à l'est du Mourad-dagh, passe à Kutahia en dirigeant son cours du sud au nord-est, et par une courbe vers l'est il traverse Eski-Chèhr et sort du vilayet de Brousse pour aller rejoindre son confluent avec le *Sakaria* dans le vilayet d'Angora, après avoir arrosé la région d'Eski-Chèhr et parcouru environ 125 kilom. dans le sandjak de Kutahia.

Lacs, marais, etc. — On compte dans le vilayet de Brousse six lacs principaux, qui sont ceux de *Nicée* (Isnik-gueul), de *Manias*, d'*Apollonia* (Aboulonia-gueul), de *Sémav*, de *Tchardak* (Adji-touz-gueul) et de *Bolvadin* (Iper-gueul). Outre ces lacs, il en existe d'autres sans importance qui seront cités plus loin à l'occasion.

Lac de Nicée. — Situé en partie dans le merkez-sandjak de Brousse et en partie dans le sandjak d'Erthogroul, par 27° à 27° 22′ de longitude et 40° 23′ à 40° 27′ de latitude, le lac de Nicée, ancien lac *Ascanius*, mesure environ 27 kilom. de longueur sur 83 de largeur. Il a, selon M. Sette, ingénieur français bien connu, 83 kilom de circuit, et environ 300 kilom. carrés, soit 30,000 hectares de superficie ; sa profondeur dépasse 50 mètres et la différence de niveau entre la mer et le lac est d'environ 80 mètres. Il est encaissé entre le Katyrli-dagh (Arganthonius) et les prolongements du Samanli-dagh. Une abondante végétation, des champs bien cultivés, d'une étendue à peu près égale à la superficie du lac, des vignes, d'épaisses forêts, donnent à cette région l'aspect le plus pittoresque. La ville de Nicée, aujourd'hui Isnik, située à l'extrémité orientale du lac, plonge dans ses eaux les antiques murailles de son enceinte occidentale, encore debout, malgré la ruine et l'abandon complet de l'ancienne ville. La ville moderne semble un village perdu parmi les vastes jardins qui l'entourent et la cachent.

Les eaux du lac de Nicée sont très saumâtres. Selon Aristote, cela ne serait pas l'effet du sel marin, mais plutôt du nitre qu'elles tiennent en dissolution. Toutefois, ces eaux sont très poissonneuses ; elles nourrissent de belles carpes, des poissons ressemblant au sterlet, de plus de 60 centim. de long, et plusieurs autres espèces non déterminées, ainsi que de nombreux coquillages et mollusques.

Ce lac reçoit au nord quelques rares affluents et n'en reçoit aucun du côté du sud. A l'est, la petite rivière d'Isnik y apporte un filet d'eau d'environ 20 kilom. de parcours. A l'ouest, un autre cours d'eau qui déverse dans la mer, au sud de Ghemlek, le trop-plein des eaux du lac, était autrefois à sec durant six mois de l'année. Il a été endigué récemment et son cours a été rectifié, afin de suffire aux irrigations des belles cultures avoisinantes. On croit que c'est l'ancien fleuve *Ascanius*. La longueur de son parcours total est d'environ 18 kilom. Il reçoit sur sa rive droite un affluent qu'on suppose être l'ancien fleuve *Cius*.

De très nombreux vols de hérons, de cigognes, de pélicans (*saka* ou porteur d'eau, en turc), des spatules, des avocettes, et toutes sortes d'oiseaux aquatiques fréquentent les eaux du lac et s'ébattent sur la plage sans avoir à craindre le chasseur, plus rare encore en ces lieux que le pêcheur.

Lac d'Apollonia. — Ce lac est situé au sud-est du caza de Mikhalitch, dépendance du merkez-sandjak de Brousse, par 26° 8' à 26° 25' de longitude et 40° 5' à 40° 12' de latitude. Sa plus grande longueur, du nord-ouest au sud-est, est d'environ 24 kilom. sur 13 de largeur. Sa distance de la côte est de 22 kilom., en ligne directe, et d'environ 28 kilom. par l'*Atarnos-tchaï* et le *Sémav-sou* au moyen desquels d'assez gros navires ont pu souvent le mettre en communication avec la mer de Marmara.

Ce lac est parcouru par un très grand nombre de petites embarcations à voiles et à rames, qui ont pour but principal la pêche, fort abondante, de poissons exquis, dont la chair délicate est recherchée sur les marchés de Brousse, de Constantinople et des principales villes de la Turquie d'Europe. On cite parmi ces poissons, outre le brochet, la carpe et autres espèces bien connues, le *yayan-balouk* (poisson fantassin), particulièrement estimé des gourmets. L'*Osmanli*, journal semi-officiel, publié à

Constantinople en turc et en français, en a fait la mention suivante, tirée de sa collection de l'année turque 1298 (1881). « Ce « poisson est plutôt carnivore qu'herbivore. On en a vu un, avaler « tout d'une haleine un canard et un faucon qui se colletaient « sur son lac et en troublaient le repos. Il a le goût du poulet « dans sa jeunesse et celui du porc frais dans l'âge avancé, « qualités rares et précieuses, surtout la dernière, qui permet « à tout bon musulman de se faire, sans aucun péché, une idée « nette des délices de la charcuterie ».

Certains *yayan-balouk* pèsent jusqu'à 100 okes (128 kilos) et même plus.

Des cosaques, établis depuis plus de 150 ans à *Kozak-keuï*, village situé sur la rive occidentale du lac Manias, à 60 kilom. environ du lac Apollonia, vers l'ouest en ligne directe, viennent chaque année pêcher près de ce dernier lac, au confluent de l'*Atarnos-tchaï* et du *Sémav-sou*, d'énormes quantités d'esturgeons dont ils font du caviar. L'esturgeon est tellement abondant dans ces parages que les œufs seuls en sont utilisés; la chair est abandonnée.

Il y a sur le lac Apollonia plusieurs petites îles où l'on retrouve quelques restes de constructions, de l'époque byzantine. Sur l'une de ces îles, de 5 kilomètres de circuit, située au nord-est du lac, et à laquelle on accède par un pont de bois, se trouve un village bâti au milieu des ruines de la cité byzantine qui avait remplacé l'ancienne ville d'*Apollonia ad Rhyndacum*. Quelques tours et des pans des anciens murs d'enceinte byzantins subsistent encore. L'îlot, nommé *kiz-adassi* (l'îlot de la fille), contient des restes de constructions helléniques, notamment un quai, et les ruines d'un temple, peut être celui d'Apollon.

LAC DE MANIAS. — Le lac de *Manias*, qu'on appelait dans l'antiquité lac de *Milépolis*, à cause de son voisinage de cette ville (aujourd'hui Mikhalitch), est situé dans le caza de Panderma, par 25° 30″ à 25° 45′ de longitude et 40° 7 à 40° 15′ de latitude. Sa plus grande longueur, du sud-ouest au nord, est d'environ 28 kilom. sur 13 de largeur. La distance entre la rive orientale et la rive occidentale du lac Apollonia est d'environ 33

kilom. en ligne directe. Il est à 12 kilom. au sud de Panderma et communique avec la mer de Marmara par le *Manias-tchaï* et le *Sémav-sou*, ainsi qu'avec le lac Apollonia par ces
mêmes cours d'eau et l'*Atarno*. Par cette voie, le lac Manias
se trouve à 50 kilom. environ de la mer et à 37 kilom. environ
de la rive occidentale du lac Apollonia. De petits bâtiments à
vapeur pourraient y pénétrer avec autant de facilité que dans ce
dernier lac.

Le lac de *Manias*, très poissonneux, est exploité, comme
toutes les autres eaux lacustres ou fluviales de ces parages, par
les habitants de Kozak keuï principalement. Cette pêche est
affermée par l'administration de la Dette publique. Le fermier
perçoit sur le poisson pêché 20 0/0 *ad valorem* et 5 piastres
(1 fr. 25) par charretée de joncs et de roseaux coupés sur les
bords du lac.

Durant la saison des pluies et au moment de la fonte des
neiges, les lacs de Manias et d'Apollonia ainsi que leurs affluents
débordent, et souvent ne forment plus qu'une vaste nappe d'eau.
Longtemps après qu'ils sont rentrés dans leur lit, les environs
demeurent marécageux et insalubres.

Parmi les innombrables oiseaux qui fréquentent ces parages,
les principaux sont : l'oie sauvage, le canard, le cygne, la grue,
le pélican, le héron et la bécasse. La chasse est très peu pratiquée.

LAC DE SÉMAV. — Le *Sémav-gueul* est situé dans le caza
de même nom, à l'ouest du sandjak de Kutahia, par 26° 30' à
26° 37' de longit. et 39° 7' à 39° 10' de latit. Sa plus grande longueur est d'environ 13 kilom. sur 5 à 6 de largeur. Il est
entouré de collines qui sont, au nord, des contreforts de l'Ak-
dagh, et au sud s'étendent le long du Démirdji-dagh en se prolongeant à l'est jusqu'au Mourad-dagh (Dyndimène). Le lac est
alimenté par des sources abondantes qui descendent de ces collines. A son extrémité occidentale et au nord du village de Kilissé-
keuï, se trouve une gorge étroite par laquelle le *Sémav-sou* qui
y entre à l'est et le parcourt dans toute sa longueur, s'en échappe

impétueusement et forme une cascade au milieu des rochers. Le *Sémav-gueul* est poissonneux ; ses environs sont marécageux, mais on pourrait facilement les assainir et les rendre à l'agriculture par des drainages peu coûteux.

LAC DE TCHARDAK OU ADJI-TOUZ-GUEUL. (Lac du sel amer, ancien lac *Anava*). — L'*Adji-touz-gueul* est situé sur la rive droite du chemin de fer de Smyrne-Aïdin, à proximité de Tchardak et à 21 kilom. environ à l'est de Dinaire. La voie ferrée le côtoie au nord dans toute sa longueur de l'ouest à l'est, longueur qui est de 22 à 23 kilom. Sa plus grande largeur, du sud au nord, est de 2 à 3 kilom.

Ainsi que son nom l'indique, le lac *Adji-touz* est très saumâtre. Aucun poisson ne peut vivre dans ses eaux. Les environs de ce lac sont marécageux.

LAC DE BOLVADIN OU IPER-GUEUL. — A l'autre extrémité du sandjak de Kara-Hissar, sur la limite du vilayet de Koniah, dans le sandjak de Bolvadin, on rencontre un autre lac nommé *Iper* ou *Eber-gueul*. Il est de forme à peu près circulaire et mesure environ 18 kilom. de superficie. Ce lac communique avec celui d'Ak-chéhir, situé dans le vilayet de Koniah, par un cours d'eau très rapide nommé *Kara-arslan-tchaï* (rivière du lion noir) qui prend sa source à Altoun-tach, village du sandjak de Kutahia, passe à Kara-Hissar, vient se jeter dans le lac *Iper* ou *Eber* à l'ouest et en sort à l'est pour disparaître à 20 kilomètres plus loin dans le lac d'*Ak-chéhir*, après un parcours total d'environ 110 kilom., y compris la traversée du lac *Iper-gueul*. La pêche du lac est affermée à raison de 50 livres turques, soit environ 1,150 francs par an.

Pêche. — A l'exception du lac de *Tchardak*, tous les cours d'eau et les lacs énumérés ci-dessus, sont très poissonneux. Outre le *yayan-balouk*, qui semble spécial aux eaux du lac Apollonia, et ne se rencontre dans ses affluents qu'au moment des inondations, on y pêche en abondance la carpe, le brochet, l'esturgeon, le barbeau, la perche, la tanche et, dans le cours supérieur des fleuves, l'anguille. On pêche aussi à la source du *Khodja-tchaï*, près d'Avnié, des truites de ruisseau ponctuées de rouge et de bleu, et dans ce même fleuve, ainsi que dans le *Manias-tchaï*, une multitude de crabes. Il y a dans le *Sémav-sou* beaucoup de belles écrevisses à longue queue. La pêche n'étant affermée que dans certaines eaux et la taxe n'étant perçue d'une manière générale que sur le poisson vendu aux marchés des villes, il résulte de cette coutume, que tous les riverains des fleuves, rivières et lacs, profitent de la gratuité pour leur propre consommation. Cette pêche permanente, faite par des moyens innocents, à la ligne ou au filet, ne serait pas très préjudiciable, si certains industriels n'abusaient du défaut de surveillance pour pêcher à la dynamite ou à la « coque du levant ». Une pincée de dynamite suffit pour tuer tous les poissons dans un rayon de plus de 12 mètres. Quelques grains « de coque du levant » fruit du *anamyrtus-coculus* que les *aktars* (droguistes, herboristes) vendent à très bas prix et dont on fait, avec du miel et des vers de terre, un mélange stupéfiant, agit à l'instant même dans un espace d'un kilom., et l'on voit surnager, le ventre en l'air, le peuplement entier, frappé d'un étourdissement mortel.

D'énormes quantités de poissons sont ainsi ramassées sans peine ni dépense, transportées à la ville la plus proche par les fraudeurs de tabacs, coutumiers du fait qui se renouvelle souvent à Avnié, et de là colportées par les petits détaillants dans les localités voisines, au grand détriment du fisc, ce qui doit être du reste considéré comme fort peu de chose, comparé au tort immense du dépeuplement des eaux de tout un vilayet.

On ne saurait, il est vrai, exercer une surveillance efficace le long des fleuves qui coulent entre des rochers à pic ou à travers des forêts impénétrables, mais il suffirait, sans doute, pour supprimer de pareils abus, d'interdire sévèrement la vente du poisson ainsi pêché.

Les revenus de la pêche : affermage de certaines eaux, droits de vente, permis, etc., se sont élevés en 1892 à 300,000 piastres.

Chemins de fer. — Les chemins de fer actuellement existants dans le vilayet de Brousse sont : 1° le *chemin de fer d'Anatolie* (Haïdar-Pacha-Ismidt à Angora) 2° celui de *Moudania-Brousse*; 3° le chemin de fer de *Smyrne-Aïdin* (prolongement sur Dinaire et Echekli).

Chemin de fer d'Anatolie. — Les actes de la concession du chemin de fer d'Anatolie ont été, conformément au firman impérial y relatif, signés le 24 septembre, 4 octobre 1888, par S. E. Zihni Pacha, ministre de l'agriculture, du commerce et des travaux publics de l'empire, et M. Kaulla, fondé de pouvoirs de la « Deutsche Bank » de Berlin.

Cette concession est pour une durée de 99 ans, à partir de la date du firman impérial. Elle comprend les conditions principales, suivantes :

1° La cession aux concessionnaires de la ligne de Haïdar-Pacha à Ismidt, décrite au chapitre spécial du mutessariflik d'Ismidt. Cette cession a été faite contre paiement de six millions de francs, et avec garantie par le gouvernement d'un revenu brut annuel de 18,300 francs par kilom. exploité.

2° Concession d'une ligne d'Ismidt à Angora par Eski-chèhr, avec garantie par le gouvernement d'un revenu brut annuel de 15.000 francs par kilom. construit et exploité. Le montant de cette garantie est payé par l'administration de la Dette publique ottomane sur le produit de l'adjudication des dîmes des sandjaks d'Ismidt, Erthogroul, Kutahia et Angora que traverse la ligne concédée.

3° Faculté de construire et d'exploiter, pendant la même durée, sans aucune garantie, deux embranchements, l'un à Kutahia, l'autre à Brousse.

4° A conditions égales, les concessionnaires ont le droit de préférence pour tout prolongement au-delà d'Angora.

Toutes les autres conditions sont conformes au modèle général du ministère des travaux publics.

La voie est à largeur normale, c'est-à-dire qu'elle mesure 1 m,44 à 1 m,45 entre les bords intérieurs des rails.

La longueur kilométrique parcourue dans le vilayet de

Brousse par cette ligne, qui y fait son entrée au nord-est, à
Mékèdjé (kilom. 89, à compter d'Ismidt), est comme suit :

	k
de Mékèdjé à Lefké.	14.000
— Lefké à Bilédjik.	36.545
— Bilédjik à Eski-chèhr.	81.444
— Eski-chèhr-Alp-keuï et un peu au-delà, environ	55.000
	186.989

D'après un rapport sur l'exercice 1891 publié par les concessionnaires, les chiffres de recettes et dépenses de l'exploitation de la ligne d'Anatolie, pris dans leur ensemble, font ressortir comme moyennes kilométriques générales :

	fr.
en recettes.	10.089,85
— dépenses	4.629,44

soit, par kilomètre, un produit net de 5460 fr. 41.

Le gouvernemeut ottoman a fait payer aux concessionnaires
par l'administration de la Dette publique le montant leur reve-
nant du chef de la garantie kilométrique et des intérêts interca-
laires de l'exercice 1891, soit 6,923,115 piastres, ou 1,572,931
francs.

Chemin de fer de Moudania à Brousse. — Le chemin de fer
de Moudania-Brousse a été exécuté d'après le projet et sous la
direction de M Wilhelm Pressel, par le gouvernement ottoman.
Entièrement terminé et muni de tout le matériel nécessaire en
1881, ce chemin de fer est resté inexploité jusqu'au 18 févr.
1891, date de la concession de sa reconstruction à M. Nagelmacker, fondé de pouvoirs de la société actuelle du chemin
de fer de Moudania-Brousse, qui a acheté au gouvernement
la ligne en l'état où elle se trouvait. Après avoir été reconstruit entièrement par la « société des Batignolles » sur le
tracé de l'ancienne ligne, à l'exception de quelques endroits

où les courbes ont été modifiées, ce chemin de fer, également muni d'un nouveau matériel, a été inauguré le vendredi 17 juin 1892, et le lendemain son exploitation a commencé.

Le chemin de Moudania-Brousse est à voie étroite, système préconisé par M. Wilhelm Pressel pour tout l'ensemble du réseau de la Turquie d'Asie. L'écartement entre les bords intérieurs des rails est de 1 m. 10. Son point de départ, à la station de Moudania, est à 300 m. de l'échelle des bateaux à vapeur, à gauche de la route qu'il traverse par un passage à niveau au kilom. 1 k. 200, pour se développer à droite de cette même route, en contournant les montagnes et en s'élevant toujours jusqu'à son point de faîte qu'il atteint à la station de Gheurgheli, (Yorghulu), à 221 m. d'altitude, près du kil. 11. Il descend ensuite jusqu'à la station de Khorou, au kil. 23, traverse de nouveau la route de Moudania sur un passage à niveau au kil. 36, passe au kil. 38 non loin de Kaplidja, traverse enfin la route de Ghemlèk, la dépasse de 200 m. vers l'est et vient aboutir à la station principale de Brousse à 1 k. 500 de cette ville et à 151 m. d'altitude.

La longueur totale de la ligne est de 42 kil. et la moyenne des pentes et rampes est d'environ 23 millim. La voie traverse deux fois le *Nilufer* sur des ponts en fer, l'un de 67 m. et l'autre de 82 m., substitués aux anciens ponts à culées et piles en maçonnerie avec tabliers en bois.

Les concessionnaires ont la faculté de prolonger cette ligne jusqu'à Kutahia par Tchitli, station des eaux thermales bicarbonatées sodiques de même nom, qui sont fort renommées.

Chemin de fer de Smyrne-Aïdin. — Le chemin de fer de Smyrne-Aïdin, dont la description se trouve au chapitre spécial du vilayet de Smyrne, pénètre à Tchardak, dépendance du sandjak de Sandikli au sud-ouest du sandjak de Kara-Hissar, dans le vilayet de Brousse où son parcours total est de 98 k. 385 comme suit :

de Tchardak à Dinaire. . . 68.385 ⎫ 98.385
de Dinaire à Echèkli . . . 30.000 ⎭

En résumé, la longueur kilométrique totale des trois voies ferrées actuellement existantes est, dans le vilayet de Brousse,
d'environ 327 k. 374 comme suit :

		k.
voie normale { chemin de fer d'Anatolie		186.989
— Smyrne-Aïdin		98.385
— étroite . . . . . — Moudania-Brousse . .		42.000
LONGUEUR TOTALE. . .		327.374

Chemin de fer de Panderma. — Une quatrième ligne ferrée,
de beaucoup la plus importante pour le vilayet de Brousse, avait
été concédée le 2 mars 1891, mais le concessionnaire ayant laissé
expirer les délais fixés pour un commencement d'exécution, son
cautionnement a été saisi et la concession se trouve périmée.
C'est d'autant plus regrettable que ce chemin de fer, devant partir de Panderma, port de la mer de Marmara (golfe de Cyzique)
et passer successivement par Mikhalitch, Manias, Balikessèr,
Bighadjik, Sémav, Ouchaq et Afioun-Kara-Hissar, eût desservi
dans son entier le vilayet de Brousse, à l'exception du sandjak
d'Erthogroul, déjà pourvu par le chemin de fer d'Anatolie.

Ce parcours comprenait précisément les contrées de la Turquie d'Asie à la fois les plus riches en production et les plus dénuées de routes. En effet, le tracé concédé se prolongeait, hors
du vilayet de Brousse, jusqu'à Koniah, avec faculté d'une jonction à la ligne d'Anatolie au moyen d'un embranchement de
Kara-hissar à Kutahia. Il eût été d'un intérêt majeur pour les
vilayets de Brousse et de Koniah aussi bien que pour la ville
de Constantinople qui elle-même n'en eût pas moins profité. Une
pareille ligne offrait de trop grands avantages pour que l'on pût
croire à son abandon définitif.

Il semble pourtant que, pour le moment du moins, les deux
parties y aient renoncé, car il a été pourvu par d'autres arran-
gements à la satisfaction de quelques-uns des intérêts qui viennent d'être énumérés.

Deux nouvelles concessions de chemins de fer intéressant le

vilayet de Brousse ont été données durant le cours du mois de février 1893, l'une à M. Kaulla, concessionnaire du chemin de fer d'Anatolie ; l'autre à M. Nagelmacker, concessionnaire déchu de la ligne de Panderma-Koniah, savoir :

Chemin de fer d'Eski-chèhr à Koniah. — La première de ces deux nouvelles concessions concerne une ligne qui partira d'Eski-chèhr, station du chemin de fer d'Anatolie, et aboutira à Koniah, chef-lieu du vilayet de même nom, en passant par Kutahia et Afioun-Kara-Hissar. Sa longueur totale est approximativement de 450 kilomètres. Le gouvernement ottoman garantit à cette ligne un revenu brut annuel de 604 livres turques (13,892 fr.) par kilomètre construit et exploité. Il n'aura qu'une voie, à largeur normale.

Le chemin de fer d'Eski-chèhr—Koniah est concédé en date du 28 rèdjèb 1310 (3/15 février 1893), à M. Kaulla, en sa qualité de directeur de la « Würtembergische Verein Bank », de Stuttgart. La durée de la concession est de 99 ans, à partir de la date du firman impérial. Les travaux doivent être commencés dans un délai de 3 mois, à partir de cette même date, et terminés en 8 ans.

Les actes de la concession d'Eski-chèhr—Koniah, sont communs à cette ligne et à une seconde ligne partant d'Angora, point terminus actuel du chemin de fer d'Anatolie, et aboutissant à Kaïsarié (Césarée). Il n'est question ici de cette dernière que pour mémoire, car elle est étrangère au vilayet de Brousse. Sa longueur approximative est de 380 kil. Le gouvernement lui garantit un revenu brut annuel de 775 livres turques (17,825 fr.) par kilomètre construit et exploité. Les autres conditions techniques, financières et de durée sont les mêmes que pour la précédente.

Chemins de fer de Smyrne-Cassaba-Alachèhr, avec embranchement de Magnésie-Soma, et d'Alach-Afioun-Kara-Hissar.

En date du 6 chaban 1310 (10/22 févr. 1893), le gouvernement a accordé à M. Nagelmacker, directeur de la compagnie des wagons-lits, la concession de :

1° L'exploitation du chemin de fer de Smyrne-Cassaba-Alachèhr, avec embranchement de Magnésie-Soma, d'une longueur d'environ 266 kil., la première période d'exploitation de ces lignes étant expirée et le gouvernement rentrant ainsi en leur possession ;

2° L'exploitation de la ligne, exclusivement d'Alachèhr à Afioun-Kara-hissar, d'une longueur approximative de 247 kil. Cette ligne n'aura qu'une seule voie, à largeur normale. Le gouvernement garantit au concessionnaire un revenu brut annuel de 830 livres turques, 76 piastres (19,137 fr. 48) par kilomètre construit et exploité. Les dîmes des céréales des sandjaks de Saroukhan et de Dénizli (vilayet de Smyrne) sont affectées à cette garantie kilométrique; elles seront gérées et administrées par la Dette publique ottomane.

Ces deux concessions, qui font l'objet d'une seule et même convention, sont pour une durée de 99 ans, à partir de la date de la remise effective au gouvernement ottoman par l'ancien concessionnaire de la ligne de Smyrne-Cassaba-Alachèhr avec son embranchement de Magnésie-Soma. Elles sont fort avantageuses pour les deux vilayets de Smyrne et de Brousse, et surtout pour ce dernier. D'un côté le prolongement de la ligne principale de Smyrne-Alachèhr jusqu'à Koniah, ayant au moins les deux tiers de son parcours dans les sandjaks de Kutahia et de Kara-Hissar, exonérera beaucoup de centres producteurs qui y sont situés des énormes frais de transports dont le manque de bonnes routes grève actuellement leurs produits, généralement dirigés sur le chemin de fer d'Aïdin ou même sur Smyrne par caravanes à dos de chameaux ou de mulets. Le marché de Smyrne ne pourra manquer d'avoir sa bonne part de profits dans ce dégrèvement, sans compter d'autres bénéfices qui lui reviendront par suite de la nouvelle activité imprimée à ses relations avec la place de Koniah et celles de Kara-Hissar, de Kutahia et d'Eskichèhr. D'un autre côté, il doit être permis d'espérer que le projet d'une ligne partant de Panderma, passant par Balikessèr et les autres places du sandjak de Karassi, aussi riche en productions que pauvre en débouchés, reprendra faveur. Dans ce cas, le raccordement de cette ligne nouvelle est tout naturellement indiqué à Soma, et dès lors les communications du sandjak de Karassi avec Smyrne et Constantinople deviendront aussi faciles, aussi fréquentes et économiques qu'elles sont aujourd'hui malaisées et par suite rares et onéreuses.

Routes carrossables. — Les deux plus anciennes et en même temps les deux plus belles chaussées carrossables du vilayet de Brousse sont celles de Moudania et de Ghemlèk à Brousse. Les études, les projets et la direction technique des travaux en ont été confiés dès l'origine à M. Padeano, alors ingénieur en chef du vilayet de Khodavendighiar; mais tout le système des embellissements municipaux qui les accompagnent est dû à l'heureuse initiative d'Ahmed Véfik Effendi, commissaire impérial préposé au relèvement de la ville de Brousse, ravagée et presque détruite par un effroyable tremblement de terre en février 1854. C'est ce même commissaire impérial qui ordonna la jonction de ces deux routes, prolongées à travers la ville entière devant le *konak* du gouverneur général, et celle de la route de Moudania, au-delà de l'extrémité orientale de Brousse, jusqu'à la route de Kutahia.

Chaussée de Ghemlèk à Brousse. — La construction de la chaussée carrossable de Ghemlèk à Brousse avait été décrétée dès 1850 par le sultan Abd ul-Medjid. Cette route a été inaugurée solennellement le 17 djémazi ul-akhir 1282 (5 nov. 1865.) Sa longueur totale est de 34 k. 500, à partir de l'échelle des bateaux à vapeur, près l'arsenal maritime de Ghemlèk, jusqu'au *konak* du gouverneur général de Brousse.

Les plus fortes rampes de la route de Ghemlèk, principalement destinée au transport des bois pour les constructions navales de l'Etat, se rencontrent dès l'origine du tracé. Ces rampes atteignent jusqu'à 9 0/0 à certains endroits, mais sur des longueurs qui dépassent rarement 40 mètres. Après le passage de cette montagne, la route traverse la vallée d'Enghurdjik, le vallon de Sarakaïlar et remonte insensiblement jusqu'à la gorge de Kourtoul-boghaz, l'un des endroits les plus pittoresques de son parcours. On franchit ensuite la chaîne principale du trajet par 10 courbes en lacets qui ont permis d'obtenir une pente moyenne de 5 à 7 0/0 et l'on arrive au point culminant, à 405 m. d'altitude, au col de Riza-Pacha-Dervend, d'où l'on commence, d'un côté, à perdre de vue le golfe de Ghemlèk, et de l'autre à apercevoir le beau massif du mont Olympe et à ses pieds, Brousse sous un voile de vapeurs.

A partir de *Riza-Pacha-Dervend*, la route ne fait plus que descendre doucement à travers les sinuosités du vallon d'Eiri-déréssi ; elle suit le cours du ruisseau qui l'arrose, jusqu'au village de Démirdèch (Timourtach), en face duquel elle entre dans la magnifique vallée de Brousse, large de 10 kil. en cet endroit, et gagne, au milieu des vignes et des plantations de mûriers, par le village de Tépédjik, la ville de Brousse et le palais du gouvernement, son terminus.

Route de Moudania-Brousse. — La route de Moudania à Brousse, construite à la même date et avec les mêmes soins que celle de Ghemlèk, a 34 kil. de longueur, jusqu'à son entrée en ville par le faubourg Mouradié. Sa largeur, y compris les accotements, est de 9 m. Elle n'a nécessité la construction que de 2 ponts à culées et piles en pierre et à tabliers en bois jetés sur le *Nilufer*. Elle est taillée à flanc de côteau et s'élève insensiblement, en suivant des courbes bien ménagées, à travers les oliviers, les mûriers et les vignes, par des rampes modérées qui ne dépassent nulle part un maximum de 6 0/0. Son point culminant est très rapproché de celui du chemin de fer, cité plus haut, et l'altitude est la même pour tous deux.

La traversée de la route de Moudania dans la ville de Brousse est de 5 kil. jusqu'à sa jonction à la route de Kutahia. Sa longueur totale est de 34 kil.

Un embranchement de cette même route se dirige à l'ouest de Moudania sur Trilia, nahié du même caza. Sa longueur est de 12 kil. côtoyant le golfe.

Les routes carrossables de Ghemlèk et de Moudania à Brousse ont semblé mériter une mention spéciale parce qu'elles sont les

premières de ce genre qui aient été construites en Turquie, et
qu'elles sont dues à l'influence et au concours actif du premier
conseil des travaux publics, institué par le sultan Abd ul-Medjid, qui le composa principalement d'ingénieurs français et anglais, parmi lesquels il convient de citer MM. de Leffe, Tassy,
Ritter et le colonel Gordon. Une part considérable de l'impulsion progressive imprimée alors à la Turquie revient à Ahmed
Véfik Effendi, commissaire impérial à Brousse, et à Edhem
Pacha, ministre de l'agriculture, du commerce et des travaux
publics. Ces deux illustres hommes d'État ottomans ont été plus
tard l'un et l'autre grands vizirs. Le caractère trop autoritaire
du premier n'a pas permis aux sultans Abd ul-Aziz et Abd ul-
Hamid II d'utiliser plus souvent à leur gré ses hautes facultés
gouvernementales. Mais S. A. Edhem Pacha, après avoir supporté l'écrasant fardeau du gouvernement pendant la durée de
la dernière guerre turco-russe et arraché, pour ainsi dire, à
l'Europe des conditions de paix aussi acceptables que possible,
a continué de servir son pays jusqu'au moment où son grand âge
l'a forcé de prendre une retraite honorée par son souverain du
titre bien mérité de *Sadr a'zam èl-pâgui* (premier ministre
sage, juste et vénérable).

Route de Brousse à Mikhalitch, avec prolongement sur Panderma.
— La route de Brousse à Mikhalitch, nouvellement construite,
se dirige à l'ouest dans la plaine en suivant le cours du *Nilufer*,
sur sa rive gauche, à une distance moyenne de 10 kil. (5 au
départ, 15 à l'arrivée). Elle côtoie la rive septentrionale du lac
Apollonia, passe à Alâbâd et après avoir décrit une courbe
fort allongée pour éviter les terrains habituellement submergés,
au sud de Mikhalitch, elle évite la traversée de cette ville et vient
y accéder par son extrémité opposée, à l'ouest, au lieu d'y
entrer par l'est. La longueur de cette route est de 59 kil.
à partir de la route de Moudania sur laquelle elle s'embranche
à 3 kil. au nord-ouest de Brousse, jusqu'à l'ouest de la
ville de Mikhalitch. Le prolongement en construction de ce
dernier point à Panderma aura 40 kil. de longueur, ne formant qu'un seul alignement sans aucune courbe un peu accen-

tuée ; la longueur totale de la route de Brousse à Panderma par Mikhalitch, unique voie carrossable entre les deux plus importants sandjaks du vilayet (Brousse et Karassi) sera donc de 102 kilomètres.

Route de Brousse à Atarnos (Edrénos). — L'important caza d'Atarnos est mis en communication avec Brousse, chef-lieu du vilayet, par une longue route de 54 kil. partant du sud-ouest de la ville de Brousse et se dirigeant au sud à travers des monts, des collines, des coteaux, des vallons et des fondrières, au moyen d'innombrables lacets, tournant pour les franchir tous les obstacles d'un trajet fait tout entier dans l'Olympe et ses contreforts d'ouest. La distance entre Brousse et Atarnos n'est que de 30 kil. en ligne directe. Les 5 premiers kil. de cette route ont pu seuls être rendus parfaitement carrossables ; tout le reste n'est en réalité bien praticable que pour les cavaliers, les piétons et les bêtes de somme.

Route de Brousse à Bilédjik par Yéni-chèhr, allant se rattacher à celle de Kutahia, au dessous de Bazardjik. — Cette route, carrossable dans toute sa longueur, part de Brousse au nord-est. Son premier tronçon lui est commun avec celle de Kutahia et continue celle de Moudania ; il a une longueur de 11 kil. A partir de là, la route court directement sur Yéni-chèhr et arrive à Bilédjik, après un parcours de 95 kil. en courbe du nord-est vers l'est et le sud-est. De Bilédjik, deux prolongements se dirigent, l'un sur Seuhud où s'arrête sa partie terminée, qui est de 23 kil., et d'où il rejoindra le chemin de fer d'Anatolie entre Boz-euyuk et In-eunu par une section en cours de construction de 17 kil. ; le second prolongement passe par Keuplu et rejoint au sud ce même chemin de fer et la route de Kutahia, à 10 kil. est de Bazardjik. Sa longueur est de 18 kil.

Deux embranchements de cette route se dirigent de Yéni-chèhr à Aïné-gueul, et de Tchardak, village situé à 10 kil. de Yéni-chèhr, à la route de Ghemlèk où celui-ci se rattache, à 2 kil. sud de cette ville. La longueur du premier embranchement est de 28 kil. et celle du second est de 55 kil. (dont 35 kil. en ligne directe).

La longueur totalement achevée de cette route, prolongements et embranchements compris, est de 230 kil.

Route de Ghemlèk à Yalova. — Sur l'embranchement de Tchardak à la route de Ghemlèk vient se souder, à 10 kil. de Bazar-keuï et à 13 kil. de Ghemlèk, la route de Yalova, station balnéaire située dans le mutessariflik d'Ismidt. Les 10 premiers kilomètres seuls sont terminés.

Routes de Brousse à Kutahia par Aïné-gueul, Bazardjik, Boz-euyuk et Yn-eunu; de Kutahia à la limite sud-est du vilayet de Brousse par Altoun-tach, Kara-hissar, Tchaï et et Ihsaklu; et de Kutahia à Ouchaq par Ghédos. — La route de Brousse à Kutahia part de Brousse au nord-est. Les 11 premiers kilomètres sont en quelque sorte un prolongement de la route de Moudania et constituent également le premier tronçon de la route de Bilédjik, comme il est dit ci-dessus. A partir de Brousse jusqu'à sa rencontre avec le chemin de fer d'Anatolie, la route de Kutahia se dirige à l'est en inclinant vers le sud jusqu'à Boz-euyuk où elle franchit la voie, qu'elle traverse une seconde fois un peu plus loin en traçant un arc de cercle. A In-eunu, sa direction s'accentue vers le sud-ouest jusqu'à son arrivée à Kutahia, après un parcours total de 220 kil. représentant à peu près le double de la distance en ligne directe.

Au sortir de Kutahia, la route parcourt 12 kil. jusqu'à sa bifurcation. L'une de ses branches se dirige alors vers le sud-est jusqu'aux confins du vilayet, au delà duquel elle continue à s'avancer à l'est dans le vilayet de Koniah par Ak-chèhr, au bord du lac de même nom, tandis que son autre branche va gagner au sud-ouest Ghédos et vient aboutir au sud à Ouchaq. La longueur de cette route à partir de sa bifurcation est de 175 kil. jusqu'au vilayet de Koniah (branche du sud-est) et de 130 kil. jusqu'à Ouchaq (branche du sud-ouest).

Chemin de Sandikli. — Une route en cours de construction, de Kara-Hissar à Ouchaq mettra ces deux branches en communication. Sur cette route, dont la longueur sera de 90 kil., débouche dès aujourd'hui, à 12 kil. ouest de Kara-Hissar,

un chemin dont 50 kil. venant de Sandikli sont achevés.
A partir de Sandikli vers le sud-ouest, une autre section,
d'une longueur de 110 kil. en cours de construction, se
reliera aux chemins du vilayet de Smyrne, en passant à Dinaire et à Tchardak, stations du chemin de fer de Smyrne-
Aïdin.

Chemin de Tchaï à Azizié. — Sur la branche du sud-est, à
Tchaï, au bord du lac Iper ou Eber, se trouve le point de départ
d'un chemin, dont la première section de 56 kil., achevée,
aboutit au nord à Azizié. La seconde section en construction,
suivra la même direction jusqu'à la limite du vilayet d'Angora.

La longueur totale de la route de Brousse à Kutahia, avec ses
deux bifurcations et les chemins qui s'y relient, est actuellement
de 643 kil. complètement achevés.

Route de Panderma à Balikessèr et au golfe d'Adramit. —
La route de Panderma à Balikessèr se dirige vers le sud en passant à l'est du lac Manias et suit, en le remontant, le cours du
Sémav-sou (Macestus) jusqu'à Soussourlou et Omar-keuï, où
elle fait un coude et prend une nouvelle direction vers l'ouest
pour passer à Balikessèr, à Adramit et aller aboutir au fond
du golfe de ce nom, à 5 kil. nord de Kémer, au port d'Aktchéï.

Cette route est l'unique voie terrestre du sandjak de Karassi
qu'elle parcourt à l'est et au centre dans la direction générale
du nord à l'ouest, sur une longueur totale de 175 kil. Le
nord-est, l'est et la partie centrale de ce sandjak, éminemment producteurs, sont mis de la sorte en communication avec
la mer Égée et la mer de Marmara, mais toutes les contrées de
l'ouest et du sud demeurent privées de relations avec Balikessèr,
chef-lieu du sandjak, qui n'en a point lui-même avec Brousse,
chef-lieu du vilayet.

*Récapitulation des longueurs kilométriques des chemins de fer,
chaussées carrossables et chemins vicinaux* actuellement existants et achevés dans le vilayet de Brousse.

		k.
Chemin de fer d'Anatolie (voie normale).		175.545
— de Smyrne-Aïdin (voie normale).		98.385
— de Moudania-Brousse (voie étroite) . .		42.000
	TOTAL . . .	315.930

	k.	
Chaussée carrossable de Ghemlèk. . .	34.500	
— Moudania-Brousse	34.000	
— Embr. sur Trilia.	12.000	
— Brousse-Mikhalitch	62.000	
— — Bilédjik, y compris 2 prolongements et embranchements	230.000	
— Ghemlèk-Yalova .	10.000	1254.500
— Brousse-Kutahia y compris les 2 bifurcations sur Ihsaklu et Ouchaq et les chemins qui s'y relient.	643.000	
Chaussée carrossable de Panderma-Adramit	175.000	
Chemin vicinal de Brousse-Atarnos . .	54.000	
	TOTAL GÉNÉRAL. . .	1570.430

soit un ensemble de 1,570 k. 430 de voies terrestres dont : 315 k. 500 de chaussées carrossables bien construites et 170 kil. de chemins vicinaux passables.

Transports. — Sur la route de Panderma à Balikessèr et à Adramit, qui est, ainsi qu'il vient d'être déjà dit, l'unique voie terrestre du sandjak de Karassi, les transports sont effectués, soit par voitures, soit à dos de chameaux, chevaux et mulets, soit même à dos d'hommes. Les prix ne sont pas les mêmes de Panderma à Balikessèr que de cette dernière ville à Adramit. Sur le premier de ces deux parcours, qui est d'environ 95 kil., le prix varie entre 70 paras (environ

40 centimes) et 100 paras (environ 57 centimes) par tonne et par kil. De plus, des préposés perçoivent environ 34 centimes (60 paras) par voiture chargée, et environ 17 centimes (30 paras) par bête de somme ou porte-faix, pour subvenir aux dépenses des réparations de la route, qui sont presque permanentes à cause de l'inondation annuelle des environs des lacs Manias et Apollonia, dans la saison pluvieuse et à la fonte des neiges.

De Balikessèr à Adramit, le trajet n'est que d'environ 80 kil. et le prix de transport sur ce parcours n'est que de 30 à 49 centimes environ (57 à 85 paras) par tonne et par kilomètre. Ces fluctuations de prix sont déterminées par le plus ou moins d'importance des travaux des champs, car il n'y a pas d'entreprises régulières de transports par terre dans le sandjak de Karassi.

Dans les quatre autres sandjaks du vilayet de Brousse, où les routes sont moins rares et peuvent mettre beaucoup de localités en rapport avec les chemins de fer, les prix de transport sont un peu moins élevés. La tonne de céréales, laine, poil de chèvre et autres marchandises, est transportée d'Eski-chèhr à Moudania à raison de 300 piastres, soit environ 69 fr. pour un trajet de plus de 200 kil., ou à peu près 34 centimes par kil. Les prix de transport par chemin de fer sont sensiblement les mêmes qu'en Europe. Or, non seulement un certain nombre de localités des sandjaks de Brousse, d'Erthogroul et de Kutahia, devenues des stations de chemins de fer, peuvent profiter de cet avantage, mais encore les muletiers du sandjak de Kara-Hissar entreprennent tout le transport des couffes d'opium à Smyrne à raison de 30 à 40 paras, y compris les frais de chemin de fer, qu'ils prennent à leur charge.

Les transports par voie fluviale sont à peu près nuls et ne pourraient d'ailleurs, en l'état actuel des cours d'eau énumérés plus haut, être effectués avec quelque régularité.

Montagnes. — Le vilayet de Brousse est très montagneux, surtout vers ses limites qui, presque partout, semblent tracées naturellement par des chaînes où se rencontrent parfois quelques sommets d'une hauteur remarquable.

Du côté du nord, il est séparé du mutessariflik d'Ismidt par une chaîne de moyenne hauteur qui entoure le lac de Nicée et sert de limite au sandjak d'Erthogroul. On y remarque le *Samanli-dagh* (900 m. d'altitude), le *Kiz-dervend* (880 m.) à partir duquel la chaîne s'abaisse vers l'est près de la ville d'Isnik (Nicée) pour se relever au sud-ouest du lac, où le *Katirli-dagh* (Arganthonius) s'élève au-dessus des falaises de Ghemlèk.

On peut citer encore, au nord du vilayet, le *Kapou-dagh*, dans la presqu'île de Cyzique (830 m.), et l'île de Marmara; l'altitude de cette dernière, inépuisable carrière de marbre blanc, est de 710 m.

En descendant un peu vers le sud, à 30 kil. seulement du littoral, on rencontre le *Kéchich-dagh*, ancien Olympe de Mysie ou de Bythinie. La célébrité historique de cette montagne réclame une description spéciale.

Cette célébrité est constatée par Hérodote et par Strabon pour ce qui concerne les temps antiques. Le premier rapporte qu'Adraste, neveu de Midias, roi de Phrygie, y tua par maladresse dans une chasse au sanglier, Atys, fils de Crésus, roi de Lydie, et se punit lui-même en se donnant la mort. Suivant Strabon, les épaisses forêts de l'Olympe de Mysie étaient, de son temps, devenues le repaire de brigands fameux, dont la puissance était telle que le peuple romain était obligé de compter avec eux. Un de ces brigands, Cléon, ami de Jules César, érigea pour l'honorer son bourg natal en ville sous le nom de Juliopolis. Ayant embrassé le parti d'Antoine, il se rallia à la cause d'Auguste qui l'en récompensa en lui conférant la prêtrise de Comana, avec l'investiture du gouvernement de la province de Morena, dépendance de l'Olympe et de la Mysie Abrettène. Cléon possédait dans la montagne un inexpugnable château-fort, nommé Callydium, d'où il faisait pencher la victoire du côté du parti qu'il embrassait.

Sous les empereurs byzantins, l'Olympe devint le séjour des moines et prit le nom de « Ὄρος τῶν καλογήρων » ou montagnes des moines. On y voyait alors un aussi grand nombre de cellules accompagnéès de petites chapelles qu'il en existe aujourd'hui sur le mont Athos. Saint Nicéphore y fonda, sous l'invocation de Saint Serge, un monastère de la règle des Acœmites, où plusieurs prélats orthodoxes trouvèrent un refuge contre les persécutions des iconoclastes. Constantin Porphyrogénète fit au mont Olympe un pèlerinage, et y distribua d'abondantes aumônes.

Après la conquête de Brousse par les Ottomans, les moines chrétiens furent remplacés par des derviches musulmans, mais la montagne ne changea point de nom, car celui qu'elle porte depuis lors, — *Kéchich-dagh*, — signifie également « montagne du moine ».

Aujourd'hui le mont Olympe sert d'habitation d'été aux Turkmènes, descendants de la tribu du « *mouton noir* » d'où sont sortis autrefois les princes de la race de Seldjouk, qui ont glorieusement régné en Asie sous le nom de sultans de Roum, et avaient à Koniah le siège de leur empire. L'hiver, les nomades redescendent dans la plaine où sont leur « *guerm-sir.* » (localité chaude). Le plateau principal occupé par eux durant l'été sur le mont Olympe porte le nom de *ghazi-yaïla* (le plateau du victorieux), parce que ce fut là que le sultan Orkhan s'établit pour diriger les travaux du siège de Brousse.

Ce *yaïla* ou plateau est la première et la plus agréable station des nombreux touristes qui font chaque année l'ascension du mont Olympe. Il est d'usage de s'y arrêter quelques instants, à l'ombre de jeunes arbres arrosés par une source fraîche, au bord d'une vaste prairie émaillée de fleurs, devant la tente de laine noire du *kéhaya* des Turkmènes. On en accepte un régal champêtre composé de « *yoghourt* » ou crême aigrie faite du lait des brebis de la tribu, et d'une tasse de café, servis sur l'herbe dans des vases de terre rouge. Là se termine à 800 m. environ d'altitude, la région des hêtres, et commence la région des pins et des sapins. De ce point, on embrasse d'un seul coup d'œil la ville et la plaine de Brousse où serpente le *Nilufer*; au delà, les contreforts du mont Olympe s'étendent jusqu'à Ghemlèk ; on a devant soi le golfe de Moudania, la mer de Marmara tout entière avec ses îles ; le lac Apollonia, sur la gauche, étincelle au soleil ; à droite enfin, se déroule la plaine de Yéni-chèhr jusqu'à la ligne d'horizon où se confondent le ciel et la terre.

On traverse, après ce temps de repos, de sombres et magnifiques forêts de conifères, et l'on parvient à la région des prairies, nommée « *kirk pounar* » (les quarante sources), à 1.800 m. d'altitude. Une multitude de ruisseaux, d'une eau limpide, froide comme la glace, courent à travers la verdure fleurie. On y pêche d'excellentes truites qui servent d'appoint aux provisions apportées pour le déjeuner et, le repas terminé, on se remet en route pour l'ascension du dernier mamelon de la montagne. Au bout de deux heures de marche, on arrive au pied du pic, divisé en deux pitons, qui forme la cime de l'Olympe, et l'on descend de cheval pour gravir à pied, péniblement, jusqu'au plateau couvert de neige qui s'étend entre les deux pitons, sur un espace de plusieurs hectares.

Presque chaque nuit, on vient de Brousse à ce plateau chercher de la neige que l'on coupe en blocs, dont deux font la charge d'un mulet, et vers 9 heures du matin le convoi rentre en ville.

Le plus élevé des deux pitons est à 2.530 m. d'altitude. De cette hauteur, où l'on observe l'apparition de la nouvelle lune pour le commencement du mois de ramazan et pour le *bairam* qui le termine, on voit se développer comme un plan en relief, une grande partie de l'Asie-Mineure. La vue s'étend au sud et au sud-est jusqu'à la vallée d'Atarnos (Edrénos) et à Kutahia ; on distingue au nord-ouest l'entrée du détroit des Dardanelles, et vers le nord, au delà des Iles des Princes, à l'extrémité de la mer de Marmara, on voit Stamboul et le Bosphore.

La faune et la flore du mont Olympe ne manquent pas d'intérêt. Outre les arbres superbes qui peuplent ses forêts, et dont les principales essences sont le hêtre, le platane, le chêne, le châtaignier, le noyer, les pins et sapins, il est riche en toutes sortes de plantes utiles. On y rencontre plusieurs belles varié-

tés de digitales, le styrax officinal, le cyste de Crète, qui produit
le laudanum et une autre espèce de cyste à larges feuilles,
l'hyèble, la bourrache, la chicorée, le pissenlit, la petite cen-
taurée, le thym, le petit houx, la ronce, la fritillaire, etc., etc.
Le noisetier franc ou avelinier, qui produit les grosses noisettes
dites avelines, y croît en abondance.

Le gibier nombreux qui fréquente les forêts du mont Olympe
est énuméré plus haut, page 27. On peut ajouter ici que les
descendants du sanglier dont parle Hérodote, n'ont rien conservé de la férocité de leur redoutable ancêtre ; ces animaux
se nourrissent paisiblement des faînes, des châtaignes et des
glands qui jonchent le sol. On ne rencontre sur cette montagne
d'autre animal féroce que le chat sauvage et un petit léopard
fort peu dangereux. Les moutons de l'Olympe sont renommés
pour leur chair exquise et la grande beauté de leur laine qui
sert à tisser les tapis dits de « Smyrne ». Les bœufs sont petits
et faibles, comme dans tous les pays montagneux, mais leur
chair tendre et savoureuse a été fort appréciée par le soldat
français pendant la guerre de Crimée.

L'excursion au mont Olympe se fait en douze heures, aller èt
retour, haltes comprises.

Le mont Olympe étend au loin ses ramifications vers l'est, le
sud et l'ouest. Il va, dans cette dernière direction, rejoindre la
chaîne de l'*Ida* (Kaz-dagh) qui est décrite au chapitre spécial du
mutessariflik de Bigha (Dardanelles) (tome III, p. 723). Les
contreforts et rameaux de l'Ida s'étendent du sud au nord et
forment la limite orientale de ce mutessariflik, le séparant ainsi
du vilayet de Brousse qu'ils bornent à l'ouest.

Productions industrielles. — Il a été parlé plus haut,
au chapitre spécial de l'agriculture, des industries qui relèvent
de cette branche de l'activité humaine, telles que la fabrication
des vins, des huiles d'olives, de la soie, de l'opium, industries fort
importantes et qui se placent au premier rang dans l'ensemble
des productions industrielles du vilayet de Brousse. Il ne reste
que fort peu de chose à en dire ici. Quant à la minoterie, qui

pourrait prendre également une certaine importance dans ce pays producteur de céréales, elle n'a pas réalisé de grands progrès jusqu'ici.

Pourtant, dès 1855, un grand et beau moulin, qui travaille encore aujourd'hui, avait été construit à Brousse, d'après les modèles européens ; mais les bons meuniers manquaient, et l'on ne pouvait parvenir à faire de belles farines. Il n'en est plus ainsi depuis quelques années. Aujourd'hui plusieurs autres moulins, montés à l'européenne, donnent tous des farines blanches et pures, grâce à l'exemple et aux leçons de M. Roche, autrefois maître meunier à Vaucluse. Toutefois il n'y a pas encore de moulins à vapeur à Brousse ; tous sont mus par la force hydraulique. Deux cours d'eau qui descendent de *Pounar-bachi* passent à travers la ville et font tourner les moulins des quartiers de Démir-capou de Mouradié et de Balouk-bazar. Ceux de Setbachi sont mis en mouvement par les eaux du *Gueuk-déré*. Quelquefois ces cours d'eau tarissent en été et le travail s'arrête. Hors la ville, il y a sur le *Nilufer* plusieurs autres moulins à 4 paires de meules, exempts de ce fâcheux contre-temps ; mais une installation fonctionnant à la vapeur serait, dans tous les cas, la meilleure des garanties.

Près de Mikhalitch, sur les bords du lac Appollonia, il existe un moulin à vapeur à 2 paires de meules ; on en trouve un autre à Balikessèr, chef-lieu du sandjak de Karassi. Moudania possède un bon moulin à vent, naturellement soumis, par ce fait même, à des interruptions de travail de force majeure.

La plupart des autres moulins du vilayet de Brousse, qui sont en très grand nombre, ont pour moteurs, suivant les circonstances locales, soit l'eau, soit le vent. Ils sont d'ailleurs des plus primitifs. Leurs meules en grès s'usent vite. Elles s'émiettent et rendent la farine sablonneuse. Il faut les remplacer tous les ans. Ces derniers moulins ne travaillent tous qu'à façon, car les meuniers sont trop pauvres pour moudre à leur propre compte.

Outre ces industries principales, il en est encore plusieurs autres qui méritent d'être citées, soit pour les qualités estimables ou l'utilité de leurs produits, soit parce qu'elles sont spéciales à certaines localités, ou bien encore à cause des revenus plus ou moins importants dont elles sont ou pourraient être la source. Les plus remarquables sont la fabrication des étoffes de soie et coton pour habillement, dites « soies de Brousse » ; celle des tissus de coton moëlleux, épais et en même temps très légers pour linges de bain, ainsi que les confections (burnous, serviettes, etc.) faites avec ce même linge ; celle du linge plat, également pour le bain, en coton blanc uni ou rayé d'or, en coton bleu foncé à bandes de soie rouges et jaunes (*pechtimal*) etc., et autres soieries et cotonnades, toutes objet d'un commerce intérieur important et d'une exploitation qui prend de jour en jour plus d'extension, surtout depuis les Expositions universelles où elles ont figuré. L'énorme quantité d'imitations de linges de bain en coton pelucheux de Brousse, fabriquées par la grande industrie européenne, ne leur fait aucune concurrence, bien qu'il en soit vendu beaucoup, même en Turquie ; car leur bas prix seul les fait acheter par des personnes qui, à défaut de ces imitations excessivement défectueuses, n'achèteraient pas les confections de Brousse, en tout cas trop chères pour leur bourse.

Les ouvriers en étoffes de soie pure, soie et coton, soie et or ou argent, légères et transparentes ou plus fortes, travaillent en chambre. Ils occupent à Brousse environ 500 métiers faisant chacun 80 pièces par an, soit environ 40.000 pièces, pour lesquelles on emploie environ 40.000 okes (51.316 kilogr.) de soie. La plus grande partie de ces étoffes est absorbée par la consommation des grandes villes de l'empire ottoman. Il s'en vend surtout beaucoup à Constantinople. On en exporte en France, en Autriche et en Angleterre depuis fort longtemps, car on les connaissait déjà très avantageusement à Paris sans savoir quel était le lieu d'origine. M. C. Texier a beaucoup contribué à faire cesser cette ignorance vers 1835, lors de ses explorations scientifiques en Asie-Mineure, et les Expositions universelles ont achevé depuis lors de faire connaître à tout le monde ces inimitables productions de l'industrie ottomane. Entre autres avantages, les étoffes de soie de Brousse possèdent celui de pouvoir subir plusieurs lavages successifs sans rien perdre de leurs fraîches et éclatantes couleurs.

Des étoffes semblables sont aussi fabriquées dans plusieurs autres villes principales du vilayet de Brousse, telles que Bilédjik, chef-lieu du sandjak d'Erthogroul, où l'on fabrique également certains velours du même genre que ceux qu'on appelle en Europe « velours d'Utrecht », mais bien supérieurs à ces derniers par le goût artistique des dessins, la variété et l'harmonie des couleurs et la solidité du tissu pour ainsi dire inusable. Certains villages, fort nombreux dans les sandjaks de Brousse, de Kutahia, d'Erthogroul et de Karassi, ont la spécialité des tissus de soie transparents, lamés et fleuretés d'or et d'argent. Dans ces quatre sandjaks, ainsi qu'à Afioun-Kara-Hissar, on fait une grande fabrication de pièces de feutre gris-clair à broderies d'argent et d'or pour tapisseries, portières, harnais, couvertures et autres usages, qu'il serait trop long d'énumérer. Le *séraskérat* (ministère de la guerre) fait souvent à Kara-Hissar d'importantes commandes de ces feutres renommés, pour l'usage de l'armée.

On fabrique à peu près dans toutes les localités, des cotonnades rayées à l'usage du pays, d'un joli aspect, très solides et d'un grand bon marché. Ces étoffes ont été très recherchées à toutes les Expositions universelles et y ont été plusieurs fois récompensées.

La ville de Kutahia, autrefois très renommée pour ses briques et tuiles émaillées, ses faïences et ses porcelaines, genres divers de fabrication dont elle avait hérité lors de la ruine de Nicée (Iznik), où les empereurs turcs Seldjoukides avaient établi le principal centre de cette belle industrie, essentiellement orientale, l'avait laissé péricliter à son tour. Toutefois, les fabricants de Kutahia, descendus au rang d'humbles potiers, avaient conservé les anciens émaux et gardé la tradition des procédés des maîtres faïenciers du moyen-âge, venus du Turkestan et de la Perse. Le peu d'importance de leurs produits n'empêcha pas qu'ils fussent remarqués pour les couleurs vives et harmonieuses de leurs émaux et la finesse de leur pâte de kaolin, aux Expositions universelles de 1867 à Paris et de 1873 à Vienne. S. E. Hamdy Bey, membre de la commission ottomane à la première de ces Expositions, commissaire général pour la Turquie à la seconde, profita de cette heureuse circonstance et la fit valoir auprès de hauts dignitaires de l'empire, animés comme lui d'un ardent désir de rendre au pays les arts oubliés et les anciennes industries qui l'ont illustré à l'époque même de sa plus grande puissance militaire, du temps des célèbres maîtres architectes Ilias, Ali et Sinan. Les productions de l'art céramique, briques émaillées, tuiles peintes sur émail, faïences, constituent précisément les matériaux décoratifs le plus généralement employés par ces maîtres. C'est à ces productions, dont ces pauvres potiers de Kutahia avaient conservé le secret, que les mosquées des Turcs Seldjoukides, si magnifiques, et celles des Ottomans, d'une beauté plus pure et plus sévère, doivent leur charme principal.

A la requête de S. E. Hamdy Bey et par l'entremise de S. A. Edhem Pacha, son illustre père, des encouragements sérieux furent donnés aux potiers de Kutahia qui s'en sont montrés dignes. S. A. Ahmed Véfik Pacha, restaurateur de la *Yéchil-Djami* de Brousse et des monuments funéraires des fondateurs de la monarchie ottomane, consacra aussi son énergique vieillesse à cette œuvre utile. Les fabriques de faïences de Kutahia, qui étaient réduites au nombre de 5, occupant chacune 30 ouvriers, se sont aujourd'hui élevées au nombre de 15 occupant ensemble 600 ouvriers. Au lieu de quelques tuiles peintes sur émail d'une seule couleur, de quelques encriers, assiettes et tasses à café n'ayant rien de remarquable que la belle couleur de leur émail et la finesse de leur pâte, les nouvelles fabriques fournissent aujourd'hui des objets vraiment remarquables. Ces fabriques, mieux outillées, pourvues de bons dessins et d'inscriptions parfaitement calligraphiées, en écritures koufique, persane et turque, produisent une foule d'ustensiles d'usage courant, de formes pures, élégantes, commodes, revêtus de charmantes compositions artistement exécutées. Elles peuvent fournir aussi pour la décoration des monuments civils et religieux et celle des édifices particuliers, des plaques de

briques émaillées, des tuiles peintes, presque aussi bien exécutées sous tous les rapports que les plus beaux produits des anciennes fabriques de Nicée. Les splendides inscriptions koufiques
de la nouvelle mosquée Hamidié, située près du palais impérial
de Yildiz, en sont une preuve évidente. Pour juger de la réelle
valeur des produits courants de la fabrique de Kutahia, il suffit
d'aller jeter un coup d'œil sur ceux qui sont mis en vente à
Constantinople, dans un magasin spécial de la rue principale du
Grand-Bazar.

La carrière de kaolin (feldspath argiliforme) qui fournit aux
besoins de toutes les fabriques de Kutahia, se trouve à proximité de cette ville. Ce gisement est à deux mètres de profondeur sous une couche d'argile commune. Le kaolin extrait est
d'abord réduit en poudre fine, dans des moulins *ad hoc*; on en
fait ensuite une pâte qui sert à recouvrir les briques et les tuiles
décoratives, d'une couche d'épaisseur variable destinée à recevoir les émaux. S'il s'agit de vases ou autres ustensiles d'usage
courant, la fine pâte de kaolin est, suivant les cas, modelée,
moulée ou travaillée au tour, puis émaillée. Le même fon-
dant qui a servi à préparer l'émail en y ajoutant des oxydes métalliques de diverses couleurs, sert aussi à vernir les pièces quand
il est employé pur. Ces pièces sont ensuite soumises à la cuisson dans un four de potier. Les gisements importants de kaolin
sont en grand nombre dans le sandjak de Kutahia.

L'écume de mer (magnésie) dont les gisements sont décrits
plus haut, au chapitre spécial des mines (page 20), est travaillée
à Eski-chèhr dans 150 boutiques. Outre le nettoyage et la taille
de ce produit minier, en vue de son classement pour la vente,
on en fabrique aussi beaucoup de petits objets tels que porte-
cigarettes et autres. Ce travail occupe environ 650 ouvriers.

Ouchaq, chef-lieu d'un caza de ce même sandjak de Kutahia,
est le centre principal des plus beaux tapis dits « de Smyrne ».
Après avoir fourni des quantités considérables à la consommation de la Turquie, ces beaux produits donnent lieu à d'importantes exportations à destination des principales places de l'Europe, de l'Asie et de l'Amérique. Tout ce qui concerne les

fabriques d'Ouchaq et autres centres de production de tapis du même genre se trouve au chapitre spécial du vilayet de Smyrne (voir tome III, p. 406).

Outre ces tapis dits « de Smyrne », le vilayet de Brousse en produit plusieurs autres sortes assez estimées, appartenant pour la plupart aux genres connus sous les noms de *sofrali*, *sirali* et *sèdjadè*. Leurs couleurs sont peu variées, mais harmonieuses et renommées pour leur solidité. Les *sofrali* sont à cinq couleurs : bleu, vert, jaune et orange sur un fond sombre. Les *sirali* sont alternativement rayés de violet, noir, vert, rouge, jaune et blanc. Les dessins des *sèdjadè* sont originaux et variés. Tous ces tapis sont en laine longue et de premier choix, d'un tissus épais et serré ; mais les Turkomans (Turkmènes) du mont Olympe et des bords du *Nilufer* en fabriquent en laine courte et rase qu'on nomme *duchêmè*, et dans le tissu desquels il entre souvent beaucoup de poil de chèvre, ce qui les rend plus brillants et augmente encore leur solidité.

Les prix des tapis de Brousse sont extrêmement modérés.

On cite parmi les meilleurs cuirs jaunes et maroquins noirs et rouges, les produits des tanneries du sandjak de Kutahia, dont les principales sont celles du nahié de Tavchanli au nombre de 30, et celles d'Ouchaq qui produisent de notables quantités de peaux de chèvre et d'agneau, teintes en plusieurs couleurs très vives, variées et durables. La plupart de ces cuirs, maroquins, peaux de chèvre et d'agneau, servent à confectionner des « *papoudj* » (babouches), des « *mest* » et autres jolies chaussures indigènes, élégantes et commodes. On les dirige à cet effet sur Constantinople, Smyrne, Kutahia, Eski-chèhr, Aïné-gueul et autres localités où ils sont mis en œuvre.

Les peaux mégissées d'Aïvalik et d'Adramit, donnent lieu à une exportation annuelle d'environ 400 balles de 120 okes chacune, ou en totalité 60 tonnes environ. Le reste de la production est consommé sur place.

Un autre article d'exportation plus important pour ces mêmes cazas est le savon de qualité inférieure. Il en est exporté annuellement environ 4.000 tonnes,

Les savons de Brousse sont de bonne qualité et très estimés. On les fabrique à Ouzoun-tcharchi (le marché long) et à Mahmoud-Pacha-Han. Il ne s'en fait presque aucune exportation, les quantités produites suffisant à peine à la consommation locale, fort importante.

Ainsi qu'il a déjà été dit plus haut, au chapitre de l'Agriculture (p. 51), un tiers des graines de pavots récoltées annuellement dans le sandjak de Kara-Hissar est réservé pour la fabrication de l'huile comestible entièrement consommée sur place.

Un produit essentiellement local, assez important pour qu'il semble convenable d'en parler ici, est une sorte de confiture ou raisiné qu'on nomme « *agda* ». On prépare ce produit recherché à Hamid, principal village du nahié d'Égri-gueuz (merkez-caza de Kutahia). L'*agda* se fait avec du raisin sec ; il faut 5 okes ou 6 k. 414 environ de raisin sec pour produire 50 ocques ou 25 k. 656 d'agda. La production annuelle est d'environ 100.000 okes, soit 128.295 k. qui, à raison de 60 paras l'oke, prix de vente de cette confiture sur les marchés de Koniah, de Smyrne et d'Eski-chèhr, donnent au petit village de Hamid un revenu de 150.000 piastres par an, soit environ 34.500 fr. pour un seul article de sa production. Sans cette industrie, les 20.000 okes de raisin sec qu'elle convertit en 100.000 okes de confiture ne lui vaudraient pas plus de 10.000 piastres, soit environ 2.300 fr. par an.

Commerce. — Le mouvement commercial du vilayet de Brousse s'effectue en partie par les chemins de fer d'Anatolie, de Smyrne-Aïdin et de Moudania-Brousse, et en partie par les ports du littoral de ce vilayet, dont les principaux sont Ghemlèk, Moudania, Panderma, Artaki (Erdèk) et Kapou-dagh (Péramo) sur la mer de Marmara, et Aïvalik, Aktchéï pour Adramit, sur la mer Égée.

Les exportations et importations faites par le chemin de fer d'Anatolie (Haïdar Pacha-Ismidt-Angora) se confondent avec le mouvement commercial du vilayet de Constantinople et du mutessariflik d'Ismidt. Celles qui sont opérées par le chemin de

fer de Smyrne-Aïdin sont englobées dans le mouvement commercial du port de Smyrne. Quant aux exportations et importations qui seront effectuées par le chemin de fer à voie étroite
de Moudania-Brousse, récemment livré à l'exploitation, on n'en
connaît encore ni les quantités ni la valeur.

En conséquence il faut se borner à indiquer ici la plus faible
partie du mouvement commercial du vilayet de Brousse, c'est-
à dire les exportations et importations par voie maritime.

La valeur en francs de ce mouvement se chiffre comme
suit :

Exportation en Turquie et à l'étranger   57,012.963 fr.
Importation de Turquie et de l'étranger   23,409.397 —

Soit, sur une moyenne calculée pour
   cinq années, un mouvement total an-
   nuel de . . . .   80,422,360 fr.

dont le détail se trouve aux tableaux ci-après :

RÉCAPITULATION

Le mouvement commercial — Exportation et Importation — de ces sept ports, dont les deux premiers appartiennent au merkez-sandjak de Brousse et les cinq autres au sandjak de Karassi, se résume comme suit :

DÉSIGNATION DES PORTS	EXPORTATION	IMPORTATION	TOTAUX PAR PORTS
	Valeur en francs.	Valeur en francs.	Valeur en francs.
Ghemlèk (1)	3.796.000	138.000	3.934.000
Moudania.............. .	19 142.262	14.754.469	33.896.731
Panderma............. ..	14.907.456	2.729.152	17.636 6(8
Kapou-dagh (Péramo) . ..	362.987	240 378	603.365
Erdèk (Artakl).....	1.813.223	345 353	2.158.576
Aktchéï (Adramit)..... ...	7 967 001	1 805.355	9.772.356
Aïvalik	9.024 034	3 396.690	12.420.724
TOTAUX......	57.012.963	23 409 397	
TOTAL GÉNÉRAL DU MOUVEMENT COMMERCIAL			80.422.860 fr.

Navigation. — Le mouvement maritime des quatre ports principaux du vilayet de Brousse, est représenté dans le tableau ci-après par pavillon, nombre de navires et tonnage, d'après le bulletin statistique de l'administration sanitaire de l'Empire, du premier mars 1892 au 28 février 1893.

(1) Il nous a été impossible d'obtenir à Ghemlèk le détail et la valeur des articles exportés et importés. Les chiffres mentionnés dans ce tableau sont donc approximatifs et ne représentent, à peu de chose près, que la valeur du chrôme exporté et celle du pétrole importé.

PAVILLONS	PORTS DE											
	MOUDANIA			PANDERMA			AKTCHEI (Adramit)			AÏVALIK		
	VAPEURS	VOILIERS	TONNAGE	VAPEURS	VOILIERS	TONNAGE	VAPEURS	VOILIERS	TONNAGE	VAPEURS	VOILIERS	TONNAGE
Allemand.......	3	»	2.678	4	»	4.075	»	»	»	»	»	»
Anglais.........	92	5	9.512	123	»	44.174	1	»	805	223	»	15.570
Austro-Hongrois.	»	»	»	»	»	»	3	»	3.151	»	»	»
Français.........	»	»	»	»	»	»	»	»	»	1	»	1.310
Hellène........	80	33	6.835	140	58	20.024	»	5	978	183	23	25.310
Italien	155	2	12.284	1	»	1.840	»	»	»	»	18	287
Ottoman.	323	868	92.512	151	864	37.411	2	666	19.527	102	1864	24.980
Samien........ .	»	9	164	»	14	535	»	»	»	»	16	104
Roumain	»	1	215	»	»	»	»	»	»	»	»	»
Russo..........	»	8	115	1	»	993	»	»	»	»	2	118
TOTAUX PAR PORTS.	653	928	124.315	420	936	109.052	6	671	24.461	509	1.923	67.679

Total général : 6,046 navires, jaugeant 325.507 tonneaux.

Dîmes et impôts. — DETTE PUBLIQUE OTTOMANE. — Les revenus concédés à l'administration de la Dette publique otto-mane, dans le vilayet de Brousse, et pour l'exercice 1308 finis-sant le 12 mars 1893, ont donné un total net de recettes de 7,542,434 piastres, ainsi qu'il ressort du tableau ci-après, mon-trant aussi la part de chacun de ces revenus et des frais d'admi-nistration afférents à chaque sandjak.

SANDJAKS	DIME des TABACS	SEL	SPIRITUEUX	TIMBRE	SOIES	PÊCHERIES	DIVERS	TOTAUX par SANDJAKS	FRAIS
	Piastres.	Piastres.	Piastres.	Piastres.	Piastres.	Piastres.	Piastres.	Piastres.	Piastres.
Brousse..........	15.067	1.805.641	353.952	334.274	2.441.902	769	151.273	5.072.878	911.646
Erthogroul........	16.080	547	44.224	163.948	1.121.394	1.050	84.825	1.434.065	202.495
Kutahia..........	698	256	27.746	211.688	712	»	49.926	290.426	52.424
Kara-Hissar	367	1.925	7.046	165.306	»	»	18.445	193.089	27.104
Karassi (Panderma-Balikes-sèr)............	107.815	279.629	893.145	370.526	187.932	73.518	205.150	2.117.715	372.670
TOTAUX PAR REVENUS.....	140.027	2.087.998	1.326.410	1.247.442	3.721.940	75.337	509.619		1.565.739

TOTAL : Recettes brutes............ 9.108.173

TOTAL : Recettes nettes..... 7.542.434

Soit environ 1,734,700 francs.

DOUANES. — Les recettes et dépenses de l'administration des douanes ont été en 1308, dans le vilayet de Brousse, comme suit[1] :

| AGENCES | DROITS PERÇUS | | | | TOTAUX par AGENCES | |
| | A L'EXPORTATION | | | | | |
	EN TURQUIE 8 0/0	A L'ÉTRANGER 1 0/0	EN TURQUIE ET A L'ÉTRANGER 1 et 8 0/0	A L'IMPORTATION DE LA TURQUIE ET DE L'ÉTRANGER 8 0/0	RECETTES	FRAIS
Ghemlèk (1)........	»	»	645 000	»	645.000	37.500
Moudania	»	»	4.588 455	6.068 270	10.656.725	1.065.670
Panderma	3.622.580	»	»	83.550	3.706.130	370 615
Kapou-dagh(Péramo)	31.080	»	»	84 235	115.315	11.530
Erdèk (Artaki)......	358 190	»	»	»	358.190	32.864
Aktcheï (Adramit) ..	789.960	175.435	»	»	965.395	91.540
Aïvalik.............	»	345.654	»	1.792.985	2.138.639	213.500
TOTAUX...	4.801.810	522 089	5.233 455	8.029 040		1.823.219
RECETTES BRUTES : Piastres...........					18.585.394	
RECETTES NETTES : Piastres					16.762.175	

Soit environ 3,855,000 fr.

REVENUS DU FISC. — Les impôts et taxes diverses, dans le vilayet de Brousse, calculés sur une moyenne de cinq années, donnent les résultats figurant dans le tableau suivant :

1. Ainsi qu'il a été dit plus haut, les chiffres des recettes et frais de douane de Ghemlèk sont approximatifs.

RECETTES	Piastres.	DÉPENSES	Piastres.
Impôt foncier.	22 732.358	Administration gouverne- mentale	2 491.895
Témettu	4.598.409	Appointements des Cadis et Muftis	762 598
Exonération du service militaire.	3 596.464	Appointements des fonc- tionnaires.	1.675.588
Tezkérés des propriétés . . .	1 912 654	Finances.	1.742 810
Dîme des céréales	29.369.893	Justice	1.247 732
Taxe sur les bestiaux . . .	11 886.918	Instruction publique . .	650 088
Loyer des immeubles	72 314	Mines et forêts	399 120
Mines et forêts	1.431.036	Travaux publics . . .	202.630
Recettes des tribunaux. . . .	1 218.336	Perception des taxes . .	411 050
Revenus divers	1.700.120	» des dîmes. .	4.260
Office sanitaire	76.000	Solde des troupes . . .	521 213
		Gendarmerie et police .	3.672 173
		Office sanitaire. . . .	7.642
Recettes brutes, TOTAL...	78.594.702	Dépenses, TOTAL.	15.788.799

RECETTES NETTES : 62,804,903 piastres, ou environ
14,434,000 fr.

.

RÉCAPITULATION

Recettes nettes de l'administration de la Dette publique ottomane.	7,542,434 piastres
Recettes nettes des agences de la douane	16,762,175 —
Impôts, dîmes et taxes diverses	62,804,702 —
Monopole du tabac (pour mémoire) . . .	5,000,000 —
Revenu net annuel du vilayet de Brousse :	92,109,311 piastres

Soit environ 21,180,000 fr.

MERKEZ-SANDJAK DE BROUSSE

Orientation ; limites. — Le merkez-sandjak de Brousse, qui donne son nom au vilayet, est pour ainsi dire le berceau de l'empire ottoman ; son chef-lieu en a été la première capitale. Il est situé au nord du vilayet par 25°48′ à 27° 17′ de longitude et 39° 20′ à 40°35′ de latitude. Ses limites sont, au nord, la mer de Marmara et le mutessariflik d'Ismidt ; à l'est, le sandjak d'Erthogroul ; au sud-est, celui de Kutahia ; au sud-ouest et à l'ouest celui de Karassi. Il comprend une partie de l'ancienne Mysie et de la Bithynie.

Superficie — Sa superficie totale est de 9,400 kil. carrés.

Division administrative. — Il est divisé administrativement en 6 cazas et 7 nahiés, et l'on y compte 411 villages comme suit :

CAZAS	NAHIÉS	VILLAGES
Brousse (merkez-caza)		130
Ghemlèk	Bazar-keuï. — Djédid-Nahié	43
Mikhalitch............		81
Moudania......... .	Terlié (Trilia). — Emir-Ali	18
Kermasti............	Sandjaz	139
Atarnos (Edrénos)....	Keukdjé-dagh. — Harmandjik	»
6 Cazas	7 Nahiés	411 villages

Division militaire. — Le merkez-sandjak de Brousse n'a point de troupes de l'armée active (*nizam*). La ville de Brousse, son chef-lieu, est le quartier-général du *rédif* (réserve) de la 9ᵉ division (*firqa*) et la résidence de l'état-major de ce contingent militaire. Ce contingent appartient au 1ᵉʳ corps d'armée (*ordou*), dont est composée la garde impériale, laquelle a pour quartier général la ville de Constantinople.

L'ordre et la sécurité publiques sont maintenus par la gendarmerie, la police (*police* en turc) et le *zaptié* (corps de soldats de police dépendant de l'autorité civile) qui sont énumérés ci-après :

Gendarmerie. — Le corps de gendarmerie du merkez-sandjak de Brousse, commandé par un *alaï-bey* (colonel), assisté d'un *idarè-émini*, officier supérieur de l'administration, se compose du 1ᵉʳ bataillon (*tabour*) de gendarmerie du vilayet, formé de 2 escadrons de gendarmes à cheval et de 3 compagnies de gendarmes à pied. Ce premier bataillon est sous les ordres d'un *tabour-aghassi* (chef de bataillon) assisté par un *hasab émini* (officier comptable). L'état-major de chaque escadron ou compagnie se compose d'un *buluk-aghassi* (chef d'escadron ou de compagnie); de son *mouavin* (adjoint) et d'un *djournal-émini*, officier chargé du rapport quotidien.

Police. — La police du merkez-sandjak de Brousse comprend : 1° à Brousse, un commissaire en chef (*ser-commissaire*) 2 commisssaires de 2ᵉ classe (*commissaire-salissé*) et 6 agents (*polices*) desservant les 5 *karakol* (corps de garde) des quartiers de Set-Bachi, Fatarlar, Alti-Parmak, Mouradiè et Merkez-Moudjoudi. — 2° Dans le caza de Ghemlèk, un commissaire de 2ᵉ classe, 4 agents (*polices*) et 40 *zaptié* dont 29 à cheval. — 3° Dans le caza de Moudania, 33 *zaptié* à Moudania, un agent et 2 *zaptié* à Sighi, et un agent et 6 *zaptié* à Terliè.

Autorités civiles, religieuses. — Tribunaux. —

Il n'y a rien à ajouter à ce qui a déjà été dit plus haut aux chapitres spéciaux du vilayet (p. 5 et6).

Douanes. — Les recettes de la douane du caza de Ghemlèk sont estimées à 69,000 fr.

Dette publique. — Les recettes et dépenses de l'administration des revenus concédés à la Dette publique, dans le merkez-sandjak de Brousse ont été, du 1/13 mars 1892, au 28 février 1893, comme suit :

	Piastres.
Dîme des tabacs.	15,067
Sel.	1.805,641
Spiritueux	353,952
Timbre	334,274
Soie	2.411,902
Pêcheries	769
Divers (nouveaux revenus).	151,273
TOTAL DES RECETTES.	5.072,878
Dépenses (appointements, frais)	911,646
REVENU NET.	4.161,232

soit environ 957.000 francs.

Régie des tabacs. — La régie coïntéressée des tabacs, outre l'agence principale (*nazaret*) dont le siège est à Brousse, a deux *mudiriet* (agences secondaires) dans le merkez-sandjak, l'un à Mikhalitch et l'autre à Ghemlèk. Ce dernier a des préposés dans trois dépendances du même caza, à Koumlé-Saghir, à Bazar-keuï et à Yéni-keuï.

Postes et Télégraphes. — L'administration des postes et télégraphes compte, dans le merkez-sandjak, une direction principale dont le siège est à Brousse, une station télégraphique de service international (langues turque et française) dans

celle même ville, et 3 stations télégraphiques de service intérieur (langue turque) : à Ghemlèk, à Mikhalitch et à Moudania.

Population. — La population totale du merkez-sandjak de
Brousse est de 382,220 habitants. Ce total est réparti, par cazas,
comme suit :

CAZAS	MUSULMANS	GRECS ORTHODOXES	ARMENIENS			BULGARES	ISRAÉLITES	ÉTRANGERS	DIVERS	TOTAUX par CAZAS
			GRÉGORIENS	CATHOLIQUES	PROTESTANTS					
Brousse (merkez-caza)	102 400	11 264	13.681	669	234	»	2 548	1 251	»	132.047
Ghemlèk	19.612	16 259	23 811	»	84	»	»	»	777	60.543
Mikhalitch...	43 953	16.051	2.370	750	98	398	73	43	10h	63 842
Moudania	14 287	20.827	»	»	»	»	»	»	»	35.114
Kermasti.....	36 429	1 148	4.887	»	»	»	80	»	»	35.844
Atarnos...	44 705	3 200	4 225	»	»	»	»	»	»	52.130
TOTAUX par COMMUNAUTÉS	261.386	68.749	44.974	1 419	416	398	2 701	1.294	883	
TOTAL GÉNÉRAL										382.220

Ecoles. — On compte dans le merkez-sandjak de Brousse
434 écoles, dont 19 supérieures, normales et spéciales ; 14 secondaires et préparatoires, et 401 primaires et élémentaires.
Ces écoles sont fréquentées par 12,924 élèves, dont 11,061 garçons et 1,863 filles, comme suit :

CAZAS	DEGRÉ D'ENSEIGNEMENT												TOTAUX par CAZAS	
	SUPÉRIEUR normal-spécial				SECONDAIRE PRÉPARATOIRE				PRIMAIRE ÉLÉMENTAIRE					
	Écoles		Élèves		Écoles		Élèves		Écoles		Élèves			
	Garçons	Filles	Garçons	Filles	Garçons	Filles	Garçons	Filles	Garçons	Filles	Garçons	Filles	ÉCOLES	ÉLÈVES
Brousse	11	1	616	40	8	1	555	120	206	19	6 743	1.284	246	9.318
Ghemlèk	1	»	10	»	1	»	20	»	39	3	880	150	44	1.060
Mikhalitch...	2	»	6	»	1	»	15	»	32	1	700	55	36	776
Moudania ...	1	»	5	»	1	»	25	»	34	3	548	140	39	758
Kermasti....	1	»	4	»	1	»	16	»	46	1	625	30	49	675
Atarnos.....	2	»	8	»	1	»	15	»	16	1	270	44	20	837
Totaux...	18	1	649	40	13	1	646	120	373	28	9.766	1.703		
Total général.													431	12.924

Ces totaux, répartis par communautés, présentent les résultats ci-après.

COMMUNAUTÉS	ÉCOLES		ÉLEVES		TOTAUX PAR COMMUNAUTÉS	
	GARÇONS	FILLES	GARÇONS	FILLES	ÉCOLES	ÉLÈVES
Musulmans................	259	5	6 254	437	264	6.691
Grecs orthodoxes	104	16	3 340	913	120	4.253
Arméniens grégoriens	22	2	800	80	24	880
» catholiques.......	4	1	60	20	5	80
» (mission protestante) .	2	1	90	98	3	188
Catholiques latins...........	4	3	122	250	7	372
Israélites	9	2	395	65	11	460
Totaux par écoles.....	404	30	11.061	1 863		
Total général........					434	12 924

Climat. — Le climat du merkez-sandjak de Brousse est généralement sain et régulier. La température est chaude en été et assez froide en hiver, mais sans excès. L'air est humide; au-

trefois des marais et des rizières entretenaient en permanence
des fièvres intermittentes dans la plaine de Brousse et dans
plusieurs autres cazas et nahiés. Les rizières ayant été supprimées
et les marais desséchés, tout germe de maladie a disparu.

Production agricole. — La production annuelle du
merkez-sandjak de Brousse se chiffre en moyenne par
2,057,500 hectolitres de céréales et 55,305,410 kilogr. de produits variés, comme suit :

	Hectolitres		Kilogr.		Kilogr.
Blé	950.000	Vesce	30.916	Raisin frais.	16.750.000
Orge	810.000	Graine de lin.	918.153	Figues	501.000
Seigle	70.000	Sésame	135.000	Fruits divers	20 000.000
Méteil	50.000	Coton	450.000	Vallonée	1 400.000
Maïs	98.000	Opium	50.000	Châtaignes	375.000
Millet	49.000	Tabac	500.000	Noix	422.000
Divers	30.000	Huile d'olive.	2 399.310	Cocons	722.176
	Kilogr.	Vin	6.410.000	Soie	120.000
Fèves	805.100	Chanvre	15.000	Poil de chèvre	80.000
Haricots	300.000	Miel	250.000	» mohair.	120.000
Pois chiches	950.000	Cire	12.750	Laine	250.000
Lentilles	60.000	Raisin sec.	1.000.000	Divers	280.000

Mines et minières. — Le merkez-sandjak de Brousse contient, comme les autres sandjaks du vilayet de Khodavendighiar,
un assez grand nombre de mines connues, mais aucune de ces
mines n'est exploitée.

Forêts. — Les forêts exploitées par l'État ou sous son contrôle, dans le merkez-sandjak de Brousse, sont au nombre de 42,
d'une superficie totale de 7,171 kilom. carrés. Les détails y
relatifs se trouvent au tableau des forêts du vilayet de Brousse,
page 24 et suivantes. Les châtaignes des forêts voisines de
Brousse ont en Turquie autant de renommée que les « marrons
de Lyon » en France ; comme ceux-ci, outre leur excellent
goût, elles sont d'une grosseur remarquable.

Tabacs. — Tout a été dit à ce sujet plus haut, au chapitre spécial du vilayet, page 28.

Eaux minérales. — Il en est de même pour ce qui concerne les eaux minérales, voir page 29.

Bestiaux. — La production de l'élève du bétail, dans le merkez-sandjak de Brousse, est en moyenne annuelle comme suit :

Bœufs et vaches.	450,000 têtes
Chevaux et mulets.	45,000 —
Moutons.	211,170 —
Chèvres communes	105,500 —
— mohair.	158,330 —
Chameaux.	1,650 —
Total des têtes de bétail. . .	971,650 têtes

Fleuves, rivières. — Les fleuves et rivières du merkez-sandjak de Brousse sont le *Sémav-sou* ou *Soussourlou-tchaï* (Macestus); le *Zindjan-sou*; le *Manias-tchaï* (Tarsus); l'*Atarnos-tchaï* (Rhyndacus); et le *Nilufer*. Ces cours d'eau ont été déjà décrits plus haut, au chapitre spécial du vilayet, page 66.

Lacs, marais. — Il en est de même en ce qui concerne le lac d'Apollonia, situé dans le caza de Mikhalitch, et le lac de Nicée, voir page 73.

Les marécages et les rizières, ainsi qu'il a déjà été dit, étaient autrefois nombreux; mais l'autorité les a fait dessécher, et les derniers qui restaient encore près de la ferme impériale, dans le caza de Mikhalitch, ont disparu récemment, au moyen de travaux d'art exécutés par un ingénieur spécial.

Routes, chemins. — L'historique et la description succincte du chemin de fer de Moudania à Brousse, inauguré le 17 juin 1892, figurent au chapitre spécial des routes et chemins du vilayet, page 80.

Le 6 juillet 1892, les journaux de Constantinople ont publié le tableau des recettes de cette petite ligne, comme suit :

Recettes du 18 au 30 juin 1892. . . 30,527 piastres
—   du 1er au 5 juillet 1892 . .   10,904   —
—   du 6 juillet 1892   9,186   —

TOTAL . . . 50,917 piastres

Ces recettes proviennent uniquement du service des voyageurs; le service des marchandises n'avait pas encore commencé alors à fonctionner, mais la société concessionnaire pré·
voyait que le chiffre des recettes de ce service représenterait
50 à 55 0/0 de la recette totale, laquelle pourrait dès lors être
estimée au chiffre minimum de 160,000 piastres, soit environ
36,800 francs par mois.

Cette ligne, à voie étroite et d'une longueur totale de 42 kilom.
est le seul chemin de fer du merkez-sandjak.

Les autres routes actuellement existantes de cette partie du
vilayet de Brousse sont comme suit :

			kil. m.
1° Chaussée de Ghemlèk à Brousse			34,500
2°	—	de Moudania à Brousse	34,000
3°	—	de Moudania à Triglia.	12,000
4°	—	de Brousse à Mikhalitch. . . .	62,000
5°	—	de — à Atarnos (chemin vicinal).	54,000
6°	—	de Brousse à Bilédjik, etc . . .	230,000
7°	—	de Ghemlek à Yalova	10,000
8°	—	de Brousse à Kutahia.	220,000
		TOTAL des routes . . .	656.500

Industrie. — Les principales industries du merkez-sandjak
de Brousse sont la meunerie et la minoterie ; la production de
la soie et du coton, ainsi que la fabrication d'étoffes de soie,
de soie et coton, étoffes pelucheuses pour bains et confections
(burnous, serviettes, etc.), linge plat, également pour bains
(*pechtimal*, etc.) en soie, coton et soie et coton, uni ou rayé
d'or, et autres soieries et cotonnades toutes très remarquables
pour leur grande beauté, leur solidité et leur excessif bon

marché relatif. On fabrique aussi dans les villages de ce merkez-sandjak des tissus de soie transparents, lamés, rayés, fleuretés d'or ou d'argent. La ville de Brousse a plusieurs ateliers où se confectionnent des feutres brodés en or, en argent, en soie, de diverses conleurs, au plumetis, dont il se fait une grande consommation en Turquie. On y tisse aussi des tapis en laine longue et de premier choix, d'un tissu épais et serré, à dessins originaux et variés, qui font un excellent usage, ainsi que ceux de laine courte et rase, mêlés de poil de chèvre, fabriqués par les Turkmènes du mont Olympe et des bords du *Nilufer*.

Les savons de Brousse, fort estimés, sont l'objet d'une consommation locale très importante à laquelle ils ont peine à suffire.

Pour plus de détails, voir plus haut le chapitre spécial du vilayet, page 96.

Commerce. — Le mouvement commercial du merkez-sandjak de Brousse peut être apprécié comme suit :

Port de Ghemlèk (estimation approximative) .		3,934,000 fr.
» Moudania { Exportation .		19,142,262 —
{ Importation .		14,754,152 —
Total approximatif		37,830,414 fr.

représentant la valeur totale du mouvement commercial du merkez-sandjak de Brousse (exportation et importation).

CAZAS DU SANDJAK DE BROUSSE

MERKEZ-CAZA DE BROUSSE

Orientation, limites. — Le merkez-caza de Brousse est situé au nord-est du sandjak de même nom. Il est limité au nord par les cazas de Moudania et de Ghemlèk ; à l'est par le sandjak d'Erthogroul, au sud, par le caza d'Atarnos, et à l'ouest par ceux de Kermasti et de Mikhalitch.

Division administrative. — Il n'a point de nahié et l'on y compte 130 villages.

Autorités. — Les autorités civiles sont celles du vilayet de Brousse énumérées au chapitre spécial. Les autorités militaires sont énumérées au chapitre de la division militaire du merkez-sandjak. Quant aux autorités religieuses, aux services admistratifs, tribunaux, etc., gendarmerie, police, douanes, etc., il n'y a rien à ajonter à ce qui a été déjà dit aux chapitres spéciaux du vilayet et du merkez-sandjak.

Population. — La population du merkez-sandjak de Brousse est de 132,047 h., comme suit :

Musulmans............			102,400 hab.
Grecs orthodoxes			11,264 —
Arméniens	Grégoriens. . 13,681		
	Catholiques. . 669	14,584 —	
	Protestants. . 234		
Israélites,.............			2,548 —
Étrangers.............			1,251 —
	TOTAL.		132,047 hab.

Chef-lieu. — BROUSSE, chef-lieu du vilayet de Khodavendighiar, du merkez-sandjak et du merkez-caza de Brousse, est
situé au pied du versant nord du mont Olympe (*Kéchich-dagh*)
par 26° 40′ et 40° 31′ de latitude, à 35 kilom. en ligne directe des ports de Ghemlèk et de Moudania, et à 151 mètres
d'altitude (à la station du chemin de fer) ou à 180 mètres d'altitude à l'hôtel du mont Olympe, suivant M. Ritter, ingénieur
en chef de 1re classe des ponts et chaussées de France, ancien directeur général des routes de l'empire ottoman. Cette
ville est la résidence de toutes les autorités snpérieures du vilayet, le quartier général de l'état-major de la réserve (*rédif*) et
le centre d'action de tous les services administratifs.

La population de la ville de Brousse, comprise dans le chiffre
ci-dessus du merkez-caza, est 76,303 habitants, comme suit :

Musulmans...........			58,902 hab.
Grecs orthodoxes...........			5,158 —
Arméniens	Grégoriens. . 7,541		
	Catholiques . 669	8,444 —	
	Protestants. . 234		
Israélites			2,548 —
Étrangers...........			1,251 —
	TOTAL de la population. . .		76,303 hab.

La ville de Brousse se déroule sur une longueur de 4 kilom.
et sur un kilom. environ de largeur, au dessus d'une riche

plaine couverte de gras pâturages, de moissons fertiles, de vertes forêts, de champs d'oliviers, de mûriers, de cotonniers, parmi lesquels serpentent les eaux du *Ulufer* ou *Nilufer*. Cette rivière entoure la ville et baigne le pied des riants coteaux, embellis par les vignes renommées, dont les vendanges produisent les vins blancs et rouges, dits « du mont Olympe ». La ville est divisée en cinq quartiers principaux : *Sed-Bachi* ; *Tatarlar* ; *Alti-Parmak* ; *Mouradié* et *Merkez-Moudjoudi* ; elle est dominée tout entière, avec ses faubourgs qui s'étendent au loin dans la plaine, par le château, bâti sur le roc et dont les murailles, flanquées de tours, enferment dans leur enceinte la haute ville, étagée sur la croupe d'une colline.

Strabon, dans un passage, très contesté du reste, attribue la fondation de Brousse (*Prusa ad Olympum*), à un roi nommé Prusias qui fit la guerre contre Crésus. D'après Etienne de Byzance, cette ville aurait été fondée par un roi de même nom, contemporain de Cyrus. Ces deux versions feraient remonter la fondation de Brousse à 546 ou tout au moins à 529 ans avant notre ère. Mais l'opinion plus généralement reçue est celle de Pline ; selon lui, Annibal, vaincu à Zama par Scipion l Africain, s'étant réfugié près du roi de Bythinie, Prusias, qui régna de 236 à 186 avant J.-C., bâtit à ses frais cette ville et la nomma Prusa pour flatter son hôte, dans l'espoir de se concilier ainsi sa protection contre les Romains. La bataille de Zama ayant été livrée en 202 avant J.-C. on ne saurait donc, suivant Pline, faire remonter l'antiquité de Prusa ad Olympum, aujourd'hui Brousse, à plus de 200 ans avant l'ère chrétienne.

Quoi qu'il en soit, cette ville antique, dont l'emplacement le plus probable est actuellement compris dans l'enceinte du château, fut conquise par Triarius après la défaite de Mithridate et resta soumise aux Romains. Elle semble avoir surtout prospéré pendant le règne de Trajan, sous l'administration de Pline le Jeune, alors gouverneur de la Bithynie, qui l'enrichit de nombreux monuments. Les anciennes monnaies de Prusa portent l'image des empereurs romains avec la légende « Bithynias » en lettres romaines.

Les eaux thermales de Brousse ne semblent pas avoir attiré l'attention avant le règne de Justinien qui fit bâtir à Pythia, aujourd'hui Tchékirgué, faubourg de Brousse, un superbe palais et un bain pour l'usage du public, restauré et agrandi après la conquête ottomane par le sultan Mourad Ier *Khodavendighiar*.

Les turcs ottomans possédaient déjà de vastes domaines en Asie-Mineure quand le sultan Osman *Ghazi*, fils d'Erthogroul, fondateur de la monarchie ottomane, investit Brousse, qu'il se contenta de bloquer pendant dix ans. En 1317, ayant pris et démantelé la ville d'Edrénos, il alla placer son camp à Bounar-bachi. Ce camp s'étendait de l'ouest à l'est autour de la ville, le long du *Nilufer*. Ak-Timour, neveu du sultan, avait construit une tour à Eski-Kaplidja, et Balabân en avait élevé une seconde au-dessus de Brousse, à Bounar-bachi. Du haut de ces forts, de nombreux projectiles écrasaient les assiégés, fatigués par des assauts réitérés. Cependant, ils ne se rendaient pas. Osman *Ghazi*, devenu vieux et souffrant, se retira à Yéni-Chèhr, alors capitale de ses États, et chargea son fils, Orkhan Bey, de continuer les opérations du siège avec un redoublement de vigueur. Enfin, après avoir supporté avec un courage opiniâtre les longues souffrances du blocus, sans aucun espoir de secours de l'empereur Andronic, les assiégés se rendirent aux Ottomans.

A son lit de mort, en 726 (1327 de l'ère chrétienne), Osman *Ghazi* reçut la nouvelle de l'entrée de ses troupes à Brousse. Il ordonna à son successeur, le sultan Orkhan, d'y établir le siège de l'empire, et voulut y avoir son tombeau, qu'on y voit encore aujourd'hui, dans l'ancienne église grecque de Saint-Elie, située dans l'enceinte du château, sur la terrasse qui domine la ville actuelle. C'est un monument extrêmement simple; il occupe le milieu de l'édifice, converti en mosquée, et il est entouré de sépultures de vingt princes et princesses de la famille impériale Une petite chapelle attenante renferme les tombeaux du sultan Orkhan et de dix-sept princes et princesses, parmi lesquels on suppose que se trouve celui de la princesse Malkhatoun (trésor de la dame), fille de Chéikh Edébali, qui prédit la grandeur du peuple ottoman, et fut la femme du sultan Osman et la mère du sultan Orkhau; on y trouve aussi celui de la princesse Nilufer, enlevée du château de Bilédjik le jour même de ses noces avec le commandant de cette forteresse et épousée par le sultan Mourad Ier Khodavendighiar. C'est pour perpétuer la mémoire de cette princesse que les compagnons d'Osman donnèrent son nom à la jolie rivière qui embellit la plaine de Brousse.

De 1327 à 1453, Brousse demeura la capitale de l'empire ottoman et ne perdit ce titre que pour le céder à Constantinople, lors de la conquête de cette dernière ville par Mohammed II el-Fatih. Elle a été la résidence de six sultans qui l'ont remplie à l'envi de nombreux et magnifiques monuments. Quoique ruinés plusieurs fois par des incendies qui ont failli anéantir cette ville à différentes époques, notamment en 1490 et en 1804, et plus tard par des tremblements de terre, on peut encore aujourd'hui admirer ces merveilleux édifices, sauvés d'une destruction imminente par les soins du commissaire impérial Ahmed Véfik Effendi en 1864. De belles et intelligentes restaurations ordonnées et conduites par le commissaire impérial lui-même, ont rendu toute leur première beauté à ces chefs-d'œuvre de l'art oriental et conservé à la patrie ottomane les souvenirs les plus précieux de son illustre origine. On ne saurait oublier de parler ici de l'artiste français, M. Léon Parvillée, qui a exécuté tous les travaux d'architecture, de sculpture et de peinture nécessités par cette entreprise hardie autant qu'utile, pleine de difficultés, dont la plupart avaient été jugées insurmontables.

Monuments. — Parmi ces monuments élevés par les premiers sultans de la race d'Osman, *Yéchil-djami* (la mosquée verte) doit être présentée la première comme un des types les plus charmants et les plus complets de l'architecture turque et de tous les arts qui concourent, chez les musulmans, à la splendide et ingénieuse décoration de leurs édifices.

Elle est située sur une petite éminence isolée, vers l'extrémité orientale de Brousse, et domine de là toute la plaine voisine. On l'aperçoit de tous les côtés à une grande distance, à

cause de cet isolement. Elle est revêtue à profusion extérieure-
ment et surtout intérieurement, ainsi que le *turbé* (chapelle funéraire) de son fondateur Mohammed I Tchélébi, de briques
ornementées en relief et à jour et de tuiles peintes, toutes
recouvertes d'émaux de couleurs variées, où prédominent les
teintes indécises de la turquoise, d'un bleu tendre tirant sur le
vert; c'est cette coloration générale qui a fait donner à cette
mosquée le nom de *Yéchil-djami*.

Son plan n'a de remarquable que la plus grande et la plus
exquise simplicité. C'est par son ornementation prodigieuse et
par le haut degré de perfection qu'y ont atteint toutes les
branches des arts et de l'industrie qu'elle étonne et ravit l'ima-
gination. Le nom de l'architecte de Yéchil-djami et la date de
l'achèvement de ce chef-d'œuvre nous ont été conservés par une
inscription du genre appelé *tarikh* (chronogramme) en Turquie,
placée au-dessus de la tribune impériale et modestement conçue
en cette courte phrase : « *Ce saint édifice a été terminé avec art
par Ilias-Alis* ». En additionnant, suivant, l'usage les lettres de
cette inscription (car on sait que chacune des lettres de l'alpha-
bet turc a sa valeur numérique) on obtient le chiffre de 827,
année qui correspond à 824 de l'ère chrétienne et à la troisième
du règne du sultan Mourad II, fils et successeur du fondateur.
Une autre inscription, découverte par S. E. Hamdy Bey, directeur du Musée impérial de Constantinople, donne le nom de
l'auteur de l'ornementation en briques émaillées et tuiles peintes
sur émail de Yéchil-djami et celui de sa ville natale.

Oulou-djami (la grande mosquée) est située sur le plateau
central de la ville et nettement séparée des constructions environnantes. Sa forme extérieure est un carré d'environ
100 mètres de côté. Intérieurement chacune des faces de ce
carré est divisée en six parties égales de même forme, reliées
par une vingt-cinquième partie située au centre et dont la coupole, plus vaste et plus élevée que les autres, donne, par une
ouverture recouverte d'un grillage en bronze, une large entrée
à l'air et à la lumière. Sous cette ouverture, un grand bassin de
marbre blanc, alimenté par une source perpétuelle et rafraîchi

par un jet d'eau qui retombe incessamment en pluie fine et transparente, contient des poissons. C'est autour de ce bassin que se rassemblent les étudiants (*softa*) de la faculté de droit et théologie islamiques de Brousse dont le siège est, ainsi que celui du tribunal du *chér'i* à Oulou-djami. La construction de cette mosquée a été commencée par Mourad Ier, continuée par Bayazid Ildérim, son fils, et terminée par Mohammed Ier Tchélébi, fondateur de Yéchil-djami. On y voit un *mimber* (chaire) en bois d'ébène enrichi d'incrustations d'ivoire et de nacre, ouvrage d'un célèbre sculpteur arabe. La bibliothèque renferme des milliers d'imprimés et de curieux manuscrits.

Autrefois, l'ornementation d'Oulou-djami était très luxueuse. Les énormes piliers qui supportent ses vingt-cinq coupoles étaient entièrement recouverts de fleurs et d'ornement, peints sur un fond d'or, et parmi lesquels se déroulaient des versets du *Coran* en lettres de couleurs éclatantes et variées. La seule ornementation actuelle consiste en écritures noires sur fond blanc, dont les lettres gigantesques produisent un effet saisissant d'un caractère étrange. A droite et à gauche de l'entrée principale nommée *Kiblè kapoussi* (porte de la Mecque), sont deux grands minarets isolés, sur l'un desquels on voit le siphon qui sert à amener les eaux de l'Olympe pour l'alimentation de la mosquée.

Dans le quartier de l'ouest, non loin de la route conduisant aux bains d'eaux thermales, se trouve la mosquée *Mouradiè* qui a donné son nom à cette partie de Brousse. Ses vastes dépendances consistent en une grande enceinte où sont renfermés les tombeaux de plusieurs sultans et d'un grand nombre de princes et princesses de la famille impériale. La mosquée, construite en 850 (1447 de notre ère), est remarquable par sa façade en mosaïque de briques rouges et son ornementation en briques émaillées. On y voit aussi de beaux ouvrages d'ébénisterie ornés de fines peintures sur laque, de filets dorés et d'incrustations de nacre et d'ivoire vert. Au milieu des fleurs et des arbustes toujours verts, à l'ombre de hauts platanes plusieurs fois séculaires, s'élèvent onze turbés ou chapelles sépulcrales.

La plus remarquable est celle du sultan Mourad II, dont la coupole, à ciel ouvert, est soutenue par quatre colonnes byzantines.
Le tombeau de marbre, sans sculptures ni ornements, est découvert et rempli de terre sur laquelle pénètre le soleil et la
pluie par l'ouverture de la coupole. Aux quatre coins de ce
tombeau sont des cierges très hauts et très gros entretenus avec
grand soin. On montre aux visiteurs le casque de bataille du
sultan Mourad, entouré d'un *sarek* ou turban de mousseline
blanche. Son poids serait difficilement supporté par un homme
de nos jours. Le *satchak* de ce monument, c'est-à-dire le large
auvent en charpente qui prolonge le toit de plus d'un mètre
et demi en avant des murs, a sa partie inférieure ornée de ce
même ouvrage de fine ébénisterie, à peintures sur laque, incrustations, gravures, sculptures à jour et filets d'or, qui décore
le *mahfil* ou tribune de l'imam. Un travail du même genre,
encore plus délicatement exécuté, moins riche, et dont les
seuls matériaux sont le bois de santal et l'ivoire, orne les
portes du *turbé* du sultan Djèm, renfermé dans la même enceinte.

Outre le tombeau de Djèm, célèbre par ses révoltes successives contre son frère Bayazid II et le long séjour qu'il fit dans
les commanderies des chevaliers de Rhodes, en Savoie et en
France, sous le nom de prince Zizim, ce *turbé* contient aussi le
tombeau du sultan Moussa, couvert d'étendards conquis sur
l'ennemi. On y remarque également des vitraux de couleur d'un
effet magique et de magnifiques revêtements en briques émaillées.

Parmi les autres *turbés* contenus dans l'enceinte de la *Mouradié*, les plus dignes d'attention sont ceux du sultan Moustafa,
fils de Bayazid Ier Ildérim, tué à la bataille d'Angora; des princesses Aïché et Gourlou, ses sœurs; du derviche Kaïgourlou,
et enfin celui d'une princesse chrétienne. Mariam (Marie), fille
du prince serbe Brancovich, qui resta fidèle à sa religion dans le
harem du sultan Mourad II. Le *turbé* du sultan Moustafa est revêtu à l'intérieur de tuiles peintes sur émail, à fond blanc, sur
lequel courent des feuillages verts et des œillets rouges, thème

décoratif charmant que M. Léon Parvillée a popularisé en France.

La mosquée du sultan Bayazid Ier Ildérim (l'éclair) n'a jamais été entièrement terminée. Il venait à peine d'en commencer la construction lorsqu'il fut fait prisonnier par Timour-leng (Tamerlan), à la bataille d'Angora. Ses successeurs n'achevèrent que le *turbé* situé à peu de distance, dans lequel ils déposèrent ses restes. La grande nef, la coupole qui la couvre et deux salles contiguës ont pu être consacrées au culte. Cette mosquée est située hors la ville, dans un site solitaire, à l'est, au milieu d'une prairie environnée de cyprès, de vieux platanes et de jardins. Les décombres qui l'entourent sont les ruines d'un *imaret* (hospice pour les pauvres), hospice qui devait faire partie des dépendances de la mosquée.

D'après l'historien contemporain, Khatib Tchélébi, *Sultan Ghazi Hunkiar Djamissi* (la mosquée du sultan vainqueur et souverain) fut fondée par le sultan Mourad Ier Khodavendighiar, qui la fit construire par l'architecte byzantin Christodoulous. Il est plus probable néanmoins que c'est une ancienne église byzantine, convertie en mosquée par cet empereur. En effet tout cet édifice, tant dans son ensemble que dans ses moindres détails, porte le cachet indélébile de l'art chrétien.

Le plan général est une croix terminée par une tour carrée qui sert de minaret, mais qui sans doute était un clocher dans le principe. Un premier étage est entouré de cellules presque toutes inhabitées, car la tradition populaire, naïvement racontée par les *imams*, assure que les moines, leurs premiers possesseurs, tourmentent les étudiants musulmans qui les ont remplacés, les poursuivent avec acharnement dans les corridors sombres et en ont précipité plusieurs du haut en bas dans la nef où ils se sont rompu les membres.

Une autre tradition populaire veut que le faucon sculpté sur une des voûtes, ait été subitement pétrifié, en exécution d'un souhait du sultan Mourad Ier, pris de colère contre l'oiseau qui s'était enfui et refusait obstinément d'obéir à l'appel de son maître.

L'ornementation principale de ce monument consiste en sculptures gracieusement composées et assez délicatement exécutées, représentant des feuillages et des guirlandes de vigne et de lierre. Au fond, à l'intérieur, se trouve le *mihrâb* en briques peintes et émaillées, qui semble tenir la place de l'ancien maître-autel, tandis que deux emplacements plus petits, situés à chaque extrémité des branches tranversales de la croix, et non utilisés actuellement, paraissent avoir été réservés jadis à des chapelles basses.

Sultan Ghazi Hunkiar Djamissi est située en face du tombeau de Mourad Ier, dans la rue principale du faubourg de Tchékirgué.

On peut eucore citer, après ces mosquées principales, *Émir Sultan Djamissi*, dans le faubourg de même nom ; *Mollah Arab Djebbari* et *Mufti Abd-ul-Lathif Djamissi*, où le célèbre poète turc Mollah Khosrèw, au milieu des frais ombrages et des sources vives du mont Olympe, écrivit son poème renommé, *Husni chirin* (beauté charmante).

Plusieurs tombeaux de saints musulmans, élevés dans des sites riants et pittoresques, à la fois buts de promenades agréables et de pieux pèlerinages, méritent aussi d'être cités, Au nombre des principaux, on compte celui de *Ghéyik-Baba* (le père cerf) qui accompagnait le sultan Orkhan dans ses guerres, monté sur un cerf apprivoisé ; celui de *Abd el-Mourad*, où l'on montre son sabre de bois, que plusieurs voyageurs, par une erreur difficile à comprendre, ont confondu avec la célèbre *Darandal*, l'épée de Roland, neveu de Charlemagne ; celui de *Karanfil Dédé* (le grand-père œillet) situé sur la promenade qui porte son nom ; et enfin celui de *Tchékirgué Sultan* (le prince des sauterelles) qui a donné le sien à l'ancienne *Pythia*, où il est situé, non loin des bains d'Eski-Kaplidja.

Deux couvents de derviches (*tekkés*) sont particulièrement remarquarbles parmi les innombrables établissements de ce genre élevés à Brousse. L'un est le *Mevlana de Djélâl ed-din* ou *tekké* des derviches *Mèvlèvi*, vulgairement appelés « tourneurs » par les Européens. Il est situé dans une des parties basses de la ville, du côté de l'est, entre le *konak* du gouverneur général et Yéchil-djami. L'autre est le *tekké* des derviches *Béklachi*, dit *Abd èl-Mourad tekkèssi*, situé derrière le château, au pied de l'Olympe, dans un des plus beaux sites de Brousse. C'est dans ce couvent que se trouve le tombeau d'Abd el-Mourad.

Le château lui-même est un des monuments les plus importants de la ville de Brousse; c'est en tout cas le plus ancien. Son enceinte de murailles et de tours délimite très probablement, ainsi qu'il est déjà dit plus haut, l'emplacement de l'antique *Prusa ad Olympum*. On y pénètre de la ville moderne par trois portes qui sont : à l'ouest *kaplidja kapoussi* (la porte des Thermes); à l'est, *yèr kapoussi* (la porte de la terre); et au nord *tabak* (pour Dibagh) *kapoussi* (la porte des tanneurs ou des tanneries). On en sort du côté du mont Olympe par deux autres portes qui sont *zindan kapoussi* (porte de la prison) et *sou kapoussi* (porte de l'eau). Une partie des murailles remonte à des temps très anciens; on y voit encore à certains endroits la trace des aigles romaines; mais les autres parties des murs d'enceinte sont du temps de Mohammed III qui les fit élever pour garantir la ville à une époque où des insurrections désolaient le pays.

Sur la terrasse du château, se trouvent les tombeaux des sultans Osmân et Orkhân décrits plus haut, et les ruines d'anciens kiosques impériaux, parmi lesquelles on voit un certain nombre de vieilles pièces de canon démontées, gisant sur le sol; ce qui a fait donner à ces ruines le nom de Top-Hané (fabrique, dépôt de canons). Près de là, quelques décombres indiqueraient seules la place du magnifique palais commencé par le sultan Orkhân et achevé par son fils Mourad Iᵉʳ Khodavendighiar, si l'on n'y voyait encore le majestueux platane, sorti d'une petite branche plantée lors du défilé des troupes victorieuses devant Osman-*Ghazi*, à la prise de Brousse. En plantant cette faible tige, le derviche Ghéhik Baba (le père cerf) prédit au vainqueur que l'empire ottoman grandirait rapidement et s'étendrait bientôt au loin comme elle, prédiction qui s'est réalisée dans l'espace de 126 ans. De l'extrémité de la terrasse, la vue plonge à pic sur toute la ville de Brousse, la plaine et les environs, et n'est arrêtée par aucun obstacle; de tous les côtés le coup d'œil est admirable.

On peut encore compter au nombre des anciens monuments de Brousse, et parmi les plus intéressants, le bazar ou plutôt les bazars, vaste assemblage de longues et larges galeries voûtées, comparable par son étendue à une petite ville. Dans son enceinte sont contenus plusieurs *hans* ou hôtelleries, dépôts et fabriques, dont un des plus remarquables est *Ipèk-hané*, l'entrepôt des soies. On y entre par une haute et large porte monumentale percée en ogive et encadrée de grandes plaques d'émail bleu turquoise, alternant avec des assises de briques rouges qui forment des dessins variés. Cette porte splendide a été érigée par le sultan Mourad II (1421-1451). Elle donne accès à une vaste cour carrée environnée de portiques sous lesquels sont les magasins et dépôts voûtés et couverts de dômes des négociants en soie, ainsi que leurs bureaux. Le milieu de la cour est occupé par un énorme bassin, au centre duquel s'élèvent, supportés par des arcades ogivales, les bureaux des employés de la douane des soies, entourés d'eau comme dans une île.

On trouve au bazar de Brousse tous les objets de première nécessité, d'utilité, d'agrément et de luxe, depuis les plus strictement indispensables jusqu'aux fantaisies les plus extravagantes. Un désordre pittoresque y règne dans un pêle-mêle de couleurs vives et chatoyantes, dont l'éclat et les oppositions tranchées, les effets inattendus, sont loin d'exclure l'harmonie. C'est un véritable type de bazar oriental.

Ecoles. — Les écoles de la ville et du merkez-caza de Brousse sont au nombre de 246 dont 10 d'enseignement supérieur normal et spécial, 9 secondaires et préparatoires, et 225 primaires et élémentaires. Sur ce même nombre de 246 écoles, 225 sont fréquentées par 7.874 garçons; 21 par 1.444 filles, y compris 2 écoles mixtes qui reçoivent 179 élèves dont 91 garçons et 88 filles, soit en totalité 9.318 élèves dont 7.874 garçons et 1.444 filles comme suit :

DEGRÉS D'ENSEIGNEMENT

COMMUNAUTÉS	SUPÉRIEUR-SPÉCIAL				SECONDAIRE-PRÉPARATOIRE				PRIMAIRE-ÉLÉMENTAIRE				TOTAUX PAR COMMUNAUTÉS			
	Écoles		Élèves		Écoles		Élèves		Écoles		Élèves		Écoles		Élèves	
	GARÇONS	FILLES	GARÇONS	FILLES	GARÇONS	FILLES	GARÇONS	FILLES	GARÇONS	FILLES	GARÇONS	FILLES	GARÇONS	FILLES	GARÇONS	FILLES
Musulmans	10	»	576	»	4	»	426	»	99	4	3.470	397	113	4	4.472	397
Grecs orthodoxes	»	»	»	»	3	1	89	120	70	7	1.931	414	73	8	2.020	534
Arméniens grégoriens	»	»	»	»	»	»	»	»	22	2	800	80	22	2	800	80
Arméniens catholiques	»	»	»	»	»	»	»	»	4	1	60	20	4	1	60	20
Arméniens protestants	1	1	40	40	»	»	»	»	»	»	50	58	2	1	90	98
Catholiques latins	»	»	»	»	»	»	»	»	4	3	122	250	4	3	122	250
Israélites	»	»	»	»	1	»	40	»	6	2	310	65	7	2	310	65
TOTAUX	11	1	616	40	8	1	555	120	206	19	6.743	1.284	225	21	7.874	1.444

TOTAL GÉNÉRAL......... 246 .... 9.318

Parmi les établissements scolaires d'enseignement supérieur ou spécial de 1 classe de la communauté musulmane à Brousse, 6 relèvent du Ministère du culte (*Chéikh ul-Islamat*), un du Ministère de l'instruction publique, un du Ministère de la guerre, un du Ministère de l'agriculture, et un de la Dette publique ottomane. Les premiers sont des *médressés* (écoles de droit et théologie islamiques). La principale de ces facultés siège à Oulou-Djami (la grande mosquée) et possède une bibliothèque très considérable contenant un grand nombre d'anciens manuscrits ornés de fines miniatures et de reliures fort riches, ainsi que beaucoup de livres précieux, anciens et nouveaux. Les autres *médressés* possèdent également des bibliothèques importantes. Tous sont des fondations pieuses, entretenues par des dotations spéciales. Les deux écoles supérieures, militaire et civile, sont entretenues au moyen de sommes qui figurent au budget des ministères dont elles relèvent; les deux autres écoles qui sont celles d'agriculture et de sériciculture ont déjà été décrites plus haut, au chapitre spécial du vilayet. A l'exception des facultés de droit et de théologie, où ne sont admis que des étudiants musulmans, toutes ces écoles reçoivent les sujets ottomans de toutes les communautés et même les étrangers dont les parents sont employés au service de l'État.

Il en est de même dans les écoles secondaires musulmanes, consistant, à Brousse, en 4 écoles de garçons, dont une militaire et une civile préparatoires, un lycée, une école d'arts et métiers, et une école de filles. La première dépend du Ministère de la guerre et les autres du Ministère de l'instruction publique.

Quant aux écoles primaires, au nombre de 32 pour les garçons et de 4 pour les filles, dans la ville de Brousse, et de 67 pour les garçons dans les villages d'alentour, ce sont, pour la plupart, des annexes de mosquées, entretenues par des fondations pieuses. On n'y reçoit qu'une instruction tout à fait élémentaire et elles ne sont fréquentées que par les enfants musulmans des quartiers où sont des écoles.

Comme partout, les écoles de la communauté grecque orthodoxe de Brousse sont entretenues par des dotations faites volontairement par de riches particuliers ; des dons, souscriptions et aumônes également volontaires ; le produit des quêtes faites à la messe, et les droits spéciaux perçus par les églises à chaque mariage et à chaque baptême.

Les 81 écoles grecques-orthodoxes de la ville et du merkez-caza de Brousse consistent en une école centrale d'enseignement supérieur, pour garçons, avec 50 élèves et 4 maîtres, sise à Kéhaya-bachi (Brousse) ; 4 écoles secondaires avec 89 élèves (garçons) et 8 maîtres, à Démirdèch, Moudania, Sighi et Triglia (*Terliè*); 5 écoles primaires dont 3 de garçons et 2 de filles, avec 238 élèves garçons, 72 filles, 6 maîtres et 3 maîtresses, sises à Balouk-Bazar, Kéhaya-bachi et Démir-kapou (Brousse) ; 25 autres écoles primaires, dont 20 de garçons et 5 de filles, avec 690 élèves garçons et 352 filles, 20 maîtres et 10 maîtresses, dans les bourgs et les villages de Soussourlouk. Tépédjik, Démirdèch, Paladarian, Eligman, Yéni-Keuï, Missépoli, Moudania, Sighi et Triglia ; 4 écoles mixtes (filles et petits garçons) avec 270 élèves et 8 maîtresses à Balouk-Bazar, Kéhaya-bachi, Démir-Kapou et Kalassan-Karièssi (Brousse) et enfin 33 autres écoles mixtes (filles et garçons) avec 785 élèves et 20 maîtresses à Soussourlouk, Platianos, Paladarian, Eligman, Yéni-keuï, Missépoli, Moudania, Sighi et Triglia (*Terliè*), etc.

Bien que plusieurs de ces écoles soient situées hors du merkez-caza de Brousse, elles y ont été comptées parce que leur entretien est à la charge de la communauté grecque orthodoxe de la ville de Brousse.

Feu M. Georges Zarifi, qu'on peut considérer sinon comme le créateur, du moins comme le principal bienfaiteur des écoles grecques orthodoxes de Brousse, avait doté la communauté de cette ville d'une rente annuelle de 400 livres turques (environ 9.200 fr.) à répartir entre l'école centrale de Brousse, les écoles primaires des villages de Soussourlouk et Tépédjik, et l'école secondaire de Triglia (*Terliè*). Sa veuve, Mme Hélène Zarifi, continue à servir une somme de 150 livres turques par an, (environ 3,450 fr. à chacune de ces écoles, qui pour cette

raison, ont reçu le nom de *zarifia*, c'est-à-dire « écoles de Zarifi ».
Les bâtiments de l'école centrale et les jardins y attenant,
qui se trouvent situés dans une des plus jolies position de la
ville, sont un don gracieux fait à la communauté par S. M. I. le
Sultan, qui a bien voulu mettre à la charge du gouvernement
la moitié du traitement d'un *hodja* (professeur) chargé d'enseigner la langue turque aux élèves de cette école. L'enseignement, tant à l'École centrale de Brousse, dirigée par un licencié
de l'Université d'Athènes, qu'à l'École secondaire de Moudania,
est donné en turc, en grec et en français. Il est donné en turc
et en grec dans les autres écoles du merkez-sandjak, dont tous
les maîtres et maîtresses, à l'exception de quelques professeurs
adjoints, sont en possession de diplômes réguliers.

Il y a lieu de faire remarquer ici que plus du tiers des habitants grecs orthodoxes du vilayet de Brousse ne parlent pas d'autre langue que le turc. Il en est ainsi notamment à Kéhaya-bachi, Démir-kapou et Kalassan-karièssi, quartiers grecs de la
ville de Brousse, ainsi qu'à Soussourlouk, Tépédjik et Platianos,
villages des environs.

Les écoles de la communauté arménienne du rite grégorien sont sous la haute direction de l'évêque arménien de
Brousse et du Conseil national (clérico-laïque) de cette communauté. Une société philanthropique arméno-grégorienne donne
à ces écoles 12.000 piastres (environ 2.760 fr. par an). Une
somme égale est versée chaque année pour le même objet par
le Conseil national. De plus, un impôt annuel librement con-
senti par la communauté et montant à 25.000 piastres (environ
5.750 fr.) est prélevé pour augmenter ses ressources scolaires,
qui s'élèvent en conséquence à la somme totale de 49.000 piastres, soit environ 11,270 fr. par an, somme jugée suffisante
jusqu'ici. On enseigne à l'école de garçons les langues turque,
arménienne et française, les mathématiques élémentaires, l'enseignement comprend l'arménien et le français, la musique vocale, le piano et les divers travaux à l'aiguille. Outre ces deux
écoles, quelques particuliers réunissent, chez eux, chacun 20
à 30 petits enfants des deux sexes auxquels ils donnent

les premières notions de lecture, d'écriture et de calcul.

Il n'y a rien à dire au sujet des petites écoles des Arméniens catholiques, où 80 élèves de cette communauté, peu nombreuse, reçoivent une instruction primaire à laquelle supplée déjà celle plus étendue et plus solide qu'ils trouvent à l'école des R. R. Pères Augustins français, fréquentée par 12 élèves Arméniens-unis, comme on le verra plus loin.

Les Arméniens-protestants, encore moins nombreux, envoient leurs enfants au collège et à l'école primaire mixte de la mission américaine. Le premier de ces établissements, fort bien tenu, donne à 40 garçons et 40 jeunes filles une instruction dont voici le programme d'études : arithmétique, géographie, algèbre, géométrie, astronomie, physique et botanique. Les langues enseignées sont le turc, l'arménien, le grec, l'anglais et le français,

A l'école primaire, les mêmes langues, à l'exception du français, sont enseignées à 51 garçons et 58 fillettes, dont le programme d'études comprend : la lecture, l'écriture et l'arithmétique. Ces deux établissements sont tenus par 3 maîtres et 5 maîtresses appartenant au personnel de la mission. Parmi les 188 élèves instruits par ces 8 professeurs, il y a 25 protestants européens et 163 sujets ottomans.

L'école des R. R. Pères Augustins de l'Assomption, fondée en 1886, dès l'arrivée de ces réligieux à Brousse, est dirigée par le curé desservant de la Chapelle latine, située dans la propriété des Filles de la Charité, ou sœurs de Saint-Vincent de Paul, où se trouvent un autre établissement scolaire tenu par celles-ci ainsi que diverses fondations hospitalières dont il sera parlé ci-après.

Le personnel enseignant de l'école des R. R. Pères Augustins se compose de 5 religieux dont 2 prêtres et 3 séminaristes. Le nombre actuel des élèves est de 62, pour la plupart externes, comme suit :

RELIGION	NATIONALITÉ
16 Catholiques latins.	2 Français. 2 Italiens. 6 Levantins.
3 Musulmans. 12 Arméniens catholiques. 11 » grégoriens. 15 Grecs orthodoxes. 2 Arméniens protestants. 2 Israélites. 1 Protestant.	5 Ottomans. 1 Polonais.
62 ÉLÈVES	62 ÉLÈVES

Les classes sont au nombre de 4, dont 2 élémentaires et 2 supérieures. L'une de celles-ci, dite des « adultes », est destinée à des cours du soir pour les jeunes gens de la ville qui, après leurs occupations journalières, désirent se perfectionner dans leurs études et dans la pratique de la langue française, base de l'enseignement donné dans cette école. Le programme des études comprend : la grammaire française, la tenue des livres, l'arithmétique, la géométrie, la géographie, l'histoire moderne, l'histoire sainte et, outre le turc et le français qui sont obligatoires, l'arménien à titre facultatif.

La rétribution scolaire, proportionnée aux ressources des familles, varie de un franc à cinq francs par mois et n'est payée que par les deux tiers environ des élèves; les autres sont admis gratuitement et même plusieurs reçoivent en outre les fournitures classiques nécessaires. On peut juger de la valeur des études faites à si bon compte par leur résultat pratique pour plusieurs des premiers élèves sortis de l'École des Augustins français, qui ont trouvé des emplois dans les Administrations de la Dette publique ottomane et de la Régie co-intéressée des tabacs.

L'établissement scolaire des Filles de la Charité à Brousse comprend un asile, un orphelinat, une école et un ouvroir, fréquentés par environ 250 petits enfants et jeunes filles, sans distinction de culte ni de nationalité, et dont 151 petites filles sont actuellement instruites à l'école proprement dite. Ce dernier nombre se décompose par cultes, nationalités et quotités des rétributions scolaires, comme suit :

CULTES	NATIONALITÉS	NOMBRE D'ÉLÈVES		TAUX DE l'écolage mensuel	
		INTERNES	EXTERNES	UNITÉS	TOTAUX
1 Catholique latine.	1 Hollandaise.	42		23 fr.	966
90 Arméniennes catholiques.		32		gratuit	»
10 Grecques catholiques.		»	67	»	»
101 Catholiques.	150 Ottomanes	»	10	3 fr.	30
10 Grecques orthodoxes.		»	»	»	»
30 Arméniennes grégoriennes					
10 » protestantes.		74	77	»	996
151 ÉLÈVES	151 ÉLÈVES	151 ÉLÈVES		996 FRANCS	

Soit pour 151 élèves, dont 52 paient un écolage et 99 sont instruites gratuitement, un chiffre total de recette mensuelle s'élevant à 996 francs.

Sur 74 élèves internes, 42 pensionnaires paient chacune 23 francs par mois et les 32 autres, qui sont orphelines, sont entièrement à la charge des sœurs.

Sur 77 externes, 10 paient un droit d'écolage de 3 francs par mois et les 67 autres, appartenant à des familles pauvres, sont instruites gratuitement. Elles reçoivent également gratis les fournitures scolaires et deux fois par an des vêtements leur sont distribués.

Le français, base des études, est l'objet de la plus vive sollicitude de la part des sœurs, au nombre de 5, respectivement chargées de la première et de la deuxième classe, de l'asile, de l'orphelinat et de l'ouvroir, avec l'assistance de 3 sous-maîtresses et d'une maîtresse de langue arménienne indigène. L'enseignement comprend la grammaire française, la géographie, l'arithmétique, l'histoire ancienne et l'histoire de France, l'histoire ottomane et l'étude de la langue arménienne qui fait l'objet de 3 cours spéciaux par semaine. Les élèves de l'école des sœurs sont en outre occupées à des travaux de lingerie et de broderie,

pour lesquels elles montrent d'excellentes aptitudes ; elles reçoivent en outre de bonnes leçons de musique et de dessin d'ornementation.

On compte à Brousse 2 écoles fondées pour les enfants de la
communauté israélite de cette ville, par les soins, aux frais ex-
clusifs, et sous la haute direction de l' « Alliance Israélite Universelle », dont le siège est à Paris. Ces 2 écoles sont actuellement fréquentées par 80 garçons et 65 filles, tandis que 230
autres jeunes garçons de la même communauté reçoivent des
rabbins, dans les synagogues locales, un enseignement très
élémentaire, exclusivement composé de la lecture du Talmud et
de l'écriture hébraïque.

Le programme des écoles de l' « Alliance Israélite » à Brousse
est le même que celui des écoles primaires de France. Ce programme est parfaitement appliqué aux jeunes Israélites par des
instituteurs et institutrices originaires de l'Orient, élevés à Paris
et munis du brevet supérieur. La base de l'enseignement est le
français.

A ces établissements scolaires, placés sous le patronage de
la France, est jointe une œuvre d'apprentissage qui prend les
élèves pauvres au terme de leurs études pour les placer dans les
meilleurs ateliers de la ville.

Monuments. — Outre les principaux monuments historiques énumérés plus haut parmi les édifices publics de Brousse,
il faut remarquer : le palais du gouverneur-général, l'hôtel
municipal, les deux écoles supérieure civile et militaire, celle-ci
de construction récente ; l'école secondaire civile, la station séricicole et la magnanerie de la Dette publique ; la direction des
postes et télégraphes ; celle de la régie, le dépôt militaire et la
tour de l'horloge sur la place « Osmândjik ». L'école d'agriculture située à 5 ou 6 kilom. de la ville, mérite aussi d'être citée,
ainsi que la ferme-modèle annexée.

On compte à Brousse 7 mosquées impériales et 158 autres
mosquées et *mesdjids* ; 7 *imaret* ou cuisines publiques ; 42 *tekkés*
(couvents de derviches) ; 7 églises monumentales ; 3 synagogues,

8 hôtels restaurants dont plusieurs ont mérité les témoignages écrits de princes et autres illustres voyageurs européens en faveur de leur bonne tenue, 62 *hans* ou hôtelleries, 27 bains (*hammam*) sans compter ceux d'eaux thermales plus haut décrits, 36 fabriques diverses, 37 tanneries, 13 teintureries, 200 cafés, 3 imprimeries, 10 pharmacies, 100 boulangeries, 28 moulins, 2,930 magasins en dehors du bazar (*Ouzoun-tcharchi*) ci-dessus mentionné, 1 tuilerie, 1 jardin public, 15 corps de garde, 2 théâtres. L'un de ces théâtres, situé vis-à-vis du palais du gouvernement, a été construit par Ahmed Véfik Pacha, qui y faisait représenter les plus beaux chefs-d'œuvre de Molière et de Shakspeare, admirablement traduits et finement adaptés par lui aux mœurs turques; et enfin 12,700 maisons.

Les hôpitaux de Brousse sont au nombre de 2. Le premier, fondé par le gouvernement, est digne d'éloges pour ses belles dispositions intérieures et les bons soins qu'y reçoivent les malades.

Le second, quoique d'une importance beaucoup plus modeste, mérite une mention spéciale. Fondé depuis peu d'années par les Filles de la Charité, il est dirigé par une de ces sœurs assistée d'un nombre d'autres religieuses et d'infirmiers proportionné aux besoins du moment. Le nombre des journées de malades s'y est élevé en 1893 à 540 dont 90 ont été réglées à raison de 2 francs par la Compagnie du chemin de fer de Moudania-Brousse pour ses ouvriers soignés dans cet hôpital. Les 450 autres ont été accordées gratuitement à des malades indigents de toutes nationalités. Un seul décès a eu lieu dans le cours de la même année à l'hôpital français de Brousse. Cette absence presque complète de mortalité est attribuée à la propreté scrupuleuse et aux sages mesures hygiéniques assidûment mises en vigueur dans cet établissement par sa directrice, et qui ont puissamment secondé la science médicale et le zèle purement charitable mis au service des pauvres par le docteur Sabaïdès, sujet hellène, médecin de la Faculté de Paris.

Il y a lieu de mentionner encore, d'autre part, le dispensaire établi à Brousse par les mêmes sœurs françaises et fréquenté annuellement par plus de 18,000 malades qui y reçoivent des conseils médicaux et des remèdes gratuits.

Sources, fontaines. — Brousse a été renommée de tout temps pour l'abondance et la pureté de ses eaux potables. La ville entière est alimentée par les sources du mont Olympe au moyen d'un système de conduites formant un vaste réseau souterrain de tuyaux en terre cuite. Chaque maison possède un bassin dans son jardin ou son vestibule ; un de ces tuyaux y amène l'eau, tandis qu'un second tuyau déverse le trop-plein du bassin dans celui de la maison voisine située plus bas, et ainsi de suite de maison en maison, depuis la haute ville jusqu'aux dernières habitations des bas quartiers. On entend ces eaux murmurer de toutes parts ; on les voit partout jaillir en fontaines, couler en ruisseaux, bondir en cascades. Le nombre des fontaines, tant publiques que particulières, est pour ainsi dire incalculable. Un tableau, dressé par Bonkowski Pacha, chimiste du palais impérial et publié en 1881 dans le journal turco-français, l'*Osmanli*, donne la température et le degré hydrotimétrique des sources les plus estimées auxquelles s'approvisionnent la ville et les alentours, comme suit :

LOCALITÉS ; NOM DES EAUX	TEMPÉRATURE		DEGRÉS hydrotimétriques	DATE DE l'expérience
	de l'eau	de l'air		
	centigrades	centigrades		
Gueuk-déré près du Tekké	13°	21°5	11 1/2	22 août 1874
Kavak, près de Gueuk-déré.	13°	16°	6	»
Chadrivan (sorte de fontaine) de Yéni Kaplidja	15°	24°	28	»
Gumuch-sou, en face la porte du kiosque impérial	17°	19°	6 1/2	»
Yéri, près du tombeau de Hussam ed-din.	14°5	19°	6 1/2	»
Alloun-olouk, près du kiosque impérial.	12°3	19°	8	»
Hammamli-keuï, à la fontaine de ce village.	16°	23°	11 1/2	»
Djerrah-keuï, village arménien eau prise au ruisseau	12°	24°	14	»
Qaloust-déré, même village, autre ruisseau	21°	24°	13	»
Baba-sultan, à Tach-Kessen	7°5	20°	10 1/2	20 août 1874
Ak-sou, fontaine de la place de ce village.	»	22°	11 1/2	»
Fontaine de la Marine Impériale à Ghemlèk	»	»	15	»
Kiosque de Riya-Effendi à Brousse (eau prise au bassin), ...	15°	22°	23	28 avril 1869
Bounar-bachi, à la source même à Brousse.	14°	21°	23	»

La source de *Bounar-bachi* sort du flanc d'un rocher situé dans le voisinage du château de Brousse, à 256 m. d'altitude, et qui supporte, à 100 m. plus haut, les kiosques d'*Abd èl-Mourad* et de *Séyid-Nasser,* buts de charmantes promenades. Le bassin, creusé dans le roc, est entouré d'une grande place ombragée de vieux platanes et bordée de cafés turcs. D'ailleurs tous les sites de Brousse et des environs sont extrêmement pittoresques. Il n'en est peut-être pas un seul qui n'ajoute à ses beautés naturelles quelque monument du moyen-âge, précieux souvenir des origines de la patrie ottomane, illustré par l'histoire et la légende, et décoré des splendeurs de l'art oriental.

Il serait beaucoup trop long d'énumérer seulement tous ces cites merveilleux, nombreux dans la ville même et les 130 villages du merkez-caza de Brousse.

CAZA DE GHEMLÈK.

Orientation, limites. — Le caza de Ghemlèk est situé au nord du vilayet et au nord-est du sandjak et du merkez-caza de Brousse. Il est limité au nord par le mutessariflik d'Ismidt ; à l'est, par le sandjak d'Erthogroul ; au sud, par le merkez-caza de Brousse, et à l'ouest par la mer de Marmara et le caza de Moudania.

Division administrative. — Il est divisé administrativement en 2 nahïés qui sont *Bazar-keuï* (1) et *Djédid*, et l'on y compte en totalité 43 villages.

Population du caza. — La population totale du caza de Ghemlèk est de 60,543 hab., comme suit :

(1) Le bourg de Bazar-keuï vient d'être érigé en chef-lieu de caza.

Musulmans	19,612 hab.
Grecs orthodoxes	16.259 —
Arméniens grégoriens	23,811 —
— protestants	84 —
Divers.	777 —
TOTAL. . .	60,543 hab.

Chef-lieu. — GHEMLÈK, chef-lieu du caza de même nom, est située au fond du golfe de Moudania, à 30 kilom. est de ce dernier port, à 14 kilom. ouest du lac de Nicée et à 29 kilom. nord-est, en ligne directe, de Brousse, chef-lieu du vilayet. Une belle chaussée carrossable de 34 kil. 1/2 relie Brousse à l'arsenal maritime de Ghemlèk.

Population. — La population de la ville de Ghemlèk, comprise dans le chiffre ci-dessus de celle du caza, est de 5.147 hab. comme suit :

Musulmans	242 hab.
Grecs orthodoxes	4.620 —
Arméniens.	107 —
Divers.	178 —
TOTAL . .	5.147 hab.

Tout l'intérêt actuel de la ville de Ghemlèk se concentre dans son arsenal maritime, où sont des chantiers pour la construction des bâtiments de haut bord appartenant à la marine impériale. Le mouvement commercial du port de cette ville serait presque nul, si les exportations de minerai de chrôme et les importations de pétrole ne lui donnaient de l'animation. Ces deux produits prennent par exception le chemin du port de Ghemlèk contrairement à tous les autres qui sont embarqués ou débarqués à Moudania pour des raisons qu'il semble assez intéressant de faire connaître. En effet, les concessionnaires des mines de chrôme situées à Domanidj, dans le caza d'Aïné-Gueul (sandjak d'Erthogroul) au pied des versants sud-est du mont Olympe, ayant remarqué que le transport du minerai par les *arabas* donnait lieu à d'énormes déchets par suite de la construction trop élémentaire de ces charriots primitifs, tandis que le transport à dos de chameaux s'opérait sans pertes, traitèrent avec les chameliers. Ceux-ci leur procurèrent un avantage de plus par la facilité de suivre un sentier direct gravissant les pentes de la montagne et impraticables aux voitures. Cette économie de temps ne passa point inaperçue ; elle permit aux chameliers de conclure avec les négociants en pétrole et les marchands de sel des contrats avantageux, grâce auxquels ils sont devenus à peu près les seuls agents des transports de minerai, de pétrole et de sel dans les sandjaks de Brousse et de d'Erthogroul.

Services administratifs, etc. — Il y a à Ghemlèk un conseil administratif du caza, présidé par le caïmakam, sous-gouverneur, et dans lequel siègent, avec le *mufti*, le *naïb* et deux autres fonctionnaires musulmans, le métropolitain grec-orthodoxe, le *vékil* (fondé de pouvoirs) de l'évêque arménien et deux membres chrétiens, l'un grec et l'autre arménien. Les chrétiens se trouvent ainsi en nombre égal aux musulmans dans le tribunal du *bédaïèt*, dont le membre, chargé des procès commerciaux est grec orthodoxe. Au conseil municipal, les musulmans ne sont que 3 contre 5 chrétiens, dont 4 grecs orthodoxes.

Les autres administrations qui fonctionnent à Ghemlèk et dans le caza sont : la banque agricole, une commission de l'instruction publique, une agence de la Dette publique avec succursales aux villages d'Armoudli, Bazar-keuï et Kourchoumli ; la Douane a une direction à Ghemlèk et 6 agences secondaires dans les villages du littoral. La Régie des tabacs y a également une direction et des agences secondaires dont une à Bazar-keuï. L'état-major de l'arsenal maritime et de l'administration des vapeurs de l'État se compose d'un chef de bataillon, d'un adjudant-major, d'un commandant naval, de 2 capitaines et un lieu-

tenant de cavalerie, d'un pharmacien et de deux secrétaires. Le
tribunal du *chèr'i* (droit islamique) a dans tous les villages musulmans du caza des juges soumis à l'autorité du *naïb* et du
mufti de Ghemlèk.

Ecoles. — Les écoles du caza de Ghemlèk sont au nombre
de 49, dont 48 de garçons et une de filles, fréquentées par
2.790 élèves dont 2.640 garçons et 150 filles, comme suit :

			ÉLÈVES
Musulmans. . .	1 *Médressé* (faculté de droit et théologie)		10
	1 Lycée à Ghemlèk		20
Grecs orthodoxes.	33 écoles primaires à Ghemlèk et villages		500
	6 écoles de garçons	»	380
	3 » filles	»	150
	44 écoles.		1.060

Ghemlèk a été fondée, selon Strabon, par l'Argonaute Cius,
à son retour de Colchide. Ruinée par Philippe, fils de Démétrius
et donnée ensuite à Prusias, fils de Zélas, elle fut rebâtie par
celui-ci qui lui donna son nom. Après la conquête romaine on
l'appela « Prusa ad mare », pour la distinguer de Brousse
(Prusa ad Olympum), mais l'ancien nom de Cius, écrit et pro-
noncé en grec *Kios* a toujours prévalu, car son nom grec actuel
de *Ghio* n'en est très probablement qu'une altération.

Au moyen âge, les croisés français qui avaient fait de Ghio
leur principal port de débarquement en Asie, l'appelèrent Civitot. On croit que les Ottomans lui ont donné son nom de *Ghemlèk* ou mieux *Ghèmlik* qui signifie « chemise » parce que les
chemises de soie de Brousse étaient exportées par cette place.

La forteresse et les murailles de construction pélasgique sont
à peu près tout ce qui reste de la première ville antique. Les
monuments de l'époque romaine ont disparu ; mais on retrouve
encore assez souvent, en creusant des fondations, des fragments
d'architecture qu'on utilise sur place.

Parmi les édifices datant de l'époque byzantine et de la conquête ottomane, on ne peut citer qu'une petite mosquée peu remarquable, 3 églises, deux monastères grecs orthodoxes et quantité d'*ayazma* ou fontaines bénites, révérées également des musulmans et des chrétiens.

On estime la valeur totale du mouvement commercial du port de Ghemlèk à 3,934,000 fr. Les revenus moyens annuels des douanes du caza à 300,000 piastres, soit environ 69,000 fr. (voir le chapitre spécial du commerce du vilayet, p. 103).

Un seul agent du corps consulaire réside à Ghemlèk, à titre honoraire : c'est un vice-consul de Grèce.

NAHIÉ DE BAZAR-KEUÏ (1)

Orientation. — Le nahié de Bazar-keuï, fort important, est situé au nord-est du caza de Ghemlèk, sur les bords du lac de Nicée. Il compte dans ses dépendances 14 villages ou gros bourgs dont plusieurs sont d'une richesse agricole remarquable, ou possèdent des industries productives.

Population. — La population totale de ce nahié s'élève à 17,785 hab., compris dans le chiffre ci-dessus de la population du caza de Ghemlèk et répartis dans chaque communauté, comme suit :

Musulmans	4,358 hab.
Arméniens grégoriens	13,343 —
— protestants. . . .	84 —
TOTAL . .	17,785 hab.

Sur ces 17,785 habitants du nahié, 1,600, dont 1,400 musul-

(1) Il a été dit que le nahié de Bazar-keuï, avec quelques villages des environs, vient d'être érigé en caza.

mans et 200 arméniens grégoriens composent la population du
chef-lieu, Bazar-keuï, siège du gouvernement local et résidence
du *mudir*. La population du bourg de Yéni-Keuï est de 5,800
arméniens, dont 84 protestants, et celle du bourg de Soleus est
de 4,700 arméniens. La population des 11 autres villages est
mixte, à l'exception de 6 qui sont exclusivement habités par
des musulmans.

Chef-lieu. — *Bazar-keuï*, chef-lieu du nahié, est situé sur la
rive nord-ouest du lac de Nicée. La culture du tabac est répandue
dans cette bourgade, très fréquentée par les contrebandiers du
sandjak de Kutahia. Bien que la grande majorité de ses habitants soient arméniens grégoriens, ou ne compte sur les six
membres (*a'za*) du conseil d'administration du nahié présidé
par le *mudir* qu'un seul appartenant à cette communauté ; les
5 autres, ainsi que le greffier sont musulmans.

Yéni-keuï. — Yéni-keuï est le principal centre de production du nahié. On y fait un grand commerce de soie grège,
de toile très estimée tissée par les femmes, ainsi que d'excellente huile d'olives et d'une sorte de mélasse nommée *boulama*
particulièrement recherchée.

Soleus. — Soleus, situé sur la rive sud du lac de Nicée,
tient le second rang parmi les bourgs dépendant de Bazar-
keuï. C'est l'ancienne *Pythopolis*, fondée par Thésée sur l'ordre
de la Pythie en mémoire de son ami qui, par désespoir
amoureux, s'était noyé dans le petit fleuve voisin, aujourd'hui
Ghemlèk-tchaï ou rivière de Ghemlèk. Les habitants du bourg
actuel de Soleus sont des arméniens émigrés de Van et de
Harpout au xvii° siècle pour échapper à l'oppression des
Kurdes. Très industrieux, ils ont, par leur travail, placé leur
nouveau séjour dans un état de prospérité remarquable.

Mines. — Il y a dans le caza de Ghemlèk plusieurs mines
de chrôme, de cuivre et de plomb argentifère inexploitées et
dont la concession n'a point été demandée jusqu'aujourd'hui.

Thermes. — On y trouve aussi, à un quart d'heure de distance de la ville de Ghemlèk, des eaux thermales moins chaudes que celles de Brousse. Beaucoup de personnes les fréquentent à partir du mois de mai jusqu'en septembre, et l'on cite de nombreuses guérisons de rhumatismes, névralgies, gouttes, etc., attribuées à l'usage de ces bains durant 20 à 30 jours consécutifs.

Climat. — Le climat de ce caza était encore très malsain il y a dix ans; la fièvre paludéenne y était en permanence à cause de la culture du riz, mais toutes les rizières du vilayet de Brousse ayant été supprimées par ordre supérieur, cette maladie a disparu complètement, malgré le voisinage du lac de Nicée.

CAZA DE MIKHALITCH

Orientation, limites. — Le caza de Mikhalitch est situé au nord du vilayet et du merkez-sandjak de Brousse. Il est limité au nord par la mer de Marmara ; à l'est, par le caza de Moudania et le merkez-caza de Brousse ; au sud, par le caza de Kermasti, et à l'ouest par le sandjak de Karassi.

Division administrative. — Il n'y a point de nahié et l'on y compte 81 villages.

Population. — La population totale de ce caza est de 63,842 hab. comme suit :

Musulmans	43,953 hab.
Grecs orthodoxes	16,051 —
Arméniens grégoriens	2,370 —
— catholiques. . . .	750 —
— protestants	98 —
A reporter . . .	63,222 hab.

Report. .	63,222 hab.
Bulgares	398 —
Israélites	73 —
Étrangers	43 —
Divers	106 —
TOTAL . . .	63.842 hab.

Chef-lieu. — MIKHALITCH, chef-lieu du caza de même nom et résidence du *caïmakam*, sous gouverneur, est situé sur la rive ouest du lac Apollonia. Il est le siège des divers services publics, d'un tribunal du *bédaïèt* (droit moderne), présidé par le *naïb* et dont 2 membres sur 6 sont chrétiens; d'une municipalité présidée par un notable arménien assisté d'un conseil de 5 membres dont 3 musulmans, un arménien et un grec orthodoxe; d'une banque agricole, d'une agence de la Dette publique et d'une agence de la régie coïntéressée des tabacs; d'une station télégraphique de service intérieur (langue turque); d'un dépôt militaire de la réserve (*rédif*) et d'un service d'ordre public sous les ordres d'un lieutenant de *zaptiès* assisté d'un sous-officier comptable et d'un agent de police.

Sa population, comprise dans le chiffre ci-dessus de celle du caza, est de 7,781 habitants comme suit :

Musulmans	600 hab.
Grecs orthodoxes	6,781 —
Arméniens grégoriens	400 —
TOTAL. . .	7,781 hab.

Il existe aux environs de Mikhalitch une ferme impériale dont le personnel supérieur se compose d'un directeur général, d'un directeur des travaux agricoles et d'un chef de comptabilité.

La ville actuelle de Mikhalitch s'élève sur une petite éminence à proximité du fleuve *Macestus (Soussourlou-tchaï)* et de la ville byzantine de *Loupadium* (Loupad); elle paraît occuper à peu près l'emplacement de l'ancienne *Milétopolis*. Du temps du voya-

geur Lucas, on rencontrait encore de nombreuses ruines anti-
tiques dans la plaine, entre ces deux localités, mais aujourd'hui
il n'en reste d'autres vestiges que quelques fragments d'architecture encastrés dans les murailles de Loupad.

Quoiqu'il en soit, Mikhalitch et ses environs se présentent
sous un aspect riant, éminemment pittoresque, et l'on y remarque un air d'aisance et d'activité industrielle et commerciale
dû principalement à la sériciculture, occupation de la plupart
des habitants du caza. Les alentours et toute la vaste plaine de
Mikhalitch sont couverts de champs de mûriers blancs et roses,
de beaux vignobles et d'arbres fruitiers. De hauts cyprès
peuplent les cimetières musulmans et les cours de plusieurs
mosquées à minarets qui datent des premiers souverains ottomans. Cette verdure sombre forme contraste avec les couleurs
variées dont les maisons sont peintes à l'extérieur et parmi
lesquelles dominent le rouge et le jaune d'ocre avec quelques
teintes brunes, tandis que les minarets d'une blancheur éclatante et les *sou-térazi* (balance d'eau) de l'aqueduc qui conduit
les eaux dans la ville, achèvent de donner à l'ensemble de ce
tableau un véritable cachet oriental. Parmi les constructions
utiles dues aux anciens sultans, on remarque aussi plusieurs
vastes hôtelleries pour les caravanes (caravanséraïls) et un *bé-
zesten* pour la vente des soies.

Ecoles. — Les écoles de la ville et du caza de Mikhalitch
sont au nombre de 36 dont 2 supérieures, une secondaire et
33 primaires, fréquentées par 812 élèves dont 753 garçons et
55 filles comme suit :

				ÉLÈVES
Musulmans	2 *médressés* (faculté de droit et théologie)			6
	1 *ruchdié* (lycée)			15
	22 écoles primaires			270
Grecs orthodoxes.	9	»	de garçons	410
	1	»	de filles	55
Israélites	1	»	de garçons	20
	36	écoles.		812

Loupad. — Après le chef-lieu, la seule localité remarquable de ce caza est *Oulou-âbâd* (la grande ville), située sur la rive même du lac Apollonia, à l'ouest de ce lac et à 3 kilom. environ de la ville de Mikhalitch. C'est actuellement un village très misérable habité seulement par quelques familles grecques orthodoxes, car l'ancienne population a abandonné ce séjour insalubre où règnent les fièvres paludéennes. Le monastère lui-même n'est plus habité que par un pauvre *papa* (prêtre grec) qui suffit à tous les besoins religieux de la paroisse. Oulou-âbâd, vulgairement Loupad, est l'ancienne *Loupadium* bâtie par Alexis Comnène pour défendre les approches de Brousse contre les musulmans. Ses murailles flanquées de 10 en 10 mètres de tours rondes et polygonales, subsistent encore ; elles sont construites en briques parmi lesquelles sont mêlés un très grand nombre de fragments antiques, restes probables de Milétopolis. Anne Comnène, fille et historiographe du fondateur, ainsi que Nicétas Choniatès, parlent de Loupadium comme d'un point stratégique important qui interdisait l'entrée du lac et le cours du *Macestus* aux barques des musulmans. Le sultan Orkhân enleva en 1330 cette place forte qui ne fut jamais reprise et lui donna le nom de *Oulou-âbâd*.

Agriculture, industrie, etc. — Les principales ressources du caza consistent dans les produits de l'industrie séricicole qui est presque la seule occupation des habitants. La pêche du lac Apollonia et des rivières voisines est très abondante ; elle est surtout pratiquée par les cosaques établis à 60 kilom. environ à l'ouest, à Kozak-keuï, au bord du lac Manias et qui exploitent également la pêche de ce dernier lac.

CAZA DE MOUDANIA.

Orientation, limites. — Le caza de Moudania est situé au nord du vilayet, du sandjak et du merkez-caza de Brousse.

Il est limité au nord par la mer de Marmara ; à l'est par le caza de Ghemlèk ; au sud par les cazas de Brousse et de Mikhalitch, et à l'ouest par ce dernier.

Division administrative. — Il est divisé administrativement en deux nahiès qui sont *Terlié* (Triglia) et *Émir-Ali*. On y compte 18 villages.

Population du caza. — Sa population totale est de 35,114 hab. comme suit :

Musulmans	14,287 hab.
Grecs orthodoxes	20,827 —
TOTAL. . .	35,114 hab.

Chef-lieu. — MOUDANIA, chef-lieu du caza de même nom, principal port du commerce du vilayet, est situé à l'entrée et sur la rive droite du golfe de Moudania, en face du cap Boz-bou-roun, ancien promontoire Possidium, par 26°35 de longitude et 40°22 de latitude, à 30 kilom. de Brousse par la chaussée carrossable et à 42 kilom. par le chemin de fer.

C'est la résidence du *caïmakam*, (sous gouverneur), et du conseil administratif du caza, ainsi que des divers services publics. Outre le conseil du caza où siègent le *vékil* (fondé de pouvoirs) du métropolitain et deux autres membres grecs orthodoxes, le tribunal du *bédaïèt* (droit moderne), dont tous les membres sont musulmans, et la municipalité, composée, sous la présidence d'un notable musulman, de 9 membres, dont 6 grecs orthodoxes et 3 musulmans, on trouve à Moudania une chambre de commerce, une banque agricole, des commissions d'instruction publique et autres, une direction des douanes avec agences secondaires à Terlié, à Sighi et à Bergos ; une agence des postes et télégraphes de service intérieur (correspondance télégraphique en langue turque), et des agences de la Dette publique et de la Régie des tabacs, avec sous agences à Terlié, Sighi et Bergos.

La population de la ville de Moudania, comprise dans le chiffre ci-dessus de celle du caza, est de 5,000 hab. comme suit :

Musulmans . . . . 1,992 hab.
Grecs orthodoxes . . . . . . 3,908 —

TOTAL. . . 5,900 hab.

Ecoles. — Les écoles de la ville et du caza de Moudania sont au nombre de 39, dont une supérieure, une secondaire et 39 primaires, fréquentées par 718 élèves dont 578 garçons et 140 filles, comme suit :

ÉLÈVES

Musulmans	1 *médressé* (faculté de droit et théologie)	5
	1 *ruchdié* (lycée)	25
	29 écoles primaires dont 28 de garçons et 1 de filles . . .	358
Grecs orthodoxes.	8 écoles primaires dont 6 de garçons et 2 de filles . . .	330
	39 écoles.	718

Il y a à Moudania 8 mosquées et 3 églises, un *tekké* (couvent de derviches) et un monastère grec ; 2 hôtels, dont l'un dit « maggyar » (hongrois) est très bien tenu, 7 *han* ou hôtelleries, 2 bains turcs (*hammam*), 18 fabriques ou usines, dont 16 huileries, 3 moulins à farine, 2 filatures de soie, 13 boulangeries, 1 abattoir, 2 pharmacies, 4 cafés, 1 dépôt de pétrole, 91 magasins, 143 boutiques et ateliers, 920 maisons ; une grande échelle pour le débarquement et l'embarquement des marchandises et des voyageurs, et la station principale, tête de ligne du chemin de fer de Moudania-Brousse.

Dans la saison des bains de mer, Moudania et les nombreux sites renommés de ses environs sont fréquentés par une foule de baigneurs et de promeneurs, qui viennent en villégiature de Brousse et de Constantinople. On cite parmi les plus charmantes promenades : *Kantardji-maslaghi*, *Hazr ul-yas-taghi*, *Altchak-bayir*, *Séyah-dédé*, *Hazr ul-yas-tchesmessi* et *Sari-ayazma*.

Les eaux potables de Moudania, très limpides et très légères, ne sont pas moins estimées des gourmets orientaux, fins dégustateurs, que celles de Brousse. Les sources célèbres sont : *Hadji-oroudj*, *Tekké*, *Kéfalé* et *Yilanli*.

Produits agricoles et industriels. — A Moudania

et dans sa banlieue, on compte environ 50 fabriques de tissus pour ameublement, en soie pure et soie mélangée de coton, ainsi que de toiles de diverses couleurs, rayées, unies, brochées et brodées. Les huiles d'olives de Moudania sont estimées sur les marchés de Constantinople et autres places de Turquie.

Après la soie, qui est la principale production du caza, la population presque tout entière s'occupe de l'éducation du ver-à-soie et des industries annexes de la sériciculture; les plus abondants produits du sol sont les céréales : froment, orge, seigle, avoine et maïs. On récolte aussi beaucoup de lin et de sésame et les prairies fournissent d'excellents légumes; les oignons de ce caza sont recherchés. Les fruits ne sont pas moins renommés; plusieurs villages producteurs en ont pris leur nom; Sighi, par exemple, à cause de ses figues savoureuses, Narli pour ses délicieuses grenades, Armoudli, Fistikli, cités pour leurs poires succulentes et leurs pignons, etc., etc. Les pommes, les cerises douces, les cerises aigres *vichné*, les prunes, les coings des vergers de Moudania sont en grande réputation.

Depuis quelques années, les vignobles de ce caza sont plus activement cultivés et donnent de fort belles récoltes de raisins de table et de bons vins de Brousse.

Commerce. — Le port de Moudania dessert les san-

djaks de Brousse, d'Erthogroul (excepté pour le minerai de chrôme et le pétrole), de Kutahia, et pour la majeure partie, à l'exception de l'opium, celui de Kara-Hissar.

Son mouvement commercial moyen est de 28,525 tonnes d'articles divers d'une valeur totale de 33,896,731 fr., dont

19,142,469 fr. à l'exportation et 141,754,469 fr. à l'importation.

Son mouvement maritime, d'après les documents publiés par l'office sanitaire international de Constantinople, a été, du 1ᵉʳ mars 1893 au 28 février 1894, de 1,581 navires, jaugeant 124,315 tonneaux (Voir pour le détail les tableaux annexés au chapitre spécial du commerce du vilayet, p. 106).

Moudania occupe à peu près l'emplacement de l'antique Myrléa, colonie des Colophoniens, dont on retrouve encore de nombreux vestiges à proximité, aux hameaux nommés « Palaia-chori » et « Hissarlik ». Ces restes consistent en débris d'architecture et en sculptures représentant pour la plupart des bœufs, animaux consacrés à Neptune. Myrléa fut prise et détruite en même temps que Cius, aujourd'hui Ghemlèk, par Philippe V, père de Persée, dernier roi de Macédoine. Ces deux territoires furent cédés à son gendre, Prusias, roi de Bythinie, qui rebâtit les deux villes et donna à Myrléa le nom de sa femme Apamée, fille de Philippe et à Cius celui de « Prusa ad mare ».

Les Croisés français donnèrent à Prusa ad mare (Ghemlèk actuel) comme il a été déjà dit ci-dessus le nom de *Civitot*. Ils appelèrent le golfe de Cius golfe de *Polimeur* et la ville d'Apamée *Montagnac*, nom dont les Turcs ont formé le nom actuel de Moudania, lors de sa conquête qui eut lieu en même temps que celle de Brousse par Orkhân, fils et successeur d'Osmân *Ghâzi*.

On voit à Bergos (Pyrgos) bourg dépendant dans ce caza, les restes d'un théâtre antique et plusieurs autres débris anciens.

On compte dans le caza de Moudania, y compris les chiffres énoncés ci-dessus dans la description du chef-lieu, 26 mosquées à minarets, 29 églises dont 2 beaux monastères byzantins à Terlié (Triglia), et 2 mosquées et une église très remarquables à Sighi, ainsi que 45 huileries dont 17 à Terlié (Triglia).

CAZA DE KERMASTI

Orientation, limites. — Le caza de Kermasti est situé au sud-ouest du merkez-sandjak de Brousse. Il est limité au nord par le merkez-caza de Mikhalitch; à l'est par le merkez-caza de Brousse et le caza d'Atarnos (Edrénos); au sud par ce dernier et à l'ouest par le sandjak de Karassi.

Division administrative. — Il est divisé en un seul nahïé qui est celui de Sandjàz, et l'on y compte 139 villages.

Population. — Sa population totale est de 38,544 hab., comme suit :

Musulmans	36,429 hab.
Grecs orthodoxes	1,148 —
Arméniens grégoriens. . . .	887 —
Israélites	80 —
Total. . .	38,544 hab.

Chef-lieu. — Kermasti, chef-lieu du caza et résidence du caïmakam (sous-gouverneur), siège des divers services publics, est située à 20 kilom. sud-ouest du lac d'Apollonia, à 22 kilom. sud-est de la ville de Mikhalitch, à 45 kilom. nord-ouest de celle d'Atarnos (Edrénos) et à 66 kilom. sud-ouest de Brousse, chef-lieu du vilayet.

Sa population, comprise dans le chiffre ci-dessus de celle du caza, est de 4,800 hab. comme suit :

Musulmans	2,685 hab.
Grecs orthodoxes.	1,148 —
Arméniens grégoriens	887 —
Israélites	80 —
Total. . .	4,800 hab.

La ville est bâtie sur les deux rives de l'*Atarnos-tchaï* (Rhyndacus), près d'un château byzantin semblable à celui qu'on trouve à 10 kilom., vers l'est en remontant le cours du fleuve, au village de Kesterlek. Ces deux forts, de même construction que la ville forte de Loupad plus haut citée, semblent avoir été bâtis à la même date et avoir fait partie du même système de défense que celui des abords de Brousse contre les Turcs ottomans.

On compte à Kermasti 800 maisons réparties en 14 quartiers, à droite et à gauche du fleuve; 6 mosquées à minarets et 14 *mesdjid* ou chapelles musulmanes, et 2 églises.

Dans le caza entier, on compte 49 écoles dont une supérieure, une secondaire et 47 primaires ou élémentaires, fréquentées par 675 élèves dont 645 garçons et 30 filles.

Le conseil d'administration du caza qui siège à l'hôtel (*konak*) du gouvernement sous la présidence du *caïmakam*, est composé de 5 membres musulmans et de 4 chrétiens dont 2 grecs et 2 arméniens, y compris les *vékil* ou fondés de pouvoirs du métropolitain grec et de l'évêque arménien. Le conseil municipal compte 3 arméniens parmi ses 8 membres. Le tribunal du *bédaïet* (droit moderne), présidé par le *naïb*, n'a que 2 membres chrétiens (arméniens) sur 10; ce tribunal siège aussi pour les affaires commerciales.

Il y a à Kermasti un dépôt militaire et un bureau de recrutement; cette ville est le quartier de l'état-major d'un bataillon complet de la réserve (*rédif*) et d'un bataillon de l'armée active. Le service d'ordre public est dirigé par un lieutenant de « *zaptiés* » et un sous-commissaire de police ayant sous leurs ordres 4 sous-officiers, dont 2 à cheval et 2 à pied, 11 zaptiés à pied et 13 à cheval, et 4 agents de police dont 3 à cheval.

On trouve en outre à Kermasti 179 boutiques et 4 magasins, 9 *han* ou hôtelleries, 50 cafés, 3 casinos, 4 tanneries, 2 teintureries, 3 fabriques d'étoffes, 2 moulins mûs par la vapeur et un à manège, 13 boulangeries et un dépôt de pétrole.

Le *nahié* de Sandjâz, peu important, est administré par deux seuls fonctionnaires qui sont un *naïb* (juge) et un receveur des taxes.

CAZA D'ATARNOS

Orientation, limites. — Le caza d'Atarnos (Édrénos) est situé au sud du merkez-sandjak de Brousse. Il est limité au nord par les cazas de Brousse et de Kermasti; à l'est, par le sandjak d'Erthogroul; au sud-est par le sandjadk de Kutahia ; au sud-ouest et à l'ouest, enfin, par le sandjak de Karassi.

Division administrative. — Il est divisé administrativement en 2 *nahiés* qui sont Keukdjé-dagh et Harmandjik.

Population. — Ce caza, assez populeux, ne compte pas moins de 52,130 hab. comme suit :

Musulmans	44,705	hab.
Grecs orthodoxes	3,200	—
Arméniens grégoriens	4,225	—
TOTAL.	52,130	hab.

Chef-lieu. — ATARNOS, (Edrénos) chef-lieu du caza et résidence officielle du *caïmakam,* (sous gouverneur), siège des divers services publics, est situé sur la rive gauche de l'*Atarnos-tchaï* (Rhyndacus) au sud-est des villes de Mikhalitch et de Kermasti, à 45 kilom. de la première. Un chemin vicinal de 54 kilom. se dirige du nord au sud à partir de Brousse sur Atarnos, en formant de nombreux lacets à travers les sinuosités des contreforts du mont Olympe.

La population de la ville d'Atarnos, comprise dans le chiffre ci-dessus de celle du caza, est de 3,000 hab., tous musulmans.

Ecoles. — Les écoles du caza, y compris celles de la ville d'Atarnos et deux chefs-lieux des *nahiés* de Keukdjé-dagh et de Harmandjik sont en totalité au nombre de 20 dont 2 supérieures, une secondaire et 18 primaires et élémentaires, fréquentées par 337 élèves dont 293 garçons et 44 filles, comme suit :

		ÉLÈVES
Musulmans . . .	2 *médressés* facultés de droit et théologie).	8
	1 lycée	15
	10 écoles primaires et élémentaires (garçons).	150
Grecs orthodoxes.	6 écoles primaires et élémentaires de (garçons)	120
	1 école primaire et élémentaire de (filles)	44
	20	337

Les *médressés* et le lycée sont au chef-lieu du caza ; les écoles primaires musulmanes sont réparties dans les 3 bourgs principaux, et les écoles de la communauté grecque orthodoxe dans la banlieue de ces mêmes bourgs, tous trois habités exclusivement par des musulmans.

Il y a à Atarnos un hôtel du gouvernement, un hôtel municipal, un tribunal du *bédaïèt* (droit moderne), une direction d'agriculture, une chambre de commerce, une commission de l'instruction publique, un bureau du cadastre, un dépôt militaire de la réserve (*rédif*).

On y compte aussi une mosquée à minaret, un *han* ou hôtellerie, 6 boutiques ou ateliers, 4 fontaines publiques, 4 cafés, 4 boulangeries et 500 maisons.

Production du sol. — Les environs produisent principalement des fruits de toute espèce, dont les plus estimés sont les prunes, les pommes et le raisin ; ainsi que des quantités notables de vallonée, d'opium et de coton et surtout de céréales.

Industrie. — Les principales industries du caza consistent en nombreux moulins à eau et ateliers de forgerons, surtout dans les *nahiés* de Keukdjé-dagh et de Harmandjik.

Le caza d'Atarnos est l'ancien *beylik* ou principauté d'Édrénos, concédé par le sultan Orkhan, après la reddition de Brousse, à son vaillant défenseur Édrénos, qui avait soutenu le siège pendant dix ans et n'avait capitulé que sur l'ordre formel de l'empereur Andronic.

Par une étrange coïncidence, la petite ville forte d'Édrenos, qui venait d'être conquise par les Ottomans peu de temps avant la prise de Brousse, devint alors le chef-lieu de la nouvelle principauté, et put ainsi conserver son nom que l'on croit être une altération de celui de Hadriani ad Olympum, fondée par l'empereur Hadrien, et dont les ruines se trouvent à 2 kilom. environ d'Édrenos.

Ces ruines, fort intéressantes, ont été découvertes par Sestini et décrites pour la première fois par Hamilton. Elles consistent en une porte de ville à trois arcades, un gymnase et deux temples.

SANDJAK D'ERTHOGROUL

CHEF-LIEU : BILÉDJIK

Orientation, limites. — Le sandjak d'Erthogroul est situé au nord-est du vilayet de Brousse, par 27° à 28°30' de longitude et 39°50' à 40°38' de latitude. Il est limité au nord par le mutessariflik d'Ismidt ; à l'est par les vilayets de Castamouni et d'Angora et le sandjak de Kutahia ; au sud par ce dernier, et à l'ouest par le merkez-sandjak de Brousse.

Superficie. — Sa superficie totale est de 8,300 kilom. carrés.

Division administrative. — Il est divisé administrativement en 4 cazas et 15 nahiés ; on y compte 456 villages, comme suit :

CAZAS	NAHIÉS	VILLAGES
Bilédjik	Bilédjik. — Keuplu. — Bazardjik. — Kara-hissar. — Lefké. — Gul-Bazar	176
Seuyud......	Seuyud. — In-eunu. — Boz-euyuk. — Mikhal Ghazi....	85
Aïné-gueul ..	Aïné-Gueul. — Yénidjé. — Domanidj	105
Yéni -chèhr ..	Yéni-Chèhr. — Iznik (Nicée)........................	90
4 cazas	**15 nahiés**	**456 villages**

Autorités militaires, civiles, religieuses. — Deux bataillons appartenant au 67° et au 115° régiment du 2° corps d'armée sont en garnison à Bilédjik, chef-lieu du sandjak d'Erthogroul.

Les autorités civiles et les divers services administratifs du sandjak sont identiques à ceux décrits plus haut, aux chapitres spéciaux du vilayet, p. 5.

Bilédjik est le siège d'un évêque grec orthodoxe; il représente le métropolitain au conseil administratif du sandjak. Un prêtre arménien siège également à ce conseil comme fondé de pouvoirs du primat de sa communauté.

Il y a dans cette même ville des tribunaux du *bédaïèt* civil, correctionnel et criminel, présidés par le *naïb*; deux notables arméniens grégoriens siègent, l'un au tribunal civil, l'autre au tribunal criminel. Un substitut du procureur impérial est délégué près des tribunaux.

Population. — La population totale du sandjak d'Erthogroul est de 255,641 hab., divisée par cazas et par communautés, comme suit :

CAZAS	MUSULMANS	GRECS ORTHODOXES	ARMENIENS			ISRAÉLITES	TOTAUX par cazas
			GRÉGORIENS	CATHOLIQUES	PROTESTANTS		
Bilédjik	74 670	13 055	7.504	860	188	6	96.283
Seuyud	35 654	1.488	3 651	»	»	41	40.840
Aïné-gueul	48 216	9 951	2 149	»	»	»	60.316
Yéni-chèhr.........	42 784	11.948	3.470	»	»	»	58.202
TOTAUX par COMMUNAUTÉS	201.324	36.442	16.774	860	188	53	
					TOTAL GÉNÉRAL....		255 641

Ecoles. — Il y a dans le sandjak d'Erthogroul 353 écoles,

dont 15 supérieures, 13 secondaires et 326 primaires, fréquentées par 8,157 élèves dont 7254 garçons et 903 filles, comme
suit :

DEGRÉS D'ENSEIGNEMENT

CAZAS	SUPÉRIEUR Écoles (Garçons)	SUPÉRIEUR Élèves (Garçons)	SECONDAIRE-PRÉPATOIRE Écoles (Garçons)	SECONDAIRE-PRÉPATOIRE Écoles (Filles)	SECONDAIRE-PRÉPATOIRE Élèves (Garçons)	SECONDAIRE-PRÉPATOIRE Élèves (Filles)	PRIMAIRE-ÉLÉMENTAIRE Écoles (Garçons)	PRIMAIRE-ÉLÉMENTAIRE Écoles (Filles)	PRIMAIRE-ÉLÉMENTAIRE Élèves (Garçons)	PRIMAIRE-ÉLÉMENTAIRE Élèves (Filles)	TOTAUX par cazas Écoles	TOTAUX par cazas Élèves
Bilédjik	7	140	3	1	242	60	111	7	4.656	271	129	2.369
Seuyud	3	105	3	»	200	»	62	4	4.450	122	72	1.877
Ainé-gueul	2	100	2	»	100	»	59	3	1.270	93	66	1.563
Yéni-chêbr	3	95	2	1	140	26	71	9	1.756	334	86	2.348
TOTAUX { par écoles	15	440	10	2	682	83	303	23	6.432	820	353	8.157
par degré d'enseign[t].	15	440	14		765		326		6952			

TOTAL GÉNÉRAL.....

Ces totaux, répartis par communautés, se présentent comme suit :

COMMUNAUTÉS	ECOLES		ÉLÈVES		TOTAUX	
	GARÇONS	FILLES	GARÇONS	FILLES	ÉCOLES	ÉLÈVES
Musulmans..........	221	1	4.105	20	222	4 125
Grecs orthodoxes....	92	18	2 825	763	110	3 588
Arméniens grégoriens	12	4	242	72	16	314
Mission protestante..	1	»	37	20	1	57
Israélites..........	2	2	45	28	4	73
TOTAUX PAR ÉCOLES	328	25	7 254	903		
TOTAL GÉNÉRAL..					353	8.157

On pourra bientôt ajouter à ces établissements scolaires une école française à Bilédjik, pour l'ouverture de laquelle les Pères Augustins de l'Assomption sont en instance auprès du gouvernement. En attendant, un père de la communauté chargé de la cure paroissiale de Bilédjik, réunit quelques enfants auxquels, simultanément avec des leçons de catéchisme, il enseigne la langue française.

Climat. — Le climat de cette partie du vilayet de Brousse est généralement sain. La température est douce, durant l'été, la chaleur est tempérée, et le thermomètre, en hiver, ne descend guère au-dessous de zéro.

Produits agricoles. — En moyenne, la production agricole du sandjak d'Erthogroul est estimée à 1,221,700 hectolitres de céréales et à 19,836,300 kilog. de produits variés dont le détail est ci-après :   .

Blé.	560.000 hectol.	Fèves.	905.000 kilogr.
Orge	260.000 »	Haricots.	125.400 »
Seigle	30.000 »	Pois chiches . . .	860.000 »
Méteil	25.000 »	Lentilles.	5.152 »
Maïs	70.000 »	Vesce.	15 194 »
Millet.	65 000 »	Graine de lin . .	90.164 »
Divers	211.700 »	Sésame	99 848 »

Coton	123.000 kilogr.	Fruits divers.	5 000.000 kilogr.
Opium	22 000 »	Vallonée.	150.000 »
Tabac	60.000 »	Châtaignes.	225 000 »
Huile d'olives.	98.000 »	Noix.	150 000 »
Vins	600.000 »	Cocons.	192.692 »
Chanvre	15.000 »	Soie.	29.450 »
Miel	60.000 »	Poil de chèvre	50.000 »
Cire	4.800 »	Poil de mohair	80.000 »
Raisin sec	500.000 »	Laine	60 000 »
Figues	205.000 »	Divers	150.000 »
Raisins frais	10.000 000 »		

Mines et minières. — On cite, au nord du caza de Seu-yud, près du village de Guèré, une mine de houille exploitée par les populations locales et qui fournit amplement à la consommation des filatures de soie de Bilédjik, de Keuplu et de Seuyud.

Tabacs. — La production des tabacs dans le sandjak d'Erthogroul, était, avant l'institution de la régie, d'environ 500,000 kilog. en année moyenne. Elle n'est plus aujourd'hui que de 160,000 kilog. à cause des prix excessivement minimes offerts par cette administration aux productions.

Forêts. — On compte dans le caza d'Aïné-gueul 18 forêts d'une contenance totale de 4,148 kilom. carrés. Leurs principaux peuplements consistent en chênes, hêtres, châtaigniers, charmes, pins et sapins, exploités pour les besoins de la consommation locale, de celle de la ville de Brousse, et pour les constructions navales de la marine impériale.

Eaux minérales. — Les eaux minérales de Tchilli, de Bakmadja et de Terdjé, situées dans le caza d'Aïné-gueul ont été déjà décrites plus haut page 29.

Agriculture. — On peut ajouter ici aux données générales contenues dans le chapitre relatif à l'agriculture de ce vilayet (voir page 45) un document officiel fourni au gouverneur-général, sur sa demande, par le mutessarif d'Erthogroul, en février 1892. L'étendue des terrains cultivés en mûriers dans ce sandjak y est estimée comme suit :

CAZAS	NAHIÉS	DEUNUMS	HECTARES
Bilédjik	Bilédjik	32.376	4.603 h 50
	Yar-hissar		
	Keuplu		
	Lefké.	7.950	
	Gul-Bazar	9.667	
	Bazardjik	83	
Seuyud	Seuyud	48 672	5.646 70
	Mikhal-ghazi . . .	12 752	
	Aïné-gueul. . . .	4 076	
Aïné-gueul. . .	Yénidjé	2.916	708.50
	Domanidj	715	
Yéni-chèhr . . .	Yéni-chèhr. . . .	4.142	571.88
	Izuik (Nicée) . . .	2.078	
	Total en hectares		11 530 h 50

Bestiaux. — L'élève des bestiaux dans ce même sandjak a donné en 1893 un dénombrement total de 706,350 têtes, comme suit :

Bœufs et vaches	250,000	têtes
Chevaux et mulets.	30,000	—
Moutons	189,000	—
Chèvres communes.	94,440	—
— mohair	141,560	—
Chameaux	1,350	—
TOTAL . . .	706,350	têtes

Fleuves, rivières. — Les fleuves et rivières qui arrosent le sandjak d'Erthogroul sont le *Sakaria* (Sangarius) et ses affluents le *Kara-sou* et le *Gueuk-sou*, suffisamment décrits, ainsi que le lac de Nicée, p. 66.

Routes, chemins. — Le chemin de fer d'Anatolie, (Haïdar Pacha-Ismidt-Angora), entre dans ce sandjak au nord par Mékèdjé, passe à Lefké, à Bilédjik, et sort au sud-est par Ineunu, nahié du caza de Seuyud, pour entrer dans le sandjak de

Kutahia, après un parcours d'un peu plus de 103 kilom. dans le merkez-caza de Bilédjik et le caza de Seuyud.

Bilédjik, chef-lieu du sandjak, est en communication directe, par ce chemin de fer, avec Scutari, faubourg asiatique de Constantinople, d'une part, et avec Angora, terminus actuel de la ligne, d'autre part.

Les principales chaussées qui desservent le sandjak d'Erthogroul sont celles de Brousse à Bilédjik par Yéni-chèhr, avec embranchement de ce dernier point sur Aïné-gueul; celle de Brousse à Kutahia par Aïné-gueul et de Kutahia à la limite sud-est du vilayet d'une part, et d'autre part à Ouchak par Ghédos.

Deux prolongements de la première de ces routes aboutissent à Seuyud et à la route de Kutahia près de Bazardjik. Un embranchement en part à Tchardak pour aller se rattacher à la chaussée de Ghemlèk-Brousse, à 2 kilom. sud de la première de ces deux villes.

Montagnes. — Les montagnes du sandjak d'Erthogroul sont des prolongements du mont Olympe vers l'est, qui s'étendent principalement dans l'ouest et le sud de ce sandjak, où ces ramifications s'abaissent vers Domanidj, au sud du caza d'Aïné-gueul, d'où, sous le nom de Domanidj-dagh, elles se dirigent et vont expirer à l'est sur In-eunu, situé au pied du versant sud-est de ce chaînon de l'Olympe.

Industrie. — Les principales industries sont en premier lieu la sériciculture, occupation presque exclusive de la population du sandjak; puis l'exploitation des mines de chrôme de Domanidj, et enfin la coutellerie, la fabrication d'instruments aratoires et celle d'étoffes de soie et de cotonnades très recherchées.

CAZAS DU SANDJAK D'ERTHOGROUL

MERKEZ-CAZA DE BILÉDJIK.

Orientation, Limites. — Le merkez-caza de Bilédjik est situé au centre nord du sandjak d'Erthogroul. Il est limité au nord par le mutessariflik d'Ismidt ; à l'est, au sud-est et au sud par le caza de Seuyud ; à l'ouest et au nord-ouest par ceux d'Aïné-gueul et de Yéni-chèhr.

Division administrative. — Il est divisé administrativement en 6 nahiés qui sont *Bilédjik* ; *Keuplu* ; *Bazar djik* ; *Yar-Hissar* ; *Lefké* et *Gul-Bazar*, et l'on y compte 176 villages.

Population. — Sa population totale est de 96,283 hab. comme suit :

Musulmans			74,670 hab.
Grecs orthodoxes.			13,055 —
Arméniens	Grégoriens . . .	7,404	
	Catholiques. . .	960	8,552 —
	Protestants . . .	188	
Israélites			6 —
	Total. . .		90,283 hab.

Chef-lieu. — BILÉDJIK, chef-lieu du sandjak d'Erthogroul et du merkez-caza de Bilédjik, résidence du mutessarif, gouverneur, et siège de tous les services publics, est situé sur la rive gauche du *Kara-sou*, affluent du fleuve *Sakaria* (Sangarius), à 95 kilom. est de Brousse par la chaussée carrossable. De la station de Bilédjik du chemin de fer d'Anatolie, sise à 295 m. d'altitude, on n'aperçoit pas la ville de Bilédjik qui est elle-même bâtie sur une montagne escarpée à 380 m. au dessus du niveau de la mer. Une route carrossable de 8 kilom. de longueur, passant par Keuplu, relie la ville à la station du chemin de fer.

La population de Bilédjik, comprise dans le chiffre ci-dessus de celle du merkez-caza, est de 10,519 hab., comme suit :

Musulmans	7,230	hab.
Grecs orthodoxes	128	—
Arméniens grégoriens. . . .	2,485	—
Arméniens catholiques . . .	676	—
TOTAL ÉGAL. . .	10,519	hab.

La ville de Bilédjik s'élève entre deux hautes collines rocheuses, entre lesquelles s'étend le bas quartier appelé pour cette raison *Tchoukour-maha.'lèssi*. La forte déclivité du terrain interdit l'accès de la ville haute aux voitures et même aux chevaux, à moins qu'ils ne fassent un long détour par la route carrossable qui conduit à Keuplu en passant par les hauteurs, à peu de distance de Bilédjik. Cette ville est divisée en 14 quartiers. On y compte 7 mosquées impériales dont 2 passent pour avoir été fondées par les sultans Osmân et Orkhân, erreur démontrée par les dates mêmes de leur construction gravées sur ces édifices et qui sont celles des années 608 et 611 de l'hégire (1211 et 1214). On y voit encore 2 *médressés*, un *tekké* ou couvent de derviches, 4 églises, une poudrière, une prison que l'on dit très forte : c'est l'ancien château emporté d'assaut par le sultan Orkhân et d'où il enleva la princesse Nilufer ; une pharmacie, 2 bains (hammam) et 80 boutiques.

Le *konak* du gouvernement, édifice remarquable, dont la façade est décorée des armoiries impériales en sculpture polychrome, est de construction toute récente. Le jardin public est agréable et très fréquenté.

Ecoles. — Il y a dans le merkez-caza de Bilédjik 129 écoles, dont 7 supérieures, 4 secondaires et 117 primaires, fréquentées par 2,369 élèves, dont 2,038 garçons et 331 filles, comme suit :

CULTES	DEGRÉS D'ENSEIGNEMENT	ÉCOLES	ÉLÈVES
Musulmans . . .	*médressés* (droit et théologie)	7	140
	lycée à Bilédjik.	1	65
	écoles primaires de garçons	80	875
	» » de filles.	1	20
Grecs orthodoxes. .	lycée de garçons.	1	140
	pensionnat de jeunes filles	1	40
	écoles primaires de garçons	28	715
	» » de filles.	4	218
Mission protestante	école secondaire mixte à Bilédjik	1	57
Arméniens. . .	écoles primaires de garçons	2	46
	» « de filles	1	17
Israélites	école primaire de filles.	1	20
	» » de garçons	1	16
	TOTAL.......	129	2,369

A Bilédjik et dans sa banlieue, il n'y a pas moins de 17 filatures, produisant chacune annuellement 2,000 okes (2,565 kilos), soit en totalité une production annuelle d'environ 45,000 kilogr. de soie filée.

La sériciculture est la principale occupation des habitants.

Bilédjik est, dit-on, l'ancienne Bélécoma ; on n'y trouve toutefois aucun vestige d'antiquités.

NAHIÉS DU CAZA

KEUPLU

Keuplu, chef-lieu du nahié de ce nom, joli village très pittoresque, placé à 293 m. d'altitude, sur la ligne ferrée d'Ismidt à Angora, traversé par le *Kara-sou*, à 7 kil. de Bilédjik, mérite d'être cité pour l'activité de ses habitants, leur goût pour l'instruction et la beauté des produits de leurs industries, principalement la sériciculture. Ce nahié est composé, outre son chef-lieu, de 9 villages également industrieux.

Quatre filatures, dont 3 au chef-lieu et l'autre au village d'Achaghi-keuï, fabriquent annuellement 180 balles de soie qui sont exportées à l'étranger. On confectionne aussi chaque année, suivant le système Pasteur, 5 à 6,000 boîtes de graines de vers à soie, au prix de 4 à 5 médjidiés (20 fr. en moyenne) l'une.

On compte à Keuplu 200 boutiques-ateliers de coutellerie où sont fabriqués des canifs et des serpettes expédiés à Smyrne et autres localités turques; cette branche d'industrie donne un revenu annuel moyen de 9.000 livres turques, soit environ 200,000 fr.

La population de ce nahié, comprise dans le chiffre précité de celle du merkez-caza, est de 7,891 hab. comme suit :

Musulmans	3,078 hab.
Grecs orthodoxes	4,813 —
Total. . .	7,891 hab.

Ecoles. — Les écoles du nahié de Keuplu, comprises au tableau ci-dessus de celles du merkez-caza de Bilédjik, sont au nombre de 33, dont une supérieure, 2 secondaires et 30 primaires, fréquentées par 565 élèves, dont 465 garçons et 100 jeunes filles.

		ÉLÈVES
Musulmans.	1 *médressé* (droit et théologie.) .	15
	13 écoles primaires	130
Grecs orthodoxes.	1 lycée de garçons . . .	140
	1 pensionnat de jeunes filles	40
	17 écoles primaires . . .	170
TOTAUX. . .	33 écoles	495

Le climat du nahié est très sain; la température est douce; il y a beaucoup de promenades agréables où les habitants vont chaque soir se divertir: les bords du *Kara-sou*, couverts de champs de mûriers, de riches vergers et de belles vignes, sont très fréquentés.

Keuplu est la résidence du mudir, directeur. On voit dans cette ville un hôtel du gouvernement, une municipalité, une agence de la Dette publique et une agence de la Régie, 2 mosquées à minarets et 2 *mèsdjid* (chapelles musulmanes), une église, 3 bains, 3 casinos, 13 cafés, 2 hôtels, 2 tanneries, 4 teintureries, 6 boulangeries, 220 boutiques et magasins, sans compter les coutelleries précitées, une usine à vapeur pour l'égrenage du coton, 14 moulins à eau sur le *Kara-sou* et 1,300 maisons.

Ainsi que dans beaucoup de bourgs et villages du vilayet de Brousse, les habitants de ce nahié appartenant à la communauté grecque orthodoxe, ne connaissent pas d'autre langue que le turc; les hommes portent le *chalvar* (large culotte) ainsi que les femmes qui ont le *yachmaq* des musulmanes et qui se parent de colliers en pièces d'or. Mais tous les enfants des nouvelles écoles de cette communauté reçoivent depuis quelque temps leur instruction dans la langue grecque qu'ils parlent et écrivent déjà très bien.

Produits agricoles. — Outre ceux déjà cités, les principaux produits du sol sont le coton, l'opium, le tabac et des fruits fort abondants et d'une beauté remarquable. On exporte à Constantinople beaucoup de cerises, prunes, poires, raisins, melons et pastèques, ainsi que des coings, parmi lesquels il n'est pas rare d'en rencontrer dont le poids dépasse un kilogramme.

Mines. — Il existe à Keuplu une mine de fer non exploitée.

BAZARDJIK

BAZARDJIK, chef-lieu du nahié de même nom, résidence du mudir, directeur, et siège des services publics, est situé à 33 kil. sud de Bilédjik et à 88 kil. sud-est de Brousse, sur le *Kara-sou*.

La population totale de ce nahié, qui compte 12 villages, est de 7,105 hab. comme suit :

Ville de Bazardjik	4,139 hab.
Villages du nahié	2,966
TOTAL. . .	7,105 hab.

Tous ces habitants sont musulmans et le chiffre en est compris dans celui de la population du merkez-caza de Bilédjik.

Il y a dans ce nahié 11 mosquées à minaret et 12 *mèsdjid*, 9 *han* ou hôtelleries, 6 boulangeries, 7 bains, 17 cafés, 2 moulins à eau sur le *Kara-sou* et 2,383 maisons dont 673 au chef-lieu.

YAR-HISSAR

Yar-hissar ou plutôt Ilias-Bey-keuï, nom local du chef-lieu de ce nahié, résidence du mudir et du *naïb*, est situé à 27 kil. ouest de Bilédjik, non loin des eaux minérales de Tchitli.

Ce nahié compte 29 villages et 6,148 hab. compris dans le chiffre de la population du merkez-caza. Tous sont musulmans ; un certain nombre d'entre eux, émigrés de Roumélie, ont bâti eux-mêmes 11 des susdits villages.

LEFKÉ

Lefké, chef-lieu du nahié et résidence du mudir, station importante du chemin de fer Ismidt-Angora, est situé, à 103 m. d'altitude, sur la rive gauche du *Sakaria* (Sangarius), entre deux confluents de ce fleuve qui sont, à gauche, celui du *Gueuk-sou* venant des hauteurs de l'est du mont Olympe, et à droite celui du *Guenuk-sou*, qui prend sa source au pied des montagnes du sandjak de Boli, dans le vilayet de Castamouni. Ces deux confluents se trouvent à peu près à égale distance (environ 3 kilom.) de Lefké.

Cette petite ville, que l'on croit être l'ancienne *Leucœ*, est le siège d'une agence postale et télégraphique de service international (correspondance en turc et en français) ; elle ne manque pas d'une certaine importance. Sa population est de 6,265 hab. compris dans le chiffre précité de celle du merkez-caza de Bilédjik, comme suit :

Musulmans	5,382 hab.
Grecs orthodoxes	837
Arméniens grégoriens	46
Total. . .	6,265 hab.

La distance entre Lefké et Brousse, au nord-est de cette dernière ville, est de 90 kilom. Par le chemin de fer d'Anatolie, on compte de Haïdar-Pacha (Constantinople) à Lefké, 195^k 133 m. et de Lefké à Bilédjik, chef-lieu du sandjak et du merkez-caza, on compte 36^k 545 m. Il y a à Lefké et dans sa banlieu 3 mosquées à minaret, 18 *mèsdjid*, 2 *médressé*, 1 église, 6 bains (hammam), 4 boulangeries, 98 boutiques, 1,105 maisons, 1 tannerie, 1 pharmacie, 1 hôpital, 3 filatures de soie, 3 huileries, etc. Les administrations de la Dette publique et de la Régie co-intéressée des tabacs y ont des agences secondaires (mémourièts). Il existe aussi dans cette ville un bureau de recrutement et un dépôt militaire. Deux capitaines et un lieutenant de l'armée active ainsi que de la réserve y ont leurs quartiers respectifs.

GUL-BAZAR

GUL-BAZAR, chef-lieu du nahié et résidence du mudir, directeur, est situé à l'est de Lefké et de Brousse, à 30 kilom. de la première de ces villes et à 105 kilom. de la seconde en ligne directe; il est à 40 kilom. nord-est de Bilédjik, chef-lieu de sandjak, auquel il est relié directement par un chemin vicinal. Sa population, comprise dans le chiffre précité de celle du merkez-caza, est de 13,514 hab. comme suit :

```
Musulmans . . . . . . . . . . . 10,684 hab.
Grecs orthodoxes . . . . . . .        21
        ⎧ Grégoriens . . .   2541 ⎫
Arméniens ⎨ Catholiques . . .   200 ⎬  2,809
        ⎩ Protestants . . .    68 ⎭
                          _____
            TOTAL . . . . 13,514 hab.
```

Il y a à Gul-Bazar et dans sa banlieue, qui compte 55 villages et hameaux, 60 mosquées et *mèsdjid*, 3 *médressé* et 30 écoles primaires annexes de mosquées, 3 églises, 4 *han* ou hôtellerie, 28 boutiques et magasins, 2 bains turcs (hammam) et 3,340 maisons.

Productions. — La contrée est très fertile ; ses principaux produits sont la soie et l'opium ; Gul-Bazar est un centre séricicole plein d'activité ; on y cultive en grand les mûriers, la vigne, le tabac, les arbres fruitiers de toute espèce et le pavot.

CAZA DE SEUYUD

Orientation. — Le caza de Seuyud est situé au sud-est du sandjak d'Erthogroul. Il est limité au nord par le merkez-caza de Bilédjik ; à l'est par le vilayet de Castamouni et le sandjak de Kutahia ; au sud par ce dernier, et à l'ouest par le caza d'Aïné-gueul et le merkez-caza de Bilédjik.

Division administrative. — Il est divisé en 4 nahiés qui sont : Seuyud, In-eunu, Boz-euyuk et Mikhal-Ghâzi. On y compte 85 villages.

Population. — Sa population totale est de 40,840 hab. comme suit :

Musulmans	. . . .	35,654 hab.
Grecs orthodoxes	. . . .	1,488
Arméniens grégoriens	. . . .	3,651
Israélites	. . . .	47
	Total . . .	40,840 hab.

Chef-lieu. — Seuyud, chef-lieu du caza, résidence du caïmakam, sous-gouverneur, siège des services publics, est situé à 13 kilom. est de la rive droite du *Kara-sou*, à 24 kilom.

sud-est de Bilédjik et de la ligne du chemin de fer d'Anatolie, à 100 kilom. est de Brousse, au pied d'une ramification du mont Olympe de 1,030 m. d'altitude, à l'entrée d'une
belle vallée entourée de nombreuses plantations de mûriers.

La population de Seuyud, comprise dans le chiffre ci-dessus
de celle du caza, est de 17,845 hab. comme suit :

Musulmans.	14,838 hab.
Grecs orthodoxes	1,488
Arméniens grégoriens. . .	1,472
Israélites	47
Total . . .	17,845 hab.

Les écoles de la ville du caza de Seuyud sont au nombre de
72, dont 3 supérieures, 3 secondaires et 66 primaires, fréquentées par 1,877 élèves, dont 122 filles, comme suit :

	ÉCOLES	ÉLÈVES
Musulmans	3 *médressé* (droit et théologie).	105
	2 lycées, dont 1 préparatoire	135
	40 écoles primaires	750
Grecs orthodoxes	1 lycée.	65
	18 écoles primaires	600
	2 éc. pr. de jeunes filles.	90
Arméniens grégoriens	3 écoles primaires.	75
	1 éc. pr. de jeunes filles.	20
Israélites	1 école primaire.	25
	1 éc. pr. de jeunes filles.	12
	72	1,877

Il y a dans la ville de Seuyud, outre le *konak* ou hôtel du

gouvernement, 3 mosquées à minarets (djâmi), dont l'une, construite par le sultan Mohammed Ier Tchélébi, a pour annexes un
châdrévân (fontaine sacrée) et un *médressé* (faculté de droit et
théologie), remarquables monuments artistiques. On y compte
aussi 2 autres *médressé*, au sortir desquels les étudiants sont
placés en qualité d'*imâm* dans les villages, 2 bibliothèques publiques renfermant des manuscrits précieux, parmi lesquels on
conserve plusieurs magnifiques exemplaires du *Koran*, 2 églises,
1 synagogue, 27 bains (*hammam*), 265 boutiques et 87 magasins,
15 *han* ou hôtelleries, 3 filatures de soie, 8 fours publics, 6 tanneries, 25 cafés, un dépôt militaire, un état-major de la place,
et 4,166 maisons, etc., etc.

Seuyud est l'ancienne ville byzantine de *Thébasion*, premier
fief octroyé par Ala ed-Din, sultan des Turcs seldjoukides d'Iconium (Koniah) à Erthogroul-Bey, père du sultan Osmân, fondateur de l'empire ottoman, qui en fit le centre de ses opérations
militaires contre Brousse. Le *turbé* (chapelle funéraire) où reposent les restes du grand ancêtre des souverains actuels de
la Turquie, s'élève à dix minutes de distance de Seuyud sur la
route de Bilédjik, au milieu d'une esplanade dominant la riche
vallée qui forme autour de la ville un admirable panorama. Cette
sépulture, objet de la vénération publique et but de nombreux
pèlerinages nationaux, est ombragée de platanes séculaires et
de hauts cyprès; son ensemble pittoresque offre un des plus
beaux exemples de ces tombeaux musulmans dont l'architecture et l'ornementation donnent un grand charme aux villes
d'Orient.

Climat. — A l'exception des villages situés au bord du *Sakaria* (Sangarius) et pour la plupart appartenant au nahié de Mikhal-Ghâzi, le climat du caza de Seuyud est très sain; sa température générale est douce. La partie sud et le centre sont,
surtout sur les hauteurs du Seuyud-dagh, ornés de beaux jardins
peuplés d'arbres fruitiers, de bosquets de chênes, de sapins et
de promenades agréables où jaillissent de nombreuses sources
pont les eaux sont estimées des connaisseurs.

Costumes, langues, etc. — La langue exclusivement parlée, sauf de rares exceptions, est le turc, même chez les grecs orthodoxes. Les hommes comme les femmes de cette communauté portent généralement le « chalvar » (sorte de large culotte) de drap ou de toile, suivant la saison, avec la veste courte ou le *mintân* (gilet à manches). Les femmes se parent de colliers, de pièces de monnaie d'or et en ornent aussi leurs cheveux.

Forêts. — Il n'y a point de forêts dans le caza de Seuyud ; le bois nécessaire à la consommation des habitants leur vient des cazas voisins par Bazardjik.

Mines et minières. — On ne connaît pas dans ce caza d'autres mines que les houillères de Guéré, voir p. 16, qui alimentent les filatures de soie de Seuyud, de Keuplu et de Bilédjik.

Produits agricoles. — On cultive principalement, dans le caza de Seuyud, la soie, l'opium, le coton et le sésame. La vigne, le poirier, le prunier, l'abricotier, le pêcher, le cerisier y donnent en abondance des fruits excellents.

Les nahiés de ce caza, également productifs, n'offrent rien de remarquable.

CAZA DE AÏNÉ-GUEUL

Orientation, limites. — Le caza de Aïné-gueul est situé au sud-ouest du sandjak d'Erthogroul. Il est limité : au nord, par le caza de Yéni-chèhr ; à l'est, par le merkez-caza de Bilédjik et le caza de Seuyud ; au sud, par le sandjak de Kutahia ; et à l'ouest, par le merkez-sandjak de Brousse.

Division administrative. — Il est divisé en 3 nahiés qui sont : Aïné-gueul, Yénidjé et Domanidj ; on y compte 105 villages.

Population. — Sa population, comprise dans le chiffre précité de celle du sandjak d'Erthogroul, s'élève en totalité à 60,316 hab., comme suit :

Musulmans.	48,216 hab.
Grecs orthodoxes.	9,951
Arméniens grégoriens . .	2,149
TOTAL. . .	60,316 hab.

Chef-lieu. — AÏNÉ-GUEUL, chef-lieu du caza, résidence du caïmakam, est le siège des divers services publics, du conseil administratif du caza, d'un tribunal du *bédaïèt* (droit moderne) et d'un tribunal du *chér'i* (droit musulman). Il est situé à 44 kilom. est de Brousse, à 55 kilom. ouest de Bilédjik, chef-lieu du sandjak, à 22 kilom. sud du Yéni-chèbr et à 165 kilom. nord de Kutahia. Aïné-gueul est relié directement à ces villes par de bonnes chaussées carrossables qui la mettent au delà en communication facile avec les ports de Ghemlèk et de Moudania, avec le chemin de fer d'Anatolie, et avec les vilayets voisins, au nord, à l'est et au sud.

La population d'Aïné-gueul, comprise dans le chiffre ci-dessus de celle du caza, est de 8,244 hab., comme suit :

Musulmans.	6,394 hab.
Grecs orthodoxes. . . .	1,850
TOTAL . . .	8,244 hab.

Ecoles. — Les écoles de la ville et du caza d'Aïné-Gueul sont au nombre de 66, dont 2 supérieures, 2 secondaires et

62 primaires, fréquentées par 1,563 élèves dont 1,470 garçons et 93 filles, comme suit :

	ÉCOLES	ÉLÈVES
Musulmans	2 *médressé* (droit et théologie)	100
	1 lycée	55
	39 écoles primaires	800
Grecs orthodoxes	1 lycée	45
	17 écoles primaires, dont 2 de filles	473
Arméniens grégoriens	5 écoles primaires (garçons)	70
	1 école primaire (filles)	20
	66	1,563

Outre le *konak* ou hôtel du gouvernement, il y a à Aïné-gueul, 7 mosquées à minarets (*djâmi*) dont la principale est celle d'Ishaq-Pacha, achevée en 886 de l'hégire (1481), date de la mort de Mohammed II, conquérant de Constantinople. Ce bel édifice, orné de 4 coupoles, contient le *turbé* (chapelle funéraire) du fondateur ; il a pour annexes 1 *médressé* (école de droit et de théologie) et 1 bibliothèque célèbre où, parmi un grand nombre de manuscrits précieux, on cite particulièrement 102 ouvrages très renommés chez les savants musulmans. On compte encore à Aïné-gueul 2 *mesdjid* (chapelles musulmanes), 2 bains (*hammam*) 1 grand *bézèstèn* (bazar voûté), 1 pharmacie, 7 filatures de soie, 7 fours publics, 13 tanneries, 30 cafés, 305 boutiques, 20 magasins et 1,374 maisons.

Eaux minérales. — Les sources minérales de Tchilli, décrites au chapitre spécial du vilayet de Brousse, page 29, sont situées dans les dépendances directes de la ville d'Aïné-gueul, 65 villages dépendent de ce chef-lieu.

Forêts. — Une des industries les plus considérables de ce caza consiste dans l'exploitation de ses 18 forêts qui couvrent un espace de 4,148 kilom. carrés. Leur peuplement magnifique, composé surtout des plus belles essences de hêtres, de chênes, châtaigniers, charmes, pins et sapins, donnant souvent des billes de plus de 20 mètres de haut et de 2 mètres de circonférence, fournit amplement à la consommation de la marine impériale et des sandjaks d'Erthogroul et de Brousse. On fait sous bois, dans ces forêts, surtout en se dirigeant au sud vers Kutahia, des trajets dépassant 30 à 40 kilom., sans apercevoir le ciel, au milieu du plus profond silence, à peine troublé par le grondement lointain des torrents qui descendent des montagnes et le doux murmure des sources limpides qui jaillissent de toutes parts. En beaucoup d'endroits, le sol laisse à découvert des marbres jaunes et des marbres blancs lamellaires, polis par les pieds des chevaux et dont les couleurs vives seraient d'un charmant effet dans l'ornementation des édifices.

Mines et minières, Domanidj. — Le nahié de Domanidj, formé de 37 villages avec 8,000 hab. tous musulmans, possède des mines de chrôme qui peuvent fournir à l'exportation annuelle du port de Ghemlèk une moyenne de 50,000 tonnes de minerai.

CAZA DE YÉNI-CHÈHR

Orientation, limites. — Le caza de Yéni-chèhr est situé au nord-ouest du sandjak d'Erthogroul. Il est limité : au nord, par le mutessariflik d'Ismidt ; à l'est, par le merkez-caza de Bilédjik ; au sud, par le caza d'Aïné-gueul ; et, à l'ouest, par le merkez-sandjak de Brousse.

Il est divisé en deux nahiés qui sont Yéni-chèhr et Iznik (Nicée) ; on y compte 90 villages.

Population. — Sa population, comprise dans le chiffre de celle du sandjak, est de 58,202 hab. comme suit :

Musulmans.	42,784 hab.
Grecs orthodoxes	11,948
Arméniens grégoriens . . .	3,470
TOTAL . . .	58,202 hab.

Chef-lieu. — YÉNI-CHÈHR, chef-lieu du caza, résidence du caïmakam, est situé à 45 kilom. est de Brousse et à 35 kilom. nord-ouest de Bilédjik, dans une vaste plaine enrichie de cultures variées, qui fait suite à celle de Brousse et qui se développe jusque bien au delà du lac de Nicée, sous les aspects les plus divers et les plus pittoresques.

La population de la ville de Yéni-chèhr, comprise dans le chiffre ci-dessus de celle du caza est de 4,854 h. dont 3,221 musulmans et 1,633 grecs orthodoxes.

Écoles. — Il y a dans cette ville et dans tout le caza 86 écoles dont 3 supérieures, 3 secondaires et 80 primaires, fréquentées par 2,348 élèves dont 1,991 garçons et 357 filles, comme suit :

Musulmans : 46 écoles dont 3 *médressé*, 1 lycée et 42 primaires.	1,080 élèves
Grecs orthodoxes : 37 écoles, dont 1 lycée, 1 pensionnat de jeunes filles et 35 primaires	1,202
Arméniens grégoriens : 2 écoles primaires de garçons et 1 de filles.	66
86 écoles. . .	2,348 élèves

On compte dans la ville de Yéni-chèhr, outre le *konak* ou hôtel du gouvernement, 6 mosquées à minarets et 5 *mesdjid*;

3 *tekké* ou couvent de derviches, 4 *médressé*, 3 églises, 2 bibliothèques publiques, 6 bains (*hammam*), 12 *han* (hôtelleries), 255 boutiques, 50 cafés, 7 fours publics et 8 tanneries.

On sait que Yéni-chèhr a été, pendant quelque temps, la capitale des états du sultan Osmân Ghâzi, fondateur de l'empire ottoman. Quelques restes de son palais subsistent encore; on y reconnaît parmi ces ruines des bains d'un haut intérêt historique.

La plaine de Yéni-chèhr est célèbre dans l'histoire ottomane par la grande victoire qu'y a remportée en 1481 Bayazid (Bajazet) sur son frère Djèm (Zizim) qui lui disputait l'empire et s'était déjà rendu maître de Brousse. Bien que ses troupes eussent été exterminées à cette journée, Djèm, réduit à fuir devant son vainqueur, reçut des puissants princes de Karamanie et autres grands feudataires de l'empire ottoman des secours assez effi-caces pour livrer encore au sultan son frère deux autres grandes batailles qu'il perdit successivement durant le cours d'un an et demi. Après la bataille de Koniah, le Prince Djèm, ayant perdu tout espoir, se réfugia chez les chevaliers de Rhodes en 1482. Conduit par eux en France et en Savoie, de commanderie en commanderie, choisies parmi les plus isolées et les plus fortes, il fut livré, après sept ans de cette captivité, au pape Innocent VIII dont le successeur, Alexandre VI, dut à son tour, six ans plus tard, le remettre à Charles VIII, roi de France. Ce souverain, touché des malheurs de ce prince, voulait lui rendre la liberté, mais le prince Djèm venait à peine d'être délivré, lorsqu'il mourut assassiné, disent les historiens turcs, par un rénégat italien, nommé Mustafa, le 24 février 1495 à Gaëte. Son corps fut transporté à Brousse où un tombeau magnifique, décrit plus haut, lui a été élevé dans l'enceinte de la *Mouradié*.

IZNIK (Nicée)

Le nahié d'Iznik est situé au nord-ouest du caza de Yéni-chèhr et du sandjak d'Erthogroul, à la limite nord-est du mer-kez-sandjak de Brousse et au sud du mutessariflik d'Ismidt. Il est composé de la ville d'Iznik (Nicée), son chef-lieu, et de 40 villages répandus autour du lac de Nicée. Sa population, comprise dans le chiffre ci-dessus de celle du caza de Yéni-chèhr, est de 25,570 hab. comme suit :

Mulsulmans.	17,995 hab.
Grecs orthodoxes	5,405
Arméniens grégoriens.	2,170
TOTAL . . .	25,570 hab.

La ville d'Iznik, ainsi nommée en turc par corruption de son ancien nom grec « eis Némaiar », est située sur le lac de même nom, à l'ouest, par 27°,24′ de longitude et 40°,25′ de latitude, à 15 kilom. nord-est de Yéni-chèhr, chef-lieu du caza, à 35 kilom. nord-est de Bilédjik, chef-lieu du sandjak, et à 60 kilom. nord-est de Brousse, chef-lieu du vilayet.

Sa population, comprise dans le chiffre ci-dessus de celle du nahié, est de 1,228 hab. comme suit :

Musulmans.	868 hab.
Grecs orthodoxes	360
TOTAL . . .	1,228 hab.

Bien qu'ayant aujourd'hui fort peu d'importance, Nicée fut, comme on le sait, une ville illustre et une ville forte de premier ordre sous les diverses dominations qui s'y succédèrent dans l'antiquité et au moyen âge. Certains auteurs attribuent sa fondation aux Gallo-Grecs qui lui donnèrent le nom d'Angora, mais

rien n'est moins certain que cette origine et même que l'existence d'une semblable ville à cette époque auprès du lac Ascanius.

Fondée, selon Strabon, par Antigone, cette ville échut ensuite
à Hystmaque qui changea son premier nom d'Antigonia et lui
donna celui de sa femme Nicée, fille d'Antipater. Les rois de
Bithynie en firent leur métropole et y avaient leur palais. Sous
les empereurs romains, Nicée était la résidence des proconsuls.
L'empereur Hadrien, vers l'an 120, releva ses murailles dé-
truites par un tremblement de terre, et fit construire les deux
portes de marbre blanc qui existent encore au nord et à l'est.
Ruinée par les Scythes sous le règne de Valérien, en 259, elle
fut bientôt reconstruite, et l'empereur Claude II y fit élever,
vers 270, les deux portes du sud et de l'ouest. Sous Justinien,
Nicée reçut des embellissements très considérables ; des églises,
des monastères, l'aqueduc qui apporte encore aujourd'hui les
eaux de la rivière par la porte de Lefké ; un palais impérial, des
thermes magnifiques y furent alors fondés. Vers l'an 912, les
Arabes ayant été obligés de lever le siège de Nicée et de se retirer du territoire byzantin, les empereurs Léon et Constantin
Porphyrogénète élevèrent les murailles de marbre et les tours
du nord-est, où se voit actuellement, dans un jardin particulier,
une inscription commémorative de ces succès.

Un siècle et demi venait à peine de s'écouler, lorsque l'empereur Nicéphore Botoniatès céda en toute propriété cette ville
au sultan turc Seldjoukide de Koniah (Iconium) qui l'avait conquise et en fit sa résidence en 1074. Kilidj-Ali, son fils, rendit
à Nicée une partie de son ancienne splendeur, bien affaiblie depuis l'époque où le grand Constantin, assis sur un trône d'or,
réunissait autour de lui, dans son palais, 318 évêques venus de
tous les points du monde pour fixer, en 325, les bases de la Foi
dans un lumineux symbole.

La ville de Nicée, sous les sultans seldjoukides, fut repeu-
plée par des colons arabes et persans qui y introduisirent les
arts et les sciences de l'Orient. On doit citer, parmi les nouvelles
industries dont s'enrichit alors le pays, l'art d'émailler les terres

cuites. Le siège de la fabrication des tuiles et briques émaillées dont est composée la splendide ornementation des monuments anciens des turcs seldjoukides et des ottomans fut établi à Nicée. Des poètes persans, arabes et turcs étaient attachés à ces ateliers, pour composer les inscriptions reproduites en émaux aux fabriques de cette ville, qui fournissaient tout l'empire turc.

En 1095, les croisés de Pierre l'Ermite et de Gauthier-sans-Avoir, débarquaient à Ghemlèk, appelée par les chroniqueurs français *Civitot*, et assiégèrent Nicée. Ils étaient au nombre de 250.000 hommes. Surprise par les turcs, cette multitude en désordre fut massacrée facilement ; le corps de Gauthier-sans-Avoir fut retrouvé percé de sept flèches.

Deux ans après ce désastre généralement prévu, la grande armée des croisés, composée de 750.000 hommes d'élite, commandés par des chefs tels que Godefroy de Bouillon, Tancrède et Bohémond, investit de nouveau Nicée. Après un long siège et des assauts souvent répétés sans succès, les croisés s'aperçurent que la ville n'ayant pu être bloquée du côté du lac, était continuellement ravitaillée par des navires ; ils demandèrent à l'empereur Alexis Comnène des bâtiments afin de compléter le blocus. Une flottille, sous les ordres du capitaine Butumitès, leur fut aussitôt envoyée à Ghemlèk, et ces bâtiments, dont chacun pouvait contenir 100 hommes, furent traînés par terre en une nuit jusqu'à Nicée. Le blocus put ainsi être complété, ce qui permit aux croisés de profiter d'un événement fortuit pour terminer heureusement leur entreprise. Une tour voisine du palais des sultans s'étant écroulée sous l'effort des assiégeants, la femme de Kilidj-Arslan tenta de s'enfuir par le lac avec son fils. Faits prisonniers par les gens de la flottille, et livrés aux princes croisés, ceux-ci reçurent des députés musulmans qui s'empressèrent de venir traiter de la délivrance des deux illustres captifs contre reddition de la place.

Tandis que l'on discutait les articles de la capitulation, le commandant de la flottille byzantine qui avait reçu des instructions secrètes de l'empereur Alexis, pénétrait dans la ville et décidait les musulmans à la rendre directement à son maître, contrairement à la foi jurée entre Alexis et les vainqueurs, qui devaient garder toutes leurs conquêtes en Asie à titre de fiefs pour lesquels ils rendraient hommage à l'empereur de Constantinople. Sans trop s'émouvoir de cette trahison, les princes croisés, satisfaits de s'être mis à couvert par la prise de Nicée, des attaques d'un ennemi puissant sur leurs derrières, levèrent le camp et reprirent leur marche pour s'avancer plus avant dans l'intérieur du pays.

Lors de la prise de Constantinople par les Latins, la ville de Nicée échappa à leur domination et devint le siège d'un empire fondé par Théodore Lascaris, qui s'y fit couronner en 1205.

Enfin les ottomans s'en emparèrent, sous l'empereur Andronic, avec les mêmes difficultés qu'avaient eu à surmonter les croisés de Godefroy, et le sultan Orkhân y fit en 1340 son entrée triomphale par la porte de Yéni-chèhr, au milieu d'une grande foule de peuple accourue à sa rencontre pour acclamer le vainqueur. Depuis lors, Nicée n'a point cessé d'appartenir à l'empire ottoman.

On compte actuellement à Iznik 16 mosquées à minaret et 2 *mesdjid*, 2 *médressé*, 1 *imaret* ou hospice pour les étudiants pauvres et autres ; une église, une école secondaire et 8 écoles élémentaires, 5 *han* ou hôtelleries, 4 fours public, 75 boutiques et 238 maisons.

Le bourg actuel occupe à peu près le centre de l'ancienne ville ; il a l'aspect, avec ses maisons basses en pisé, d'un village perdu au milieu des jardins et des ruines d'anciens monuments romains, byzantins, seldjoukides et même ottomans, dont plusieurs conservent encore des restes de leur ancienne magnificence. Les murailles de l'enceinte romaine et byzantine sont toujours debout ; leur étendue a été mesurée par M. Charles Texier, qui donne à l'ancienne ville un pourtour total de 4,427 mètres, supérieur de 1,468 mètres à l'étendue du périmètre indiqué par Strabon, résultat que M. Texier explique par les agrandissements effectués sous les empereurs Hadrien, Claude II et Léon. On compte à ces murailles 238 tours. Les 4 portes principales sont antiques et bien conservées avec les inscriptions relatives à leur érection ; ou les nomme aujourd'hui : *Porte du Nord* ou *de Constantinople* (élevée par Claude II) ; *Porte de l'Est* ou *de Lefké* (ouvrage de l'empereur Hadrien) ; *Porte du Sud* ou *de Yéni-chéhr*, par laquelle entrèrent en 1097 les troupes d'Alexis Comnène, après la prise de Nicée par les croisés ; et en 1330 celles du sultan Orkhân à la suite du triomphateur ; *La Porte du lac* ou *de l'Ouest* enfin, également érigée par Claude II.

La tour élevée par les empereurs Léon et Constantin Porphyrogénète est particulièrement remarquable, surtout par l'inscription commémorative de leur triomphe sur les arabes, qui se voit dans les jardins adjacents, et par les peintures représentant des images de saints qui ornent la salle des gardes.

Parmi les ruines antiques, on doit citer celles du théâtre achevé par Pline, gouverneur de la Bithynie sous Trajan.

L'église d'Aya-Sofia (Sainte-Sophie), ancienne métropole de Nicée, convertie en mosquée par le sultan Orkhân, ne conserve aucune trace du culte chrétien. On ne retrouve dans ses décombres que des inscriptions mulsumanes, dont les vestiges sont assez nombreux. Comme on le sait, plusieurs savants, Hammer entre autres, croient que le premier concile de Nicée fut tenu dans cette église. Cependant, d'après l'*Histoire des Conciles* (t. I, page 203), « cette assemblée eut lieu le 19 juin 325, dans le Palais impérial, sous la présidence de Constantin le Grand, assis au milieu des évêques, sur un trône d'or fort bas pour leur faire honneur ».

L'église grecque orthodoxe actuelle est située dans le quartier séparé qu'occupe cette communauté. On y voit dans la coupole et au-dessus de la porte d'entrée de belles mosaïques représentant la sainte Vierge et l'Enfant Jésus servis par des anges. Dans cette église, se trouve aussi un précieux sarcophage byzantin en marbre transparent, qui paraît être du IVᵉ siècle.

On ne retrouve à Nicée aucun monument des turcs seldjoukides. La splendide mosquée impériale, appelée, comme celle de Mohammed Iᵉʳ à Brousse, « Yéchil-Djâmi », a été commencée en 775 (1384) et consacrée en 780 (1389) par Khéir ed-Din Pacha, grand vizir de Mourad Ier, ainsi que le constatent deux inscriptions placées au-dessus des deux portes principales.

Il faut encore citer la voie romaine réparée en 68 ou 69 par les ordres de Néron sur la route de Nicée à Apamée (Moudania), ainsi que l'atteste une inscription en grands caractères grecs et latins; et la pyramide de Cassius Asclepiodotus, appelée vulgairement « Bèch-Tâch » ou les 5 pierres, monument funéraire situé au milieu d'un champ de blé, au nord-est du lac, entre les villages d'Espèkli et d'Inèkli. On lit au-dessus de la plinthe de ce monument une courte inscription disant que « Cassius, fils d'Asclopiodotus, a vécu 83 ans. » Ce personnage était l'ami intime de Valérius Soranus, poète contemporain de Cicéron et de César et qui fut condamné à mort. Cassius, lui étant resté fidèle, eut ses biens confisqués et fut exilé en Bithynie.

Productions agricoles. — Les principales cultures du nahié d'Isnik sont celles de la vigne, du chanvre indien (*cannabis indica*), du mûrier, de l'olivier et du pavot à opium. Toute l'étendue des terrains environnant les villages sur les deux rives du lac est très bien cultivé; les vignobles sont superbes et leurs vins sont des meilleurs parmi ceux dit de Brousse; la production en céréales est assez importante, et celle des cocons, vendus à Brousse, est considérable; le chanvre indien en fournit pour chaque *deunum* (9 ares 19,30) de cette culture 10 okes 12 k. 829) de hachich, vendu sur place environ 3 livres turques (69 fr.); chaque deunum cultivé en pavot enfin donne une quantité d'opium de la valeur d'environ 7 livres turques (160 fr).

Source thermale. — On rencontre auprès du village de Kèrèmèt, au nord du lac, une source bicarbonatée calcique, de température moyenne, dont le débit est d'environ 150 litres par seconde, selon les indications prises en 1891 par M. l'ingénieur Sette. L'eau sort des ruines de thermes romains et fait tourner deux petits moulins au bord du lac avant de s'y jeter.

SANDJAK DE KUTAHIA

Orientation, limites. — Le sandjak de Kutahia, situé à l'est du vilayet de Brousse, s'étend vers le sud et vers l'ouest. Il est limité au nord et au nord-ouest par les sandjaks d'Ertho-groul, de Brousse et de Karassi ; à l'est par le vilayet d'Angora ; au sud-est et au sud, par le sandjak de Kara-Hissar ; et, à l'ouest, par le vilayet de Smyrne.

Superficie. — Sa superficie totale est de 18,800 kilom. carrés.

Division administrative. — Il est divisé administrativement en cazas et 14 nahiés, comptant en totalité 851 villages, comme suit :

CAZAS	NAHIÈS	VILLAGES
KUTAHIA.............	1. Kutahia ; 2. Altoun-tâch ; 3. Keureghi ; 4. Vi-rândjik ; 5. Gumuch ; 6. Armoud-ili ; 7. Tav-chànli ; 8. Eghri-gueuz	340
Eski-chèhr	1. Séyid-Ghâzi..............................	152
Ouchak..............	1. Ouchak ; 2. Banâz ; 3. Gheubèk	158
Ghédos	(sans nahiè)...............................	76
Sémâv....	1. Sémâv ; 2. Dagh-Ardi.................. ...	125
5 cazas	14 nahiès	851

Division militaire. — Le général commandant la 18ᵐᵉ division de *rédif* (réserve) et le général de la 35ᵐᵉ brigade appartenant à cette division ont sous leurs ordres les états-majors complets du 69ᵐᵉ régiment qui appartient à la 59ᵐᵉ brigade (29ᵐᵉ division); leur quartier général est à Kutahia, chef-lieu du sandjak.

Services administratifs. — Les divers services administratifs sont les mêmes dans le sandjak de Kutahia que dans tous les autres; on en trouve plus haut l'énumération au chapitre spécial de l'administration du vilayet, page 6.

Autorités religieuses. — Un métropolitain grec orthodoxe et 2 évêques arméniens, l'un grégorien, l'autre catholique, ont leurs sièges à Kutahia et sont membres du Conseil du sandjak.

Tribunaux. — Il y a des tribunaux du *bédāïèt* (droit moderne) et du *chér'i* (droit musulman) aux chefs-lieux de chaque caza. Un procureur général siège à Kutahia.

Gendarmerie, police. — Le service d'ordre public est sous les ordres d'un chef de bataillon de *zaptiés* (soldats de police) et de 4 capitaines, dont 2 de cavalerie et 2 d'infanterie, assistés d'un commissaire de police et d'un agent.

Dette publique. — Les recettes et dépenses de l'administration des revenus concédés à la Dette publique ottomane dans le sandjak de Kutahia ont été, à partir du 1ᵉʳ mars 1893 jusqu'au 28 février 1894, comme suit :

	PIASTRES
Dîme des tabacs	698
Sel	256
Spiritueux	27,746
Timbre	211,088
A reporter :	239,788

	PIASTRES
Report. . .	239.788
Soie	712
Divers (nouveaux revenus)	49,926
TOTAL DES RECETTES. . .	290,426
Dépenses (appointements, frais) .	52,124
REVENU NET :	238,302

Soit environ 54,800 fr.

Régie des tabacs. — La Régie coïntéressée des tabacs a dans le sandjak de Kutahia 3 directions (mudiriets) : à
Kutahia, à Eski-Chèhr et à Ouchak ; et 4 agences secondaires
(mémouriets) à Egri-Gueuz et Tavchânli, et aux chefs-lieux des
cazas de Ghédos et de Sémâv.

Postes et télégraphes. — Il y a dans ce sandjak 5 stations télégraphiques dont une de service international (langue
turque et française) à Eski-Chèhr, et 4 de service intérieur
(langue turque) à Kutahia, Ouchak, Ghédos et Sémâv.

Population. — La population totale du sandjak de Kutahia
est de 342,317 hab. comme suit :

CAZAS	MUSULMANS	GRECS ORTHODOXES	ARMENIENS		ISRAËLITES	TOTAUX PAR CAZAS
			GRÉGORIENS	catholiques		
Kutahia.	112 976	4 050	2.553	754	»	120 333
Eski-Chèhr	38 200	22.700	6.074	»	100	67.074
Oucha.	72.466	2.384	1.419	»	»	76 269
Ghédos	40.764	»	»	»	»	40 764
Sémav.	37.877	»	»	»	»	37.877
TOTAUX par communautés. . . .	302.283	29.134	10.046	754	100	
TOTAL GÉNÉRAL.						342.317 habitants

Écoles. — Il y a dans le sandjak de Kutahia 450 écoles dont 12 supérieures, 12 secondaires et 426 primaires, fréquentées par 7,204 élèves dont 7,001 garçons et 203 filles comme suit :

CAZAS	DEGRE D'ENSEIGNEMENT										TOTAUX par CAZAS	
	SUPÉRIEUR		SECONDAIRE PRÉPARATOIRE				PRIMAIRE ÉLÉMENTAIRE					
	Écoles	Élèves	Écoles.		Élèves.		Écoles.		Élèves.		ÉCOLES	ÉLÈVES
	Garçons	Garçons	Garçons	Filles	Garçons	Filles	Garçons	Filles	Garçons	Filles		
Kutahia	6	150	5	1	203	40	180	»	2 102	»	192	2.495
Eski-Chèhr....	3	90	4	1	77	35	117	6	1 582	108	131	1.892
Ouchak	2	50	1	»	58	»	53	2	950	20	58	1.078
Ghédos........	1	20	»	»	»	»	30	»	815	»	31	835
Sémav	»	»	»	»	»	»	38	»	904	»	38	904
Totaux par écoles....	12	310	10	2	338	75	418	8	6.353	128		
par degrés d'enseigt....	12	310	12		413		426		6.481			
Total général......											450	7.204

Ces totaux, répartis par communautés, sont comme suit :

COMMUNAUTÉS	ÉCOLES		ÉLÈVES		TOTAUX	
	GARÇONS	FILLES	GARÇONS	FILLES	ÉCOLES	ÉLÈVES
Musulmans....	393	»	5.961	»	393	5.961
Grecs orthodoxes	37	9	798	185	46	983
Arméniens grégoriens	7	»	172	»	7	172
——— catholiques..	2	»	45	»	2	45
Israélites.............	1	1	25	18	2	43
Totaux ...	440	10	7.001	203		
Total général..... ...					450	7 204

Climat. — Le climat de ce sandjak est généralement sain ; sa température est assez rigoureuse en hiver, mais en été les fortes chaleurs sont considérablement adoucies par le vent du nord, qui souffle durant toute cette saison. La chaleur n'est du reste excessive que pendant le seul mois d'août.

Production agricole. — On estime la production agricole du sandjak de Kutahia, année moyenne, à 2,539,546 hectolitres de céréales et 22,817,205 kilogr. de produits divers dont le détail est énuméré ci-après :

	Hectolitres		Kilogr.		Kilogr.
Blé	1.250.000	Vesce . . .	104.000	Raisin frais .	5.000.000
Orge	911.482	Graine de liu.	97.000	Figues . . .	90.000
Seigle	80.000	Sésame. . .	150.000	Fruits divers	4.000.000
Avoine. . . .	41.464	Coton . . .	560.938	Vallonée . .	4 990.000
Méteil	69.000	Opium . . .	100.341	Châtaignes. .	500.000
Maïs	39.700	Tabac . . .	60.000	Noix. . . .	511.820
Millet	119.600	Huile d'olive.	82.000	Cocons. . .	89.399
Divers	128.300	Vin	80.000	Soie. . . .	21.100
	Kilogr.	Chauvre . .	10.330	Poil de chèvre	128.295
Fèves	3.075.000	Miel	150.000	» mohair .	163.846
Haricots . . .	350.900	Cire	7.913	Laine . . .	192.440
Pois chiches. .	1.999.550	Raisin sec. .	120.000	Divers.. . .	190.825
Lentilles . . .	221.508				

Mines et minières. — Les célèbres mines d'écume de mer (meerschaùm), sorte bien connue d'hydro-silicate de magnésie d'Eski-Chèhr, qu'on nomme en turc *lulé tâchi* (pierre à pipes), sont décrites plus haut page 16. On trouve aussi, dans ce même chapitre, quelques détails sur les mines de chrome de Dagh-Ardi, dans le nahié du caza de Sémav. Ces mines sont à peu près les seules exploitées dans le sandjak de Kutahia. Cependant, il en existe un grand nombre d'autres, telles que des houillières, des mines de plomb argentifère, d'antimoine, de cristal de roche, etc., qui restent inexploitées.

Tabac. — On estime la production de la culture du tabac dans ce sandjak à une moyenne annuelle de 60,000 kilogr. de feuilles.

Forêts. — Les forêts exploitées par l'État ou sous sa surveillance sont au nombre de 16, occupant une superficie totale de 5,004 kil. carrés. Leurs principales essences sont : le chêne, le châtaignier, le charme et les pins et sapins. La plupart des chênes et des sapins des 3 forêts du caza d'Eski-Chèhr, dont la superficie totale est de 822 kil. carrés, n'ont pas moins de 12 mètres de haut sur un diamètre moyen de 1ᵐ,50. L'une de ces forêts, *Sou-Deuken*, appartient à la Liste civile. On y fabriquait des planches qui étaient utilisées dans les chantiers de construction de la marine impériale à Ghemlèk ; mais cette exploitation a cessé en 1876, et, depuis ce temps, il n'a plus été fait aucune coupe. Les planches fabriquées dans les deux autres forêts de ce même caza sont transportées sur la rivière du *Poursak* par des radeaux jusqu'aux bourgs et rivages situés le long du *Sakaria* (Sangarius), où elles sont mises en œuvre pour les constructions civiles et divers autres usages.

Le merkez-caza de Kutahia possède aussi 3 belles forêts de chênes et de conifères superbes, dont les dimensions ne le cèdent point à celles des arbres de la forêt de *Sou-Deuken*. La superficie de ces forêts est, en totalité, de 1,882 kil. carrés.

Faute de voies de communications forestières, les produits de ces forêts sont consommés sur place. Il en est de même, et pour la même raison, des forêts des cazas d'Ouchak, de Ghédos et de Sémav, également belles et importantes.

Eaux minérales. — Il n'y a rien à ajouter ici au sujet des eaux minérales froides et thermales du caza d'Eski-Chèhr ; mais on peut encore citer, dans le caza d'Ouchak, deux sources thermales sulfureuses, l'une à *Hammam-boghaz*, près de Banaz, et l'autre au nahié de *Gheubek*.

Agriculture. — Ce qui a été déjà dit plus haut page 45 pour le vilayet de Brousse, s'applique aussi au sandjak de Kutahia.

Bestiaux. — Le produit de l'élevage dans ce sandjak est

en année moyenne de 786,000 têtes de bétail en totalité, comme
suit :

	TÊTES DE BÉTAIL
Bœufs et vaches.	130,000
Chevaux et mulets.	50,000
Moutons.	266,680
Chèvres communes . . . :	134,340
— mohair.	198,980
Chameaux.	6,000
TOTAL. . .	786,000

Fleuves et rivières. — Les principaux fleuves et rivières du sandjak de Kutahia sont le *Ghédis* (Hermus) le *Banaz-
tchaï*, affluent du *Buyuk-Mendérès* (Méandre), le *Sémav-sou*
(Macestus); l'*Atarnos-tchaï* (Rhyndacus); le *Buyuk-Mendérès*
(Méandre) et enfin le *Poursak* (ancien fleuve Thymbrius) affluent du *Sakaria* (Sangarius). Tous ces cours d'eau ont été décrits plus haut page 66.

Lacs, marais. — On ne connaît pas dans ce sandjak
d'autre lac que celui de *Sémav* dont la description se trouve
page 73.

Routes, chemins. — Le chemin de fer d'Anatolie parcourt tout le nord du sandjak de Kutahia en passant par Eski-
Chèhr et en côtoyant la rive droite du *Poursak*, à partir de la
limite commune à ce sandjak et à celui d'Erthogroul jnsqu'au
passage de la voie ferrée dans le vilayet d'Angora. La longueur
totale de ce parcours est de 72 k.500 m. La ligne récemment
concédée d'Eski-Chèhr à Koniah, par Kutahia et Kara-Hissar,
est en ce moment en construction. De même le prolongement
de la ligne Smyrne-Kassaba va être incessamment entrepris
entre Alachèhr et Kara-Hissar en passant par Ouchak.

Il n'y a point d'autre route dans ce sandjak que la chaussée
carrossable de Brousse à Kutahia par Aïné-Gueul, Bazardjik,
Boz-euyuk et In-eunu, avec sa bifurcation vers le sud-est jus-

qu'à la limite du vilayet de Koniah et vers le sud-ouest jusqu'à Ouchak. La longueur totale du chemin parcouru par cette route dans le sandjak de Kutahia est de 212 kil. comme suit :

De la limite du sandjak d'Erthogroul à Kutahia.   30 kil.
Kutahia à la bifurcation   12
la bifurcation à Ouchak.   130
          —   à la limite du sandjak de Kara-
Hissar.   40
                              Total. . .   212 kil.

On peut estimer l'étendue des parties de ce sandjak qui sont dépourvues de toute voie de communication à la moitié de sa superficie au minimum, soit environ 9,400 kil. carrés.

Transports. — La partie du sandjak est actuellement desservie normalement par le « chemin de fer d'Anatolie », dont les prix de transport sont sensiblement les mêmes que ceux des voies ferrées de tous les autres pays.

La partie centrale est desservie par une fort bonne chaussée qui malheureusement laisse à droite et à gauche une vaste étendue de pays qu'aucune voie de communication ne lui rattache. On comprend à quel point le prix des transports, quand ils sont possibles, devient onéreux dans ces contrées. En effet, une des localités placées dans les conditions les plus favorables, Ouchak, reliée aux chefs-lieux des sandjak et du vilayet par des chaussées carrossables, n'a pas moins de 50 à 60 kilom. à faire parcourir à ses marchandises en dehors de tout chemin tracé pour gagner la station la plus proche du chemin de fer d'Aïdin qui transporte ces productions à Smyrne.

Les cours d'eau, nombreux et navigables sur de grandes parties de leur trajet, ne sont que d'un faible secours, car aucun chemin vicinal, aucune voie forestière ne peuvent économiquement leur transmettre les richesses des campagnes, des mines et des forêts trop éloignées.

Montagnes. — Les principales montagnes du sandjak de Kutahia sont des ramifications de l'Olympe qui se dirigent vers le sud, et vont rejoindre, au sud-ouest de ce sandjak, la chaîne qui limite au nord et à l'est le vilayet de Smyrne, déjà décrite au chapitre spécial de cette province. On peut citer, parmi leurs sommets les plus élevés l'*Ak-dagh* (2,400 m.) non loin de Sémav et le *Mourad-dagh* (Dindymène) où le *Ghédis* (Hermus) prend sa source près du caza de Ghédos. Toutes ces montagnes sont couvertes de belles forêts, énumérées page 92.

Productions industrielles. — Outre l'industrie minière de l'extraction de l'écume de mer, à Eski-Chèhr, et celle de la fabrication de petits objets de fantaisie et ustensiles de fumeurs qu'elle alimente (voir p. 20), ainsi que la fabrication des briques et tuiles émaillées et de la faïence de Kutahia ; outre l'industrie des tapis d'Ouchak, dits « de Smyrne », on peut citer encore les maroquins et peaux de chevreau et d'agneau des fabriques de Tavchanli et d'Ouchak où on les teint en couleurs éclatantes et solides pour être dirigées sur différentes places et y être façonnées en chaussures indigènes. Les principaux ateliers de cette branche de cordonnerie ont leurs centres à Kutahia et à Eski-Chèhr. Un autre produit très recherché est l'*agda*, sorte de confiture de raisin sec, qui donne annuellement au petit village de Hamid, situé dans le nahié d'Egri-Gueuz, un revenu d'environ 34,500 fr. pour ce seul article, vendu sur les marchés d'Eski-Chèhr, de Koniah et de Smyrne.

Commerce. — On ne saurait indiquer exactement le chiffre des exportations et importations du sandjak de Kutahia, pour la plupart opérées actuellement par voie de Smyrne, et dont les quantités et valeurs se trouvent ainsi englobées dans le mouvement commercial de cette place.

Toutefois, à l'aide des documents contenus aux chapitres qui précèdent, on peut établir un minimum annuel approximatif du mouvement commercial de ce sandjak, comme suit :

EXPORTATION	Livres turques	IMPORTATION	Livres turques
Magnésite (écume de mer)....	80.000	Pétrole.....................	4.000
Tiftik (poil de chèvre mohair).	45.000	Sucre	6.000
Laine fine	12.000	Café.	5 000
» commune.............	6.000	Manufactures	10.000
Céréales............... .. .	50.000	Divers	20 000
Opium.................... .	4.000	Total.....	45.000
Total....... ..	197 000		
		Différence en faveur de l'ex-portation	152.000
			197.000
		Report de l'importation ...	45 000
		Mouvement total	242,000

Ou environ 5.550.000 fr.

Pour avoir des chiffres exacts, — chose presque impossible en l'état actuel, — il faudrait probablement augmenter ceux-ci du double, si ce n'est même du quadruple, en gardant à peu près la même proportion.

CAZAS DU SANDJAK DE KUTAHIA

MERKEZ-CAZA DE KUTAHIA

Orientation, limites. — Le merkez caza de Kutahia est situé au centre du sandjak de même nom. Il est limité au nord, par le sandjak d'Erthogroul ; à l'est, par le caza d'Eski-Chèhr et le sandjak de Kara-Hissar ; au sud, par les cazas de Ouchak et de Ghédos ; et à l'ouest, par ce dernier, celui de Sémav et le merkez-sandjak de Brousse.

Population. — La population totale du merkez-caza de Kutahia est de 120,333 hab., comme suit :

Musulmans	112,976 hab.
Grecs orthodoxes	4,050
Arméniens grégoriens	2,553
— catholiques . . .	754
Total . . .	120,333 hab.

Chef-lieu. — Kutahia, chef-lieu du sandjak et du merkez-caza de même nom, ainsi que du nahié de Atraf-Chèhr, est la résidence du *mutessarif*, gouverneur. C'est aussi le siège du quartier-général des troupes du sandjak, d'un archevêché grec orthodoxe et de deux évêchés arméniens, l'un grégorien et l'autre catholique ; des tribunaux du *bédaïet* (droit moderne) et

du *chèr'i* (droit musulman), d'un procureur général, d'un service
d'ordre public, des bureaux de recensement, de recrutement et
d'un dépôt militaire; d'une direction (mudiriet) de la Dette
publique, d'une agence des forêts, de commissions de l'impôt
foncier, des travaux publics, de l'instruction publique, de la statistique, et des émigrés ou réfugiés (*mohadjir*) de divers points
de l'empire ottoman et de l'étranger; d'une station postale et
télégraphique de service intérieur (langue turque), d'une municipalité dont 3 membres sont arméniens et un grec, d'une
agence de la Régie des tabacs, etc., etc. Cette ville est située au
pied d'un rocher escarpé de tous côtés, dans une plaine d'environ 22 kil. d'étendue et dont l'altitude, à Kutahia, est
de 930 m. Kutahia est à 120 kil. sud-est de Brousse
en ligne directe, à 55 kil. sud-ouest d'Eski-Chèhr, station
du chemin de fer d'Anatolie à laquelle aucune route ne la relie
directement, et qui, par ce fait, s'en trouve éloignée de près de
100 kil. en suivant les chaussées carrossables existantes; à
142 kil. nord-ouest d'Ouchak par la chaussée carrossable
dont cette dernière ville est de ce côté le terminus actuel; et à
158 kil. nord-ouest de la limite des vilayets de Brousse et de
Koniah par Kara-Hissar (route carrossable de Brousse à Koniah et au-delà).

La population de la ville de Kutahia, comprise dans le chiffre
ci-dessus de celle du merkez-caza, est de 22.266 hab., comme
suit :

Musulmans	15,158
Grecs orthodoxes	4,050
Arméniens grégoriens	2,304
— catholiques	754
TOTAL.	22.266

Ecoles. — Les écoles de la ville et du merkez-caza de Kutahia, y compris celles du nahié de Atraf-Chèhr, sont au nombre
de 192 dont 6 supérieures, 6 secondaires et 180 primaires,
fréquentées par 2,495 garçons et 40 filles, comme suit :

ÉLÈVES

		ÉLÈVES
Musulmans	66 *médressés* (faculté de droit et théologie	150
	2 lycées	120
	167 écoles primaires (garçons) (annexes aux mosquées) . .	1.827
Grecs orthodoxes.	1 école secondaire (garçons) .	38
	1 école — (filles) .	40
	11 écoles primaires (garçons) .	200
Arméniens grégo-riens	1 école secondaire — . . .	25
	1 école primaire (garçons) . .	50
Arméniens catho-liques. . . .	1 école secondaire (garçons) .	20
	1 école primaire (garçons) . .	25
192 écoles	TOTAL. . .	2.495

On compte dans la ville de Kutahia 23 mosquées à minarets, parmi lesquelles on distingue Oulou-Djami (la grande mosquée fondée par Mousa Tchélébi en 813 (1411) en l'honneur du sultan Bayazid (Bajazet Ier) Ildirim, son père ; la plupart des autres mosquées précitées, quoique bâties par les Seldjoukides, sont des constructions peu dignes d'intérêt. Il en est de même des 21 *médressé*, des 15 *tekké* (couvents de derviches) et du *mevlévihané* (couvent de derviches dits tourneurs) dus également à ces princes.

La ville possède en outre 2 belles bibliothèques publiques, 4 églises, 2 *bézestèn* (bazars voûtés) ; 11 *chddrévân* (sortes de fontaines publiques où des vases remplis d'eau fraîche sont tenus sans cesse à la disposition des passants, à titre des fondations pieuses) ; 1 hôpital ; 2 pharmacies ; 11 bains publics (hammam) ; 9 *han* ou hôtelleries, 1 grand bâtiment ancien pour dépôt militaire ; 3 casernes, 1 château fort bâti par les byzantins ; 1 *konak* ou hôtel du gouvernement, 1 hôtel municipal, 1 belle école civile (*mulkiyé*) d'enseignement secondaire et plusieurs autres bâtiments scolaires assez bien construits, 30 fours publics, 6 tanneries, 1,368 boutiques, ateliers et magasins et 4,436 maisons.

L'aspect de Kutahia, assise au pied d'une haute colline escarpée, surmonté d'un château fort byzantin entouré d'une double enceinte de murailles flanquées de tours, au bord de la vaste plaine arrosée par le *Poursak* est celui d'une grande ville. On sait qu'en effet, sous les empereurs d'Orient qui la possédaient encore en 1071, c'était une place forte très importante. Il en fut de même sous les princes Seldjoukides du Kermân qui en avaient fait leur capitale. Aujourd'hui encore ses nombreux minarets qui s'élancent vers le ciel du milieu des jardins des mosquées, ses grands faubourgs, la riante ceinture de maisons de campagne qui l'environnent et se confondent avec celles de la ville en prolongeant ainsi son étendue apparente, donnent à ses abords un air assez imposant.

L'ancienne *Cotyæum*, qui probablement occupait l'emplacement où s'élèvent encore aujourd'hui les fortifications byzantines, remontait sans doute à une haute antiquité, car Suidas y place le lieu de naissance du grand fabuliste Ésope, mis à mort par les habitants de Delphes 500 ans avant notre ère. Elle est citée par Strabon au nombre des villes principales de la Phrygie Epictète. On y trouve toutefois peu de restes de l'antiquité, à l'exception de fragments de sculptures encastrés dans les murs du château, et de deux lions en marbre, dont l'un, brisé et mutilé paraît appartenir à une bonne époque de l'art, tandis que l'autre, mieux conservé, est d'un fort mauvais travail. Parmi les restes intéressants de l'époque chrétienne, il faut citer une église byzantine ruinée, située au milieu de l'enceinte du château; les peintures qui la décorent méritent encore d'être vues. Dans un caveau, sous cette église, on a découvert un sarcophage de marbre blanc, parfaitement conservé, portant une inscription en langue grecque, d'une orthographe « horriblement défectueuse » dit M. Ch. Texier, qui en a donné la traduction comme suit :

« *S'sst endormi le serviteur de Dieu, Grégoire, protospathaïre (impérial) et général d'Asie, le 31 août de la* 10ᵉ *indiction. L'an*

6579. » Cette année-là, ajoute M. Ch. Texier, correspond à l'année commune 1.071.

Quelques années après cette date, vers 1085, les Seldjoukides venaient de fonder l'Empire turc dit de Koniah ou des sultans de Roum et des princes de la même race régnaient à Kutahia devenue la capitale des *émirs* ou *beys* du Kermân. Une princesse de cette maison souveraine, fiancée à Bayazid, fils du sultan ottoman Mourad (Amurat I⁻ʳ), apporta en dot au jeune prince en 1380, le jour où les fêtes de son mariage eurent lieu dans le palais impérial de Brousse, les clefs des villes de Sémav, de Gumuch, de Tavchanli et de Kutahia et les lui remit en présence des *beys* d'Aïdin, de Mentèché, de Kastambol, de Karaman, d'Édrenos, accourus à cette fête pour rendre hommage à leur suzerain.

En 1386, à la bataille de Koniah, Bayazid reçut de l'armée ottomane enthousiasmée de sa brillante valeur le surnom d'*Ildérim* (l'éclair). Kutahia était alors la métropole de la Phrygie. Mais en 1402, après la bataille d'Angora, elle fut prise et saccagée par Timour-Leng (Tamerlan); ses habitants furent emmenés et réduits en esclavage. Reprise par Mousa, l'un des fils de Bayazid, elle se releva sous les règnes de ses glorieux successeurs, redevint bientôt une des villes les plus florissantes de l'empire ottoman, auquel sa tranquille possession ne fut plus désormais disputée, sauf le court espace durant lequel, en 1833, Ibrahim Pacha, fils de Méhémet Ali, gouverneur général d'Égypte, alors révolté, s'y arrêta pour écouter les propositions de la diplomatie européenne.

Tandis qu'il perdait ainsi son temps en discussions stériles, il fut tout à coup forcé de battre en retraite sur Koniah. La ville de Kutahia recouvra alors la paix un instant troublée, et les autres contrées envahies ne tardèrent pas à être aussi évacuées.

NAHIÉS

Atraf-Chèhr. — La dénomination de *Atraf-Chèhr* signifie *les alentours de la ville*; c'est pourquoi ce nahié, dont le chef-lieu est Kutahia, a été désigné sous ce dernier nom aux divers tableaux précités. Ces alentours, ainsi qu'il a été déjà dit, se confondent avec la ville elle-même et la font paraître beaucoup plus grande qu'elle ne l'est en effet. De plus, étant composés, du moins dans son voisinage immédiat, de jolies maisons de campagne et de jardins agréables, bien tenus, ils ajoutent tout leur charme au bel aspect du chef-lieu.

Toutefois, à mesure qu'on s'en éloigne du côté sud-ouest en s'avançant vers les sources de l'*Atarnos-tchaï* (*Rhyndacus*), et les montagnes du caza de Ghédos où elles prennent naissance, le caractère du paysage se modifie profondément. C'est à travers une plaine dénudée et en franchissant plusieurs crêtes schisteuses que l'on parvient à Tchavdar-Hissar, l'antique AIZANOI, *Œzani*, dont les ruines s'étendent autour du village moderne et des 6 villages voisins bâtis sur les deux rives du fleuve. A cet endroit, la plaine de Kutahia ou plutôt le plateau d'OEzani n'a pas moins de 1,085 m. d'altitude. On aperçoit plus haut, vers le sud, la chaîne du Mourad-dagh (*Dindymène*) qui court de l'est à l'ouest.

Les restes d'OEzani sont considérables et magnifiques; ils consistent principalement en un temple de marbre blanc qui s'élève sur une vaste terrasse et que l'on aperçoit de très loin; en deux ponts de marbre à cinq arches à plein cintre, avec des quais le long desquels s'étend une voie des tombeaux, où l'on admire de nombreux monuments richement ornés, ainsi que les parapets des quais, de sculptures fines et délicates portant le cachet d'une époque de transition entre l'art grec et l'art romain: on passe encore aujourd'hui l'*Atarnos-tchaï* sur ces deux ponts. Le temple où se lisent un grand nombre d'inscriptions grecques et latines, du temps de l'annexion de cette partie de la Phrygie au royaume de Pergame et du temps des empereurs romains, a malheureusement été fort endommagée par un incendie, cause de l'écroulement de la façade et d'une partie des murs.

Plusieurs autres édifices, le théâtre, un stade, etc., ainsi qu'un grand nombre de tombeaux dont la façade sculptée représente une porte fermée par un cadenas sont encore intacts. On rencontre aussi au milieu de ces monuments des autels funèbres décorés de belles sculptures, et des inscriptions antiques se trouvent dans les cimetières turcs et les champs environnants.

Gumuch, Tavchanli. — Les importants nahiés de Gumuch et de Tavchanli sont situés au nord-ouest de Kutahia, le premier à 23 kilom. et le second à 48 kilom. de cette ville. *Tavchanli*, ville du temps des Seldjoukides, est assise au bas des pentes du Domanidj-dagh, au bord de l'*Atarnos-tchaï* ; ses 20 tanneries, ses 28 mosquées et ses 36 *mesdjid*, ses 8 *médressé* et ses 3 bibliothèques publiques, son *han*, ses 7 bains publics et les 845 maisons où sa population actuelle de 2,098 habitants tous musulmans, se trouve logée à l'aise, s'étendent le long des rives du fleuve. La plaine qui les entoure est remarquable par sa fertilité ; elle contient 28 villages habités par une population totale de 13,814 cultivateurs, dont 13,565 musulmans et 249 arméniens grégoriens.

Les riches cultures de ce nahié vont rejoindre en remontant le cours du fleuve celles de Gumuch, non moins productives. Le chef-lieu de ce nahié, *Séyid-Omer*, n'est qu'un village de 226 habitants, mais il est entouré de de 56 autres centres agricoles dont la population totale s'élève à 10,804 laboureurs et éleveurs de bestiaux. La principale culture est celle des céréales.

Autres nahiés. — La fertilité des autres nahiés dépendant du merkez-caza de Kutahia est partout, du reste, à peu près la même. *Armoudli*, ou plutôt *Armoud-ili*, le pays des poires, est nommé pour la production de ce fruit, ainsi que son

nom l'indique. *Egri-Gueuz* et son chef-lieu *Émed* sont des
centres de l'industrie du tannage des cuirs et peaux. *Keurèghi*
et *Virandjik* sont des centres purement agricoles ; on trouve
dans plusieurs localités de toute cette contrée des restes d'antiquités grecques et romaines, mais ce qui la distingue surtout,
sous le rapport des anciens édifices, c'est la multitude des mosquées et autres fondations pieuses des Seldjoukides et des premiers empereurs ottomans, qu'on y compte par centaines.

CAZA D'ESKI-CHÈHR

Orientation, limites. — Le caza d'Eski-Chèhr est situé
à l'est du sandjak de Kutahia. Il est limité au nord et au nord-
ouest, par le sandjak d'Erthogroul ; à l'est, par le vilayet d'Angora : au sud, par le sandjak de Kara-Hissar et à l'ouest, par le
merkez-sandjak de Kutahia.

Division administrative. — Il n'a qu'un seul nahié,
qui est *Séyid-Ghâzi*, et contient 152 villages.

Population. — Sa population totale est de 67,074 hab.
comme suit :

Musulmans	48,200 hab.
Grecs orthodoxes	12,700
Arméniens grégoriens	6,074
Israélites.	100
TOTAL. . .	67,074 hab.

Chef-lieu. — ESKI-CHÈHR, chef-lieu du caza de ce nom, résidence du sous-gouverneur et siège de tous les services
publics du district, est situé sur la rivière *Poursak* (ancien fleuve
Thymbrius), à 792 m. d'altitude, par 28°7' de longitude et
39°43' de latitude, à 55 kil. nord-est de Kutahia en ligne
directe, à 140 kil. sud-est de Brousse, et à 300 kil. envi-

rou de Constantinople (gare de Haïdar-Pacha). Cette ville, déjà importante par son commerce et ses productions, tend à acquérir un grand développement, par le fait de sa situation sur la ligne ferrée qui, de ce point, se dirige d'un côté sur Angora-Césarée, et de l'autre sur Kutahia, Kara-Hissar et Koniah. Elle est, par cette même ligne en communication directe avec la capitale, par Bilédjik et Ismidt, et sera bientôt aussi reliée à Smyrne par le prolongement du chemin de fer de Smyrne-Kassaba-Kara-Hissar.

Le quartier musulman se déroule gracieusement sur le flanc d'une colline dont le sommet ne dépasse guère 40 m. d'élévation. Au pied de cette colline commencent les quartiers chrétiens, — grecs et arméniens, — qui s'étendent librement dans la plaine jusqu'au *Poursak* qui laisse à gauche le quartier arménien et à droite le quartier grec. C'est dans ces quartiers que se trouve le *tcharchi* (bazar couvert) bien achalandé, près duquel se trouvent également les bains d'eaux thermales dont il est parlé page 41.

La ville tend à s'étendre vers le nord, du côté de la station du chemin de fer, qui est actuellement distante d'environ 100 m. et vers le nord-est où se forme un quartier de musulmans émigrés de la Roumélie. La rivière *Poursak*, assez volumineuse pendant l'hiver et au printemps, fait mouvoir quelques moulins et usines hydrauliques, et se dirige vers l'est pour rejoindre le *Sakkaria*, à 150 kilom. environ, à peu près à mi-chemin entre Eski-Chèhr et Angora. Cette rivière forme sur son parcours des marais stagnants qui procurent des fièvres paludéennes dans ces contrées, principalement pendant les grandes chaleurs de l'été.

La population d'Eski-Chèhr est de 19,023 hab. répartis, par communautés, comme suit :

Musulmans.	17,131 hab.
Grecs orthodoxes	1,147
Arméniens grégoriens. . . .	583
— catholiques . . .	132
Latins.	30
TOTAL	19,023 hab.

A ce chiffre, il convient d'ajouter 3 à 400 habitants de population flottante, composée d'ouvriers grecs et italiens employés dans divers chantiers de construction, et d'ingénieurs et employés attachés à la compagnie du chemin de fer.

Il y a à Eski-Chèhr, outre le *konak* ou hôtel du gouvernement et les dépôts militaires, 11 mosquées à minarets, 6 *mesdjid* ou oratoires musulmans, 3 *médressé* (facultés de droit et théologie musulmans), 1 église grecque, 1 église arménienne, 1 chapelle catholique desservie par les Pères français de l'Assomption, 4 *tekké* ou couvent de derviches, 3 pharmacies, 25 *han* ou hôtelleries, 4 hôtels-restaurants, dont 2 dans la ville et 2 à proximité de la station du chemin de fer, 4 bains publics d'eaux thermales, dont 3 pour les hommes et 1 pour les femmes, 26 tanneries, 700 boutiques et 30 magasins, parmi lesquels on compte 15 dépôts de céréales, 15 ateliers où l'on façonne la *magnésite* dite « écume de mer », 22 ateliers d'orfèverie, 4 confiseurs, 12 fabriques de poteries et de faïences, 1 dépôt de pétrole ; les débits de spiritueux sont au nombre de 25, plus 5 fabriques de boissons alcooliques, 4 moulins hydrauliques et 4 moulins à vapeur, 5 casinos et 50 magasins de gros et de détail de style moderne ; une station télégraphique de service international (langue turque et française) etc., etc.

On compte dans la ville et le caza d'Eski-Chèhr 133 écoles, de différents degrés d'enseignement, fréquentées par 2,008 élèves dont 1,790 garçons et 218 filles, comme suit :

		ÉLÈVES
Musulmans	3 *médressé* (droit et théologie) avec	90
	4 écoles secondaires	77
	90 écoles primaires élémentaires de garçons.	1,000
Grecs orthodoxes.	22 écoles primaires de garçons. . .	490
	6 — — de filles	125
Arméniens grégoriens.	4 écoles primaires de garçons . .	67
129	A *reporter*.	1,849

			ÉLÉVES
Report..	129	*Report..*	1,849
Latins	{ 1 école primaire de garçons. .		41
	{ 1 — — de filles . . .		75
Israélites	{ 1 école primaire de garçons. .		25
	{ 1 — — de filles . . .		18
	133 écoles		2,008

Dans les principaux villages du caza, on compte encore bon nombre d'écoles élémentaires turques desservies par les *imâm* des mosquées, ainsi que plusieurs écoles grecques et arméniennes.

Au mois d'octobre 1891, et sur le désir exprimé par des familles du personnel européen et des ouvriers employés à la construction et à l'exploitation du chemin de fer d'Anatolie, des Pères français de Saint-Augustin de l'Assomption, s'établirent successivement à Ismidt, à Eski-Chèhr et à Koniah, pour donner des secours religieux et élever les enfants. Des sœurs françaises du même ordre, s'installèrent dans les mêmes localités pour l'éducation des jeunes filles et les soins à donner aux malades.

L'école des Pères de l'Assomption d'Eski-Chèhr, d'après le tableau ci-dessus, comprend 41 élèves garçons, dont 16 européens, 20 arméniens catholiques, 3 arméniens grégoriens et 2 grecs. Celle des sœurs françaises, 75 petites filles, dont 24 européennes, 34 arméniennes catholiques, 5 arméniennes grégoriennes, 5 grecques et 7 israélites.

La fondation de la ville actuelle d'Eski-Chèhr remonte à la date de la destruction de Dorylée, que l'on place au xii° siècle de notre ère. Le nom d'Eski-Chèhr (ancienne ville) a été emprunté, par les habitants d'alors, aux ruines de Dorylée qui se voient encore, très imposantes, à 20 minutes au nord-est de la ville actuelle dans la plaine, et autour d'un mamelon isolé d'une trentaine de mètres de hauteur.

La fondation de Dorylée, ancienne *Dorylœum*, remonte à l'époque des rois phrygiens; cette ville est citée par Démosthènes et par tous les auteurs de l'antiquité. L'époque de sa plus grande prospérité fut celle des empereurs byzantins, qui l'avaient dotée de palais, de thermes magnifiques alimentées par les sources thermales existant encore à Eski-Chèhr, et autres édifices somptueux. Dorylée, ville superbe, jouissant d'un bon climat, d'eaux abondantes et salutaires, était alors un lieu de délices que les empereurs se plaisaient à habiter.

Au temps des croisades, Dorylée devint célèbre par la grande victoire remportée sur le sultan seldjoukide Kilidj-Arslan par Godefroy de Bouillon, le 1er juillet 1097, dans les circonstances suivantes : Tandis que l'avant-garde des croisés, venue de Nicée à Dorylée, en deux jours de marche, se reposait dans la plaine, laissant les chevaux paître les hauts herbages et se rafraîchir aux eaux du *Thymbrius*, elle se vit tout à coup enveloppée par cent mille cavaliers turcs qui accablèrent les croisés d'une grèle de traits. Après avoir combattu vaillamment pendant plusieurs heures et subi des pertes énormes, ils allaient enfin succomber sous le nombre, lorsque les enseignes de Godefroy apparurent sur les hauteurs. Ces troupes fraîches, qui composaient le centre et l'arrière-garde, n'eurent pas de peine à triompher de la cavalerie turque, harassée par un long combat. Promptement mise en déroute, elle s'enfuit en abandonnant au pillage d'immenses richesses, et ouvrant ainsi aux vainqueurs la route de Jérusalem.

Sous Manuel Comnène, après avoir été brûlée et saccagée par les Turcs seldjoukides, reprise et restaurée par cet empereur, Dorylée lui fut enfin enlevée vers 1176 par le sultan de Koniah. Les Seldjoukides abandonnèrent l'ancien site de Dorylée, qui ne renfermait plus que les imposantes ruines que des tranchées permettent d'admirer encore aujourd'hui, et se transportèrent à quelques minutes au sud, à proximité des sources thermales, où se trouve la ville d'Eski-Chèhr d'aujourd'hui.

Eski-Chèhr fut comprise, en 1240 de l'ère chrétienne, parmi les villes accordées à Erthogroul, père d'Osman, fondateur de la dynastie ottomane, à titre de fief des sultans de Koniah. Osman en reçut l'investiture à titre de prince, en même temps que les insignes du commandement (un drapeau, un tambour et le

tough (queue de cheval), peu après la prise de Kara-Hissar, sous
Alâ ed-Din le Grand, et depuis lors cette ville n'a jamais cessé
d'appartenir à l'Empire ottoman.

Nahié de Séyid el-Ghâzi. — SÉYID-EL-GHAZI, chef-lieu

du nahié de même nom, est situé à 35 kil. sud-est d'Eski-Chèhr,
près de la vallée de *Nacoléia*, où sont les tombeaux des anciens
rois de Phrygie, parmi lesquels celui du roi Midas a fait plus
particulièrement l'objet de l'admiration enthousiaste et des discussions des archéologues. Il est connu dans le pays sous le
nom turc de *Yazili-kaya*, qui signifie la « pierre écrite »; ce
nom lui a été donné à cause des inscriptions dont il est entièrement recouvert et qui, jusqu'aujourd'hui, n'ont pu être complètement expliquées.

On croit, d'après une inscription rapportée de Seyid el-Ghâzi
par le baron de Wolf, que cette ville est l'ancienne *Prymnesia*
quoique M. Ch. Texier y ait trouvé en 1834 une inscription portant le nom de *Nacoléia* et que M. Bartli, de son côté, y ait également découvert deux autres inscriptions portant aussi le nom
de cette même ville.

Séyid el-Ghâzi doit son nom actuel au *turbé* ou chapelle funéraire d'un saint musulman : Séyid el-Battâl el-Ghâzi, qui se voit
dans un ancien *tekké* ou couvent de derviches ayant pour
annexes, outre ce turbé, une belle mosquée à minarets et un
imaret ou hospice pour les étudiants pauvres et autres. Le tombeau de Séyid el-Ghâzi est couvert de six magnifiques tapis tissés
à la main et artistement brodés de soie et d'or et ornés de pierres
fines. Il est entouré de six torchères provenant sans doute d'une
église chrétienne, car elles portent en relief les images de Jésus-
Christ et de la Sainte-Vierge. Le *tekké* et ses annexes sont des
fondations pieuses de la mère de l'empereur seldjoukide
Alâ ed-Din le Grand. Elles ont été bâties sur les restes d'un
couvent byzantin.

Eaux minérales. — Les eaux thermales ferrugineuses

de la ville d'Eski-Chèhr et celles du nahié de Séyid el-Ghâzi, non

moins salutaires et dont les diverses sources sont assez nombreuses, ont été décrites plus haut page 41.

Forêts, mines. — Il en est de même en ce qui concerne
les importantes mines et minières, forêts du caza d'Eski-Chèhr
(voir pages 16 et 24.)

Agriculture. — La production de la soie avait été longtemps assez négligée dans ce caza, à cause de l'ignorance des
habitants relativement à l'éducation du ver à soie; mais, depuis
l'établissement de la station séricicole de Brousse et l'introduction du système Pasteur, les sériciculteurs ayant réussi à produire de bons cocons, se sont intéressés à cette branche de
l'agriculture. Les nouvelles plantations s'élèvent en ce moment
à 80,000 mûriers environ dans les environs d'Eski-Chèhr.

Les principales cultures sont celles du blé, de l'orge, du maïs,
du millet, des pois, du pavot à opium, du coton, du tabac, des
melons, pastèques, raisins, poires, cerises et autres fruits et de
toutes sortes d'excellents légumes.

Les tapis des sortes dites *hali*, *sedjadé* et *kilim*; les étoffes de
laine dites *aba* et *chayak*, les toiles blanches et rayées du nahié
de Séyid èl-Ghâzi sont très recherchées et méritent une mention toute spéciale.

Il se fait un grand trafic au bazar de la ville d'Eski-Chèhr.
Les jours de marché, qui sont le mardi et le mercredi de chaque
semaine, il y a foule à ce bazar ainsi qu'à celui de Séyid èl-Ghâzi.
De plus, un *pandïr* ou foire ayant été institué par décret impérial, en 1890, pour une durée de 15 jours, chaque année, à
partir du 21 septembre, a donné dès le principe de très
beaux résultats et promet, par l'affluence énorme des commerçants qui augmente tous les ans, de donner bientôt un vaste
essor au commerce du caza d'Eski-Chèhr et des vilayets voisins.
Les facilités nouvelles offertes par le chemin de fer d'Anatolie,
dont Eski-Chèhr est l'une des principales stations, ainsi que la
ligne de Kutahia en construction, apporteront un stimulant
précieux à l'activité de ce mouvement commercial en lui permettant une plus grande extension.

CAZA D'OUCHAK

Orientation, limites. — Le caza d'Ouchak est situé au sud-ouest du sandjak de Kutahia. Il est limité au nord par le caza de Ghédos et le merkez-caza de Kutahia; à l'est par le sandjak de Kara-Hissar; et au sud et à l'ouest par le vilayet de Smyrne (Aïdin).

Division administrative. — Il est divisé administrativement en 3 nahiés qui sont : *Ouchak*, *Banaz* et *Gheubek*. On y compte 158 villages.

Population. — Sa population totale est de 76,269 hab. comme suit :

Musulmans.	72,466 hab.
Grecs orthodoxes	2,384
Arméniens grégoriens	1,419
TOTAL. . .	76,269 hab.

Chef-lieu. — OUCHAK, chef-lieu du caza de même nom, résidence du *caïmakam*, sous-gouverneur, quartier d'un bataillon de nizam (armée active) et des états-majors d'un demi-bataillon d'avant-garde (senf-imoukaddem) et d'un demi-bataillon d'arrière garde (senf-itali) de *rédif* (réserve), station télégraphique et postale de service international (langues turque et française) est située au pied d'une colline qui commande une vaste plaine s'étendant de l'est à l'ouest et couverte de vignobles, de champs, de jardins cultivés en fruits et en légumes de toutes sortes. Elle est à 142 kil. sud-ouest de Kutahia, chef-lieu du sandjak et à 362 kil. sud de Brousse, chef-lieu du vilayet, par les routes carrossables existantes. Ces deux longueurs de parcours représentent, pour ce qui concerne Kutahia, environ un tiers en plus de la distance réelle, et le triple quant à Brousse.

La population d'Ouchak, comprise dans le chiffre ci-dessus de celle du caza, est de 13,084 hab. comme suit :

Musulmans.	11,000 hab.
Grecs orthodoxes	1,484
Arméniens grégoriens	600
TOTAL. . .	13,084 hab.

Ecoles. – Les écoles de la ville et du caza d'Ouchak sont au nombre de 59, dont 2 supérieures, 1 secondaire et 53 primaires, fréquentées par 1,078 élèves dont 1,058 garçons et 20 filles, comme suit :

		ÉLÈVES
Musulmans. . . .	2 *médressé*	50
	1 lycée.	58
	50 écoles primairs (annexes de mosquées.	850
Grecs orthodoxes.	3 écoles primaires (garçons) .	70
	2 — — (filles). . .	20
Arméniens grég.	1 — — (garçons) .	30
	59 écoles	1,078

On compte à Ouchak 11 quartiers, 17 mosquées à minarets, 2 *tekké* ou couvents de derviches, 2 *médressé* (facultés de droit et théologie), 1 église grecque et 1 église arménienne, 4 bains publics, 2 bibliothèques publiques, 750 boutiques et magasins, 706 ateliers de tapis, 30 boulangeries, 2 casinos, 35 tanneries, 45 fontaines publiques, 20 cafés, 8 *han* ou hôtelleries, 2 corps de garde, 1 prison, 1 abattoir et 2,431 maisons.

Les maisons de la ville d'Ouchak étaient encore, il y a 60 ans, construites en briques crues, comme le constatent de nombreux récits de voyageurs européens. Aujourd'hui, pour la plupart, elles sont bâties en bois, fort propres et mêmes élégantes. Par les soins de la municipalité, les rues ont été élargies et alignées. Bien que la rivière d'Ouchak affluent du *Ghédis* (Hermus) passe au milieu de cette ville, alimentée en outre par plusieurs sources d'excellente eau, la nécessité urgente d'une fourniture plus abondante se manifestait depuis longtemps, afin de satisfaire aux besoins des manufactures de tapis. La municipalité a largement comblé cette lacune au moyen d'une dérivation du *Banaz-tchaï*, affluent du *Mendérès* (Méandre) prise à 15 kil. d'Ouchak vers l'est. Ce travail, dont la dépense totale n'a pas excédé 3,000 livres turques (70,000 fr.) a permis d'établir une distribution d'eau régulière et suffisante pour chaque maison de la ville et de créer 20 nouvelles fontaines publiques dans les rues d'Ouchak.

On reconnaît généralement le site de cette ville et les environs comme l'emplacement de l'ancienne ville phrygienne d'*Acmonia*, fondée par le roi Acmon et mentionnée par Cicéron. Dans une vallée située à quelques kilom. vers l'est, se trouve une vaste nécropole composée de chambres sépulcrales creusées dans le roc ; beaucoup sont inaccessibles, mais quelques-unes de celles où l'on a pu pénétrer renferment des sarcophages. On considère cette nécropole comme celle d'Acmonia. Les nombreux fragments d'architecture antique, en marbre blanc, souvent découverts à Ouchak, n'ont offert jusqu'aujourd'hui rien d'intéressant pour la science ou pour l'art.

Ahat-Keui (*Trajanopolis*). — Les ruines de Trajanopolis ont été découvertes par Hamilton au village de Ahat-Keuï dépendance du nahié de Banaz, à 30 kil. est d'Ouchak.

Productions agricoles. — Les principaux produits du sol du caza d'Ouchak sont les céréales : le blé et l'orge, la vallonée, l'opium, le sésame, le coton, le tabac, les raisins, les pommes, poires, melons, pastèques et autres fruits ; la culture maraichère donne d'abondants et excellents résultats. La vigne, outre le raisin de table, fournit à l'exportation des vins et des eaux-de-vie estimés. Les laines d'Ouchak sont recherchées.

Avant l'institution de la station séricicole de Brousse, le nahié

de Gheubèk s'occupait seul de produire des cocons qu'il expédiait à Magnésie (Manissa); mais aujourd'hui, la sériciculture
s'étend de plus en plus dans tout le caza.

Mines et minières, eaux minérales. — On cite dans
le nahié de Banaz, à Bulgar-dagh, une mine d'amiante inexploi-
tée, et près du chef-lieu, à Hammam-Boghaz des thermes d'eau
sulfureuse.

Forêts, montagnes. — Les principales montagnes du
caza d'Ouchak sont le *Mourad-dagh* (Dindymène) et deux autres
sommets de la même chaîne ; le *Kézil-dagh* et le *Bulgar-dagh*.

De superbes forêts, d'une superficie totale de 824 kil. carrés
couvrent ces montagnes ; les essences que l'on y rencontre, en
peuplements plus ou moins considérables, sont le chêne, les pins
et les sapins. Le manque de routes forestières rend impossible
l'exploitation fructueuse de ces forêts, dont l'utilité est ainsi
bornée aux services qu'elles rendent aux populations locales.

Le caza d'Ouchak est arrosé par un nombre infini de petits
cours d'eau sans nom, affluents du *Ghédis* (Hermus) et du *Mendérès* (Méandre). Toutefois on peut citer parmi ces affluents une
rivière assez considérable, le *Banaz-tchaï* qui prend sa source
au *Kézil-dagh*, chaînon du mont Dindymène, au nord du caza
qu'il parcourt en entier, pour aller, à sa limite sud, se jeter dans
le *Méandre*.

Industrie. — Les produits de l'industrie tapissière d'Ouchak jouissent avec raison, sous le nom de « tapis de Smyrne »,
d'une réputation universelle. Tout ce qui concerne leur fabrication et le commerce dont ils sont l'objet se trouve au chapitre
spécial du vilayet de Smyrne, tome III, page 406.

Après ces produits hors ligne, on peut citer ceux de la tannerie, de la cordonnerie, de la coutellerie, de l'orfèvrerie, et les
costumes confectionnés à l'usage du pays, tous objets d'un important commerce.

Commerce. — On estime, en dehors du commerce des

tapis, l'exportation annuelle du caza d'Ouchak, en moyenne, comme suit :

Exportation :

Céréales.	185,000 hectol.
Coton	449,032 kilog.
Laine.	192,442 —
Opium.	30,251 —
Raisins frais	1,385,585 —
Vallonée.	2,373,453 —

Importation. — L'importation dans le caza d'Ouchak consiste en manufactures, sucre, café, épices, pétrole et divers.

La valeur totale de l'exportation, en exceptant les tapis, est estimée à . . . . 150,000 livres turques.
Celle de l'importation à. . . . . . . 80,000 —

Mouvement total (approximatif) . . . 230,000 livres turques.

environ 5,280,000 fr.

La moitié de l'exportation, c'est-à-dire ce qui est à destination de l'étranger et l'importation qui en provient tout entière sont faites par Smyrne et englobées dans le mouvement commercial de cette place. Les transports entre Ouchak et la station de Tchivril, située à 77 kil. sud-est de cette ville, sont effectués par caravane, car il n'existe aucune route. A cette station, terminus actuel du chemin de fer d'Aïdin, les marchandises sont, suivant le cas, chargées pour Smyrne ou débarquées pour Ouchak.

Le prolongement du chemin de fer de Smyrne-Kassaba, jusqu'à Kara-Hissar, passant par Ouchak, donnera à cette ville une grande importance.

CAZA DE GHÉDOS

Orientation, limites. — Le caza de Ghédos est situé à l'ouest, du sandjak de Kutahia. Il est limité : au nord-est, par le merkez-caza de Kutahia; au sud-est, par le caza d'Ouchak; au sud-ouest, par le vilayet de Smyrne; et, au nord-ouest, par le caza de Sémav.

Division administrative. — Ce caza n'a point de nahié. On y compte 76 villages.

Population. — Sa population totale est de 40,764 hab. musulmans.

Chef-lieu. — GHÉDOS, chef-lieu du caza, résidence du *caïmakam*, sous-gouverneur, est le siège des services administratifs du caza. Il est situé à 77 kil. sud-ouest de Kutahia, par une route carrosable, et à 39 kil. nord d'Ouchak, terminus actuel de cette même route du côté du sud. La population de Ghédos, comprise dans le chiffre ci-dessus de celle du caza, est de 5,926 hab., tous musulmans.

La ville de Ghédos est arrosée par le *Ghédis* (Hermus) dont la source est peu éloignée vers l'est ; on le traverse sur un pont byzantin d'une seule arche en ogive pour aller rejoindre l'ancien chemin des caravanes de Smyrne. Les rochers qui dominent la ville et les montagnes voisines sont volcaniques ; leur teinte noire uniforme se distingue à peine de celle des maisons, bâties en argile prise auprès du lac voisin, dans la vallée. On distingue encore sur un rocher pointu que les habitants nomment *Kal'é* (la forteresse) quelques traces d'un ancien château et les escaliers taillés dans le roc qui y conduisaient. On pense qu'à cet endroit s'élevait jadis l'acropole de *Cadi*, antique ville macédonienne qui, sous la domination byzantine, devint le siège d'un évêché.

On ne trouve pas d'antiquités à Ghédos, à l'exception de deux statues sans tête, encastrées dans les assises du pont, et qui représentent un personnage consulaire et une matrone romaine.

On compte à Ghédos 4 mosquées à minarets, 2 *médressé*, 1 *imaret* ou hospice d'étudiants pauvres, 2 bains publics (hammam) 2 *han* ou hôtelleries, etc.

Dans cette ville et les villages du caza, il existe 31 écoles toutes musulmanes, dont 1 *médressé*, et 30 annexes de mosquées. Le nombre des élèves du lycée n'est pas connu ; le *médressé* est fréquenté par 20 étudiants et les écoles primaires par 815 enfants, soit un total de 835 élèves, auxquels on peut ajouter pour le lycée de la ville de Ghédos 30 à 40 jeunes garçons, ce qui donnerait pour total général approximatif un chiffre d'environ 900 élèves.

Chèb-Hané est, après Ghédos, le centre le plus peuplé du caza ; on y compte 2,221 hab., tous musulmans ; trois bourgs voisins qui dépendent de celui-ci ont ensemble 3,107 hab. appartenant à cette même communauté.

Production agricole. — La vallée de Ghédos, très fertile, est cultivée avec soin et couverte d'une abondante végétation. Les produits principaux sont : le blé, l'orge, le seigle, l'avoine, le maïs, le millet, les fèves, haricots, pois chiches et lentilles ; le lin, le coton, l'opium le sésame, le tabac, le vin, l'huile d'olives, le chanvre, le miel et la cire ; le raisin et les autres fruits divers ; la vallonée et autres récoltes forestières ; les cocons et la soie grège ; la laine et le poil de chèvre mohair (tiftik), etc., etc.

Forêts. — Les forêts, peuplées exclusivement de chênes, sont au nombre de 4, d'une superficie totale de 917 kil. carrés. Faute de routes forestières, leur exploitation n'a pas d'autre objet que les besoins de la consommation locale.

CAZA DE SÉMAV

Orientation, limites. — Le caza de Sémav est situé à l'ouest du sandjak de Kutahia. Il est limité : au nord, par le mer-kez-sandjak de Brousse ; à l'est, par le merkez-caza de Kutahia ; au sud, par le caza de Ghédos et le vilayet de Smyrne ; et à l'ouest, par le sandjak de Karassi et le merkez-sandjak de Brousse.

Division administrative. — Il est administrativement divisé en 2 nahiés qui sont *Sémav* et *Dagh-Ardi*, et l'on y compte 125 villages.

Population. — Sa population totale est de 37,877 hab., tous musulmans.

Chef-lieu. — SÉMAV, chef-lieu du caza, résidence du caï-makam, sous-gouverneur, est située à 132 kil. ouest de Ku-tahia, et à 176 kilom. sud de Brousse, par des sentiers de caravanes qui sont encore aujourd'hui les seules voies de com-munication entre ces deux villes. Bientôt Sémav y sera relié par un embranchement carrosable en cours de construction sur Ghédos, de 35 kil. de longueur vers l'est.

La population de cette ville, comprise dans le chiffre ci-des-sus de celle du caza, est de 5,485 hab., tous musulmans.

Il y a à Sémav une station postale et télégraphique de service intérieur (langue turque) ; une caserne et un dépôt militaire occupés par les états-majors d'un demi-bataillon de l'avant-garde et d'un demi-bataillon de l'arrière-garde du *rédif* (réserve) On compte dans cette ville : 9 mosquées à minarets, 3 *mesdjid* (oratoires), 4 *médressé*, 1 *tekké* ou couvent de derviches, 1 an-cienne église non convertie en mosquée, 2 bains publics, 5 *han* ou hôtelleries, 20 tanneries, 8 fours publics, 2 grands magasins et 380 boutiques, 2 teintureries, 9 cafés, un *konak* ou hôtel du gouvernement, un hôtel municipal et 1,097 maisons.

Les écoles de la ville et du caza de Sémav sont au nombre de 38, toutes annexes de mosquées, fréquentées par 904 élèves.

On reconnaît généralement, d'après Hamilton, l'emplacement de l'ancienne Synnaus à Sémav, située à 5 kil. sud de la rive orientale du lac qui porte son nom ; et, suivant la même autorité, on place les ruines d'Ancyre de Phrygie à l'extrémité opposée du même lac, au village actuel de Kilissé, près de la gorge d'où le *Sémav-sou* (Macestus) s'échappe du lac en cascades.

Ces deux anciennes villes existaient encore à l'époque byzantine ; elles furent alors le siège de deux évêchés réunis ensuite en un seul. L'époque et les causes de leur destruction sont restées jusqu'ici inconnues.

La description du lac de Sémav se trouve plus haut, page 76.

Bali, chef-lieu du nahié de Dagh-Ardi, est situé à 25 kilom. nord de Sémav et à 88 kil. ouest de Kutahia, au milieu de belles forêts à l'ombre desquelles se cachent les 48 villages dépendants de ce nahié dont la population totale, est de 5,215 hab. compris dans le chiffre ci-dessus de celle du caza de Sémav.

Cette population, exclusivement forestière, a pour unique industrie le débit, en poutres, planches et autres bois de construction, des chênes et des pins jaunes qui peuplent les deux forêts du caza sur une étendue de 619 kil. carrés.

Production agricole. — A l'exception des habitants du nahié de Dagh-Ardi, la population du caza de Sémav s'occupe principalement de la culture du sol, dont la production, très abondante, est de même nature que celle des autres cazas précédemment décrits.

Production industrielle. — Outre l'industrie des bois de construction, celles du tannage des cuirs et peaux et de la teinturerie sont activement pratiquées et donnent des produits fort estimés à l'usage du pays.

SANDJAK DE KARA-HISSAR

Orientation, limites. — Le sandjak de Kara-Hissar est situé au sud-est du vilayet de Brousse, par 27°7′ de longitude et 37°40′ et 39°20′ de latitude. Il est limité : au nord, par le sandjak de Kutahia ; à l'est, par le vilayet d'Angora ; au sud-est, par le vilayet de Koniah, à l'ouest, par le vilayet de Smyrne (Aïdin) ; et, au nord-ouest, par le sandjak de Kutahia.

Superficie. — Sa superficie totale est de 16.700 kil. carrés.

Division administrative. — Il est divisé administrativement en 4 cazas et 8 nahiés, comprenant en totalité 437 villages, comme suit :

CAZAS	NAHIÉS	VILLAGES
Kara-Hissar-Sahib	(Sans nahiès)...............	138
Bolvadin........... . ,	1 Bolvadin. 2 Ishaqlu. ....;	29
Sandikli....	1 Sandikli. 2 Chéiklu. 3 Ghéikler. 4 Tèzkiri.	215
Aziziyé (chef lieu Mouslidjé	1 Azizïyé. 2 Khanbardjin................	55
4 Cazas	8 Nahiès	437

Division militaire. — Les états-majors de deux bataillons de *rédif* (réserve) l'un d'avant-garde (*moukaddem*), l'autre d'arrière-garde (*tali*), résident à Tèzkiri, nahié du caza de San-

dikli. Il y a à Bolvadin, chef-lieu du caza de même nom, un capitaine et un lieutenant d'avant-garde et un capitaine et un lieutenant d'arrière-garde de la réserve ainsi qu'à Ishaqlu, nahié de
ce même caza. Dans le caza d'Aziziyé résident deux lieutenants
d'avant-garde et un capitaine et un lieutenant de la réserve. A
Kara-Hissar il n'y a point de contingent ni d'état-major de
l'armée, soit active, soit de la réserve ; mais seulement des *zab-
tiès* (soldats de police) commandés par un chef de bataillon
(*tabour-agassi*).

Services administratifs. — Les services administratifs
du sandjak de Kara-Hissar sont les mêmes que ceux des autres
sandjaks énumérés plus haut, au chapitre spécial du vilayet.

Dette publique. — Les recettes et dépenses de l'Administration des revenus concédés à la Dette publique ottomane,
dans le sandjak de Kara-Hissar, ont été, du 1er mars 1891 au
29 février 1892, comme suit :

	Dîme des tabacs.	367	piastres
	Sel	1,915	
Recettes .	Spiritueux	7,046	
	Timbre	165,306	
	Divers (nouveaux revenus	18,445	
	Total des recettes	193,089	
Dépenses (appointements, frais)		27,104	
	Revenu net	165,985	piastres

soit environ 38,150 fr.

Régie des tabacs. — La Régie coïntéressée des tabacs
a dans le sandjak de Kara-Hissar une direction (*mudirlik*) dont
le siège est au chef-lieu ; une agence secondaire (*mémouriet*),
dans le caza d'Aziziyé, et un dépôt à Ishaqlu, nahié du caza de
Bolvadin.

Postes et télégraphes. — Il n'y a dans ce sandjak que

2 stations télégraphiques, l'une à Kara-Hissar et l'autre à San-dikli ; toutes deux sont de service intérieur (correspondance en langue turque).

Population. — La population totale du sandjak de Kara-Hissar est de 256,961 hab. Ce total, réparti par cazas, est repré-senté comme suit :

CAZAS	MUSULMANS	GRECS orthodoxes	ARMÉNIENS grégoriens	TOTAUX par CAZAS
Kara-Hissar.................	72.606	18	4.812	77 436
Bolvadin.................. .	33.770	»	»	33.770
Sandikli..	114.612	»	170	114.782
Aziziyé....	30 912	3	58	30.973
Totaux par communautés ...	251.900	21	5.040	
			Total général........	256.961 habit.

Ecoles. — Le sandjak de Kara-Hissar possède 276 écoles, dont 8 supérieures, 5 secondaires et 263 primaires, élémen-taires, fréquentées par 3,690 élèves, dont 3,660 garçons et 30 filles, comme suit :

CAZAS	DEGRÉS D'ENSEIGNEMENT								TOTAUX PAR CAZAS	
	SUPÉRIEUR		SECONDAIRE		PRIMAIRE ÉLÉMENTAIRE					
	Écoles	Élèves	Écoles	Élèves	Écoles		Élèves		Écoles	Élèves
	GARÇONS	GARÇONS	GARÇONS	GARÇONS	GARÇONS	FILLES	GARÇONS	FILLES		
Kassar-Hissar	3	130	1	80	92	1	850	30	97	1.090
Bolvadin	3	100	1	60	60	»	730	»	64	890
Sandikli	4	35	2	95	80	»	1.110	»	88	1.240
Aziziyé	1	25	1	45	30	»	400	»	82	470
Totaux { par écoles	8	290	5	280	262	1	3.090	30	276	8.690
Totaux { par degrés d'enseignt	8	290	5	280	263		3.120			

TOTAL GÉNÉRAL 8.690

Ces totaux répartis par communautés, se présentent comme suit :

COMMUNAUTÉS	ÉCOLES		ÉLÈVES		TOTAUX PAR COMMUNAUTÉS	
	GARÇONS	FILLES	GARÇONS	FILLES	ÉCOLES	ÉLÈVES
Musulmans........	273	»	3.620	»	273	3.620
Arméniens grégoriens	2	1	40	30	3	70
TOTAUX PAR ÉCOLES..	275	1	3 660	30		
TOTAL GÉNÉRAL...........					276	3.690

Climat. — Le climat est généralement sain, mais la température peu agréable. En effet, durant l'été, la chaleur est d'autant plus suffocante qu'en maintes localités, notamment aux environs de Kara-Hissar, entourée de chaînes de collines assez élevées, rien ne vient la tempérer ; les arbres et la verdure y font presque complètement défaut. D'un autre côté, l'hiver est ordinairement rigoureux. La neige tombe en abondance et fréquemment, de sorte que la gelée se maintient longtemps et nuit souvent aux plantations, principalement aux semis de pavots à opium faits en automne, qui sont une des plus importantes richesses du pays.

Production agricole. — On peut estimer en année moyenne la production agricole du sandjak de Kara-Hissar à 4,273,031 hectolitres de céréales et 14,318,315 kilog. d'autres produits divers, parmi lesquels on remarque 351,000 kilog. d'opium, le plus estimé de l'Asie-Mineure, comme suit :

	Hectolitres			Kilogrammes
Blé..............	2.962.000		Huile d'olive........	19 000
Orge.............	780 000		Vin.................	120.000
Seigle.............	160.110		Chanvre............	20 000
Avoine............	55.286		Miel...............	240.000
Métell............	98.788		Cire...............	10.200
Maïs.............	90.000		Raisin sec	60.000
Millet	95.000		Raisin frais.........	1.000.000
Divers............	31.847		Figues.............	45.000
	Kilogrammes		Fruits divers........	2.000.000
Fèves.............	1.060.060		Vallonée...........	4.950.000
Haricots	541.129		Châtaignes.........	544.000
Pois chiches	960.000		Noix...............	687.000
Lentilles...........	50.000		Cocons............	23.696
Vesce.............	98.014		Soie	20.000
Graine de lin..	168 916		Poil de chèvre.	90.000
Sésame...........	120 000		Poil de mohair.......	120 000
Coton	507.000		Laine..............	157.900
Opium	351.400		Divers............	150.000
Tabac............	45.000			

Mines et minières. — On ne connaît pas de mines dans le sandjak de Kara-Hissar; cela tient sans doute au manque absolu d'explorations de cette contrée A défaut de mines proprement dites, on sait du moins fort bien que les carrières de *Synnada*, dont la célébrité fut grande dans l'antiquité, ne sont pas fort éloignées de la ville même de Kara-Hissar, où Karl-Ritter reconnaît l'emplacement de l'ancienne *Synnada*. Ces magnifiques carrières, encore exploitées du temps des empereurs byzantins, sont situées sur l'un des flancs de la vallée voisine d'Eski-Kara-Hissar, à 30 kilom. environ au nord-est du chef-lieu du sandjak. Ce bourg, où l'on trouve beaucoup d'antiquités, est reconnu pour être l'ancienne petite ville de *Docimia*, qui donna aussi son nom au marbre de ces carrières, célébré par les poètes latins comme l'emblème du luxe et de la richesse, sous les noms de marbre « phrygien » ou « mygdonien », de marbre de « Docimia » et surtout de « Synnada ». Les carrières de ce marbre, d'un blanc lucide, avec des taches presque circulaires d'un rose vif veiné de bleu, de lilas et de violet foncé, sont encore aujourd'hui très riches. Leur exploitation pourrait redevenir fructueuse. Il est vrai que les voies antiques qui ont servi jadis au transport en Europe de ces splendides matériaux,

chantés à l'envi par Claudien, Juvénal et d'autres poètes illustres
décrits et admirés par Strabon, Pausanias et Paul le Silentiaire,
n'existent plus depuis bien des siècles. Mais elles vont être bientôt remplacées, avec avantage, par la voie rapide et économique
des chemins de fer en construction de Eski-Chèhr à Koniah, et
de Alaschèhr-Ouchak-Kara-Hissar.

Forêts. — Il y a dans le sandjak de Kara-Hissar de belles
forêts de chênes, de pins laricio et de pins sylvestres, dont 14
d'une superficie totale de 3,751 kil. carrés sont exploitées
par l'État ou sous sa surveillance. Six de ces forêts sont situées
dans le merkez-caza de Kara-Hissar et les huit autres dans le
caza de Bolvadin. La superficie des premières est de 1,326 kil.
carrés et celle des secondes de 2,425 kil. carrés. Leurs
peuplements sont identiques. Toutes servent uniquement aux
besoins de la consommation locale qui s'y procure surtout d'excellents bois de construction, façonnés sur place en poutres et
en planches.

Tabacs. — La culture du tabac produit annuellement en
moyenne, 45,000 kilog. de feuilles d'une qualité peu estimée
dite « *Kara-tutun* » ou tabac noir, consommé seulement par
les plus pauvres habitants des diverses localités productrices.
La consommation des classes riches leur est fournie, soit par la
Régie, soit surtout par les contrebandiers des sandjaks voisins,
où la culture du tabac donne des produits de qualité supérieure
et à meilleur marché que ceux vendus par l'administration.

Agriculture. — L'état général de l'agriculture est assez
prospère. Ainsi qu'il a été déjà dit page 229, les cultures les
plus répandues sont celles des céréales et du pavot à opium.
Le merkez-caza de Kara-Hissar, dans les années de bonne récolte, dirige à lui seul sur Smyrne, voie de Dinaire ou d'Alachèhr, à dos de mulets et de là par chemin de fer, jusqu'à
2,000 couffes d'opium, chacune d'environ 90 *tchéki* de 250 dir-
hem, soit environ 112,000 okes (143,680 kilog.); ce qui re-

présente plus du tiers de la production totale du sandjak. Dans quelques mois, lorsque la jonction de la ligne ferrée de Smyrne à Aluchèhr sera opérée jusqu'à Kara-Hissar, et celle de Eski-Chèhr à Koniah, tous les produits de cette contrée trouveront un écoulement facile et économique ; la production augmentera nécessairement dans une grande proportion surtout pour l'opium.

Après le merkez-caza de Kara-Hissar, les principaux lieux de production de l'opium sont le caza de Bolvadin tout entier, les nahiés de Ghéïkler et de Chéïkhlu, dans le caza de Sandikli et plusieurs villages du caza d'Aziziyé où l'on récolte en abondance un opium de qualité tout à fait supérieure.

Ces mêmes localités produisent de grandes qualités de céréales dont la majeure partie est dirigée sur Smyrne par la même voie que les opiums, à dos de chameaux. Une autre partie, moins considérable, est expédiée à Brousse ; le meilleur froment, qui est compris dans ces derniers envois sous le nom de *Émir-dagh-bogdaï* (blé de la montagne de l'Émir) se récolte près d'Aziziyé (Mouslidjé).

La plupart des autres cultures, également très productives, notamment celles du coton, des fèves, des pois chiches, des haricots, de la vallonée, des raisins et fruits de toute espèce, donnent des récoltes aussi remarquables par leur qualité que par leur abondance, et qui trouvent toutes, malgrè les frais de transport dont elles sont grevées, par suite de la rareté des routes carrossables, un débouché sûr à Smyrne.

A Tchaï, dans le caza de Bolvadin, les terrains en plaine étant peu nombreux, la culture du pavot à opium, du coton et du maïs n'a pas grande importance ; celle du froment est presque nulle. En revanche, sur les coteaux rocailleux, s'étendent de beaux vignobles, dont la population, quoique entièrement musulmane, tire pourtant grand profit par la production considérable de raisins secs noirs très estimés sur le marché de Smyrne. De plus, quelques grecs d'Isbarta et de Bourdour viennent y passer quelque temps dans la saison des vendanges, pour fabriquer des vins et des eaux-de-vie qui sont consommés dans les vilayets et sandjaks voisins.

Bestiaux. — On estime la production annuelle de l'élève du bétail dans le sandjak de Kara-Hissar, en moyenne à 948,000 têtes en totalité, comme suit :

	NOMBRE DE TÊTES
Bœufs et vaches.	150,000
. Cheveaux et mulets	43,000
Moutons.	333,700
Chèvres communes	166,550
— mohair (*tiftik*).	249,750
Chameaux	5,000
TOTAL. . .	948,000

Les principaux lieux de production sont les cazas d'Aziziyé et de Sandikli. L'exportation des moutons est considérable ; on l'estime à plus de 160,000 têtes par an dirigées sur les marchés de Brousse et de Panderma et sur ceux de Smyrne ; mais dans ce nombre sont compris quelques troupeaux venant d'Angora ou du vilayet de Koniah.

Les chèvres « mohair » sont peu exportées. Le plus souvent on se borne à récolter leurs toisons, et la chair est utilisée pour la consommation locale.

La race bovine et la race chevaline sont fort belles. La valeur des bœufs et veaux à destination de Smyrne s'élève annuellement à 25,000 livres turques (575,000 fr. environ.

Fleuves, rivières. — On ne compte dans le sandjak de Kara-Hissar que deux cours d'eau importants, qui sont : le fleuve *Mendérès* (ancien Méandre), déjà décrit tome III, p. 385, et la rivière d'*Afioun-Kara-Hissar*, autrement nommée *Kara-Arslan-tchaï* ou rivière du Lion-Noir. C'est un cours d'eau très rapide qui prend sa source dans le sandjak de Kutahia, à Altoun-tach. Sa direction générale est de l'ouest à l'est ; après avoir arrosé tout le merkez-caza et la ville de Kara-Hissar, il passe dans le caza de Bolvadin et va se jeter dans le *Ébèr* ou *Ipèr* à l'ouest du lac de ce nom, entre Bolvadin et Tchaï, et le traverse en entier pour reparaître vers l'est et se perdre enfin à 20 kil. plus loin, dans le lac d'*Ak-Chèhir*, sur le territoire du vilayet de Koniah. Son parcours total est d'environ 110 kil.

Lacs, marais. — On compte deux lacs assez importants dans le sandjak de Kara-Hissar; l'un au sud-ouest, situé dans le nahié de Tèzkiri, dépendance du caza de Sandiqli, prend son nom du village de *Tchardak*, station du chemin de fer de Smyrne-Aïdin; l'autre, à l'est, entre Bolvadin et Ishaqlu, est appelé tantôt *Ébèr* ou *Ipèr*, tantôt lac de *Tchaï*, village voisin de sa rive, vers le sud-ouest. Ces deux lacs ont déjà été décrits plus haut, page 77.

Dans le nahié de Cheïklu, dépendance du caza de Sandikli, il existe sur les rives du *Mèndérès* (Méandre) des marais d'une grande étendue couvrant une superficie d'environ 20,000 hectares. Son desséchement rendrait à l'agriculture des terrains éminemment fertiles, et assainirait cette partie du sandjak actuellement infestée durant l'été de miasmes paludéens.

Routes, chemins. — Le chemin de fer de Smyrne-Aïdin parcourt dans le caza de Sandikli une longueur kilométrique de 68 k. 385 à partir de la station Tchardak, sur le lac salé de même nom, jusqu'à celle de Dinaire, chef-lieu du nahié de Ghéïkler, point terminus actuel de la ligne principale. Un embranchement de 30 kil. part de la station de Sutladj, à 20 kil. nord-ouest de Dinaire, et aboutit à Tchivril; on nomme communément cet embranchement *Dinaire-Échèkli*. Le parcours total du chemin de fer de Smyrne-Aïdin dans le sandjak de Kara-Hissar (caza de Sandikli) n'est donc actuellement que de 98 k. 345. Nous avons vu plus haut que la ligne de Smyrne-Alachèhr sera poursuivie en prolongement jusqu'à Kara-Hissar en passant par Ouchak.

Une route carrossable en cours d'exécution doit relier la station de Dinaire au chef-lieu du sandjak; mais la construction de cette route présente de grandes difficultés, et l'on n'a pu l'achever jusqu'ici que sur une longueur de 55 kil. environ qui part de Sandikli et s'arrête à 15 kil. de Kara-His-sar, en s'embranchant sur une autre route à l'état de projet, devant aboutir plus tard à Ouchak. Pour le moment, les mar-chandises apportées de Kara-Hissar à Sandikli par une voie carrossable, sont obligées de continuer leur route avec celles qui partent de cette dernière ville à destination de Smyrne, à dos de mulets ou de chameaux, jusqu'à la station de Dinaire, située à une distance d'environ 50 kilom. plus loin vers le sud-ouest. Celles qui sont dirigées sur Brousse ou sur Koniah bénéficient de la voie carrossable qui relie ces deux villes en passant par Kutahia, et dont la longueur de parcours dans le sandjak de Kara-Hissar est d'environ 125 kil. Cette route carrossable traverse ce sandjak dans toute sa largeur, dans la direction du nord-ouest au sud-est.

Une autre voie carrossable s'embranche sur celle-ci à Tchaï, dans le caza de Bolvadin, et parcourt de là environ 55 kil. dans la direction du sud au nord pour aboutir à Mouslidjé, chef-lieu du caza d'Aziziyè. Un prolongement, projeté, de cette route rejoindra le chemin de fer d'Anatolie à travers le sandjak de Kutahia à la limite des vilayets de Brousse et d'Angora.

En résumé, dans l'état actuel, les routes et chemins de fer du sandjak de K a-Hissar se présentent comme suit :

		k.
Chemins de fer de	{ Tchardak à Dinaire. .	68,385
Smyrne-Aïdin	{ Sutladj à Tchivril. . .	30,000
Route carrossable de Brousse à Koniah		
par Kutahia, etc.		125,000
Route carrossable (tronçon) de Kara-		
Hissar à Sandikli.		55,000
Route carrossable (tronçon) de Tchaï a		
Mouslidjé		55,000
	Total . .	333,385

Transports. — Les transports se font tous par voie de terre, les deux seuls grands cours d'eau du sandjak n'étant pas navigables; l'un, le *Mendérès* (Méandre), à cause de son peu de profondeur et des innombrables lacets qu'il décrit; l'autre, le *Kara-Arslan-tchaï*, parce que son lit est semé d'écueils, à travers lesquels ses eaux coulent avec une rapidité vertigineuse, et que d'ailleurs, elles vont se perdre à l'intérieur du pays dans deux lacs, loin de tout centre commercial.

Les transports des céréales, laines, poils de chèvre et autres exportations, à l'exception des opiums, se font, ainsi que ceux des articles coloniaux et autres importations, entre les centres commerciaux du sandjak et les terminus des chemins de fer de Smyrne-Aïdin et de Smyrne-Cassaba, à dos de chameaux, à raison de 5 à 10 paras (0 fr. 02875 à 0 fr. 0575) l'oke, suivant les circonstances commerciales et celles de la saison. Quant aux couffes d'opium, elles sont expédiées à Smyrne par l'entremise des *khatèrdji* (muletiers), et à leur charge, à raison de 30 à 40 paras (0 fr. 1725 à 0 fr. 23) y compris les frais de chemin de fer.

Montagnes. — On cite parmi les sommets principaux des chaînes déjà plus haut décrites, page 92, l'*Émir-dagh*, qui s'étend du nord au sud, à l'est du sandjak, entre Aziziyé (Mouslidjé) et Bolvadin, le *Sultan-dagh*, qui borde d'est en ouest, la lisière des vilayets de Brousse et de Koniah entre Ishaqlu, nahié du caza de Bolvadin et Ghéïkler (Dinaire) station terminus du chemin de fer de Smyrne-Aïdin; *Alti-Parmak* et enfin *Maïmoun-dagh*, séparant, au sud-ouest du sandjak, Tèzkiri, nahié du caza de Sandikli et station du chemin de fer de Smyrne-Aïdin, du village de Baklan, situé au bord du *Mendérès* (Méandre), dans les marais du nahié de Chéïklu.

Industrie. — Outre les industries déjà décrites plus haut dans le chapitre spécial du vilayet, et parmi lesquelles l'industrie feutrière tient une large et honorable place, ainsi que celle des tapis, on peut ajouter ici, en ce qui concerne cette dernière, que les procédés et les dessins des tapissiers d'Ouchak, si justement renommés, ont été récemment introduits à Bolvadin, centre de productions des meilleures laines du pays. Ces laines.

très recherchées pour la fabrication des plus beaux tapis turcs, n'étaient point employées jusqu'ici par les producteurs, qui croyaient, à tort, tirer de leur vente plus de bénéfices.

Mais le *caïmakam* de ce caza et le *naïb*, frappés de cette étrange aberration, prirent, en 1889, l'initiative de l'établissement d'un atelier modèle dirigé par d'excellents ouvriers engagés à cet effet par eux à Démirdji, centre tapissier en grand renom. Actuellement, les élèves formées par ces ouvrières au nombre d'environ 20 à 30 sont passées maîtresses. Chacune d'elles travaille dans sa famille, à son propre compte, et le bourg de Bolvadin tiendrait déjà l'un des premiers rangs de l'industrie tapissière en Turquie, si sa production, très remarquable par la beauté des dessins, la richesse des couleurs, et la qualité hors ligne des laines, n'était bornée par le manque de capitaux pour subvenir aux dépenses d'une large exploitation. L'appât de bénéfice entraînera peut-être un certain nombre de petits capitalistes du pays à former avec les ouvrières une association qui, selon toutes probabilités, ferait bientôt rivaliser de réputation et de richesse Ouchak et Bolvadin.

Quoi qu'il en soit, il ne paraît pas non plus hors de propos de rappeler ici que l'industrie de la fabrication des armes, dont la ville de Kara-Hissar s'était faite jadis une célébrité presque comparable à celle de Damas, mérite encore une mention assez honorable. Si elle ne s'est pas tenue au courant des progrès modernes, on doit attribuer cette faute, plus apparente que réelle, au désir de satisfaire aux exigences locales, plutôt qu'à une ignorance dédaigneuse ou systématique. On ne fabrique à Kara-Hissar que des carabines à long canon rayé et à 5 ou 6 capucines d'argent gravé ou repoussé, de lourds pistolets d'arçon également ornés d'argent travaillé, et des tromblons, le tout à pierre et souvent même à mèche, parce que la clientèle ne veut pas du tout d'autres armes, ce qui n'empêche pas les chasseurs du pays d'être fort adroits. Il y avait à l'Exposition Universelle de 1867, à Paris, entre autres armes turques intéressantes, une carabine rayée à mèches, longue de plus de 2 mètres, tout le long de laquelle son propriétaire avait cloué les pattes, les griffes ou le bec des animaux tués par lui, collection magnifique où figuraient des têtes d'hirondelles, des griffes d'ours et de lion. Une telle arme, à canon rayé et à capucines d'argent ouvré, coûte à Kara-Hissar une livre turque, soit environ 23 fr.

Commerce. — Les exportations et importations de Kara-Hissar se font, comme on l'a déjà dit dans les chapitres précédents, par voie de Brousse et surtout de Smyrne; elles se trouvent par suite englobées, tant en quantité qu'en valeur, dans le mouvement commercial des ports de Moudania et de Smyrne.

CAZAS DU SANDJAK DE KARA-HISSAR

MERKEZ-CAZA DE KARA-HISSAR

Orientation, limites. — Le merkez-caza de Kara-Hissar est situé au centre du sandjak de même nom et au sud-est
du vilayet de Brousse. Il est limité : au nord, par le sandjak de
Kutahia ; à l'est, par les cazas d'Aziziyé et de Bolvadin ; au sud,
par le vilayet de Koniah ; et, à l'ouest, par le caza de Sandikli.

Le merkez-caza de Kara-Hissar n'a point de nahié ; on y
compte 138 villages.

Sa population est de 77,436 hab., comme suit :

Musulmans.	72,606 hab.
Grecs orthodoxes.	718
Arméniens grégoriens.	4,812
TOTAL. . .	77,436 hab.

Chef-lieu. — KARA-HISSAR, chef-lieu du sandjak et du mer-
kez-caza de même nom, est appelé administrativement *Kara-
Hissar-Sahib* (le maître du château noir) pour le distinguer de
Kara-Hissar-Charki (le château noir oriental), sandjak du vilayet
de Sivas. Le nom vulgaire de cette même ville est *Afioun-Kara-
Hissar* (château noir de l'opium), suffisamment justifié par la
grande production d'opium de la contrée environnante. Kara-
Hissar-Sahib est le siège d'un conseil administratif et de tribu-

naux civil et criminel du *bédaïèt* (droit moderne) dont plusieurs membres et plusieurs employés sont arméniens, d'un tribunal du *chér'i* (droit musulman), d'une municipalité composée d'un président musulman et de 14 membres parmi lesquels on compte 7 chrétiens, dont 5 arméniens et 2 grecs orthodoxes, de divers bureaux de correspondance, de recensement, d'administration de la Liste civile, de l'agriculture, des travaux publics et des fondations pieuses ; d'une commission des travaux publics ; d'agences postales et télégraphiques de service intérieur (langue turque), de la Dette publique et de la Régie des tabacs, ainsi que des forêts, etc.

Le service d'ordre public y est fait par un bataillon de *zaptiès* (soldats de police) et un corps d'agents (polices) sous les ordres respectifs d'un commissaire de police et d'un *tabour-aghassi* ou chef de bataillon.

La population de la ville de Kara-Hissar, comprise dans le chiffre ci-dessus de celle du meskez-caza, est de 17,436 hab., comme suit :

Musulmans	12,606 hab.
Grecs orthodoxes	218
Arméniens grégoriens.	4,612
TOTAL . . .	17,436 hab.

La ville de Kara-Hissar-Sahib est située par 28°5′ de longitude et 38°44′ de latitude, au pied d'un rocher haut de 400 m. au-dessus de la plaine environnante dont l'altitude est déjà de 1,100 m., et surmonté des ruines d'un château fort turc du moyen âge. Ses bastions et ses nombreuses tours s'écroulent et leur enceinte ne renferme plus qu'un vaste monceau de décombres parmi lesquelles subsistent trois belles citernes larges de 5 m. et d'environ 8 m. de profondeur, creusées dans le roc. On trouve dans cette enceinte des débris de briques et de tuiles émaillées. Les eaux, singulièrement rapides du *Kara-Arslan-tchaï* qui passe à travers la ville en se dirigeant au sud-est sur le lac de Bolvadin où il va s'engouffrer, sont remarquablement pures et salubres, malgré l'énorme quantités d'immondices qu'on y jette. Les maisons, bâties en briques crues et en pisé, sont couvertes en terrasses et se composent d'une grande salle au fond de laquelle s'ouvrent les appartements. Du côté du bazar, la rivière est recouverte sur une certaine étendue d'un plancher qui sert de pont. Le séjour de cette ville est assez triste pendant plusieurs mois de l'année, malgré sa situation à l'entrée de l'une des plus fertiles vallées du monde, car la vue est bornée du côté du haut rocher qui la domine, ainsi que vers l'ouest, par une chaîne de montagnes, et l'œil ne découvre plus un brin de verdure, durant les desséchantes ardeurs de l'été et les froids rigoureux de l'hiver.

Ecoles. — On compte dans le merkez-caza de Kara-Hissar-Sahib 97 écoles dont 3 supérieures, une secondaire et 93 primaires, fréquentées par 1,090 élèves, dont 1,060 garçons et 30 filles, comme suit :

		ÉLÈVES
Musulmans	3 *médressés*	130
	1 secondaire (lycée de garçons)	80
	90 primaires élémentaires (annexes de mosquées) . . .	810
Arméniens grégoriens.	2 primaires élémentaires (garçons).	40
	1 primaire élémentaire (filles).	30
97 écoles	TOTAL. :	1,090

On compte à Kara-Hissar-Sahib, outre le *konak* ou hôtel du gouverneur, et l'hôtel municipal, 10 mosquées à minarets, 2 *mesdjid* ou oratoires musulmans, 16 *tekkés* ou couvents de derviches, 3 *médressé* ou facultés de droit et théologie ; pour la plupart, ces monuments religieux sont du temps des princes seldjoukides de Kèrmàn, mais la mosquée principale elle-même nommée *Imaret-djamissi*, ornée de plusieurs coupoles et de colonnades, ne rappelle en rien l'élégance et la richesse de l'architecture de cette époque. Il y a aussi dans cette ville 2 églises arméniennes, sans intérêt comme monument, 2 bibliothèques publiques, très fréquentées par les *softa* (étudiants musulmans), 7 *han* ou hôtelleries, un dépôt militaire, 5 magasins, 7 teintureries, 2 pharmacies, 1,081 boutiques et ateliers d'armuriers, selliers, brodeurs en or et argent sur feutres, fabricants de feutres pour l'armée (tentes, couvertures, etc.) etc. et 3,487 maisons comprises dans le chiffre de 14,167, nombre total des maisons du merkez-caza.

Ainsi qu'il a été dit plus haut, Kara-Hissar-Sahib passe pour occuper l'emplacement de l'antique Synnada, fondée après la guerre de Troie par des colons macédoniens qui vinrent s'établir en Phrygie. Cette ville n'a pas eu d'autre célébrité que celle de ses carrières de marbre. On voit un échantillon de ce marbre renommé à la porte d'un bain public (hammam) de Kara-Hissar-Sahib, où il sert de seuil. Plusieurs colonnes tirées des mêmes carrières, ornent la mosquée de Sainte-Sophie à Constantinople; elles ont fait l'objet d'une belle et enthousiaste description de Paul le Silentiaire, chef des secrétaires de Justinien. Synnada était alors une des villes épiscopales de la Phrygie salutaire; mais dès l'an 1200, elle appartenait déjà aux seldjoukides, qui lui donnèrent son nom actuel de Kara-Hissar. Elle fut distraite du fief de Kèrmân, et incorporée dans les premières possessions des Turcs ottomans, connus sous le nom d'*Osman Eunu* ou le *tablier d'Osman*. Les autres domaines des princes de Kèrmân furent apportés plus tard en dot par une princesse de cet illustre famille qui épousa le jeune Bayazid Ildérim en 1380.

CAZA DE BOLVADIN

Orientation, limites. — Le caza de Bolvadin est situé à l'est du sandjak de Kara-Hissar. Il est limité : au nord, par le caza d'Aziziyé; à l'est et au sud, par le vilayet de Koniah; et, à l'ouest, par le merkez-caza de Kara-Hissar.

Division administrative. — Il est divisé administrativement en 2 nahiés qui sont : *Ishaqlu* et *Bolvadin* ou *Tchaï*, et l'on n'y compte que 29 villages. Il faut remarquer qu'une bonne partie de sa superficie se trouve occupée par le lac *Ipèr* ou *Ebèr* et par un tiers environ du lac d'*Ak-Chèhir*, qui appartient au vilayet de Koniah.

La population totale du caza de Bolvadin est de 33,770 hab. tous musulmans.

Chef-lieu — Bolvadin, chef-lieu du caza de même nom, résidence du *caïmakam* sous-gouverneur, siège des services publics, est situé à 45 kil. est en ligne directe de Kara-Hissar-Sahib à laquelle la relie un embranchement partant de Tchaï, son chef-lieu de nahié, sur la route de Brousse à Koniah par Kutahia, ce qui augmente la distance kilométrique entre ces villes, comme suit :

			K.
De Bolvadin à Kara-Hissar par voie carrossable.			65,000
—	Kutahia	—	145,000
—	Brousse	—	305,000

La distance en ligne directe est comme suit :

		K.
De Bolvadin à Kara-Hissar		45,000
—	Kutahia	115,000
—	Brousse	230,000

La population de la ville de Bolvadin, comprise dans le chiffre ci-dessus de celle du caza, est de 8,135 hab. tous musulmans.

On compte à Bolvadin 7 quartiers, 1,582 maisons, 5 mosquées et 14 *médressé*.

Ecoles. — Les écoles du caza de Bolvadin y compris ses deux *nahiés*, sont au nombre de 64 dont 3 supérieures, une secondaire et 60 primaires élémentaires, fréquentées par 890 élèves, comme suit :

		ÉLÈVES
Musulmans. . . .	3 *médressés* (2 à Bolvadin et 1 à Ishaqlu).	100
	1 lycée de garçons à Bolvadin.	60
	60 écoles annexes de mosquées.	730
TOTAL. . .	64 écoles	890

Bolvadin est l'ancienne *Polybotum*, mentionnée par les autres byzantins ; il n'y reste plus que peu de vestiges d'antiquités.

Tchaï, chef-lieu du nahié de Bolvadin, est une petite ville de 4,100 hab. tous musulmans, située sur la route carrossable de Brousse à Koniah et au delà, par Kutahia et Kara-Hissar, à 15 kil. sud du chef-lieu du caza. C'est la tête de ligne d'un embranchement de cette route carrossable par Bolvadin sur Aziziyè, qui sera prolongé de ce dernier point jusqu'à la station du chemin de fer d'Anatolie, placée sur la limite des vilayets de Brousse et d'Angora. On y compte 919 maisons. La principale et presque l'unique culture de ce canton, formé surtout de coteaux pierreux en bonne exposition, est celle de la vigne, qui donne une abondante production de fruits cotés sur le marché de Smyrne en tête des plus beaux raisins secs noirs.

Ishaqlu, nahié dépendant du caza de Bolvadin, est situé comme Tchaï sur la route de Brousse à Koniah, à une distance de 17 kil. plus à l'est. Cette localité, quoique élevée au rang du chef-lieu du nahié et de résidence officielle du *mudir* n'est pas à beaucoup près la plus importante de cette partie du caza. Le village de Derdjiné, par exemple, est beaucoup plus grand et plus populeux. Ishaqlu n'a que 899 hab. Le lac d'*Ipèr* ou *Ebèr* n'en est éloigné que de 4 à 5 kil.

Sous la domination seldjoukide, Ishaqlu était une ville florissante ; on y voit encore un très beau *médressé*, dont la fondation est attribuée au sultan Ala ed-Din le Grand.

Une source située à quelques kil. sud-est d'Ishaqlu, dans un défilé nommé Oulou-Pounar-Derbend (ravin de la grande source) où elle sort des flancs d'un rocher et forme un ruisseau très considérable, est considérée comme la fontaine de *Midas* itée par Xénophon.

Forêts. — Les forêts de ce caza, exploitées surtout comme bois de construction pour la consommation locale, sont peuplées de chênes, de pins laricio et de pins sylvestres qui sont débités sur place en poutres et en planches, sous la surveillance des agents de l'administration forestière. La superficie totale de ces forêts, au nombre de 8, est de 2,425 kil. carrés.

Production agricole. — La plaine de Bolvadin, très fertile et bien cultivée, produit une grande abondance de céréales, d'opium et de coton. Tchaï produit d'excellents raisins noirs dits « de Smyrne ». L'élève des bestiaux est une des principales occupations des habitants.

Industrie. — Au chapitre spécial du sandjak de Kara-Hissar (p. 236), il est fait une mention honorable des progrès récents de l'industrie des tapis de ce caza qui pourront bientôt rivaliser avec les produits si renommés d'Ouchak.

CAZA DE SANDIKLI

Orientation, limites. — Le caza de Sandikli est situé au sud-ouest du sandjak de Kara-Hissar. Il est limité : à sa pointe nord, par le merkez-caza du sandjak de Kutahia ; à l'est, par le merkez-caza de Kara-Hissar ; au sud-est, par le vilayet de Koniah et à l'ouest, par le vilayet de Smyrne et le caza d'Ouchak.

Division administrative. — Il est divisé administrativement en 4 *nahiès* qui sont : *Sandikli* ; *Cheïkhlu* ; *Ghéïkler* ou *Dinaire* et *Tèzkiri* ; on y compte 215 villages.

Population. — Sa population totale est de 114,782 hab. comme suit :

Musulmans.	114,612 hab.
Arméniens grégoriens	170 —
TOTAL. . .	114,782 hab.

Chef-lieu. — Sandikli, chef-lieu du caza de même nom, résidence du sous-gouverneur, siège d'un conseil administratif, de tribunaux du *bédaïèt* (droit moderne) et du *chèr'i* (droit musulman), etc., etc., est situé sur un plateau, dans les montagnes, à 1,200 m. d'altitude, à 55 kil. sud de Kara-Hissar-Sahib, par un tronçon de voie carrossable se rattachant près de cette ville à la route.

La population de la ville de Sandikli, comprise dans le chiffre ci-dessus de celle du caza, est de 6,515 hab., comme suit :

Musulmans.	6,345 hab.
Arméniens grégoriens	170
Total. . .	6,515 hab.

Sandikli est divisé en 5 quartiers. On y compte, outre le *konak*, ou hôtel du gouvernement et l'hôtel municipal, 3 mosquées à minarets, 4 *médressé*, 3 *tekké* ou couvents de derviches, 1 lycée de garçons et 1 école préparatoire, 1 dépôt militaire, 5 *han* ou hôtelleries et 1,300 maisons.

Écoles. — Les écoles du caza de Sandikli sont au nombre de 83, dont 1 supérieure, 2 secondaires et 80 primaires élémentaires fréquentées par 1,240 élèves, comme suit :

		ÉLÈVES
	1 *médressé*	35
Musulmans	2 lycée et école préparatoire .	95
	80 écoles annexes de mosquées.	1,110
	83 écoles Total . . .	1,240

Nahiés. — Le nahié de *Chéïkhlu* a 17,223 hab., tous musulmans, compris dans le chiffre ci-dessus de la population du caza. Il se compose de 56 villages. On y compte 60 mosquées à minarets et *mesdjid* ou oratoires ; 2 *han* ou hôtelleries, 2 bains publics (hammam) ; 45 boutiques et 2,850 maisons. Son chef-lieu *Ckéïkhlu*, est situé près des marais du *Méandre* (Mèn-dérès) et fort sujet aux fièvres intermittentes durant tout l'été.

DINAIRE, chef-lieu du nahié de Ghéïkhlu, est actuellement la station tête de ligne du chemin de fer de Smyrne-Aïdin et de son petit embranchement de *Sutladj-Tchivril*, dans le sandjak de Kara-Hissar ; mais cette station, ni aucune de celles également situées dans ce sandjak ne sont reliées aux centres de production ou de consommation par aucune voie carrossable. Toute-fois, la station de Tchivril n'est qu'à 10 kil. ouest du chef-lieu du nahié de Chéïkhlu, et le chef-lieu du nahié de Tèzkiri est située lui-même sur la voie ferrée.

Dinaire est l'antique CELÆNÆ, la plus ancienne ville de la Phrygie, considérée même comme antérieure à l'arrivée des Phrygiens dans la contrée. C'est là, selon la fable, que la lyre d'Apollon fut victorieuse de la flûte de Marsyas, et que le vaincu fut écorché vif. Hérodote (liv. VII, chap. XXXVI) dit avoir vu sa peau, gonflée comme une outre, suspendue aux murailles du palais *Celænæ*. Les géographes anciens y placent la source du *Méandre* et celle du *Catarrahactes*, l'une au milieu de la place publique de la ville, l'autre, appelée aussi le *Marsyas*, dans le palais du roi. Aujourd'hui, la rivière du *Ghéïkhler*, affluent du *Mendères*, représente assez bien le *Marsyas* ; elle prend sa source à Dinaire, traverse les marais de Chéïkhlu, qui ont rem-placé l'ancien lac *Aulocrène*, et se jette dans le *Mendèrès* (Méandre) à 3 kilom. ouest de Chéïkhlu, après un parcours d'en-viron 40 kilom. du sud-est au nord-ouest.

Le nahié de Ghéïkhler se compose de 52 villages avec une population totale de 14,959 hab., tous musulmans. On y compte 32 mosquées à minarets.

Tèzkiri, nommé aussi Boulatli, chef-lieu du nahié de Tèzkiri, est une station du chemin de fer de Smyrne-Aïdin, située au nord-est du lac salé de *Tchardak* qui était exploité comme saline du temps de Xerxès (Hérodote, liv. VIII, chap. XXX) sous le nom du lac d'*Anva*. — On trouve sa description au chapitre spécial du vilayet de Brousse, page 77. Le village de Tchardak, situé à la pointe ouest de ce lac, est également une station du même chemin de fer ; c'est probablement l'ancienne ville phrygienne d'*Anava* citée par Hérodote.

On compte dans le nahié de Tèzkiri 33 villages avec 11,932 hab.

CAZA D'AZIZIYÉ

Orientation. — Le caza d'Aziziyé est situé au nord-est du sandjak de Kara-Hissar. Il est limité: au nord, par le sandjak de Kutahia ; à l'est, par le vilayet d'Angora ; au sud, par le caza de Bolvadin, et à l'ouest, par le merkez-caza de Kara-Hissar.

Division administrative. — Il est divisé administrativement en 2 nahiés qui sont Aziziyé et Khanbardjin. On y compte 55 villages.

Population. — Sa population totale est de 30,073 hab.: comme suit :

Musulmans	30,912 hab.
Grecs orthodoxes.	3
Arméniens grégoriens.	58
TOTAL. . .	30,973 hab.

Chef-lieu. — MOUSLIDJÉ, chef-lieu du caza d'Aziziyé, est la résidence du sous-gouverneur, le siège des services publics du caza. Ce bourg est situé sur un plateau de moyenne hauteur, voisin d'un cours d'eau affluent du *Sakkaria*. Il est relié aux principales places des sandjaks de Kara-Hissar, Kutahia, Bilèdjik et Brousse au moyen d'une voie carrossable qui va s'embrancher à Tchaï, dans le caza de Bolvadin, sur la route de Brousse à Koniah, et qui, vers le nord, sera continuée jusqu'à la station du chemin de fer d'Anatolie.

La population de Mouslidjé, comprise dans le chiffre ci-

dessus de celle du caza d'Aziziyé, est de 1,320 hab., comme
suit :

Musulmans.	1,259 hab,
Grecs orthodoxes.	3
Arméniens grégoriens.	58
TOTAL. . .	1,320 hab.

Outre le *konak* ou hôtel du gouvernement et l'hôtel municipal, il y a à Mouslidjé une mosquée à minaret, 2 *mesdjid* ou
oratoires musulmans et 2 *médressé*, 1 bain public, (hammam)
2 *han* ou hôtelleries, 6 cafés, 4 fours publics, 80 boutiques et
220 maisons.

Les villages dépendants du nahié d'Aziziyé sont au nombre de
43. On y compte 4,056 maisons et 23,253 hab., tous musulmans.

Le nahié de *Khanbardjin* compte 12 villages et 6,400 hab.,
tous musulmans. Son chef-lieu *Bayat*, situé à 25 kilom. ouest
de Mouslidjé, est un bourg de 255 maisons et 1,530 hab., avec
une mosquée à minaret, 2 *mesdjid*, 2 *medressé*, 1 *han*, 1 bain
public et 30 boutiques.

Ecoles. — Il y a dans le caza d'Aziziyé 65 écoles, dont
4 *médressés* avec un total de 60 étudiants en droit et théologie,
1 lycée, à Mouslidjé, fréquenté par 90 élèves; et 60 écoles primaires annexes de mosquées ou de *mesdjid*, fréquentées par
700 enfants, soit en totalité 850 élèves.

Production agricole. — Ce caza, essentiellement agricole, est l'un de ceux qui produisent les meilleures qualités et
les plus fortes quantités de céréales. On y cultive aussi l'opium
et la soie, le coton, les fruits de toutes sortes ; le miel et la cire
y sont abondants et recherchés ; l'élève des bestiaux y donne
de bons produits.

SANDJAK DE KARASSI

Orientation, limites. — Le sandjak de Karassi est situé à l'ouest du vilayet de Brousse, par 24°15' à 26°25' de longitude et 39°5' à 40°40' de latitude. Il est limité : au nord, par une ligne idéale tracée sur la rive nord de l'île de Marmara, comprise dans ce sandjak ; à l'est, par une autre ligne idéale passant à l'est de la presqu'île de Cyzique et l'englobant dans son territoire avec ses eaux, par le merkez-sandjak de Brousse et par le sandjak de Kutahia ; au sud, par le vilayet de Smyrne ; à l'ouest enfin par le canal de Métélin, le golfe d'Adramit, le mutessariflik de Bigha (Dardanelles) et une troisième ligne idéale rejoignant au nord-ouest les eaux de l'île de Marmara, après avoir circonscrit la petite île de Pacha-Limàn, ses îlots, annexes et leurs eaux, compris dans les dépendances du sandjak de Karassi.

Superficie. — Sa superficie totale est de 15,200 kil. carrés.

Division administrative. — Il est divisé administrativement en 9 cazas et 17 nahiés, comprenant un total de 943 villages, comme suit :

CAZAS	NAHIÉS	VILLAGES
BALIKÈSSER.............	Balikèsser. — Balia. — Ivrendi. — Ghiré-soun. — Ghèbsoun — Frèt. — Balat...	423
Aïvalik...............	(Sans nahiés)	41
Kémer-Adramit	(Sans nahiés)......................	41
Adramit.............	Adramit. — Amroud-abad. -- Avnié. . .	123
Erdèk (Artaki)........	Erdèk (Artaki). — Kapou-dagh. — Pacha-Liman. — Marmara.	34
Gunân	(Sans nahiés)......................	73
Panderma.......... ..	Panderma. — Aïdindjik. — Manias.......	89
Righadjik........... .	(Sans nahiés)......................	51
Sanderghi...........	(Sans nahiés).................	68
9 cazas	17 nahiés	943 villages

Division militaire. — A l'exception d'un détachement commandé par un a ljudant-major et un lieutenant, et dont le quartier est à Aïvalik, il n'y a pas de troupes de l'armée active (nizam) dans le sandjak de Karassi. Les états-majors de 6 bataillons et 6 compagnies du *rédif* (réserve) dont 3 bataillons et 3 compagnies d'avant-garde (moukaddem) et 3 bataillons et 3 compagnies d'arrière-garde (tali), ont leurs quartiers comme suit :

1° A Balikèsser, chef-lieu du sandjak, 2 bataillons, l'un d'avant-garde et l'autre d'arrière-garde.

2° A Adramit, chef-lieu du caza, 2 bataillons, l'un d'avant-garde et l'autre d'arrière-garde.

3° A Panderma, chef-lieu du caza, 2 bataillons, l'un d'avant-garde et l'autre d'arrière-garde.

4° A Ghèbsoun, 2 compagnies, l'une d'avant-garde, l'autre d'arrière-garde.

5° A Kémer-Adramit, chef-lieu du caza, 2 compagnies, l'une d'avant-garde, l'autre d'arrière-garde.

6. A Gunân, 2 compagnies, l'une d'avant-garde, l'autre d'arrière-garde.

Autorités religieuses. — Les autorités religieuses sont les *mufti*, *naïb* et *imâm* ou *mollah* pour les musulmans ; les grecs orthodoxes ont des évêques à Erdèk et à Panderma, et les

arméniens grégoriens ont un archevêque à Balikèsser, chef-lieu
du sandjak.

Gendarmerie, police. — Les services d'ordre public et
de police sont effectués par des *zaptiès* (soldats de police), par
des commissaires de police et des agents appelés *polices* créés
depuis peu d'années. A Balikèsser, il y a un commissaire de
troisième classe, 4 polices et un corps de zaptiès composé de
223 fantassins et 161 cavaliers, sous les ordres d'un *tabour
aghassi* ou chef de bataillon. Les autres chefs-lieux de cazas et
même quelques nahiés sont des contingents de zaptiès et de
police proportionnés à leurs besoins, comme on le voit plus
loin, dans leurs chapitres spéciaux.

Dette publique. — Les recettes et dépenses des revenus
concédés à l'administration de la Dette publique ottomane dans
le sandjak de Karassi ont été, du 1er mars 1891 au 29 février 1892,
comme suit :

	Dîme des tabacs.	107,815 PIASTRES
	Sel	279,629
	Spiritueux	893,145
Recettes. .	Timbre	370,526
	Soie	107,932
	Pêcheries.	73,518
	Divers (nouveaux revenus). . . .	205,150

Total des recettes. 2,117,715

Dépenses (appointements, frais). 372,670

Revenu net. . . . 1,745,045   piastres

Régie des tabacs. — La Régie coïntéressée des tabacs
a, dans le sandjak de Karassi, 4 directions, dont le siège respectif est à Balikèsser, à Aïvalik, à Adramit et à Panderma. De ces
directions dépendent 4 agences secondaires situées à Erdèk,
Gunan, Bighadjik et Sanderghi.

Douanes. — Les recettes nettes de l'administration des douanes ont été de 1,457,711 fr. (1893-94) dans les ports d'Aïvalik, Aktchéï, Artaki (Erdèk) Kapou-dagh et Panderma, appartenant au sandjak de Karassi, ainsi qu'on a pu le voir dans le chapitre des recettes et dépenses du vilayet, page 108.

Postes et télégraphes. — Il y a dans ce sandjak 4 stations télégraphiques. La première, à Panderma, est de service international (langue turque et française); les 3 autres, à Balikèsser, Erdèk (Artaki) et Bighadjik sont de service intérieur (langue turque). Trois autres stations télégraphiques de ce dernier ordre (correspondance exclusivement turque), situées également dans le sandjak de Karassi, à Aïvalik, Kémer-Adramit et Adramit, dépendent, ainsi que le càble sous-marin de 13 milles nautiques d'Aïvalik à l'île de Métélin, de la direction principale des postes et télégraphes de Smyrne.

Population du sandjak. — La population totale du sandjak de Karassi est de 389,730 hab., comme suit :

CAZAS	MUSULMANS	GRECS ORTHODOXES	ARMÉNIENS	BULGARES	ISRAÉLITES	ETRANGERS	DIVERS	TOTAUX par CAZAS
Balikèsser	103 624	2 351	1 911	1 577	»	»	36	109.529
Aïvalik.......... ...	180	21.486	»	»	»	1 506	»	23 172
Kémer.	16.749	2 062	»	»	»	»	»	18.811
Adramit.............	42 933	7.482	»	»	5	»	194	50.614
Erdèk	5 418	54.407	706	»	492	98	98	61.279
Gunâu.............	25.601	1 854	13	15	4	»	»	26.887
Panderma..........	50 594	5 914	5 860	»	»	»	1.120	63.448
Bighadjik	12.771	34	»	»	»	»	»	12.805
Sauderghi..	22 430	715	»	»	»	»	»	23.145
TOTAUX PAR COMMUNAUTÉS	279.700	96 365	8 520	1.592	501	1 604	1.448	
TOTAL GÉNÉRAL								389.730

Ecoles. — Le sandjak de Karassi possède 376 écoles, dont 25 supérieures, normales ou spéciales; 20 secondaires ou préparatoires, et 331 primaires ou préparatoires. Ces écoles sont fréquentées par 9,773 élèves, dont 9,102 garçons et 671 filles, comme suit :

CAZAS	DEGRÉS D'ENSEIGNEMENT										TOTAUX par CAZAS	
	SUPÉRIEUR		SECONDAIRE PRÉPARATOIRE				PRIMAIRE-ÉLÉMENTAIRE					
	Écoles.	Élèves	Écoles.		Élèves		Écoles.		Élèves.			
	GARÇONS	GARÇONS	GARÇONS	FILLES	GARÇONS	FILLES	GARÇONS	FILLES	GARÇONS	FILLES	Écoles	Élèves
Balikésser	14	110	3	1	135	20	99	2	1.925	53	119	2.245
Aïvalik	»	»	2	1	85	40	19	2	800	180	24	1.105
Kémer	1	20	1	1	30	20	11	1	340	30	15	440
Adramit	1	43	2	1	80	24	26	1	1.330	42	31	1.491
Erdèk	1	40	1	»	50	»	22	3	714	110	27	834
Gunân	2	16	1	»	60	»	44	1	1.045	25	48	1.146
Panderma	2	25	3	2	135	37	45	3	903	88	55	1.188
Bighadjik	2	18	»	»	»	»	22	»	551	»	24	569
Sanderghi	2	17	1	»	29	»	30	»	659	»	33	705
TOTAUX { par écoles	25		14	6			318	13			376	
{ par degrés d'enseignt	25	231	20		604	141	331		8.267	530		9.773
		231			745			881		8.797		

TOTAL GÉNÉRAL . . . 9.773

Ces totaux sont répartis par communautés, comme suit :

COMMUNAUTÉS	ÉCOLES		ELEVES		TOTAUX PAR COMMUNAUTÉS	
	GARÇONS	FILLES	GARÇONS	FILLES	ÉCOLES	ÉLÈVES
Musulmans........	249	»	5 283	»	249	5.283
Grecs orthodoxes	102	14	3.554	572	116	4.126
Arméniens grégoriens	5	4	215	77	9	292
Israélites	1	1	50	22	2	72
TOTAUX PAR ÉCOLES	357	19	9.102	671		
TOTAL GÉNÉRAL........					876	9.773

Climat. — A l'exception de la plaine qui s'étend à l'est du lac de Manias jusqu'au delà de Mikhalitch, à l'ouest du lac d'Apollonia, ainsi que des environs d'Adramit où sont aussi quelques terrains marécageux, on peut considérer toutes les autres parties du sandjak de Karassi comme très salubres. L'air est pur, les eaux sont saines et abondantes dans les contrées montagneuses, à l'ouest et au sud. Quant à la plaine de Manias, inondée tous les ans lors de la fonte des neiges, les fièvres paludéennes y sont en permanence au printemps et en été, ainsi qu'aux environs d'Adramit où du moins leurs miasmes ne peuvent pas se répandre aussi loin.

Production agricole. — On estime la production agricole du sandjak de Karassi, année moyenne, à 2,248,205 hect. de céréales et à 79,068,626 kilogr. de produits divers dont les plus remarquables sont comme suit :

	Hectolitres		Kilogr.		Kilogr.
Blé	892 600	Vesce	103 006	Raisins frais .	15.600.000
Orge	770 494	Graine de lin .	87 622	Raki	397.000
Seigle. . . .	140.163	Sésame . . .	145 252	Fruits divers .	30 000.000
Avoine . . .	165.858	Coton . . .	456.062	Vallonée. . .	3.500.000
Méteil . .	49.212	Opium . . .	225.659	Châtaignes . .	456.000
Maïs . . .	110.829	Tabac	1 500.000	Noix	513.120
Millet . . .	89.886	Huile d'olives .	8 102.000	Cocons . . .	112.692
Divers . . .	129.153	Vin.	7 600 000	Soie	29.450
	Kilogr.	Chanvre . . .	10 070	Poil de chèvre.	125.000
Fèves	4.201.040	Miel	102.636	— mohair.	153 954
Haricots . . .	475 361	Cire	9 107	Laine . . .	180.660
Pois chiches .	2.112.660	Raisins secs .	2 280.000	Divers. . . .	250.175
Lentilles . . .	81.340	Figues . . .	614 000		

Vins.—Nous empruntons au *Bulletin mensuel de la Chambre de commerce française de Constantinople* les chiffres ci-après de la production des *raisins*, *vins* et *raki* dans la région de Panderma, en 1892, qui peut être considérée comme une bonne année moyenne :

LOCALITÉS	NOMBRE de producteurs	RAISIN	VIN	RAKI
		kilogrammes	kilogrammes	kilogrammes
Artaki (Erdèk).	390	5.610 000	3.234 000	154.000
Hérèk	95	1 045 000	495 000	22.000
Ediudjik	99	110 000	88.000	2.200
Kara-Bigha	40	55 000	16.500	1.800
Pacha-Liman.	130	1.540.000	660.000	33.000
Avcha	80	1 150.000	775.500	44.000
Eléïnlik	130	1.650 000	990 000	7.000
Skoupia	101	418.000	198.000	14.000
Alonia	82	139 000	57.200	27.500
Marmara.	170	1.078.000	539.000	26.500
Calami.	102	605.000	275.000	16.500
Panderma avec 3 villages.	180	440.000	121.000	13.000
Gunân	55	132.000	44.000	2 000
Péramos	150	462 000	240 000	13.000
Mouhania.	21	50.000	18 700	700
Prastros	125	560.000	253 000	16.000
Mikhalitch	56	110.000	30.000	12.000
TOTAUX	2.006	15.154.000	8.034.900	405.200

Les meilleurs vins rouges sont ceux d'Avcha. Les bateliers vont à Constantinople et vendent les vins de Marmara sous le nom d'*Avcha* et *Pacha-limàn*. De cette dernière localité, ainsi que d'Erdèk, Hérèk et Alonia, on exporte en Europe presque tous les vins produits. Ces vins ont 13 1/2 à 14 degrés, quelquefois 15, et se vendent en général de 6 à 10 et même 12 piastres la mesure de 10 okes (12 kilogr. 820 gr.), la livre turque étant à 108 piastres.

Les pressoirs à grappes manquent; il n'y en a que 2 ou 3 dans toute la contrée.

Mines et minières. — Il n'y a rien à ajouter ici à ce qui est dit plus haut au sujet des mines de plomb argentifère, d'antimoine de boracite, de houille, etc., etc., concédées dans ce sandjak (voir page 16).

Forêts. — Les forêts exploitées sous la surveillance de l'État dans le sandjak de Karassi sont au nombre de 7, dont 6 dans le merkez caza de Balikèsser et 1 dans le caza de Bighadjik. Leur superficie totale est de 3,337 kil. carrés, et leur principal peuplement se compose de chênes, hêtres, charmes, pins et sapins. Elles sont exploitées pour les besoins de la consommation locale, en bois de construction débités sur place, en poutres et planches; on y fabrique aussi beaucoup de douves, La marine impériale s'y fournit de bois courbes pour ses constructions navales.

Outre ces forêts exploitées sous la surveillance de l'État, un plus grand nombre, dont plusieurs sont pour ainsi dire impénétrables et qu'il serait en tous cas impossible d'exploiter régulièrement faute de chemins praticables, couvrent les montagnes des mêmes cazas et de ceux d'Adramit, de Gunân, de Panderma, de Sanderghi et d'Erdèk. Leur superficie est inconnue et leur peuplement des plus variés. Tout le bois nouveau est coupé pour les chèvres qui se nourrissent de jeunes pousses, de bourgeons, et en hiver de feuilles mortes et de pousses de l'année précédente. Le pin sylvestre est employé de préférence comme bois de chauffage. On fait avec le platane, le saule, le peuplier et le tremble des rigoles et des baquets. On taille des cuillers et autres ustensiles dans le bois de l'aulne et du tilleul.

De nombreuses charbonnières, établies dans ces forêts, em-

ploient de préférence le hêtre, le frêne et les branches de noyer.
Les scieries des cazas de Balikèsser et de Gunân, construites
et exploitées par des bulgares, sont tout à fait primitives, ainsi
que celles du caza d'Adramit. On en compte environ 30 de ce
genre. Une scierie mécanique, établie dans une dépendance
forestière du caza de Panderma, dépeuple rapidement ce canton.

Deux forêts du merkez-caza de Balikèsser, l'une d'environ
5,000 hectares dans le nahié de Balia et l'autre de 3,000 hectares dans le nahié de Ghèbsoun, fournissent des quantités
considérables de vallonée. Parmi les principales récoltes et
cueillettes forestières du sandjak de Karassi, il faut citer les
écorces de chênes, pins et sapins pour tanneries; les châtaignes, les noisettes, les faînes du hêtre dont on fait une huile
comestible; les pignons du pin, *pinus pinea*, très recherchés,
la noix de galle, le goudron et la poix, le sumac, le jalap, la scam-
monée, une espèce de lichen, etc., etc.

Faune. — Toutes ces forêts sont fréquentées par un grand
nombre d'animaux sauvages; les principaux sont : l'ours, une
espèce de petit léopard; le loup, le renard, le sanglier, le lynx,
le chacal, l'hyène, le blaireau, la loutre, la martre, le hauster,
le chat sauvage; quelques daims, cerfs et chevreuils; le lièvre
en grande abondance; le gibier à plumes d'espèces très variées
foisonne. On y rencontre surtout le faisan et la bécasse, l'outarde,
le dindon, le cygne et l'oie sauvages; diverses variétés de ca-
nards et de pigeons, la perdrix et la caille, la grive et le merle,
la bécassine et une foule d'autre menu gibier.

Salines. — Il existe une saline dans le caza d'Aïvalik. Son
exploitation fournit en moyenne par an, 2,565,890 kilogr. de
sel que les bestiaux consomment en grande partie. C'est l'unique
saline du vilayet de Brousse.

Tabacs. — Le sandjak de Karassi est celui du vilayet qui
produit le plus de tabac. Les principaux centres de cette culture

sont, pour les meilleures qualités, les nahiés d'Ivrindi, de Frèt, de Balia et de Ghèbsoun, dans le merkez-caza de Balikèsser. On estime à 1,000 hectares environ la superficie des terrains cultivés en tabacs dans ces cantons. La moyenne annuelle de la production dans tout le sandjak est de 1,500,000 kilogr. de feuilles de qualités estimées.

Eaux minérales. — Les eaux minérales, pour la plupart thermales et presque toutes pourvues d'établissements balnéaires très fréquentés, sont nombreux dans les cazas et nahiés de Balikèsser, Balia, Frèt, Ghèbsoun, Gunân, Manias, Erdèk (Artaki), Adramit, Avniè, Bighadjik, Sanderghi et autres localités. Les plus connues sont décrites plus haut, au chapitre spécial du vilayet de Brousse, page 42.

Agriculture. — Tout ce qui concerne l'agriculture du sandjak de Karassi se trouve également au chapitre spécial du vilayet, page 43.

Bestiaux. — La production de l'élève du bétail, dans ce sandjak a été, pendant l'année 1892, comme suit :

	NOMBRE DE TÊTES
Bœufs et vaches	200,000
Chevaux et mulets	35,000
Moutons.	244,500
Chèvres communes	123,200
— mohair (tiftik)	182,300
Chameaux.	3,000
TOTAL. . .	788,000

On élève quelques porcs dans les villages grecs. Les bestiaux les mieux soignés sont les chèvres mohair et les brebis dont le lait sert à faire des fromages réservés pour la consommation locale; tandis que le *tiftik* ou poil de chèvre *mohair* et la laine des moutons donnent lieu à d'importantes exportations par Panderma et Aktchéï. Tout le beurre de lait de vache est exporté, ainsi que le *qaïmaq* renommé de Balikèsser, très recherché à Constantinople. Le *qaïmaq* est une sorte de crème de lait bouillie spécialement fabriquée en Turquie et en Grèce, où elle est, avec raison, fort goûtée ; c'est une pâte extrêmement épaisse qu'on vend sous forme de rouleaux creux.

Fleuves, rivières. — Les principaux cours d'eau du sandjak de Karassi sont le *Khodja-tchaï* (Æsepus), le *Sémav-sou* (Macestus), le *Manias-tchaï* (Tarsius), et l'*Ouzoundja-déré-sou*, dont la description se trouve plus haut, page 67.

Lacs, marais. — Il en est de même en ce qui concerne le lac de Manias (voir page 75). Les marais des environ d'Adramit valent à peine une mention.

Routes, chemins. — Il n'existe dans le sandjak de Karassi, qu'une seule voie carrossable, la chaussée de Panderma à Balikèsser et de là au golfe d'Adramit. Cette route, d'une longueur totale de 175 kil., décrite page 90, met le chef-lieu du sandjak en relation directe avec la mer de Marmara et la mer Égée par les golfes de Cyzique (Artaki) et d'Adramit.

Transports. — Il n'y a point d'entreprises régulières de transports dans le sandjak de Karassi. Les prix varient de Balikèsser à Panderma, entre 40 et 57 centimes par tonne et par kil., plus environ 34 centimes par voiture chargée et 17 centime par bête de somme pour subvenir aux dépenses des réparations de la route, nécessitées par les inondations de la plaine de Manias.

Le prix des transports de Balikèsser à Adramit sont de 30 à 49 centimes par tonne et par kil.

Montagnes. — Les montagnes de la chaîne de l'*Ida* (Kazdagh) qui bornent à l'ouest, le sandjak de Karassi, en s'étendant du sud au nord, ont été décrites au chapitre spécial du

Mutessariflik de Bigha (Dardanelles) tome III, p. 723. Celles qui s'étendent de l'ouest à l'est, le long de la limite sud de ce même sandjak et le séparent du vilayet de Smyrne, ont été également décrites au tome III, p. 402.

Industrie. — Les principales industries de ce sandjak sont les tanneries, mégisseries, savonneries, huileries, la fabrication des vins, et les filatures, fabriques d'étoffes, de coton, de soie, de laine, de tapis et autres industries textiles qui, avec la minoterie, les scieries et autres industries agricoles, forestières et minières, donnent lieu, malgré l'excessive rareté des voies de communication, à un mouvement d'exportation assez considérable.

Commerce. — Le mouvement commercial du sandjak de Karassi est effectué par 5 ports, dont 2 sur la mer Égée qui sont : *Aïvalik* (canal de Métélin) et *Aktchéï* (golfe d'Adramit), et 3 sur la mer de Marmara, qui sont : *Artaki* ou *Erdèk* (golfe d'Artaki) ; *Kapou-dagh* (Péramo) et *Panderma* (golfe de Cyzique). On peut résumer ce mouvement, en moyenne annuelle, commme suit :

Exportation	34,074,701 fr.
Importation	8,511,928
TOTAL. . .	42,586,629 fr.

La participation de chacun de ces cinq ports dans ce total sera indiqué plus loin dans la description de chaque localité respective.

CAZAS DU SANDJAK DE KARASSI

Orientation, limites. — Le merkez-caza de Balikèsser est situé à peu près au centre du sandjak de Karassi. Il est limité : au nord, par les cazas de Gunân et de Panderma; à l'est, par le merkez-sandjak de Brousse; au sud, par les cazas de Bighadjik et de Sanderghi et par le vilayet de Smyrne; et, à l'ouest, par les cazas de Kèmer-Adramit et d'Adramit.

Division administrative. — Il est divisé administrativement en 7 nahiés qui sont : *Balikèsser, Balia, Ivrindi, Ghirèsoun, Ghèbsoun, Frèt* et *Baldt*, comprenant en totalité 423 villages.

Population du merkez caza. — Sa population totale est de 109,529 hab., comme suit :

Musulmans.	103,624 hab.
Grecs orthodoxes.	2,351
Arméniens grégoriens . . .	1,941
Bulgares (mohadjir, réfugiés musulmans).	1,577
Divers.	36
TOTAL. . .	109,529 hab.

Chef-lieu. — BALIKÈSSER, chef-lieu du sandjak et du merkez-caza, résidence du mutessarif, gouverneur, est le siège d'un conseil administratif du sandjak dont font partie l'évêque arménien grégorien, le *vékil* ou fondé de pouvoirs du métropolitain grec orthodoxe et deux notables de sa communauté ; de tribunaux civil, correctionnel et criminel, du *bédaïèt* (droit moderne) où siègent également des juges appartenant aux communautés grecque orthodoxe et arménienne ; d'un tribunal du *chèr'i* (droit musulman) ; résidence d'un substitut du procureur impérial. Dans cette ville, se trouvent aussi le quartier des états-majors de deux bataillons, l'un d'avant-garde et l'autre d'arrière-garde de la réserve et d'un détachement de 415 zaptiès (soldats de police) sous les ordres d'un chef de bataillon ; les divers bureaux de recensement, des domaines impériaux, etc ; les directions des mines, des forêts, des postes et télégraphes (service intérieur, langue turque) ; d'une municipalité ; les commissions des fondations pieuses, de l'instruction publique, des arts et métiers, etc ; une banque agricole ; des agences de la Dette publique et de la Régie des tabacs ; un service de police composé d'un commissaire de 3ᵉ classe et de 4 agents (polices) ; une école supérieure dite *mulkiyé* (civile) destinée à former des fonctionnaires publics ; 1 lycée, etc., etc.

Balikèsser est située par 25°30′ de longitude et 39°40′ de latitude, à peu près au milieu de l'unique route carrossable du sandjak de Karassi, à 95 kil. de la mer de Marmara (Panderma) et à 80 kil. de la mer Égée (Aktchéï, port d'Adramit), sans communications directes avec les chefs-lieux du vilayet et des autres sandjaks, ni avec ceux de la plupart des cazas du sandjak de Karassi qui sont tous sous sa dépendance nominale.

Population. — La population de Balikèsser, comprise dans le chiffre ci-dessus de celle du merkez-caza, est de 13,118 hab., comme suit :

Musulmans	9,875 hab.
Grecs orthodoxes	1,266
Arméniens grégoriens. . . .	1,941
Divers.	36
TOTAL. . .	13,118 hab.

La ville de Balikèsser est bâtie au pied du *Yildn-dagh* (mont du serpent), en face de la vaste et fertile plaine à laquelle elle donne son nom. Elle est arrosée par un filet d'eau, le *Balikèsser-sou,* maigre affluent de l'*Ouzoundja-dèré-sou,* presque toujours à sec durant l'été. On est alors obligé de faire venir d'un village du nahié de Balia, nommée Patlak, l'eau potable nécessaire aux besoins des habitants dont cette disette périodique ne semble cependant pas altérer la santé. Le climat est excellent. La ville est de toutes parts entourée de vignes et de vergers produisant en abondance d'excellents fruits de toute espèce. La vue s'étend au loin sur toute cette fraîche verdure, à travers laquelle on voit au-delà surgir les champs de blé de nombreux et riants villages.

On compte dans la ville de Balikèsser et le merkez-caza 522 écoles dont 31 supérieures, 6 secondaires et 485 primaires élémentaires, fréquentées par 6,520 élèves, dont 6,375 garçons et 145 filles, comme suit :

		ÉLÈVES
Musulmans	14 *médressé* et une école civile supérieure.	110
	2 lycées.	85
	90 écoles primaires de garçons.	1,550
Grecs orthodoxes.	1 lycée ou gymnase de garçons	50
	1 pensionnat de jeunes filles .	20
	8 écoles primaires de garçons.	315
	1 — — filles . .	30
Arméniens grégo-riens.	1 — — garçons.	60
	1 — — filles . .	25
TOTAL. . . 119 écoles.		2,245

Outre le *konak* ou hôtel du gouvernement, l'hôtel municipal, les bâtiments du dépôt militaire, de l'école civile et des lycées de l'État, ainsi que la prison, on peut citer plusieurs mosquées anciennes parmi les 91 mosquées à minarets et *mesdjid* (ora-

toires) de la ville et des environs, ainsi qu'une vieille tour à
horloge fort admirée, 1 *imaret* ou hospice où les étudiants pauvres sont logés, nourris, habillés ; 2 fontaines monumentales,
21 *médressé*, 6 bains publics (hammam) du temps des seldjoukides, et le bazar voûté construit sans doute vers la même
époque. On compte de plus à Balikèsser 845 boutiques, 10 *han*
ou hôtelleries, 18 boulangeries et 2,742 maisons. Il y a aux
environs de cette ville 115 moulins, 3 minoteries et 78 tanneries. Balikèsser est l'ancienne capitale des princes de Karassi,
proches parents et feudataires des empereurs turcs seldjoukides.

Produits agricoles. — Tous les villages du merkez-
caza sont autant de centres agricoles dont les principaux produits sont : le froment, l'orge le sésame, l'opium, les pois chiches, les fèves et de bons fourrages.

Toutes sortes de légumes et d'excellents fruits y sont également récoltés. On cite un certain melon nommé *hasan-bey*, très
estimé pour son goût exquis et considéré comme supérieur à
tous les autres. Il est cultivé dans de vastes champs, non loin
de Balikèsser et expédié à Constantinople, où on le vend à prix
fixe. Les *bamiè* (gombauds ou cornes grecques, *hibiscus escu-
lentus*) cultivés également aux environs de Balikèsser, sont d'un
goût agréable et fort recherchés malgré leur grosseur ; on n'estime en général que les *bamiè* les plus petits.

Apiculture. — L'élève des abeilles est pratiqué avec
succès dans tout le merkez-caza, et le miel de Balikèsser est
très renommé.

Eaux thermales. — Il y a des sources thermales dans
les villages de Kiraz et d'Eftelèt, à 27 kil. environ du chef-
lieu.

Nahiés. — ALI TIMOURDJI, chef-lieu du nahié de Balia est
situé à 25 kil. nord-ouest de Balikèsser, sur le *Manias-tchaï*.

On compte dans ce nahié 23,757 hab. dont 21,834 musulmans, 346 grecs orthodoxes et 1,577 *mohadjir* ou réfugiés bulgares. Ces derniers, pour la plupart, exploitent des scieries fort primitives qu'ils ont construites dans les forêts de ce canton. La superficie de ces forêts est d'environ 5,000 hectares. Il y a dans le nahié de Balia 35 villages, tant forestiers qu'agricoles, répartis sur une superficie totale de 18,286 hectares.

Il existe à *Ilidja*, village de ce nahié, une source thermale renommée pour ses vertus curatives et fréquentée par de nombreux malales.

IVRINDI, chef-lieu du nahié de même nom, est un petit bourg situé à 44 kil. ouest de Balikèsser. On y compte, 3 mosquées à minarets, 1 *médressé*, 1 église et 1 école, 3 *han* ou hôtelleries et 15 boutiques.

Il y a dans tout le nahié 67 villages et une population totale de 12,348 hab. dont 12,053 musulmans et 265 grecs orthodoxes ; 63 moulins, 76 magasins, 25 écoles ; 1 bain public (hammam) et 2,472 maisons.

Le sol, très fertile et bien cultivé, donne d'abondants produits ; il renferme plusieurs mines ; à 22 kil. d'Ivrindi, il y a une source thermale sulfureuse que l'on dit très efficace.

GHIRÉSOUN. — Ce nahié n'a rien de particulièrement remarquable. Sa population totale est de 4,606 hab. dont 13 grecs orthodoxes et tous les autres musulmans. On y compte 10 mosquées et *mesdjid*, 15 écoles, 48 boutiques, 15 moulins, 1 *han* ou hôtellerie, etc. Le chef-lieu, nommé aussi Ghirésoun, est situé à proximité de la limite commune des vilayets de Brousse et de Smyrne, à 45 kil. sud-ouest de Balikèsser.

GHESSOUN, chef-lieu du nahié de même nom est un bourg de 3,000 hab. dont 2,912 musulmans et 88 grecs orthodoxes. Il est situé à 25 kil. est de Balikèsser, au confluent d'un petit cours d'eau sans nom et du *Sémav-sou* (Macestus). On y compte, outre le *konak* ou hôtel du mudir, 1 hôtel municipal, 1 agence postale, 1 agence forestière, 1 commission agricole, etc.

La superficie totale de ce nahié est de 19,000 hectares, dont 3,000 hectares de belles forêts de chênes et de pins. Les parties en plaine, arrosées par le *Sémav-sou* et ses affluents, sont bien cultivées et donnent de bonnes récoltes de céréales, de coton et de toutes sortes de fruits et légumes.

Sou-Soughourlougou, chef-lieu du nahié de Frèt, est situé sur la chaussée carrossable qui relie Balikèsser et Panderma, à 40 kil. nord-est de la première de ces villes et à 55 kil. sud de la seconde. On considère cette ville comme étant à mi-chemin de Balikèsser et de Panderma, et l'usage s'est établi pour les voyageurs et les voituriers d'y passer la nuit. A cet effet, 5 nouveaux *hans* ou hôtelleries y ont été construits. On eût pu, avec grand avantage, relever et restaurer les magnifiques ruines des deux vastes caravanséraï, construits jadis par les princes turcs seldjoukides de Karassi dans cet humble bourg, qui alors était une grande ville.

Sultan-Tchaïr (la prairie du sultan), village devenu très important depuis la découverte et l'exploitation de ses mines de boracite, décrites page 18, est situé également sur la chaussée de Balikèsser à Panderma, à 8 kil. sud de Sou-Soughourlougou et à 32 kil. nord-est de Balikèsser, au bord de la rive gauche du *Sémav-sou* (Macestus).

Le nahié de Frèt n'est ni moins fertile ni moins bien cultivé que les autres cantons du merkez-caza. Ses productions, aussi estimées que les leurs, sont les mêmes, mais sa véritable richesse est dans ses mines.

Balat, chef-lieu du nahié de même nom, est un bourg de 3,375 hab., dont 175 grecs orthodoxes. On y compte 5 mosquées à minarets, 3 *médressé*, 1 église, 3 *han* ou hôtelleries, 1 bain public (hammam) 75 boutiques et 675 maisons. On le place à environ 75 kil. est de Balikèsser, au pied du Keudjé-dagh. Le nahié est composé de 39 villages comprenant 1,958 maisons. On y compte 11,340 hab et 18 écoles.

CAZA D'AÏVALIK

Orientation ; limites. — Le caza d'Aïvalik est situé à la pointe sud-ouest du sandjak de Karassi et du vilayet de Brousse. Il est limité : au nord, par le golfe d'Adramit ; à l'est, par le caza de Kémèr ; au sud, par le vilayet de Smyrne ; et à l'ouest par le canal de Métélin.

Division administrative. — Le caza n'a point de *nahié*, et ne contient, outre la ville d'Aïvalik, qu'un seul bourg nommé *Kutchuk* (le petit).

Population du caza. — Sa population est de 23,192 hab., répartis entre la ville d'Aïvalik et le bourg de Kutchuk-keuï, comme suit :

LOCALITÉS	MUSULMANS	GRECS ORTHODOXES	ARMÉNIENS	CATHOLIQUES	ÉTRANGERS	TOTAL GÉNÉRAL
Ville d'Aïvalik..........	98	19.454	6	10	1.206	20.774
Kutchuk-keuï et ses hameaux.	»	2 398	»	»	»	2.398
Totaux par communautés.	98	21.852	6	10	1.206	
Total général.....................						23.172

Chef-lieu. — La ville d'Aïvalik (en turc, pays des coings) porte en grec le nom de « *Kydonia* » qui a la même signification. Comme on le voit au tableau ci-dessus, elle a 20,974 hab., presque tous grecs orthodoxes, et représente presque à elle seule le caza tout entier, dont elle est le chef-lieu. Sa situation, par 24°23′ de longitude et 39°22′ de latitude, à l'entrée du golfe Adramit et du canal de Métélin, est une des plus heureuses

que l'on puisse choisir pour un port de commerce. Il y règne
une grande activité. Ruinée de fond en comble pendant la guerre
de l'Indépendance grecque(1826), Aïvalik a aujourd'hui recouvré
tout entière son ancienne prospérité, qui s'accroît encore de
jour en jour depuis qu'en 1882, les bas-fonds du canal ayant été
creusés, son port est devenu accessible aux bâtiments de fort
tonnage.

Aïvalik est la résidence du caïmakam, sous gouverneur, et le
siège d'un conseil d'administration du caza. Ce conseil est composé de 7 membres, dont 3 fonctionnaires turcs, 3 notables grecs
et le fondé de pouvoirs du métropolitain, d'un tribunal du *bédaïèt*
présidé par le *naïb* et composé de 7 membres, tous grecs orthodoxes et d'un greffier musulman ; d'une municipalité dont le secrétaire seul est musulman ; d'une Chambre de commerce et
d'agriculture ; d'une direction des postes et télégraphes de service intérieur (langue turque) et d'un câble sous-marin (langues
turque et européenne) de 13 milles nautiques entre cette ville
et l'île de Métélin ; d'une banque agricole, d'agences de la Dette
publique et de la Régie des tabacs, d'une direction de la douane,
d'une capitainerie de port et d'un service de quarantaine ; d'un
Conseil d'administration et de Commissions des écoles et autres
exclusivement composés de notables grecs orthodoxes, sous
la haute présidence d'un représentant du despote (évêque) de
cette communauté, etc., etc.

Aïvalik est aussi le quartier d'un détachement du nizam, (armée
active), commandé par un adjudant-major, un capitaine et un
lieutenant. Le service d'ordre public et de la police y est fait par
un corps de « zaptiès » sous les ordres d'un lieutenant et par un
commissaire de police assisté de deux agents (polices).

Ecoles. — Les musulmans n'ont point d'écoles dans ce
district.

Les écoles grecques de différents degrés sont au nombre de
24, fréquentées par 1,105 élèves, dont 875 garçons et 230 filles
comme suit :

ÉCOLES	ÉLÈVES
1 gymnase reconnu par l'Université d'Athènes	40
2 lycées d'enseignement secondaire. .	85
18 écoles primaires et élémentaires. .	750
1 pensionnat de jeunes filles. . . .	50
2 écoles primaires de jeunes filles. .	180
24 .	1,105

La ville d'Aïvalik est divisée en 11 quartiers. Outre le *konak* (hôtel du gouvernement), l'hôtel municipal, un hôpital militaire et trois corps de garde (*karaghol*, sorte de petites casernes), on y compte 1 petite mosquée, 12 églises et 6 monastères ; 2 hôtels, 2 casinos, 3 *han* ou hôtelleries, 50 cafés modernes et 10 cafés turcs, 45 boulangeries, 950 boutiques diverses, 25 moulins, 7 minoteries, 18 huileries, 26 savonneries, 40 tanneries et 4,774 maisons.

L'Angleterre, la France et l'Italie ont à Aïvalik des vice-consuls et la Grèce, 1 consul. L'Allemagne, l'Autriche et la Russie n'y ont point de réprésentants.

Les principales cultures sont celles de la vigne, de l'olivier et du lentisque. Aux environs de la ville, il y a 14 briqueteries, 1 verrerie et 9 carrières de pierres à bâtir exploitées pour les constructions d'Aïvalik et de Kutchuk-keuï.

Parmi les objets d'exportation en Turquie et à l'étranger, récoltés ou fabriqués dans le caza d'Aïvalik, les plus importantes sont les olives fraîches et les huiles d'olive ; des savons de qualité inférieure en quantités très considérables, des cuirs et peaux tannés et mégissés, quelques maroquins ; d'excellents vins et de bons raisins secs, des eaux-de-vie au mastic ou résine de lentisque, des tuiles et briques, des verreries communes, quelques quantités de céréales et des farines de qualités diverses, des tourteaux, etc.

Le mouvement commercial moyen et annuel du port d'Aïvalik est de 12,420,724 fr., dont 9,024,034 fr. à l'exportation, et 3,396,690 fr. à l'importation.

Le mouvement maritime de ce même port a été du 1/13 mars 1893 au 29 février-12 mars 1894, comme suit :

	NOMBRE	TONNAGE
Vapeurs.	509	51,350
Voiliers.	1,923	16,329
TOTAUX. . .	2,432	67,679

Les droits de douane ont été comme suit :

	FRANCS
Exportation à l'étranger.	169,129
Importation de la Turquie et de l'étranger	458,597
TOTAL. . .	627,726

Les droits perçus par le service sanitaire ont été de 2,441 fr.

CAZA DE KÉMÈR

Orientation, limites. — Le caza de Kémèr est situé au sud-ouest du sandjak de Karassi et du vilayet de Brousse. Il est limité : au nord, par le golfe et le caza d'Adramit ; à l'est, par le merkez-caza de Balikèsser ; au sud, par le vilayet de Smyrne et, à l'ouest, par le caza d'Aïvalik et le golfe d'Adramit.

Division administrative. — Il n'a point de nahié ; on y compte 41 villages.

Population du caza. — Sa population totale est de 18,811 hab., comme suit :

Musulmans.	15,749 hab.
Grecs orthodoxes	3,062
TOTAL. . .	18,811 hab.

Chef-lieu. — Kémèr-Adramit, chef-lieu du caza de Kémèr, résidence du caïmakam, sous-gouverneur, et siège d'un conseil administratif et siège des services afférents à un arrondissement, est une petite ville située au fond du golfe d'Adramit, à 2 kil. du rivage, à 5 kil. sud d'Aktchéï qui lui sert de port, à 30 kil. nord-est d'Aïvalik, à 10 kil. sud-ouest d'Adramit et à 85 kil. ouest, de Balikèsser, chef-lieu du sandjak de Karassi, auquel elle est reliée par la chaussée carrossable qui va de cette dernière ville au port d'Aktchéï.

La population du bourg de Kémèr-Adramit, comprise dans le chiffre ci-dessus du caza de Kémèr, est de 4,132 hab., comme suit :

Musulmans	3,800 hab.
Grecs orthodoxes.	332
Total. . .	4,132 hab.

Il y a, tant dans cette ville que dans quelques villages du caza, 15 écoles dont 1 supérieure, 2 secondaires et 12 primaires, fréquentées par 440 élèves, dont 390 garçons et 50 filles, comme suit :

		ÉLÈVES
	1 *médressé*, à Kémèr-Adramyt.	20
Musulmans . . . . {	1 lycée	30
	7 écoles primaires dans tout le caza	200
	1 lycée ou gymnase à Kémèr-Adramit	20
	1 pensionnat de jeunes filles à Kémèr-Adramit.	25
Grecs orthodoxes. {	3 écoles primaires de garçons dans tout le caza.	125
	1 école primaire de filles dans tout le caza	20
Total. . .	15 écoles.	440

On compte à Kémèr-Adramit 853 maisons réparties en 6 quartiers, 5 mosquées à minarets, 1 *médressé*, 1 église, 4 *han* ou hôtelleries, 12 bains publics (hammam) et 160 boutiques.

Quelques habitants de cette ville, propriétaires de terrains situés sur 3 collines voisines, au bord de la mer, ayant voulu récemment les mettre en culture, ont découvert des restes considérables d'anciens édifices et de quais qui sembleraient être les ruines de quelque antique métropole, peut-être *Adramyttium* dont l'emplacement ne saurait être loin de là.

Les habitants du caza de Kémèr, très laborieux, s'adonnent au commerce de transit de fortes quantités de vallonée à destination de Trieste, et de planches de chêne et de sapin, ainsi qu'à la culture des arbres fruitiers. On cite leurs poires et leurs *vichné*, sorte de grosses cerises aigres.

CAZA D'ADRAMIT

Orientation, limites. — Le caza d'Adramit est situé à l'ouest du sandjak de Karassi et du vilayet de Brousse. Il est limité : au nord, par le mutessariflik de Bigha (Dardanelles); à l'est, par le merkez-caza de Balikèsser ; au sud, par le caza de Kémèr, et à l'ouest, par le golfe d'Adramit et le mutessariflik de Bigha.

Division administrative. — Il est divisé administrativement en 3 nahiés qui sont *Adramit, Amroud-Abdd* et *Avnié*, et comprend 123 villages.

Population du caza. — Sa population totale est de 50,614 hab., comme suit :

Musulmans.	42,933 hab.
Grecs orthodoxes.	7,482
Israélites.	5
Divers.	194
Total.	50,614 hab.

Chef-lieu. — ADRAMIT, chef-lieu du caza de même nom et résidence du caïmakam, sous-gouverneur, siège des divers services publics du district, est situé à 4 kil. de la mer, à 75 kil. ouest de Balikèsser et à 10 kil. est du port d'Aktchéï. Par la grande chaussée, unique voie carrossable du sandjak de Karassi, qui part de ce port et va aboutir à Panderma, Adramit est en communication directe avec cette ville; et la mer Égée (golfe d'Adramit) se trouve ainsi reliée à la mer de Marmara (golfe de Cyzique).

Population. — La population de la ville d'Adramit, comprise dans le chiffre ci-dessus de celle du caza, est de 6,200 hab., comme suit :

Musulmans.	4,960 hab.
Grecs orthodoxes	1,240
TOTAL. . .	6,200 hab.

On peut considérer le bourg de Havran-Kébir, bien qu'il ait une municipalité et des écoles distinctes, mais administrées par la ville d'Adramit comme une sorte de quartier séparé et ajouter ses 1,475 hab. à la population d'Adramit, ce qui donne un total de 7,675 hab.

Ecoles. — On compte dans la ville et le caza d'Adramit 31 écoles dont 1 supérieure, 3 secondaires et 27 primaires, fréquentées par 1,491 élèves dont 1,425 garçons et 66 filles, comme suit :

		ÉLÈVES
Musulmans. . . .	1 *médressé*	15
	1 lycée	35
	10 écoles primaires	850
Grecs orthodoxes.	1 lycée ou gymnase.	45
	1 pensionnat de jeunes filles .	24
	16 écoles primaires de garçons.	480
	1 — — filles . .	42
TOTAL. . .	31 écoles	1,491

Au pied du *Kaz-dagh* (mont Ida), s'étend une belle et vaste plaine bordée de forêts profondes. La sombre verdure des pins, des sapins et des vieux chênes forme un cadre épais qui fait ressortir les tons vifs et gais des vignes, unies aux arbres fruitiers dans les grands jardins qui alternent avec les plantations de mûriers aux larges feuilles luisantes et les champs de tabacs. C'est au milieu de cette nature riche et variée qu'on aperçoit de loin la ville d'Adramit posée avec grâce des deux côtés de la route de Balikèsser, à l'ombre d'une avenue d'énormes oliviers, qui conduit au port d'Aktchéï.

Cette ville passe pour occuper l'emplacement de l'antique *Adramyttium* dont la fondation, selon Pline, est antérieure à la guerre de Troie. Elle portait alors le nom de *Pédasus*, cité par Homère, et qui fut changé, sous la domination lydienne, en celui d'*Adramyttium* par Adramys, frère de Crésus. Cependant on n'y a jamais trouvé aucun vestige de monuments anciens ni modernes ; mais les ruines d'édifices et de quais fortuitement découvertes, à 10 kil. vers le sud-ouest, au bord de la mer, feront peut-être reconnaître à Kémèr-Adramit l'emplacement vrai d'Adramyttium. On sait que du temps des Romains Adramyttium avait un port et un arsenal.

Quoi qu'il en soit, il y a dans la ville actuelle d'Adramit et les 47 villages qui sont sous sa dépendance directe, 22 mosquées et *mesdjid*, 1 *médressé*, 6 églises, 11 fabriques diverses et 7 savonneries; 9 teintureries, 12 tanneries, 63 moulins, 39 boulangeries, 120 cafés, un casino, 8 *han* ou. hôtelleries, un dépôt militaire, 1,240 maisons à Adramit et 295 à Havran-Kébir.

On fabrique aux environs beaucoup d'excellente huile d'olive et de vins dits « des Dardanelles ».

Eaux minérales. — A Frènk, village distant de 2 kil. ouest d'Adramit, il y a des eaux thermales sulfo-ferrugineuses renommées pour la guérison des névroses. Elles ont été décrites au chapitre spécial du vilayet de Brousse, page 44.

Amroud-Abad Avniyé. — Il n'y a rien à ajouter ici à ce

qui a déja dit plus haut, concernant les nahiés de Amroud-Abad
et d'Avniyè aux chapitres spéciaux des mines et des eaux minérales; de l'agriculture et des tabacs du vilayet de Brousse et du
sandjak de Karassi. Quant aux forêts du caza d'Adramit, qui sont
celles du Kaz-dagh (mont Ida) leur description se trouve au chapitre spécial du mutessariflik de Bigha (Dardanelles), tome III,
p. 705.

Commerce d'exportation. — Le mouvement commercial de l'unique port d'Adramit, qui est Aktchéï, est presque en
entier en exportation. Il représente une valeur moyenne et
annuelle de 9,767,356 fr., dont 7,967,001 fr. pour l'exportation,
et 1,800,355 fr. pour l'importation.

CAZA D'ERDÈK

Orientation, limites. — Le caza d'Erdèk (Artaki) est
situé au nord du sandjak de Karassi. Il est limité : au nord, par
une ligne idéale tirée de l'ouest à l'est, dans les eaux de l'île de
Marmara, au nord de cette île ; à l'est par une autre ligne idéale
tombant perpendiculairement de la première sur le point d'intersection des limites du merkez-sandjak de Brousse et du sandjak de Karassi et circonscrivant les eaux d'est de l'île de Marmara et celles du golfe de Cyzique ; au sud, par le caza de
Panderma; à l'ouest, enfin par une troisième ligne idéale qui
part du point d'intersection des limites du sandjak de Karassi et
du mutessariflik de Bigha (Dardanelles) en circonscrivant les
eaux du golfe d'Artaki jusqu'aux îles de Pacha-Limân, et de là
part vers l'ouest en faisant un coude qui circonscrit les eaux
d'ouest de l'île de Marmara et va se rattacher la première ligne
idéale précitée, tirée de l'est à l'ouest, au nord de cette île.

Division administrative. — Le caza d'Erdèk (Artaki);
est divisé administrativement en 4 nahiés qui sont : *Erdèk
Kapou-dagh* (Péramo), *Pacha-Limân* et *Marmara*. On y compte
en totalité 34 villages.

Population du caza. — Sa population totale est de 61,279 hab. comme suit :

Musulmans	5,418 hab.
Grecs orthodoxes.	54,467
Arméniens grégoriens	706
Israélites	492
Étrangers	98
Divers.	98
Total. . .	61,279 hab.

Chef-lieu. — Erdèk (Artaki), chef-lieu du caza de même nom et résidence du caïmakam, sous-gouverneur, est situé au bord de la mer de Marmara, dans le golfe d'Artaki, à 5 kil. environ de l'isthme sablonneux qui tient la place de l'ancien canal séparant jadis l'île de Cyzique du continent.

Population du chef-lieu. — Sa population, comprise dans le chiffre ci-dessus de celle du caza, est de 6,462 hab. comme suit :

Musulmans.	807 hab.
Grecs orthodoxes	5,655
Total. . . .	6,462 hab.

Erdèk est l'ancienne *Artace*, ville très antique, voisine de Cyzique, dont elle était pour ainsi dire l'avant-port. C'était, selon Hérodote, une colonie des Milésiens. Pline en parle comme n'existant plus de son temps. Cependant Artace avait encore une certaine importance plus tard, sous les empereurs byzantins. Il y a dans la presqu'île des fortifications qui ont été construites avec des restes magnifiques d'ouvrages grecs, employés comme matériaux bruts, pris sans doute aux ruines de Cyzique, car Artace n'a probablement jamais eu rien d'aussi beau. Dans une vigne située au-dessus de la ville actuelle d'Erdèk, on voit un mur en blocs de marbre blanc qui pourrait être considéré comme un vestige des temps les plus reculés de l'antique Artace, antérieur même à l'époque citée par Hérodote.

Cyzique. — Les ruines de Cyzique, ville des plus célèbres dans l'antiquité, sont dans le voisinage et font partie des dépendances directes d'Erdèk. Lorsque les Argonautes abordèrent à l'île, Cyzicus en était roi et possédait toute la contrée située entre les fleuves *Æsepus* (Khodja-tchaï) et *Rhyndacus* (Atarnos). Cette ville fut successivement soumise à Athènes, à Sparte et aux Perses. Alexandre le Grand s'en empara après la bataille du Granique (334 av. J.-C.) et relia l'île au continent par deux ponts. On croit que la tour dite de *Balkiz* commandait la tête de l'un de ces ponts jeté sur le canal, comblé depuis des siècles par les atterrissements, mais qui existait encore lorsque Mithridate assiéga Cyzique, alors alliée des Romains (73 av. J.-C.). Lucullus força le roi de Pont de lever le siège et de se retirer dans ses États, et l'alliance de Cyzique avec Rome se resserra étroitement. Sous les empereurs, elle conserva son autonomie, reçut à plusieurs reprises des adjonctions considérables de territoire, des titres honorifiques. Elle fut nommée par Hadrien *Néocore Hadrienne Olympienne* et prit plus tard le nom de *Philosébaste.* Le temple qu'elle éleva en l'honneur d'Hadrien était cité comme le plus beau de tous les temples. Sous Dioclétien, Cyzique fut instituée métropole de la province d'Hellespont. Les premiers empereurs de Constantinople y établirent un hôtel des monnaies. Elle était encore alors dans toute sa splendeur; mais en 943, elle fut détruite par un tremblement de terre et les quelques habitants qui subsistèrent ne tardèrent pas à abandonner ses ruines.

Lorsque Suléiman-Pacha, fils et grand vizir du sultan Orkhan, vit ces ruines magnifiques qu'il compara au palais de Balkiz, reine de Saba, il fut saisi d'admiration et s'arrêta longtemps à les contempler. S'étant endormi dans cette rêverie, il eut un songe prophétique, qui le décida à passer en Europe, où ses conquêtes, arrêtées par sa mort subite dans un accident de chasse, furent continuées glorieusement par son frère Mourad Ier (Amurat) Khodavendighiar, conquérant d'Andrinople.

Balkiz-Séraï, où Suléïman-Pacha eut cette vision, est située entre les villages de Hammamli et Erméni-keuï. A l'ombre du vieux platane dont les rameaux abritèrent le fils d'Orkhan, l'ancienne fontaine citée par Pline sous le nom de « fons cupidonis » qui guérissait les peines d'amour, sort avec un doux murmure de dessous un mur antique, reste de l'enceinte de la grande cité grecque. On peut encore en suivre des yeux le pourtour jusqu'à l'isthme. Les antiquités qui sont trouvées dans ces ruines sont envoyées au musée impérial de Constantinople.

Ecoles. — Les écoles de la ville et du caza d'Erdèk sont au nombre de 27, dont 2 secondaires et 25 primaires, fréquentées par 884 élèves dont 774 garçons et 110 filles, comme suit :

			ÉLÈVES
Musulmans	1 *médressé*.		10
	1 lycée ou gymase (garçons). .		50
Grecs orthodoxes .	20 écoles primaires de garçons.		599
	1 — —	filles . .	65
Arméniens grégo-riens.	1 — —	—	23
	1 — —	garçons	65
Israélites	1 — —	—	50
	1 — —	filles. .	22
TOTAL. . .	27 écoles		884

Presque tous les habitants d'Erdèk sont propriétaires de vignobles dans la presqu'île. Ils s'occupent à la fois de leur culture qu'ils ont poussée à une grande perfection, de la fabrication d'un vin blanc léger très goûté à Constantinople, et d'affaires de commerce maritime. Il y a environ 50 ans, un industriel eut l'idée de fabriquer avec les raisins des vignes d'Erdèk, du vin de champagne dont la vente fit sa fortune. Malgré cette heureuse réussite, il n'a pas eu d'imitateurs.

On cultive aussi aux environs des oliviers et des poiriers. Les

olives, ainsi que les poires dites *aktché-armoudli* (poires d'argent)
et *mustafa bey*, sont expédiées à Constantinople; les eaux-
de-vie de raisin au mastiç (gomme de lentisque) et les cognacs
des fabriques d'Erdèk sont aussi en grande estime.

Près des ruines de Cyzique, à Erméni-keuï et à Hammamli, on
exploite des carrières de granit d'un gris foncé bleuâtre qui,
taillé en cubes et en étroites dalles, sert à paver les nouvelles
rues des quartiers de Stamboul et à border leurs trottoirs.

Eaux minérales. — Dans le petit îlot nommé Zéitounlou
(l'île aux olives), situé devant la ville d'Erdèk, il y a une source
thermale d'un débit fort abondant, très vénérée comme *ayazma*
(fontaine sainte) objet de nombreux pèlerinages souvent suivis
de guérisons.

Nahiés. — Le nahié de *Kapou-dagh* est formé de 12 villages
situés dans la presqu'île de même nom, ancienne île, puis presqu'île de Cyzique. Sa population totale est de 8,631 hab.
dont 257 musulmans, 8,276 grecs orthodoxes et 98 étrangers.

PÉRAMO, son chef-lieu, est situé dans le golfe de Cyzique,
aujourd'hui golfe de Panderma. On compte entre Erdèk, chef-
lieu du caza, et Péramo, une distance effective de 22 kil. qui,
mesurée en ligne directe se réduit à 14 kil. La population
de Péramo, comprise dans le chiffre ci-dessus de la population
totale du nahié de Kapou-dagh est de 2,700 hab. On y compte
513 maisons.

La douane et l'administration de la Dette publique ont des
agences à Péramo et à Mighania, village maritime du même
nahié situé à l'entrée du golfe de Panderma.

On exploite aux environs de Péramo 14 carrières de ce
granit bleuâtre déjà cité plus haut, et 4 autres semblables près
du village de Rothiyé. Fort souvent, les habitants de Péramo,
en labourant leurs champs ou en creusant les fondations de
leurs maisons trouvent des monnaies antiques de Cyzique,
d'Artace, et surtout d'Alexandre et des empereurs romains,
ainsi que des statuettes et autres objets d'art.

Marmara. — Le nahié de *Marmara* se compose de l'île ainsi nommée actuellement, qui est l'ancienne *Proconnèse* des auteurs grecs et latins, où se trouvaient les carrières de marbre de Cyzique. On y compte 8 villages et 9,718 hab. dont 626 musulmans; 8,846 grecs orthodoxes, 1 arménien et 245 israélites.

L'île de Marmara mesure environ 20 kil. de l'ouest à l'est, sur 10 kil. du nord au sud; sa superficie est donc approximativement de 20,000 hectares, soit 200 kil. carrés.

Cette île est située dans la mer de Marmara, par 25°12' et 25°23' de longitude et 40°34' à 40°39' de latitude. Son chef-lieu, Marmara, se trouve sur la côte sud-ouest de l'île, à 15 milles marines nord-est de la ville d'Erdèk. C'est un bourg de 2,600 hab. dont 260 musulmans et 2,340 grecs orthodoxes.

Les principales carrières de marbre encore exploités aujourd'hui, au nombre de 24, pour la consommation de la ville de Constantinople, sont situées au nord-est de l'île, à Palatia, où se trouve un antique monument qui sans doute a donné son nom (palais) à cette localité. L'exploitation actuelle est à 140 m. d'altitude; les blocs, détachés de la montagne au ciseau sont enlevés à l'aide de coins de fer et portés sur des rouleaux par un chemin en pente douce jusqu'aux grands radeaux amarrés le long de la plage, où ils sont chargés pour être portés à destination. Le marbre de Marmara est d'un blanc très pur, à cassure franche, comparable aux plus beaux marbres statuaires de l'Attique. C'est de ce marbre qu'ont été construits dans l'antiquité les monuments de Cyzique et des autres villes grecques de la Propontide et de l'Hellespont. Les restes du tombeau de Mausole à Halicarnasse, qu'on voit au British museum et les belles frises enlevées au château de Boudroum sont de ce même marbre, dont l'île tout entière peut être considérée comme une seule et inépuisable carrière.

Le sol de l'île de Marmara n'est en effet, pour ainsi dire qu'un bloc de marbre enraciné au fond de la mer à une grande profondeur et qui s'élève à 710 m. au-dessus du niveau de la mer. Il n'existe un peu de terrain cultivable que le long du rivage. Aussi les productions du sol se bornent-elles à quelques oliviers peu nombreux, et à des vignes qui poussent dans les rochers et par cela même donnent au delà des besoins locaux un excellent vin.

Malgré son extrême aridité, Marmara nourrit d'innombrables lapins qui trouvent leur gîte dans les interstices des tas de recoupes de marbre dont l'île ne cesse de se couvrir dès la plus haute antiquité. On y trouve aussi beaucoup de renards et de perdrix rouges.

Les habitants se nourrissent à peu près exclusivement du produit de leur pêche.

Il n'y a pas d'autre industrie à Marmara que l'exploitation des carrières de marbre. La douane et la Dette publique ont des agences aux villages de Brastos, Asmali, Palatia et Kalémi.

Le nahié de *Pacha-Limàn* comprend 3 petites îles de même nom dont la population totale est de 6,687 hab., dont 614 musulmans et 6,073 grecs orthodoxes. Les deux principaux îlots sont appelés par la population grecque *Aloni* et *Afsia*. Ce dernier nom rappelle celui d'*Ophiussa* donné dans l'antiquité au groupe entier des îles des parages de Cyzique. Quant à Aloni, c'est bien propablement celle de ces mêmes îles que Pline a citée sous le nom d'Halone.

Pacha-Limân, chef-lieu de ce nahié, est situé à 10 milles marins à l'ouest de la ville d'Erdèk (Artaki). On y compte 880 hab., dont 80 musulmans et 792 grecs orthodoxes.

L'unique culture de ces îles est celle de la vigne et leur seule industrie, la fabrication du vin dit « des Dardanelles » et de celui de « Pacha-Limân. » Il y a autour du village d'Arablar 4 carrières de granit exploitées depuis peu.

La douane et l'administration de la Dette publique ont des agences à Pacha-Limân et aux villages de Hosla, Ouskoubia, Ocha et Iskinlik.

Commerce. — Le mouvement commercial du caza d'Erdèk s'effectue par deux ports : celui d'*Erdèk* (Artaki) sur la côte ouest de la presqu'île de Cyzique, dans le golfe d'Artaki et celui de *Kapou-dagh* (Péramo), sur la côte est de cette même presqu'île, dans le golfe de Cyzique, aujourd'hui golfe de Panderma.

Ce mouvement commercial représente en moyenne et annuellement une valeur de 2,761,941 fr., savoir :

Exportation. . . .	⎧ Erdèk (Artaki)	1,813,223 FR.
	⎩ Kapou-dagh (Péramo) . . .	362,987
Importation. . . .	⎧ Erdèk.	345,353
	⎭ Kapou-dagh	240,378
	TOTAL ÉGAL . . .	2,761,941 FR.

CAZA DE GUNÂN

Orientation, limites. — Le caza de Gunân est situé au nord-ouest du sandjak de Karassi et du vilayet de Brousse. Il est limité : au nord, par la mer de Marmara ; à l'est, par le caza de Panderma ; au sud, par le merkez-caza de Balikèsser ; et, à l'ouest, par le mutessariflik de Bigha (Dardanelles).

Division administrative. — Il est composé de 73 villages et n'a point de nahié.

Population. — Sa population totale est de 26,887 hab., comme suit :

Musulmans	25,001 hab.
Grecs orthodoxes	1,854
Arméniens grégoriens	13
Bulgares	15
Israélites	4
TOTAL. . .	26,887 hab.

Chef-lieu. — Gunân est le chef-lieu du caza de même nom.

La population de cette petite ville, comprise dans le chiffre ci-dessus de celle du caza, est de 5,370 hab., comme suit :

Musulmans . . . .   4,690 hab.
Grecs orthodoxes.   680

       Total . .   5,370 hab.

Il y a dans la ville et le caza de Gunân 48 écoles, dont **2** supérieures, **1** secondaire et **45** primaires fréquentées par 1,146 élèves dont 1,121 garçons et 25 filles, comme suit :

		ÉLÈVES
Musulmans. . . .	2 *médressés* (droit et théologie).	16
	1 lycée et une école.	50
	34 écoles primaires	695
Grecs orthodoxes.	10 écoles primaires de garçons.	350
	1 — — filles	25
Total. . .	48 écoles	1,146

La ville de Gunân est située à proximité de la rive droite du *Khodja-tchaï* (Asepsus) où va se jeter la petite rivière de Gunân, qui passe à travers cette ville et dont les eaux sont très goûtées et vantées par ses habitants. Gunân est à 60 kil. nord-ouest de Balikèsser, chef-lieu du sandjak, et à 22 kil. de l'embouchure du *Khodja-tchaï* dans la mer de Marmara (golfe d'Artaki). Aucune route ne relie Gunân à aucune autre localité, sinon des sentiers de caravanes, praticables seulement aux mulets et aux chameaux; mais les bois de sa belle forêt de *Sari-keuï*, dans la chaîne de l'Ala-dagh, sont transportés par flottage sur le *Khodja-tchaï*, qui pourrait facilement être rendu navigable sur tout son parcours ou du moins dans toute la traversée du caza.

On compte à Gunân 15 mosquées, 2 *médressé*, 1 église, 1 bain public (hammam), 4 *han* ou hôtelleries, 70 boutiques, 5 magasins, 12 boulangeries, 15 cafés et 1,074 maisons. A 7 kilom. sud-est de la ville, près d'un village nommé Ilidja (source thermale), il y a 3 sources sulfureuses en grande réputation dont la description se trouve plus haut, au chapitre spécial du vilayet de Brousse page 43.

Le climat de ce caza est renommé pour sa salubrité et la douceur de la température. Le sol est bien cultivé, très productif en céréales et fruits. Les vignes sont belles et soignées. Les forêts de la chaîne de l'Ala-dagh, sur la rive gauche du *Khodjatchaï*, sont riches en conifères et en vieux chênes. On cite des gisements de divers minerais et surtout de boracite.

CAZA DE PANDERMA

Orientation, limite. — Le caza de Panderma est situé au nord-est du sandjak de Karassi. Il est limité : au nord, par le caza d'Erdèk (Artaki) et le golfe de Cyzique ; à l'est par le merkez-caza de Balikèsser ; et à l'ouest par le caza de Gunâu.

Division administrative. — Il est divisé administrativement en 3 nahiés qui sont : *Panderma*, *Aïdindjik* et *Manias* ; et l'on y compte en tout 89 villages.

Population du caza. — Sa population totale est de 63,488 hab., comme suit :

Musulmans	50,594 hab.
Grecs orthodoxes	5,914
Arméniens grégoriens	5,860
Divers	1,120
	63,488 hab.

Chef-lieu. — PANDERMA, chef-lieu du caza de même nom, résidence du caïmakam, sous-gouverneur, et du métropolitain grec orthodoxe, archevêque de Cyzique, est située par 25°35' de longitude et 40°21' de latitude, au fond de l'ancien golfe de Cyzique, qui porte aujourd'hui le nom de golfe de Panderma. Son port, situé précisément en face et à la distance de 5 milles marins au sud-est des ruines de Cyzique, semble avoir été dans l'antiquité l'un des deux ports de cette illustre cité, dont la renommée fut si grande. Les restes d'un môle antique, sur lesquels est établie la nouvelle jetée-abri peuvent, aussi bien que sa situation même, justifier cette hypothèse.

La population de la ville de Panderma, comprise dans le chiffre ci-dessus de celle du caza, est de 10,031 hab. comme suit :

Musulmans	7,000 hab.
Grecs orthodoxes	1,515
Arméniens grégoriens.	1,516
	10,031 hab.

La ville de Panderma est à la distance de 60 milles marins à l'ouest de Constantinople avec laquelle elle est en relations régulières trois fois par semaine par les bateaux à vapeur de la Compagnie ottomane *Mahsoussé* qui fait le service postal; et en relations journalières, mais sans régularité, par les bateaux d'autres compagnies maritimes indigènes et étrangères. Une grande chaussée carrossable se dirigeant vers le sud parcourt 95 kil. de cette ville à Balikèsser, chef-lieu du sandjak de Karassi et va de là aboutir à 80 kil. plus loin vers l'ouest au port d'Adramit (Aktchéï) vis à vis la mer Égée. Une autre route carrossable d'une longeur totale de 102 kil. se dirigeant vers l'est, mettra bientôt Panderma en communication directe avec Brousse, chef-lieu du vilayet.

La ville actuelle de Panderma, presque entièrement rebâtie à la suite d'un grand incendie qui faillit l'anéautir en 1874, se découpe gracieusement autour de son port arrondi comme une coupe antique, au pied d'une haute falaise escaladée par ses maisons étagées en pente. Les quatre rues principales convergent vers un même point central : l'élégante mosquée de *Haïdar-Tchaouch*, somptueusement restaurée, située devant l'échelle d'embarquement. Ces rues rayonnent vers les hauteurs à la façon des branches d'un éventail. Elles sont droites, bien alignées, bordées de trottoirs et de jeunes arbres. La plupart des maisons sont ornées de balcons garnis de vignes et de glycines qui se rejoignent d'un côté de la rue à l'autre. De nombreuses rues tranversales viennent couper à angle droit ces quatre voies principales et conduisent à tous les points de la ville et des environs, couverts de vignobles, de plantations de mûriers et de jardins fruitiers. Plusieurs sources d'eau courante passent à travers ces rues dont elles entretiennent la propreté, la fraîcheur et la salubrité, tout en fournissant l'alimentation nécessaire aux habitants.

Il y a à Panderma des tribunaux de droit moderne et de droit musulman ; une municipalité, propriétaire de l'échelle d'embarquement dont les droits sont affermés par elle pour la somme de 1,800 livres turques (41,400 fr.) ; des commissions de l'instruction publique et des *mohadjir* (réfugiés) ; une banque agricole ; une station postale et télégraphique de service international (langues turque et française) ; une capitainerie de port et un service de quarantaine ; une direction de la douane ; une agence de la Compagnie de navigation à vapeur *Mahsoussé*, ainsi que des directions de l'administration de la Dette publique et de la Régie des tabacs. Panderma est le quartier des états-majors de 2 bataillons de la réserve (*rédif*). Le service d'ordre public et la police y sont faits par un détachement de 28 zaptiès, dont 13 à pied et 15 à cheval, sous les ordres d'un lieutenant, d'un agent de police et de 3 caporaux.

Les écoles de la ville et du caza de Panderma sont au nombre de 55 dont 5 secondaires et 48 primaires, fréquentées par 1,188 élèves dont 1,063 garçons et 125 filles, comme suit :

			ÉLÈVES
Musulmans. . . .	3 médressé		25
	1 lycée.		65
	31 écoles primaires de garçons.		443
Grecs orthodoxes.	1 lycée de garçons		40
	1 pensionnat de jeunes filles. .		21
	11 écoles primaires de garçons .		400
	2 écoles primaires de filles . .		75
Arméniens	1 école secondaire de garçons.		30
	1 pensionnat de jeunes filles .		16
	2 écoles primaires de garçons.		60
	1 école primaire de jeunes filles		13
TOTAL. . .	55 écoles		1,188

On cite à Panderma, parmi les écoles musulmanes, 4 *médressé* qui ne figurent point au tableau ci-dessus et dont les statistiques officielles n'auraient pas manqué de tenir compte, s'ils avaient réellement existé. Les seuls édifices religieux de la communauté musulmane, à Panderma, sont 5 mosquées à minarets et 4 *mesdjid* (oratoires), et les seuls édifices scolaires en dehors de ces mosquées et *mesdjid*, où l'enseignement donné par leurs desservants est essentiellement primaire, sont les 2 lycées de l'État à Haïdar-Pacha et à Aïdinjik, relevant tous deux du Ministère de l'Instruction publique et semblables en tout, pour l'administration comme pour l'enseignement, aux écoles secondaires de Constantinople.

Dans les écoles de la communauté grecque orthodoxe, on enseigne l'histoire, la géographie, les langues turque, grecque et française et le chant d'église. La base de l'enseignement, dirigé par un professeur de l'Université d'Athènes, assisté par des maîtres instruits, est le grec. Le pensionnat de jeunes filles est dirigé par deux dames qui parlent bien le français, mais qui, dit-on, ne l'enseignent pas, parce que ce n'est pas dans leur programme.

Le métropolitain, archevêque de Cyzique, dont la résidence, ainsi qu'il est dit plus haut, est à Panderma, apporte un grand zèle à surveiller les écoles de sa communauté. Ces écoles sont entretenues au moyen de contributions mensuelles que s'imposent les principales familles grecques constituées en *éphorie*. Les enfants de parents pauvres sont admis gratuitement; ceux des riches paient en entrant une sorte de bienvenue, somme une fois donnée, qui ne dépasse guère la moyenne de 20 fr.

La principale école des arméniens grégoriens est dirigée par un prêtre instruit et dévoué, aidé de plusieurs répétiteurs et surveillants. La base de l'enseignement est le turc et l'arménien.

Parmi les autres écoles arméniennes de Panderma, on cite un établissement particulier qui rend de réels services à la communauté, car le professeur qui tient cette école de garçons, fréquentée par 20 à 30 élèves, parle et enseigne, outre le turc et l'arménien, le français, le grec, et même peut donner des leçons élémentaires d'anglais. Par malheur cet établissement est si peu encouragé que parfois il manque du nécessaire.

A l'exception du lycée d'Aïdindjik, les autres écoles du caza sont des annexes de mosquées et d'églises. Leur enseignement est élémentaire.

Outre les 5 mosquées citées plus haut, et dont une seule, *Haïdar-Tchaouch*, peut être considérée comme digne d'une mention spéciale pour la simplicité de sa récente restauration, une sixième a été construite pour les *mohadjir* (réfugiés) dans le quartier qui leur est assigné.

Les églises sont au nombre de 5 en y comprenant une petite chapelle très ancienne qui attire de nombreux pèlerins. Quatre de ces édifices appartiennent à la communauté grecque orthodoxe qui possède aussi 4 monastères. Les arméniens grégoriens n'ont qu'une seule église desservie par deux prêtres. Il n'y a point de chapelle catholique, car les chrétiens de ce rite ne font que de rares et courts séjours à Panderma. Leur résidence fixe

est à Constantinople où leurs affaires et leurs relations de famille
les retiennent. Toutefois, à l'époque des grandes fêtes catholiques, un père assomptionniste français de Qoum-Kapou (quartier
de Constantinople), en allant aux mines de boracite de Sultan-
Tchaïr où se trouvent quelques familles d'ouvriers italiens, passe
par Panderma et s'y arrête au besoin pour dire la messe dans
une maison catholique.

Au nombre des églises et des monastères grecs orthodoxes
précités, il y a lieu de mentionner plus particulièrement la petite
chapelle située au bord de la mer, sur la plage sablonneuse où
s'élève à pic la falaise qui domine Panderma. Ce modeste édifice, dédié à la Sainte Trinité, mais simplement appelé par les
pèlerins « le monastère », a été reconstruit au jour le jour avec
patience et économie par le « papa », son desservant, qui s'est
imposé dans ce but louable de longues années de persévérantes
privations. Au fur et à mesure que les matériaux dont il allait
s'approvisionner de ses propres mains dans les ruines de Cyzique
étaient en nombre suffisant, si le pécule amassé en même temps
le permettait, il faisait réparer un mur, poser un toit ou remplacer même une colonne ou un pilier, si bien qu'aujourd'hui
l'*ayazma* (fontaine sainte) se retrouve encore mieux qu'à l'origine, en état de recevoir, sous les voûtes qui l'abritent, la foule
des pèlerins. Une petite avenue, bordée de bas reliefs et autres
belles antiquités de Cyzique, conduit à l'entrée de la chapelle
et ajoute au pittoresque du lieu un puissant intérêt archéolo-
gique.

Il est permis de supposer que cet heureux résultat a été hâté
par une visite faite à ce pauvre *papa* au moment le plus difficile de son entreprise, par S. E. Constantin, Carathéodory-Ef-
fendi, conseiller d'État, qui était alors membre technique du conseil du Ministère des Travaux publics. En cette qualité, il fut
chargé avec M. Gallard, ingénieur en chef des ponts et chaussées de France, et en compagnie du secrétaire de ce conseil, de
contrôler sur place le projet de jetée-abri du port de Panderma;
il fut sollicité d'aller jeter un coup d'œil sur les réparations du célèbre *ayazma*, et se montra très touché du zèle pieux et des

efforts vraiment héroïques du desservant. Peu après, la restauration de la chapelle de la Sainte-Trinité était achevée.

Actuellement, il reste aux édiles de Panderma un devoir à accomplir dans l'intérêt même de la ville ; c'est de faciliter les abords de ce site merveilleux en s'imposant la faible dépense de la construction d'une bonne chaussée bordée d'arbres, qui conduira les habitants de la ville à l'*ayazma* et en fera leur promenade de tous les jours.

Il y a à Panderma 1 *konak* ou hôtel du gouvernement, 1 hôtel muncipal, 1 dépôt militaire, 3 bains publics (hammam), 10 *han* ou hôtelleries, 2 casinos, 60 cafés, 3 pharmacies, 2 dépôts de pétrole, 15 boulangeries, 14 moulins à farine, 1 minoterie, 6 tanneries, 200 magasins, 550 boutiques et 1,850 maisons.

L'échelle de Panderma est le principal débouché des productions du sandjak de Karassi et plus spécialement des bestiaux. Il a été expédié à Constantinople par cette voie, de février à juin 1893, environ 350,000 moutons et agneaux. Le caza de Panderma lui-même est un des principaux cantons du vilayet de Brousse pour l'élevage des bestiaux et la culture des fourrages. Pour cette raison, durant la guerre de Crimée, en 1854 et 1855, l'armée française avait établi à Panderma un service de subsistances et de vastes magasins de fourrages. Afin d'avoir toujours à sa disposition un stock considérable de viande sur pied, l'officier comptable qui dirigeait ce service, M. Clerget, avait loué deux grands « *tchiftlik* « (fermes) appartenant à M. Arakel Savalân, l'un situé à proximité de la ville et l'autre au village de Kozakli, sur le lac de Manias. Chaque semaine, il chargeait dans le port de Panderma, sur des transports à vapeur français, anglais et italiens, et expédiait directement en Crimée, les quantités de viande sur pied et de fourrages nécessaires aux troupes et conservait constamment dans ces deux fermes un troupeau de 10,000 bœufs et de 50,000 moutons sans cesse renouvelé. Ces faits, qui remontent à une époque où l'administration ottomane commençait à peine à s'organiser, sont une bien claire démonstration des forces productives du pays et des puissantes ressources qu'il offre à l'alimentation publique, ressources qui vont bientôt se multiplier, dans de vastes proportions, par l'établissement de grandes lignes de chemins de fer qui desserviront ces fertiles contrées, jusqu'ici dénuées de routes.

Il y a 40 ans environ, à l'époque dont il vient d'être question, le port de Panderma, bien qu'il fût déjà accessible aux plus grands navires, manquait de sûreté quand soufflaient les vents de nord-est, souvent violents et de longue durée. La nouvelle jetée-abri, construite sur les restes d'un môle antique, assure en tout temps la sécurité des opérations du commerce maritime dans ce port de plus en plus fréquenté chaque année. En même temps, la production se développe. En 1855, deux ou trois riches propriétaires, sujets ou protégés étrangers, s'occupaient seuls de grandes exploitations rurales souvent entravées par des difficultés de toutes sortes. Aujourd'hui, la plupart des riches habitants musulmans du caza de Panderma possèdent des propriétés d'une étendue considérable sur lesquelles ils ont établi de vastes *tchiftlik*. Suivant l'exemple du souverain qui ne se contente pas de créer des écoles d'agriculture, mais qui sait aussi mettre à profit leurs enseignements, ils exploitent ces nombreuses fermes, de nouvelle institution, d'après les meilleures méthodes et au moyen d'instruments aratoires et autres engins perfectionnés.

Les dépendances directes de Panderma se composent seulement des trois villages de *Kayadjik*, *Toutlimâni* et *Yénidjé*; le premier situé à 2 kil. de la ville et les 2 autres à 10 et à 11 kil. L'olivier, la vigne et le mûrier y sont l'objet de soins spéciaux; on a constaté les progrès considérables réalisés depuis quelque temps dans ces cultures. Les autres produits principaux de ces localités sont : le froment, l'orge, les fourrages, le maïs, le sésame, les pois chiches et les fèves, toutes sortes de légumes et de fruits.

La ville de Panderma est entourée de vignes d'excellent rapport, de belles plantations de mûriers et d'agréables jardins. On s'occupe beaucoup aux environs et dans les trois villages précités de l'élève des abeilles. La qualité du miel est fort estimée. La quantité récoltée en 1893 a été de 10,263 kilog.

Industrie locale. — Les industries domestiques de la ville de Panderma sont intéressantes. Elles consistent surtout dans l'élevage du ver à soie et le dévidage des cocons, occupation de la plupart des familles de toutes les communautés. Les jeunes filles préparent à leurs moments perdus leurs trousseaux de mariage, dont toutes les pièces : draps de lit, chemises, serviettes, etc., sont ornées de larges et splendides broderies d'or, d'argent, de soie de diverses couleurs, enrichies de paillettes et de corail en perles, qui font l'admiration de tous. Beaucoup de ces broderies sont distraites de leur destination pour augmenter les ressources des familles et vendues aux *antikadji* de Constantinople, qui les revendent aux touristes à des prix souvent fabuleux, mais proportionnés à leur mérite.

Quant aux industries exercées par les corporations ouvrières, elles sont bornées à l'extraction, au polissage et à la mise en œuvre des beaux marbres dit « rose d'Orient », que M. Groppler commença à exploiter, il y a une trentaine d'années. Ces marbres sont expédiés en Europe. Une autre industrie de Panderma est la teinture en noir des peaux et des cuirs consommés sur place.

L'ancien nom de Panderma est *Panormo*, appellation aussi commune dans l'antiquité que le nom de *yéni-keuï* (nouveau village) est aujourd'hui commun en Turquie. Plutarque dit, dans sa vie de Lucullus, que Mithridate, arrivant à l'improviste pour assiéger Cyzique avec 150,000 fantassins et une cavalerie nombreuse, occupa les hauteurs situées en face de la ville, sur le continent asiatique. On trouve en effet, dans les terrains environnant Panderma, à défaut d'autres antiquités, beaucoup de très anciennes sépultures pouvant faire supposer que cet endroit a jadis servi de cimetière à une armée.

Aïdindjik, chef-lieu du nahié de même nom, ressortissant du caza de Panderma, est une ville autrefois importante, située à 12 kil. ouest de Panderma et à 10 kil. sud-est d'Erdèk (Artaki) sur la limite même des deux cazas, devant les ruines de Cyzique, au milieu d'une riche végétation, de belles vigees, les unes cultivées en champs, les autres formant de longs festons de pampres jusqu'à la cîme des autres arbres fruitiers qui bordent la route d'Erdèk, sur la côte occidentale de l'isthme. Son nom d'*Aïdindjik* (petit Aïdin) lui a été donné par un ancien compagnon d'armes de l'*Émir Aïdin* qui la construisit tout entière de matériaux tirés des ruines de Cyzique, et en fit sa résidence et le chef-lieu de son domaine. On y compte 5 mosquées à minarets, 10 *mesdjid*, 2 églises, 2 bains publics (*hammam*); 2 *han* ou hôtelleries, 3 fours publics, 11 magasins, 85 boutiques, 19 cafés, 5 huileries, 5 moulins et 870 maisons. Sa population est de 3,480 hab. dont 2,680 musulmans, 200 grecs orthodoxes et 600 arméniens grégoriens. Il y a dans la ville d'Aïdindjik une municipalité, 1 lycée et 8 écoles primaires.

La population totale du nahié d'Aïdindjik est de 7,917 hab. comme suit :

Musulmans	6,704 hab.
Grecs orthodoxes	329
Arméniens grégoriens.	781
Divers.	105
TOTAL. . .	7,919 hab.

Ce nahié est composé de 23 villages. Il s'y trouve 4 *tchiftlik*, (fermes) qui sont *Gulmuch*, *Tchoridân*, *Tékfour*, et *Kétchili*. La principale culture du nahié est celle de l'olivier.

Le nahié de *Manias* comprend, avec le lac de même nom (ancien lac de Milétopolis) décrit plus haut p. 75, 63 villages et une population totale de 14,521 hab, dont 13,012 musulmans, 766 grecs orthodoxes et 743 arméniens grégoriens. Son chef-lieu, situé à 35 kil. au sud de Panderma et à 65 kil. au nord de Balikèsser, au sud-est du lac, passe pour occuper l'emplacement de l'antique Pœmaninus, qui fut sous les Byzantins ville épiscopale, surnommée « la bien défendue ». On voit en effet des ruines antiques et des restes de murailles byzantines sur une colline voisine nommée Mal-tépé. Manias est aujourd'hui un village de 444 hab. auxquels a été adjoint récemment un nombre à peu près égal de *mohadjir* (réfugiés). Il se tient tous les ans à Manias une foire de 15 jours qui commence le 21 mai, et qui donne lieu à des affaires commerciales considérables. Quatre jours entiers sont exclusivement réservés au commerce des moutons. On nomme cette foire *Kouch-panaïri* (la foire aux oiseaux).

Sur la pointe occidentale du lac de Manias est situé le village de *Kozakli*, habité exclusivement depuis plus de 200 ans par des cosaques musulmans qui ont conservé avec soin le costume et les usages de leur pays d'origine. Ils ont pour unique occupation tantôt la pêche dans les lacs de Manias et d'Apollonia et dans le cours inférieur des fleuves et rivières qui passent près de ces lacs ou à travers leurs eaux, tantôt à certaines époques, la fabrication du *caviar* avec les œufs des poissons qui remontent le cours du *Sémav-sou* (Macestus).

Commerce. — Le mouvement commercial du caza de Panderma s'effectue par le port de même nom. Sa valeur moyenne et annuelle se résume comme suit :

Exportation.	14,907,456 fr.
Importation	2,729,152
TOTAL. . .	17,636,608 fr.

CAZA DE BIGHADJIK

Orientation, limites. — Le caza de Bighadjik est situé au sud-est du sandjak de Karassi. Il est limité : au nord-ouest, par le merkez-caza de Balikèsser ; au nord-est, par le merkez-sandjak de Brousse ; au sud-est et au sud-ouest, par le caza de Sanderghi.

Division administrative. — Il n'a point de nahié et l'on y compte 51 villages.

Population du caza. — Sa population totale est de 12,805 hab. dont ;

Musulmans	12 771 hab.
Grecs orthodoxes	34
TOTAL. . .	12,805 hab.

Chef-lieu. — BIGHADJIK, chef-lieu du caza de même nom et du résidence caïmakam, sous-gouverneur, est située sur le flanc occidental d'une montagne connue sous le nom de *Oros-daghi*, formé d'un mot grec et d'un mot turc signifiant l'un comme l'autre « la montagne ». Une belle forêt peuplée de chênes, de hêtres, de charmes, pins et sapins, d'une superficie de 619 kil. carrés, couvre cette montagne qui n'a point de nom particulier.

La ville est entourée de jardins fruitiers, de vignes, de champs de maïs, de sésame et de fèves, encadrée dans les grands arbres de la forêt ; elle est étagée en pente douce ; ses faubourgs s'en vont en égrenant leurs maisons, à travers l'herbe fleurie des pâturages, rejoindre la rive droite du *Sémav-sou* (Macestus). Aux environs, on rencontre de plusieurs côtés d'intéressantes ruines antiques qui ne semblent pas avoir été reconnues par les savants. Une source thermale très renommée reçoit tous les ans de nombreux baigneurs.

A 2 kil. au sud de Bighadjik, une petite rivière, le *Yoghoun-olouk*, se jette dans le *Sémav-sou*. Le long de ce petit cours d'eau s'établissent les tanneurs qui trouvent de grandes vertus à ses eaux remarquablement douces, et qui les considèrent comme les meilleures de toutes pour la préparation des peaux.

La population de Bighadjik, comprise dans le chiffre ci-dessus de celle du caza, est de 3,162 hab. dont 3,128 musulmans et 34 grecs orthodoxes.

Les écoles de ce caza sont au nombre de 24 dont 2 supérieures, et 22 primaires, fréquentées par 569 élèves, comme suit :

	2 *médressé* . . . . : . .	18 élèves
	22 écoles annexés de fondations pieuses.	551
Total.	24 écoles.	569 élèves

Outre le *konak* du gouvernement, l'hôtel municipal et la station télégraphique (correspondance en turc) on compte à Bighadjik 8 mosquées, 2 *médressé*, 1 *tekké* (couvent de derviches) 125 fontaines publiques (tchèchmè), 4 bains publics (hammam), 4 *han* ou hôtelleries, 1 casino, 12 cafés, 82 boutiques, 4 fours publics, 13 tanneries et 726 maisons. Bighadjik est à 40 kil. sud-est de Balikèsser, chef-lieu du sandjak de Karassi, et à 125 kil. sud-ouest de Brousse, chef-lieu du vilayet. Aucune route carrossable ne met ces villes en communication. Le *Sémav-sou* pourrait être d'un grand secours pour l'écoulement économique des productions de ce caza ; mais ce fleuve n'est actuellement navigable que dans son cours inférieur.

La production agricole du caza de Bighadjik consiste surtout en céréales et en fruits. Son importance, ainsi que celle de la production forestière, est considérable. L'industrie locale se borne à des cuirs et peaux, considérés comme les meilleurs du pays.

CAZA DE SANDERGHI

Orientation, limites. — Le caza de Sanderghi est situé au sud-est du sandjak de Karassi. Il est limité : au nord, par le merkez-sandjak de Brousse ; à l'est, par ce même sandjak et celui de Kutahia ; au sud, par le vilayet de Smyrne ; au nord-est et au nord-ouest par le caza de Bighadjik et le merkez-caza de Balikèsser ; et, à l'ouest, par ce dernier.

Division administrative. — Il n'y a point de nahié ; on y compte 68 villages.

Population. — Sa population totale est de 23,145 hab. comme suit :

Musulmans.	22,430 hab.
Grecs orthodoxes	715
TOTAL. . .	25,145 hab.

Chef-lieu. — *Sanderghi*, chef-lieu du caza de même nom, est situé sur la rive gauche du *Sémav-sou*, à 20 kil. sud de Bi-ghadjik, à 56 kil. sud-est de Balikèsser, chef-lieu du sandjak de Karassi, et à 71 kil. ouest de Sémav, chef-lieu du caza de même nom, qui dépend du sandjak de Kutahia.

Sa population, comprise dans le chiffre ci-dessus de celle du caza, est de 1,522 hab. comme suit :

Musulmans.	807 hab.
Grecs orthodoxes	715
TOTAL . . .	1,522 hab.

Il y a dans le bourg et le caza de Sanderghi 33 écoles, dont 2 supérieures, 1 secondaire et 30 primaires, fréquentées par 705 élèves tous garçons, comme suit :

Musulmans	2 *médressé*.	17 élèves
	1 lycée et école préparatoire.	29
	29 écoles annexes de mosquées	639
Grecs.	1 école primaire grecque . .	20
TOTAL. . .	33 écoles	705 élèves

On compte à Sanderghi, outre l'hôtel du gouvernement et l'hôtel municipal, 3 mosquées à minarets, 2 *médressé*, 1 bain public (hammam), 3 *han* ou hôtelleries, 65 boutiques et 400 maisons.

Il existe aux environs deux sources thermales sulfureuses renommées.

La production agricole du caza, fort abondante, consiste surtout en céréales, fruits, sésame et coton.

On fabrique au chef-lieu et dans les villages des tapis et des broderies d'or, d'argent et de soie qui donneraient lieu très probablement à des exportations importantes, si le caza ne manquait absolument de routes , car dans l'état actuel, ces articles sont recherchés, malgré la grande difficulté et par conséquent la cherté du transport.

MUTESSARIFLIK D'ISMIDT

SOMMAIRE DES MATIÈRES

Formation. — Limites. — Superficie. — Division administrative, militaire, religieuse. — Autorités. — Tribunaux. — Gendarmerie, Police. — Postes et Télégraphes. – Population. — Musulmans. — Grecs. — Arméniens. — Israélites. — Tchinganés. — Écoles. — Climat. — Productions. — Mines. — Forêts. — Tabacs. — Eaux minérales. — Agriculture. — Soie. — Bestiaux. — Volaille, OEufs. — Fleuves. — Lacs, marais. — Routes. — Chemins de fer. — Routes carossables. — Ports. — Transports. — Production industrielle. — Commerce. — Mouvement commercial maritime. — Mouvement de l'exploitation du chemin de fer.
Dîmes et impôts. — Dette Publique. — Douanes. — Régie des Tabacs. — Récapitulation.

CAZAS DU MUTESSARIFLIK d'ISMIDT

MERKEZ-CAZA D'ISMIDT

Population. — Écoles. — Ismidt. — Description, historique, production. — Localités remarquables : — Armach. — Khasgal. — Baghtchédjik (nahié de).

CAZA DE KARA-MURSAL

Population. — Production. — Notices historiques.
Nahié : Yalova.

CAZA D'ADA-BAZAR

Population. — Chef-lieu. — Écoles. — Production. — Commerce. Industrie.
Nahiés : Sabandja. — Ak-Yâzi. — Hendèk.

CAZA DE KANDRA OU DE KENDÉRÉ

Population. — Chef-lieu. — Écoles. — Forêts. — Lacs. — Routes.
Nahiés : Chéikbler. — Kaïmas. — Kara-sou. — Aghadjli. — Ak-Abâd.

CAZA DE GUÉIVÉ

Population. — Chef-lieu. — Écoles. — Orta-keuï. — Antiquités. — Soie. — Productions.
Nahiés : Ak-Hissar. — Tharakli.

———

Carte administrative, routière, forestière, etc. du vilayet.

MUTESSARIFLIK D'ISMIDT

STATISTIQUE DESCRIPTIVE

Formation. — Le *mutessariflik* ou *sandjak* d'Ismidt, dont le territoire comprend la majeure partie du pays que les auteurs grecs et latins nommaient « Bithynie », a longtemps formé, sous les ottomans, l'un des plus puissants sandjaks de l'*éyalèt* de Khodavendighiar (Brousse), et en faisait encore partie en 1867 sous son ancien nom de « Khodja-ili. » Lors de la constitution du système administratif actuel, il fut détaché de cet *éyalèt* et compris dans la circonscription du vilayet de Constantinople, auquel il a cessé d'appartenir en 1888, pour relever directement du ministère de l'Intérieur.

Orientation, limites. — Ce mutessariflik est situé au nord de la Turquie d'Asie, par 26°35′ à 28°37′ de longitude, et 40°13′ à 41°15′ de latitude. Il est limité : au nord par la mer Noire, à l'est par le vilayet de Castamouni ; au sud, par le vilayet de Brousse ; et à l'ouest par le territoire asiatique du vilayet de

Constantinople. Il a dans ses dépendances, au sud-ouest, le golfe d'Ismidt, situé dans les eaux de la mer de Marmara. C'est ce même golfe qui reçut successivement dans l'antiquité les noms d'*Olbia*, puis d'*Astacus*, et enfin celui de *Nicomédie* qu'on lui donne encore souvent de nos jours.

Superficie. — La superficie totale du mutessariflik d'Ismidt est de 12,050 kil. carrés. Répartie par cazas, cette superficie se présente comme suit :

Merkez-liva d'Ismidt. . .	1,500 kil. carrés
Caza de Kara-Mursal . .	2,125 —
— d'Ada-Bazar	1,925 —
— de Kandèrè	3,500 —
— de Guéivé.	3,000 —
TOTAL . . .	12,050 kil. carrés

Division administrative. — Le mutessariflik d'Ismidt est divisé administrativement en 1 merkez-liva, siège central de l'autorité civile, en 4 cazas et en 12 nahiés; on y compte en totalité 606 villages, répartis entre ces divers centres administratifs, comme suit :

CAZAS	NAHIÉS	VILLAGES
Ismidt......	Baghtchédjik	66
Kara-Mursal	Yalova.....................................	60
Ada-Bazar............	Sabandja. — Ak-Yâzi. — Hendèk..........	205
Kandra ou Kendéré....	Cheikhler. — Katmas. — Kara-sou. — Ak-	
	Abâd. — Aghadjli..................	167
Guéivé	Ak-Hissar. — Tharakli..	108
5 Cazas	12 Nahiés	606

Division militaire. — Le mutessariflik d'Ismidt appartient, sous le rapport militaire, au 1er corps d'armée (*ordou*) dont le quartier-général est à Constantinople. Ce corps d'armée constitue la garde impériale. Il n'y a pas de garnison de l'armée active (*nizam*) dans ce sandjak, où résident dans leurs foyers 8 bataillons de la réserve (*rédif*), dont les états-majors ont leurs quartiers en permanence aux divers dépôts militaires du sandjak ainsi que les officiers faisant partie des conseils de recrutement et de révision. Chaque année les deux classes de la réserve (avant-garde ou *senf-i moukaddèm* et arrière-garde ou *senf-i tali*) sont convoquées tour à tour pendant un mois pour les manœuvres. — Le mutessariflik d'Ismidt fournit annuellement 1,500 conscrits pour l'armée active (*nizam*) qui, suivant les besoins, sont appelés immédiatement sous les drapeaux ou bien restent dans leurs foyers à la disposition de l'autorité militaire. Le service d'ordre public est fait par la gendarmerie et la police.

Autorités administratives. — Les autorités administratives sont : le *mutessarif*, gouverneur du sandjak, les 4 *caïmakam*, sous-gouverneurs des cazas, et les 12 *mudir*, directeurs des nahiés. — Le *mudir* d'Ak-Yâzi n'a qu'un titre purement honorifique. A Ab-sofou, dans le caza d'Ada-Bazar, localité quelquefois comprise encore parmi les *nahiés*, bien que déchue depuis longtemps de ce rang, il y a également un *mudir* honoraire.

Autorités religieuses. — Pour les musulmans, les autorités religieuses sont les *mufti* et les *naïb* résidant aux chefs-lieux du sandjak, des cazas et des nahiés, et les *imâm* des mosquées.

Les Grecs orthodoxes relèvent du métropolitain, archevêque de Nicomédie dont le siège est à Ismidt.

Les Arméniens grégoriens ont à Ismidt également un archevêque qui a des vicaires à Baghtchédjik et à Ada-Bazar.

Les Arméniens catholiques et protestants, peu nombreux, ont des curés et des missionnaires en diverses localités.

Les catholiques latins ont à Ismidt la mission des Pères augustins français de l'Assomption.

Les israélites, enfin, ont un *rabbin* à Ismidt.

Tribunaux. — Dans chaque chef-lieu de caza siègent un tribunal du *bédâyèt* (droit moderne) et un tribunal du *chér'i* (droit musulman) présidés par le *naïb*. A Ismidt, les tribunaux civil et criminel sont présidés par le *naïb*, et à Ada-Bazar le *mufti* préside le tribunal du *chér'i*. Un substitut du procureur général réside à Ismidt.

Gendarmerie, police. — La gendarmerie du mutessariflik d'Ismidt est commandée par un colonel et un major, résidant tous deux au chef-lieu. Le service d'ordre et de sécurité publics est fait par un détachement de gendarmes à pied et à cheval, des *zabtié* et des agents de police, sous les ordres d'un commissaire.

Postes et Télégraphes. — L'administration des postes et télégraphes possède des agences postales dans tous les chefs-lieux des diverses circonscriptions administratives du sandjak.

Elle a également dans ce sandjak 7 stations télégraphiques, dont 3 de service international (Ismidt, Sabandja et Guéivé), c'est-à-dire où la correspondance est reçue ou expédiée en turc ou en français, et 4 de service intérieur (Ada-Bazar, Kandèrè, Aghadjli (Indjirli) et Tharakli), où la langue turque est seule admise.

Population. — La population totale du mutessariflik d'Ismidt, d'après les derniers recensements scrupuleusement contrôlés, est de 222,760 hab.

Le tableau ci-après décompose ce chiffre total de **222,760** hab. par cazas et par communautés, comme suit :

CAZAS	MUSULMANS			GRECS ORTHODOXES	ARMÉNIENS			ISRAÉLITES	TCHIGANÈS (BOHÉMIENS)	TOTAUX par CAZAS
	INDIGÈNES		RÉFUGIÉS		GRÉGORIENS	CATHOLIQUES	PROTESTANTS			
	SÉDENTAIRES	NOMADES								
Ismidt.	17.048	»	1 175	14.890	17 770	390	390	2 500	»	54.163
Kara-Mursal ...	9.400	»	600	10.151	3 875	»	»	»	»	24.026
Ada-Bazar	34.000	45	7.329	2.997	12 810	»	1.410	»	1.007	59.598
Kandra ou Kendéré	36.000	95	2.357	6 276	5 101	»	»	»	»	49.829
Guélvé.........	20.766	190	710	6.481	6.752	»	137	»	108	35.144
TOTAUX PAR COMMUNAUTÉS OU RACES	117.214	330	12.171	40.795	46.308	390	1 937	2.500	1 115	
									TOTAL GÉNÉRAL	222.760

Musulmans. — Comme l'indique le tableau ci-dessus, les musulmans du sandjak d'Ismidt se subdivisent en trois principales catégories : 1° les *indigènes sédentaires,* qui forment la grande majorité de cette communauté en même temps que celle des habitants du sandjak ; 2° les *indigènes nomades,* qui sont sur le point de disparaître et de se fondre dans la masse des sédentaires dont ils ne représentent plus actuellement qu'environ le 1/400 ; 3 enfin, les *réfugiés* (mohâdjir) tous sédentaires.

Indigènes sédentaires. — Les musulmans indigènes sédentaires sont, en premier lieu, les descendants des Turcs ottomans qui, sous le règne d'Osman, fondateur de l'empire et chef de la dynastie ottomane, ont fait, en 1326, la conquête de Nicomédie (Ismidt) et des contrées environnantes. A ces descendants des conquérants, il faut joindre ceux des habitants d'alors, grecs et autres, qui ont, en très grand nombre, embrassé la religion du vainqueur, soit dès cette époque, soit par la suite.

En dernier lieu, il faut encore y ajouter un troisième contingent assez important par le nombre et devenu précieux depuis que le gouvernement est parvenu, non sans peine, à dompter ses instincts sauvages et à utiliser ses aptitudes toutes spéciales pour les travaux agricoles et le service militaire. En effet, ce troisième contingent est formé d'immigrations successives en Turquie de musulmans étrangers, sujets russes. La première est celle des *tatar* (tartares) de Crimée, qui eut lieu en 1851. Les autres, beaucoup plus importantes, sont les immigratibns des *tcherkèss* (Circassiens), qui ont commencé en 1855 jusqu'en 1864 en Turquie d'Europe, puis, en Asie, à partir de cette date jusqu'en 1866. Les *tatar*, foncièrement doux, obéissants, et d'ailleurs habitués à travailler aux champs, furent immédiatement casés et acclimatés. Mais l'assimilation des *tcherkèss* ne se fit pas tout d'abord sans difficultés. Longtemps il leur répugna de gagner leur subsistance par leur travail ; longtemps les terres qui leur furent distribuées restèrent, sinon incultes, du moins peu cultivées, et les nouveaux villages furent, pour leurs voisins, un incessant objet d'inquiétudes, de craintes trop souvent bien fondées, et pour les autorités locales, une source de tracasseries et d'ennuis de toutes sortes.

Aujourd'hui, la population *tcherkèss* n'a plus rien qui la distingue des autres membres de la communauté musulmane ; elle est complètement assimilée. Toutefois, on peut reconnaître un village *tcherkèss* à l'aspect riant, à la propreté parfaite de ses abords, à la bonne tenue des voies publiques, des cours des maisons, des granges ; enfin et surtout, à la culture soignée et florissante des champs d'alentour. Les plus belles fermes du mutessariflik d'Ismidt appartiennent, soit à de riches habitants de Constantinople, comme celle de Vézir-tchiftlik, qui y ont introduit, sous la direction de spécialistes compétents, les perfectionnements de l'agriculture moderne, soit à des villages *tcherkèss* dont les habitants savent suppléer au défaut de science agronomique et d'instruments agricoles coûteux, par un travail intelligent, assidu et une vigoureuse volonté de bien-faire.

D'un autre côté, les *tcherkèss* ont acquis également ce qui

leur manquait afin d'être aptes à bien servir dans l'armée; ils se
sont laissés former à la discipline militaire et ont fait de tels
progrès moraux, qu'ils se sont rendus dignes d'être cités parmi
les troupes d'élite de la garde impériale.

Indigènes nomades. — Les musulmans, indigènes nomades, au nombre total de 330 dans les cazas d'Ada-Bazar, de
Kandèrè et de Guéivé, sont, comme ceux du mont Olympe, des
restes de tribus turques de même origine que les seldjoukides,
dont ils ont été les précurseurs pacifiques. Leurs mœurs, usages
et coutumes sont absolument les mêmes.

Réfugiés ou **Mohâdjir.** — Les réfugiés (*mohâdjir*) sont
des immigrants des anciennes possessions directes de l'empire qui, à la suite de la dernière guerre turco-russe, ont
été cédées à la Russie, à la Roumanie, ou sont devenues auto-
nomes, telles que le Lazistan, la Dobroudja, la principauté vas-
sale de Bulgarie et la Roumélie Orientale. Leur nombre total est
de 12,171 dans le mutessariflik d'Ismidt. Le nombre de ces immigrants tend incessamment à s'accroître par un mouvement
continu d'émigration que provoquent sans cesse les traitements
qu'ils qualifient d'injustes et dont ils sont victimes dans leur pays
d'origine. La continuité de ce mouvement a nécessité en Turquie
la création d'une administration spéciale chargée de fournir aux
immigrants, dès leur arrivée, un abri provisoire, du pain, des
vêtements, car beaucoup arrivent à Constantinople dans les conditions les plus déplorables et sans aucune ressource. Quand le
petit territoire qui doit leur être assigné pour construire un
nouveau village, est désigné, il faut leur procurer des moyens
de transport et la nourriture aux frais de l'État, et, enfin, à leur
arrivée à destination, leur fournir encore des abris provisoires,
des matériaux de construction, de quoi faire leurs semailles, de
quoi se nourrir et se vêtir jusqu'à la récolte, tout l'absolu nécessaire, en un mot.

Tous ces immigrants, rouméliotes, bulgares, lazes, sont
très laborieux. La plupart sont cultivateurs, mais, pressés par

la nécessité, beaucoup se sont ingéniés à trouver des profits immédiats. C'est ainsi que des Bulgares ont créé dans certaines forêts des scieries primitives, et font le commerce des planches; que des Rouméliotes ont établi des services de transport de marchandises par petites voitures, etc. En résumé, ces réfugiés ne sont pour l'État qu'une charge passagère, et pour les pays qu'ils habitent c'est une heureuse acquisition. Outre les secours officiels que la sollicitude du souverain s'efforce de leur prodiguer, la charité particulière vient également à leur aide. Il existe à un kil. environ de Sabandja un village de 300 maisons peuplé d'émigrés musulmans de Batoum, tous cultivateurs, où Hassan Fehmi Pacha, haut fonctionnaire ottoman, ancien ministre des Travaux publics, aujourd'hui gouverneur général du vilayet de Smyrne, et qui lui-même est un émigré laze, a fait élever à ses frais, pour ses compatriotes, une belle mosquée et une école bien aménagée.

Grecs orthodoxes. — Les Grecs orthodoxes, qui forment un peu moins du cinquième de la population totale du sandjak, sont très probablement les descendants directs des peuples autochtones ou du moins des Bithyniens. Ils n'ont rien qui les distingue des autres Grecs de l'empire ottoman, sauf une particularité peu commune : non seulement, pour la plupart, ils ne savent pas parler leur propre langue, mais encore ce n'est pas de la langue dominante, le turc, qu'ils font usage. Dans les cazas d'Ada-Bazar et de Guéivé, par exemple, la population grecque ne parle que l'arménien.

Arméniens. — La communauté arménienne du rite dit grégorien, à laquelle se rattachent encore assez intimement les protestants, car ils n'en sortent jamais qu'avec le désir d'y rentrer bientôt, représente à peu de chose près le quart des habitants du mutessariflik d'Ismidt. Quoique relativement nombreuse, elle n'y compte point parmi les plus anciennes. La date de son arrivée ne remonte qu'à l'année 1608, époque où elle abandonna son pays d'origine pour échapper à la tyrannie du roi de Perse, Abbâs-le-Grand, qui en avait fait passagèrement la conquête. Cette colonie, toute composée de gens riches, experts au commerce, et d'artisans laborieux, apporta dans chaque caza, dans chaque ville ou village où des colons arméniens s'installèrent, un élément nouveau de prospérité qui n'a point cessé de se perpétuer, notamment dans la ville d'Ada-Bazar, devenue importante à partir de l'arrivée de cette nouvelle population, — et dans les centres commerçants, industriels ou consacrés à de hautes études, tels que Armach, Aslan Bey et Baghtchédjik presque entièrement peuplés d'Arméniens.

Arméniens catholiques. — Les Arméniens catholiques, dont le nombre est inférieur à celui des protestants, et par conséquent peu considérable, ne sont pas les restes d'une immigration ancienne ou nouvelle, mais simplement des individus venus isolément à Ismidt et à Baghtchédjik, dans un but quelconque, et que des convenances personnelles ont amenés à s'y fixer. On sait d'ailleurs qu'ils ne sont point originaires des provinces du nord-est de la Turquie d'Asie, limitrophes de la Perse et de la Russie, comme les Arméniens grégoriens et les protestants, mais du petit royaume d'Arménie qui existait au sud, en Cilicie, du temps des croisades, et dont les derniers rois furent des français de la maison de Lusignan de Chypre.

Israélites. — Comme presque tous les israélites de Turquie, ceux d'Ismidt sont venus d'Espagne lors de leur expulsion en masse de ce pays.

Tchingâné. (Bohémiens). — Les *tchingâné* des cazas d'Ada-Bazar et de Guéivé, auxquels les registres administratifs donnent le nom de *coptes* qui appartient aux Égyptiens chrétiens, sont de la même race que les *bohémiens* de France, les *gipsies* d'Angleterre, les *zingari* d'Italie, les *gitanos* d'Espagne, les *tziganes* de Hongrie, etc. Leurs mœurs et coutumes, leurs goûts, leurs aptitudes, sont partout les mêmes, comme tout ce

qui les concerne. On ne sait jusqu'aujourd'hui rien de bien po-
sitif touchant leur origine.

Écoles. — Les écoles du mutessariflik d'Ismidt sont au
nombre de 590, dont 23 supérieures, 29 secondaires et 538
primaires ou élémentaires, fréquentées par un nombre total
de 11,025 élèves dont 9,886 garçons et 1,140 filles, comme
suit :

CAZAS	MUSULMANS		GRECS ORTHODOXES			ARMÉNIENS								ISRAÉLITES			TOTAUX par CAZAS		
						GRÉGORIENS			CATHOLIQUES		PROTESTANTS								
	Écoles	Élèves (GARÇONS)	Écoles	Garçons	Filles	Écoles	Garçons	Filles	Écoles	Élèves	Écoles	Garçons	Filles	Écoles	Garçons	Filles	Écoles	Garçons	Filles
Ismidt (merkez-caza)......	29	496	4	450	»	6	644	310	2	85	2	120	»	2	120	80	42	1.615	390
Kara-Moursal..............	52	595	»	»	»	»	»	»	»	»	»	»	»	»	»	»	52	595	»
Ada-Bazar.................	201	2.092	3	250	100	9	4 0	310	»	»	2	50	120	»	»	»	215	3.302	530
Kandra ou Kendéré........	141	1.869	6	314	»	6	284	50	»	»	»	»	»	»	»	»	153	2.467	50
Guéivé....................	118	1.326	4	286	90	5	240	80	»	»	1	55	»	»	»	»	128	1.907	170
TOTAUX PAR COMMUNAUTÉS	542	6.378	14	1.000	190	26	2.078	750	2	85	5	225	120	2	120	80	590	9.886	1.140

Ce tableau sera complété plus loin, dans les cazas respectifs, par l'indication des écoles (de garçons et de filles) de chaque degré d'enseignement et du nombre d'élèves afférent à chacune d'elles.

Climat. — En 1889, les marais des environs d'Ismidt ont été desséchés et les fièvres paludéennes ont presque entièrement disparu de cette partie du mutessariflik, où elles étaient permanentes de temps immémorial et en toute saison. Actuellement, les seules contrées malsaines sont, durant les chaleurs de l'été, les environs du lac Ak-gueul, peu étendus, dans le caza de Kendéré, à 5 kil. environ des bords de la mer Noire. Partout ailleurs, le climat est très salubre et la température, presque toujours agréable, dépasse rarement + 26' à 30° centigrades en été et ne descend à quelques degrés au-dessous de zéro que durant certains hivers exceptionnels ou sur les montagnes.

Production agricole. — La production agricole du mutessariflik d'Ismidt est estimée, en moyenne annuelle, à un peu plus de 2 millions d'hectolitres de blé, d'orge, d'avoine, seigle, maïs, riz, millet et autres céréales, et de 20 millions de kilogr. de fruits et légumes, produits textiles, tabac, opium, cire, miel, etc., comme suit :

	Hectol.		Hectol.		Hectol.
Blé	291.300	Maïs	780.200	Riz.	167.000
Orge.	104.200	Méteil. . . .	60.000	Vesce	57.460
Avoine	154.400	Millet	182.550	Divers	69.800
Seigle	62.500	Kaplidja (épeautre) .	76.950		

	Kilogr.		Kilogr.		Kilogr.
Graine de lin .	759.315	Châtaignes . .	409.155	Cire	65.407
Fèves	62.347	Raisins frais .	3.111.688	Miel	520.200
Pois chiches. .	70.500	Fruits divers .	4.052.690	Cocons. . . .	1.008.808
Fasécles (fèves des marais)	6.890	Oignons . . .	2.167.845	Soie grège . .	26.885
Haricots . . .	261.100	Aulx	2.768.631	Filasse de chanvre . .	19.245
Lentilles . . .	131.550	Pommes de terre	1.967.950	Tabac. . . .	519.592
Sésame . . .	18.270	Légumes frais .	2.222.600	Fromages . .	145.500
Amandes . . .	38.930	Coton	133.107		
Noix . . .	523.953	Opium . . .	2.565		

	Pièces
Œufs.	44,200,000
Poulets	305,000
Peaux de bœuf	7,000

N. B. Ces totaux seront plus loin divisés par quantités afférentes à chaque caza séparément.

Mines et minières. — Les reconnaissances et études préliminaires faites par les diverses compagnies de chemins de fer ont donné la certitude qu'il existe dans le mutessariflik d'Ismidt de nombreux gisements de houille, principalement formés de lignites. Les ingénieurs chargés de ces études préliminaires ont constaté en assez grand nombre des affleurements de cette nature. Ils ont eu entre leurs mains quantités d'échantillons de manganèse, de pyrites de cuivre et de zinc qu'on leur apportait pour avoir leur avis sur la valeur de ces minerais, mais on n'a pas voulu jusqu'ici leur en indiquer le lieu de provenance.

Outre les gisements houillers, les carrières de pierre à chaux et de pierre à plâtre ou gypse, abondent dans toute cette contrée. Le ministère vient d'accorder à Dertad Dadian Effendi, pour 99 années, la concession d'une mine de cuivre située à Orta-keuï, près de Guéivé. On connaît à Kara-sou, nahié du caza de Kandèrè, une mine de plomb argentifère, dont la concession a été demandée par un notable du lieu et qui ne l'a pas encore obtenue jusqu'ici. L'unique exploitation en cours est celle d'une mine de manganèse, située à 11 kil. du village de Kourt-Bèlèn, dépendance du nahié d'Ak-Hissar, dans le caza de Guéivé, dont les produits sont dirigés régulièrement sur Constantinople par le concessionnaire, Oussep-Agha. On assure qu'il existe plusieurs autres mines dignes d'intérêt dans ce même caza de Guéivé.

Forêts. — Les forêts sont très nombreuses et d'une étendue considérable dans le mutessariflik d'Ismidt tout entier. C'est dans les cazas de Guéivé, d'Ada-Bazar et de Kendéré surtout que se trouve le centre principal de la grande région forestière connue

depuis la conquête ottomane sous le nom pittoresque et suffisamment significatif de « mer d'arbres » (Aghadj-Dénizi). On
n'a aucune notion plus ou moins approximative des ressources
énormes que pourrait fournir l'exploitation régulière de cette
magnifique région qui, malgré le manque absolu de tout soin,
de toute surveillance, les abus et les déprédations, les fréquents
incendies et mille autres causes de ruine qu'il serait trop long
d'énumérer, reste toujours aussi belle et semblerait être inépuisable. Les contrées forestières exploitées avec une sorte de régularité, soit par l'État, soit avec quelque apparence de contrôle
de sa part, sont elles-mêmes assez peu connues. On ne saurait
en indiquer la superficie exacte, ni la situation précise, et l'on
doit se borner à dire où se trouvent situés les principaux chantiers et de quelle essence se composent les peuplements de leur
voisinage, soumis à une exploitation permanente.

Les forêts des environs d'Ismidt sont principalement exploitées pour la fabrication du charbon. Leur peuplement consiste surtout en chênes, arbousiers, hêtres, pins et sapins. Les
charbonnières de ces forêts transportent leurs produits dans les
dépôts de la ville d'Ismidt, d'où ils sont en grande quantité expédiés journellement à Constantinople à bord de petits voiliers,
à raison de 10 à 12 paras (5 à 6 centimes l'oke, soit 5 fr. 75 à
6 fr 90 les 128 kil.

Il y a dans le caza d'Ada-Bazar, aux environs du nahié de
Hendèk, des forêts exploitées directement par le ministère de
la marine. Douze chantiers y sont établis pour la fabrication des
bois de charpente et autres, nécessaires aux constructions navales que le gouvernement fait exécuter à l'arsenal maritime
d'Ismidt.

D'autres cantons forestiers, aux limites de ceux qui appartiennent à l'État, fournissent annuellement à l'exportation une
moyenne de 50,000 planches de bois de noyer, expédiées par le
port d'Ismidt. On fabrique aussi dans ces forêts des charbons
pour la plupart dirigés par la même voie sur Constantinople, à
peu près aux mêmes prix que ceux des environs d'Ismidt qui
constituent une moyenne. La distance des charbonnières au

port d'exportation est d'environ 60 kil. ; elle est d'environ 25 kil.
entre Hendèk et Ada-Bazar , où commence la chaussée carrossable , le parcours de ces 25 premiers kil. est assez difficile et
grève le produit transporté de frais surélevés.

De vastes forêts, peuplées principalement de chênes, de hêtres, de pins, sapins et peupliers, s'étendent tout autour de
Guéivé, chef-lieu du caza de même nom, à une distance moyenne
de 20 kil. de ce petit bourg. Leur exploitation, contrôlée par
l'État, se fait assez régulièrement sur une profondeur d'environ 15 kil. Certains cantons de ces forêts, dont le peuplement
se composait surtout de vieux et superbes noyers, commencent
à s'éclaircir, mais cependant on en tire encore une moyenne de
6,000 planches et d'importantes quantités de fort belles loupes.
Guéivé n'étant éloigné d'Ismidt que d'environ 45 kil. par voie
carrossable et de 63 kil. par le chemin de fer, les produits de ce
caza peuvent être transportés à des prix avantageux dont le
commerce des bois profite. Aussi estime-t-on à 400,000 douves
de bois de hêtre, outre les 6,000 planches de noyer et les loupes précitées, auxquelles il faut ajouter de nombreuses billes de
tilleul, d'orme, de hêtre, de chêne, et de beaux pins et sapins
entiers pour mâture, les expéditions annuelles de ces forêts tant
sur le port d'Ismidt qu'au delà.

Il serait presque impossible d'apprécier le rendement des autres forêts de ce mutessariflik, qui ne sont pas surveillées et ne
pourraient l'être du reste que bien difficilement. Leur exploitation, très abusive, n'a pour objet que la consommation locale
et la fabrication du charbon presque entièrement dirigé par
araba (chariots) à travers monts, vallées et fondrières, sur la
ville de Scutari (Chrysopolis), faubourg asiatique de Constantinople, voyage dont la durée n'est pas moindre de huit à dix jours
et même plus pour certaines charbonnières, car la distance à
parcourir est grande et les routes, outre qu'il n'en existe que de
courts tronçons aux abords des villes, sont fort mal entretenues.
Le prix moyen actuel de ce charbon sur le marché de Scutari est
de 10 médjidiés l'araba chargé de 500 okes, soit environ
45 francs la charge de 641 kilogr. Un tiers à peu près du char-

gement, c'est-à-dire tout ce qui peut être vu, se compose de charbon de chêne de premier choix, de 8 à 12 centimètres et plus de diamètre, sur environ un mètre de long ; les deux autres tiers sont un mélange de morceaux moyens ou tout petits, de débris et de poussière.

Salines. — D'anciennes salines attenantes à la ville d'Ismidt existaient au fond du golfe il y a quelques années. L'administrations de la Dette publique les a supprimées et a assaini ainsi toute la partie est de la ville.

Tabacs. — La culture du tabac est assez importante dans le caza d'Ada-Bazar qui produit annuellement une moyenne de 513.178 kilogr. de feuilles ; dans celui d'Ismidt, elle est d'environ 90,000 kilogr. et dans le caza de Guéivé, elle n'est que de 6.414 kilogr. La qualité de ce tabac est à peu près la même que celle des tabacs du merkez-sandjak de Brousse ; la production des deux autres cazas étant insignifiante, les quantités précitées sont absorbées par la consommation locale.

Eaux minérales. — On rencontre plusieurs stations thermales assiduement fréquentées dans les cazas de Kara-Mursal, Ada-Bazar et Guéivé. La plus renommée est celle de Dagh-Hammâm, ou Houri-Yalova, située dans le nahié de Yalova, dépendant du caza de Kara-Mursal. — Sa célébrité remonte à une haute antiquité ; les habitants de Byzance y avaient établi des thermes sous la protection d'Hercule, avec un sanctuaire dédié à Esculape. Plus tard, sous l'empereur Constantin, l'impératrice Hélène, sa mère, à son retour de Jérusalem, fit abattre ces édifices païens et les remplaça par de nouveaux thermes couverts, dit-on, des mêmes coupoles qui subsistent encore aujourd'hui. Non loin de là, se voient les ruines de l'hospice et du palais que cette même impératrice fit construire sur les ruines de l'ancienne Drépanon, aujourd'hui Yalova, bourg que Constantin, pour honorer sa mère à qui plaisait le séjour de cette vallée ombreuse, éleva au rang de ville en lui donnant le nom d'Hélénopolis. Il aimait lui-même à se reposer des soucis du gouvernement au milieu des sites agréables du golfe de Nicomédie, et c'est auprès du palais de sa mère qu'il mourut, dans sa ville d'Ancyron, à Héréké. Sous Justinien, l'impératrice Théodora, sa femme, visita les bains d'Hélénopolis, avec une suite de 4,000 personnes, circonstance rappelée dans un rapport récent de la Société impériale de médecine de Constantinople, chargée en 1892 d'étudier les eaux de Yalova, propriété de la Liste civile. Ce même rapport rappelle également que, dans ces derniers temps, feu le docteur Millingen eut l'honneur d'y conduire la validé sultane, mère du sultan Abd ul-Médjid.

Parmi les souvenirs historiques qui se rattachent directement à Yalova, figure la désastreuse retraite dite : *retraite d'Hélénopolis* de l'armée des croisés, commandée par Pierre l'Ermite et Gauthier-sans-Avoir. C'est dans la contrée environnante, qu'après la défaite de cette armée où périrent 25,000 croisés français, d'après Anne Comnène, les turcs Seldjoukides élevèrent avec leurs ossements une pyramide triomphale.

Les sources thermales qui alimentent les bains de Dagh-Hammâm jaillissent des fissures d'une roche formant le lit d'un ruisseau situé sur le flanc du *Dagh-Hammâm* mont du bain) à 80 mètres d'altitude et à 8 kil. au sud-ouest du petit port de Yalova. Une route carrossable conduit de ce port aux bâtiments des bains qui sont à proximité des sources. Celles-ci sont au nombre de cinq, toutes dans le lit du ruisseau. La température des eaux dépasse 60° centigrades. Leur analyse y a fait rencontrer du sulfure d'hydrogène, de l'iode, de l'azote. On estime qu'elles sont très efficaces contre les rhumatismes, le diabète, les vices de constitution héréditaires ou acquis, et les catarrhes chroniques.

La Société impériale de médecine de Constantinople, approuvant les conclusions du rapport cité plus haut, a été d'avis que les thermes de Dagh-Hammâm, près Yalova, doivent être classés parmi les acratothermes et les thermes sulfurés, et que leur composition physico-chimique les place au premier rang des sources analogues déjà connues, telles que celles d'Aix-les-

Bains, d'Enghien, etc. D'après ses conseils, les installations existantes ont été démolies et remplacées par un nouvel établissement balnéaire possédant tous les éléments nécessaires au succès des cures, ainsi qu'un hôtel, des casinos, des châlets pour les malades aisés, et des maisons modestes mais hygiéniques pour les pauvres, une salle de concert et de lecture, des routes ombragées, des bancs de repos, toutes choses que la configuration du terrain et les forêts situés à cet endroit rendent d'une exécution facile. Un service de bateaux à vapeur entre Constantinople et Yalova et un service de voitures entre ce dernier port et Dagh-Hammâm, régulièrement organisés, permettent de faire ce trajet en quatre heures environ.

La station thermale du caza d'Ada-Bazar, se trouve située près du village de Kouzilik, à 30 kil. environ au sud-est d'Ada-Bazar, chef-lieu du caza, et à 4 kil. au sud-est d'Ak-Yâzi, nahié duquel dépend ce village. La municipalité du caza a fait capter la source sulfureuse et élever à ses frais un bel établissement de bains qu'elle loue par adjudication chaque année, à des conditions inscrites dans un cahier des charges. Ces thermes sont fréquentés pendant la belle saison par un grand nombre de malades que les agréments de la localité, très pittoresque et très salubre, entourée de vastes forêts de conifères, y font séjourner longtemps. On ne connaît pas exactement le degré de chaleur des eaux de cette source; leur analyse chimique n'a pas été faite non plus; on sait seulement que les sulfures y dominent, mais leur efficacité contre plusieurs maladies est notoire.

Il en est de même en ce qui concerne les eaux thermales du caza de Guéivé, consistant en deux sources, l'une située au village d'Ilidja, près Zarakli, chef-lieu du nahié de même nom, à 24 kil. est du bourg de Guéivé, et l'autre à 9 kil. seulement de cette même localité, sur le parcours de la chaussée carrossable.

Les bâtiments du premier de ces deux bains tombent en ruines.

Agriculture. — Le mutessariflik d'Ismidt est essentiellement agricole, si l'on en juge par sa force productive comparée à l'étendue de la superficie cultivée, qui ne peut guère être estimée à plus du tiers de sa superficie totale, soit environ 4.090 kil. carrés. Le nombre des fermes (tchiftlik) contenues dans cet espace relativement restreint, n'est pas moindre de 333, dont 39 dans le merkez-liva d'Ismidt, 45 dans le caza de Kara-Mursal, 97 dans le caza d'Ada-Bazar, 47 dans le caza de Kandèrè et 105 dans le caza de Guéivé. Chacune de ces fermes possède un moulin d'ancien système, et il y a, en outre, deux moulins à vapeur à Ismidt qui servent presque exclusivement à moudre des blés étrangers; le tiers de la farine de ces deux machines à vapeur est exporté, et les deux autres tiers sont consommés tant dans les villages des environs d'Ismidt qu'à Ada-Bazar et à Sabandja. Cette situation fait ressortir, à première vue, deux faits principaux qui sont : l'insuffisance des 333 moulins d'ancien système annexés aux fermes du pays à produire la farine nécessaire à son alimentation, et l'avantage que trouvent les producteurs de céréales à exporter leurs blés en nature.

Quoi qu'il en soit, la grande abondance des produits du sol du mutessariflik d'Ismidt ne saurait nullement être attribuée aux connaissances agronomiques des cultivateurs, qui n'ont d'autre guide que la routine et sont réduits aux instruments aratoires les plus primitifs, sans songer d'ailleurs à se rendre compte de leur ignorance, et sans vouloir croire à l'existence de meilleurs systèmes, ni d'instruments plus parfaits. Du reste, ils sont bons travailleurs, ne regardent pas à la peine, mais craignent surtout la dépense. Au fur et à mesure que les chemins de fer leur procureront des moyens prompts et économiques d'écouler leurs produits, leurs bénéfices s'accroissant ainsi, ils voudront sans doute les rendre plus fréquents en produisant davantage. Les améliorations leur sembleront alors moins coûteuses et ils y viendront d'eux-mêmes, suivant les exemples que leurs voisins du vilayet de Brousse commencent déjà à leur donner, sous l'impulsion, il est vrai, du gouvernement et des administrations diversement intéressées à la prospérité de la Turquie.

Actuellement, ainsi qu'on peut le voir plus haut, au tableau de la production agricole, les plus abondants produits de ce sandjak sout les céréales, la cire et le miel, la soie, les œufs, etc., et surtout les fruits et légumes de toutes sortes.

Le caza principal producteur de céréales et plus spéciale-ment de blé et de maïs, est celui de Kandéré, situé au nord et baigné par la mer Noire. Sa production moyenne annuelle ap-proche de 900,000 hectolitres, dont 130,000 hectolitres de blé et de 325,000 hectolitres de maïs. Après ce caza vient celui de Guéivé, situé au sud-est, puis le merkez-liva d'Ismidt, à l'ouest ; en quatrième ligne se présente, à l'est, le caza d'Ada-Bazar ; et enfin celui de Kara-Mursal, au sud-ouest, n'ayant qu'un chiffre de production moyenne en céréales de 242,250 hectolitres de céréales par an.

On prétend que la culture du maïs dans le sandjak d'Ismidt ne date que de l'installation des réfugiés circassiens (tcher-kèss), dont la première immigration en Turquie d'Asie, au nombre de 413,000, qui ont été répartis entre plusieurs vilayets de l'Asie-Mineure, n'a eu lieu qu'à commencer de l'année 1281 (1864) jusqu'en 1283 (1886). La réalité d'un pareil fait est bien peu probable, car la culture du maïs est si notoirement ancienne en Turquie, que dès l'introduction de ce grain en France il y a été vulgairement connu sous le nom de « blé de Turquie. » Dans les départements de l'est de la France, en Franche-Comté surtout, qui de temps immémorial sont grands producteurs de maïs et grands consommateurs de « gaudes », nom local de la bouillie de farine de ce grain, on n'appelle jamais un épi de maïs autrement qu'un « turquie ». On peut cependant admet-tre que la production du maïs s'est en effet augmentée en Tur-quie d'Asie dans la seconde moitié du présent siècle, au fur et à mesure que les immigrations des tcherkèss et des lazes ont augmenté le chiffre de la population, et ce surcroît de produc-tion a dû être proportionné à la grande consommation faite par ces nouveaux habitants, qui se nourrissent presque exclusive-ment de maïs.

Les immigrations des Bulgares musulmans, forcés de quitter

leur pays natal devenu pour eux inhabitable, ont dû contribuer aussi beaucoup à l'extension de la culture du maïs en Asie. Mais ces immigrations de populations actives, intelligentes, laborieuses, ont eu surtout et auront encore, — car elles ne sont pas près de cesser, — pour principal résultat, d'introduire dans le pays, avec le goût du travail et des méthodes de culture déjà moins rudimentaires, plusieurs intéressantes industries propres à aider beaucoup l'agriculture, le commerce et les exploitations forestières. Telles sont, par exemple, les petites entreprises de roulage créées en plusieurs endroits avec succès par les immigrants bulgares, et les scieries établies par eux dans quelques forêts du vilayet de Brousse et du mutessariflik d'Ismidt. On leur doit aussi, sinon l'introduction de la culture de la pomme de terre essayée déjà depuis dix à quinze ans avant leur venue sans résultats bien appréciables, du moins la nouvelle impulsion imprimée à cette culture, aujourd'hui en pleine voie de réussite dans toute la zone qui s'étend aux alentours de Constantinople, tant en Asie qu'en Europe, sur un rayon d'environ 100 kil., en moyenne.

Déjà la quantité de la production dans cette zône, et notamment aux environs d'Ada-Bazar, atteint des proportions tout à fait commerciales, et sa qualité ne laisse rien à désirer. Les pommes de terre de certains villages turcs sont reconnues comme valant pour le moins les meilleures sortes maltaises. Si les importations de pommes de terre anglaises et françaises, bien loin de diminuer, sont au contraire en progrès, ce n'est ni à la supériorité de leur qualité ni à l'infériorité de leur prix qu'il faut l'attribuer, mais plutôt à l'insuffisance du chiffre de la production ottomane qui ne saurait encore d'ici à longtemps satisfaire aux besoins toujours croissants de l'alimentation publique. Les prix courants des pommes de terre de provenance étrangère ou indigène sont du reste les mêmes sur les marchés de Constantinople, où la production du mutessariflik d'Ismidt tient déjà une place importante. En effet, Ada-Bazar, principal centre de cette production, envoie à Constantinople la majeure partie de sa récolte annuelle de pommes de terre, qui s'est élevée en 1892 à 1,282,950 kilog., tandis que la récolte totale du mutessariflik d'Ismidt n'a été, en cette même année, que de 1,697,950 kilog., de pommes de terre.

Le caza d'Ada-Bazar n'est pas moins bien partagé relativement à ses récoltes d'oignons, d'ail et de légumes frais, montant en moyenne à plus de 3 millions de kilogr., par an, sur 7 millions environ des mêmes produits récoltés dans le sandjak entier. Pour les raisins frais et autres fruits, il tient aussi la première place, mais avec un avantage moins sensible, car la récolte totale du merkez-liva et des quatre cazas étant d'environ 7 millions de kilogr., la moyenne des cinq circonscriptions serait de 1.400.000, tandis que la quantité de raisins frais et autres fruits récoltés dans le caza d'Ada-Bazar en 1892 a été de 1,758,510 kil.

Une proportion analogue à celle-ci se rencontre dans la production des légumes proprement dits : fèves, pois-chiches, faséoles, haricots, lentilles, qui donne pour les 5 circonscriptions du sandjak un chiffre total de 532,387 kilogr.

Les 3 cazas producteurs de graine de lin sont encore en première ligne Ada-Bazar, avec une récolte de 513,178 kilogr., puis Kandéré avec 151,137 kilogr. et enfin Guéivé avec 95,000 kilogr., soit un total de 759,315 kilogr. de graine de lin récoltés dans le mutessariflik d'Ismidt en 1892.

Le sésame est cultivé sur une échelle de moyenne importance dans les 5 circonscriptions administratives de ce sandjak. Sa récolte totale n'est que d'un peu plus de 18,000 kilogr. employés en grande partie à la fabrication de l'huile dans 14 huileries spéciales, dont 14 à Ismidt et aux environs et 3 à Kara-Mursal.

La remarquable fertilité du mutessariflik d'Ismidt, son état agricole relativement assez avancé, l'ont fait choisir par la *Société du chemin de fer ottoman d'Anatolie* pour y établir, à Buyuk Derbènd, à Sabandja et à Ada-Bazar, des pépinières, des terrains d'essai de diverses cultures nouvelles propres à être introduites en Turquie d'Asie, et des plantations modèles.

Parmi les principaux objets qui ont déterminé la création de ces établissements. on s'est proposé sans aucun doute d'avoir

sous la main, dans les pépinières, des quantités de jeunes plants
suffisantes au peuplement de vastes espaces situés le long de
la ligne de ce chemin de fer dans le vilayet d'Angora. Ces contrées, déjà connues dans l'antiquité sous le nom d'*Axylon*,
parce qu'elles étaient absolument dépourvues de bois, sont
restées en friche depuis un temps immémorial. Une autre pré-
occupation de la Société a été naturellement d'embellir ses stations, et de mettre en plein rapport les alentours de son exploitation. La valeur de la production du sandjak d'Ismidt,
déjà si riche, pourra être sensiblement augmentée au moyen
de l'introduction de nouvelles cultures, plus lucratives. Cette
production elle-même deviendra beaucoup plus importante encore si les agriculteurs du pays adoptent un meilleur système et
de meilleurs instruments, réforme à laquelle ne manqueront pas
de contribuer puissamment les plantations modèles, en donnant
le bon exemple et en mettant sous les yeux des intéressés les
résultats avantageux obtenus.

Sous ce dernier rapport, les nouveaux établissements, quoique tout récemment créés et encore incomplets, n'en ont pas
moins fait, dès à présent, un très grand bien au pays. Les populations riveraines du chemin de fer manifestent beaucoup
d'intérêt pour les travaux de culture; nombre de cultivateurs
demandent à s'instruire, ils se sont disputé l'acquisition des
boutures produites par la première coupe des arbres, et suivant les instructions de l'inspecteur d'agriculture de la Société,
ils ont procédé avec habileté à la greffe de vieux arbres.

Apiculture. — On pratique avec succès l'apiculture un
peu partout; la récolte totale en 1892 a été de 520,200 kilogr.
de miel et de 65,407 kilogr. de cire. Ces produits fort estimés à
Constantinople, sont pour la plupart expédiés à cette destination.

Vigne. — D'une façon générale, la culture de la vigne, qui
donne d'excellents fruits en abondance, n'a pour objet que la
production du raisin de table pour la consommation de Constan-

tinople. Le bénéfice important qui résulte de la vente de ce raisin restreint beaucoup la fabrication du vin, réduite à peu près aux quantités indispensables pour l'alimentation locale. Cette fabrication n'a donné lieu jusqu'à présent à aucun mouvement commercial appréciable. Cependant, la bonne qualité des vins fabriqués l'année dernière à Baghtchédjik, nahié du merkez-liva, et dans trois villages qui en dépendent, ainsi que le bas prix de ces vins sur place, où l'on a grand peine à trouver acheteur à raison de 15 à 20 centimes le kilogr, a décidé les producteurs à faire à Constantinople, à titre d'essai, une série de petites expéditions de 6 à 700 kilogr., renouvelées chaque semaine. Si les vignerons de Baghtchédjik retirent de ces essais peu coûteux un gain rémunérateur, il ne leur sera pas difficile de créer chez eux l'industrie vinicole, et dans tous les cas, ils se seront débarrassés d'un excédent de production dont ils ne savaient que faire. Au besoin, ce nahié seul peut produire 300,000 kilogr. de vin. Il les a déjà produits.

Le pavot à opium n'est cultivé que dans le seul caza de Guéivé, dont la récolte annuelle est de 2,565 kilogr. d'opium en moyenne.

Soie. — On estime la production de soie dans les quatre cazas du mutessariflik d'Ismidt à 1,008,808 kilogr. de cocons frais, comme suit :

1 Merkez-caza d'Ismidt.	113,059 kilogr.	
2° Caza de Kara-Mursal.	25,156	—
3° Nahié de Yalova . . .	24,255	—
4° Caza d'Ada-Bazar. . .	76,571	—
5° — de Guéivé. . . .	769,767	—
Total. . .	1,008,808 kilogr.	

Jusqu'aujourd'hui, la sériciculture n'a pas été introduite dans le caza de Kandéré, si ce n'est, peut-être, chez quelques éleveurs isolés, dont le chiffre infime de production ne ferait ressortir que des quantités essentiellement négligeables.

Le moulinage de la récolte annuelle de cocons précitée produit 26,885 kilogr. 130 de soie grège, comme suit :

	K.
Merkez-caza d'Ismidt	5,490,500
Caza de Kara-Mursal.	609,550
— d'Ada-Bazar	3,179,600
— de Guéivé	16,605,480
soit un total de :	26,885,130

Ce total représente 320,000 kilogr. de cocons frais.

La quantité restante de cocons frais, soit 688,608 kilogr., est expédiée à Brousse pour y être moulinée, et la soie qu'on en retire se trouve englobée dans le chiffre de la production séricicole de cette ville.

On compte dans le mutessariflik d'Ismidt, outre le nombre considérable de maisons particulières où on élève le ver à soie et où les cocons sont dévidés sur des tours à la main, 31 magnaneries, comme suit :

			Nombres d'usines.
Merkez-liva d'Ismidt : Ville d'Ismidt et environs.			4
Caza d'Ada-Bazar	Ada-Bazar et environs	2	20
	Sabandja —	2	
	Ak-Yâzi —	4	
	Hendèk —	12	
— Guéivé. Ville de Guéivé.	—		7
Nombre total de magnaneries . .			31

Bestiaux. — L'élève du bétail est très répandu dans les 5 circonscriptions administratives du mutessariflik d'Ismidt, mais plus spécialement dans les 3 cazas de Kandéré, d'Ada-Bazar et de Guéivé, qui sont aussi les principaux centres de la production agricole, envisagée dans son ensemble, comme le fait voir ce qui précède. En moyenne, le produit annuel de l'élève des diverses races et espèces de bétail, s'élève à 899,606 têtes, comme suit :

Bœufs et vaches . . . . . .   314,290 têtes
Buffles. . . . .   6,700 —
Chevaux et mulets . . . . .   71,560 —
Moutons. . . . .   264,286 —
Chèvres communes. . . . .   111,400 —
Chèvres mohair. . . . . . .   130,000 —
Chameaux . . . .   1,370 —

TOTAL. . .   899,606 têtes.

Ce total sera plus loin divisé par quantités appartenant à chacun des 5 cazas du mutessarifat.

Les moutons élevés à Ismidt et à Kara-Mursal sont en grande partie importés, au printemps, de la Roumélie orientale; avec le lait des brebis, on fabrique, dès cette saison et jusqu'en automne, d'abord du fromage à la crème de la sorte dite *misitra*, très recherché à Constantinople et dans tout l'Orient où se fait et se vend à peu près partout, dans la corbeille de jonc qui lui sert de forme, ce produit fin et délicat; la première saison passée, la *misitra* est remplacée par un autre fromage blanc de plus en plus compact et sec au fur et à mesure que l'année avance vers sa fin, mais cependant de sortes estimées à divers titres. On commence à l'automne à vendre pour la boucherie les moutons importés au printemps; mais un nombre beaucoup plus grand de petit bétail de cette catégorie provient de l'intérieur du pays, où l'élève des moutons est fait en grand par les tribus nomades, spécialement en vue de la vente de la laine et de la viande sur pied.

On estime la quantité moyenne de fromage blanc expédiée annuellement d'Ismidt à Constantinople à 150,000 okes, soit environ 192.000 kilogr.

Volaille, œufs. — Le principal centre de l'élève de la volaille est le caza d'Ada-Bazar, qui expédie annuellement à Constantinople une moyenne de 15,000 paniers d'œufs frais et de 100,000 poulets. A raison de 1,700 œufs par paniers, le total expédié ainsi chaque année de ce seul caza est de : 25,500,000 sur un total général de 26,000 paniers ou 44,200,000 œufs frais, chiffre de l'expédition annuelle du mutessariflik d'Ismidt entier, qui fournit également à la consommation de Constantinople un chiffre total d'environ 300,000 poulets. Le contingent fourni par le caza d'Ada-Bazar du chef de l'élève de la basse-cour est donc à peu près du tiers des poulets et des cinq neuvièmes des œufs frais actuellement exportés du sandjak en année moyenne. De ce même chef, le revenu annuel moyen du caza d'Ada-Bazar est de 2,300,000 piastres, soit environ 529,000 francs, contre 4,140,000 piastres, soit environ 952,200 francs pour le mutessariflik d'Ismidt tout entier, ce qui fait ressortir la même proportion d'une façon plus précise, en même temps qu'un prix d'unité d'environ 0 fr. 0213 appliqué sans distinction d'articles au chapitre œufs et poulets dans le compte général officiel d'exportation des produits directs et accessoires agricoles d'Ada-Bazar.

Fleuves, rivières. — Les principaux cours d'eau du mutessariflik d'Ismidt sont le fleuve *Sakaria*, ancien *Sangarius*, et trois de ses affluents le *Guenuk-sou*, le *Moudurni-sou* et le *Tcharkh-sou*, après lesquels on peut encore citer le *Kaba-Oghlou-tchaï*, l'*Ava-sou* et quelques autres petites rivières de moindre importance.

Le fleuve *Sakaria* prend sa source à Bayat, près de la ligne de démarcation du sandjak d'Afioun Kara-Hissar et du vilayet d'Angora. Il passe aussitôt dans celui-ci en se dirigeant à l'est, d'abord sur Aziziyé, puis sur Hadji-Hamza où ont été reconnues les ruines d'Amorium. De là, il poursuit son cours à l'est jusqu'au dessus de Tchakmak où il se redresse vers le nord après avoir reçu dans ce premier parcours d'environ 150 kilom. plusieurs affluents sur sa rive gauche qui sont : le *Kan-sou*, le *Séyid-Ghâzi-sou*, à Tchandir (environ 20 kilom. sud de Sivri-Hissar, où M. Ch. Texier place les ruines de Pessinunte) et le *Sari-sou*. Dans son nouveau cours, au nord, le *Sakaria* reçoit, sur sa rive droite, la *rivière d'Angora*, près de l'endroit où le chemin de fer d'Ismidt à Angora le traverse, et près de ce confluent, sur la

rive opposée, le *Poursak*. Plus haut encore, vers le nord, il reçoit sur sa rive droite le *Kirmir* ou *Kirmir-tchaï*, et, par un coude
subit, se dirige à l'ouest avec un léger redressement vers le nord
jusqu'à Lefké, où il reçoit à gauche le *Kara-sou* et le *Gueuk-
sou*, et à droite le *Guenuk-sou*, et décrivant brusquement un
angle aigu, il entre à Mékèdjé dans le mutessariflik d'Ismidt.

Tout le parcours effectué par le *Sakaria*, à partir de sa source
jusqu'à Mékèdjé, est d'environ 410 kil. Aussitôt entré dans le
sandjak d'Ismidt par le caza de Guéivé, ce fleuve ne quitte plus
la nouvelle et dernière direction qu'il a adoptée à 5 kil. au
sud-ouest de Mékèdjé, et poursuit son cours, vers le nord-ouest,
à travers les trois cazas de Guéivé, d'Ada-Bazar et de Kandèrè
pour aller se jeter dans la mer Noire à Indjirli, près Kara-sou,
après avoir parcouru, dans le mutessariflik d'Ismidt, environ
110 kil., dont 40 dans le caza de Guéivé, 40 dans celui d'Ada-
Bazar et 30 dans celui de Kandèrè. Sa longueur totale est d'environ 520 kil.

Un peu avant de pénétrer à Mékèdjé, à 5 kil au sud-est de
Lefké, le *Sakaria* reçoit sur sa rive droite le *Guenuk-sou*, qui
doit être compté parmi les cours d'eau du sandjak d'Ismidt,
bien que ni sa source, ni son embouchure n'y soient situées,
mais seulement un tiers de son parcours total. Cette rivière
prend sa source à Guenuk (Torbali), dans le vilayet de Castamouni, où elle effectue d'est en ouest un trajet de 28 kil. jusqu'au point où elle franchit la lisière du caza de Guéivé; à 8 kil.
plus loin, elle passe à Tharakli, nahié de ce caza, dont elle arrose
encore, suivant la même direction, 19 kil., et passe à 2 kil. au
nord de Gueul-Bazar, dans le vilayet de Brousse, où elle accomplit les derniers 25 kil. de sa course en se jetant dans le *Sakaria*
au point précité. Son parcours total est donc d'environ 80 kil.,
dont 28 dans le vilayet de Castamouni, 27 dans le mutessariflik
d'Ismidt, et 25 dans le vilayet de Brousse.

A partir de Mékèdjé jusqu'à son entrée dans le caza d'Ada-
Bazar, le *Sakaria* reçoit, durant un parcours d'environ 40 kil.,
10 petits affluents, dont 4 sur la rive droite et 6 sur la rive gauche,
parmi lesquels il n'y a lieu de citer que le *Dogan-tchaï*, à droite,

dont l'embouchure se trouve en face de la station de Balabân, du chemin de fer d'Anatolie, et, sur la rive opposée les deux rivières *Ouzoun-Tchaïr-tchaï* qui reçoit elle-même six affluents sur la rive gauche avant de rejoindre le fleuve à 5 kil., sud-ouest, de Guéivé, et *Ak-tchaï* qui trouve son confluent entre Sélamiyé et Adliyé, à la limite commune aux deux cazas de Guéivé et d'Ada-Bazar, à 7 kil. sud-est du lac de Sabandja.

Entre Orta-keuï et Guéivé, à 2 kil. au nord de ce dernier bourg et à 3 kil. au sud-ouest du premier, ou passe le *Sakaria* sur un magnifique pont de six arches, ouvrage du sultan Bayazid-Ildérim.

Dans le caza d'Ada-Bazar, le *Sakaria* ne reçoit aucun autre affluent que le *Mudirni* ou *Mudirli-sou* qui s'y réunit sur la rive droite, entre Beylik-Kichla et Soouk-sou, à 25 kil. de la limite sud, et à 15 kil. de la limite nord de ce caza. Cette rivière prend sa source dans le vilayet de Castamouni, près de Mudirni ou Mudirli, ancienne Modrenæ, petite ville épiscopale qui faisait partie du thème des Buccellaires; elle est située au pied du versant-ouest de l'Ala-dagh. Son parcours total est d'environ 95 kil., dont 40 dans le vilayet de Castamouni et 45 dans le mutessariflik d'Ismidt. Durant cette dernière partie de son trajet, elle reçoit sur sa rive droite, à Sofoular, près du nahié d'Ak-Yâzi, les eaux du *Kaba-oghlou-tchaï*, et, sur la même rive, à 5 kil. de son confluent avec le *Sakaria*, celles de trois sources qui descendent des montagnes de l'est du caza à travers de belles forêts et se réunissent, en un seul cours d'eau, à 7 kil. est en amont de leur confluent commun avec le *Mudirni* ou *Mudirli-sou*. Sur la rive gauche, cette rivière reçoit à Tchatal-keupru deux autres ruisseaux coulant lentement à travers des marécages qui s'étendent sur une superficie d'environ 7 kil. et rendent parfaitement inutile le grand pont, d'ancienne construction turque, jeté sur la rivière à cet endroit, auquel il donne son nom pittoresque de *Tchatal-keupru* ou « pont fourchu ». Ce pont, qui commande la bifurcation de la route conduisant jadis d'Ada-Bazar vers l'est au nahié de Hendèk, et vers le sud-est à ceux d'Ab-sofou et d'Ak-Yâzi, tombe d'ailleurs en ruines et n'offre plus, comme la route elle-même, que des décombres au milieu desquels il est dangereux de s'aventurer. Aussi le courrier postal n'y passe-t-il plus, et les transports de marchandises de Hendèk, d'Ak-Yâzi et d'Absofou, qui sont obligés de traverser ces marais, coûtent-ils le double de ceux d'Ada-Bazar, bien que toutés ces localités soient très voisines.

A 3 kil. environ d'Ada-Bazar, cette même route passe encore actuellement près du *Sakaria*, sur un pont monumental construit sur ce fleuve par Justinien. Plusieurs auteurs ont fait de ce bel œuvre d'art architectural des éloges enthousiastes, bien mérités. Commencé selon les probabilités vers 553, le célèbre pont du *Sangarius* fut terminé en 561, selon Paul Diacre ; le même auteur ajoute que pour exécuter la fondation des piles on détourna le cours du fleuve, et, en effet, il ne passe plus sous le pont aujourd'hui. Encore presque intact, ce monument connu dans la contrée sous le nom de *Bèch-keupru* (les cinq ponts) a 430 mètres de longueur ; le tablier, parfaitement horizontal, a 12 mètres de largeur. Il est supporté par 8 arches à plein cintre dont l'ouverture est de 23 mètres ; la hauteur des piles, toutes égales, est de 6 m. 50. Les matériaux de la construction sont de grands blocs de pierre calcaire. A l'ouest, du côté d'Ada-Bazar et du lac de Salandja, le pont se termine par un arc de triomphe dans les murs duquel est pratiqué un escalier pour monter au sommet. A l'est, du côté de l'ancienne route de Hendèk, il y a, à l'autre bout du pont, une grande niche occupant un espace pareil à celui de l'Arc de Triomphe et qui servait sans doute au repos des voyageurs.

Constantin VII Porphyrogénète, dans un ouvrage sur les thèmes de l'Empire d'Orient, donne de grandes louanges à Justinien pour avoir construit le pont du *Sangarius* et cite une inscription qui existait encore de son temps (912-959), sur une des pierres de ce pont, mais qui a disparu depuis. Cette inscription a été traduite comme suit :

« Toi aussi, comme l'orgueilleuse Hespérie, les peuples médiques et toutes les hordes barbares, *Sangarius,* dont le cours impétueux est rompu par ces voûtes, tu coules maintenant es-

clave d'un travail souverain ; jadis rebelle aux navires, jadis in-
dompté, maintenant tu gis sous les entraves d'une pierre inflexible ».

Quoiqu'il en soit, après avoir reçu sur sa rive droite les eaux
du *Mudurni* ou *Mudirli-sou*, le *Sakaria* côtoie la limite du caza
d'Ada-Bazar et de celui de Kandéré sur une longueur d'environ
10 kil.; puis au point précis où il franchit cette limite et pénètre dans le second de ces cazas, entre les villages de Férézli et
d'Imâmlar, le *Tcharkh-sou* vient y déverser le trop plein du lac
de Sabandja, auquel il sert de canal d'écoulement.

Cette rivière sort à l'est du lac, passe à l'ouest de la ville
d'Ada-Bazar qu'elle contourne aussi au nord et qu'elle enferme
avec ses dépendances directes de ces deux côtés, tandis que le
lac du côté du sud et le *Sakaria* à l'est, achèvent de donner à
cette partie du sandjak l'apparence d'une île, apparence d'où
lui vient son nom d'*Ada* (île) dont le complément Bazar (marché),
encore mieux justifié, y a été ajouté parceque le caza tout entier est en effet un des principaux marchés de la contrée. Le
parcours total du *Tcharkh-sou* s'effectue dans le caza d'Ada-
Bazar presque parallèlement au cours du *Sakaria* ; sa longueur
est d'environ 35 kil.

Dans le caza de Kandéré, le *Sakaria* reçoit, à 6 kilom. environ
de son embouchure, sur sa rive droite, le *Batak-sou* qui prend
sa source à Batak-keuï et parcourt du sud au nord environ
25 kil. A 2 kil. en aval, sur sa rive gauche, le trop plein du lac
Ak-gueul s'y déverse par un petit canal naturel d'écoulement
d'environ 6 kil. de longueur.

Le *Sakaria* est navigable sur toute l'étendue de son parcours
dans le sandjak d'Ismidt.

L'*Ava-sou* n'est pas à proprement parler un cours d'eau appartenant à ce sandjak, mais il circonscrit une partie de sa limite à l'ouest où il coule du sud au nord, à la lisière des deux
cazas d'Ismidt (*merkez-liva*) et de Kandèrè, sur une longueur totale d'environ 25 kil. Ce petit fleuve a son embouchure dans la
mer Noire à Essé-keuï.

Les autres cours d'eau qui arrosent dans tous les sens les

diverses parties de ce sandjak sont à la fois trop nombreux et de trop peu d'importance pour qu'il y ait lieu d'en faire l'énumération. Pour la plupart d'ailleurs, ils n'ont pas d'autre nom que « *la rivière* ».

Lacs, marais. — On compte dans le mutessariflik d'Ismidt trois lacs : le principal est le lac de SABANDJA dont un tiers appartient au merkez-caza et les deux autres tiers au caza d'Ada-Bazar; l'*Ak-gueul*, beaucoup plus petit, et le lac de *Kara-sou* d'importance moindre encore, sont situés près des bords de la mer Noire dans le caza de Kandéré. Quant aux marais, qui ont si souvent occasionné, dans la ville d'Ismidt et aux environs, des fièvres paludéennes, ils ont été desséchés en 1889 ; mais les environs de Sabandja et d'Ada-Bazar, souvent inondés par les crues et les débordements du lac, du fleuve *Sakaria* et des rivières voisines, sont périodiquement convertis en vastes marécages. En certains endroits, à Tchatal-keupru, par exemple, ces marécages subsistent en permanence sur une étendue d'environ 7 kil. Il existe aussi quelques cantons marécageux dans le caza de Kandéré, à Batak-keuï et près de l'Akgueul et du Kara-sou.

Le lac de Sabandja, appelé dans l'antiquité *lac de Sophon*, du nom de l'ancienne ville dont l'emplacement est aujourd'hui occupé par le bourg de Sabandja, chef-lieu du nahié de même nom, a été connu à diverses époques sous d'autres appellations. Ammien Marcellin, au IVe siècle, le nommait *Sunonensis lacus*. Du temps de la première croisade, où les historiens et les chroniqueurs ont donné aux choses de l'Orient des noms si bizarres, si difficiles à identifier, Anne Comnène l'a appelé *Baava*. Ce lac est situé à 16 kil. est du fond du golfe d'Ismidt, à 17 kil. sud-est de cette ville et à 7 kil. sud-ouest de la ville d'Ada-Bazar, sur la rive gauche de la route carrossable d'Ismidt à Angora et du chemin de fer d'Anatolie, qui le côtoient au sud, d'ouest en est, et le séparent du bourg situé sur la chaussée, à droite de la voie ferrée. L'étendue du lac est de 15 kil. en longueur; sa plus grande largeur est de 5 kil. ; sa superficie est donc d'environ 68 kil. carrés. Il a, d'après Tchiha-tcheff, 36 kil, de circuit.

Les eaux de ce lac n'ont porté, jusqu'aujourd'hui du moins, dans les temps modernes, que de petites embarcations. Il a été plusieurs fois question cependant de le réunir par un canal au golfe de Nicomédie (Ismidt) du côté de l'ouest, et au Sanga-rius à l'est, afin d'abréger et de faciliter les communications entre la mer Noire et la mer de Marmara, en évitant la traversée du Bosphore. Ce projet, soumis à Trajan par Pline lorsqu'il ad-ministrait la Bythinie, fut également conçu par les premiers sultans ottomans qui semblaient y avoir donné un commence-ment d'exécution. On attribue même à l'abandon de ces travaux la formation des marais d'Ismidt dont le dessèchement récent a assaini la contrée.

Un nouveau projet, dont l'exécution remplacerait avanta-geusement ce canal par une voie ferrée, fait l'objet de l'art. 36 de la convention passée entre le Ministère des Travaux publics et M. Kaulla pour la nouvelle concession faite à ce dernier des lignes d'Angora-Césarée et d'Eski-Chèhr-Kara-Hissar. Par cet article, M. Kaulla s'engage à faire les études préliminaires d'une ligne d'Ada-Bazar à Héraclée, port sur la mer Noire, par Hen-dèk ou Uskub ou Duzdjé. Une convention spéciale sera conclue pour la construction et l'exploitation de cette ligne.

L'*Ak-gueul* (le lac blanc), est situé à 6 kil. à l'ouest du fleuve *Sakaria*, et à égale distance au sud du bord de la mer Noire, dans le caza de Kandéré. Son étendue est de 6,500 m. en longueur de l'est à l'ouest, et de 2,000 m. en largeur du nord au sud.

A 6 kil. à l'est du confluent du *Batak-sou* et du *Saka-ria*, se trouve le petit lac de KARA-SOU (eau noire), formé par les eaux d'un tout petit fleuve qui tombent et s'accumulent dans une sorte de cuvette jusqu'à ce que le trop plein déborde et s'en échappe pour se jeter dans la mer Noire, à Kara-sou, chef-lieu du nahié de même nom, après avoir repris, à 2,000 m. de son embouchure, son cours initial du sud au nord. Le parcours total du fleuve est d'environ 15 kil.; la longueur du lac est de 4 kil. et sa largeur de un kilom.

La pêche ne semble pas être pratiquée dans les eaux des lacs, fleuves et rivières du mutessariflik d'Ismidt, bien que ces eaux soient très poissonneuses, du moins on ne trouve rien concernant leur exploitation dans les recettes du fisc.

Routes, chemins.— Le mutessariflik d'Ismidt ne possède qu'une seule route carrossable : la chaussée d'Ismidt à Angora, par Sabandja, Guéivé et Tharakli, avec embranchemement sur Ada-Bazar. On peut y ajouter deux tronçons très courts, l'un conduisant de la fabrique de *fez* située sur cette chaussée à la fabrique de drap d'Aslan-Bey-keuï, et l'autre allant de Yalova aux bains de Dagh-hammâm, ainsi qu'un petit chemin vicinal reliant l'échelle de Baghtchédjik à ce chef-lieu de nahié.

Ce sandjak n'a également qu'un chemin de fer, celui d'Anatolie, qui prolonge l'ancienne ligne de Haïdar Pacha-Ismidt, à travers le mutessariflik d'Ismidt et les vilayets de Brousse et d'Angora, et qui aboutira dans quelques années, d'une part à Césarée et d'autre part à Koniah, en vertu d'une concession nouvellement faite à M. Kaulla.

La construction de ces deux voies, chaussée et chemin de fer, voie carrossable et voie rapide, est toute récente, comme le fait voir l'exposé succinct qui suit :

Chemin de fer d'Anatolie. — Le chemin de fer d'Anatolie, dont 89 kil. sont parcourus, de l'ouest au centre et du centre au sud du mutessariflik d'Ismidt, comprend actuellement l'ancienne ligne de Haïdar Pacha-Ismidt, dont l'exploitation a été cédée à M. Kaulla, fondé de pouvoirs de la « Deutsche Bank » de Berlin, le 24 sept.-6 oct. 1888, et celle d'Ismidt-Angora par Eski-Chèhr, dont la construction et l'exploitation lui ont été cédées le même jour.

En 1288 (1871) feu Son Altesse Edhem Pacha, ministre des Travaux publics, pour se conformer aux termes d'un iradé impérial ordonnant l'exécution immédiate du réseau des chemins de fer de la Turquie d'Asie, commença, pour le compte et aux frais de l'État, un chemin de fer de Scutari (quartier asiatique de Constantinople) à Ismidt, destiné à servir de tête de ligne à ce réseau 'asiatique et devant être prolongé à bref délai dans l'intérieur du pays.

Le Conseil supérieur des Travaux publics, alors composé d'ingénieurs appartenant au génie militaire ottoman, au corps royal du génie anglais et au corps des mines et ponts-et-chaussées de France, eut la haute direction du chemin de fer de Scutari-Ismidt, pour lequel, sur son avis, le Ministère des Travaux publics proposa l'allocation de 10 millions de francs, dont moitié pour terrassements, stations, télégraphes, etc, et moitié pour voie ferrée et matériel roulant, somme qui fut accordée par le gouvernement.

La construction de la voie ferrée fut divisée en trois sections : la première section de Kadi-keuï (Haïdar-Pacha) à Touzla (34 kil. 750), et la troisième de Tavchandjil à Ismidt 31 kil.: 750) furent données à l'entreprise et adjugées, l'une à M. G. d'Ostoya pour la somme totale de 1,400,000 francs, l'autre à M. Eckerlin au prix moyen de 32,500 francs par kil. prix comprenant pour chacune de ces deux sections les terrassements, les travaux d'art et la fourniture du ballast. La section intermédiaire, d'une longueur de 24 k. 500 dut être construit en régie au prix kilométrique de 45,000 francs.

Dès le 4 août 1871, les travaux furent inaugurés sur la première section par le ministre lui-même, qui fit également en personne la remise des terrains de la troisième section à M. Eckerlin cinq jours plus tard, le 9 août.

Le 3 février 1872, la construction de la gare de Haïdar-Pacha, fut adjugée à M. Barborini, architecte, pour 72,000 francs. Le 27 du même mois, le Conseil supérieur des Travaux publics approuvait le cahier des charges pour la fourniture du train impérial par la Compagnie de Fives-Lille, au prix à forfait de 140,000 francs, et devant être livré complet prêt à entrer en service, le 8 août 1872. On commença à poser la voie en mai de la même année. L'ouverture de la section de Kadi-keuï (Haïdar-Pacha) à Touzla, eut lieu le 22 septembre 1872 jusqu'à Pendik, puis jusqu'à Guelzé le 1er janvier 1873 et la ligne tout entière enfin fut livrée à la circulation jusqu'à Ismidt le 1er août 1873.

Outre la ligne de Haïdar Pacha-Ismidt, dont la longueur est de 91 kil., ce chemin de fer comprend un petit embranchement de 1 kil. 800, de Kizil-Toprak (kil. 3,500), à Fénèr-Baghtché, ce qui porte la longueur totale de son exploitation à 92k,800m,10.

Exploité directement par le Ministère des Travaux publics, durant les sept premières années, le chemin de fer de Haïdar Pacha-Ismidt fut donné en location, le 27 mars 1880, à MM. Ludwig Seefelder, W. J. Alt, Ch. S. Hanson et Cᵉ et G. D. Zafiropoulo, pour une durée de 20 ans, avec faculté pour le gouvernement ottoman de le racheter à toute époque, faculté dont il a usé en cédant son exploitation à M. Kaulla, en même temps qu'il concédait à ce dernier la construction et l'exploitation de la ligne d'Ismidt-Angora, comme il est dit plus haut, en vertu d'un seul et même acte nouveau qui a constitué ainsi le « Chemin de fer d'Anatolie ». Les conditions principales de cet acte se trouvent au chapitre spécial du vilayet de Brousse.

Le « chemin de fer d'Anatolie » doit avoir ultérieurement sa tête de ligne à Scutari, et les diverses conventions auxquelles il a donné lieu ont prévu, sans en préciser la date, le jour où son point d'arrivée sera Bagdad. Actuellement, il part encore de Haïdar-Pacha et s'arrête à Angora, mais déjà la concession s'est étendue jusqu'à Césarée.

La nouvelle ligne d'Ismidt-Angora a été construite par la compagnie Vitali. Les spécialistes font l'éloge de la voie ferrée posée sur des traverses métalliques formant avec les rails, après le règlement définitif, un bloc indéformable. Ils louent également les travaux d'art importants et nombreux, et en particulier les ponts de 100 et de 140 mètres jetés sur le *Sakaria*, ainsi que les grands viaducs fournis, comme les autres ouvrages métalliques, par la maison Finet.

Le kilométrage de cette ligne ne commence qu'à partir d'Ismidt. Son tracé se joint au début à celui de la route carrossable. Elles traversent toutes deux la ville entière entre les deux belles allées d'arbres plantées antérieurement par Sirri Pacha pour l'embellissement de la route, qui continue à suivre exactement tantôt le côté gauche et tantôt le côté droit de la ligne ferrée, au milieu de la fertile plaine d'Ismidt jusqu'au lac de Sabandja et le long des bords du lac, qu'elle côtoie au sud et à l'est dans toute leur étendue. A la station de Sabandja (kil. 32) le chemin de fer cesse de suivre la chaussée pour se diriger au nord sur Ada-Bazar (40 kil. 273) en traçant une courbe qui de cette station revient, vers le sud, rejoindre de nouveau la chaussée sur la rive gauche du *Sakaria,* puis passe sur la rive droite à Balabân. — La route et le chemin de fer remontent alors, l'un à droite, l'autre à gauche, le cours du fleuve jusqu'à Guéivé (kil. 63) où les deux voies se séparent enfin et prennent des directions opposées. Le chemin de fer prend au sud-ouest, en remontant toujours la vallée du *Sakaria,* passe à Ak-Hissar (kil. 75) et franchit à Mékèdjé (kil. 89) la limite du mutessariflik d'Ismidt pour entrer dans le vilayet de Brousse.

La longueur totale de la ligne principale du « chemin de fer d'Anatolie », actuellement construite et exploitée de Haïdar-Pacha à Angora, est, suivant le chiffre du kilométrage officiel, de 577^k,718^m,66.

Comme il vient d'être dit ci-dessus, cette ligne ferrée parcourt dans le mutessariflik d'Ismidt 89 kil., chiffre auquel il convient d'ajouter 91 kil. longueur de l'ancienne ligne principale de Haïdar-Pacha à Ismidt, soit une longueur totale de 180 kil. de Haïdar-Pacha à Mékèdjé.

La ligne d'Ismidt à Angora du « chemin de fer d'Anatolie » a été livrée à l'exploitation au fur et à mesure de la réception officielle de chaque section comme suit :

Section d'Ismidt à Ada-Bazar.	le	9	juillet	1890
— d'Ada-Bazar à Lefké	—	9	janvier	1891
— de Lefké à Bilédjik	—	15	mai	1891
— de Bilédjik à In-eunu	—	16	mars	1892
— d'In-eunu à Alp-keuï	—	13	juillet	1892
— d'Alp-keuï à Sari-keuï. . . .	—	31	août	1892

— de Sari-keuï à Beylik-keupru.   — 2 décembre 1892
— de Beylik-keupru à Pouladli .   — 12   —   1892
— de Pouladli à Angora . . . . .   — 31   —   1892

On trouve plus loin, au chapitre spécial du commerce du sandjak d'Ismidt, les divers tableaux concernant le trafic de cette ligne, savoir :

1° Nature et poids des marchandises transportées en grande et petite vitesse ;

2° Transport des voyageurs ;

3° Mouvement des bestiaux.

Routes carrossables. — Comme les deux chaussées de Ghemlèk et de Moudania à Brousse, auxquelles elle est en tous points comparable, la chaussée d'Ismidt à Angora est une des plus belles routes carrossables de la Turquie d'Asie, assez dénuée, il est vrai, sous ce rapport. Plusieurs siècles, en effet, se sont écoulés depuis le temps où Suléïman el-Kanouni (le Législateur) que nous appelons Soliman le Magnifique (1520-1566), couvrait tout le territoire de son vaste empire d'un réseau complet de routes bordées de fontaines, de *han* ou hôtelleries, de caravansérails ou abris pour caravanes, traversant les fleuves sur des ponts monumentaux, chefs d'œuvre de maître Sinan, officier de janissaires, architecte de la Suléimaniyé de Constantinople et de la Sélimiyé d'Andrinople. Plusieurs de ces ponts subsistent encore et sont à juste titre d'objet de l'admiration des voyageurs, qui en attribuent la construction aux Romains. Quant aux routes elles-mêmes, le défaut d'entretien les a fait disparaître, et les édifices d'utilité publique qui les bordaient ne sont plus que des ruines informes.

On peut citer ici toutefois un tronçon encore existant, mais fort délabré, de la grande voie stratégique jadis suivie par les troupes turques pour aller de Scutari, quartier asiatique de Constantinople, à Bagdad. Ce tronçon traverse le cimetière musulman de Guèbzé, ancienne Lybissa, où mourut Annibal. On y reconnaît la grande halte où les janissaires s'arrêtaient à l'aller et au retour pour faire le *namâz* (prière obligatoire). Le *mihrab*, sorte d'autel orienté sur La Mecque, devant lequel se tenait l'imâm, dresse encore ses débris parmi les tombes.

C'est peut-être ici le lieu d'ajouter qu'une liste complète de tous les ouvrages de génie civil et militaire de grande voierie et d'architecture municipale ou religieuse de maître Sinan, ouvrages aussi nombreux qu'intéressants pour l'art et la science, a été dressée par feu le grand vézir Edhem Pacha et reproduite en turc, en français et en allemand, dans une publication artistique intitulée l'*Architecture ottomane* faite sous son patronage pour l'Exposition universelle de Vienne, en 1873. Edhem Pacha, alors ministre de l'agriculture, du commerce et des travaux publics, avait été autrefois à l'École des mines de France, le condisciple du célèbre économiste M. Le Play, sénateur de l'Empire, qui aimait à se faire honneur d'avoir été compris avec lui dans la même promotion au grade d'ingénieur.

Bien que particulièrement précieuses en ce moment où la Turquie, après un long intervalle de repos, rentre dans la vie du progrès économique, de telles connaissances spéciales ne sont pas communes chez ses hommes d'État. Cependant elles commencent à se répandre parmi les jeunes fonctionnaires, au moyen des Écoles de travaux publics, de génie civil et militaire et des cours techniques des lycées, que le gouvernement multiplie.

La route d'Ismidt à Angora, ouvrage du mutessarif Sirri Pacha, inspecteur général des ponts et chaussées de l'Empire, qui a fait ses études dans ces écoles, peut donner une idée du degré de connaissances pratiques qu'on y acquiert.

Cette route n'a qu'un défaut, celui d'avoir été construite un peu avant le chemin de fer, de sorte que, son tracé ayant été reconnu le meilleur possible pour la traversée du sandjak d'Ismidt, a été suivi également pour cette seconde voie jusqu'à Guéivé. Il résulte de cet emprunt qu'en beaucoup d'endroits où les deux voies sont pour ainsi dire confondues, d'Ismidt à Sabandja, par exemple, la chaussée est devenue bien moins utile; c'est presque un objet de luxe. L'extrême pénurie des autres parties du mutessariflik contraste péniblement avec cet excédent de richesse.

Commencée en 1878, la construction de cette chaussée fut aussitôt abandonnée, précisément parce que le gouvernement entreprit alors de prolonger la ligne de Haïdar Pacha-Ismidt. Cette entreprise, dont les travaux de terrassement furent poussés jusqu'à la gorge du *Sakaria*, ayant échoué, finalement les travaux de la chaussée furent repris en 1884 avec assez d'activité dans le mutessariflik d'Ismidt et les vilayets de Castamouni et d'Angora, simultanément sur une longueur totale de 360 k. 952 m. En 1886, la section de 168 k. 359 m. afférente à ce dernier vilayet fut ouverte à la circulation ; la section intermédiaire, longue de 91 k. 300 m., qui traverse à Torbali (Gueunuk) le vilayet de Castamouni, n'est pas encore tout à fait terminée ; il reste à parachever un tronçon de 11 kil. ; quant à la section de 101 k. 293 m. appartenant au sandjak d'Ismidt, elle a été solennellement inaugurée, suivant l'usage, en 1887, son ouverture à la circulation précédant ainsi de 3 ans l'inauguration de la section Ismidt-Ada-Bazar du chemin de fer d'Anatolie, et seulement d'un an la date de sa concession.

Sur cette chaussée, entre la rive droite du lac de Sabandja et la rive gauche du *Sakaria*, au point de séparation de la vallée (col de Kalaïdji-Kir) se greffe un embranchement de 14 k. 560 m. aboutissant à Ada-Bazar ; il conduit aussi de cette ville à la station du chemin de fer, qui se trouve à moitié route, c'est-à-dire à 7 kil. environ du point de départ de l'embranchement. Il existe encore un autre embranchement partant de la même chaussée. Ce dernier se trouve situé sur la droite, à 4 kil. de la ville d'Ismidt. Il conduit de la fabrique de *fez* à la fabrique de draps de l'État, près d'un village arménien nommé Aslan-Bey-keuï, presque exclusivement habité par les ouvriers de ces usines. Ces deux embranchements, ouverts à la circulation en 1887, n'ont été parachevés qu'en 1888.

Le tracé de la route carrossable d'Ismidt à Angora a été suffisamment décrit plus haut en même temps que celui du chemin de fer d'Anatolie, à partir d'Ismidt jusqu'à Guéivé, où ces deux voies se séparent. La chaussée se dirige alors vers l'est sur Tharakli et franchit au sud-est du sandjak d'Ismidt la limite du vilayet de Castamouni.

La longueur totale des voies rapides et des carrossables du mutessariflik d'Ismidt est donc de 224 k. 373 m., comme suit :

	K.
Chemin de fer d'Anatolie	89,000
Chaussée d'Ismidt-Angora jusqu'au vilayet de Castamouni . .	101,293
Embranchement de cette chaussée à Ada-bazar	14,560
Embranchement de cette chaussée à Aslan-bey-keuï	4,520
Route de Yalova aux bains de Dagh-Hammân (environ) . . .	11,000
Route de l'échelle de Baghtchédjik à ce village (environ) . .	4,000
TOTAL . . .	224,373

Soit, pour le sandjak d'Ismidt entier, 89 k. de chemin de fer et 135 k. 373 de routes carrossables, desservant exclusivement, dans la direction de l'ouest à l'est et vice versa, les cazas du centre et du sud.

Ports. — Les ports du mutessariflik d'Ismidt sont, dans le golfe de Nicomédie, la ville même d'Ismidt, chef-lieu du sandjak, et celui de Kara-Mursal. On rencontre au nord-est, dans le caza de Kandéré, la petite échelle de Kara-Sou, sur la mer Noire, port de peu d'importance, et celle d'Indjirli, à l'embouchure du *Sakaria*.

On trouve plus loin, au chapitre spécial du commerce du sandjak (page 347), le mouvement du port d'Ismidt.

Transports. — Il n'y a que peu ou point de transports par voie fluviale dans le mutessariflik d'Ismidt, car le *Sakaria* n'a pas coulé bien longtemps, conformément aux termes de l'inscription du pont de Justinien, citée plus haut d'après Constantin Porphyrogénète : « esclave de ce travail souverain » ; son cours, délivré des « entraves d'une pierre inflexible », est redevenu aussi impétueux que jamais. Ses inondations, ainsi que celles de son principal affluent le *Mudirli-sou* et celles du lac de Sabandja, durent environ six mois chaque année. Ainsi qu'il a déjà été dit plus haut (page 331), le pont dit « Tchatal-keupru », ouvrage qui eut semblé indestructible, n'a pu résister à leurs ravages, de sorte que les transports de marchandises venant de Hendèk et autres localités situées à l'est du caza d'Ada-Bazar, étant obligés de traverser la contrée inondée, coûtent nécessairement beaucoup plus cher que ceux des localités du centre, du sud et de l'ouest, desservies concurremment par la chaussée carrossable et par le chemin de fer d'Anatolie.

Ces dernières localités ont le choix entre les tarifs des voituriers et ceux du chemin de fer. Les premiers varient suivant la distance à parcourir du point de chargement jusqu'à Ismidt. A Ada-Bazar, ils sont, pendant l'hiver, de 10 paras (5 cent.) pour 100 okes (128 kilogr.) et en été de 6 à 7 paras (3 à 4 cent.) seulement. Le parcours est de 38 kil. environ.

Avant la construction de la chaussée d'Ismidt à Angora, les transports entre ces deux villes se faisaient seulement par mulets et chameaux. Depuis l'ouverture de cette voie, les voitures ont commencé à circuler et les prix des transports ont baissé. Les chameaux ne travaillent pas durant l'hiver. Les transports se font par voitures et mulets, à raison de 20 à 25 paras (10 à 12 cent. 1/2) l'oke (1 kilogr. 282) pour tout le trajet (360 kil. 952), au lieu de 40 paras (environ 23 cent.) que l'on payait autrefois.

Les tarifs du chemin de fer d'Anatolie sont, pour les principaux articles du pays, par kilogr. et par kilom. en moyenne, comme suit :

	FR.
Marchandises diverses (grande vitesse)	0,0133
Marchandises diverses (petite vitesse)	0,0125
Matériaux de construction	0,0049
Bestiaux.	0,0087

Montagnes. — Le territoire du sandjak d'Ismidt est composé, pour les deux tiers environs, de terrains montagneux de peu d'élévation, couverts de belles forêts et entrecoupés de vallées fertiles. Ces collines se rattachent vers le nord et le nord-est à la chaîne des monts *Olgassus*, qui s'étend le long du

Bosphore et de la mer Noire jusqu'à Trébizonde, et dresse ses hauts sommets ombragés d'une mer d'arbres sur l'ancien royaume de Pont et de la Paphlagonie, à travers le vilayet actuel de Kastamouni. Au sud, on y reconnaît les derniers contreforts de l'*Olympe*, venant expirer aux bords du golfe de Nicomédie.

Là seulement, aux environs du golfe, dominant ses agréables sites, les nombreux villages qui peuplent la plaine entre Ismidt et Sabandja et développant leurs versants ombreux le long du cours du *Sakaria*, on rencontre quelques sommets d'altitude moyenne. Les deux sommets les plus élevés sont le *Gueuk-dagh* (1620 m.) qui limite à l'est la belle prairie d'Ouzoun-tchaïr, et le *Bach-Kerès-dagh* (1120 m.) qui la borne à l'ouest. On peut citer encore, un peu plus loin vers l'ouest, le *Dagh-Hammâm* (820 m.) où sont situés, à la hauteur de 80 m. au-dessus de la mer, les thermes de Yalova, décrits plus haut page 318.

En avançant vers l'est et le nord-est, bien que le terrain s'élève constamment à partir de la rive droite du *Sakaria*, ses ondulations sont peu sensibles. De ce côté, l'on ne rencontre guère que des hauteurs du genre de celles que les Turcs nomment *tépé* (buttes); c'est sous la forme générale d'un plateau s'élevant graduellement en pente douce, que se présente le relief du terrain dans la direction où il va franchir la limite du sandjak d'Ismidt pour rejoindre, dans le vilayet de Kastamouni, la chaîne de l'*Olgassus*.

En gagnant le littoral de la mer Noire au nord, et en pénétrant à l'ouest dans le vilayet de Constantinople, le relief du terrain va toujours au contraire en s'abaissant, de sorte que le point le plus élevé de la rive asiatique du Bosphore, le mont *Géant*, où se trouvent les restes du temple de Jupiter Urius, encastrés dans les ruines d'un château fort byzantin, n'a qu'une altitude d'environ 500 m., soit à peu près la moitié de celles des plaines du mutessariflik d'Ismidt.

Production industrielle. — Il n'y a rien à ajouter ici à ce qui a été dit plus haut dans les chapitres spéciaux des mines et des forêts concernant l'exploitation des mines de manganèse dans le caza de Guéivé; les 12 chantiers des forêts de Hendèk, nahié du caza d'Ada-Bazar, où se préparent les bois de charpente et autres à l'usage des constructions navales de l'arsenal maritime d'Ismidt, les scieries et les charbonnières innombrables de ces mêmes forêts, de celles des cazas de Guéivé et de Kandéré, qui fournissent abondamment Constantinople et les deux rives du Bosphore, de planches, de poutres, de loupes de noyer et autres, ainsi que de charbon. Au chapitre de l'agriculture (page 320), il a été tenu compte également des 2 moulins à vapeur d'Ismidt, auxquels il convient d'en ajouter ici un troisième situé sur le *Tcharkh-sou*, près d'Ada-Bazar, dont le travail journalier donne un rendement de 222 hectolitres de farine. On trouve dans ce même chapitre tout ce qui concerne la production séricicole en cocons et soie grège, ainsi que le nombre des magnaneries de chacun des cazas et nahiés producteurs de soie.

Il ne reste donc plus à mentionner ici que les 2 usines de l'État situées près d'Ismidt, une troisième nouvellement établie à Kara-Mursal par des particuliers, et en ajoutant quelques chiffres concernant la fabrication de toile de lin des cazas de Kandéré et d'Ada-Bazar, tout sera dit sur la production industrielle du mutessariflik d'Ismidt.

Les deux usines de l'État consistent en une fabrique de *fez*, sorte de bonnets de feutre rouge, coiffure nationale des sujets ottomans, et en une fabrique de drap. Leurs produits sont presque exclusivement à l'usage de l'armée. On évalue à 60,000 *fez* la production annuelle de la première; celle de la seconde est de 192,000 kilogr. de drap et autres étoffes de laine par an; on emploie dans cette dernière fabrique un tiers environ du poil de chèvre mohair (tiftik) expédié chaque année d'Angora à Ismidt.

On ne saurait évaluer encore la production annuelle de l'usine de Kara-Mursal, son établissement est trop récent. C'est une fabrique de *fez* et de *chayak*, sorte d'étoffe de laine très estimée en Turquie. Ses fondateurs sont Veltchetrinli Youssouf et Thenghidji Mustafa et Cie.

Les toiles de lin sont fabriquées dans les familles sur des métiers très primitifs construits par les cultivateurs eux-mêmes,
qui fabriquent aussi la filasse et le fil de lin. Les principaux
centres de production de ces toiles, toutes exportées à destination de l'Arabie, sont les nahiés de Chéikhler et de Kaïmas, dans
le caza de Kandéré, et les environs d'Ada-Bazar. L'exportation
de cette dernière ville par voie d'Ismidt et Constantinople est
évaluée à 400,000 pièces par an, d'une valeur totale de
920,000 francs, soit 10 piastres environ 2 fr 30 prix de la pièce
de toile.

Il y avait autrefois un assez grand nombre de tanneries et de
mégisseries dans certains cazas et nahiés; mais n'ayant pu, dit-
on, soutenir la concurrence des cuirs et peaux d'importation
étrangère, elles ont pour la plupart cessé de travailler. L'exportation des peaux non préparées n'est plus, elle-même, de grande
importance.

Commerce. — Le mouvement commercial du sandjak d'Ismidt est en moyenne de 37,801,631 fr 49, comme suit : mouvement du port d'Ismidt :

Exportation . . .	31,845,744	37,315,655 fr.
Importation . . .	5,469,911	
Le produit net de l'exploitation du chemin de fer d'Anatolie af-férent aux 89 kil. du sandjak d'Ismidt, calculé sur la mo-yenne générale, kilométrique de la ligne entière (5,460 fr. 41) est de.		485,976 fr. 49
MOUVEMENT TOTAL. . .		37,801,631 fr. 49

Le tableau ci-après donne le détail, par articles et valeur en
francs, des objets qui ont concouru au mouvement commercial
du port d'Ismidt, tant à l'exportation qu'à l'importation :

MOUVEMENT COMMERCIAL DU PORT D'ISMIDT EN 1893

ARTICLES	EXPORTATION Valeur en francs.	IMPORTATION Valeur en francs.	OBSERVATIONS
Céréales	8.428.749	538.330	Les blés importés sont convertis en farine à Ismidt.
Beurre	79.123	—	A destination de Constantinople.
Café	—	218.400	600 à destination d'Ada-Bazar.
Cire	110.537	—	A destination de Marseille.
Cocons	1.728.000	—	do
Confiture d'abricots	1.282	—	A destination de Constantinople. Confectionnées à Ada-Bazar.
Coton	44.850	—	A diverses destinations à l'étranger.
Cuivre	—	47.981	Importe voie de Constantinople.
Etain	—	490.000	do
Filasse de lin	115.000	—	A destination de Constantinople.
Fromage (misitra)	48.110	—	do
Faïence et verrerie	—	299.000	Importé voie de Constantinople.
Fer	—	115.465	do do
Gomme adragante	525.000	—	A destination de Marseille.
Graine de lin	570.000	—	A destination de l'étranger.
Graine jaune	408.000	—	do
Huile d'olives	59.291	50.290	Importation de Daridja.
Huile de sésame	789.767	—	A destination de Constantinople. Fabriqué à Ismidt et à Kara-Mursal.
Laine	650.000	—	En transit d'Angora; destination Constantinople.
Légumes frais	—	500.000	Venant en grande partie du vilayet d'Angora pour Constantinople.
Manufactures	—	—	Importation voie de Constantinople.
Miel	348.534	—	A destination de Constantinople.
Mohair (tiftik)	3.613.245	—	En transit du vilayet d'Angora; 470.000 kilos restent à Ismidt pour les fabriques impériales.
Noix	95.000	—	Pour Constantinople.
Opium	2.880.000	—	A destination de Marseille.
Oignons et autr	750.000	—	A destination de Constantinople et d'Odessa.
A reporter	20.924.488	2.259.466	

MOUVEMENT COMMERCIAL DU PORT D'ISMIDT EN 1893 (*suite*).

ARTICLES	EXPORTATION Valeur en francs.	IMPORTATION Valeur en francs.	OBSERVATIONS
Report.	20.924.488	2.259.466	
Peaux de bœufs	51.300	—	A destination de Marseille.
— de sangliers	25.000	—	A destination de Syra.
— de divers	25.000	—	A destinations diverses.
Poires	4.000 000	—	A destination de Constantinople.
Pommes	1.325.000	—	d°
Pommes de terre	400.000	—	d°
Raisins frais	1.250.000	—	d°
Savon	—	28.000	Importé voie de Constantinople.
Sucre	—	1.656.000	Importé voie de Constantinople; dont 10.000 pour Ada-Bazar.
Tabac	1.970.000	—	Exporté voie de Constantinople.
Tchiros (poissons séchés)	432.000	—	Exporté en transit de Daridja; 100.000 kilos pour consommation locale.
Vin	350.000	—	En grande partie à destination de Marseille.
Divers	150.000	900.000	Importations de diverses provenances.
Bétail	—	50.000	Pour Constantinople et importation de Roumélie.
Sel	—	156.445	Importé de l'Phocée.
Bois (douves de hêtres)	110.000	—	A destination de divers ports de la Grèce.
— (p anchrs de noyer)	120.000	—	A destination de divers ports de la Grèce et pour Marseille.
— (loupes)	20.000	—	d° d°
Œufs	941.400	—	A destination de Constantinople.
Volaille	6.496	—	d°
Manganèse	25.000	—	A diverses destinations pour l'Europe.
Charbon de bois	1.800.000	—	A destination de Constantinople.
Toile de lin (400.000 pièces)	920.000	—	A destination de l'Arabie par voies diverses.
Pétrole	—	420.000	Provenance de Russie.
TOTAUX	31.845.744	5.469.911	

RECAPITULATION

Exportation 31.845.744
Importation 5.469.911
Total du mouvement commercial d'Ismidt : 37.315.655 francs.

MOUVEMENT MARITIME DU PORT D'ISMIDT

Du 1/13 mars 1892 au 12 mars 1893

PAVILLONS	NOMBRE DE NAVIRES			TONNAGE			DROIT DE PHARES
	VAPEURS	VOILIERS	TOTAL	VAPEURS	VOILIERS	TOTAL	
							Piastres.
Allemand	3	—	3	3.224	—	3.224	416
Anglais	19	—	19	25 986	—	25 986	4.349
Français	12	—	12	13.733	—	13.733	2 952
Hellène	11	31	42	616	2.655	3 271	652
Italien	2	—	2	1.856	—	1.856	573
Ottoman	164	1198	1 362	22 373	11.816	34 189	15 656
Samien	—	1	1		76	76	—
	211	1.230	1.441	67 788	14 547	82.835	24.598

Soit **1.441** navires jaugeant **82.835** tonneaux.

La moyenne du tonnage des voiliers, dans le tableau ci-dessus, est entre 11 et 12 tonnes. Il s'en suit que l'enregistrement officiel sur lequel il est basé, n'a point tenu compte des caïks et autres embarcations de très faible tonnage. Or, la distance entre Ismidt et Constantinople n'étant que d'environ 40 milles marins, les relations commerciales de ces deux villes ont lieu par mer, chaque jour, au moyen de ces embarcations dont les petits chargements de bois, de charbon, de fruits, fromages, légumes, volaille, etc., etc. souvent répétés, constituent précisément la plus importante part du mouvement commercial du port d'Ismidt, et font concurrence au chemin de fer par le bas prix des transports ainsi effectués.

MOUVEMENT COMMERCIAL

DU CHEMIN DE FER OTTOMAN D'ANATOLIE PENDANT L'ANNÉE 1893

Nature et poids des marchandises transportées en grande et petite vitesse.

NATURE DES MARCHANDISES	KILOGRAMMES	NATURE DES MARCHANDISES	KILOGRAMMES
		Report. .	71.236.489
Aba (gros drap).	190.322	Légumes frais.	1.905.717
Alcools.	82.940	Légumes secs	962.464
Articles divers	348 539	Liqueurs	195.536
Balais et nattes . . .	17 014	Loupes et troncs de noyer	153.163
Beurre.	84.021	Machines.	131 750
Bière	49.281	Manufactures	1.847.133
Boiseries.	61 397	Matériel militaire . . .	—
Bois à brûler	45.287	Matières pour tannerie .	47.233
Bois de charpente . . .	439.429	Métaux divers . . .	143.153
Briques et tuiles. . . .	156.653	Meubles et effets . . .	1.671.67⁰
Café.	180 536	Meules.	23.508
Céréales	51.389.866	Minerai	1.330 026
Chanvre et cordages . .	77.688	Œufs	469.614
Charbon de bois	55.058	Opium.	80.772
Chaux et ciment. . . .	102 390	Paille et foin	647.922
Cocons et soie.	241.510	Papier et librairie . .	132.071
Coton brut et filé . . .	418.721	Peaux brutes	370 833
Cuirs et cordonnerie . .	366.761	Pierres brutes	86.930
Déchets divers	47.605	Poissons	294.225
Drogues et couleurs . . .	297 626	Poterie et faïence . . .	23.319
Écume de mer	224.498	Produits chimiques . .	60.992
Emballages et fûts vides .	1.337.301	Quincaillerie	720.501
Épices diverses	1 350 860	Rails	2.900
Farine et pâtes	3.150 395	Raisins frais	4.766.912
Ferronnerie et fonte . . .	947.280	Riz	286.195
Fer, acier bruts	429.282	Savon	228 481
Fromages	291 563	Sel	1.305 170
Fruits divers, frais et secs	2.581.127	Son	293.151
Graines oléagineuses . .	551.351	Sucre	775.869
Graisse et suif.	28.999	Tabac	1.799.546
Houille.	295 801	Verrerie	384.439
Huiles minérales . . .	1.434.805	Viande.	289.673
— végétales	242.881	Vin du pays	1.244.273
Laine	3.733.843	Volailles vivantes . .	197.540
Lait	13.859	Salpêtre	174.004
A reporter. . .	71.236.489	Total général . . .	94.986.183

Chemin de fer ottoman d'Anatolie.

TRANSPORT DE VOYAGEURS
PAR STATIONS DE DÉPART ET D'ARRIVÉE PENDANT L'ANNÉE 1893

STATIONS	DÉPART — Nombre.	ARRIVÉE — Nombre.	STATIONS	DÉPART — Nombre.	ARRIVÉE — Nombre.
			Report.	705.250	703 454
Pont (Constantinople) .			Ak-Hissar	2 644	2 543
Haïdar-Pacha. . .	280.269	236 158	Mékédjé	940	795
Kizil-Toprak . . .	37.857	46 554	Lefké	2.827	2.763
Bifurcation	21.603	26 406	Vézir-Han	1 407	1.258
Gueux-tépè	38.905	36 294	Bilédjik.	6.003	5 611
Eren-keuï	59.936	75 801	Kara-keuï	361	312
Bostandjik	17 443	20.565	Boz-yuk	1.626	1.728
Maltépe	37 457	40.959	In-Eunu	1 789	1.848
Kartal	49 043	51 052	Tchoukour-Hissar .	208	158
Pendik	22 238	25 200	Eski-Chèhr. . . .	6.269	8 717
Touzla	10.082	9 959	Ak-Pounar. . . .	262	216
Guebzè	30.742	22.030	Alpu-keuï	532	376
Dil-Iskélesi	826	702	Beylik-Ahour. . .	238	220
Tavchandjil . . .	9.476	9.852	Sari-keuï	632	460
Hérèké	6.758	6 518	Bitchèr.	317	327
Yarèmdja	1 588	1.511	Sazilar	100	70
Tutun-tchiftlik. . .	4 417	4 268	Beylik-keupru. . .	91	103
Dérindjè	4.171	3.739	Polatli	902	706
Ismidt	49 533	52.803	Mali-keuï	575	292
Buyuk-Dèrbènd . .	2.690	2.239	Sèndjàn-keuï . . .	734	405
Sabandja . . .	5.956	5 397	Angora	8 085	8.697
Ada-Bazar . . .	16.530	17 723	Embranchement de Fé-		
Guéivé	7.730	7 724	nèr-Bagtché . . .	4.030	4.761
A reporter.	705.250	703.454	**Total**	745.822	745 822

MOUVEMENT DES BESTIAUX PENDANT L'ANNÉE 1893

STATIONS DE DEPART		STATIONS DE DESTINATION			
		HAIDAR-PACHA		ISMIDT	
		TÊTES	WAGONS	TÊTES	WAGONS
Guèbzà.	moutons	500	5	»	»
Dil-Iskélèsi	—	2 800	28	»	»
Yarèmdja.	—	400	4	»	»
Derindjè .	—	4 200	42	»	»
Ismidt.	—	8.400	84	»	»
Sabandja .	—	100	1	»	»
Ada-Bazar . { bœufs 240 / moutons 300 } . .	—	540	17	»	»
Guéivé.	—	800	8	»	»
Ak-Hissar.	—	100	1	»	»
Lefké .	—	1.200	12	»	»
Bilédjik .	—	2 400	24	moutons 100	1
Boz-yuk .	—	200	2	»	»
In-Eunu .	—	7.200	72	»	»
Tchoukour-Hissar .	—	600	6	»	»
Eski-Chèhr . { bœufs 40 / moutons 13.700 } .	—	13.740	140	moutons 100	1
Mali-keuï .	—	400	4	»	»
Angora . { chevaux 130 / moutons 7.100 } . .	—	7 230	93	moutons 200	2
Total. . . .		50.810	543	400	4

Dîmes et impôts. — Les impôts divers perçus dans le mutessariflik d'Ismidt produisent, année moyenne, comme suit :

Impôt foncier.	4,602,754	piastres
Tèmèttu (patentes).	1,634,962	—
Bédel-i askériè (exonération militaire) .	1,367,576	—
Tezkèré des propriétés	21,426	—
Dîme des céréales	3,956,088	—
Taxe sur les moutons	1,148,306	—
Droits divers.	215,149	—
Mines et forêts.	1,625,137	—
Revenus divers.	345.819	—
TOTAL. . .	14,917,217	piastres

soit environ 3,430,000 fr.

Dette publique ottomane. — Les recettes de l'administration des revenus concédés à la Dette publique ottomane ont été, pour les années 1306, 1307 et 1308, comme suit :

REVENUS	1306 1890-91	1307 1891-92	1308 1892-93
	piastres.	piastres.	piastres.
Tabac (dîme des)	294 758	524 451	260 503
Sel..	700.375	680 198	713 259
Spiritueux	527.863	499 610	595 410
Soie...............................	827 113	757 440	1.046 900
Timbre.......................	452 589	444.099	451 024
Divers (nouveaux revenus)....	186 020	272 665	312 410
RECETTES BRUTES	2 988.718	3.178 463	3.379 506
APPOINTEMENTS ET FRAIS	681.529	703.112	744.210
RECETTES NETTES	2 307.189	2.475 351	2.634.896

soit, en moyenne, 2.472,478 piastres par an, ou environ 568,600 francs.

Douanes. — L'administration des douanes de l'Empire a une direction à Ismidt. Les recettes et dépenses de cette administration dans le mutessariflik d'Ismidt ont été, en 1892, comme suit :

	EXPORTATION		IMPORTATION DE TURQUIE ET DE L'ÉTRANGER 8 %	TOTAL des DROITS PERÇUS EN FRANCS
	EN TURQUIE 8 %	A L'ÉTRANGER 1 %		
DROITS PERÇUS	1.480.644	483.376	437.592	2.401.612
	APPOINTEMENTS ET FRAIS			240.161
	RECETTE NETTE DE LA DOUANE EN 1892			2.161.451

Régie des Tabacs. — La Régie coïntéressée des tabacs a une agence principale à Ismidt, des agences secondaires dans les autres chefs-lieux de cazas, et des sous-agences dans les nahiés.

Les revenus et frais de cette administration ont été, en 1892, comme suit :

Produit des ventes. . . . . . .   5,244,510 piastres
Appointements et frais   524,451   —
RECETTE NETTE. . .   4,720,059 piastres

soit environ 1,085,000 fr.

RÉCAPITULATION

Dîmes et impôts. . . . . .   3,430,000 fr.
Dette publique ottomane. .   568,600
Douane d'Ismidt.   2,161,451
Régie des tabacs   1,085,000
TOTAL . . .   7,244,051 fr.

CAZAS DU MUTESSARIFLIK D'ISMIDT

MERKEZ-CAZA D'ISMIDT.

Orientation; limites. — Le caza d'Ismidt est situé à l'ouest du mutessariflik de même nom. Il est limité : au nord, par le caza de Kandèrè ; à l'est, par celui d'Ada-Bazar ; au sud, par les cazas de Guéivé et de Kara-Mursal, et à l'ouest, par la mer de Marmara et le vilayet de Constantinople.

Superficie. — Sa superficie est de 1,500 kil. carrés.

Division administrative. — Il est divisé en deux parties : les dépendances directes du merkez-liva et le nabié de Baghtchédjik. Les premières se composent de 32 bourgs, villages et hameaux ; le second en comprend 34, soit en totalité 66 centres de population.

Autorités. — Il est administré par un *mutessarif*, gouverneur, assisté d'un conseil de même composition que ceux des vilayets, et relevant directement du Ministère de l'intérieur. Les sous-gouverneurs ou *caïmakam* des autres cazas relèvent du *mutessarif*.

Population. — La population totale du caza d'Ismidt (merkez-liva) est de 53,163 hab., comme suit :

Musulmans. . . $\begin{cases} \text{Indigènes sédentaires.} & 17.048 \\ \text{Réfugiés (mohâdjir). .} & 1.175 \end{cases}$ 18.223 hab.

Grecs orthodoxes. . . . . 14.890 —

Arméniens. . . $\begin{cases} \text{Grégoriens . . . . . .} & 17.770 \\ \text{Catholiques. . . . . . .} & 390 \\ \text{Protestants . . . . . .} & 390 \end{cases}$ 18.550 —

Israélites. . . . . 2.500 —

$\qquad\qquad\qquad$ TOTAL. . . 54.163 hab.

Chef-lieu. — ISMIDT, chef-lieu du caza et du mutessariflik, de même nom, est la résidence du *mutessarif*, gouverneur, d'un général de brigade (liva), commandant de place, d'un colonel et d'un major, commandant de gendarmerie; d'un colonel, directeur des constructions maritimes et d'un lieutenant-colonel commandant de l'arsenal; d'un métropolitain grec orthodoxe; d'un archevêque arménien grégorien; d'un curé arménien catholique; de missionnaires latins et protestants; d'un rabbin; d'un substitut du procureur impérial; de directeurs des douanes, des postes et télégraphes et de la Dette publique; d'un inspecteur général des forêts; d'agents de la Régie des tabacs et de la compagnie maritime *mahsoussé*; d'un capitaine de port, etc, etc. Elle est le siège d'une succursale de la banque agricole. C'est la station principale du chemin de fer d'Anatolie.

Cette ville est située au fond du golfe de Nicomédie (mer de Marmara) par 27°37' de longitude et 40°47' de latitude, à 91 kil. environ à l'est de Scutari, faubourg asiatique de Constantinople, à 40 milles marins environ du port de cette même ville, et à 360 kil. environ au nord-ouest d'Angora auquel elle est reliée par le chemin de fer d'Anatolie qui met ainsi Ismidt en communication rapide avec plusieurs places commerciales importantes de l'intérieur du pays.

Population du chef-lieu. — La population de la ville d'Ismidt, comprise dans le chiffre précité de celle du caza, est d'environ 25,000 hab., comme suit :

Musulmans. . . . $\left\{\begin{array}{l}\text{Indigènes sédentaires.}\quad 12.000 \\ \text{Réfugiés (\textit{mohâdjir}). .}\qquad 365\end{array}\right\}$ 12.375 hab.

Grecs orthodoxes. . . . .   5.875 —

Arméniens. . . . $\left\{\begin{array}{l}\text{Grégoriens. . . . . .}\quad 3.850 \\ \text{Catholiques . . . . .}\qquad 310 \\ \text{Protestants . . . . .}\qquad 90\end{array}\right\}$ 4.250 —

Israélites . . . .   2.400 —

Latins (la plupart étrangers) . . . .   100 —

Total . . . 25.000 hab.

Écoles. — Les écoles de la ville d'Ismidt et dépendances, sont au nombre de 36, dont 3 supérieures, 3 secondaires et 30 primaires, fréquentées par 1,506 élèves dont 1,166 garçons et 340 filles, comme suit :

COMMUNAUTÉS	ÉCOLES		ÉLÈVES	
	GARÇONS	FILLES	GARÇONS	FILLES
Musulmans. { 3 *médressé*, 1 école civile supérieure	4	»	81	»
1 lycée	1	»	75	»
23 écoles annexes de mosquées. . . .	23	»	240	»
Grecs orthodoxes { 1 école primaire de garçons.	1	»	150	»
— — filles.	»	1	»	100
Arméniens grégoriens { 1 école primaire de garçons.	1	»	300	»
1 école primaire de filles	»	1	»	160
Arméuiens catholiques { 1 école primaire de garçons.	1	»	140	»
Arméniens protestants { 1 école secondaire de garçons.	1	»	60	»
Israélites { 1 école primaire de garçons.	1	»	120	»
1 école primaire de filles	»	1	»	80
	33	3	1 166	340
36 écoles, 1.506 élèves.				

Il convient d'ajouter ici qu'en octobre 1891 les Pères Augustins de l'Assomption ouvrirent à Ismidt une école et une chapelle pour les catholiques de la ville et des environs. Cette école donnant dès le début des résultats qui leur faisaient espérer un prompt développement de leurs œuvres civilisatrices, les Pères Augustins, l'année suivante, avaient fait l'acquisition d'une vaste propriété dans une situation centrale. Leurs installations étaient presque entièrement achevées, quand le 31 janvier 1893 un violent incendie éclata soudain dans une maison contiguë et réduisit tout en cendres.

Actuellement, les Pères Augustins Assomptionnistes travaillent avec activité à rétablir leur mission. Le nombre de leurs élèves, à Ismidt, a varié de 15 à 35 durant les années 1891 et 1892. Ils s'occupent également de tous les catholiques latins répandus dans cette partie de l'Asie-Mineure, à partir de Guèbzè (vilayet de Constantinople) jusqu'à Bilédjik (vilayet de Brousse) dont le nombre total est d'environ 260.

De leur côté, les Sœurs Oblates de l'Assomption ont ouvert à Ismidt en 1891, une école et un dispensaire. L'école est fréquentée par 84 élèves, tant catholiques que grecs orthodoxes, arméniens et israélites, auxquelles les sœurs enseignent le français, le grec, la couture et la broderie. Il se présente chaque semaine au dispensaire des sœurs, une moyenne de 100 malades appartenant aux diverses communautés de la ville et des environs, entre lesquels il n'est établi aucune distinction ni préférence.

La ville actuelle d'Ismidt s'étend au bord et au nord du golfe de même nom, au pied des collines où s'élevait l'Acropole de l'antique Nicomédie. Son ancien nom turc d'Iznikmid, aujourd'hui hors d'usage, n'était, dit-on, qu'une corruption des mots grecs « εἰς Νικομήδειαν » par lesquels on désignait la ville byzantine bâtie sur les ruines de la capitale du roi Nicomède Ier. L'aspect général de cette ville est pittoresque, riche et gai, surtout du côté de la mer où elle se présente en amphithéâtre, avec ses maisons en bois, peintes de vives couleurs, entourées de jardins dont la fraîche verdure et la parure de fleurs forment un agréable contraste avec la blancheur de ses nombreuses mosquées ombragées de noirs cyprès. Les eaux bleues du golfe, l'animation du port, le mouvement des chantiers de l'arsenal maritime, le va-et-vient des petites embarcations qui font le service local, la forêt de mâts des navires à l'ancre et leurs éclatants pavillons se détachant sur le ciel, complètent l'ensemble du riant tableau de cette ville déchue, il est vrai, mais encore en possession, par le commerce, de son ancienne importance.

Il y a à Ismidt 2 palais impériaux, dont l'un, commencé sous le règne d'Abd ul-Médjid fut achevé par Abd ul-Aziz qui l'avait choisi pour rendez-vous de chasse favori. On vantait la splendeur des appartements richement décorés par un artiste parisien, M. Masson, alors peintre de Sa Majesté. Le *konak* ou hôtel du gouverneur, bien que construit en bois, n'en est pas moins un assez bel édifice. L'hôtel municipal n'a rien de remarquable. L'arsenal maritime, où l'on construit encore aujourd'hui des frégates, est une fondation du fameux grand vizir Keuprulu. Parmi les 55 mosquées de cette ville, on peut citer particulièrement celle que Peter Pacha, grand vizir de Sultan Suléiman el-qanouni (Soliman le Législateur), fit bâtir par maître Sinân, sur le modèle de la Suléimaniyé de Constantinople, qui serait le chef-d'œuvre de ce grand architecte s'il n'était aussi l'auteur de la Sélimiyé d'Andrinople. Il faut mentionner également la grande mosquée Orkhâniyé située dans le haut quartier; c'est une magnifique église byzantine désaffectée et consacrée au culte islamique par le sultan Orkhân vers 1330.

On compte à Ismidt et dans sa banlieue 17 églises, 4 monastères, 2 chapelles, dont l'une appartient aux Arméniens catholiques et l'autre à la mission protestante, et 1 synagogue. La grande église des Arméniens grégoriens est très simplement construite, mais assez richement ornée. Le monastère grec orthodoxe de *Agios Pantéléimon*, situé à la distance de 1,500 m. à l'ouest de la ville, a été réédifié dernièrement sur le tombeau même du saint auquel il est dédié, non loin du cimetière arménien. Dans ce cimetière, on remarque le tombeau du magnat hongrois, Émeric Tékéli, qui servait contre l'Autriche dans l'armée du grand vizir Kara-Mustapha. Lorsque celui-ci fut contraint par le roi de Pologne Jean Sobieski, de lever le siège de Vienne, le 12 septembre 1683, Tékéli voulut en vain continuer à prendre part à la guerre sous le nouveau grand-vézir. Après avoir subi plusieurs insuccès, il fut ramené prisonnier à Constantinople par ordre de Sultan Mohammed IV qui lui assigna pour résidence Ismidt où il mourut en 1705, sous le règne d'Ahmed III.

Outre ces édifices, il y a à Ismidt 5 *tekké* ou couvents de derviches; 2 *imaret* ou hospices pour les étudiants pauvres; 17 *turbé* ou chapelles funéraires; 3 *médressé* ou facultés de droit islamique; 1 hôpital; 1 direction de la douane; 1 station télégraphique de service international (langues turque et française); 1 office sanitaire; 1 dépôt militaire; 1 dépôt de marchandises; 10 bains publics (hammam); 146 fontaines publiques; 2 minoteries; 39 moulins; 2 scieries; 4 magnaneries; 34 boulangeries; 35 cafés; 1,140 boutiques; 11 fabriques d'huile de sésame et 5,857 maisons. On exploite aux environs 5 carrières de pierre à bâtir et 1 chantier de bois de construction. Deux usines de l'État : 1 fabrique de drap militaire et 1 fabrique de *fez*, sont situées à proximité de la ville.

Notice historique. — Deux villes furent fondées par les Mégariens dans le golfe qui porta successivement le nom de la première, *Astacus*, puis de la seconde, *Olbia*, et enfin celui de *Nicomédie*. Astacus existait encore du temps de l'empereur Constantin Porphyrogénète, qui mentionne cette ville au quatrième rang après Nicomédie, métropole. Celle-ci fut fondée par Zipœtès, père de Nicomède Ier; mais ce dernier, jaloux de donner son propre nom à la nouvelle capitale de son royaume dans laquelle il appela la population des villes voisines ruinées durant la guerre livrée à son père par Sysimaque, en fit une seconde et solennelle dédicace précédée de sacrifices aux dieux protecteurs de la Bythinie. Il fit élever, sur la place principale, sa statue en ivoire transportée à Rome sous Trajan, et il entoura la ville d'une forte enceinte de murailles dont les soubassements, formés d'énormes blocs de pierre calcaire, supportent encore aujourd'hui les ruines des tours et autres ouvrages élevés plus tard sous la domination romaine.

La date de la première fondation de Nicomédie n'a pas été conservée. Quant à la seconde dédicace, elle eut lieu naturellement peu après à l'avènement de Nicomède Iᵉʳ, en 281 av. J.-C. La ville de Nicomédie fut embellie et richement dotée par les rois de Bythinie, dont la magnificence attirait à leur cour les rois voisins, et les plus illustres personnalités de tous les états situés autour des mers de l'ancien monde. Annibal y vint chercher un refuge sous les rois Prusias Iᵉʳ et Prusias II, bâtit pour eux *Prusa ad Olympum* (Brousse) et commanda lui-même la flotte bythinienne qui mit en fuite les vaisseaux d'Eumène. Sous le dernier Nicomède, ami des Romains, César y fit un long séjour.

Nicomède III légua à sa mort, en 75 avant J.-C., la Bythinie aux Romains. Silanus, Lucullus et Cotta, recueillirent, non sans peine, ce brillant héritage contesté par Mithridate. La domination romaine ne fut pas moins favorable à Nicomédie que celle de ses rois. Quoique décrétée province du peuple romain et gouvernée par des proconsuls tirés au sort, la Bythinie fut traitée en alliée plutôt qu'en pays conquis. Elle fut pourvue de routes, de canaux, de ports et de beaucoup d'ouvrages utiles. Les gouverneurs romains qui siégeaient à Nicomédie, lui procurèrent souvent de grands avantages. Pline l'embellit d'une place publique et la dota d'un aqueduc. Ses lettres à Trajan sont remplies des marques du grand intérêt qu'il portait à cette ville. Mais un violent incendie, qui se déclara en son absence, détruisit tous les monuments publics et beaucoup de maisons particulières. Ces pertes furent réparées par la munificence impériale; plusieurs empereurs prirent en affection le séjour de Nicomédie; Héliogabale y passa l'hiver qui suivit son élection en 218.

Dioclétien songea à en faire une seconde métropole de l'Empire et s'occupa avec activité de l'agrandir et de l'embellir; il y fit construire plusieurs palais, des arsenaux, 1 hôtel des monnaies, des fabriques d'armes, durant la longue résidence qu'il y fit. Malheureusement, en 303, cédant à la pression de Galérius, il décréta la persécution des chrétiens qui commença en sa présence par le pillage de l'église cathédrale et le martyre de l'évêque saint Anthyme. En 305, l'empereur, dégoûté du pouvoir, abdiqua publiquement, en grande cérémonie, dans la plaine située à l'est de Nicomédie, et partit aussitôt pour Salone, sa ville natale, où il passa le reste de ses jours à cultiver son jardin.

Nicomédie eut beaucoup à souffrir durant la guerre des Romains et des Perses, et quelques années plus tard elle fut ravagée par les Goths auxquels une trahison l'avait livrée. Un tremblement de terre, dont les suites ont été décrites par Libanius et Ammien Marcellin, la détruisit de fond en comble. Ce ne fut que sous le règne de Justinien qu'elle parvint à recouvrer une partie de son ancienne splendeur.

Aucun évènement digne d'intérêt n'eut lieu à Nicomédie à partir de cette renaissance jusqu'en 1328 (1727), date de sa conquête par le sultan Orkhân. Depuis lors, Ismidt n'a pas cessé de faire partie de l'Empire ottoman.

Antiquités. — A l'exception des restes de l'enceinte fortifiée, dont les murailles appartiennent à l'époque romaine et reposent sur un soubassement qui semble pouvoir être attribué aux constructions primitives, il n'y a pas à Ismidt d'autres vestiges d'antiquité que la citerne située dans la ville haute, au milieu du cimetière israélite, les anciens égouts et les débris d'un môle.

La citerne fournissait de l'eau à l'ancienne ville. Elle est entièrement construite en briques et composée de 36 piliers supportant des arcades surmontées de voûtes. — Sa surface est de 250 mètres carrés. Elle contenait, dit-on, 1,500 mètres cubes d'eau fournie par une source abondante découverte par Pline.

Les anciens égouts, en parfait état de conservation, s'étendent horizontalement à l'intérieur des terres ; un homme peut les parcourir debout sans difficulté.

Les débris de l'ancien môle se trouvent auprès de l'embouchure de ces égouts, dans les dépendances de l'arsenal maritime. Il était formé d'une suite d'arches, comme un pont, afin de laisser passer les courants sous-marins et d'éviter ainsi l'ensablement du port. Les piliers et les arches, construits en briques, portaient en couronnement de larges assises de pierre formant tablier.

Production agricole. — La production agricole du merkez-caza d'Ismidt est, en moyenne, comme suit :

	Hectolitres.		Hectolitres.		Hectolitres.
Blé	29.000	Maïs	110 500	Riz	28 000
Orge	15.000	Méteil (méléz). .	8 600	Vesce. . . .	8 000
Avoine . . .	20.500	Millet.	31.000	Divers	10.000
Seigle	8 000	Kablidja (épantre)	10.000		

	Kilogr.		Kilogr.		Kilogr.
Fèves.	13.000	Noix	120.000	Coton.	29.507
Pois chiches . .	15.000	Châtaignes . .	39 000	Cire	14.700
Faséoles (fèves		Raisius frais . .	509 000	Miel	117.710
des marais . .	1.500	Fruits divers . .	821.000	Cocons	113 059
Haricots. . . .	25 600	Oignons. . . .	254 000	Soie grège . . .	5.490
Lentilles. . . .	12 000	Aulx	400 800	Tabac	38 500
Sésame	3 600	Pommes de terre	60.000		
Amandes . . .	7.230	Légumes frais. .	260.000		

Œufs . . . . 10,000,000 pièces
Poulets . . . . 75,000 —

Bestiaux. — Le produit annuel de l'élève du bétail est, en moyenne, comme suit :

Bœufs et vaches . . . . 38,858 têtes
Buffles. . . . . 1,175 —
Chevaux et mulets . . . . 9,500 —
Moutons . . . . 46,801 —
Chèvres communes . . . . 14,000 —
Chèvres mohair . . . . 18,500 —
Chameaux . . . . 260 —
TOTAL . . . . 129,094 têtes

Port. — Commerce. — Le mouvement de la navigation

du port d'Ismidt et son mouvement commercial figurent plus haut dans les tableaux annexés au chapitre du commerce du mutessariflik, pages 349 et 351.

Localités remarquables. — ARSLAN BEY KEUÏ, ancien

« *Itch-kara* », est un bourg situé à 10 kil. sud-est de la fabrique impériale de drap militaire, à 4 kil. sud de la fabrique impériale de *fez*, et à 4 kil. ouest de la station de Buyuk-Dèrbènd du chemin de fer d'Anatolie.

Ses habitants, au nombre de 2,800, presque tous arméniens grégoriens, sont pour la plupart employés ou ouvriers dans les deux fabriques impériales précitées.

On y compte aussi huit magnaneries.

L'école communale de ce bourg est divisée en deux sections, l'une pour les garçons au nombre d'une centaine, l'autre pour les jeunes filles contenant 50 élèves. L'enseignement comprend 2 degrés : primaire et secondaire.

La condition générale des habitants est une aisance moyenne ; plusieurs sont riches.

Armach. — ARMACH, bourg dépendant directement de

la ville d'Ismidt, est, comme Arslan Bey keuï, exclusivement peuplé d'arméniens grégoriens, au nombre de 1,500 hab. Il est situé à 30 kil. nord-est du chef-lieu du sandjak auquel une petite route ou plutôt un sentier mal délimité s'embranchant sur la voie ferrée le relie assez pittoresquement, à travers jardins, champs et forêts. Le site, des plus agréables, touche presque à la lisière du caza de Kandèrè sur lequel s'étendent quelques-unes des propriétés et dépendances du monastère récemment érigé en abbaye, et qui, par son fameux pèlerinage et le séminaire renommé annexé à son église, a rendu célèbre cette petite localité.

Le bourg récemment reconstruit, après deux incendies successifs en 1862 et en 1888, sur de nouveaux plans d'ensemble appartenant pour une moitié à la première de ces deux dates, et pour l'autre moitié à la seconde, est situé à proximité d'une jolie petite rivière aux frais ombrages nommée *Bichtyui-déré*, dont le cours s'en va doucement rejoindre le *Sakaria* vers l'est, en faisant tourner, entre autres moulins, celui du monastère nouvellement réparé et doté d'un outillage perfectionné. Le travail de ce moulin est largement entretenu par les nombreux pèlerinages qui se rendent de Constantinople à Armach par la station d'Ismidt du chemin de fer d'Anatolie, et des vilayets d'Asie par celle d'Ada-Bazar. Il y est pourvu au moyen de la production de 2,000 *deunum* (environ 184 hectares) de terres arables appartenant au sanctuaire de Bon-Secours (Tcharkhapan Sourp Asdvazzadzin), objet du pèlerinage, tandis que celle de 3,000 *deunum* (environ 276 hectares) de forêts faisant partie de la même propriété, fournit abondamment les branchages qui chauffent le four du boulanger, en même temps que le charbon et les bois de construction nécessaires à la communauté.

On vient de planter à Armach des milliers de mûriers et d'y fonder de vastes magnaneries, en vue de propager le système Pasteur dans cette région, en faisant diriger les éducations et les grainages de vers à soie par d'anciens élèves de l'institut séricicole de Brousse.

Le sanctuaire vénéré d'Armach occupe, suivant la tradition, un emplacement consacré par le sang des martyrs durant la persécution décrétée par Dioclétien en 303, à Nicomédie (Ismidt).

Il fut élevé une première fois, en 1611, par environ 300 familles appartenant à cette riche colonie arménienne venue de Perse vers 1608 et dont le plus grand nombre se fixa à Ada-Bazar, ainsi qu'il est dit page 376. Sous la conduite de l'évêque arménien grégorien Thadéos, ces 300 familles fondèrent à la fois le village d'Armach et le monastère, qui devint dès lors un des principaux centres de dévotion de la communauté arménienne en Turquie d'Asie et la résidence ordinaire des archevêques d'Ismidt du rite grégorien. Les souverains ottomans le prirent sous leur protection et se plurent à lui donner de nombreuses marques de leur haute sollicitude chaque fois qu'il eut à souffrir au milieu des luttes intestines des bey**s** d'alentour. Les firmans impériaux conférant divers privilèges aux archevêques Thadéos en 1611, Nicalaos en 1717, Athanase en 1758, et Bartholoméos en 1787, en les autorisant à réparer les pertes causées par ces petites guerres locales, sont conservés avec soin dans les archives du sanctuaire. Celui-ci, détruit encore une fois en 1807, dans une guerre entre les beys de Kaïmâs et de Guèndj-Ali, fut réédifié par l'archevêque Boghos Karacotchian en 1820, en vertu d'un nouveau firman impérial de Sultan Mahmoud II.

A partir de cette date commence une ère nouvelle pour le monastère d'Armach, où le niveau des études ecclésiastiques se releva et ne cessa plus de se maintenir avec soin à la hauteur des progrès généraux de l'enseignement. Il en sort un grand nombre de maîtres, de prêtres, de vartabed et d'évêques remarquables, et la plupart des patriarches de Constantinople, y compris Mgr Khorène Achikian, patriarche actuel, appartiennent à la congrégation d'Armach. En 1889, enfin, le séminaire d'Armach est élevé au rang de grand séminaire du patriarcat grégorien de Constantinople, et une éphorie spéciale, présidée par le patriarche, est chargée de l'administrer, sous la direction de l'archevêque actuel d'Armach, Mgr Malachia Ormanian et de Apik Effendi Oundjian.

On y admet de jeunes élèves de 17 à 20 ans ayant terminé leurs études primaires, et dont le nombre est fixé à 44. La direction et l'administration du grand séminaire ne sont pas distinctes de celles du monastère. Les professeurs sont des religieux de ce couvent, au nombre de 7, y compris l'archevêque d'Armach auquel appartient la haute direction des études qui doivent durer 7 ans, au bout desquels les élèves ayant obtenu leur diplôme de docteur en théologie reçoivent en même temps le titre de membres de la congrégation d'Armach.

Le programme des études du grand séminaire d'Armach comprend, à titre obligatoire, les langues et littérature arménienne, turque et française et les éléments du grec et du latin, des sciences physiques et mathématiques. Les sciences religieuses, la philosophie et la théologie sont le principal objet de

l'enseignement qui comprend aussi, mais à titre purement facultatif, les principales langues et littératures européennes et
asiatiques et les diverses sciences ne faisant pas partie intégrante du programme des études.

L'église de Notre-Dame, réédifiée, comme il est dit plus haut,
en 1820, s'étant trouvée en 1872 dans un état qui nécessitait des
réparations très considérables, il a été jugé préférable d'en élever une nouvelle, surmontée d'une coupole et d'un clocher.
Durant le cours de cette construction, un incendie a détruit une
grande partie du monastère en 1888. D'importants travaux de
restauration ayant dû alors être exécutés, on a mis à profit cette
circonstance pour reconstruire en même temps le local destiné
aux pèlerins, le séminaire, qui a été doté à cette occasion d'un
matériel complet entièrement neuf.

Les grands pèlerinages d'Armach ont lieu pendant le mois
de septembre, entre les fêtes de la Nativité de la Vierge et de
l'Exaltation de la sainte Croix de Varay. Des pèlerins isolés,
craignant le bruit et la foule, et désireux d'accomplir leurs dé-
votions avec tranquillité, fréquentent le sanctuaire durant les
mois de mai et de juin. Le nombre des pèlerins est chaque année de 6 à 7,000, parmi lesquels il se rencontre souvent des
grecs orthodoxes, des catholiques et même des musulmans.
Ces derniers, comme on le sait, ont la Vierge Marie en grande
vénération.

Les offrandes des pèlerins forment, avec les dons de généreux
bienfaiteurs, le principal fonds d'entretien du séminaire.

Khasgal (*Pir-Ahmed*). — Outre le bourg d'Armach, la juridiction de l'abbaye s'étend sur le village de Khasgal, situé à
5 kilom. vers l'est, dans le nahié de Kaïmâs. Ce village, de
750 hab., porte officiellement le nom turc de Pir-Ahmed.

NAHIÉ DE BAGHTCHÉDJIK.

Baghtchédjik. — Baghtchédjik, chef-lieu du nahié de

même nom, et résidence d'un *mudir*, d'un vicaire de l'archevêque arménien grégorien d'Ismidt, d'un curé arménien catholique et d'une mission protestante, est un gros bourg de
10,000 hab. dont 9,620 arméniens grégoriens, 300 arméniens
protestants et 80 arméniens catholiques. On y compte 3 églises
et 3 écoles, dont 2 secondaires et 1 primaire, fréquentées par
305 élèves, comme suit :

	ÉCOLES	ÉLÈVES
Arméniens grégoriens : école secondaire, garçons	1	200
Arméniens protestants : école secondaire, garçons	1	60
Arméniens catholiques : école primaire, garçons	1	45
TOTAL. . .	3	305

Baghtchédjik est la dernière échelle des bateaux à vapeur de
la ligne d'Ismidt. Cette échelle est en communication permanente avec le bourg de Baghtchédjik situé à 4 kil. plus loin, au
sud, à l'intérieur des terres, par un service de voitures, et avec
le port d'Ismidt, situé vers le nord-est, à une distance d'un peu
plus de 2 milles et demi, par un service journalier de barques.

CAZA DE KARA-MURSAL

Orientation, limites. — Le caza de Kara-Mursal est
situé au sud-ouest du mutessariflik d'Ismidt. Il est limité : au
nord et dans toute sa longueur par la mer de Marmara ; à l'est,
par le merkez-liva d'Ismidt et le caza de Guéivé ; et au sud et
à l'ouest, par le vilayet de Brousse.

Superficie. — Sa superficie totale est de 2,125 kil. carrés.

Division administrative. — Il est divisé administrativement en 1 nahié qui est *Yalova*. On y compte 60 bourgs, villages ou hameaux, dont 33 dans la circonscription du merkez-caza, et 27 dans celle de son nahié.

Autorités. — Il est administré par un caïmakam, sous-gouverneur, de qui relève le mudir, directeur du nahié de Yalova.

Population. — Sa population totale est de 24,026 hab., comme suit :

Musulmans	Indigènes sédentaires . . .	9,400	10,000 hab.
	Refugiés *(mohâdjir)*	600	
Grecs orthodoxes			10,151 —
Arméniens grégoriens.			3,875 —
	TOTAL. . . .		24,026 hab.

Chef-lieu. — KARA-MURSAL, chef-lieu du caza et résidence du *caïmakam*, sous-gouverneur, est un petit port situé dans le golfe de Nicomédie, à 15 milles marins sud-ouest de celui d'Ismidt, et à 34 milles marins sud-est du port de Constantinople.

Population. — Sa population, comprise dans le chiffre ci-dessus de celle du caza, est de 2,000 hab., comme suit :

Musulmans indigènes.	900 hab.
Grecs orthodoxes	600 —
Arméniens grégoriens	500 —
TOTAL . . .	2,000 hab.

On compte à Kara-Mursal et aux alentours 16 mosquées, dont 13 impériales; 7 églises et 1 monastère; 1 dépôt et 15 écuries militaires, 1 agence des douanes, 5 bains publics (hammam),

29 boulangeries, 20 moulins, 56 fontaines publiques, 99 *han* ou hôtelleries et cafés, 100 boutiques, 666 maisons, 3 fabriques d'huile de sésame, 20 fermes (tchiftlik) et 21 carrières en exploitation.

Écoles. — Les écoles du bourg de Kara-Mursal et des environs sont au nombre de 15 seulement, fréquentées par 170 élèves. Ces écoles, qui sont des annexes de mosquées, ne donnent qu'une instruction élémentaire.

Production agricole. — Les principaux produits agricoles du caza de Kara-Mursal sont les céréales, les légumes et autres plantes maraîchères, la cire et le miel, la soie, les œufs, la volaille, etc. L'élève du bétail y est pratiqué, et ses produits accessoires, fromages blancs dits *misitra* et autres, sont exportés et fort goûtés à Constantinople. Les détails y relatifs figurent dans les tableaux ci-après :

	Hectolitres.		Hectolitres.		Hectolitres.
Blé.	37.200	Maïs	95 000	Riz.	15.000
Orge.	12.000	Méteil (méliz).	7.200	Vesce.	7.200
Avoine	19.200	Millet.	23 000	Divers	9 100
Seigle.	7.000	Kablidja (épeautre)	9.600		

	Kilogr.		Kilogr.		Kilogr.
Fèves.	11.100	Noix	80.000	Coton.	22.151
Pois chiches	10.000	Châtaignes.	35.000	Cire	10.000
Faséoles (fèves		Raisins frais	510.000	Miel	80.000
des marais).	900	Fruits divers	900.000	Cocons	49.411
Haricots.	20.000	Oignons.	255.000	Soie grège	1.609
Lentilles.	8.000	Aulx	300.500	Fromages (mi-	
Sésame	2.000	Pommes de terre	50.000	sitra)	45.000
Amandes	5.800	Légumes frais	270.000		

Bœufs et vaches	29,831 têtes.
Buffles.	1,135
Chevaux et mulets	7,500
Moutons	30,000
Chèvres communes	13,000
Chèvres mohair	16,800
Chameaux.	215
TOTAL	98,481 têtes.

Notices historiques. — La première victoire remportée en Bithynie par les armées du sultan Osmân eut pour résultat immédiat la conquête de la partie méridionale du golfe de
Nicomédie par Mursal, surnommé le Noir (*Kara*), l'un des compagnons du *Khodja* Aghidjè, qui acheva de conquérir tout le
pays nommé dès lors *Khodja-Ili* (le pays du khodja), qui comprend en grande partie le mutessariflik d'Ismidt. Kara-Mursal
reçut en fief la contrée conquise par lui, à la condition d'entrete-
nir des barques armées pour sa défense. Il fit élever sur le rivage
un château-fort autour duquel se forma bientôt le bourg actuel
qui porte son nom, et dont le site semble convenir, mieux que
toute autre localité, à l'emplacement de la ville antique d'Astacus fondée par les Mégariens.

NAHIÉ DE YALOVA

Yalova. — Yalova, chef-lieu du nahié du même nom et
résidence du mudir, est situé non loin de l'entrée du golfe d'Ismidt, en face de Daridja, à 30 kil. ouest de Kara-Mursal, à
28 milles marins ouest du port d'Ismidt, et à 27 milles sud-est
du port de Constantinople.

La population du nahié de Yalova, dont le chiffre est compris
dans celui de la population totale du caza de Kara-Mursal, est de
1,025 hab., comme suit :

Musulmans indigènes	500 hab.
Grecs orthodoxes	250
Arméniens grégoriens	275
TOTAL. . .	1,025 hab.

Écoles. — Il y a à Yalova et aux environs 37 écoles, toutes mulsumanes, dont 6 *médressé* et 31 annexes de mosquées et autres écoles primaires dites « de quartiers », fréquentées par 300 élèves.

Le bourg et le nahié de Yalova comptent, outre les 6 *médressé* précités, 15 grandes mosquées et 17 églises; 47 fontaines publiques, 8 bains (hammam), 43 fours publics, 7 cafés et *han* ou hôtelleries, 25 fermes (tchiftlik), 25 moulins d'ancien système, 196 boutiques et 2,426 maisons.

Eaux minérales. Notice historique. — On trouve plus haut, au chapitre spécial des eaux minérales du mutessariflik d'Ismidt page 318, tout ce qui concerne les thermes de Dagh-Hammâm et les détails historiques relatifs à Yalova, l'ancienne Drépanon, élevée au rang de ville et nommée Hélénopolis par Constantin le Grand, en l'honneur de sa mère, l'impératrice Hélène, qui en aimait le séjour.

Industrie. — On trouve également, au chapitre de la production industrielle de ce sandjak page 347, mention de la fabrique de « fez » et de « chayak » récemment établie à Kara-Mursal par une compagnie indigène.

CAZA D'ADA-BAZAR

Orientation, limites. — Le caza d'Ada-Bazar est situé dans la partie centrale et à l'est du mutessariflik d'Ismidt. Il est limité : au nord par le caza de Kandéré ; à l'est, par le vilayet de Castamouni ; au sud, par le caza de Guéivé, et à l'ouest par celui d'Ismidt (merkez-liva).

Superficie. — Sa superficie totale est de 1,925 kil. carrés.

Division administrative. — Il est divisé en 3 nahiés,

qui sont : *Sabandja*, *Ak-Yâzi* et *Hendèk*. On y compte en totalité 205 villages.

Autorités. — Il est administré par un *caïmakam*, sous-gouverneur, qui réside à Ada-Bazar, et de qui relèvent les *mudir* des nahiés de Sabandja et de Hendèk, ainsi que les *mudir* honoraires du nahié d'Ak-Yâzi et de la circonscription d'Ab Sofou, jadis nahié, mais ayant toujours un directeur à titre honoraire.

Population. — La population totale du caza d'Ada-Bazar est de 59,598 hab., comme suit :

Musulmans	Indigènes sédentaires	34,000	
	— nomades	45	41,374 hab.
	Réfugiés (*mohâdjir*)	7,329	
Grecs orthodoxes			2,997
Arméniens	Grégoriens	12,810	14,220
	Protestants	1,410	
Tchingânè (bohémiens)			1,007
	TOTAL		59,598 hab.

Chef-lieu. — ADA-BAZAR, chef-lieu du caza de même nom est la résidence du caïmakam, sous-gouverneur, le siège des tribunaux du *bédaïèt* (droit moderne) présidés par le *naïb*, et d'un tribunal du *chèr'i* (droit musulman) présidé par le *mufti*, d'un vicaire du métropolitain grec orthodoxe de Nicomédie (Ismidt), d'une mission américaine protestante, d'une municipalité, d'agences de la Dette publique et de la Régie des tabacs, d'un dépôt militaire et d'une station télégraphique de service intérieur (langue turque), etc., etc. La ville est située à 49 kil. est d'Ismidt, par la chaussée et son embranchement spécial, soit 35 kil. de voie principale et 14 kil. d'embranchement. La station du chemin de fer d'Anatolie est à 40ᵏ,273, d'Ismidt et à 7 kil. d'Ada-Bazar, sur l'embranchement de la route carrossable.

La population de la ville d'Ada-Bazar, comprise dans le chiffre ci-dessus de celle du caza, est de 24,150 hab., comme suit :

Musulmans { Indigènes . . . . 9,000 ; Réfugiés (émigrés de Rou-mélie orientale) . . . . . 3,324 } 12,329 hab.

Grecs orthodoxes 1,565

Arméniens { Grégoriens . . . . 8,846 ; Protestants . . . . 1,410 } 10,256

TOTAL . . . 24,150 hab.

Écoles.

Écoles. — Les écoles de la ville et des dépendances d'Ada-Bazar, sont au nombre de 148, dont 2 d'enseignement supérieur (*médressé*), 12 secondaires et 134 primaires, fréquentées par 2,405 élèves dont 1,875 garçons et 530 filles, comme suit :

COMMUNAUTÉS		ÉCOLES	ÉLÈVES
Musulmans	2 *médressé* (facultés de Droit et de Théologie	2	30
	1 lycée	1	85
	133 écoles primaires	133	800
Grecs orthodoxes . .	1 école secondaire (lycée) garçons . .	1	150
	1 école secondaire (pensionnat) filles .	1	100
Arméniens grégoriens	4 écoles secondaires (pensionnat) filles	4	760
	4 écoles secondaires (lycée) garçons .	4	310
Arméniens protestants	1 école secondaire (pensionnat de la mission)	1	120
	1 école primaire de garçons	1	50
	TOTAL . . .	148	2.405

ADA-BAZAR (le marché de l'île), a été nommé ainsi à cause de son importance commerciale, et de sa position entre le fleuve *Sakaria* (Sangarius) et la rivière *Tcharkh-sou* par laquelle se déverse le trop plein du lac de Sabandja, dont l'extrémité orientale, d'où sort cette rivière, n'est qu'à 7 kil. vers le sud. Cette rivière alimente la ville, c'est elle qui fournit l'eau à ses 45 fontaines publiques, au moyen de roues élévatoires à godets. Un des quartiers principaux d'Ada-Bazar porte le nom de *Khodja-zâdè* en souvenir de son fondateur, descendant du conquérant Aghidjé Khodja qui l'a bâtie vers 1540. Ce n'était d'abord qu'un petit village, mais, moins d'un siècle après sa fondation, la colonie arménienne qui vint s'y établir, en 1608, augmenta considérablement, par son activité commerciale, l'importance de cette place si bien située sur le passage des caravanes, et sa prospérité n'a fait que s'accroître depuis lors.

On compte à Ada-Bazar 120 mosquées dont 100 à minarets; 2 *médressé*: 6 *turbé* ou chapelles funéraires, 11 églises, parmi lesquelles 4 appartenant aux arméniens grégoriens et 2 aux grecs orthodoxes méritent une mention spéciale, un temple protestant, un grand bazar qui a été reconstruit en pierres depuis peu d'années, après un terrible incendie qui l'avait entièrement détruit. Les boutiques de ce bazar, sont au nombre de 1,000, comme suit :

Marchands d'étoffes diverses.	280
Merciers	100
Marchands de chaussures à l'usage du pays	80
— — 'à l'européenne	20
Cordonniers.	15
Tailleurs.	25
Boulangero et pâtissiers	20
Epiciers	200
Bouchers et *helvadji* (fabricants de *helva*, sorte de nougat)	120
Cafés	40
Pharmacies	5
Chaudronniers.	40
Forgerons	30
Changeurs de monnaies	25
Total des boutiques et magasins	1,000

Outre les boutiques et magasins du grand bazar, il y a dans le quartier *Kara-aghadj-dibi*, 8 distilleries et 15 débits de boissons ; 10 épiceries, 3 boulangeries et 5 boucheries. Dans le quartier

Nèmtchéler, il y avait autrefois 100 tanneries, qui s'étaient réduites à 60 vers 1880 ; aujourd'hui on n'en compte plus que 6. Il existe encore à Ada-Bazar 4 teintureries et 2 filatures de soie occupant 130 ouvrières. Les maisons de cette ville sont au nombre de 5,326.

Chaque lundi il se tient à Ada-Bazar un grand marché où se traitent d'importantes affaires en productions du pays. Les habitants des autres cazas et des vilayets voisins y viennent en foule apporter leurs diverses denrées, et achètent en retour des coloniaux, des épices, du pétrole et des étoffes dites « manufactures ».

Les inondations fréquentes du fleuve *Sakaria* laissent après elles un dépôt limoneux qui, semblable à celui du Nil, donne aux terrains un très haut degré de fertilité. Toutefois, durant ces inondations qui enrichissent la contrée en se retirant, les eaux s'élèvent parfois jusqu'à 4 mètres au-dessus du sol, bouleversent et ravagent les champs, détruisent les maisons, et bien que leur effet bienfaisant double et au-delà la récolte de l'année suivante, elles ne sont pas sans autres graves inconvénients. L'air de la contrée, toujours chargé d'humidité et d'exhalaisons malsaines, rend le climat du caza dangereux, pendant l'été surtout.

Production agricole. — La production agricole du caza d'Ada-Bazar se compose principalement, en moyenne annuelle, d'environ 274,000 hectolitres de céréales et de quantités considérables d'autres denrées, nombreuses et variées, parmi lesquelles on peut citer 520,000 kilos de graine de lin, plus de 1,000 tonnes d'oignons, près de 2,000 tonnes d'ail, autant de pommes de terre, 1,000 tonnes de légumes frais, 120,000 kilogr. de miel et plus de 15,000 kilos de cire, 76,000 kilos de cocons, plus de 25 millions d'œufs, 100,000 pièces de volaille et plus de 200,000 têtes de bétail, etc., comme suit :

	Hectolitres.		Hectolitres.		Hectolitres.
Blé.	29.600	Maïs	129.500	Riz.	35.000
Orge.	10 000	Méteil (méliz)	8.000	Vesce	7.110
Avoine.	15.700	Millet	16.500	Divers.	8.200
Seigle	6 500	Kablidja (épeautre)	7.850		

	Kilogr.		Kilogr.		Kilogr.
Graine de lin . .	513.178	Noix.	153.953	Coton	24.376
Fèves	12.300	Châtaignes. . . .	120.155	Cire	15.395
Pois chiches . . .	16.000	Raisins frais. . .	829.510	Miel	120.000
Faséoles (fèves		Fruits divers . .	929.000	Cocons.	76.571
des marais) . .	1.890	Oignons	1.026.755	Soie grège. . . .	3.180
Haricots	55.000	Aulx	1.154.651	Filasse de chanvre	19.245
Lentilles	27.550	Pommes de		Tabac	513.178
Sésame	3.980	terre	1.282.950		
Amandes	6.900	Légumes frais .	1.202.950		

Œufs	22,500,000 pièces.
Volaille	100,000 —
Peaux de bœufs	6,000 —
Bœufs et vaches	80,000 têtes.
Buffles.	1,450 —
Chevaux et mulets	16,315 —
Moutous.	70,963 —
Chèvres communes.	24,080 —
Chèvres mohair	29,500 —
Chameaux	300 —
TOTAL. . .	222,608 têtes.

Industrie. — Il se fabrique aux environs d'Ada-Bazar des toiles de lin dont l'exportation par Ismidt et Constantinople est évaluée à 400,000 pièces par an, représentant sur place une valeur totale de près d'un million de francs. Un moulin sis sur le *Tcharkh-sou* donne un rendement journalier de 220 hectolitres de farine.

Commerce. — L'exportation et l'importation d'Ada-Bazar ont lieu par Ismidt. Il en est de même du transit venant de l'intérieur du pays pour Constantinople et l'étranger *et vice versa*. Tout ce mouvement commercial se trouve en conséquence plus haut englobé dans celui du port d'Ismidt, dont le tableau, pour 1893, est annexé au chapitre du commerce du mutessariflik, page 349.

La valeur totale de l'exportation et de l'importation d'Ada-Bazar est, en année moyenne, transit compris, d'environ 14,000,000 de francs, comme suit :

Exportation (transit compris) . .	12,000,000 fr.
Importation —	. .	2,000,000
Mouvement total. . .	14,000,000 fr.

NAHIÉ DE SABANDJA

Le nahié de Sabandja est situé à l'ouest du caza d'Ada-Bazar. Il se compose du bourg de Sabandja, du lac de même nom et de 73 villages et hameaux administrés par un *mudir*, directeur du nahié, qui relève directement du caïmakam, sous-gouverneur d'Ada-Bazar.

Population du nahié. — Sa population totale est de 15,000 hab., comme suit :

Musulmans	Indigènes sédentaires . . .	12,000	13,000 hab.
	Refugiés (*mohâdjir*). . . .	1,000	
Grecs orthodoxes			900 hab.
Arméniens grégoriens			1,100
	TOTAL. . .		15,000 hab.

Chef-lieu. — SABANDJA, chef-lieu du nahié de même nom et résidence du *mudir*, station du chemin de fer d'Anatolie (kil. 32) et station télégraphique de service international (langues turque et française), est située au bord du lac et dans la belle et riche plaine qui portent son nom, au milieu de jardins fruitiers et maraîchers d'une grande étendue et remarquablement productifs, notamment en pommes et poires, en oignons et ail, très estimés à Constantinople et à Odessa.

Population. — La population du bourg de Sabandja, comprise dans le chiffre ci-dessus de celle du caza, est de 7,380 hab., comme suit :

Musulmans	Indigènes sédentaires	5,000	5,600 hab.
	Réfugiés (mohâdjir).	600	

Grecs orthodoxes	880
Arméniens grégoriens	900

TOTAL. . .	7,380 hab.

Ecoles. — Les écoles de Sabandja sont au nombre de 15, toutes primaires, fréquentées par 500 élèves; on peut y ajouter l'école secondaire du village de Djémilè, fondée récemment, ainsi qu'une belle mosquée, par Hasan Fehmi Pacha, dans cette colonie de Batoum sa ville natale. On y compte déjà 160 élèves. Le programme de l'enseignement qu'on y donne est le même que celui des lycées de l'État.

Il y a à Sabandja 15 mosquées dont 11 impériales, 2 *médressé* sans étudiants; 2 églises dont l'une à la communauté arménienne et l'autre aux grecs orthodoxes; 1 bain public, 10 fontaines publiques, 5 fours publics, 2 magnaneries, 17 boutiques et magasins, 24 cafés et *han* ou hôtelleries pour les chameliers, et 1,230 maisons. Aux environs se trouvent 16 fermes (tchiftlik) et 16 moulins d'ancien système, pour la plupart mus par des roues hydrauliques activées par des ruisseaux qui se jettent dans le lac.

Sabandja occupe l'emplacement de l'antique ville de Sophon qui, comme aujourd'hui la ville moderne, donnait jadis son nom au lac. On n'y trouve pas d'antiquités; les nombreux chapiteaux et autres débris anciens qu'on y rencontre appartiennent tous à l'époque byzantine.

Productions — Les productions agricoles et industrielles, le commerce, etc. du nahié de Sabandja sont les mêmes que ceux d'Ada-Bazar et se confondent avec eux.

Le lac de Sabandja, ancien lac Sophon, est décrit plus haut, au chapitre spécial des lacs et marais du mutessariflik d'Ismidt, page 334.

NAHIÉ D'AK-YÂZI

Orientation, etc. — Le nahié d'Aĸ-Yâzi est situé au sud-est du caza d'Ada-Bazar, près des dépendances du caza de Guéivé. Sa circonscription embrasse 48 villages et hameaux, administrés par un *mudir*, directeur honoraire, qui relève du sous-gouverneur d'Ada-Bazar.

Sa population totale est de 7,448 hab., comme suit :

Musulmans	Indigènes sédentaires . . .	5,000	6,020 hab.
	— nomades	20	
	Refugiés (*mohâdjir*) . . .	1,000	
Grecs orthodoxes.			232 hab.
Arméniens grégoriens			1,064
Tchingânè (bohémiens).			132
		Total. . .	7,448 hab.

Chef-lieu. — Aĸ-Yâzi, chef-lieu du nahié de même nom et résidence du mudir honoraire, est un agréable petit bourg de 800 hab., tous musulmans et cultivateurs. Il est situé au milieu d'une prairie entourée de collines boisées. L'aspect en est plein de charmes, au printemps surtout, lorsque les gazons naissants sont tout émaillés de fleurs ; c'est ce qui a fait donner à ce nahié son nom turc d'Ak-Yâzi, qui signifie littéralement — « écrit en blanc », c'est-à-dire en écriture nette, terme qui s'applique dans ce cas par comparaison au plaisir que donne la vue d'une belle page de calligraphie enjolivée de fines miniatures.

Écoles. — Le nahié de Ak-Yâzi ne compte que 20 écoles, toutes primaires fréquentées par 300 élèves ; ce sont des annexes des principales mosquées dont le nombre total est de 24. Quatre des plus petites n'ont point d'école annexe.

Parmi les habitants du nahié d'Ak-Yâzi, le plus petit nombre se compose de cultivateurs ; la majorité s'occupe de troupeaux ou vit de cueillettes et de travaux forestiers. '

A 4 kil. sud d'Ak-Yâzi, près d'un hameau nommé Kouzilik, il existe une source thermale très fréquentée, dont l'exploitation est mise chaque année en adjudication par la municipalité d'Ada-Bazar. Quelques détails à ce sujet se trouvent plus haut, page 318, au chapitre spécial des eaux minérales du mutessariflik d'Ismidt.

NAHIÉ DE HENDÈK

Orientation, etc. — Le nahié de Hendèk est situé à l'est du caza d'Ada-Bazar ; il s'étend au nord jusqu'au caza de Kandèrè ; touche à l'est la limite du vilayet de Castamouni, longe au sud le nahié d'Ak-Yâzi, et s'arrête, à l'ouest, à la rive droite du *Mudirli-sou* et du *Sakaria*.

Ce nahié se compose de 32 villages, bourgs et hameaux. Il contient de vastes forêts, exploitées en parties par l'État pour les besoins de la marine impériale. Les bois préparés à cet effet dans douze chantiers militaires sont dirigés sur l'arsenal maritime d'Ismidt où ils sont employés aux constructions navales. Près des chantiers de l'État, sont d'autres cantons forestiers exploités par l'industrie privée et qui fournissent annuellement à l'exportation, par le port d'Ismidt, en moyenne 50,000 planches de bois de noyer et des quantités considérables de charbon de chêne et autres essences.

Le nahié de Hendèk est administré par un mudir relevant du caïmakam, sous-gouverneur d'Ada-Bazar.

La population de ce nahié s'élève à 13,000 hab., comme suit :

Musulmans		
Indigènes sédentaires . .	8,000	
— nomades. . . .	25	10,025 hab.
Refugiés (*mohâdjir*) . . .	2,000	
Grecs orthodoxes . . . . • . .		300
Arméniens grégoriens.		1,800
Tchingânè (bohémiens).		875
TOTAL. . .		13,000 hab.

Chef-lieu. — HENDÈK, chef-lieu du nahié de même nom, est une petite ville de 6,500 hab. musulmans, située sur la route des caravanes de Duzdjé (vilayet de Castamouni) à Ada-Bazar, à peu près à égale distance de ces deux villes commerçantes. Aussi la presque totalité des habitants de Hendèk ont-ils pour occupation le transport des marchandises à dos de chameau et le petit commerce.

Ecoles. — On compte dans la ville et le nahié de Hendèk 31 écoles, dont 3 supérieures, une secondaire et 27 primaires et élémentaires, fréquentées par 467 élèves, comme suit :

		ÉCOLES	ÉLÈVES
Musulmans.	*médressé* (droit et théologie.)	1	32
	lycée	1	75
	écoles primaires	27	360
	TOTAL. .	31	467

Il y a dans le nahié de Hendèk 37 mosquées, 1 église, 6 fontaines, 2 bains publics, 32 *han* ou hôtelleries, 3 fours publics, 111 boutiques, 26 fermes (tchiftlik) et 26 moulins ; 12 magnâneries et 2,500 maisons et autres habitations.

Les principales cultures de ce nahié sont celles du tabac et de la soie.

AB-SOFOU, nahié supprimé, mais dont le mudir a été maintenu à titre honoraire, tandis que les habitants sont compris dans le chiffre des populations de Hendèk et de Sabandja, n'a rien de bien remarquable.

CAZA DE KANDÈRÈ

Orientation, limites. — Le caza de Kandèrè est situé au nord du mutessariflik d'Ismidt. Il est limité : au nord, par la mer Noire ; à l'est, par le vilayet de Castamouni ; au sud, par les cazas d'Ada-Bazar et d'Ismidt ; et à l'ouest, par le sandjak de Scutari (vilayet de Constantinople).

Superficie, division administrative. — Sa superficie totale est de 3,500 kil. carrés. Il est divisé administrativement en cinq nahiés qui sont : *Chéikhler, Keimds, Kara-sou, Aghadjli, (Indjirli)* et *Ak-Abdd.* On y compte en totalité 167 bourgs, villages et hameaux.

Autorités. — Il est administré par un *caïmakam* résidant à Kandèrè. De son autorité relèvent directement les 5 *mudir,* directeurs des nahiés.

Population du caza. — La population totale du caza de Kandèrè est de 49,859 hab., comme suit :

Musulmans	Indigènes sédentaires . .	36,000	
	— nomades. . . .	95	38,452 hab.
	Refugiés (*mohddjir*) . . .	2,357	
Grecs orthodoxes.		6,276	
Arméniens grégoriens		5,101	
	TOTAL. . .	49,829 hab.	

Chef-lieu. — KANDÈRÈ, chef-lieu du caza de même nom, résidence du caïmakam (sous-gouverneur), station télégraphique de service intérieur (langue turque), est une petite ville agricole située à 40 kil. nord-est d'Ismidt en ligne directe et à

5 kil. sud-est de la mer Noire, près d'un petit fleuve qui va se jeter dans cette mer en arrosant des champs bien cultivés, entourés d'épaisses forêts, après un parcours total de 15 kil.

La population de cette ville, comprise dans le chiffre ci-dessus de celle du caza, est de 8,000 hab. tous musulmans.

Ecoles. — On compte à Kandèrè et dans ses dépendances un lycée fréquenté par 50 élèves et 33 annexes de mosquées où 500 enfants apprennent à lire, à écrire et à réciter le *Korân*.

Kandèrè, qui fut une ville importante sous les anciens beys feudataires des premiers empereurs ottomans, possède encore aujourd'hui 29 grandes mosquées à minarets et 220 fontaines publiques; mais on n'y compte plus que 1 bain public, 4 *han* ou hôtelleries, 12 fours, 115 boutiques et 1,600 maisons. Quoique tous les habitants soient presque exclusivement adonnés à l'agriculture, on ne rencontre dans les environs que 2 fermes (tchiftlik) et 2 moulins.

Production agricole. — La production agricole du caza de Kandèrè consiste principalement en céréales variées, pommes de terre, riz, haricots, lentilles, etc. etc., et plus de 200,000 têtes de bétail, dont le détail figure ci-après :

	Hectolitres.		Hectolitres.		Hectolitres.
Blé.	130.000	Maïs.	325.000	Riz.	72.000
Orge.	45 000	Méteil (méliz)	25 000	Vesce	25.000
Avoine.	70.000	Millet	81.300	Divers	30.000
Seigle	30.000	Kablidja (épeautre)	35.000		

	Kilogr.		Kilogr.		Kilogr.
Graine de lin	151 137	Sésame	4 890	Aulx.	399 500
Fèves	13.800	Amandes.	10.000	Pommes de terre	500 000
Pois-chiches.	18.300	Noix.	115 000	Légumes frais.	379.000
Faséoles (fève de marais)	2.000	Châtaignes.	105.000	Coton	25.000
		Raisins frais.	750.000	Cire	13.000
Haricots.	150.000	Fruits divers	792 000	Miel.	104.000
Lentilles.	75 000	Oignons.	375.000		

Mines. — Les gisements houillers, les carrières de pierre à plâtre et à chaux sont, dit-on, assez nombreux et sembleraient ne pas manquer d'importance, mais on manque à ce sujet d'indications précises. La situation d'une seule mine de plomb argentifère à Kara-sou, et dont la concession a été demandée par un notable de ce nahié, est bien connue.

Forêts. — Il n'existe aucune donnée exacte concernant les vastes et magnifiques forêts du caza de Kandèrè, qui ne sauraient même être explorées que très difficilement et sans grande utilité dans l'état actuel, où la plupart sont à peu près impénétrables, par suite du manque absolu de routes. Ces forêts sont comprises avec celle du vilayet de Castamouni sous la même dénomination de « mer d'arbres » (*aghadj-dénizi*), qui peint si bien la contrée. En ce qui concerne le caza de Kandèrè, défalcation faite du tiers de la superficie, pour tenir largement compte des cultures, des cours d'eau, du petit lac d'Ak-gueul et des centres habités, tout le reste, soit environ 2,300 kil. carrés, ne forme pour ainsi dire qu'une seule forêt qui se continue bien loin à l'est par delà les limites du mutessariflik d'Ismidt dans les sandjaks limitrophes.

Bestiaux. — L'élève du bétail dans le caza de Kandèrè produit en moyenne annuelle 228,640 têtes, comme suit :

Bœufs et vaches	83,900 têtes
Buffles	1,565
Chevaux et mulets	20,000
Moutons	55,665
Chèvres communes.	34,960
— mohair	32,200
Chameaux	350
Total. . .	228,640 têtes

Fleuves, rivières. — Le fleuve *Sakaria* (Sangarius) côtoie la limite commune des cazas d'Ada-Bazar et de Kandèrè, sur une longueur d'environ 10 kil., et reçoit sur sa rive gauche le *Tcharkh-sou* au point précis où il pénètre dans ce dernier caza qu'il traverse en se dirigeant au nord pour se jeter dans la mer Noire, à Aghadjli (Indjirli), après un parcours d'environ 16 à 17 kil.

Le *Milân-sou* (Hypius), venant de Duzdjé, a son embouchure dans la mer Noire, à l'extrême limite nord-est du caza de Kandèrè que les 4 derniers kil. de son cours séparent du vilayet de Castamouni.

A sa limite opposée, ce même caza est séparé du vilayet de Constantinople (caza de Chilé) par l'*Ava-sou* qui se perd dans la mer Noire à Essé-keuï.

Lacs, marais. — Deux lacs de peu d'étendue se trouvent situés au nord du caza de Kandèrè : l'*Ak-gueul* (le lac blanc) et le *Kara-sou* (l'eau noire).

Tous deux sont à la distance de 6 kil. du fleuve *Sakaria*, l'un à l'ouest, l'autre à l'est. Le premier, l'*Ak-gueul*, déverse son trop-plein dans ce fleuve au moyen d'un petit canal naturel d'écoulement. La superficie de l'*Ak-gueul* est d'environ 12 kil. carrés ; celle du *Kara-sou,* sorte de cuvette où s'accumulent les eaux d'un petit fleuve de même nom jusqu'à ce qu'elles puissent franchir le bord opposé à leur point d'accès pour reprendre leur cours et rejoindre la mer Noire, n'est que de 4 kil. carrés.

Il existe à Batak-keuï des terrains marécageux assez étendus, d'où sort constamment un faible cours d'eau nommé *Batak-sou* qui se dirige du sud au nord et va tomber dans le *Sakaria*, à 6 kil. environ de l'embouchure de ce fleuve, après avoir doucement parcouru 25 kil.

Routes, chemins. — Le caza de Kandèrè est tout-à-fait dénué de routes ; mais cette situation ne tardera pas à changer complètement.

En effet, par l'article 36 de la convention qui régit la concession récemment faite à M. Kaulla des lignes d'Angora-Césarée et Eski-Chèhr-Kara-hissar, celui-ci s'engage à faire les études préliminaires d'une ligne d'Ada-Bazar à Héraclée par Hendèk et Uskub ou Duzdjé, et le même article stipule qu'une convention spéciale sera conclue pour la construction et l'exploitation de cette ligne, dont l'extrême proximité rendra, sinon indispensable, du moins très avantageuse pour les deux parties intéressées, la création d'un ou plusieurs petits embranchements peu coûteux desservant les principaux centres du caza de Kandèrè et rendant facile une exploitation régulière des plus beaux cantons forestiers de la « mer d'arbres », aussi fructueuse pour le pays que pour le trafic du chemin de fer.

Productions. — Outre les diverses industries forestières, scieries, charbonnières innombrables qui, tout en fournissant abondamment par Ismidt à l'ouest et par les caïk de Kara-sou, d'Indjirli (Aghadjli), de Kerpé et autres villages côtiers de la mer Noire au nord, la ville de Constantinople et les deux rives du Bosphore, n'exportent pourtant que de bien minimes quantités de planches, poutres, loupes de noyer, charbon de bois et autres, comparativement à l'énorme somme de production que ces industries pourraient normalement atteindre, on peut encore citer la fabrication importante de fil, de filasse et de toile de lin centralisée dans les deux nahiés de Chéikhler et de Kéimâs. L'exportation de ces toiles et de celles fabriquées aux environs d'Ada-Bazar se fait par cette ville et s'élève annuellement comme nous l'avons dit plus haut, à une moyenne d'environ 400,000 pièces, d'une valeur totale de 920,000 francs.

NAHIÉ DE CHÉIKHLER

Le nahié de Chéikhler a pour chef-lieu le bourg de même nom, situé à 15 kil. sud-est de Kandèrè, chef-lieu du caza, à 50 kil. nord-est d'Ismidt et à 30 kil. nord d'Ada-Bazar. La population totale du nahié, qui se compose de 46 vilages, est de 13,895 hab., comme suit :

Musulmans.
{
indigènes sédentaires.   10.340
   —   nomades. .   95   }   11.235 hab.
réfugiés *mohádjir* . .   800
}

Grecs orthodoxes	1,560
Arméniens grégoriens	1,100

TOTAL. . .   13,895 hab.

CHÉIKHLER, autrefois ville assez importante, n'a plus aujour-d'hui que 1,800 hab. On y compte 18 grandes mosquées à minarets et 6 *mèsdjid* ou oratoires musulmans; 150 fontaines publiques, 6 *han* ou hôtelleries et 37 boutiques ou magasins. Il y a dans ce nahié 22 fermes ou *tchiftlik* et 22 moulins. La principale culture est celle du lin, qui occupe de grands espaces et fournit à une fabrication importante de filasse, fil et toile de lin, ainsi qu'à une exportation assez considérable de graine de lin. L'expédition de ces articles de commerce est dirigée, par Ada-Bazar sur Ismidt et Constantinople, à destination de l'Arabie pour les toiles et des places européennes pour la graine.

Ecoles. — Les écoles du nahié de Chéikhler sont au nombre de 33, toutes d'enseignement primaire ou élémentaire, fréquentées par 525 élèves, comme suit :

		ÉCOLES	ÉLÈVES
Musulmans	Écoles primaires.	31	400
Grecs orthodoxes. . .	—	1	65
Arméniens grégoriens.	—	1	60
	TOTAL. . .	33	525

NAHIÉ DE KÉIMAS

Le nahié de Kéimâs est situé à proximité de la limite des

cazas de Kandèrè et d'Ismidt, au nord-ouest de celui-ci et au sud-ouest du premier. Sa situation a été rectifiée, sur la carte ci-jointe du mutessariflik, conformément à la correction faite récemment sur les cartes des ingénieurs ottomans des Travaux publics et de l'inspection générale des forêts. Le nahié se compose d'un chef-lieu portant également le nom de Kéimâs et de 34 villages et hameaux parmi lesquels Pir-Ahmed, village plus connu sous son nom arménien de Khasgal, qui se trouve placé sous la juridiction du monastère d'Armach, célèbre lieu de pélerinage décrit plus haut, page 365.

La population du nahié de Kéimâs est de 10,772 hab., comme suit :

Musulmans. $\begin{cases} \text{indigènes sédentaires.} \\ \text{refugiés } (\textit{mohâdjir}) \ . \ . \end{cases}$ 7.591 hab.

Grecs orthodoxes 1,180

Arméniens grégoriens 2,001

TOTAL. . . 10,772 hab.

KÉIMÂS, chef-lieu du nahié de même nom, est l'ancienne capitale des beys qui tenaient ces terres, leur conquête, en fief des successeurs d'Osmân. On y compte encore aujourd'hui 10 mosquées à minarets, 3 *mèsdjid* ou oratoires et 32 boutiques. La communauté grecque orthodoxe y possède 2 églises et 2 écoles primaires de garçons fréquentées par 121 élèves, tandis que les Arméniens grégoriens de Khasgal (*en turc, Pir-Ahmed*) ont également dans ce village de 750 hab., 2 églises et 2 écoles primaires, dont 1 fréquentée par 100 garçons et 1 fréquentée par 50 filles. Ces 4 écoles et ces 271 élèves forment tout le bagage scolaire du nahié de Kéimâs, essentiellement peuplé de cultivateurs, de tisserands et de fileuses occupés surtout de cultiver le lin et de le convertir en filasse, en fil et en toile.

Les autres cultures principales de ce nahié, où 15 fermes (tchiftlik) auxquelles 15 moulins sont annexés, partagent avec de beaux et nombreux jardins les eaux de 363 fontaines, sont celles des céréales et des arbres fruitiers, qui donnent d'excellents produits.

NAHIÉ DE KARA-SOU

KARA-SOU, chef-lieu du nahié de même nom, est un village maritime situé au nord du caza de Kandèrè, sur la mer Noire, entre l'embouchure du *Sakaria* et celle du *Milân-sou* (Hypius), à 50 kil. est de Kandèrè, chef-lieu du caza, à 15 kil. ouest de la limite du mutessariflik d'Ismidt et du vilayet de Castamouni, à 80 kil. nord-est d'Ismidt, et à 45 kil. nord-est d'Ada-Bazar. Sa population est de 1,900 hab. environ ; celle du nahié, qui comprend 21 villages, est de 9,400 hab., comme suit :

Musulmans	Indigènes sédentaires.	6,000	6,400 hab.
	Refugiés (*mohâdjir*).	400	
Grecs orthodoxes		2,000	
Arméniens grégoriens.		1,000	
	TOTAL. . .	9,400 hab.	

Les écoles du nahié de Kara-sou sont au nombre de 24 ; un enseignement, plus élémentaire que primaire, y est donné à 401 élèves, comme suit :

	ÉCOLES	ÉLÈVES
Musulmans.	22	310
Grecs orthodoxes	1	52
Arméniens grégoriens. . . .	1	39
TOTAL. . .	24	401

On compte dans le nahié de Kara-sou 10 grandes mosquées à minarets, 8 églises, 8 fermes (tchiftlik), 8 moulins, 5 fours publics, 5 fontaines; 22 *han* et hôtelleries et 43 boutiques et magasins.

Les habitants des villages du littoral sont occupés de la pêche du *pélamide* et du transport du charbon de bois fabriqué dans les forêts voisines. On cultive aux environs de Kara-sou du millet en abondance.

NAHIÉ D'AGHADJLI (INDJIRLI)

AGHADJLI ou INDJIRLI est un petit district composé de 7 villages situés auprès de l'embouchure du *Sakaria*, dans le voisinage du village de Kara-sou. Le chef-lieu, nommé Indjirli, station télégraphique de service intérieur (langue turque) n'est qu'à 8 kil. ouest de ce village.

La population du nahié d'Aghadjli est de 1,476 hab., dont 476 musulmans, 900 grecs orthodoxes et 100 arméniens, généralement charbonniers ou marins.

Les écoles sont relativement nombreuses dans ce petit district, qui n'en compte pas moins de 37, fréquentées par 486 élèves, comme suit :

	ÉCOLES	ÉLÈVES
Musulmans	35	406
Grecs orthodoxes	1	40
Arméniens grégoriens	1	40
TOTAL. . .	37	486

NAHIÉ D'AK-ABAD

On compte dans le nahié d'Ak-Abâd 25 villages forestiers fort

peu connus, 5 grandes mosquées, 20 fontaines, 9 boutiques, etc.
Sa population totale est de 6,288 hab., comme suit :

Musulmans $\left\{\begin{array}{l}\text{Indigènes sédentaires. . . .} \quad 4,264 \\ \text{Refugiés } (mohtdjir) \text{ . . . .} \quad\quad 486\end{array}\right\}$ 4,750 hab.

Grecs orthodoxes   636
Arméniens grégoriens.   900
                                        _____
                              TOTAL. . .   6,286 hab.

Les écoles du nahié d'Ak-Abâd sont au nombre de 21, d'enseignement élémentaire, fréquentées par 284 élèves, comme
suit :

	ÉCOLES	ÉLÈVES
Musulmans	19	203
Grecs orthodoxes.	1	36
Arméniens grégoriens . . .	1	45
TOTAL. . .	21	284

CAZA DE GUÉIVÉ

Orientation, limites. — Le caza de Guéivé est situé au
sud-est du mutessariflik d'Ismidt. Il est limité : au nord par le
merkez-liva d'Ismidt et le caza d'Ada-Bazar ; à l'est, par le
vilayet de Castamouni ; au sud, par le vilayet de Brousse (Kho-
davendighiâr), et à l'ouest, par le caza de Kara-Mursal.

Superficie, division administrative. — Sa superficie totale est de 3,000 kil. carrés.
Il est divisé administrativement en 2 nahiés qui sont *Ak-
Hissar* et *Tharakli*. On y compte en totalité 108 villes, bourgs,
villages et hameaux.

Autorités. — Il est administré par un *caïmakam*, résidant à Guéivé, et de qui relèvent directement les 2 *mudir*, directeurs des nahiés.

Population du caza. — Sa population totale est de 35,144 hab. comme suit :

Musulmans	Indigènes sédentaires. . .	20,766	
	— nomades	190	21,666 hab.
	Réfugiés (*mohâdjir*). . . .	710	
Grecs orthodoxes			6,481
Arméniens	Grégoriens	6,752	6,889
	Protestants.	132	
Tchingânè (Bohémiens)			108
	TOTAL . .		35,145 hab.

Chef-lieu. — GUÉIVÉ, chef-lieu du caza de même nom, résidence du caïmakam, sous gouverneur, station du chemin de fer d'Anatolie, est situé par 26° de longitude et 40° 30' de latitude, sur la rive droite du *Sakaria*, entre ce fleuve et la route carrossable d'Ismidt à Angora, au débouché d'un magnifique pont de six arches jeté sur le fleuve par Bayazid Ildérim, vers l'année 1392. En cet endroit, la vallée n'a pas moins de 4 kil. de largeur. De nombreuses cultures de mûriers et autres arbres ainsi que des jardins bien arrosés s'étendent autour du bourg, autrefois ville importante qui fut ruinée par une inondation du *Sakaria* sous le règne de Sultan Mourad IV en 1640. Depuis ce temps, cette ville ne s'est point relevée de ce désastre; les maisons actuelles, semblent même avoir été bâties en prévision de nouvelles inondations qui toutefois n'ont pas eu lieu. Quoi qu'il en soit, la population s'est reportée près de là, sur les hauteurs d'Orta-keuï et de Saradjli-kariési, centres populeux assez rapprochés de Guéivé, pour qu'on se croie fondé à leur donner le nom de faubourgs.

Population. — La population de Guéivé, en y comprenant ces 2 faubourgs, est de 5,894 hab., comme suit :

Musulmans, à Guéivé. . . . .   410 hab.

Grecs orthodoxes, à Orta-keuï. . . . 3,130 ⎫
—   à Saradjli. . . . . 1,217 ⎬ 4,347

Arméniens grégoriens, à Orta-keuï . . .   1,137

TOTAL. . .   5,894 hab.

Ces chiffres sont compris dans celui de la population totale du caza de Guéivé énoncé page 393.

Ecoles. — On compte à Guéivé, Orta-keui et Saradjli-ka-riési, 51 écoles, dont 2 supérieures, 5 secondaires et 44 primaires, fréquentées par 1,024 élèves dont 854 garçons et 170 filles, comme suit :

		ÉCOLES	ÉLÈVES
Musulmans, à Guéivé	Médressé	2	29
	Lycées	1	49
	Écoles primaires. . .	42	400
Grecs orthodoxes	A Orta-keuï, gymnase de garçons	1	150
	A Orta-keuï, pensionnat de filles.	1	90
	A Saradjli, écoles primaires.	2	136
Arméniens grégoriens	A Orta-keuï, lycée de garçons	1	90
	A Orta-keuï, pension-nat de filles. . . .	1	80
	TOTAL.	51	1.024

La distance en ligne directe d'Ismidt à Guéivé n'est que de 43 kil., mais, soit par le chemin de fer, soit par la route carrossable, elle est de 63 kil. Entre Ada-Bazar et Guéivé, la distance est de 30 kil. environ par ces mêmes voies.

Il y a à Guéivé une station télégraphique de service international, c'est-à-dire où la correspondance se fait en turc ou en français. On trouve dans cette ancienne ville et les 36 localités qui forment sa banlieue, 31 mosquées à minarets, 41 *mèsdjid* ou oratoires musulmans, 1 *imarèt* ou hospice pour les étudiants pauvres et autres, 4 *turbé* ou chapelles funéraires musulmanes, 2 églises, 75 fontaines publiques, 1 bain (*hamman*), 16 fours publics, 35 *han* ou hôtelleries, 329 boutiques, 2 scieries, 38 fermes ou « *tchiftlik* » et 38 moulins ; 7 magnaneries et 2 dépôts pour marchandises.

ORTA-KEUÏ (le village du milieu) est à 5 kil. nord-est de Guéivé, à 300 m. d'altitude. A 5 kil. plus loin, *Saradjli-kariési* se trouve également situé sur une colline assez élevée. C'est dans ces 2 faubourgs que fonctionnent les 7 magnaneries précitées, dont 5 dans les quartiers grecs et 2 dans les quartiers arméniens, outre 384 tours sur lesquels on dévide la soie dans les familles.

Le jeudi de chaque semaine, il se tient à Guéivé un grand marché où se traitent des affaires fort importantes, en soie, opium, céréales, cotons, etc, productions du caza presque totalement exportées en France et en Angleterre par des négociants de Constantinople. Les autres produits locaux, tels que sésame, oignon, raisin et autres beaux fruits, etc, sont consommés pour la majeure partie à Constantinople et le reste sur place. Les tabacs sont remis a l'agence de la Régie.

Les melons de Guéivé, trop renommés pour n'avoir pas droit à une mention toute spéciale, ont conquis à Constantinople, depuis la construction de la route carrossable et du chemin de fer, une réputation égale à celle que, de temps immémorial, ils possédaient déjà sur les marchés de Brousse.

Antiquités. — Guéivé occupe, selon les apparences, l'emplacement d'une ville antique que l'on croit être *Tottæum*. Ch. Texier y a vu, sur la grande place, « plusieurs débris de sarcophages, et un autel orné de palmettes sur lequel on lit en grands caractères le nom Αχιλλευς ; un autre fragment de cippe en marbre porte sur sa partie supérieure la trace de 2 pieds qui appartenaient à une statue de grandeur naturelle. »

Production agricole. — La production agricole du caza de Guéivé, par rapport à celle du sandjak, est évaluée, en moyenne annuelle comme suit :

	Hectolitres.		Hectolitres.		Hectolitres.
Blé. . . ·	55 000	Maïs	120.000	Riz.	17 000
Orge.	22.200	Méteil	11.200	Vesce	10 150
Avoine.	29 000	Millet	30 000	Divers	12.500
Seigle	11 000	Kablidja (épeautre)	14.500		

	Kilogr.		Kilogr.		Kilogr.
Graine de lin . .	·95 000	Noix	55.000	Opium.	2.565
Fèves	12.147	Châtaignes. . . .	90.000	Cire	12 312
Pois chiches. . .	11 200	Raisins frais . . .	513.178	Miel	98.490
Faséoles (fève de		Fruits divers. . .	610 150	Cocons.	769.767
marais)	600	Oignons	256 590	Soie grège. . . .	16.605
Haricots.	11 100	Aulx	513.180	Tabac	6 114
Lentilles.	9.000	Pommes de terre	75 000	Fromage.	100.000
Sésame	3.800	Légumes frais. .	289.000		
Amandes.	9.000	Coton	32.073		

Bestiaux. — Le produit annuel de l'élève du bétail est comme suit :

Bœuf et vaches.	81,701 têtes
Buffles	1,375
Chevaux et mulets	18,245
Moutons	60,857
Chèvres communes.	25,360
Chèvres mohair	33,000
Chameaux	245
TOTAL. . .	220,783 têtes

NAHIÉ D'AK-HISSAR

Le nahié d'Ak-Hissar est composé de 43 villages dont la population totale s'élève à 11,626 hab., comme suit :

Musulmans			8,734 hab.
Arméniens { grégoriens. . . .	1,952 }	2,089 —	
protestants . . .	137		
Grecs orthodoxes . . . . . :			803 —
		Total. . .	11,626 hab.

Ak-Hissar, chef-lieu de ce nahié, résidence du *mudir*, directeur, est situé sur la rive gauche du fleuve *Sakaria*, au kil. 75 du chemin de fer d'Anatolie, à 12 kil. ouest de la station de Guéivé. Le bourg de Ak-Hissar est à 10 minutes de la station du chemin de fer, au pied de riantes collines et au bord ouest d'une vaste plaine de 1,800 mètres de large traversée dans toute sa longueur par le *Sakaria* et entourée d'une foule de petits villages et hameaux. A proximité de la gare, on vient de construire 1 moulin à vapeur qui promet d'être abondamment achalandé par la grande production de céréales des environs.

La population de Ak-Hissar, comprise dans le chiffre ci-dessus de celle du nahié, est de 1,438 hab., comme suit :

Musulmans (indigènes sédentaires).			882 hab.
Arméniens { grégoriens.	119 }	456 —	
protestants	137		
Divers et étrangers			100 —
		Total . . .	1,438 hab.

Les productions du nahié d'Ak-Hissar sont les mêmes que celles du caza ; mais les céréales sont plus abondantes encore qu'aux alentours de Guéivé, ainsi que le sésame, tandis que les récoltes d'opium, de soie et de tabac sont moindres. Les fromages d'Ak-Hissar sont recherchés ; il en est exporté environ 100,000 okes (128, 295 kilos) par an.

Écoles. — On compte dans le nahié d'Ak-Hissar 51 écoles dont 2 secondaires et 49 primaires et élémentaires, fréquentées par 706 élèves, comme suit :

		ÉCOLES	ÉLÈVES
Musulmans {	Lycée	1	38
	Écoles primaires.	36	463
Arméniens grégoriens : écoles primaires . .		3	150
— protestants : collèges.		1	55
	TOTAL	51	706

Il y a, tant dans le bourg d'Ak-Hissar que dans ses dépendances, 28 grandes mosquées à minarets et 12 *mesdjid* ou oratoires musulmans ; 4 *turbé* ou chapelles funéraires : 3 églises, 1 bain public (*hammam*) 44 fontaines publiques, 7 fours, 31 *han* ou hôtelleries et cafés, 281 boutiques, 47 fermes (tchiftliks) 47 moulins et 2 scieries.

Mines. — A Kourt-Belèn Karièssi, au pied du Gueuk-dagh (mont Céleste), à 5 kil. nord d'Ak-Hissar, une mine de manganèse est exploitée régulièrement par le concessionnaire, Oussep-Agha, arménien de Constantinople.

Antiquités. — On croit que les divers fragments de colonnes et d'architraves et autres débris antiques qui se trouvent à Ak-Hissar, y ont été transportés de Lefké, l'ancienne *Leucœ* ; mais on voit près d'Aktché-qaïa (la roche d'argent), à 15 kil. environ du chef-lieu du nahié, une pierre quadrangulaire d'un mètre de côté et haute de 2 mètres, sur laquelle repose la statue d'un mort. A chaque angle de cette pierre est sculptée une figure ailée. Une courte inscription, gravée dans la partie supérieure de ce monument, est devenue illisible par l'action du temps.

NAHIÉ DE THARAKLI

Le nahié de Tharakli est situé à l'extrême limite sud-est du mutessariflik d'Ismidt ; il touche d'un côté au vilayet de Brousse, près de Gul-Bazar, et de l'autre au vilayet de Castamouni, près de Gueunuk.

Sa population totale est de 8,593 hab., comme suit :

Musulmans. . . . . 5,470 hab.
Arméniens grégoriens . . . . 3,832 —
Grecs orthodoxes . . . . 291 —

TOTAL. . . 8,593 hab.

La juridiction de ce nahié s'étend sur 29 bourgs, villages et hameaux.

Son chef-lieu, *Tharakli*, résidence du mudir, station télégraphique de service intérieur (langue turque), est situé sur la rive droite du *Gueunuk-sou*, affluent du *Sakaria*, à 32 kil. sud-est de Guéivé, chef-lieu du caza, à 95 kil. sud-est d'Ismidt, chef-lieu du mutessariflik, à 69 kil. sud-est d'Ada-Bazar, à 30 kil. nord-ouest de Torbali (Gueunuk) dans le vilayet de Castamouni, et à 23 kil. nord-est de Gul-Bazar, dans le vilayet de Brousse. Il est relié directement aux quatre premières de ces villes par la route carrossable d'Ismidt à Angora qui passe au milieu de sa rue principale, et à la cinquième par le *Gueunuk-sou*.

La population de Tharakli, comprise dans le chiffre ci-dessus de celle du nahié, est de 1,318 hab. musulmans.

On compte à Tharakli et dans ses dépendances 10 grandes mosquées à minarets et 20 *mesdjid* ou oratoires musulmans, 5 *médressé*; 1 bain public (hammam), 10 fontaines publiques, 6 fours, 12 *han* ou hôtelleries, 83 boutiques, 20 fermes ou *tchiftlik* et 20 moulins.

Écoles. — Les écoles du nahié de Tharakli sont au nombre de 26, dont 5 supérieures, 1 secondaire et 20 primaires ou élémentaires, fréquentées par 347 élèves, comme suit :

	ÉCOLES	ÉLÈVES
Médressé (Droit et Théologie) .	5	45
Musulmans Lycée	1	50
Écoles primaires.	20	252
TOTAL. .	26	347

Les principaux produits agricoles de ce nahié sont les céréales, l'opium et la soie.

Eaux thermales. — Il y a près Tharakli 1 source thermale sulfureuse, au village d'Ilidjé. Les bâtiments d'exploitation sont tellement dégradés que les accidents, auxquels on est exposé en s'y aventurant, ont fait abandonner ces bains autrefois très fréquentés.

Un marché assez important se tient chaque dimanche à Tharakli. On y vend des quantités considérables de blé, de maïs, de fruits et légumes frais ; opium, cocons et soie grège, ainsi que des cuillers de bois et d'os fabriquées en grand dans les hameaux voisins et qui sont expédiées à Constantinople.

VILAYET
DE
CASTAMOUNI

Population: 1.018.912 habitants. Superficie: 60.000 kil.car.
divisé en 4 Sandjaks, 22 Cazas et 29 Nahiés, savoir:

I. Merkz-Sandjak de Castamouni

Cazas: 1. Castamouni. — 2. Inéboli. — 3. Zaffanboli. — 4. Tosuia. — 5. Istélep.
6. Araïch. — 7. Tach-Keupru. — 8. Tuasi. 9. Djaidé.

II. Sandjak de Bolou.

Cazas: 10. Bolou. 11. Hérakité. — 12. Bartin. — 13. Guerouk. — 14. Guéridé. — 15. Duzdjé.
16. Médresni, chef-lieu Mondournou. — 17. Hamidié, chef-lieu Dérrek.

III. Sandjak de Kanghéri.

Cazas: 18. Kanghéri. — 19. Tcherkech.

IV. Sandjak de Sinope.

Cazas: 20. Sinope. — 21. Boyabad. — 22. Isté/em.

Légende

Chef-lieu du Vilayet
id. des Sandjaks
id. des Cazas
id. de Nahié
Village
Limites du Vilayet
id. des Sandjaks
id. des Cazas
Route construite
id. en construction
projetée
Chemins muletiers reliant les Cazas
Forêts et Terrains boisés
Echelle

Sinope
Vilayet de Trébizonde
SANDJAK DE SINOPE
Bafrehad
CASTAMOUNI
SANDJAK DE CASTAMOUNI
Kanghéri
SANDJAK DE KANGHÉRI
Tcherkech
Zaffanboli
Bartin
Hamidié
Bolou
Mondournou
Vilayet d'Angora
Mutessariflat d'Ismidt
MER NOIRE

Ernest LEROUX, Editeur.
Imp.Monrocq.Paris.

VILAYET DE CASTAMOUNI

SOMMAIRE DES MATIÈRES

———•◁◦▷•———

VILAYET DE CASTAMOUNI

STATISTIQUE DESCRIPTIVE

Orientation, limites. — Le vilayet de Castamouni est situé au nord de l'Asie ottomane, sur la mer Noire, par 28°20 à 33°7' de longitude-est, et 39°58' à 42°8' de latitude nord. Il est limité : au nord, par la mer Noire ; à l'est, par les vilayets de Tré-bizonde et de Sivas ; au sud, par le vilayet d'Angora, et à l'ouest par le mutessariflik d'Ismidt.

Superficie. — La superficie totale de ce vilayet est, en chiffre rond, de 60,000 kil., carrés, répartie entre les 4 sandjaks, comme suit :

Merkez-sandjak de Castamouni . . 19,300 kil. carrés
Sandjak de Bolou . . . . 21,700 —
— de Kanghéri . . . . . . 13,500 —
— de Sinope. . . . . ˙5,500 —

Total . . . 60,000 kil. carrés

Division administrative. — Le vilayet de Castamouni
est administrativement divisé en 4 sandjaks. Jusqu'au
1ᵉʳ mars 1892, ces 4 sandjaks étaient subdivisés en 23 cazas et
30 nahiés, contenant en totalité 2,514 villages; mais à partir de
cette date, le caza de Kalédjik, dans le sandjak de Kanghéri,
ayant été incorporé au vilayet d'Angora, on n'y compte plus
que 22 cazas, 29 nahiés et 2,442 villages. Cette modification
s'étant produite après la publication de la notice du vilayet
d'Angora, nous maintiendrons l'ancienne division dans le tableau ci-après, comme suit :

SANDJAKS	CAZAS	CHEFS-LIEUX DES CAZAS	NAHIÉS (1)	VILLAGES
I. CASTAMOUNI (MERKEZ-SANDJAK)	Castamouni	Castamouni ou Castamboul	4	465
	Inéboli	Inéboli	2	
	Zafrânboli	Zafrânboli	3	
	Tossia	Tossia	1	
	Iskélèb	Iskélèb	»	
	Aratch	Aratch	2	
	Tach-keupru	Tach-keupru	1	
	Tataï	Tataï	1	
	Djiddè	Djiddé	1	
II. BOLOU	Bolou	Bolou	1	1.131
	Erékli (Héraclée)	Héraclée	»	
	Bartin	Bartin	1	
	Geuïnèk	Geuïnèk	»	
	Guérédé	Guérédé	1	
	Duzdjé	Duzdjé	1	
	Médressi	Moudournou	»	
	Hamidiyé	Dèvrèk	1	
III. KANGHÉRI	Kanghéri	Kanghéri	3	714
	Kalédjik	Kalédjik	3	
	Tcherkèch	Tcherkèch	3	
IV. SINOPE	Sinope	Sinope	1	204
	Boyâbâd	Boyâbâd	1	
	Istéfân	Istéfân	1	
4 sandjaks	23 cazas		30	2.514

Division militaire. — Les troupes du vilayet de Casta-

(1) Les nahiés seront nommément indiqués dans le chapitre spécial de chaque
sandjak, de même que le nombre de villages afférents à chaque caza.

mouni forment une division du 1ᵉʳ corps d'armée (garde impériale) dont le quartier général est à Constantinople. Le quartier général de cette division est au chef-lieu du vilayet, où résident un général de division (*fériq*), un général de brigade (*liva*) et l'état-major divisionnaire. Les quartiers généraux de deux autres *liva* sont l'un à Bolou et l'autre à Sinope. Les centres de recrutement sont : Castamouni, Inéboli, Tossia, Zafrânboli, Bolou, Héraclée, Kanghéri, Kotch-hissar, Tcherkèch, Sinope et Guerzé.

A l'exception des trois quartiers généraux de Castamouni, de Bolou et de Sinope, tous les centres militaires de cette division sont placés sous le commandement de colonels ou de majors.

Autorités civiles. — Le vilayet de Castamouni est administré par un *vali*, gouverneur général, dont la juridiction immédiate comprend le merkez sandjak de Castamouni et le merkez caza de même nom ; il a sous sa dépendance directe les 3 *mutessarif* des autres sandjaks, ainsi que les *caïmakam* des cazas et les *mudir* des nahiés. Chacun de ces fonctionnaires, au nombre de 52, est assisté d'un conseil administratif de même composition que ceux déjà cités et décrits dans les chapitres spéciaux des autres vilayets.

Autorités religieuses. — Les autorités religieuses sont, pour les musulmans, le *mufti* et les *cadi*, *naïb* et *imâm*.

Les Grecs orthodoxes sont sous la juridiction du métropolitain de Néo-Césarée (*Niksar*), et les Arméniens relèvent du patriarche de Constantinople.

Services administratifs. — Outre les conseils administratifs plus haut cités, les divers services publics dépendant des fonctionnaires sous l'autorité du *vali*, constituent les directions, bureaux. etc., de la correspondance, des archives, du personnel, du recensement, de la comptabilité, du cadastre, des fondations pieuses, de l'impôt foncier, des forêts, des travaux publics, de l'instruction publique, de l'agriculture, des caisses d'utilité publique, etc., établis dans la plupart des chefs-lieux de sandjaks et de cazas, comme il est indiqué plus loin dans leurs chapitres spéciaux.

Tribunaux. — Il y a dans le vilayet de Castamouni 1 tribunal de 1ʳᵉ instance à chaque chef-lieu de sandjaks et de cazas, et 5 tribunaux du *chér'i*, dont 1 à Castamouni, 1 à Zafrânboli, 1 à Bolou, 1 à Kanghéri et 1 à Sinope. Tous ces tribunaux ressortissent de la cour d'appel de Castamouni, où siègent aussi un bureau exécutif, une Chambre de commerce et un notariat. Une autre Chambre de commerce siége à Inéboli, et un second notariat est établi à Sinope.

Gendarmerie, police. — A Castamouni, chef lieu du vilayet, il y a 1 préfecture de police, 1 gendarmerie, et 1 dépôt d'habillements et effets militaires. — A Kanghéri, il y a aussi 1 gendarmerie, ainsi qu'à Sinope, où se trouve 1 prison, de même qu'à Boyâbâd.

Douanes. — L'administration des douanes a dans les ports d'Inéboli, de Bartin, d'Amasra et de Sinope, des agences, dont la perception moyenne atteint, chaque année, en totalité, la somme de 3,117,944 piastres, comme suit :

Droits perçus par les douanes du vilayet de Castamouni *à l'exportation et à l'importation dans les ports ci-dessous (moyenne de 5 années).*

SANDJAKS	PORTS	EXPORTATION (1 0/0)	IMPORTATION (8 0/0)	TOTAUX par ports
		piastres	piastres	piastres
Castamouni......	Inéboli	136.182	1.792.194	1.928.376
Bolou .... {	Bartin......	2 377	438 061	440.438
	Amasra.....	3 000	220 030	223.030
Sinope	Sinope	91.300	434.800	526.100
Totaux partiels....		232.859	2 885.085	
Total général.......				3.117.944

Dette publique ottomane. — Le vilayet de Castamouni se trouve réparti entre 3 *nazarets* ou directions de
l'administration des revenus concédés à la Dette publique : les
agences de Castamouni, d'Inéboli, de Djiddé, d'Amasra, d'Héraclée et de Sinope dépendent du nazaret de Trébizonde ; celle de
Bolou, du merkez-mudiriet d'Ismidt, et enfin celles de Kanghéri et d'Iskélèb relèvent du nazaret d'Angora. — Les salines
de Kanghéri et d'Iskélèb, décrites plus loin dans le chapitre spécial des salines, fournissent à la consommation intérieure, tandis que les dépôts de sel échelonnés sur le littoral servent à la
consommation de ces régions et sont alimentés par les salines
de Phocée.

Les revenus bruts de ces diverses agences comprises dans le
vilayet de Castamouni se sont élevés, en 1308 (du 1er mars 1892
au 28 février 1893) à la somme totale de 3,048,087 piastres, répartis par agences et par nature de revenus dans le tableau ci-
après :

NATURE DES REVENUS	AGENCES						TOTAUX PAR REVENUS
	CASTAMOUNI	INÉBOLI	BOLOU	KANGHÈRI	ISKÉLÈS	SINOPE	
	piastres	piastres	piastres	piastres	piastres	piastres	piastres
Dîme des tabacs..........	—	—	4.766	24	—	42.972	47.762
Sel..	560	248.246	—	1.240.795	935.026	107.937	2.532.564
Spiritueux........	16.286	3.527	7.223	8.462	—	19.040	54.538
Timbre...........	123.415	49.804	114.347	81.573	1.774	34.154	405.067
Soie...........	—	—	8.156	—	—	—	8.156
TOTAUX PAR AGENCES.........	140.261	301.577	134.492	1.330.854	936.800	204.103	3.048.428
Frais d'extraction de sel, appointements, etc..........	34.972	111.512	29.039	168.425	102.581	71.130	517.084
Revenus nets.....	105.289	190.065	105.453	1.162.429	834.219	132.973	2.530.428

soit 25,304 livres turques, ou environ 575,000 fr.

Régie des tabacs. — La Régie coïntéressée des tabacs a érigé le vilayet de Castamouni en 1 *nazaret* ou direction principale, comprenant 14 agences savoir : le siège central du nazaret, 3 *mudiriet* et 10 *mémouriet* ou agences secondaires.

Le service administratif de ces 14 agences est fait par 1 *nazir* ou directeur principal; 3 *mudir* ou directeurs; 10 *mémour* ou chefs de service; 10 employés et 4 garçons de bureaux, soit 28 personnes.

Celui de la surveillance emploie 1 chef *goldji* (surveillant), 71 cavaliers, 48 piétons, soit 120 personnes.

Durant l'exercice 1306 (du 1ᵉʳ mars 1890 au 28 février 1891), la Régie a acheté dans le vilayet de Castamouni 55,010 kilogr. de tabac en feuilles, de diverses qualités, au prix moyen de 2 piastres 11 1/2 c. l'oke, soit pour la somme totale de 1,163 livres turques.

Elle a fait aux cultivateurs, durant la même année, des avances pour la somme totale de 61,959 piastres.

Le montant de ses ventes à la consommation intérieure du vilayet de Castamouni, pendant le même exercice, a été de 2,162,702 piastres, soit environ 497,400 fr.

Postes et Télégraphes. — Cette administration a formé des vilayets de Castamouni, de Trébizonde et d'une partie du sandjak d'Amasra, une direction principale dont le siège est à Castamouni.

La direction des télégraphes de Castamouni possède 43 stations dont 5 de service international, c'est-à-dire où les dépêches sont reçues et expédiées en turc et en caractères latins; les 38 autres stations sont de service intérieur, où la langue turque y est seule employée.

Sur ces 43 stations, 19 sont réparties dans le vilayet de Castamouni. Le chef-lieu du vilayet, et les stations d'Inéboli et de Sinope sont à service international; les 16 autres, sises aux chefs-lieux de sandjaks ou de cazas, sont de service intérieur.

Des bureaux de poste aux lettres sont établis dans les chefs-lieux de sandjaks et dans la plupart des chefs-lieux de cazas.

Population. — La population totale du vilayet de Castamouni est de 1,018,912 hab. Le tableau ci-après repartit ce
total par sexes, par communautés et par sandjaks. Ce total,
avec les mêmes divisions, sera plus loin décomposé par cazas,
dans chacun des 4 sandjaks respectifs.

POPULATION DU VILAYET DE CASTAMOUNI

SANDJAKS	MUSULMANS		GRECS ORTHODOXES		ARM.-GRÉGORIENS		ARM.-CATHOLIQUES		COPHTES		TOTAUX PAR SANDJAKS
	hommes	femmes	hommes	femmes	hommes	femmes	hommes	femmes	hommes	femmes	
CASTAMOUNI........	194.543	182.441	4.176	3.984	682	580	—	—	—	—	386.406
Bolou.............	165.947	155.698	2.070	1.474	81	—	30	—	—	—	325.300
Kanghêri..........	84.970	80.730	570	399	544	416	—	—	—	—	167.629
Sinope...........	66.306	62.044	4.535	4.299	173	141	—	—	1.086	993	139.577
Tot. par communautés.	511.766	480.913	11.351	10.156	1.480	1.137	30	—	1.086	993	

Total général........ 1.018.912

On compte en outre, dans le vilayet de Castamouni, un certain nombre de sujets ottomans étrangers à cette province, mais qui la fréquentent régulièrement, à époques fixes, pour affaires de commerce. Bien qu'ils ne puissent figurer parmi la population fixe, objet du tableau ci-dessus, on ne saurait négliger d'en citer le chiffre, puisqu'il s'ajoute à celui de cette population, chaque année, dans les mêmes proportions et dans les mêmes localités. Ces voyageurs, appartenant à diverses communautés, se répartissent dans chaque sandjak, comme suit :

COMMUNAUTÉS	SANDJAKS				TOTAUX par COMMUNAUTÉS
	CASTAMOUNI	BOLOU	KIANGHÉRI	SINOPE	
Musulmans	1.966	1.700	400	201	4.267
Grecs orthodoxes.......	211	211	—	656	1.852
Arméniens grégoriens..	162	388	172	240	954
— catholiques..	—	16	—	22	38
Bulgares.............	—	—	—	2	2
Israélites...........	8	—	—	9	17
TOTAUX PAR SANDJAKS....	2.621	2.307	572	1.130	
Total général.....					6.630

En ajoutant ces 6,630 voyageurs au tableau qui précède, les chiffres totaux de chaque communauté et de l'ensemble de la population du vilayet sont modifiés, comme suit :

Musulmans	996,946 hab.
Grecs orthodoxes	22,859 —
Arméniens grégoriens. . . .	3,571 —
— catholiques . . .	68 —
Cophtes	2,079 —
Bulgares	2 —
Israélites	17 —
TOTAL GÉNÉRAL COMPRENANT LES VOYAGEURS RÉGULIERS .	1,025,542 hab.

Mœurs, usages, coutumes, etc. Musulmans. — Sauf quelques rares exceptions, les musulmans de ce vilayet sont de race turque ottomane et descendent des premiers conquérants de ces contrées, venus à la suite des successeurs immédiats d'Osmân. Ils n'ont rien qui les distingue des autres turcs ottomans.

Grecs orthodoxes. — Pour la plupart, les habitants grecs des trois sandjaks maritimes du vilayet, — Castamouni, Bolou et Sinope, — sont ou semblent être les descendants des anciens colons grecs, fondateurs des cités commerçantes si célèbres dans l'antiquité et dont les noms, peu ou point modifiés, sont restés jusqu'aujourd'hui aux nouvelles villes ou bourgades qui les ont remplacé. On ne saurait guère douter de cette origine, du moins en ce qui concerne les habitants actuels du littoral. Ces habitants parlent assez correctement leur langue ainsi que le turc.

Quant à ceux du sandjak de Kanghéri, les uns sont d'anciens paphlagoniens, et les autres, plus nouveaux, tirent leur origine de négociants grecs de Césarée et d'Angora qui sont venus s'y établir de 1650 à 1700.

Les mœurs et coutumes des Grecs du littoral ne diffèrent pas de celles des autres habitants de l'empire appartenant à cette communauté. Ils sont intelligents, désireux de s'instruire et adonnés principalement au commerce et à la marine.

Arméniens. — Les Arméniens, fort peu nombreux dans ce vilayet, appartiennent à peu près tous à la communauté grégorienne. Leurs mœurs et usages sont d'ailleurs très peu conformes aux mœurs et usages des autres Arméniens, soit de la Turquie, soit des pays voisins. Ils sont presque tous nomades, et on ne saurait désigner précisément le lieu de leur résidence, qui tantôt se trouve dans un caza, tantôt dans un autre. Pour cette raison, il ne faut pas considérer les chiffres portés au tableau ci-dessus de la population du vilayet de Castamouni comme représentant, en ce qui concerne les Arméniens, tous les habitants qui appartiennent à cette communauté, mais seulement ceux qui sont fixés dans les diverses localités indiquées et qui ont pu être compris dans le recensement.

Coptes. — Environ 2,000 coptes habitent dans le caza de Boyâbâd, sandjak de Sinope. Leur religion, leurs mœurs, leurs habitudes, sont les mêmes que ceux des coptes d'Égypte. On ignore l'époque de leur venue dans cette contrée si éloignée de leur pays d'origine, mais il semble peu probable qu'ils soient un reste des conquérants du temps de Sésostris, qui ont dû nécessairement, par la suite des âges et bien avant l'époque chrétienne, se fondre entièrement dans la masse des populations issues du mélange des autochtones et des colons grecs et autres. Les Turcs ont, il est vrai, comme il est dit ailleurs dans cet ouvrage, l'habitude de nommer *coptes* ou *cophtes* les *tziganes* (bohémiens) non musulmans ; mais ces derniers sont trop reconnaissables pour qu'on puisse les confondre avec ceux dont il est ici question.

Ecoles. — Les écoles du vilayet de Castamouni sont au nombre de 2,085, où 43,773 élèves, dont 41,875 garçons et 1878 filles, reçoivent un enseignement à divers degrés, comme suit :

SANDJAKS	MÉDRESSÉS		ÉCOLES SECONDAIRES				ÉCOLES PRIMAIRES				TOTAUX			
			ÉCOLES		ÉLÈVES		ÉCOLES		ÉLÈVES		ÉCOLES		ÉLÈVES	
	ÉCOLES	ÉLÈVES	GARÇONS	FILLES	GARÇONS	FILLES	GARÇONS	FILLES	GARÇONS	FILLES	GARÇONS	FILLES	GARÇONS	FILLES
Castamouni	46	562	10	1	1.013	45	854	4	17.311	1.615	910	5	18.886	1.660
Bolou	46	730	12	1	1.030	153	774	2	13.634	85	832	3	15.394	238
Kanghéri	19	290	5	»	700	»	147	»	3.180	»	171	»	4.170	»
Sinope	8	125	3	»	250	»	153	»	3.050	»	164	»	3.425	»
Totaux	119	1.707	30	2	2.993	198	1.928	6	37.175	1.700	2.077	8	41.875	1.898

RÉCAPITULATION

		GARÇONS	FILLES	TOTAUX
ÉCOLES	Supérieures	119	»	119
	Secondaires	30	2	32
	Primaires	1.928	6	1.934
		2.077	8	2.085
			TOTAL GÉNÉRAL : 2.085 écoles	
ÉLÈVES		41.875	1.878	43.773 élèv.

Sur ce nombre total de 2,085 écoles, dont 119 supérieures, 32 secondaires et 1,934 primaires, 2,043, dont 4 de filles, 2 secondaires et 2 primaires, ainsi que 94 écoles mixtes situées dans le caza de Tach-keupru, appartiennent à la communauté musulmane ; 38 écoles primaires, dont 3 de filles, appartiennent aux Grecs orthodoxes ; les Arméniens enfin, comptent 4 écoles primaires, dont 1 de filles.

Les écoles inscrites dans le tableau ci-dessus, seront du reste réparties, comme nombre et comme communautés, et, par cazas, dans des tableaux partiels, aux chapitres spéciaux des sandjaks.

Les écoles supérieures des musulmans, c'est-à-dire les *médressé*, qui sont des facultés de théologie et de droit islamiques sont, ainsi que la grande majorité des écoles primaires, à la charge du *chéikh ul-islamat* ou ministère du culte, qui les entretient au moyen des revenus des fondations pieuses. Leurs écoles secondaires (collèges ou lycées) sont fondées par l'État, et entretenues, de même qu'un certain nombre de bonnes écoles primaires dites « préparatoires » et également fondées par l'État, au moyen de centimes additionnels spécialement perçus à cet effet dans tous les vilayets et employés par les autorités locales conformément aux ordres du ministère de l'instruction publique. Les municipalités instituent aussi, dans beaucoup de localités, des écoles primaires dont le programme est assez complet. Dans toutes les écoles des municipalités et du ministère de l'instruction publique, tous les enfants de sujets ottomans et fort souvent même des enfants de parents étrangers sont admis sans distinction de cultes. Les écoles du ministère du culte ne reçoivent que des musulmans. L'instruction donnée par l'État est généralement gratuite. Cependant quelques lycées forment exception. Dans les écoles, à tous les degrés, qui dépendent du ministère de la guerre, les élèves, au contraire, reçoivent une solde qui varie suivant leur avancement.

Les écoles de la communauté grecque orthodoxe suivent également, dans ce vilayet, les coutumes générales, c'est-à-dire qu'elles sont établies, dirigées et entretenues par les églises au moyen de quêtes spéciales et de dons de particuliers. Il en est de même de celles des Arméniens.

Toutes ces écoles, soit grecques, soit arméniennes, sont d'enseignement primaire ; mais on peut en citer plusieurs, notamment chez la communauté grecque de Sinope et celle de Castamouni, dont le programme, très complet, est parfaitement appliqué. Leurs écoles de filles sont particulièrement dignes de remarque et pourraient servir de modèles aux institutions de cette catégorie établies dans ce vilayet. On ne s'y borne pas, comme on le fait en général aux autres écoles les mieux dirigées, à l'enseignement classique et aux éléments des arts d'agrément, mais à côté des travaux d'aiguille on ajoute ceux du ménage.

Climat. — A l'exception de quelques cazas, tels que celui de Boyâbâd, où sont des rizières importantes autour desquelles règnent des fièvres intermittentes, le climat du vilayet de Castamouni est généralement sain, mais non d'une manière uniforme. La salubrité des diverses localités varie beaucoup suivant leur situation en basse plaine ou près des montagnes. L'air est très pur dans les localités situées sur les hauteurs, toutes couvertes ou environnées de forêts. La température s'y élève rarement, l'été, au-dessus de 26° à 30° c., au moment des plus fortes chaleurs, c'est-à-dire du 15 juin au 15 août. La saison d'hiver est au contraire rude et d'assez longue durée. Elle commence avant la fin du mois de novembre et se prolonge souvent au delà du mois de mars. Durant la dernière quinzaine de décembre et la première moitié de janvier, on voit communément le thermomètre marquer — 15° c., dans le cours de la journée et descendre, à l'aube, jusqu'à — 20 et — 22°.

Il y avait à Castamouni 30° de froid le 20 décembre 1891 ! —

Les neiges sont abondantes; plus d'une fois elles ont interrompu toute communication entre Iskèlèb et Kanghéri; souvent aussi le caza de Djiddè est resté durant un mois entier privé de relations avec Castamouni.

Le sandjak de Kanghéri et plusieurs autres parties du vilayet, quoique placés dans des conditions naturelles de salubrité qui en éloignent les fièvres et les maladies épidémiques, sont cruellement éprouvés d'autre part. Les maladies contagieuses y sévissent avec une force peu commune et y sont devenues endémiques comme autrefois la lèpre en Judée. Les petits enfants eux-mêmes en sont infectés dès leur naissance. Malgré les efforts du gouvernement qui a créé plusieurs hôpitaux spécialement affectés au traitement de ces maladies, dites « sacrées », dans les cantons qu'elles ravagent, et bien qu'il y ait envoyé de Constantinople des médecins expérimentés et qu'il y fasse distribuer gratuitement les remèdes antisyphilitiques nécessaires, toutes ces mesures réunies n'ont produit jusqu'à présent aucune amélioration bien sensible du triste état sanitaire de ces cantons.

Production agricole. — La production agricole du vilayet de Castamouni consiste surtout en céréales, graines légumineuses, fruits, opium, coton, tabac, produits divers des cueillettes forestières, produits accessoires de l'élève des bestiaux, de l'apiculture, de la chasse et autres, énumérés, par quantité ou valeur, dans le tableau ci-contre.

Quelques-uns de ces produits méritent une appréciation particulière. D'autres, dont l'importance commerciale faible ou même nulle ne permettait pas de tenir compte audit tableau, doivent pourtant être cités afin de faire connaître toutes les ressources naturelles du pays.

Tels sont, par exemple, les produits de la culture maraîchère, qui sont abondants et de fort bonne qualité, surtout le chou, la pomme de terre, la laitue, l'oignon, les raves, navets et radis, et la betterave.

Parmi les fruits, l'abricot commun dit *nougrof*, les pêches, les cerises et particulièrement la variété dite *vichnè*, sorte de griote; les pommes, les poires et les coings sont très recherchés. Les pommes dites *miskèt*, d'un goût fort délicat, les prunes dites *uriani*, qui joignent à leur propriété laxative une saveur parfumée, sont deux espèces de fruits ne se trouvant pas ailleurs que dans les vergers du vilayet de Castamouni, où le marché de Constantinople s'approvisionne en quantités considérables.

On commence à reprendre la culture du mûrier, particulièrement dans le caza de Zafrânboli. Celle du pavot se fait sur une petite échelle dans les quatre sandjaks; mais depuis 2 ou 3 ans les autorités de Castamouni encouragent les agriculteurs à s'en occuper plus activement. Leurs efforts ont été couronnés de succès dans plusieurs cazas, spécialement à Tossia. Le merkez-sandjak a déjà réussi à produire une quantité d'environ 600 okes (770 kilogr.) d'opium d'aussi bonne qualité que celui de Zilèh.

En résumé, la production agricole du vilayet de Castamouni est, année moyenne, comme suit (1) :

	hectolitres		kilogrammes
Blé	1.530.408	Riz	792 600
Orge	932.978	Opium	1.299
Avoine	118.794	Coton	274.630
Seigle	140.265	Tabac	217.153
Maïs	490.983	Kitrè (gomme adragante)	97.000
Millet	6.385	Djèhri (graine jaune)	20.500
Alpistes	105.734	Noix de galle	1.965.000
Haricots	100.553	Glands	5.400.000
Lentilles	105 000	Miel	220.000
Vesce	36.935	Cire	36.800
Pois-chiches	359 925	Salep	150.000
Graine de lin	104 954		

	kilogrammes		Pièces
Vin	520.000	Peaux de chèvres et de moutons	184.000
Huile de poisson	80.000	Peaux de bœufs et de vaches	19.500
Laine	1.070.000	id. de loups	2.500
Poil de chèvre commune	568.000	id. de renards	7.750
id. mohair (tiftik)	615.000	id. de lièvres	37.000

	Valeur en livres turques		hectolitres
Fruits frais	155.000	Divers	316 348

			kilogrammes
		Divers	1.101.266

(1) Ces quantités et valeurs seront plus loin et dans les chapitres spéciaux, indiquées dans les sandjaks auxquels elles se refèrent proportionnellement.

Mines et minières. — Certains habitants du sandjak de Kanghéri ont conservé la tradition de mines de cuivre et d'argent jadis exploitées, disent-ils, mais depuis longtemps abandonnées on ne sait pour quelle cause. Si ces mines, dont on ignore l'emplacement exact, se trouvent en effet situées, comme ils le disent, dans le caza de Kalèdjik, il est fort probable qu'on a dû renoncer à les exploiter parce que le défaut de routes carrossables rendait les transports trop coûteux, si non impossibles.

La même raison rend également impossible l'exploitation souvent tentée, soit par le gouvernement, soit par des particuliers, des mines de cuivre de Kurré, dans le caza d'Inéboli, ainsi que de celles de manganèse, de fer, de nickel, de plomb argentifère, nombreuses dit-on, dans les autres sandjaks.

Quoiqu'il en soit, outre la mine de sel gemme de Kanghéri décrite plus loin au chapitre des salines, on ne connaît d'une manière certaine l'existence d'autres mines dans le vilayet de Castamouni que celles dites d'*Héraclée*. Ces mines de houille, qui peuvent être considérées comme la clef d'un vaste bassin jusqu'ici presque inexploré, sont exploitées par l'État pour les besoins de sa propre marine et de ses établissements industriels, à l'exception de neuf gisements situés près de Kozlou. Il sera fait plus spécialement mention de ces neuf mines, concédées à M. P. M. Courtgi de Constantinople, au chapitre des mines du sandjak de Bolou.

L'exploitation des mines de houille dites d'*Héraclée* est dirigée par un colonel d'infanterie de marine résidant à Héraclée (Érèkli), où il est en même temps chef de la police faite par un détachement de soldats placé sous ses ordres. Les deux principaux centres de cette exploitation sont les villages de Kozlou et de Soungoul ou Zoungoul-dagh, situés tous deux au bord de la mer, le premier à 20 et l'autre à 36 kil. au nord-est d'Héraclée.

Kozlou, baigné à l'ouest par la mer Noire, est entouré de tous les côtés par une plaine d'une étendue considérable; la contrée est malsaine; le gouvernement fournit aux habitants, tous musulmans, de ce petit village sans aucune autre impor-

tance que celle de ses puits miniers, des médicaments gratuits.
L'extraction est faite par des concessionnaires de travaux auxquels le ministère de la marine délivre des permis à cet effet.
Tout le charbon extrait par eux doit être livré aux agents de ce
ministère contre des reconnaissances de sommes représentant,
avec un léger bénéfice, le prix de la main-d'œuvre et les frais
divers de l'entreprise. Le charbon est ensuite embarqué sur des
bâtiments de transport de l'État pour être conduit à destination;
tout le bassin houillier d'Héraclée étant considéré comme la
propriété exclusive du ministère de la marine.

Le mode d'extraction est très sommaire : Les filons carboni-
fères sont tous horizontaux, et les puits sont ouverts sur le flanc
des collines; les galeries n'ont que peu d'étendue car l'exploi-
tant n'aime que le travail facile, et quand le moindre obstacle
se présente il s'arrête pour opérer d'un autre côté. Il arrive
souvent qu'un même filon est attaqué par deux concessionnaires
différents. Pour la plupart originaires de Rizèh et autres places
du Lazistân, ces exploitants sont en général d'un commerce difficile et de mauvaise foi.

Kozlou possède un hôpital militaire et un dépôt d'armes. Le
site que ce village occupe n'est pas dépourvu d'agrément; la plaine
et les collines où les puits miniers sont ouverts sont arrosés par
un grand nombre de petits ruisseaux qui descendent doucement
aux environs des houillières et vont se jeter dans la mer Noire.
Sur les rives de ces ruisseaux et sur le penchant des collines,
des bouquets de rhododendrons fleurissent partout à l'état sauvage. La côte est très accidentée et pittoresque, mais peu sûre;
les petits voiliers et les bateaux à vapeur qui viennent charger
du charbon à Kozlou ne peuvent y rester la nuit et sont obligés
de retourner à Héraclée.

Zoungoul-Dagh, second centre minier du bassin houiller
d'Héraclée, situé également au bord de la mer, à 16 kil. au-delà
de Kozlou, est un gisement carbonifère plus riche. La population est assez nombreuse et l'exploitation très animée; aussi le
ministère de la marine y a-t-il établi tout le long de la vallée un
petit chemin de fer à voie étroite où circulent des voitures traî-

nées par des mulets, qui transportent le charbon de la mine au rivage. Là, il est chargé sur des embarcations et conduit à bord des navires, qui sont obligés d'ancrer au loin, car la rade est peu sûre et les eaux, près du rivage, manquent de profondeur.

La direction des mines d'Héraclée a fait élever à Zoungoul dagh une assez vaste construction pour le logement des autorités. Cette maison, seule habitation passable du lieu, se compose d'un rez-de-chaussée en pierre et d'un étage en bois avec escalier extérieur.

Quoique plus active à Zoungoul-dagh, l'exploitation s'y fait suivant le même mode et aux mêmes conditions qu'à Kozlou. La situation des habitants de ces deux centres miniers est la même : ceux qui ne sont pas aux mines sont contrebandiers ou pêcheurs. Ils se nourrissent de viande de chèvre, de mouton, de poisson et de gibier; ils ne mangent point de viande de bœuf, réputée malsaine dans ces localités. On trouve difficilement chez eux du pain de farine de blé; l'usage du pays est de le faire avec la farine de maïs grossièrement moulue.

Cette situation, bien différente de celle des habitants des grands centres houillers d'Europe, ne saurait manquer de s'améliorer et de devenir très prospère, si les mines d'Héraclée étaient exploitées d'une façon plus régulière et plus large. D'un autre côté, les bénéfices de l'État, dans une pareille exploitation, devraient être très considérables, tandis qu'ils sont de peu d'importance malgré le peu de profit qu'il laisse aux cessionnaires des travaux. Il est à peu près certain que le bassin houillier, à peine attaqué actuellement sur les deux points du littoral susindiqués, s'étend fort avant dans l'intérieur de ce pays tout couvert de forêts. Cependant l'exploitation de ces riches mines est si étroitement bornée qu'elle ne suffit que pour une partie des besoins de la marine et des établissements industriels de l'État, tributaire de l'Angleterre pour des quantités énormes de charbon, chaque année. Or le charbon des mines d'Héraclée est bien peu inférieur en qualité au charbon anglais.

Voici en effet ce qu'on lisait déjà à ce sujet en 1867 dans une publication officielle du gouvernement :

« M. le Dr Vérollot, ancien médecin de l'hôpital français de Péra, a fait l'analyse de la houille d'Érékli comparée à la houille anglaise ; elle donne :

	HOUILLE D'ÉRÈKLI	HOUILLE ANGLAISE
Coke.	6,026	5,819
Matières volatiles	3,090	4,039
Cendres	0,694	4,094
Pyrites	0,094	traces

« Un gramme de carbone pur élève de 1° du thermomètre centigrade 7 gr. 815 d'eau ; soit 100 = 10/10 cs ;

Un gramme de houille anglaise élève de 1° 6 gr. 187 d'eau ; soit 0,79 = 8/10 cs ;

Un gramme de houille d'Érékli élève de 1° 5 gr. 117 d'eau ; soit 0,69 = 7/10 cs. »

Il n'est que juste toutefois d'ajouter que les premiers frais à faire pour rendre exploitable, ailleurs que sur le littoral, le bassin houillier d'Héraclée, seraient certainement considérables. Le principal obstacle à surmonter consiste dans le manque absolu de voies de communication et de moyens de transport, qu'il faudrait d'abord créer, afin de pouvoir faire circuler économiquement les produits des mines à travers de profonds ravins et d'épaisses forêts. On en jugera par le fait suivant :

Lors de la guerre de Crimée, des vaisseaux anglais étant venus charger du charbon à Zoungoul-dagh, les officiers découvrirent un gisement carbonifère inexploité sur le flanc d'un monticule séparé de la mine par un ravin. Après en avoir extrait une quantité de houille évaluée à plusieurs milliers de tonnes, ils crurent pouvoir en effectuer le transport au moyen d'un pont jeté sur le ravin ; mais ils s'aperçurent bientôt qu'il leur faudrait aussi construire une route sans laquelle le transport du charbon au-delà du pont était impossible. Ils furent ainsi forcés d'abandonner là cet amas considérable de houille qu'on y voit encore, après 35 ans, gisant sous quelques centimètres de terre couverte de mousses et de fougères.

Une autre mine de charbon découverte beaucoup plus avant dans l'intérieur du pays, il y a environ trois ans, aux alentours de Kanghéri, a dû être abandonnée pour de pareilles causes, après des études et des essais de ses produits qui avaient donné d'excellents résultats.

De tels obstacles naturels à une exploitation plus large et plus régulière du vaste bassin houiller connu sous le nom de « mines d'Héraclée » font jusqu'à un certain point comprendre que le gouvernement se soit borné à l'exploitation, ainsi qu'elle est faite actuellement, des points situés aux bords de la mer et à proximité du port d'Érèkli. Les transports se font facilement et sans frais coûteux, par terre et par mer, entre Kozlou, Zoungoul-dagh et Héraclée.

Un groupe de capitalistes, représenté par un français, M. Meynier, avait, il y a quelque temps, demandé la concession des mines de houille d'Héraclée, moyennant le paiement d'une redevance annuelle au ministère de la marine. M. Meynier, après avoir obtenu l'autorisation de procéder à des études dont les résultats l'avaient encouragé, a cru pourtant devoir se retirer sans être parvenu à une entente définitive avec le gouvernement et la situation est demeurée la même.

Forêts. — La superficie des forêts du vilayet de Castamouni peut être estimée pour le moins au tiers de la superficie totale de ce vilayet, soit plus de 18,000 kil. carrés. Leur vaste étendue et leur épaisseur sont telles, surtout dans le sandjak de Bolou, qu'on leur a donné dans le pays le nom de *Aghadjdéniz* ou « mer d'arbres. » Toutes les montagnes en sont entièrement couvertes. On cite principalement pour leur grande beauté celle de l'Ala-dagh. Cependant à peine la moitié de ces forêts sont exploitées, du moins d'une façon régulière, sous le contrôle de l'État, dont les agents perçoivent des droits proportionnés à l'importance des coupes autorisées et surveillées par eux.

Comme on le voit au tableau ci-contre, ce contrôle et cette surveillance de l'État ne sont pas exercés dans le sandjak de

Kanghéri. Les forêts de ce sandjak n'ont pas, il est vrai, autant d'importance que celle des sandjaks de Castamouni et de Bolou, mais elles en ont toutefois assez pour fournir amplement aux besoins des habitants et à une exportation assez considérable dirigée sur Angora. Ces forêts sont situées dans le caza de Tcherkèch et autour de Kanghéri. Le peuplement des plus rapprochées du sandjak de Bolou se compose surtout de chênes, de hêtres, de châtaigniers, d'ormes, de tilleuls, et les forêts qui s'étendent de l'ouest à l'est autour de la ville de Kanghéri sont presque exclusivement peuplées de diverses espèces de pins, sapins et autres conifères.

Le tableau ci-après montre les forêts exploitées par l'État dans les trois autres sandjaks du vilayet de Castamouni, leur nombre, leur étendue, leur importance et le montant des droits perçus :

Forêts exploitées par l'État dans le vilayet de Castamouni :

SANDJAKS	NOMBRE de Forêts	SUPERFICIE — Kilom. carrés	COUPE annuelle — Nombre d'arbres	DROITS PERÇUS —- Piastres
Castamouni .	177	3 354	362.500	850.000
Bolou	42	4.544	356.000	850.000
Sinope	14	864	27.000	50 000
Kanghéri (1)...	»	»	»	»
Totaux	233	8 762	745.500	1 750.000

Ce tableau sera plus loin décomposé aux chapitres spéciaux de chaque sandjak, en indiquant respectivement le nombre, la superficie des forêts afférentes à chaque caza, leur peuplement, les coupes annuelles, l'usage de leurs produits, etc.

(1) Il n'y a pas de forêts régulièrement exploitées dans le sandjak de Kanghéri.

Outre les diverses exploitations résultant du tableau ci-dessus, telles que bois en grumes pour charpente, scieries, chauffage, etc; écorces pour tanneries, goudron, charbon, etc: il faut aussi noter un grand commerce de loupes de différents arbres des forêts des sandjaks de Sinope et de Bolou, très-riches en ce genre de productions si recherchées en Europe, et les produits variés des cueillettes forestières : glands, noix de galle, châtaignes, etc., très considérables.

Faune. — Les animaux sauvages qui fréquentent ces forêts sont principalement les loups, les renards et les lièvres, qui donnent lieu à un commerce assez important de peaux pour fourrures. On y rencontre aussi beaucoup d'ours, de sangliers et de chèvres sauvages, cerfs, daims et chevreuils. Le gibier à plumes se compose principalement de perdrix d'espèce commune et de cette grosse espèce particulière au pays, déjà citée plusieurs fois, ainsi que de francolins, faisans, gélinottes, coqs de bruyère et de toutes sortes d'oiseaux chanteurs. La huppe et les pies sont très communs, et certaines contrées forestières sont visitées par des échassiers de diverses espèces.

Salines. — Les salines du vilayet de Castamouni, très importantes, sont exploitées par l'administration des revenus concédés à la dette publique ottomane, qui les a classées parmi les dépendances de son nazaret ou direction générale d'Angora.

On compte dans le vilayet de Castamouni deux mudirièts ou directions de salines relevant du nazarèt d'Angora. Le premier de ces deux mudirièts est formé de la mine de sel gemme de *Kanghéri*, située dans le sandjak et le merkez-caza de même nom, à 16 kil. environ au sud-est du chef-lieu, à 96 kil. sud de Castamouni et à 80 kil. au nord-est d'Angora. Le second mudirièt se compose des deux salines de *Kotchètch* et de *Ketchèch*, dites salines « d'Iskélèb », de celles de *Taïtali*, de *Yèrlou* et de *Bourga*, ainsi que de trois autres situées dans le vilayet d'Angora dont on n'a pas par conséquent à s'occuper ici. Les quatre premières sont artificielles et la cinquième est un petit lac ou plutôt un bassin naturel alimenté, comme les quatre autres, par une source salée. Toutes cinq sont situées dans le caza d'Iskélèb, dépendance du merkez-sandjak de Castamouni et à 160 kil. environ au nord-est d'Angora.

SALINE DE KANGHÉRI. — La mine de sel gemme de Kanghéri mesure, dans sa plus grande étendue, 450 m. du sud-est au nord-ouest et 115 m. en moyenne du nord-est au sud-ouest. Les traditions locales veulent que sa première exploitation date de 10 siècles sans interruption; mais un cubage du vide de la mine, opéré vers 1886 par M. Henri Couteaux, ingénieur de l'administration de la dette publique, lui fait penser que cette date ne remonte pas au-delà de 400 ans. L'historique de la saline n'est d'ailleurs bien connu qu'à partir de l'affermage de son exploitation, en 1837, et adjugé alors au prix de 6,000 piastres par an.

Treize ans plus tard, en 1850, le prix de l'affermage était plus que décuplé, et, en 1857, il fut adjugé pour 10 années à une compagnie dirigée par M. Zarifi, moyennant 115,000 piastres par an. Le prix du sel fut alors fixé à 6 paras l'oke, soit un peu plus de 0,02 centimes le kilogramme, tandis que jusque-là les ventes s'étaient faites à la charge, soit 2 piastres, environ 46 centimes la charge d'un chameau, et 60 paras ou environ 0,34 centimes la charge d'un mulet. Le gouvernement, voyant que la compagnie réalisait de beaux bénéfices, résilia en 1861 son contrat d'affermage et prit en mains l'exploitation directe qu'il concéda en 1878, à l'administration des six contributions indirectes.

Aujourd'hui, l'administration des revenus concédés à la dette publique ottomane obtient de cette exploitation les résultats suivants :

	Quantités extraites.	Montant des ventes.
	Kilogr.	Piastres
Année 1893.	2,031,137	2,342,608

soit environ 538,000 fr.

Les galeries souterraines de la mine de Kanghéri sont très

curieuses à visiter. On y rencontre quantité de sources, de lacs, de ponts suspendus et autres beautés naturelles qui rendent l'excursion fort intéressante; mais il serait dangereux de s'y aventurer sans prendre des précautions : ainsi il est d'usage de semer de la paille hâchée tout le long du chemin que l'on parcourt pour pouvoir le retrouver sûrement. Les ouvriers travaillent jour et nuit dans ces galeries, à l'exception de la nuit du jeudi au vendredi, car ils sont persuadés que durant cette nuit là des accidents tels qu'éboulements, chûtes mortelles et autres non moins à craindre ne manqueraient pas d'arriver.

KOTCHÈTCH, KETCHÈTCH. — Ces deux salines, qui constituent ensemble la saline proprement dite « d'Iskélèb », sont toutes deux situées au sud du chef-lieu de caza de ce nom, l'une à 2 heures (environ 10 kil.) et l'autre à 3 heures (environ 15 kil) de la petite ville d'Iskélèb. Toutes deux sont établies au fond de ravins où coulent des sources salées dont on rassemble les eaux dans des réservoirs où elles subissent une première évaporation qui concentre leur salure, avant de passer dans les bassins où la cristallisation s'opère. Ces tables salantes sont, au nombre de 179, alimentées par deux sources d'inégale salure, à la saline de *Kotchètch* ; tandis qu'à celle de *Ketchètch*, divisée en deux exploitations séparées par une colline, il y a dans la première 2 réservoirs et 43 tables salantes, alimentées par 3 sources. Ce premier groupe porte le nom de *Kara-déghin*. Le second, appelé *Tèk-dam*, se compose de 68 tables salantes, alimentées par 3 autres sources salées.

BOURGA. — Cette saline, située à 15 kil. environ de celle de Kotchètch et à 25 kil. au sud d'Iskélèb, consiste en une sorte de petit lac ou bassin naturel d'un peu plus de 1 kil. de circuit, alimenté par une source salée intermittente qui coule durant les mois de mars, avril, mai, et quelquefois jusqu'au 15 juillet, si le printemps est très pluvieux.

YÈRLOU. — Trois sources d'eau salée alimentant chacune un groupe distinct de tables salantes forment la saline de *Yèrlou* qui se trouve à l'ouest de Kotchètch et au sud de la ville d'Iskélèb, à 10 kil. de l'une et à 20 kil. de l'autre.

TAÏTAH. — Une source salée assez abondante et dont l'eau marque 25 degrés de salure, fournit aux besoins des 35 tables salantes de *Taïtah*, établissement situé à l'ouest de Kotchètch, comme le précédent, et à 40 kil. environ au sud d'Iskélèb. Le sel qu'on y récolte est très recherché pour son excellent goût.

La production et le revenu annuels des salines du mudiriet d'Iskélèb situées dans le caza de même nom et précitées, sont comme suit :

		RÉCOLTE	RECETTE
		kilogrammes	piastres
	Iskélèb (Kotchètch et Kotchètch)	3.198.894	843.589
Année 1306 (1890-91)	Yèrlou..............	229 503	102.922
	Taïtah..............	164.818	66.134
Année moyenne. —	Bourga..............	1.000.000	139 490
	Totaux....	4.593 215	1.152.135

soit environ 265.000 fr.

Le revenu total et net des salines du vilayet de Castamouni, est en moyenne, comme suit :

Saline de Kânghéri (sel gemme). . . . . 273,132 fr.
— d'Iskélèb (sel de sources salées). . 265,000

TOTAL . . . 538,132 fr.

Tabacs. Le tabac est cultivé dans la plupart des cazas du vilayet de Castamouni et plus spécialement dans ceux du sandjak de Sinope, dont les produits sont égaux en qualité aux meilleurs tabacs de Samsoun et de Bafra. Toutefois, la culture du tabac a été très délaissée depuis l'institution de la Régie et la production est descendue au-dessous de la récolte moyenne an-

térieure à cette institution ; mais elle tend à se relever. Actuellement, on l'évalue en totalité, en chiffre rond, à 200,000 kilog.

Eaux minérales. — On compte dans ce vilayet 5 sources d'eaux minérales assiduement fréquentées par les habitants
des alentours, qui ont tous une entière confiance en leurs effets
curatifs. Toutes cinq sont situées dans le sandjak de Bolou.
Deux se trouvent à proximité de son chef-lieu ; une troisième
près du village de Tchitak, dans le caza de Gueuïnèk ; la quatrième est à Parli, dans le caza de Médressi, et enfin la cinquième émerge à 11 kil. de Duzdjè, chef-lieu du caza de même
nom. On ne sait pas quelle est la minéralisation de ces eaux,
dont aucune analyse n'a pu encore être faite, mais leur efficacité est notoire.

Agriculture. — La propriété de la plus grande partie des
terres est entre les mains des musulmans, qui les font cultiver par
des *ortaqdji*, et vivent de leurs produits. Les principaux propriétaires se trouvent parmi les fonctionnaires du gouvernement,
les membres des conseils administratifs ou des tribunaux, auxquels leur haute position facilite beaucoup la gestion de leurs
importants domaines. Les petits employés sont aussi possesseurs de petites parcelles de peu d'étendue.

Les habitants des campagnes sont tous, sans presque aucune
exception, agriculteurs, pour la plupart *ortaqdji*, c'est-à-dire
cultivateurs pour le compte des propriétaires. Ceux-ci doivent,
après une entente amiable qui n'est pas sanctionnée par un
contrat légal, leur prêter l'argent, les grains, les bœufs et le
matériel nécessaire à leurs travaux. L'*ortaqdji* laboure, prépare
la terre, fait les semailles et attend la récole. Alors l'*agha* (c'est
ainsi qu'on nomme le propriétaire rural) prélève d'abord la dîme
des produits, qu'il met de côté, et une quantité de grains égale
à celle qu'il a avancée pour l'ensemencement. Ce qui reste est
partagé entre lui et *l'ortaqdji*.

Malheureusement, il arrive souvent que la part de ce dernier
se trouve insuffisante ; l'*agha* lui fait en ce cas l'avance, à re-

prendre sur la récolte de l'année suivante, de la quantité de blé ou de maïs qui lui permettra de subsister avec sa famille jusqu'au temps de cette récolte, dont les éventualités aggraveront peut être encore la situation de l'*ortaqdji*. Aussi est-il extrêmement rare que ce dernier parvienne à jouir d'une modeste aisance et jamais il n'arrive, quelles que soient son activité et sa frugalité, à posséder la moindre parcelle de cette terre que son travail fertilise au seul profit de l'*ayha*.

Rien n'est d'ailleurs plus primitif que les méthodes et les instruments d'agriculture en usage dans le vilayet de Castamouni. La fécondité du sol y supplée généralement, et malgré l'état borné des connaissances du cultivateur, de l'infériorité de son outillage, la récolte est toujours abondante et surpasse de beaucoup les quantités nécessaires à la consommation. La production agricole donne lieu à des exportations de céréales, de bestiaux et de fruits et légumes, ainsi que de quantités importantes de laine, poil de chèvre *mohair* et autres produits accessoires, quoique le défaut de bonnes routes rende les transports très onéreux. Les frais de ces transports sont tels, en effet, que de Kânghéri à Castamouni, par exemple, ils doublent le prix des denrées. Ainsi le *kilé* de blé acheté à raison de 40 à 45 piastres à Kânghéri, se vend de 90 à 95 piastres à Castamouni. La distance entre ces deux villes est de 90 kil. en ligne directe, mais, en réalité, elle est de 24 heures turques, soit environ 132 kil. à cause des longs détours nécessités par la configuration du terrain et des obstacles à surmonter.

Après les céréales, les haricots, lentilles et autres graines légumineuses et la graine de lin, les principales cultures sont celles du coton, dont la récolte annuelle peut être évaluée en moyenne à 500 tonnes environ, et celle du tabac. Celle-ci, comme il a déjà été dit plus haut page 429, est en décroissance depuis l'établissement de la régie, mais elle tend actuellement à se relever.

La culture de la vigne donne d'assez bons résultats dans les sandjaks de Bolou, de Castamouni et de Kânghéri. Une maladie ayant attaqué les vignobles du sandjak de Sinope, qui donnaient d'excellents vins, les ceps avaient été arrachés et plus tard remplacés par d'autres. Ces derniers n'ont encore fourni que des récoltes fort inférieures en quantité à l'ancienne production.

Bestiaux. — L'élève des bestiaux est largement pratiqué dans tous les sandjaks du vilayet de Castamouni ; c'est une de ses plus précieuses sources de revenus. La race ovine, surtout, la chèvre commune et plus particulièrement encore la chèvre mohair ou chèvre d'Angora, sont le principal objet des soins des éleveurs, tandis que l'élève de la race bovine n'est guère envisagé par eux qu'au point de vue de la production nécessaire aux besoins locaux, tant agricoles qu'industriels.

La production moyenne annuelle est estimée, en totalité, comme suit, dans le tableau ci-après (1).

RACES	ESPÈCES	SANDJAKS				TOTAUX par ESPÈCES
		CASTAMOUNI	BOLOU	KÂNGHÉRI	SINOPE	
Bovine ..	Bœufs de labour	80.000	75.000	60.000	30.000	245.000
	Vaches et taureaux	26.000	25.000	20.000	10.000	81.000
	Buffles.........	8.000	9.000	7.000	3.000	27.000
Ovine ...	Moutons.......	169.704	149.601	122.406	65.265	506.976
	Chèvres communes.....	101.198	173.226	8.554	44.895	327.873
	id.　mohair.......	238.359	115.045	206.116	14.721	574.241
TOTAUX PAR SANDJAKS..		623.261	546.872	424.076	167.881	
TOTAL PAR TÊTES....						1.762.090

Apiculture. — L'élève des abeilles, dans les 4 sandjaks

(1) Ce tableau sera plus loin décomposé, par races et par espèces d'animaux, dans les chapitres des sandjaks, pour indiquer les quantités respectives afférentes à chaque caza.

du vilayet de Castamouni, fournit un miel et une cire fort estimés, dont la production moyenne annuelle est évaluée comme
suit :

Miel. . . . . 220,000 kil.
Cire. . . . . 36,800 —

Fleuves, rivières. — Les principaux cours d'eau qui
arrosent ou circonscrivent ce vilayet sont 2 fleuves : le *Kizil-
Irmak* (Halys) et le *Filias-sou* (Billœus), et leurs affluents les
plus importants qui sont : pour le premier le *Tataï-tchaï* ou
Gueul-Irmak, appelé aussi *Bagh-dèrè*, et le *Dèvrèk-sou*, et pour
le second l'*Aratch-sou* ou *Soghanli-sou* .

Parmi les cours d'eau de moindre importance, qui sont fort
nombreux, il faut citer le petit fleuve *Bartin-sou* (Parthénius),
à cause de son importance historique.

Le *Kizil-Irmak* (Halys), qui a été décrit, dans son ensemble,
dans la notice du vilayet de Sivas (Tome I, page 639), circonscrit
la limite orientale du vilayet de Castamouni, le long de laquelle
il court à partir de l'extrémité méridionale du caza de Kalèdjik,
récemment annexé au vilayet d'Angora, en dirigeant son cours
vers le nord-est. Il atteint ainsi l'est du caza d'Iskélèb, le sandjak
d'Amassia où il pénètre, passe à Osmândjik, caza dépendant
du vilayet de Sivas, et rejoint, après un circuit d'environ 75 kil.,
le merkez-sandjak de Castamouni entre Hadji-Hmra et Karghi.
Arrivé là, il reprend sa direction générale au nord-est, longe le
caza de Boyâbâd jusqu'à l'intersection de sa limite avec celle du
vilayet de Trébizonde et va se jeter dans la mer Noire en aval de
Bafra. Il accomplit, durant ce trajet, un parcours total d'environ 395 kil., dont 235 kil. sur la limite du vilayet de Castamouni,
75 kil. dans le vilayet de Sivas et 85 kil. dans le vilayet de Trébizonde. Il reçoit sur sa rive gauche 2 grands affluents : le *Dèvrèk-sou* et le *Tataï-tchaï* ou *Gueul-Irmak*.

Le premier de ces 2 affluents prend sa source au fond d'une
vallée étroite et longue, entre les monts Kantar-dagh et Sari-
dagh, au nord-ouest du sandjak de Kânghéri, dans le merkez-

caza de même nom, qu'il parcourt entièrement de l'ouest à l'est. Il y arrose de nombreux villages et reçoit les affluents d'une innombrable quantité de sources qui descendent des montagnes. Le *Dèvrèk-sou* passe ensuite dans le caza de Tossia en poursuivant son cours dans la même direction, entre des sommets de 1,000, 1,200 et 1,600 mètres d'altitude appartenant à la même chaîne, puis il entre enfin dans le nahié de Karghi, dépendance de ce caza, et il y déverse ses eaux dans le *Kizil-Irmak*, après un parcours total d'environ 150 kil.

Le *Dataï-tchaï* ou *Gueul-Irmak*, descend des montagnes au nord-ouest du merkez-sandjak de Castamouni, au petit village de Tchibouq. Dirigeant son cours vers l'est, il passe successivement à Dataï, à Castamouni, à Tach-keupru ; puis son cours fléchit du nord-est au sud-est. Il entre alors dans le sandjak de Sinope, et après avoir arrosé, durant un parcours total d'environ 180 kil. les chefs-lieux et les villages de 4 cazas, ses eaux vont grossir le *Kizil-Irmak* entre Béïli-keuï et Hasan-keuï.

A l'ouest du vilayet de Castamouni et au sud du sandjak de Bolou, on rencontre les sources du *Filias-sou* (Billœus), le plus large et le plus rapide des fleuves de l'ancienne Bithynie, au milieu des vastes et épaisses forêts qui couvrent les flancs des hautes montagnes de la chaîne de l'Ala-dagh, entre 2 sommets principaux de cette chaîne nommés Boli-dagh et Sémin-dagh, à proximité du hameau de Gunaï. A partir de son origine jusqu'à son embouchure, ce fleuve coule dans la direction du sud-ouest au nord-est. Il passe d'abord à Bolou, chef-lieu du sandjak, puis à Dèvrèk, chef-lieu du caza de Hamidiyé, et côtoie ensuite la limite occidentale du caza de Bartin, où se trouve située son embouchure, dans la mer Noire, à Filias, petit groupe de cabanes de pêcheurs avoisinant les ruines de l'antique ville de *Tium*. Il reçoit près de Dèvrèk, sur sa rive droite, son principal affluent : le *Soghanli-sou*, appelé aussi *Aratch-sou,* et plus loin, sur sa rive gauche, un autre affluent, sans nom, dont les deux sources ont reçu toutes deux le même nom de : *Kara-pounâr* (la source noire). L'une émerge du pied de l'Ova-dagh qui borne la plaine d'Héraclée, et l'autre des derniers contreforts du Guéïnèkdagh. Le parcours total du *Filias-sou* est d'environ 140 kil.

Son affluent principal, le *Soghanli-sou* ou l'*Aratch-sou* peut être considéré comme non moins important, car la longueur de son parcours est à peu près égale, et il reçoit, de son côté, un affluent considérable : le *Hammâmli-tchaï*, ou *Oulou-tchaï* (la grande rivière). Quoi qu'il en soit, l'*Aratch-sou* prend sa source à 20 kil. environ à l'est d'Aratch, chef-lieu du caza de même nom, près de Castamouni. Il se dirige de l'est à l'ouest, passe à Aratch, à Baltchik-Hissar, un peu avant lequel se trouve le confluent de l'*Aratch-sou* et du *Hámmamli-tchaï*. Il atteint ensuite Ak-tach, Karabiklar, côtoie le Déré-Fondouk-dagh (montagne de la prairie aux noisettes) et se jette dans le *Filias* à quelques kil. de Dèvrèk, après avoir parcouru un trajet total d'environ 135 kil.

L'*Oulou-tchaï* ou *Khammâmli-tchaï,* affluent de l'*Aratch-sou*, prend ses deux sources dans la vallée qui sépare l'Èrèn-dagh de l'Ala-dagh, l'une près de Guèrèdè, chef-lieu du caza de même nom, et l'autre à Tchaouchlar. Il passe à Baïndir, nahié du caza de Tcherkèch et rejoint son confluent avec l'*Aratch-sou* à travers la belle plaine de Hadjilar-Ovasi. Son parcours total, dans la direction du sud au nord, s'étend sur une longueur d'environ 100 kil.

Parmi la multitude des autres cours d'eau qui, suivant la saison, tantôt serpentent doucement sur les pentes des montagnes à travers les herbes et les fleurs de la prairie, et tantôt roulent leurs flots torrentueux de roche en roche et vont inonder les vallées, aucun ne mériterait d'être cité si ce n'était le *Bartin-sou*, que son ancien nom de *Parthénius* rend digne de l'intérêt qui s'attache aux souvenirs classiques. Quoique moins humble en réalité que le *Pactole* si vanté, le *Bartin-sou* ne semblait pas être destiné par la nature à devenir célèbre. Son parcours total, à partir de sa source au pied du Dèvrènt ou plutôt Dèrbènt-dagh jusqu'à Guzèldjé, port de Bartin, où il se jette dans la mer Noire n'est que d'environ 68 kil. — Il se dirige d'abord du nord-est au sud-ouest durant les 23 premiers kil. de son parcours dans la vallée de Bartin, jusqu'à une petite distance du hameau d'Oavdjima; là, faisant un coude brusque dans la même direction que cette vallée, il continue à la parcourir pour gagner au nord-ouest son embouchure à Guzèl ou Guzèldjé où il arrive après avoir passé d'Ovadjima à Yun-Han, à Balamba et enfin à Bartin.

Tous les divers cours d'eau précités sont très poissonneux, mais on y pêche fort peu, car le poisson d'eau douce, bien qu'il soit excellent, n'entre pas dans l'alimentation publique d'une manière générale, par suite de préjugés locaux absolument mal fondés. Ces mêmes cours d'eau sont navigables sur plusieurs points où on les utilise pour le flottage des bois coupés dans les forêts du voisinage et pour quelques autres transports à peu près aussi primitifs. Selon toute apparence, il ne serait ni bien difficile ni trop coûteux de surmonter les obstacles qui entravent actuellement la navigation régulière sur ces fleuves et rivières. On créerait ainsi des voies de communication éminemment économiques pour le commerce local qui se trouverait dégrevé de frais de transports onéreux à l'excès.

Lacs, marais. — Il n'y a pas de lacs proprement dits, ni de marais dans le vilayet de Castamouni.

Routes, chemins. — On compte dans ce vilayet, 11 routes carrossables, dont la longueur totale est de 1,023 kil., comme suit :

DESIGNATION DES ROUTES	LONGUEUR TOTALE kilomètres
	k.
De Castamouni à Tach-keupru......................	44 000
id. à Inéboli.............................	90.000
id. à Tossia	60.000
id. à Djiddè.	135.000
id. à Kanghéri...........................	112.700
id. à Bartin, par Tataï et Aflani	100.000
De Bolou à Akdjè, par Duzdjè......................	109 000
De Zafranboli à Amasra, par Bartin.................	105.000
Dans le caza de Gueuïnèk (section de la route d'Ismidt à Angora)	91 300
De Sinope à Boyâbâd	96.300
De Boyâbâd à la limite du vilayet par Touragân, pour Amassia..	80.000
	k.
LONGUEUR TOTALE DES ROUTES CARROSSABLES DANS LE VILAYET.....	1.023.300

Toutes ces routes forment d'innombrables lacets qui augmentent considérablement la distance entre les deux points extrêmes du trajet à accomplir.

Pour donner une idée sommaire des énormes difficultés qu'il a fallu vaincre pour obtenir ce résultat, il suffira de donner ici, comme exemple, quelques détails concernant la chaussée d'Inéboli à à Castamouni :

Distance entre ces deux villages par la route carrossable . . . . 90 kil.

Distance entre ces deux villages en ligne directe . . . . 65 —

DIFFÉRENCE . . . . . 25 kil.

Il a donc fallu d'abord, pour obtenir des pentes et rampes praticables, allonger de 25 kil. la distance à parcourir, au moyen de lacets contournant une partie des obstacles; d'autres ont dû être franchis. En somme, les ouvrages d'art que la construction de cette unique route a nécessités ne sont pas moins de 3,293, comme suit :

Ponts en maçonnerie . . . . 117 ⎫
— en charpente. . . . . 6 ⎬ 159
— mixtes . . . . 36 ⎭
Cassis 96
Murs de soutènement en pierres sèches 2,513 ⎫ 3,038
— à mortier . . . . 525 ⎭

TOTAL : 3,293

Transports. — A l'exception de certains transports qui, lors de la crue des eaux, sont effectués économiquement par la voie des fleuves et rivières, soit par simple flottage comme le bois dont on forme des trains en le liant en radeaux, soit au moyen d'embarcations primitives (troncs d'arbres creusés, etc.), tous les autres se font par voie terrestre, à dos de chevaux, mulets et chameaux, à raison d'un prix moyen de 20 paras

0 fr. 115) l'oke par durée de 24 heures de marche, soit environ 115 fr. par tonne transportée à 130 kil.

Là où il existe des chaussées carrossables, les transports se font par chariots à partir du lieu de production jusqu'à l'échelle la plus proche, ou bien encore à dos de chevaux, en caravane, si la distance à parcourir est considérable.

Les échelles principales sur lesquelles sont dirigées les marchandises à exporter sont au nombre de quatre dans les sandjaks de Castamouni, de Bolou et de Sinope : 1° dans le premier, le port d'Inéboli ; 2° dans le second, ceux de Bartin et d'Amasra Amastris), et 3. dans le troisième, le port de Sinope. Il existe tout le long du littoral un grand nombre d'autres petits ports sans aucune importance.

Montagnes. — Les montagnes du vilayet de Castamouni sont une continuation de la chaîne qui parcourt le mutessari-flikt d'Ismidt et le Bosphore et se rattache un peu plus loin aux montagnes de Bithynie. On les comprenait toutes dans l'antiquité sous le nom de chaîne des monts *Olgassus*. Cette chaîne parcourait le Pont et la Paphlagonie et allait se relier ensuite à celle des monts *Tchèchès* vers Trébizonde. Ses principaux sommets, énumérés dans l'ordre suivant lequel ils se succèdent du sud au nord et de l'ouest à l'est dans les divers sandjaks, se présentent comme suit :

Au sud-ouest du sandjak de Bolou, on rencontre tout d'abord dans le caza de Gueuinèk, le *Khoumale-dagh* ; puis, en avançant vers le nord-est, dans le merkez-caza de Bolou, se trouve le *Bolou-dagh* (880 mètres d'altitude) et le *Sémin-dagh*, entre lesquels coule le *Filias-sou* (Billœus) au milieu de la plaine où est située, à 650 m. d'altitude, la ville de Bolou. En marchant vers l'est à partir du *Sémin-dagh*, on passe dans le caza de Guèrè-dè, dont le chef-lieu, des hauteurs de l'*Erèn-dagh*, mont de 1,300 m. d'altitude, domine la vallée bornée au nord par ce mont et limitée au sud par l'*Alu-dagh* (mont Blanc) de 2,500 m. d'altitude. Si l'on suit, au contraire, la direction indiquée vers le nord, sur la rive gauche du *Filias-sou*, par le *Bolou-dagh*, on arrive bientôt au caza d'Èrèkli, où l'on rencontre successivement le *Gueuïnèk-dagh* et *l'Ova-dagh*, qui bornent la plaine d'Héraclée.

L'*Èrèn-dagh* et l'*Ala-dagh* pénètrent dans le sandjak de Kanghéri par le caza de Tchèrkèch, où le prolongement du premier vers le nord-est est marqué par un premier sommet, le *Kourân-dagh*, suivi de plusieurs autres chaînons cités plus loin, tandis que le second continue sa ramification dans la direction de l'est en parcourant toute la partie méridionale de ce même sandjak. Sur ce parcours, on rencontre d'abord l'*Ichiq-dagh* (1,120 m. d'altitude), puis le *Kantar-dagh* par lequel du caza de Tchèrkèch on passe dans le merkez-caza de Kânghéri, où deux autres sommets, l'un à l'ouest et l'autre à l'est, le *Sari-dagh* et le *Yilsale-dagh*, marquent les deux extrémités du circuit tracé par cette partie du rameau au sud du caza. Le même rameau pénètre alors dans le caza d'Iskélèb, dans le merkez-sandjak de Castamouni, où il remonte vers le nord. Suivant cette nouvelle direction, les principaux sommets sont en premier lieu l'*Elmali-dagh* (mont des pommiers) (altitude de 2,600 mètres) et le *Keussé-dagh* (2,200 mètres); puis, dans le caza de Tossia, l'*Ilguissas-dagh* (1,600 m.). Là, le rameau se bifurque; d'un côté le *Kiraz-dagh* (mont des cerises) passe du caza de Tach-keupru par le caza de Boyâbâd dans le sandjak de Sinope, et rejoint le *Qathrân-dagh* (mont du goudron) au nord-est sur la lisière du vilayet de Trébizonde; — l'autre branche de la bifurcation se dirige au contraire vers le nord-ouest. On y rencontre, suivant cette direction, le *Yarala-gueuz-dagh* (1,400 m.); le *Kurd-dagh* dans le caza d'Inéboli et le *Guèrèn-dagh* (870 m.) dans le caza de Djiddè, point extrême du circuit au nord et à l'ouest.

A partir du *Guèrèn-dagh*, le rameau parti de l'*Ala-dagh* retourne vers son origine en prenant sa direction au sud par les sommets du *Dèvrènt-dagh* et du *Dèrè-foundouk-dagh*, à travers le caza de Zafrânboli, pour aller se rattacher au *Kourân-dagh*, et réunir ainsi les deux rameaux partis l'un de l'*Ala-dagh* et l'autre de l'*Erèn-dagh*.

L'altitude moyenne de tous les sommets énumérés ci-dessus, sans indication spéciale, est de 1,000 mètres environ.

Cette vaste région montagneuse est entièrement couverte de magnifiques forêts qui s'étendent au loin dans les vallées autour des cultures. Bien peu sont exploitées régulièrement, sous la surveillance d'agents forestiers; mais toutes fournissent abondamment aux besoins des populations, qui y trouvent, même dans les produits variés des cueillettes, de quoi subvenir pour une bonne part à leur alimentation. On ne peut que regretter l'absence de bonnes routes, qui permettraient à l'État de tirer de cette « mer d'arbres » des revenus beaucoup plus considérables, joints à d'inépuisables ressources pour sa marine et ses grandes constructions.

Productions industrielles. — Dans tous les cazas forestiers qui ont la possibilité d'écouler leurs produits, des scieries sont installées pour débiter les bois en planches, qui font l'objet d'un grand commerce d'exportation. On compte jusqu'à 337 établissements de ce genre dans les parties des sandjaks de Bolou, de Castamouni et de Sinope, voisines du littoral. Les ateliers de constructions navales sont nombreux ; les plus petits ports construisent leurs propres barques, leurs *caïk* et autres embarcations légères ; mais les constructeurs de Sinope, d'Inéboli, de Bartin, d'Amasra, font des bâtiments pontés d'une certaine importance, réparent fort bien les grands navires et soutiennent encore l'ancienne réputation de ces villes qui ont possédé de bonnes flottes il n'y a pas longtemps.

D'autres industries, très-répandues dans les mêmes sandjaks, sont la charpenterie et la menuiserie. Les jolis maisons de bois bâties à Sinope pour les étrangers en villégiature, ainsi que les meubles élégants qu'elles renferment, sont autant de spécimens du goût et de l'habileté des artisans de cette ville.

Il y a aussi beaucoup de tanneries, de tuileries et de briqueteries dans tous les cazas pouvus de débouchés faciles. Les villes maritimes et plus spécialement Sinope, possèdent des corps de métiers bien organisés, des ouvriers exercés, parmi lesquels on doit citer les armuriers, les orfèvres-bijoutiers, habiles surtout à travailler l'argent niellé et les filigranes d'or et d'argent, les tailleurs et brodeurs en or sur cachemire. Plusieurs de ces divers artisans ont obtenu des médailles et des diplômes aux expositions universelles de 1867, à Paris, et de 1873, à Vienne.

Une industrie aussi intéressante que peu connue, car tous ses produits sont destinés exclusivement à la Turquie, est celle des imprimeurs-peintres de tissus légers pour coiffure de femmes, et autres pièces d'étoffe plus grandes et plus fortes pour couvertures de lit, ouatées et piquées. Les dessins sont d'abord gravés sur bois et imprimés en noir ; puis les fonds et les détails de fleurs et ornements remplis au pinceau et peints de couleurs vives et variées. On croit nécessaire, pour rendre ces couleurs indélébiles, de faire subir à ces étoffes plusieurs lavages successifs à l'eau de mer, opération qui serait peut-être avantageusement remplacée par quelques mixtures chimiques. Cependant, à Constantinople même, cette industrie est exercée dans de larges proportions, et l'on n'y emploie également pour fixer et harmoniser les couleurs, que des lavages à l'eau de mer, entre chacun desquels on fait sécher les tissus au grand soleil sur le rivage.

Le sandjak de Kânghéri n'est pas non plus dénué d'industries diverses dont les principales sont la fabrication des tapis ; celles de feutres blancs (*kètchè*) brodés d'or et d'argent ; de ceintures longues en laine rouge recherchées dans l'Asie ottomane et la Perse ; de laine en écheveau ; de sacs noirs en poil de chèvre commune ; de grosses étoffes de coton ; d'instruments aratoires tout à fait primitifs, mais estimés dans le pays. Tous les ouvrages de sellerie fabriqués dans ce sandjak sont en grande réputation. Il fournit tout le vosinage de poteries communes et de vaisselle à bon marché.

L'enregistrement officiel compte dans le vilayet de Castamouni 2.599 moulins à farine mûs, à peu près tous, par le vent ou par l'eau, au moyen des mécanismes les plus élémentaires.

Commerce. — Le mouvement commercial du vilayet de

Castamouni, calculé sur une moyenne de cinq années, au moyen de renseignements puisés à la douane, aux compagnies maritimes, à l'intendance sanitaire et autres, s'élève à la somme totale de 885,800 livres turques, dont 489,500 livres turques à l'exportation et 396,300 livres turques à l'importation.

Cette situation est établie dans le tableau ci-après, qui sera plus loin décomposé dans les chapitres spéciaux des sandjaks, avec les détails respectifs afférents à chacun d'eux :

MOUVEMENT COMMERCIAL

EXPORTATION		IMPORTATION	
Noms des marchandises et produits exportés	Valeur en Livres Turques	Nature des marchandises et produits importés	Valeur en Livres Turques
Céréales, blé, orge, maïs, etc .	61.500	Manufactures, lainages. . .	98.000
Riz	8.200	Cotons filés et fils.	70.000
Fruits frais	24.000	Draperie	12.000
Noix de galle	8.500	Habillements confectionnés .	2.950
Graine de lin.	6.000	Mercerie et divers.	11.500
Opium	1.000	Ferronnerie.	23.750
Scamonée.	2.000	Quincaillerie.	3.850
Gomme adragante	2 500	Papeterie.	1.500
Haricots.	5.300	Verrerie	3.900
Graine jaune	3.000	Cuirs et peaux tannées . .	13.400
Salep.	2.000	Spiritueux	4.600
Oeufs	9.500	Tabac manufacturé	25.000
Cire jaune.	9.500	Sel	19.500
Bestiaux sur pied	13.000	Café.	16.000
Noix, chataignes, etc . . .	7.000	Sucre	37.500
Peaux brutes diverses . . .	7.500	Produits et pâtes alimentaires	5.400
Huile de poissons	500	Savon	13.500
Poissons salés	3.000	Pétrole	5.950
Laine	6.000	Huiles diverses	3.700
Poil de chèvre mohair . . .	73.000	Olives	2.500
Ceintures de laine. . . .	10.000	Fruits secs, oranges, citrons, etc	5.950
Toile	2.000	Bougies et allumettes . . .	2.800
Tabac	6.000	Ciment et matériaux. . . .	2.000
Tissus divers	32.000	Divers	10.000
Chanvre et cordages . . .	44.000		
Bois de construction	75.000		
Loupes de noyer, planches .	16.000		
Bois de chauffage	8.000		
Cuivre ouvré	7.500		
Fer	9.000		
Divers	27.000		
TOTAL L. T.	489.500	TOTAL L. T.	396.800

RÉCAPITULATION :

	LIVRES TURQUES	RÉDUCTION EN FRANCS
Exportation	489.500	11.258.000
Importation......'..	396 300	9.115.000
Différence en faveur de l'exportation.........	93.200	2.143.000

Navigation. — Le mouvement maritime annuel des ports principaux du vilayet de Castamouni est résumé dans le tableau ci-après pour les ports de Sinope, d'Inéboli, d'Amasra et de Bartin (Guzèldjé), calculé sur une moyenne de cinq années, est comme suit :

PORTS	NOMBRE DE NAVIRES			TONNAGE			DROITS PERÇUS
	VAPEURS	VOILIERS	TOTAL	VAPEURS	VOILIERS	TOTAL	
							piastres
Sinope.	262	1.444	1.706	246 523	31.395	277.918	9.993
Inéboli........	378	1.842	2.220	373.954	9.467	383.421	9.837
Amasra	16	576	592	9.488	20.157	29.645	6.214
Bartin	55	736	791	14.394	17.580	31.974	4.803
Totaux	711	4.598	5.309	644.359	78.599	722 958	30.847

Ce tableau sera plus loin décomposé dans les chapitres spéciaux, en indiquant en détail, pour chacun des ports susmentionnés, le nombre des vapeurs et des voiliers, le tonnage, le pavillon auquel ils appartiennent respectivement, ainsi que le montant des droits qu'ils ont acquittés.

Dîmes et impôts. — Les revenus du vilayet de Castamouni s'élèvent en moyenne, annuellement, à 48,202,530 piastres comme suit :

NATURE des REVENUS	SANDJAKS				TOTAUX par REVENUS
	CASTAMOUNI	BOLOU	KÂNGHÉRI	SINOPE	
	piastres	piastres	piastres	piastres	piastres
Impôt foncier (èmlâk)	3.942.664	4.068.871	1.809.821	6.080.136	15.901.492
Patentes (tèmèttu)	2.001.466	2.291.227	604.893	2.271.116	7.168.702
Exonération militaire	150.515	48.479	27.444	460.853	387.291
Tezkéré	59.932	69.838	26.339	18.924	175.083
Dîme des céréales	5.315.848	5.009.485	2.191.591	1.798.871	14.315.795
Taxes sur les bestiaux	1.832.960	1.641.989	1.224.076	503.643	5.202.668
Douanes	1.928.376	663.468	—	526.100	3.117.944
Forêts	850.000	850.000	—	50.000	1.750.000
Centimes additionnels (Instruction et travaux publics)	68.562	63.379	27.334	24.260	183.555
TOTAUX PAR SANDJAKS	16.150.373	14.706.736	5.911.498	11.433.903	48.202.530

TOTAL GÉNÉRAL.... ... 48.202.530

Il y a lieu d'ajouter à ce total de   48,202,530 piastres :

1° Revenus concédés à la Dette publique

   ottomane   3,488,713   —

2° Recettes de la Régie coïntéressée des

   tabacs en 1890   2,162,802   —

       TOTAL DES REVENUS DU VILAYET. 53,853,945 piastres.

Soit environ 12,386,000 fr.

MERKEZ-SANDJAK DE CASTAMOUNI

Orientation, limites. — Le merkez-sandjak de Casta-mouni est situé au nord du vilayet de même nom, entre 30°3' et 32°27' de longitude et 40°25' et 42°1' de latitude. Il est limité au nord, par la mer Noire; à l'est, par le sandjak de Sinope et le vilayet de Sivas; au sud, par le vilayet d'Angora et le sandjak de Kanghéri; et à l'ouest, par le sandjak de Bolou.

Superficie. — Sa superficie est de 20,300 kil. carrés.

Division administrative. — Il est divisé administrati-vement en 8 cazas et 15 nahiés, et l'on y compte un nombre to-tal de 465 villages.

CAZAS	NAHIÉS	NOMBRE de VILLAGES
Castamouni. ...	Dorkami. — Maksourkoun-gueul. — Koziké. — Akkia	82
Inéboli........	Kuré. — Abalch	70
Zafranboli.....	Ak-tach. — Aflani. — Olas.....................	73
Tossia.........	Karghi.......................................	30
Iskélèb		5
Aratch.........	Mergueuzè. — Agbédir.........................	62
Tach-keupru ..	Keukdjé-aghatch.............................	46
Tataï..........	Aztavaï......................................	61
Djiddè	Gueuk-alaï...................................	36
9 cazas	15 nahiés	465 villages

Autorités. — Le merkez-sandjak de Castamouni est administré par 1 *vali*, gouverneur général du vilayet, du merkez-sandjak et du merkez-caza, par 8 *caïmakam*, sous-gouverneurs des 8 autres cazas, et par 15 *mudir*, directeurs des nahiés.

Services publics. — Les divers services publics du merkez-sandjak sont les mêmes que ceux du vilayet de Castamouni déjà énumérés (p. 405).

Tribunaux. — Il y a dans ce merkez-sandjak 9 tribunaux de première instance siégeant aux 9 chefs-lieux de cazas, et 2 tribunaux du *chèr'i* (juridiction islamique), dont 1 à Castamouni et 1 à Zafranboli. Ces 11 tribunaux ressortissent de la cour d'appel du vilayet, qui siège à Castamouni, où sont aussi : 1 bureau exécutif, 1 notariat et 1 Chambre de commerce. Une seconde Chambre de commerce siège également dans le caza d'Inéboli.

Gendarmerie, police. — A Castamouni, chef-lieu du vilayet, du merkez-sandjak et du merkez-caza, se trouvent 1 préfecture de police avec son dépôt et 1 gendarmerie.

Douanes. — Les droits perçus par la douane dans le merkez-sandjak de Castamouni, au port d'Inéboli, sont, en moyenne annuelle, comme suit :

A l'exportation (1 0/0) .	136,182 piastres.
A l'importation (8 0/0) .	1,792,194 —
TOTAL	1,928,376 piastres.

Soit environ 443,526 fr.

Dette publique ottomane. — Les trois agences de l'administration des revenus concédés à la Dette publique ottomane dans le merkez-sandjak de Castamouni relèvent de deux nazarets différents de cette même administration. Au nazaret de Trébizonde, dont le siège est au chef-lieu du vilayet de même nom, appartiennent les deux agences de Castamouni et d'Inéboli ; au nazaret d'Angora appartient celle d'Iskélèb.

Durant l'année administrative turque 1309 (1893-94), qui peut être considérée comme année moyenne, les recettes de ces trois agences se sont élevées à 1,378,638 piastres, comme suit :

Agences de
{ Castamouni. . . . . . .   140,261 piastres.
{ Inéboli   301,577   —
{ Iskélèb.   936,800   —

TOTAL ÉGAL . . .   1,378,638 piastres.

soit environ 325,000 francs.

Régie des tabacs. — Les agences de la Régie coïntéressée des tabacs sont au nombre de trois dans le merkez-sandjak de Castamouni, l'une au chef-lieu, l'autre à Zafranboli, et la troisième à Tach-keupru. Les particularités diverses concernant cette administration sont énoncées au chapitre spécial du vilayet de Castamouni, p. 408.

Population. — La population totale du merkez-sandjak de Castamouni est de 386,406 hab., comme suit :

	HOMMES	FEMMES	TOTAL
Musulmans.	194,543	182,441	376,984 hab.
Grecs orthodoxes.	4,176	3,984	8,160 —
Arméniens	682	580	1,262 —
TOTAL . . .	199,401	187,005	386,406 hab.

En ajoutant à ces chiffres 2,621 voyageurs, sujets ottomans, étrangers au merkez-sandjak, mais qui le fréquentent régulièrement chaque année et y font un long séjour pour affaires, les chiffres totaux de chaque communauté et de l'ensemble de la population du merkez-sandjak sont modifiés, comme suit :

Musulmans . . . . 378,950 hab.
Grecs orthodoxes . . . . 8,645 —
Arméniens . . . . 1,424 —
Israélites . . . . 8 —

TOTAL général, comprenant les
voyageurs réguliers . . . . . 389,027 hab.

Mœurs et coutumes. — Ce qui a été dit plus haut dans le chapitre spécial du vilayet de Castamouni, page 413, sur les mœurs, coutumes, etc., des habitants, s'applique aussi aux habitants du merkez-sandjak.

Ecoles. — Les écoles du merkez-sandjak de Castamouni sont au nombre de 915, dont 46 supérieures, 11 secondaires et 858 primaires, fréquentées par 20,546 élèves dont 18,886 garçons et 1,660 filles, comme suit :

ÉCOLES	ÉLÈVES		TOTAL
	GARÇONS	FILLES	
46 écoles supérieures	562	»	562
16 id. secondaires.	1 013	45	1.058
858 id. primaires	17 311	1 615	18 926
TOTAUX . . .	18 886	1.660	20 546

Climat. — Comme tout le vilayet, à l'exception de la presqu'île de Sinope, le merkez-sandjak de Castamouni est sujet à de fréquents et brusques changements de température. Son climat n'en est pas moins remarquablement salubre, et ces nombreuses variations n'affectent en rien la santé des habitants. Malheureusement, s'ils sont à peu près exempts de fièvres paludéennes qui ne se rencontrent guère qu'en de rares endroits situés sur le littoral, si les épidémies sont inconnues chez eux, ils sont tourmentés par la syphilis endémique dans ces contrées.

Production agricole. — La production agricole du merkez-sandjak de Castamouni est estimée en moyenne annuelle, comme suit :

	Hectolitres		kilogr.
Blé.	415,910	Glands	2.400,000
Orge	300,000	Miel	80,000
Avoine	54,101	Cire	13,300
Seigle.	60,000	Salep.	50,000
Maïs	189,210	Vin.	150,000
Millet	2,500	Huile de poisson.	20,000
Haricots	19,603	Laine	350,000
Lentilles.	35,000	Poil de chèvre commune. .	200,000
Vesces	12,512	— mohair (tiltik).	250,000
Pois chiches	119,035		
Graine de lin	30,000	Valeurs en livres turques	
		Fruits frais.	50,000
	kilogr.		
Opium	769		Pièces
Coton.	95,000	Peaux de chèvres et moutons .	80,000
Tabac.	60,000	— de bœufs et vaches . .	10,000
Gomme adragante	27,000	— de loups	1,000
Graine jaune	5,500	— de renards	3,000
Noix de galle	900,000	— de lièvres	15,000

Forêts. — Ainsi qu'il est dit plus haut, page 424, le merkez-sandjak de Castamouni a pour le moins un tiers de sa superficie en forêts magnifiques. Cependant l'État n'exploite, ou ne fait exploiter sous sa surveillance, que 177 districts forestiers, occupant en totalité 3,354 kil. carrés, soit un peu plus du sixième du territoire, ou de la moitié des forêts de cette partie des vastes contrées dont l'ensemble forme le vilayet de Castamouni.

La coupe annuelle pratiquée sous la surveillance de l'État, dans les susdits 3,354 kil. carrés de forêts exploités régulièrement dans ce merkez-sandjak, s'élève, en moyenne annuelle, au nombre de 362,500 arbres. Le montant total des droits perçus, sur cette coupe, est de 850,000 piastres, comme suit :

FORÊTS exploitées par l'État dans le vilayet de Castamouni.

CAZAS	NOMBRE DE FORÊTS	SUPERFICIE kil. carrés	PEUPLEMENT	COUPE annuelle NOMBRE d'arbres	USAGE	MONTANT des DROITS PERÇUS piastres
Castamouni	8	451	Chêne. — Pin laricis. — Sapin	70.000	Construction. — Tanneries. — Charbon	165.000
Inéboli	35	658	hêtre	93.000	Planches	285.600
Zafranboli	12	361	pin sylvestre	30.000	Tanneries	70.000
Tossia	30	124	—	15.000	Tanneries. — Charbon	30.000
Iskéléb	9	110	—	10.000	—	25.000
Aratch	8	470	—	18.500	Planches	40.000
Tach-keupru	25	225	—	43.000	Construction. — Charbon	75.000
Tatal	21	460	Pin sylvestre. — Sapin	37.000	Goudron	80.000
Djiddé	29	495	Chêne. — Hêtre. — Tilleul	46.000	Planches	80.000
Totaux	177	3.354		362.500		850.000

Les principaux peuplements de ces forêts, comme l'indique le tableau ci-dessus, consistent en chêne, hêtres, tilleuls, pin sylvestre et pin laricis, etc., dont il se fait une exportation considérable en écorces pour tanneries, en bois de construction, de chauffage et en charbon. On tire du goudron des pins sylvestres et des sapins du caza de Tataï.

De grandes ressources sont fournies aux populations des districts forestiers par les produits variés des cueillettes, de la noix de galle surtout. — Les loupes de divers arbres — ces bois veinés si recherchés en Europe — s'y trouvent en abondance.

Faune. — Les animaux sauvages qui fréquentent les forêts du merkez-sandjak de Castamouni sont à peu près les mêmes partout. L'énumération qui en a été faite, page 426, trouve ici également son application.

On doit cependant mentionner un fait particulier assez intéressant. Les tempêtes et les pluies d'automne jettent sur les côtes de Djiddé et d'Inéboli une multitude innombrable de cailles venant de Crimée. La population de ces deux cazas va les ramasser la nuit à la lueur des torches ; on en tire un bon bénéfice en les vendant de 30 à 40 paras l'une (17 à 23 centimes), et l'on en exporte une assez grande quantité.

Ces contrées sont d'ailleurs extrêmement giboyeuses, comme le savent bien les chasseurs européens en résidence à Constantinople, qui, fort souvent, viennent, dans les parages de Djiddé et d'Inéboli, organiser des battues à l'ours et au sanglier.

Le gibier à plumes y est aussi très abondant, surtout la perdrix rouge et la perdrix grise, le faisan, la bécasse et la bécassine.

La chasse au vol est celle que préfèrent les habitants du vilayet, qui sont fort habiles à dresser les faucons pour cet usage.

Salines. — Les salines importantes situées dans le merkez-sandjak de Castamouni font partie du mudiriet d'Iskélèb et pour la plupart appartiennent au caza de même nom. Elles ont été décrites au chapitre spécial du vilayet de Castamouni, page 428 ;

Il suffira de rappeler ici le chiffre total de la récolte de sel et de la recette annuelles, comme suit :

Récolte totale annuelle . .   4,593,215 kil.
Recette . . . .   264,991 fr.

Tabacs. — Ainsi qu'il a déjà été dit plus haut, d'une manière générale, au chapitre spécial du vilayet, page 429, la culture du tabac donne des produits égaux en qualité, dans presque tous les cazas, à ceux de Samsoun et de Bafra. Mais cette culture a été un peu délaissée depuis l'institution de la régie, et la production s'est abaissée en conséquence. Elle n'est plus aujourd'hui que d'environ un tiers de la moyenne des anciennes récoltes, et cela bien que les cultivateurs commencent à reprendre leurs travaux. Le chiffre actuel de la récolte de tabac dans tout le merkez-sandjak de Castamouni est de 60,000 kil.

Agriculture. — Il n'y a lieu de rien ajouter ici aux données générales du chapitre spécial du vilayet de Castamouni, page 430, qui sont applicables en tous points au merkez-sandjak, plus spécialement, aussi bien en ce qui concerne l'état primitif des méthodes et instruments d'agriculture que l'extrême fécondité du sol, l'abondance des récoltes et la qualité supérieure de la production.

Bestiaux. — C'est aussi le merkez-sandjak de Castamouni qui, de tout le vilayet, atteint le plus haut chiffre de production des bestiaux des diverses espèces appartenant aux races bovine et ovine, et c'est encore lui qui donne les meilleurs produits.

Sa production totale annuelle est estimée en moyenne, comme suit.

Bétail dans le merkez-sandjak de Castamouni :

CAZAS	RACE BOVINE			RACE OVINE			TOTAUX par CAZAS
	Bœufs de labour	Vaches et taureaux	Buffles	Moutons	CHÈVRES		
					Communes	Mohair	
CASTAMOUNI.........	13 000	4.000	1.000	26 087	3.073	48.597	95.757
Inéboli.............	4 000	1.000	300	8 348	5.033	8.691	27.372
Zafranboli.........	7 000	2 300	700	14 000	11 546	17.997	53.543
Tossia	11.000	3 500	1.200	24.336	14.256	43.482	97;774
Iskélèb	15.000	5 000	2 000	32 771	20.169	43.780	118.720
Aratch	10.000	3 000	800	18.161	22.375	28 393	82.929
Tach-keupru......	12.000	4.000	1 000	25 183	12 221	28.690	83.094
Tataï.............	7.000	2 500	800	16 010	9.682	18.710	54.702
Djiddè..	1.000	500	200	4 808	2.843	19	9.370
TOTAUX PAR ESPÈCES.	80.000	26.000	8 000	169 704	101.198	238.359	

TOTAL GÉNÉRAL........ 623.261 têtes

Apiculture. — L'élève des abeilles produit en moyenne chaque année, dans le merkez-sandjak, 80,000 kil. de miel et 13,000 kil. de cire.

Fleuves, rivières. — Les fleuves et rivières qui arrosent les divers cazas du merkez-sandjak de Castamouni sont, par ordre d'importance, comme suit :

Le *Kizil-Irmak* (Halys) circonscrit et baigne sa limite en deux endroits, vers le sud-est. Il y sépare, en premier lieu, le caza d'Iskélèb du vilayet d'Angora, entre à l'extrémité orientale de ce caza dans le sandjak d'Amassia et rejoint le merkez-sandjak de Castamouni près de Karghi, nahié du caza de Tossia. Dans ce parcours, il reçoit l'un de ses deux principaux affluents : le *Dé-vrèk-sou.*

Cette rivière importante entre dans le merkez-sandjak par le caza de Tossia, qu'elle arrose entièrement à l'ouest et à l'est, et elle se jette à Béghirdji, village du nahié de Karghi, dans le *Kizil-Irmak*.

Le *Cataï-tchaï* ou *Gueul-Irmak* prend sa source à Tchibouq, dans le caza de Tataï, et baigne successivement ce caza, ceux de Castamouni et de Tach-keupru, avant de passer dans le sandjak de Sinope pour se rendre au *Kizil-Irmak* par le caza de Boyâbâd. La longueur de son parcours dans le merkez-sandjak est de 87 kil.

Le *Soghânli-sou* ou *Aratch-sou*, principal affluent du petit fleuve *Filias-sou* (ancien *Billœus*) et son égal en longueur de parcours, prend sa source près de la ville de Castamouni, à l'est d'Aratch qu'il arrose et dont il prend le nom. Il reçoit, dans la plaine de Hadjilar-ova, l'*Oulou-tchaï* (la grande rivière) et après avoir fait dans le merkez-sandjak un parcours de 110 kil., dans la direction de l'est à l'ouest, passe dans le sandjak de Bolou pour s'y jeter dans le *Filias*.

L'*Oulou-tchaï* ou *Hammamli-tchaï* pénètre dans le merkez-sandjak par le sud, venant du sandjak de Kanghéri, après être sorti du sandjak de Bolou où sont ses deux sources, entre l'Erèn-dagh et l'Ala-dagh. La longueur de son parcours dans le merkez-sandjak de Castamouni n'est que de 33 kil., tiers de son parcours total.

Tous ces cours d'eau sont très poissonneux ; mais on en profite fort peu pour l'alimentation publique par suite de préjugés populaires. Quoique navigables sur plusieurs points, on ne s'occupe pas d'en assurer la navigation régulière par quelques travaux, et ils ne sont utilisés qu'en certains moments pour le flottage des bois.

Routes, chemins. — Les routes ou chaussées carrossables du merkez-sandjak de Castamouni sont au nombre de 7, dont la longueur parcourue, dans ce même merkez-sandjak, est en totalité de 464 kil. 222, comme suit :

		K.
Route de Castamouni à Tach keupru		44
—	Inéboli	90
—	Tossia	60
—	Djiddè	135
—	Kanghéri dans le mer- kez-sandjak	50,222
—	Bartin dans le merkez- sandjak	75
— Zafranboli à	Amasra dans le merkez-san- djak	10
	TOTAL	464,222

Transports. — Ainsi qu'il a été dit déjà au chapitre spécial du vilayet, page 437, à l'exception des transports de bois qui se font souvent par flottage, tous les autres se font par voie terrestre.

Depuis environ 15 ans, date de l'installation dans le vilayet des musulmans émigrés de diverses autres contrées ayant cessé d'appartenir à la Turquie, presque tous les transports de marchandises et de voyageurs, là où il existe des routes carrossables, et particulièrement de Castamouni à Inéboli, se font par fourgons appartenant à ces émigrés et conduits par eux. Ces fourgons, qui sont actuellement au nombre de plus de 200, sont traînés par de petits chevaux maigres supportant assez bien la fatigue des innombrables montées et descentes de la route. Chaque fourgon porte un chargement de 300 à 400 okes (384 à 512 kilogr.) de Castamouni à Inéboli. Le prix de transport est établi par charge composée de 2 colis pesant ensemble 120 à 140 okes (153 à 179 kilogr.), à raison de 25 à 40 piastres (5 fr. 75 à 9 fr. 20) suivant la saison et la demande. Ces deux circonstances font également varier le prix de transport de Castamouni à Inéboli et d'Inéboli à Kanghéri qui sont, pour le premier de ces deux trajets de 1 piastre à 1 piastre 1/2 (23 à 34 centimes) le batmân de 6 okes (7 kilogr. 692), et pour le second de 2 piastres à 2 1/2 (46 à 57 centimes).

Le sandjak de Kanghéri envoie aussi quelquefois des marchandises à Inéboli, par caravanes, à dos de chameaux. Mais ces transports ne sont jamais faits que par des chameliers étrangers au vilayet. Alléchés par l'offre de prix qu'ils croient avantageux, ils consentent à s'en charger presque toujours à leurs dépens. En effet, non seulement les chameaux souffrent beaucoup d'avoir à parcourir un chemin très accidenté, tout le long duquel ils sont obligés de changer d'allure à chaque instant, mais encore il croît dans les forêts qu'ils ont à traverser une quantité de plantes vénéneuses nommées en turc *zéïkein yâbâni*, et ces bêtes, n'ayant pas pour elles la répulsion instinctive que manifestent les chevaux, s'en nourrissent volontiers. Deux heures après les avoir mangées, ils meurent infailliblement. C'est pourquoi les chameliers du pays ne veulent à aucun prix se charger de marchandises pour Inéboli, préférant faire pour un moindre gain, mais sans courir des risques pareils, les transports de céréales de Keskin ou d'Iskélèb à Kanghéri, ou ceux des autres marchandises de cette dernière ville à Angora et vice-versa.

Le merkez-sandjak de Castamouni n'a que peu de relations d'affaires avec celui de Bolou. Les rares transports nécessités par ces transactions se font à dos de mulets ou de chevaux qui effectuent en 15 jours le trajet d'aller et retour par voie de Guèrèdè et Zafranboli.

Les transports entre les sandjaks de Sinope et de Castamouni sont presque nuls, chacun des deux sandjaks ayant à peu près les mêmes produits et pouvant les écouler directement, l'un par le port de Sinope et l'autre par Inéboli.

Ce dernier port est l'unique échelle proprement dite du sandjak, mais tout le long de son littoral il existe un très grand nombre de localités maritimes dont le transport n'a pas, du reste, une grande importance.

Montagnes. — Un rameau de la grande chaîne de montagnes qui parcourt tout le vilayet part de l'Ala-dagh (mont Blanc, 2,500 m. d'altitude), à la limite des sandjaks de Bolou et de Kanghéri. Au sortir de celui-ci, ce même rameau pénètre dans

le merkez-sandjak par le caza d'Iskélèb et remonte vers le nord.
Ces principaux sommets, suivant cette direction, sont : l'*Elmd-li-dagh* (2,600 m. d'altitude), le *Keussé-dagh* (2,200 m.) ; puis,
dans le caza de Tossia, le *Ilguisds-dagh* (1,600 m.). A cet en-
droit le rameau se bifurque : d'un côté, il passe dans le sandjak
de Sinope où il se continue ; de l'autre, il se porte au contraire
vers le nord-ouest. Suivant cette direction, on y rencontre successivement le *Yarula-Gueuz-dagh* (1,400 m.), le *Kurd-dagh*, dans
le caza d'Inéboli et le *Guérèn-dagh* (870 m.), dans le caza de
Djiddè à partir duquel le rameau qui se détache de l'*Ala-dagh*
et retourne vers son origine.

Se dirigeant alors au sud à travers le caza de Zafranboli, où
l'on remarque les deux principaux sommets appelés le *Dèvrènt-dagh* et le *Déré-Foundouk-dagh*, il va se rattacher au *Kourdn-dagh* et réunit ainsi à la chaîne principale d'où ils sont sortis,
deux rameaux issus, au même point, celui de l'*Ala-dagh* et
l'autre de l'*Erèn-dagh*.

Les magnifiques forêts dont ces montagnes sont couvertes,
se relient toutes entre elles et avec celles des autres parties du
Pont, de la Bithynie et de la Paphlagonie, en formant ce vaste
ensemble auquel convient si bien le nom de « mer d'arbres »
que les Turcs lui ont donné.

Production industrielle. — On compte au premier
rang des industries pratiquées dans ces contrées essentiellement
forestières, et en même temps riches en productions agricoles,
tant directes qu'accessoires, celles des bois et des peaux. Les
scieries, les ateliers de charpenterie, de constructions navales,
de menuiserie, sont avec les moulins à farine et les tanneries,
les plus nombreux et les plus prospères établissements industriels du merkez-sandjak de Castamouni. On y rencontre aussi
beaucoup de tuileries et de briqueteries.

Les métiers qui sont exercés avec le plus de succès dans les
villes sont ceux d'armurier, d'orfèvre et bijoutier, de chaudronnier, de tailleur et de brodeur en or sur étoffes et peaux, et d'im-
primeur peintre sur étoffes. Ce dernier métier appartient aux

villes du littoral, car on ne croit pas, en Turquie, pouvoir donner aux couleurs la solidité et l'harmonie voulues par d'autres moyens que des lavages à l'eau de mer et des séchages au soleil, plusieurs fois de suite répétés.

Commerce. — Le mouvement commercial du port d'Inéboli, qui concentre tout le commerce d'exportation et d'importation du merkez-sandjak de Castamouni et d'une partie du sandjak de Kanghéri, est, année moyenne, comme suit :

EXPORTATION	Livres Turques	IMPORTATION	Livres Turques
Céréales	16,500		
Riz	6,000	Tissus manufacturés, lainage	78,000
Fruits frais	16,000	Cotons filés et autres fils	59,000
Noix de galle	7,500	Draperie	10,500
Graine de lin	2,000	Habillements confectionnés	2,000
Opium	4,000	Mercerie	10,000
Scamonée	2,000	Ferronnerie, cuivrerie, clous	21,500
Gomme adragante	1,500	Quincaillerie	2,900
Haricots	1,500	Papeterie	700
Graine jaune	2,000	Verrerie	3,200
Salep	2,000	Cuirs et peaux tannées	8,500
Œufs	8,000	Spiritueux	2,900
Cire jaune	8,500	Tabac manufacturé	16,000
Bestiaux sur pied	9,000	Sel	8,500
Peaux diverses	6,500	Café	10,000
Poissons salés	1,000	Sucre	11,500
Laine	3,000	Pâtes alimentaires	4,500
Poil de chèvre mohair	55,000	Savon	8,500
Ceintures de laine	10,000	Pétrole	4,000
Toile de lin et de chanvre	2,000	Huiles diverses	3,000
Tissus divers	32,000	Olives	1,700
Chanvre, lin et cordage	38,000	Fruits secs, figues, raisin,	
Bois de construction	30,000	oranges, etc.	5,000
Loupes et planches de noyer	6,000	Bougies, allumettes	2,050
Bois de chauffage	1,000	Ciments et autres matériaux	1,500
Cuivre ouvré	7,500	Divers	7,000
Fer	9,000	TOTAL A L'IMPORTATION	283,450
Divers	13,000		
TOTAL A L'EXPORTATION	297,500		

Dimes et impôts. — Les revenus du merkez-sandjak de Castamouni, ainsi qu'on l'a vu au chapitre spécial du vilayet, s'élèvent en moyenne à 16,150,373 piastre par an. — Ce total est réparti, par cazas et par nature de revenu, comme suit :

CAZAS	IMPOT FONCIER	TEMETTU (PATENTES)	EXONÉRATION du service militaire	INTÉRÊTS	DIME des CÉRÉALES	TAXE sur les BESTIAUX	DOUANE	FORÊTS	CENTIMES additionnels	TOTAUX par CAZAS piastres
Castamouni..........	185.980	138.657	37.963	3.093	895.246	284.149	»	165.000	9.004	1.719.092
Inéboli..............	602.123	321.601	32.889	9.893	583.845	82.990	1.928.576	285.000	11.616	3.858.338
Zafranboli..........	536.918	489.963	58.408	12.035	713.148	179.165	»	70.000	11.785	2.071.424
Tossia..............	423.521	499.024	8.626	6.961	549.383	236.475	»	30.000	6.208	1.460.209
Iskélêb.............	365.598	237.577	»	7.443	687.500	362.331	»	25.000	5.099	1.690.548
Aratch..............	568.597	84.286	»	4.625	445.242	245.935	»	40.000	7.004	1.395.689
Tach-keupru........	463.908	89.326	9.148	4.235	652.127	244.871	»	75.000	6.325	1.546.940
Tataï...............	436.862	130.368	3.407	5.029	433.903	166.107	»	80.000	5.486	1.261.162
Djiddê..............	357.147	310.662	74	6.668	353.454	30.937	»	80.000	6.033	1.146.977
TOTAUX PAR REVENUS.	3.942.664	2.001.466	150.515	59.996	5.313.848	1.832.960	1.928.576	850.000	68.562	

TOTAL GÉNÉRAL........ 16.150.373

soit environ 3,700,000 fr.

CAZAS DU SANDJAK DE CASTAMOUNI

MERKEZ-CAZA DE CASTAMOUNI

Orientations, limites. — Le merkez-caza de Casta-mouni est situé vers le sud-est du merkez-sandjak et l'est du vilayet. Il est limité : au nord, par le caza d'Inéboli ; à l'est, par celui de Tach-keupru ; au sud, par le caza de Tossia ; au sud-ouest, par le sandjak de Kanghéri, et à l'ouest, par le caza d'Aratch.

Division administrative. — Il est divisé administrativement en 4 nahiés qui sont : *Dorkani, Ma'sour-Koum-gueul Koziké* et *Ak-Kaya*. On y compte 82 villages.

Autorités. — Il est administré directement par le *vali*, gouverneur général du vilayet, et par les 4 *mudir*, directeurs des nahiés.

Population du merkez-caza. — Sa population totale est de 24,059 hab., comme suit :

	HOMMES	FEMMES	TOTAL
Musulmans	11,898	9,898	21,796 hab.
Grecs orthodoxes	935	899	1,834 —
Arméniens grégoriens . . .	233	196	429 —
TOTAL . . .	13,066	10,993	24,059 hab.

Chef-lieu. — Castamouni, nommé aussi Castambol, chef-lieu du vilayet, du merkez-sandjak et du merkez-caza de même nom, est situé par 31°29' de longitude et 41°22' de latitude, à 90 kil. au sud du port d'Inéboli, sur la mer Noire, son échelle maritime. La distance entre ces deux villes n'est que de 65 kil. en ligne directe; mais la route carrossable, tout en augmentant de 25 kil. la longueur du trajet, rend sa durée beaucoup plus courte et adoucit la fatigue du voyage.

Le *Tataï-tchaï* coule au pied d'une haute colline sans nom particulier, sur la pente de laquelle s'élève la ville de Castamouni à 800 m. d'altitude. Sur un rocher qui la domine, du côté de l'ouest, on voit encore les ruines imposantes d'un grand château-fort bâti par les Comnènes, originaires de cette ville, qu'on croit être l'ancienne Germanicopolis. Son passé, d'ailleurs, est ignoré antérieurement au xi° siècle, époque où elle commence à figurer dans l'histoire. Ses plus anciens monuments sont des mosquées fondées par les Turcs seldjoukides, et parmi lesquelles se font surtout remarquer, pour leur architecture légère et gracieuse et leur riche ornementation, celles de *Nasroullah ul-Kiazi*, de *Topdji-oghlou*, de *Sinân-Bey* et d'*Ismaïl-Bey*. Toute l'histoire de Castamouni se résume dans sa fondation présumée par les Romains, entre l'an 16 et l'an 19 de l'ère chrétienne, en l'honneur de Germanicus; la naissance d'un Comnène, tige de la famille impériale byzantine de ce nom; la prise de cette ville et sa longue possession par les Turcs seldjoukides; sa reprise par Jean Comnène, qui ne put toutefois rentrer dans le château dont l'émir Danichmènd resta maître; et enfin sa conquête par Sultan Bayazid (Bajazet) en 1397, date de son incorporation à l'Empire ottoman, qui fut définitive.

La population de la ville de Castamouni, comprise dans le chiffre ci-dessus de celle du merkez-caza est de 15,567 hab., comme suit :

	HOMMES	FEMMES	TOTAL
Musulmans	6,233	6,967	13,200 hab.
Grecs orthodoxes.	882	913	1,795 —
Arméniens grégoriens . . .	302	270	572 —
TOTAL	7,417	8,150	15,567 hab.

Il y a dans cette ville, outre le *konak* ou hôtel du gouvernement, 2 casernes, 1 dépôt d'armes, 4 corps de garde, 1 dépôt
de la préfecture de police, 63 mosquées, 16 *médressé* ou
écoles de droit et théologie islamiques, 2 *imaret*, fondations
pieuses pour la nourriture et l'habillement des pauvres ; 1 *tèkkè*,
couvent musulman, 30 *turbè* ou chapelles funéraires où sont les
tombeaux des personnages illustres ; 1 église grecque, 1 église
arménienne, 1 hôpital civil pour les syphilitiques et autres
malades, 1 hôtel municipal, 1 station télégraphique avec service en turc et en français ; 1 gendarmerie, 1 imprimerie,
11 bibliothèques publiques, 15 bains publics (*hammam*) ; 112 fontaines, 4 jets d'eau, 12 ponts, 3,487 maisons, 1,751 boutiques,
80 magasins, 42 *han* ou hôtelleries, 30 cafés, 5 moulins,
25 fours, 4 tanneries et 4 tuileries.

Ecoles. — Les écoles de la ville et du merkez-caza de Castamouni sont au nombre de 31, dont 17 supérieures, 3 secondaires
et 11 primaires, fréquentées par 1,227 élèves, dont 1,085 garçons et 142 filles, comme suit :

	GARÇONS	FILLES	TOTAUX
17 médressé	210	»	210
3 écoles secondaires.	256	45	301
11 — primaires	619	97	716
31 écoles	1,085	142	1,227

Climat. — Le climat du merkez-caza est très sain dans
toute son étendue, et plus particulièrement encore à Castamouni. Cette ville serait à peu près exempte de maladies, si malheureusement elle ne se trouvait au nombre des plus éprouvées par la
syphilis. Elle possède du reste, comme on le voit ci-dessus, un
hôpital civil presque exclusivement consacré au traitement de
ce mal devenu pour ainsi dire endémique dans presque tout le
vilayet. La température de la ville de Castamouni est assez modérée en été, et ne dépasse jamais + 26° à + 30° C. pendant
les deux mois les plus chauds de l'année ; mais en hiver, il y

fait souvent très froid : le 30 décembre 1891, par exemple, le thermomètre centigrade marquait — 30°.

Production agricole. — Les principaux produits du sol du merkez-caza sont les céréales, les graines légumineuses, les fruits, l'opium, le tabac, les glands, noix de galle et autres cueillettes forestières, etc. Les produits accessoires de l'élève des bestiaux, la laine, le poil de chèvre, les toisons et peaux brutes sont, ainsi que le miel et la cire, très abondants et estimés.

Mines et minières. — Ainsi qu'il est dit plus haut, au chapitre spécial des mines du vilayet de Castamouni, page 420, il existe dans un très grand nombre de localités, appartenant aux divers sandjaks, des gisements variés, non-seulement inexploités, bien qu'ils soient réputés très riches, mais dont l'emplacement même a été jusqu'ici mal connu. En vertu d'une autorisation spéciale, deux sujets ottomans, Vassilaki Sarakiotti Bey et Davidian Serkiz efendi, ont fait, sur un de ces emplacements situé dans le nahié de Koziké, relevant du merkez-caza de Castamouni, les recherches et études nécessaires, et ont découvert une mine d'antimoine, dont la superficie, duement limitée, est de 645 *djérib*, mesure légale qui vaut exactement un hectare, soit, en conséquence, 645 hectares.

Cette mine a été concédée aux deux inventeurs susnommés, en vertu d'un décret (iradé) impérial du 2/14 avril 1891, pour 99 ans, en conformité des lois minières ottomanes.

Forêts. — On compte dans le merkez-caza de Castamouni 8 forêts, dont la superficie totale est de 451 kil. carrés. Les principales essences de leur peuplement sont, le chêne, le pin laricis et plusieurs espèces de sapins. — Il y est coupé annuellement, en moyenne, 70,000 arbres d'essences diverses, employés aux constructions, à la confection du charbon et au tanage des peaux. Cette coupe annuelle donne lieu à la perception par le gouvernement de droits montant en totalité à 165,000 piastres, soit 34,950 fr. environ.

Bestiaux. — La production annuelle de l'élève du bétail dans le merkez-caza de Castamouni est estimée en moyenne, comme suit :

RACES	ESPÈCES	TOTAUX PAR ESPÈCES	TOTAUX PAR RACES
Bovine......	Bœufs de labour.............	13.000	
	Vaches et taureaux..........	4.000	18 000
	Buffles	1.000	
Ovine	Moutons...................	26.087	
	Chèvres communes	3.073	75 757
	— mohair.............	48.597	
	TOTAL GÉNÉRAL....		95.757 têtes de bétail

Fleuves et rivières. — Le *Mataï-tchaï* parcourt entièrement, de l'ouest à l'est, le merkez-caza de Castamouni ; il y pénètre en sortant du caza de Mataï et en sort pour passer dans le caza de Tach-keupru après avoir parcouru environ 46 kil. dans le merkez-caza, et reçu sur sa rive droite plusieurs affluents.

Routes et chemins. — Parmi les voies carrossables dont se compose tout le système routier du vilayet, six desservent la ville de Castamouni, qu'elles mettent en communication avec Tach-keupru, Inéboli, Tossia, Djiddè, Kanghéri et Bartin.

Les autres parties du vilayet ne peuvent communiquer avec le chef-lieu que difficilement en été, par des chemins muletiers, et en hiver, la plupart de ces relations sont tout à fait interrompues.

Montagnes. — Il n'y a pas de hauts sommets à citer dans le merkez-caza de Castamouni ; son pic le plus élevé, sur lequel est situé le chef-lieu du vilayet, n'a que 800 m. d'altitude ; mais le relief général de la contrée n'est pas moins accidenté que le reste de la province.

Dîmes et impôts. — Les revenus annuels du merkez-caza dont le détail se trouve au chapitre spécial des dîmes et impôts du vilayet, page 460, sont en moyenne de 1,719,092 piastres, soit environ 395,391 fr.

CAZA D'INÉBOLI

Orientation, limites. — Le caza d'Inéboli est situé au nord-est du sandjak de Castamouni, et vers la même orientation par rapport à l'ensemble du vilayet. Il est limité : au nord par la mer Noire; à l'est, par le sandjak de Sinope; au sud-est, par les cazas de Tach-keupru et de Castamouni; au sud-ouest, par celui de Tataï; et, à l'ouest, par le caza de Djiddè.

Division administrative. — Il est divisé administrativement en deux nahiés qui sont *Kuré* et *A banèh*, et l'on y compte 70 villages.

Autorités. — Il est administré par 1 *caïmakam;* sous-gouverneur du caza, et par 2 *mudir*, directeurs des nahiés.

Population du caza. — Sa population totale est de 64,413 hab. indigènes, plus 2,621 sujets ottomans étrangers au vilayet, soit 67,034 hab. en totalité, comme suit :

	HOMMES	FEMMES	ÉTRANGERS	TOTAL
Musulmans	31,334	31,268	1,966	64,568 hab.
Grecs orthodoxes . . .	914	859	485	2,258 —
Arméniens grégoriens .	29	9	162	200 —
Israélites	»	»	8	8 —
		TOTAL. . . .		67.034 hab.

Chef-lieu. — INÉBOLI, chef-lieu du caza, résidence officielle du caïmakam et siège des divers services publics, est situé sur la mer Noire, par 31°25′ de longitude et 41°58′ de latitude à 120 kil. à l'ouest de Sinope, et à 65 kil. au nord de Castamouni, en ligne directe. Inéboli est relié à cette dernière ville, chef-lieu du vilayet, par une route carrossable de 90 kil., nouvellement créée pour faciliter les transports des produits agricoles des sandjaks de Castamouni et de Kanghéri à Inéboli, leur échelle maritime, et la première place de quelque importance que rencontrent sur la mer Noire les bâtiments de commerce venant de Constantinople. La construction d'une jetée de 700 mètres de longueur sur 8 mètres de largeur, commencée il y a quelques années par Sirri-Pacha, alors gouverneur général, donnera au port d'Inéboli toute la sécurité nécessaire et permettra d'y séjourner. Interrompue de temps en temps, cette construction n'est actuellement achevée que sur une longueur de 90 mètres, partant du pied d'une falaise surmontée d'un phare ; les bâtiments à vapeur mouillent à l'ouest de la jetée en temps ordinaire et se mettent à l'abri en passant de l'autre côté quand les vents d'ouest ou de nord-ouest viennent à souffler.

La vue de la ville d'Inéboli est en grande partie masquée, du côté du large, par la falaise qui s'élève à pic au-dessus de la mer à la hauteur de 65 mètres, de sorte qu'ainsi cachée elle semble un village. Le territoire sur lequel elle est bâtie est très accidenté : c'est une colline boisée dont l'altitude, à son sommet, arrive à 250 mètres, par une suite d'élévations progressive entrecoupées de vallons et de ravins du plus pittoresque effet, à partir du pied de la colline, où les maisons de la ville commencent à paraître à travers l'épaisse verdure, jusqu'à son faîte qui les domine.

Inéboli est divisée en 5 quartiers, dont le principal, désigné sous le nom de « marché » ou de « port » forme la ville proprement dite. Tout le commerce se trouve concentré autour du *bazar*, deux fois détruit en 5 ans par des incendies, et récemment reconstruit tout en pierre, sur un plan plus régulier. A l'est et à l'ouest s'étendent les quatre autres quartiers sur les deux rives d'un petit cours d'eau qui serpente à travers la ville.

Ceux de l'est, nommés Pathérios, Adjidonos et Karadja, sont, ainsi que le grand quartier commerçant où se trouvent les établissements des principaux négociants turcs, habités conjointement par la population des diverses communautés, tandis que le quartier de l'ouest nommé Avra, est exclusivement réservé aux musulmans.

Population. — La population de la ville d'Inéboli, comprise dans le chiffre ci-dessus de celle du caza, est de 8,849 hab., comme suit :

	HOMMES	FEMMES	ÉTRANGERS	TOTAL
Musulmans	2,356	2,344	1,966	6,966 hab.
Grecs orthodoxes . . .	610	550	485	1,645 —
Arméniens	49	19	162	230 —
Israélites	»	»	»	8
		TOTAL. . . .		8,849 hab.

Ecoles. — Les écoles de la ville et du caza d'Inéboli sont au nombre de 158 dont 4 supérieures, 1 secondaire et 153 primaires, fréquentées par 3,205 élèves, comme suit :

	ÉCOLES	ÉLÈVES	PROFESSEURS
MUSULMANS			
Écoles supérieures : *médressé*. .	4	40	8
d° secondaires : École civile.	1	150	5
d° primaires.	150	3,000	150
GRECS ORTHODOXES			
Écoles primaires.	3	90	3
TOTAUX. . .	158	3,205	166

Il y a à Inéboli 1 tribunal de première instance, 1 chambre de commerce, 1 municipalité, 1 station postale et télégraphique et 1 agence de la Dette publique. On compte dans cette ville 2 mosquées, 3 *tèkké* ou couvents de derviches, 1 *médressé*, 1 bibliothèque publique, 1 hôpital, 2 églises grecques orthodoxes, 1 église arménienne, 9 *han* ou hôtelleries, 2 bains publics (*hammam*), 1 bazar et 200 boutiques; 50 magasins et dépôts, 15 moulins, 4 fours, 10 cafés, 25 scieries et 1,600 maisons. Celles-ci dans le caza d'Inéboli tout entier sont au nombre de 13,103, et l'on y compte en totalité 150 mosquées, 9 *lèkkè*, 4 *médressé*; 5 églises, 25 *han*, 892 boutiques; 283 moulins et 155 scieries.

Inéboli a été fondée par les Ioniens originaires de Milet, établis à Sinope. On l'appelait d'abord Aboni Téichos ou murs d'Aboni Αϐώνου τεῖχος; mais Lucien rapporte qu'un certain Alexandre qui avait réussi à se faire passer pour Esculape et à faire élever par les habitants de cette ville un temple à Apollon son père, obtint de l'empereur que son nom d'Aboni fut changé en celui d'Inopolis, d'où vient par corruption le nom actuel d'Inéboli. On ne sait rien de plus relativement aux origines de cette ville qui a fait partie successivement de la Paphlagonie, du royaume de Pont et de l'empire romain, puis enfin a été conquise en 1397 avec Tokat, Sivas, Castamouni, Sinope et toute la côte de la mer Noire à partir de cette dernière ville jusqu'au Bosphore par Sultan Bayazid (Bajazet) et incorporée dès lors à l'Empire ottoman.

Climat. — La situation même de la ville d'Inéboli et du caza tout entier, complètement exempt de marécages et de toute autre cause d'insalubrité, la pureté de l'air, qu'on y respire partout, la douce température, rafraîchie durant l'été par la brise de mer, forment un ensemble de conditions favorables d'où résulte pour cette région un climat très sain et très agréable. Les maladies épidémiques y sont inconnues, et les autres assez rares pour qu'à Inéboli, par exemple, où il n'y a pas d'autre médecin que celui de l'office sanitaire, il suffise seul et amplement pour tous les malades de la ville et des environs.

Production agricole. — Les produits du sol sont les mêmes dans tous les cazas du merkez-sandjak de Castamouni; ils sont énumérés plus haut aux chapitres et tableaux spéciaux du vilayet et du merkez-sandjak, page 419.

Mines et minières. — Kuré, chef-lieu du nahié de même nom, est un bourg de 500 maisons et de 2,500 hab. tous musulmans, situé à 30 kil., environ au sud de la ville d'Inéboli. A proximité de ce bourg sont de célèbres mines de cuivre exploitées successivement par les Paphlagoniens, les Romains, les Génois et enfin par les Turcs. De hautes collines formées par l'entassement des scories s'élèvent aux alentours et témoignent de l'extrême richesse de ces mines, aujourd'hui abandonnées. Du temps de leur exploitation par les Turcs, après avoir fourni le cuivre nécessaire à la fabrication des « *mangal* » et autres ouvrages de chaudronnerie de toute la contrée et de la ville de Constantinople, elles fournissaient encore des quantités considérables pour l'exportation à l'étranger.

Forêts. — Les forêts exploitées sous le contrôle de l'État, dans le caza d'Inéboli, sont au nombre de 35, d'une superficie totale de 658 kil. carrés. Leur peuplement a pour principales essences le hêtre, le chêne, le pin laricis et divers sapins. Le nombre d'arbres coupés annuellement est de 93,000. — Le montant des droits perçus sur ces coupes est de 285,000 piastres, ou environ 65,550 fr.

Tous ces bois sont débités en planches dans les scieries du caza pour l'exportation.

Bestiaux. — L'élève du bétail de toutes races donne annuellement dans le caza d'Inéboli, en moyenne, une production de 27,372 têtes, comme suit :

RACES	ESPÈCES	TOTAUX PAR ESPÈCES	TOTAUX PAR RACES
Bovine . . .	Bœufs de labour.	4.000	5.300
	Vaches et taureaux.	1.000	
	Buffles	800	
	A reporter. . .	5.300	5.300

RACES	ESPÈCES	TOTAUX PAR ESPÈCES	TOTAUX PAR RACES
	Report . .	5.300	5.300
Ovine . . .	Moutons	3.348	
	Chèvres communes	5.033	17.072
	Chèvres mohair	8.691	
	TOTAL PAR ESPÈCES. . .	22.372	
	TOTAL PAR RACES . .		22.372

Fleuves et rivières. — Le petit fleuve *Zarp-hana tchaï*, qui prend sa source, au sud du caza d'Inéboli, entre le Yarala-gueuz-dagh et le Kurd-dagh et en sort au nord-ouest pour aller à travers le caza de Djiddè se jeter dans la mer Noire à Zarp-hana, est le seul cours d'eau proprement dit du caza d'Inéboli, assez bien arrosé pourtant par de très petits ruisseaux, suffi-samment nombreux.

Routes. — Il n'y a pas d'autre route que celle d'Inéboli à Castamouni et de là à Kanghéri, décrite page 465.

Montagnes. — De même que tout le vilayet en général, le caza d'Inéboli est montagneux; les deux principaux sommets qu'on y rencontre sont, au sud-est, le *Yarala-gueuz-dagh* (1,400 m. d'altitude) et, vers le centre, le *Kurd-dagh*.

Industrie. — Les principales industries du caza d'Inéboli sont le débit du bois de ses forêts, en poutres et en planches, dans 155 scieries; la mouture de ses grains dans 283 moulins; la construction de petits navires et autres embarcations et le tissage de toiles de lin en partie consommées sur place et en partie exportées en Syrie et en Égypte.

Commerce. — Le mouvement commercial de la place d'Inéboli, qui concentre le commerce d'exportation et d'impor-tation d'une bonne partie du vilayet, figure page 441, au chapitre du merkez-sandjak de Castamouni, avec le détail des articles et leur valeur calculée sur une moyenne des cinq années précé-dentes.

Voici, d'autre part, le résumé de tableaux très détaillés, se rapportant spécialement à l'année 1891, emprunté au *Bulletin de la Chambre de commerce française de Constantinople*, résumé qui indique la participation respective des pays de destination et de provenance dans l'exportation du port d'Inéboli en 1891 :

EXPORTATION			IMPORTATION		
	KILOGR.	VALEUR EN FRANCS		KILOGR.	VALEUR EN FRANCS
			Angleterre......	1.213.000	2.545.000
Angleterre......	973 170	1.987.170	France.........	425.100	393.480
France.........	2.644.040	849.940	Italie..........	7.300	22.050
Italie	8 000	18.800	Autriche-Hongrie	905 800	569.750
Autriche-Hongrie	174 000	92.800	Allemagne.....	46.600	233.200
Allemagne......	2 800	5.600	Grèce	4.800	12.400
Grèce............	1.500	3.000	Roumanie......	1.000	2.000
Russie..........	41.000	17.920	Russie..........	597.000	165.500
Turquie........	21.272.500	3.240.400	Turquie	1.578.000	1.088.000
TOTAL : FRANCS.....		6.215.960	TOTAL : FRANCS.....		5.021.380

Navigation. — Le mouvement de la navigation du port d'Inéboli figure également en bloc dans le chapitre général du vilayet, page 443. Le tableau ci-après indique la part des pavillons qui ont respectivement contribué à ce mouvement :

PAVILLONS	NOMBRE DE NAVIRES			TONNAGE			DROITS de PHARES — piastres
	VAPEURS	VOILIERS	TOTAL	VAPEURS	VOILIERS	TOTAL	
Anglais.........	1	»	1	1.315	»	1.315	»
Austro-Hongrois	93	»	93	105.151	»	105.151	»
Français........	10	»	10	14.089	»	14.089	»
Hellène.........	»	2	2	»	588	588	»
Ottoman........	82	1839	2.021	164.397	8 685	173.082	9.387
Russe...........	92	1	93	89.002	194	89.196	»
TOTAUX....	370	1842	2.220	373.954	9.467	383.421	9.387

Dîmes et impôts. — Le revenu annuel du caza d'Inéboli est en moyenne de 3,858,333 piastres, soit environ 887,416 fr. — Le détail de cette somme, par nature de revenu, se trouve indiqué plus haut, page 459.

CAZA DE ZAFRANBOLI

Orientation, limites. — Le caza de Zafranboli est situé au nord de la partie centrale du vilayet de Castamouni, et à l'ouest du merkez-sandjak de même nom. Il est limité : au nord, par le caza de Djiddè ; à l'est, par ceux de Tataï et d'Aratch ; au sud, par le sandjak de Kanghéri ; à l'ouest et au nord-ouest, par le sandjak de Bolou.

Division administrative. — Il est divisé administrativement en 3 nahiés qui sont : *Ak-tach*, *Aflani* et *Olos* ; on y compte 73 villages.

Autorités. — L'autorité civile est exercée par 1 *caïmakam*, sous-gouverneur du caza, et 3 *mudir*, directeurs des nahiés.

Population du caza. — Sa population totale est de 58,100 hab., comme suit :

	HOMMES	FEMMES	TOTAL
Musulmans.	27,954	26,351	54,305 hab.
Grecs orthodoxes.	1,909	1,886	3,795 —
TOTAL. . .	29,863	28,237	58,100 hab.

Chef-lieu. — ZAFRANBOLI, chef-lieu du caza, résidence officielle du *caïmakam* et siège des divers services publics, est située à 90 kil. ouest de Castamouni, à 72 kil. sud-ouest du petit port de Djiddè et à 110 kil. nord-est de Bolou, en ligne directe. En raison de la nature montagneuse du pays, on doit ajouter à chacune de ces distances environ un tiers, au moins, pour avoir la longueur réelle du chemin à parcourir; il n'y a point de route entre ces 2 villes. Il en existe une seule dans le caza de Zafranboli, qui met le chef-lieu en communication avec le port d'Amasra, par Bartin, à 105 kil. de longueur, dont 10 kil. dans ce caza.

La population de la ville de Zafranboli, comprise dans le chiffre ci-dessus de celle du caza, est de 7,500 hab., comme suit :

	HOMMES	FEMMES	TOTAL
Musulmans.	2,810	1,895	4,705 hab.
Grecs orthodoxes.	1,435	1,360	2,795 —
TOTAL. . .	4,245	3,255	7,500 hab.

Ecoles. — Les écoles de la ville et du caza de Zafranboli sont au nombre de 191 dont 12 supérieures, 1 secondaire, et 178 primaires, fréquenteés par 2, 937 élèves, comme suit :

		ÉCOLES	ÉLÈVES
Musulmans	Écoles supérieures : *médressé*.	12	120
	— secondaires : école civile	1	77
	— primaire.	170	2.500
Grecs orthodoxes.		8	240
TOTAL . . .		191	2.937

On compte à Zafranboli, outre le *konak* ou hôtel du gouvernement civil, 1 dépôt d'armes, 2 corps de garde, 28 mosquées à minarets, 12 *médressé*, 5 *turbé* ou chapelles funéraires musulmanes, 2 églises grecques orthodoxes, 1 hôtel municipal, 1 station télégraphique et postale, 1 bain public (hammam) 24 *han* ou hôtelleries, 107 fontaines publiques,

40 moulins à farine, 61 scieries, 84 tanneries, 945 boutiques et 1,500 maisons.

Un petit affluent de *l'Aratch-sou*, sur les bords duquel sont établies les tanneries, arrose la ville et les jardins environnants.

Production agricole. — Autour de cette ville, le long de la route de Bartin et vers le nord et l'est du caza, dans les nahiés d'Olos et d'Aflani, on rencontre de belles et vastes prairies naturelles où croît spontanément le safran. Il est cultivé dans tous les villages voisins et forme un des importants revenus de Zafranboli, principal centre de cette production qui a donné son nom au caza et à son chef-lieu. Les autres produits agricoles du caza sont les mêmes que ceux énumérés dans les chapitres spéciaux précédents; on doit toutefois une mention particulière à la culture du mûrier, objet de grands soins de la part des cultivateurs encouragés par le gouvernement, et dont la bonne réussite fait espérer, dans un avenir prochain, un succès plus complet. On sait d'ailleurs que le vilayet de Castamouni comptait autrefois parmi les premiers marchés de production de la soie.

Forêts. — Les forêts de ce caza, exploitées par l'État ou sous son contrôle, sont au nombre de 12. Ce sont des forêts de conifères où domine le pin sylvestre. Leur superficie totale est de 361 kil., carrés. On y coupe annuellement en moyenne 30,000 arbres qui sont débités en planches et dont l'écorce est employée au tannage des peaux. Le montant des droits perçus sur ces coupes annuelles est de 70,000 piastres, soit environ 16,100 fr.

Bestiaux. — On estime en moyenne la production annuelle de l'élevage dans le caza de Zafranboli à 53,543 têtes de bétail de toute race, comme suit :

RACES	ESPÈCES	TOTAUX PAR ESPÈCES	TOTAUX PAR RACES
Bovine . . .	Bœufs	7.000	10.000
	Vaches	2.300	
	Buffles	700	
Ovine . . .	Moutons.	14.000	43.543
	Chèvres communes.	11.546	
	Chèvres mohair	17.997	
	TOTAUX PAR ESPÈCES . . .	53.543	
	TOTAUX PAR RACES. . .		53.543

Industrie. — Les trois industries principales de ce caza sont la meunerie, le sciage et l'écorçage des bois et le tannage des peaux.

Dîmes et impôts. — Le montant des revenus moyens du caza de Zafranboli s'élève annuellement à la somme de 2,071,424 piastres, soit environ 476,427 fr. dont le détail se trouve au tableau spécial des dîmes et impôts du sandjak de Castamouni, page 460.

CAZA DE TOSSIA

Orientation, limites. — Le caza de Tossia est situé vers le sud-est du merkez-sandjak et du vilayet de Castamouni. Il est limité : au nord, par le caza de Tach-keupru ; à l'est, par le vilayet de Sivas ; au sud, par le caza d'Iskélèb ; au sud-ouest, par le sandjak de Kanghéri ; et au nord-ouest, par le merkez-caza de Castamouni.

Division administrative. — Il est divisé administrativement en un seul nahié, qui est *Karghi*, et contient 30 villages.

STATISTIQUE DESCRIPTIVE 477

Autorités. — L'autorité administrative y est exercée par
1 *caïmakam*, sous-gouverneur du caza, et 1 *mudir*, directeur du
nahié.

Population du caza. — La population totale du caza de
Tossia est de 34,388 hab., comme suit :

	HOMMES	FEMMES	TOTAL
Musulmans.	27,510	16,196	33,706 hab.
Grecs orthodoxes.	288	281	569 —
Arméniens grégoriens . . .	73	40	113 —
TOTAL. . .	17,871	16,517	34,388 hab.

Chef-lieu. — TOSSIA, chef-lieu du caza, résidence officielle
du *caïmakam*, et siège des services publics, est située à 50 kil.
sud-est de Castamouni et à 55 kil. nord-est de Kanghéri, sur la
rive gauche du *Dèvrèk-sou*, affluent du *Kizil-irmak* (Halys), qui
prend sa source au nord-ouest du sandjak de Kanghéri, entre
les monts Kantâr-dagh et Sâri-dagh. Une route carrossable,
actuellement en construction, va relier sous peu cette ville au
chef-lieu du vilayet et, par suite, au port d'Inéboli.

Population. — La population de Tossia, comprise dans le
chiffre ci-dessus de celle du caza, est de 8,406 hab., comme
suit :

Musulmans.	7,724 hab.
Grecs orthodoxes.	569 —
Arméniens.	113 —
TOTAL. . .	8,406 hab.

On compte à Tossia, outre le *konak* ou hôtel du Gouvernement
et l'hôtel municipal, 18 mosquées ; 3 *médressé* ; 1 église
grecque ; 20 *han* ou hôtelleries ; 5 bains publics (*hammam*) ;
1 bazar ; 506 boutiques et magasins ; 1,681 maisons et 62 moulins à farine. Il y a dans le caza de Tossia 105 mosquées à minarets.

IV 31

Écoles. — Les écoles sont au nombre de 85 dont 3 supérieures, 1 secondaire et 81 primaires, fréquentées par 1,823
élèves, comme suit :

		ÉCOLES	ÉLÈVES
Musulmans...	Écoles supérieures (*médressé*)	3	35
	— secondaires.	1	98
	— primaires	80	1,600
Grecs orthodoxes	— —	1	90
	TOTAL ...	85	1,823

Il y a à Tossia 1 tribunal de première instance, 1 bureau de recensement, 1 commission d'agriculture, 1 station télégraphique
de service intérieur et 1 bureau de poste.

Production agricole. — Les produits agricoles de
ce caza sont les mêmes que ceux de toutes les autres parties
du merkez-sandjak de Castamouni. L'opium y est cultivé depuis 2 ans, et sa culture, encouragée par le gouvernement, a
déjà donné de bons résultats.

Forêts. — On compte dans le caza de Tossia 30 forêts exploitées par l'État. Leur superficie est de 124 kil. carrés.
Leur peuplement se compose principalement de chênes et de
pins sylvestres ; les coupes annuelles qui y sont pratiquées sont
estimées en moyenne à 15,000 arbres employés en constructions navales et maritimes, confection de charbon et écorces
pour tanneries. Le montant des droits perçus est de 30,000
piastres, soit environ 6,900 fr.

Bestiaux. — La production annuelle de l'élève du bétail
dans le caza de Tossia est estimée en moyenne à 97,774 têtes
de toutes races, comme suit :

RACES	ESPÈCES	TOTAUX PAR ESPÈCES	TOTAUX PAR RACES
Bovine. . . .	Bœufs.	11.000	15.700
	Vaches	3.500	
	Buffles	1.200	
Ovine.	Moutons.	24.336	82.074
	Chèvres communes.	14.256	
	— mohair	43.482	
	TOTAL GÉNÉRAL.		97.774 têtes

Dîmes et impôts. — La moyenne annuelle des revenus bruts du caza de Tossia est estimée à la somme totale de 1,460,208 piastres, soit environ 335,847 fr. (V. page 459.)

CAZA D'ISKÈLÈB

Orientation, limites. — Le caza d'Iskèlèb est situé à l'extrémité sud-est du merkez-sandjak et du vilayet de Castamouni. Il est limité : au nord, par le caza de Tossia ; à l'est, par le vilayet de Sivas ; au sud, par le vilayet d'Angora, et à l'ouest par le sandjak de Kanghéri.

Division administrative. — Ce caza n'a point de nahié.

Autorités. — Il est administré par 1 *caïmakam*, sous-gouverneur.

Population. — Sa population totale est de 43,490 hab., comme suit :

	HOMMES	FEMMES	TOTAL
Musulmans	23,109	20,333	43,442 hab.
Grecs orthodoxes.	32	16	48 —
TOTAL. . .	23,141	20,349	43,490 hab.

Chef-lieu. — ISKÈLÈB, chef-lieu du caza, résidence officielle du caïmakam, sous-gouverneur, et siège des services publics, est situé à 750 m. d'altitude, au pied de l'Elmali-dagh, montagne de la chaîne de l'Olgassus qui s'élève à 2,600 m. d'altitude. La distance en ligne directe de cette ville à celle de Castamouni est de 100 kil; elle est de 72 kil. au nord-est de Kanghéri.

Population. — La population d'Iskèlèb, comprise dans le chiffre ci-dessus de celle du caza, est de 10,611 hab., comme suit :

	HOMMES	FEMMES	TOTAL
Musulmans	5,539	5,024	10,563 hab.
Grecs orthodoxes.	32	16	48 —
TOTAL. . .	5,571	4,140	16,611 hab.

Iskèlèb est l'ancienne Bloacium, résidence royale des princes galates. On y rencontre encore dans les jardins des environs des colonnes antiques avec leurs chapiteaux et quelques bas-reliefs devenus frustes par l'action du temps.

Il y a dans cette ville et dans le caza 108 mosquées, 6 *tekké* ou couvents de derviches et 6 *médressé*. On compte à Iskèlèb, outre le *konak* ou hôtel du gouvernement et l'hôtel municipal, 5 bibliothèques, 1 bazar, 510 boutiques, 2 *han* ou hôtelleries, 4 bains publics (*hammam*), 18 fontaines, 3 jets d'eau, 18 tanneries, 63 moulins à farine; 6 fours; 10 cafés et 1,770 maisons.

Écoles. — Les écoles du caza d'Iskèlèb sont au nombre de 62, dont 6 supérieures, 1 secondaire et 55 primaires, fréquentées par 1,380 élèves. Toutes appartiennent à la communauté musulmane.

Un tribunal de première instance siège à Iskèlèb. On y trouve 1 agence de la Dette publique et 1 station télégraphique de service intérieur, 1 agence postale et 1 bureau de recensement.

Production agricole. — Les produits agricoles du caza d'Iskèlèb sont les mêmes que ceux des autres cantons du merkez-caza.

Forêts. — Les forêts exploitées sous le contrôle de l'État sont au nombre de 9. Leur superficie totale est de 110 kil. carrés. La coupe annuelle est estimée en moyenne à 10,000 arbres et le montant des droits perçus de ce chef à 25,000 piastres, soit environ 5,750 fr. Les principales essences dont sont peuplées ces forêts sont le chêne et le pin sylvestre. Les coupes sont employées aux constructions civiles et navales, à la confection du charbon, et les écorces servent au tannage des peaux.

Salines. — On trouve la description des salines d'Iskèlèb, page 428. Leur production et leur revenu annuels sont en moyenne, comme suit :

	KILOGR.	PIASTRES	FR.
TOTAL.	4,593,215	1,152,135	ou 264,990

Bestiaux. — On estime en moyenne la production annuelle de l'élève des bestiaux dans le caza d'Iskèlèb à 118,720 têtes de bétail de toute race, comme suit :

RACES	ESPÈCES	TOTAUX PAR ESPÈCES	TOTAUX PAR RACES
Bovine.	Bœufs. . . . . Vaches. . . . . Buffles.	15 000 5.000 2 000	22.000
Ovine	Moutons. . . . . Chèvres communes. . . . . . — mohair.	32.771 20 169 43.780	96.720
	TOTAL GÉNÉRAL.		118.720 têtes

Dîmes et Impôts. — Les revenus bruts de ce caza sont estimés en moyenne à 1,690,548 piastres par an, soit environ 388,826 fr. (Voir le détail au tableau de la page 459).

CAZA D'ARATCH

Orientation, limites. — Le caza d'Aratch est situé au sud du merkez-sandjak de Castamouni, à peu près au centre du vilayet. Il est limité, au nord, par le caza de Tataï; à l'est, par le merkez-caza de Castamouni; au sud, par le sandjak de Kanghéri; et à l'ouest, par le caza de Zafranboli.

Division administrative. — Il est divisé administrativement en 2 nahiés qui sont *Mergueuzé* et *Aghédir*, et contient 62 villages.

Autorités. — L'autorité civile y est exercée par un *caïmakam*, sous-gouverneur du caza, et deux *mudir*, directeurs des nahiés.

Population du caza. — Sa population totale est de 36,000 hab., comme suit :

	HOMMES	FEMMES	TOTAL
Musulmans	19,340	16,645	85,985 hab.
Grecs orthodoxes	9	6	15 —
TOTAL. . .	19,349	16,651	86,000 hab.

Chef-lieu. — ARATCH, chef-lieu du caza, résidence officielle du caïmakam, sous-gouverneur, et siège des services publics, est située à 20 kil. environ en aval et à l'ouest de la source de l'*Aratch-sou* ou *Soghânli-sou*, affluent du *Filias-sou* (Billœus).

Population. — Sa population, comprise dans le chiffre ci-dessus de celle du caza, est de 11,605 hab., comme suit :

	HOMMES	FEMMES	TOTAL
Musulmans.	6,045	5,545	11,590 hab.
Grecs orthodoxes.	9	6	15 —
TOTAL. . .	6,054	5,551	11,605 hab.

On compte dans la ville et le caza d'Aratch outre le *konak* ou hôtel du gouvernement, 93 mosquées à minarets (*djâmi*), 1 école civile de l'État, 1 bazar avec 270 boutiques, 30 fontaines publiques, 10 bains (*hammam*), 15 cafés, 6,000 maisons, 208 moulins et 47 scieries.

Il y a à Aratch 1 tribunal de première instance, 1 bureau de recensement et 1 agence postale et télégraphique de service intérieur, c'est-à-dire où la langue turque seule est en usage.

Écoles. Les écoles de la ville et du caza d'Aratch sont au nombre de 146, dont 1 secondaire avec 33 élèves et 2 professeurs, et 145 primaires, fréquentées par 3,000 élèves, soit en totalité 3,033 élèves, tous musulmans, et 147 professeurs. L'école secondaire est un établissement de l'État, relevant du Ministère de l'Instruction publique ainsi que 52 écoles primaires ; les 93 autres sont des écoles annexes de mosquées relevant du Ministère du Culte (*chéikh ul-Islamat*).

Produits agricoles. — Les produits agricoles de ce caza sont les mêmes que ceux des précédents.

Forêts. — Les forêts du caza d'Aratch sont au nombre de 8, d'une superficie totale de 270 kil. carrés. Les principales essences de leur peuplement sont le chêne et le pin. La moyenne des coupes annuelles est de 18.500 arbres qui sont débités en planches, en majeure partie exportées par voie de Castamouni à Inéboli. Le montant des droits perçus sur ces coupes, par l'État, est de 40,000 piastres, soit environ 9,200 fr.

Bestiaux. — L'élève des bestiaux dans le caza d'Aratch

produit chaque année, en moyenne, 82,929 têtes de toutes races, comme suit :

RACES	ESPÈCES	TOTAUX PAR ESPÈCES	TOTAUX PAR RACES
Bovine	Bœufs.	10.000	14.000
	Vaches.	3.200	
	Buffles.	800	
Ovine.	Moutons.	18.161	68.929
	Chèvres communes.	22.375	
	— mohair.	28.393	
	TOTAL GÉNÉRAL		82 929 têtes

Dîmes et impôts. — On estime la moyenne des revenus bruts annuels de ce caza à un montant total de 1,395,689 piastres, soit environ 321,000 fr. (Voir page 459).

CAZA DE TACH-KEUPRU

Orientation, limites. — Le caza de Tach-keupru (le pont de pierre) est situé à l'est du merkez-sandjak et du vilayet de Castamouni. Il est limité : au nord-ouest par le caza d'Inéboli ; à l'est, par le sandjak de Sinope ; au sud, par le caza de Tossia, et à l'ouest, par le merkez-caza de Castamouni.

Division administrative. — Il possède 1 seul nahié, qui est *Keukdjé-Aghadj*, et l'on y compte 46 villages.

Autorités. — Les autorités civiles sont le *caïmakam*, sous-gouverneur du caza, et le *mudir*, directeur du nahié.

Population. — La population totale du caza de Tach-keupru est de 41,737 hab., comme suit :

	HOMMES	FEMMES	TOTAL
Musulmans.	21,583	19,611	41,194 hab.
Grecs orthodoxes	50	9	59 —
Arméniens grégoriens. . .	246	238	484 —
TOTAL. . .	21,879	19,858	41,737 hab.

Chef-lieu. — Tach-keupru, chef-lieu du caza, résidence du caïmakam, sous-gouverneur, et siège des services publics, est situé sur le *Tataï-tchaï* ou *Gueul-Irmak*, affluent du *Kizil-Irmak*, dans une grande et belle plaine bien cultivée, au milieu des champs de blé et d'orge, des jardins et des prairies, à 40 kil. environ au nord-est de Castamouni, et à 65 kil. sud-est du port d'Inéboli, en ligne directe.

Sa population, comprise dans le chiffre ci-dessus de celle du caza, est de 6,310 hab., comme suit :

	HOMMES	FEMMES	TOTAL
Musulmans.	2,967	2,800	5,767 hab.
Grecs orthodoxes.	50	8	59 —
Arméniens grégoriens . . .	246	438	484 —
TOTAL. . .	3,263	3,047	6,310 —

Tach-keupru (pont de pierre) doit son nom actuel au beau pont antique, en blocs de marbre, jeté sur sa rivière. C'est un reste de l'ancienne ville de Pompéïopolis-Paphlagoniæ, nommée d'abord Eupatoria. Un autre reste de cette même ville subsiste sur la place principale, en face de la grande mosquée, il consiste en un bâtiment carré, que les habitants appellent l'école, et dont le toit renversé était soutenu par 10 colonnes de marbre encore existantes, d'ordres différents : 6 sont d'ordre corinthien, 2 d'ordre dorique, et 2 d'ordre toscan ; leur hauteur est de 5 mètres; plusieurs portent quelques traces d'inscriptions devenues illisibles.

Écoles. — Les écoles de la ville et du caza de Tach-keupru sont au nombre de 106, dont 2 supérieures, 1 secondaire et 103 primaires, fréquentées par 3,878 élèves, dont 2,360 garçons et 1,518 filles, comme suit :

	ÉCOLES	ÉLÈVES
Ville de Tach-keupru. Écoles supérieures (médressé).	2	40
Ville de Tach-keupru. École secondaire . .	1	123
— Écoles primaires de garçons	7	280
Ville de Tach-keupru. Écoles primaires de filles	2	60
Total des écoles et des élèves du chef-lieu . .	12	503
Caza de Tach-keupru. Écoles primaires . .	94	»
— Elèves garçons . . .	»	1,917
— — filles.	»	1,458
Total général. . .	106	3,878

On compte à Tach-keupru, outre le *konak* ou hôtel du gouvernement et l'hôtel municipal, 5 mosquées à minarets (*djâmi*) ; 10 *mèsdjid* (chapelles musulmanes)'; 3 *tekké* ou couvents de derviches ; 2 *médressé* ou écoles de droit islamique et de théologie musulmane ; 1 bibliothèque publique ; 2 bains publics, 1 bazar et 395 boutiques ; 5 *han* ou hôtelleries, 15 fontaines publiques, 1 moulin, 7 fours et 1.262 maisons.

Il y a dans cette ville 1 tribunal de première instance, 1 bureau de recensement, 1 agence postale et télégraphique, 1 commission d'agriculture et 1 agence de la Régie coïntéressée des tabacs.

Dans les villages dépendants de ce caza, on compte, outre l'énumération faite ci-dessus, pour ce qui concerne le chef-lieu, 110 mosquées à minarets (*djâmi*), 2 bains publics (*hammam*), 55 fontaines publiques, 7,085 maisons, 24 boutiques, 258 moulins, 15,420 greniers, etc., etc.

Routes. — La ville de Tach-keupru est reliée à celle de Castamouni par une route carrossable de 44 kil. qui la met ainsi en communication avec le port d'Inéboli.

Production agricole. — La production agricole, très abondante, n'a rien qui la distingue de celle des autres cazas du merkez-sandjak de Castamouni.

Forêts. — Il y a dans le caza de Tach-keupru 25 forêts d'une superficie totale de 225 kil. carrés. Les principales essences de leur peuplement sont le chêne et le pin sylvestre exploités comme bois de construction et pour la confection du charbon. Les coupes annuelles sont en moyenne de 43,000 arbres, et les droits perçus sur ces coupes s'élèvent à 75,000 piastres, soit environ 17,250 fr.

Bestiaux. — On estime la production annuelle de l'élève des bestiaux dans ce caza à 89,094 têtes de toutes races, comme suit :

RACES	ESPÈCES	TOTAUX PAR ESPÈCES	TOTAUX PAR RACES
Bovine	Bœufs. . . . . Vaches . . . . Buffles.	12.000 4 000 4.000	17.000
Ovine	Moutons . . . . Chèvres communes . . . . . . — mohair.	25.183 12.221 28 690	66.094
	TOTAL GÉNÉRAL.		83.094 têtes

Dîmes et impôts. — En année moyenne, les revenus bruts du caza de Tach-keupru montent en totalité à 1,546,940 piastres, soit environ 355,796 francs. (Voir pour les détails page 459.)

CAZA DE TATAÏ

Orientation, limites. — Le caza de Tataï est situé à peu près au centre du merkez-sandjak de Castamouni et vers le nord du vilayet de même nom. Il est limité : au nord, par le caza de Djiddè ; à l'est, par celui d'Inéboli et le merkez-caza de Castamouni ; au sud, par le caza d'Aratch et à l'ouest, par celui de Zafranboli.

Division administrative. — Il est administrativement divisé en 1 seul nahié qui est *Aztavaï*, et l'on y compte 61 villages.

Autorités. — L'administration civile y est exercée par un *caïmakam*, sous-gouverneur du caza et d'un *mudir*, directeur du nahié.

Population. — Sa population totale est de 43,913 hab., comme suit :

	HOMMES	FEMMES	TOTAL
Musulmans.	25,502	22,207	43,709 hab.
Grecs orthodoxes	6	6	12 —
Arméniens	99	93	192 —
TOTAL. . .	21,607	22,306	43,913 hab.

Chef-lieu. — TATAÏ, chef-lieu du caza, résidence officielle du caïmakam et siège des services publics, est situé, près de la source du *Tataï* ou *Gueul-Irmak*, à 30 kil. nord-ouest de Castamouni. La route carrossable de cette dernière ville à Bartin, longue de 100 kil. passe à Tataï, qui se trouve ainsi, vers l'ouest, en communication directe avec les ports d'Amasra et de Guzèldjé, et, vers le nord, avec le port d'Inéboli.

La population de Tataï, comprise dans le chiffre ci-dessus de celle du caza, est de 3,013 hab., comme suit :

	HOMMES	FEMMES	TOTAL
Musulmans.	1,299	1,510	2,809 hab.
Grecs orthodoxes.	6	6	12 —
Arméniens grégoriens. . .	99	93	192 —
TOTAL. . .	1,404	1,609	3,013 hab.

Écoles. — Il y a dans la ville et le caza de Tataï 93 écoles, dont 2 supérieures (*médressé*) 1 secondaire (école civile du chef-lieu) et 90 primaires, fréquentées par 1,982 élèves appartenant tous à la communauté musulmane. Les 2 *médressé* sont fréquentés par 37 étudiants en droit et théologie, et l'école civile compte 130 élèves.

La ville et le caza de Tataï renferment 95 mosquées à minarets, 1 bazar, 84 boutiques, 130 moulins, 51 scieries, 4 *han* ou hôtelleries et 8,783 maisons dont 602 au chef-lieu, où se trouvent en outre le konak ou hôtel du gouvernement et un hôtel municipal. Un tribunal de première instance siège dans cette ville, pourvue aussi d'un bureau de recensement et d'une agence forestière. Il n'y a pas de station télégraphique dans ce caza.

Production agricole. — La production agricole est de même nature que celle des autres cazas du merkez-sandjak.

Forêts. — Le caza de Tataï possède 21 forêts dont la superficie totale est de 460 kil. carrés. Ce sont des forêts peuplées de conifères : pins sylvestres et sapins, exploités pour faire des planches et du goudron. Les coupes annuelles sont en moyenne de 37,000 arbres, et les droits perçus sur ces coupes s'élèvent à 80,000 piastres, soit environ 18, 400 fr.

Bestiaux. — La moyenne annuelle du produit de l'élève des bestiaux dans le caza de Tataï est évaluée à 54,702 têtes de toutes races, comme suit :

RACES	ESPÈCES	TOTAUX PAR ESPÈCES	TOTAUX PAR RACES
Bovine	Bœufs. . . . . Vaches . . . . Buffles	7.000 2.500 800	10.800
Ovine.	Moutons . . . . Chèvres communes. . . . . . Chèvres mohair.	16.010 9.682 18 710	44.402
	TOTAL GÉNÉRAL		54.702 têtes

Dîmes et impôts. — On estime le revenu brut annuel du caza de Tataï, en moyenne, à la somme totale de 1,621,162 piastres, soit environ 290,067 fr. (Voir page 459.)

CAZA DE DJIDDÈ

Orientation, limites. — Le caza de Djiddè se trouve situé au nord du merkez-sandjak et du vilayet de Castamouni. Il est limité : au nord, par la mer Noire ; à l'est, par le caza d'Inéboli ; au sud, par ce même caza et ceux de Tataï et de Zafranboli ; et à l'ouest par le sandjak de Bolou.

Division administrative. — Ce caza n'a qu'un nahié qui est *Gueuk-Alaï*; on y compte 36 villages.

Autorités. — Il est administré au civil par 1 *caïmakam* et 1 *mudir*.

Population du caza. — Sa population totale est de 40,306 hab., comme suit :

	HOMMES	FEMMES	TOTAL
Musulmans	20,313	19,932	40,245 hab.
Grecs orthodoxes. . .· . .	33	22	55 —
Arméniens grégoriens. . .	2	4	6 —
TOTAL. . .	20,348	19,958	40,306 hab.

Chef-lieu. — DJIDDÈ, chef-lieu du caza, résidence officielle du caïmakam et siège des services publics, est située sur la mer Noire, à 2 kil. est de l'embouchure du *Dévrikiân-Irmaghi*, petit fleuve qui prend sa source au hameau de Dévrikiân dans le caza de Castamouni. La petite ville maritime de Djiddè est à 90 kil. nord-ouest de Castamouni, en ligne directe, et elle y est reliée par une route carrossable que de nombreux lacets nécessités par les reliefs accidentés du terrain ont fait porter à une longueur de 135 kil. Le port de Djiddè est une échelle très fréquentée par les caïks et autres embarcations de faible tonnage sur lesquels sont exportés les bois exploités en planches, les farines, céréales et produits divers du caza.

La population de Djiddè, comprise dans le chiffre ci-dessus de celle du caza est de 2,510 hab., comme suit :

	HOMMES	FEMMES	TOTAL
Musulmans.	1,325	1,124	2,449 hab.
Grecs orthodoxes	33	22	55 —
Arméniens grégoriens . . .	2	4	6 —
TOTAL. . .	1,360	1,150	2,510 hab.

Écoles. — On compte à Djiddè et dans les principaux villages du caza, 43 écoles, dont 1 secondaire, établie au chef-lieu et fréquentée par 121 élèves, et 42 primaires et élémentaires répandues dans divers centres de population et fréquentées par 960 élèves, soit en totalité 1,081 élèves, tous musulmans.

Il y a, tant à Djiddé que dans ses dépendances, 1 *konak* ou hôtel du gouvernement, 1 hôtel municipal, 55 mosquées à minarets, 2 *tekké* ou couvents de derviches, 1 bazar et 73 boutiques ; 3 bains publics, 10 cafés, 10 fours, 121 moulins : 20 scieries, 40 fontaines publiques, 1 *han* ou hôtellerie , 5 magasins ou dépôts et 8,060 maisons dont 502 à Djiddè.

Ce bourg est le siège d'un tribunal de première instance et d'une agence de l'administration forestière ; elle n'a pas de station télégraphique.

Production agricole. — Bien que très remarquable pour son abondance et ses bonnes qualités, la production agricole de ce caza n'a rien qui la distingue de celui du merkez-sandjak de Castamouni envisagé dans son ensemble.

Mines et minières — KIDROS, village maritime situé à

10 kil. ouest de Djiddè, dont il est séparé par le *Dévrikiân-Ir-maghi*, est bâti sur les ruines de l'antique ville de *Cytorus*. Entre la montagne et le village se trouve une mine de houille d'une grande richesse et qui produit un charbon comparable en qualité aux meilleurs charbons de houille de l'Angleterre. La concession de cette mine a été accordée par décret impérial au général de division Vitalis Pacha, ancien officier supérieur français de grand mérite.

Forêts. — Les forêts du caza de Djiddè, au nombre de 29, d'une superficie totale de 495 kil. carrés, ont pour principales essences de leur peuplement, le chêne, le hêtre et le tilleul, qui sont débités en planches exportées en majeure partie. Les coupes annuelles sont estimées en moyenne à 46,000 arbres, et donnent lieu à la perception de droits montant à 80,000 piastres soit environ 18,400 fr.

Bestiaux. — On estime la moyenne annuelle du rendement du bétail dans ce caza à une production de 9,370 têtes de toutes races, comme suit :

RACES	ESPÈCES	TOTAUX PAR ESPÈCES	TOTAUX PAR RACES
Bovine	Bœufs	1.000	1.700
	Vaches	500	
	Buffles.	200	
Ovine	Moutons.	4.808	7.670
	Chèvres communes	2.843	
	Chèvres mohair	19	
	TOTAL GÉNÉRAL.	9.370 têtes	

Dîmes et impôts. — La perception des dîmes, impôts, taxes diverses et autres revenus bruts s'élève annuellement dans le caza de Djiddè à une somme moyenne de 1,146,917 piastres, soit environ 263,804 fr. (Voir pour les détails page 459).

SANDJAK DE BOLOU

Orientation, limites. — Le sandjak de Bolou est situé à l'ouest du vilayet de Castamouni, par 28°20′ à 30°40′ de longitude est, et de 40°20′ à 41°50′ de latitude nord. Il est limité; au nord par la mer Noire; à l'est, par le merkez-sandjak de Castamouni et le sandjak de Kanghéri; au sud, par le vilayet d'Angora; et à l'ouest, par le mutessariflik d'Ismidt.

Superficie. — Sa superficie totale est de 20.700 kil. carrés.

Division administrative. — Il est divisé administrativement en 8 cazas et 5 nahiés. On y compte 1,131 villages, comme suit :

CAZAS	NAHIÉS	VILLAGES
Bolou...........................	Gueukdjè-sou	187
Erèkli (Héraclée).................	—	63
Bartin	Amasra	58
Gueuïnèk........................	—	119
Guèrèdè.........................	Djagha	56
Duzdjè..........................	Aktchè	133
Médressi, ch.-l. Moudournou......	—	175
Hamidiyé, ch.-l. Dèvrèk..........	Tcharchamba	340
8 cazas	5 nahiés	1.131 villlages

Autorités civiles. — Le sandjak de Bolou est administré au civil par 1 *mutessarif*, gouverneur du sandjak et du merkez-caza, et relevant du *vali*, gouverneur général du vilayet de Castamouni. Ce *mutessarif* exerce directement son autorité sur les 7 *caïmakam*, sous-gouverneurs des autres cazas de son sandjak, desquels relèvent respectivement chacun des 5 *mudir*, directeurs des *nahiés*. Ces treizes fonctionnaires sont assistés des conseils administratifs afférents à leurs circonscriptions et dont la composition est identique à celle du conseil central du vilayet.

Division militaire. — Bolou, chef-lieu du sandjak, est le quartier général d'une brigade de la division de Castamouni, appartenant au 1er corps d'armée (garde impériale), et la résidence du *liva*, qui commande cette brigade, et de son état-major. Ce général relève directement du *fériq* qui commande la division et dont le quartier-général est à Castamouni, sa résidence officielle et celle de l'état-major divisionnaire. Le général de division relève lui-même du *muchir* (maréchal) commandant en chef le premier corps d'armée et résidant à Constantinople. Les centres de recrutement du sandjak sont les villes de Bolou et d'Èrèkli (Héraclée).

Autorités religieuses, services administratifs. — Les autorités religieuses du sandjak de Bolou sont les mêmes que celles du merkez-sandjak et les services administratifs sont identiques.

Tribunaux. — Il y a 1 tribunal de première instance dans chaque chef-lieu de caza, soit en totalité 8, et 1 tribunal du *chèr'i* siège à Bolou. Ces 9 tribunaux ressortissent de la Cour d'appel de Castamouni.

Douanes — L'administration des douanes a, dans les ports de Bartin et d'Amasra, des agences dont la perception atteint en moyenne, chaque année, la somme de 663,468 piastres, soit environ 152,597 fr., comme suit :

PORTS	EXPORTATION 1 0/0	IMPORTATION 8 0/0	TOTAL PIASTRES
Port de Bartin (Guzèldjè)....	2.377	438.061	440.438
— Amasra.............	3 000	220.030	223.030
TOTAL....	5.377	658.091	663.468

Dette publique ottomane. — L'administration des revenus concédés à la Dette publique ottomane a, dans le sandjak de Bolou, 2 dépôts de sel, l'un à Amasra et l'autre à Èrèkli. La même administration a 1 mémouriet ou agence secondaire à Bolou dépendant du nazaret d'Ismidt.

Les recettes nettes de celles-ci produisent en moyenne annuelle la somme totale de 134,492 piastres, comme suit :

REVENUS	RECETTE BRUTE	TOTAUX PIASTRES
Dîme des tabacs	4.766	
Spiritueux.	7.223	134.492
Timbres	114.347	
Soie	8.156	
A DÉDUIRE : APPOINTEMENTS ET FRAIS		29.039
REVENUS NETS		105.453

Régie des tabacs. — Il y a dans le sandjak de Bolou 7 agences de la régie coïntéressée des tabacs réparties entre les divers cazas, comme suit :

Nombre d'agences :

Bolou. 1
Èrèkli. 1
Bartin. 1
Duzdjè 3
Médressi. 1

TOTAL . . . . 7 agences.

Le montant des ventes de ces 7 agences est en moyenne annuelle de 865,081 piastres, soit environ 198,968 fr.

Service télégraphique. — Il y a dans le sandjak de Bolou 6 stations télégraphiques qui sont : Bolou, Èrèkli (Héraclée), Bartin, Duzdjè et Dèvrèk, chef-lieu du caza de Hamidiyé. Le service de ces 6 stations télégraphiques se fait exclusivement en langue turque.

Population du sandjak. — La population totale du sandjak de Bolou est de 325,300 hab., comme suit :

	HOMMES	FEMMES	TOTAL
Musulmans	165,947	155,598	321,645 hab.
Grecs orthodoxes	2,070	1,474	3,544 —
Arméniens grégoriens . . .	81	—	81 —
— catholiques . . .	30	—	30 —
TOTAL. . .	168,128	157,172	325,300 hab.

auxquels il y a lieu d'ajouter un certain nombre de sujets ottomans étrangers au vilayet, mais qui le fréquentent régulièrement à époques fixes, pour affaires, comme suit :

Musulmans	1,700	
Grecs orthodoxes	211	
Arméniens grégoriens	380	2,307 »
— catholiques	16	

TOTAL DE LA POPULATION INDIGÈNE ET DES VOYAGEURS RÉGULIERS. . 327,607 hab.

Mœurs, usages, etc. — Il n'y a rien à ajouter ici à ce qui a été dit plus haut à ce sujet au chapitre spécial du vilayet de Castamouni, page 413.

Écoles. — Les écoles du sandjak de Bolou sont au nombre de 836 dont 46 supérieures (*médressé*), 13 secondaires et 776 primaires, fréquentées par 15,632 élèves dont 15,394 garçons et 238 filles, comme suit :

		ÉLÈVES	ÉCOLES
Musulmans : écoles supérieures (*médressé*) . .		46	730
— — secondaires de garçons . .		12	1,030
— — — filles . . .		1	153
— — primaires de garçons . . .		770	13,453
Grecs orthodoxes : écoles primaires de garçons.		4	181
— — — filles . .		2	85
TOTAL. . .		835	15,632

Pour les détails, voir page 414, au chapitre du vilayet de Castamouni, et ci-après aux chapitres spéciaux de chaque caza du sandjak de Bolou.

Climat. — Le climat de ce sandjak, très montagneux et couvert d'épaisses et vastes forêts, qui lui ont fait partager avec quelques contrées voisines le nom de « mer d'arbres » (*aghadj-dénizi*), est généralement des plus salubres. Il faut en excepter cependant certaines parties du littoral où règnent durant l'été des fièvres paludéennes, et l'on doit ajouter qu'il n'est pas exempt de ces maladies contagieuses devenues, comme il est dit plus haut, page 417, en quelque sorte endémiques en ces parages.

Production agricole. — Des quantités considérables de céréales, surtout de blés, orges et maïs, ainsi que de graines légumineuses et oléagineuses, principalement les pois-chiches et la graine de lin ; des millions de kilogr. de glands, noix de galle, châtaignes et autres produits des cueillettes forestières ; des fruits frais et secs excellents, variés et abondants ; des raisins, des vins assez estimés ; du miel, de la cire, des laines, poils de chèvre, peaux brutes etc., forment la majeure partie de la très importante production agricole du sandjak de Bolou, dont la moyenne annuelle est estimée comme suit :

	Hectolitres		Hectolitres
Blé	424.818	Alpistes.	35.064
Orge.	205.628	Haricots	20.110
Avoine	59 883	Lentilles	40.000
Seigle	50.805	Vesce	13.423
Maïs	190.423	Pois chiches	120.060
Millet	2.441	Graine de lin.	60.154

	Kilogrammes		Valeur livres turques
Cire	10.000	Fruits frais	50.000
Salep.	45.000		
Vin	150.000		Pièces
Huile de poisson	30.000	Peaux de chèvres et moutons. . .	50.000
Laine	300.000	— bœufs et vaches. . .	5.000
Poil de chèvre commune. . .	230.000	— de loups	800
— mohair (tiftik). . . .	120.000	— de renards	2.000
Opium	250	— de lièvres	10.000
Coton	58.630		
Tabac	64.153		Hectolitres
Gomme adragante	30.000	Divers	316.348
Graine jaune	4.000		
Noix de galle	900.000		Kilogrammes
Glands	2.400.000	Divers	1.101.266
Miel	60.000		

Mines et minières. — Les mines d'Héraclée sont suffisamment décrites plus haut, page 420. Toutefois, ainsi qu'il a été déjà dit dans ce même chapitre, 9 gisements houillers situés à Kozlou et distincts de ceux exploités pour compte de l'État, ont été concédés, il y a peu de temps, à la Compagnie P. M. Courtgi de Constantinople, qui, à son tour, les a cédés à la banque de Métélin.

Une de ces mines est déjà mise en exploitation régulière suivant les systèmes perfectionnés usités dans les charbonnages des pays houillers de l'Europe; et au moyen d'un puits de 50 m. de profondeur. En même temps, on y continue, ainsi que dans les 8 autres mines appartenant à la concession, les travaux du tracé des galeries, de sorte que l'extraction du charbon de houille, bornée actuellement à 40,000 tonnes par an, pourra s'élever bientôt à 100,000 tonnes. La direction technique de ces exploitations est confiée à d'habiles ingénieurs européens.

L'analyse officielle du charbon de houille, produit des mines de la Compagnie P. M. Courtgi, a été faite à Londres et a donné les résultats suivants, — confirmés à l'École des mines, à Paris, le 8 mai 1887 :

Carbone	81,51
Hydrogène	4,99
Azote	0,51
Souffre	0,04
Oxygène	8,70
Cendres	4,25
TOTAL	100,00

Coke	72,40
Densité	1,54
Puissance calorifique { par réduction	6,274
{ par échauffement d'eau. . .	6,696

Forêts. — Les forêts du sandjak de Bolou sont extrêmement remarquables tant par leur vaste étendue qui a fait, comme nous l'avons déjà dit, donner au pays le nom de « mer d'arbres » (*aghadj-dénizi*) que par leur grande beauté, la densité de leurs peuplements et le nombre considérable d'arbres d'une hauteur et d'une grosseur énorme, qui s'y trouvent; surtout parmi les chênes, les ormes, les châtaigniers et tous les conifères. Ces magnifiques forêts couvrent plus des deux tiers de la superficie du sandjak et s'étendent même en plus d'un endroit jusque sur le littoral. Cependant leur exploitation régulière est excessivement limitée. Il n'existe, à la vérité, aucune route forestière, et les cours d'eau peu nombreux n'ont pas assez d'importance pour y suppléer par le moyen du flottage ; le prix des transports de points situés dans l'intérieur du pays aux échelles maritimes seraient donc trop élevés pour permettre d'exploiter fructueusement des forêts dont la surveillance même offre les plus grandes difficultés.

Quoi qu'il en soit, et dans l'état actuel, l'action de l'administration forestière de l'État s'exerce dans le sandjak de Bolou sur 42 forêts dont la superficie totale est de 4,544 kil. carrés.

Les principales et les plus belles essences de leur peuplement sont le chêne, le hêtre, l'orme, le châtaignier, le tilleul, le pin sylvestre et les sapins. On emploie surtout leur bois à la fabrication de planches et de charbon, et les écorces au tannage des peaux.

Le tableau ci-après indique, par chaque caza, le nombre, la superficie et le peuplement des forêts exploitées dans le sandjak de Bolou, ainsi que le montant des coupes annuelles et des droits perçus :

CAZAS	NOMBRE de FORÊTS	SUPERFICIE Kilom. car.	PEUPLEMENT	COUPES annuelles NOMBRE d'arbres	USAGE	MONTANT des DROITS PERÇUS piastres
Bolou.........	9	1.266	Chêne. — Sapin. — Châtaignier. — Hêtre. — Orme.	125.000	Planches, tanneries, charbon.	335.000
Héraclée(1)....	»	»	—	»	—	»
Bartin.........	3	425	Chêne. — Pin sylvestre...........	15.000	Planches	35.000
Gueuinèk......	4	566	— hêtre........	25.000	—	55.000
Guèrèdè........	4	500	Chêne. — Sapins	20.000	Tanneries	55.000
Duzdjè.........	13	897	Chêne. — Châtaignier. — Tillenl...	87.000	Planches	185.000
Médressi........	9	890	—	84.000	—	185.000
Hamidiyé.......	»	»	Sapins............	»	{	»
TOTAUX...	42	4.544		356.000		850.000

(1) Les forêts du caza d'Héraclée sont réservées pour les besoins de l'exploitation des mines de houille.

Salines. — On ne connaît pas jusqu'à présent l'existence de salines dans le sandjak de Bolou. La contrée est approvisionnée par des dépôts de sel de Phocée établis dans les principales localités du littoral et de l'intérieur.

Tabacs. — La culture du tabac, délaissée par beaucoup de producteurs depuis la formation de la régie, montre depuis peu de temps quelque tendance à se relever. Sa production actuelle est estimée, année moyenne, à 64,153 kilogr. de feuilles de qualité dite de « Bafra ».

Eaux minérales. — A proximité de la ville de Bolou sont situés les points d'émergence de 2 sources d'eau minérale très-fréquentées. On trouve dans le même sandjak 3 autres sources également en grande réputation chez les habitants de ces contrées qui ont souvent éprouvé les effets curatifs de leurs eaux reconnues comme très-efficaces en diverses maladies. Ces sources sont situées, l'une à *Parli*, dans le caza de Médressi, l'autre auprès de *Tchitak*, village du caza de Gheuïnèk, et la dernière à 11 kil. de Duzdjè, chef-lieu du caza de même nom. On ne connaît la composition minérale d'aucune de ces 5 sources qui n'ont pu jusqu'ici être soumises à l'analyse.

Agriculture. — Il n'y a rien à ajouter ici à ce qui est dit page 430 et qui s'applique en tous points au sandjak de Bolou.

Bestiaux. — L'élève des bestiaux, dans ce sandjak, produit annuellement, en moyenne, 546,872 têtes de toutes races, comme suit :

RACES	ESPÈCES	TOTAUX PAR ESPÈCES	TOTAUX PAR RACES
Bovine	Bœufs . . . . Vaches . . . . Buffles	75.000 25.000 9.000	109.000
Ovine	Moutons . . . . Chèvres communes . . . . — mohair	149.601 173.226 115.045	437.872
	TOTAL GÉNÉRAL		546.872 têtes

Apiculture. — Les produits annuels de l'apiculture sont en moyenne, comme suit :

Cire . . . .   10,000 kilogr.
Miel . . . .   60,000 —

Produits accessoires de l'élevage. — On estime les produits accessoires de l'élève des bestiaux, en moyenne annuelle, comme suit :

Laine . . . .   300,000 kilog.
Poil de chèvre commune . . .   230,000 —
—   —   mohair (*tiftik*) .   120,000 —
Peaux de chèvres et moutons .   50,000 pièces
—   bœufs et vaches . . .   5,000 —

Fleuves, rivières. — Les principaux cours d'eau qui arrosent le sandjak de Bolou sont : le *Filias-sou* (Billœus) et ses affluents déjà décrits page 433, ainsi que le *Bartin-sou* (Parthénius). On peut y ajouter le *Moudournou-sou*, affluent du *Sakaria* (Sangarius) qui prend sa source dans le caza de Médressi, près de son chef-lieu où il passe et dont il prend le nom ; et le *Gheuïnèk-sou*, autre affluent du même fleuve, qui prend sa source dans le vilayet d'Angora, passe à travers le caza de Gheuïnèk, arrose son chef-lieu et en prend le nom, bien que ces deux petites rivières appartiennent plutôt au système hydrographique du mutessariflik d'Ismidt, où se trouve la plus grande partie de leur parcours.

Lacs, marais, routes, transports. — Voir à ce sujet les chapitres spéciaux du vilayet de Castamouni, pages 436 et 437, auxquels il n'y a lieu de rien ajouter concernant le sandjak de Bolou.

Montagnes. — Le système orographique de ce sandjak, dont les principaux sommets sont le *Koumale-dagh*, le *Bolou-dagh* (altitude 880 m.), le *Sémiz-dagh*, l'*Érèn-dagh* (1,300 m.), l'*Ala-dagh* (2,500 m.), le *Gueuyèk-dagh*, l'*Ova-dagh*, appartient tout entier à la chaîne de l'*Olgassus*, qui se rattache d'un côté aux montagnes de l'ancienne Bithynie, aujourd'hui vilayet de Brousse, parcourt le mutessariflik de Brousse, le Bosphore, le vilayet entier de Castamouni, et va se rattacher à son autre extrémité vers Trébizonde, à l'ancienne chaîne des monts *Thé-chès*. Il est décrit en détail page 438, au chapitre spécial du vilayet de Castamouni.

Industrie. — Les industries principales du sandjak de Bolou sont le tannage des cuirs et peaux, la meunerie, le débit des bois en poutres et en planches, la charpenterie civile et les constructions navales. Les constructeurs de Bartin et d'Amasra, outre les barques, caïks et autres petites embarcations qui sont également bien fabriquées dans toutes les localités maritimes du sandjak, construisent aussi des bâtiments pontés assez importants et réparent parfaitement les grands navires. On compte dans les 5 cazas de Bolou, Bartin, Gheuïnèk, Duzdjè et Médressi, 150 scieries et 484 moulins. Le seul caza d'Érèkli (Héraclée) a 120 moulins. Le nombre total est de 757 moulins dans 7 cazas; celui de Hamidiyé en est dépourvu.

Les tanneries se trouvent surtout dans les 3 cazas de Bolou, Gheuïnèk et Guèrèdè, où elles sont au nombre de 38.

Commerce. — Le mouvement commercial, — à l'exportation et à l'importation, — des deux principaux ports du sandjak de Bolou (Bartin-Guzèldjè et Amasra), d'après les registres de perception des droits de douane, est en moyenne annuelle, comme suit :

EXPORTATION		IMPORTATION	
	Livres turques		Livres Turques
Céréales	10.000	Tissus manufacturés	4.000
Fruits frais	6.000	Cotons filés et autres fils . . .	6.000
Noix de galle	3.000	Draperie	500
Graine de lin	2.000	Habillements confectionnés . .	200
Gomme adragante	1.000	Mercerie	500
Haricots	2.000	Ferronnerie, cuivres, etc . . .	750
Graine jaune	1.000	Quincaillerie, papeterie, verrerie	500
Oeufs	1.000	Cuirs tannés	1.000
Bestiaux sur pied	4.000	Spiritueux	700
Noix, châtaignes	3.000	Tabac manufacturé	4.000
Peaux diverses.	1.000	Sel	5.000
Laines.	2.000	Café	2.000
Poil de chèvres mohair. . . .	18.000	Sucre	6.000
Chanvres et cordages	6.000	Savon	1.000
Bois de construction.	20.000	Pétrôle . . . . . ˙	750
Loupes et planches de noyer .	9.000	Huiles et olives	600
Bois de chauffage.	3.000	Fruits secs	200
Divers. . , ...	8.000	Allumettes, bougies, etc . . .	300
		Ciment et autres matériaux . .	400
		Divers.	1.000
Total : L. T.	100.000	Total : L. T.	35.400

Navigation. — Le mouvement maritime des deux ports de Bartin et d'Amasra, s'est résumé, par pavillons, comme suit, du 1ᵉʳ mars 1892 à fin février 1893 :

BARTIN-GUZÈLDJÈ							
PAVILLONS	NOMBRE DE NAVIRES			TONNAGE			DROITS de
	VAPEURS	VOILIERS	TOTAL	VAPEURS	VOILIERS	TOTAL	PHARES
							piastres
Hellène.......	8	1	9	389	85	474	61
Ottoman......	47	733	780	14.005	17.393	31.898	4.742
Samien	»	1	1	»	12	12	»
Russe.........	»	1	1	»	90	90	»
TOTAUX ..	55	736	791	14.394	17 580	31.974	4.803

AMASRA							
Hellène........	2	6	8	109	1 196	1.305	323
Ottoman......	14	568	582	9.379	18 937	28.316	5.891
Samien........	»	2	2	»	24	24	»
TOTAUX...	16	576	592	9 488	20.157	29.645	6.214

Dîmes, impôts. — Les revenus du sandjak de Bolou, ainsi qu'il est dit au chapitre spécial du vilayet, page 443, sont, en moyenne, de 14,706,736, piastres par an. Ce total est réparti, par cazas et par revenu, comme suit :

CAZAS	IMPOT FONCIER	TEMETTU (PATENTES)	EXONÉRATION DU service MILITAIRE	TESKÉRÉS	DIME des CÉRÉALES	TAXE sur les BESTIAUX	DOUANES	FORÊTS	CENTIMES additionnels	TOTAUX Piastres
Bolou	501.943	220.425	17.141	17.725	831.335	373.689	»	335.000	8.090	2.299.651
Héraclée	587.141	300.548	12.666	7.809	506.875	126.40	»	»	7.962	1.549.402
Bartin	606.343	497.731	10.518	11.906	822.625	48.366	440.438	35.000	10.870	2.483.699
Amasra (douane)	»	»	»	»	»	»	223.030	»	»	223.030
Geuïnèk	325.018	116.017	»	4.425	478.250	204.096	»	55.000	4.980	1.187.786
Guèrèdè	522.788	235.016	»	8.630	617.100	293.231	»	55.000	10.296	1.762.061
Duzdjè	382.979	215.530	»	8.747	471.948	68.206	»	185.000	6.517	1.338.927
Médressi, ch.-l. Mondournou .	499.622	482.820	»	6.341	577.100	288.315	»	185.000	6.696	1.745.894
Hamidiyé, ch.-l. Dévrèk . .	643.035	503.440	7.851	10.255	704.352	239.685	»	»	7.968	2.116.286
TOTAUX PAR REVENU . .	4.068.871	2.291.227	48.479	69.838	5.009.485	1.641.989	663.468	850.000	63.379	14.706.736

TOTAL GÉNÉRAL . . . 14.706.736

CAZAS DU SANDJAK DE BOLOU

MERKEZ-CAZA DE BOLOU

Orientation, limites. — Le merkez-caza de Bolou est situé à peu près au centre du sandjak de même nom, et s'étend jusqu'à sa limite au sud. Il est limité : au nord, par le caza d'Èrèkli (Héraclée); au sud, par le vilayet d'Angora; et à l'ouest, par les cazas de Médressi et de Duzdjè.

Division administrative. — Il est divisé administrativement en 1 seul *nahié* qui est *Gueukdjé-sou* et compte 187 villages.

Autorités. — L'administration civile y est exercée par le *mutessarif*, gouverneur du sandjak et du merkez-caza, et par le *mudir*, directeur du nahié.

Population. — La population totale du merkez-caza de Bolou est de 52,369 hab , comme suit :

	HOMMES	FEMMES	ÉTRANGERS	TOTAL
Musulmans	24,237	24,878	1,700	50,815 hab.
Grecs orthodoxes. . .	491	456	211	1,158 —
Arméniens grégoriens.	—	—	380	880 —
— catholiques .	—	—	16	16 —
TOTAL . . .	24,728	26,334	2,307	52,369 hab.

Chef-lieu. — BOLOU, chef-lieu du sandjak et du merkez-caza, résidence officielle du mutessarif et siège des services publics, est située sur le *Filias-sou* (Billœus), dans une vallée fertile et bien cultivée, entre le Boli-dagh et le Sémiz-dagh, appartenant à la chaîne de l'Olgassus. L'attitude de la vallée, au point où s'élève la ville, est de 650 mètres. Cette ville est reliée par une route carrossable de 109 kil. au village maritime d'Akdjè-chèhr, chef-lieu du nahié du caza de Duzdjè, où se trouvent d'importants chantiers alimentés par les forêts de toute la région qui s'étend entre cette petite échelle et le chef-lieu du sandjak. La distance entre Bolou et Castamouni, chef-lieu du vilayet, est de 200 kil. en ligne directe, mais le relief accidenté du terrain rend le parcours réel beaucoup plus long à cause des nombreux détours qu'il nécessite.

La population de la ville de Bolou, comprise dans le chiffre ci-dessus de celle du merkez-caza est de 10,796 hab., comme suit :

	HOMMES	FEMMES	ÉTRANGERS	TOTAL
Musulmans	3,916	4,026	1,700	9,642 hab.
Grecs orthodoxes. . . .	291	256	211	758 —
Arméniens grégoriens .	—	—	380	380 —
— catholiques .	—	—	16	16 —
TOTAL. . .	4,207	4,282	2,307	10,796 hab.

Écoles. — Les écoles de la ville et du merkez-caza de Bolou sont au nombre de 170, dont 15 supérieures (*médressé*) 3 secondaires et 152 primaires, fréquentées par 3,213 élèves, dont 3,000 garçons et 203 filles, comme suit :

Musulmans :	15	écoles supérieures (*médressé*) .	180	élèves
—	2	— secondaires de garçons.	270	—
—	1	— — filles . .	153	—
—	150	— primaires de garçons. .	2,500	—
Grecs orthodoxes :	1	— —	60	—
—	1	— filles. . .	50	—
TOTAL. . .	170	écoles	3,213	élèves

A 4 kil. environ à l'est de Bolou se trouvent situées, en un

lieu nommé *Eski-Hissar* (le vieux château-fort) les ruines de l'ancienne Bithynium, ville fondée par des colons Arcadiens où
naquit Antinoüs, favori de l'empereur Adrien. Sous la domination romaine, elle reçut le nom de *Claudiopolis*, duquel s'est
peut-être formé par abréviation celui de la ville actuelle de
Bolou qui l'a remplacée. Théodose en fit la capitale de la province d'Honoriade. Autrefois le commerce de transit avec la
Perse, qui se fait aujourd'hui par Trébizonde, prenait la voie de
terre et passait par Bolou, dont le trafic par caravanes est encore assez grand, quoique bien déchu, au moment de la tonte des
troupeaux et de la cueillette de la graine jaune. Dans les derniers temps de sa prospérité, c'est-à-dire dans la première moitié de ce siècle, Bolou comptait encore de 25 à 30,000 hab.

Il existe actuellement, tant dans la ville de Bolou que dans
son nahié de Gueukdjè-sou et les 187 villages dépendant du
merkez-caza, 1 *konak* ou hôtel du gouvernement, 1 hôtel municipal, 1 dépôt d'armes, 87 mosquées à minarets, 11 *tekké* ou
couvents de derviches, 15 *médressé* ou écoles de droit et théologie islamiques, 2 églises grecques orthodoxes, 2 bibliothèques
publiques, 8 bains publics dont 2 sources thermales et 6 *hammam*, 1 hôpital pour les syphilitiques, 2 bazars, 581 boutiques et magasins, 35 *han* ou hôtelleries, un dépôt de pétrole,
40 fontaines publiques, 16 tanneries, 70 scieries et 180 moulins.

Il y a à Bolou 1 tribunal de première instance du *bédäïèt*,
c'est à dire où l'on juge suivant le droit moderne, et 1 tribunal
du *chèr'i*, ou l'on juge suivant le droit islamique ; tous deux sont
présidés par le *naïb*, fonctionnaire qui relève pour le premier
du Ministère de la Justice et pour le second du Ministère du
Culte (*chéikh ul-islamat*).

Les administrations des postes et télégraphes, de la Dette
publique ottomane et de la régie des tabacs ont des agences
à Bolou.

Production agricole. — Il n'y a rien à ajouter ici à ce
qui a déjà été dit plus haut page 497, au chapitre spécial de la

production agricole du sandjak de Bolou, et qui surtout s'applique au merkez-caza.

Forêts. — On compte dans le merkez-caza de Bolou, 9 forêts dont la superficie totale est de 1,266 kil. carrés. Les essences principales de leurs peuplements sont le chêne, le hêtre, l'orme, le châtaignier et le sapin. On estime, en moyenne, les coupes annuelles faites dans ces forêts sous le contrôle de l'État à 125,000 arbres et les droits perçus sur ces coupes à 335,000 piastres, soit environ 77,050 fr. Ces coupes sont pour la plus grande partie débitées en poutres et surtout en planches; le reste sert à fabriquer du charbon, et les écorces sont vendues aux tanneurs.

Bestiaux. — Le produit annuel de l'élevage dans le merkez-caza de Bolou est estimé en moyenne à 122,774 têtes de bétail de toute race, comme suit :

RACES	ESPÈCES	TOTAUX PAR ESPÈCES	TOTAUX PAR RACES
Bovine . . .	Bœufs.	18.000	26.000
	Vaches	6.000	
	Buffles	2.000	
Ovine . . .	Moutons.	36.166	96.774
	Chèvres communes.	26.346	
	Chèvres mohair	34.262	
	TOTAL. . .		122.774

Eaux minérales. — Deux sources d'eaux minérales et thermales très fréquentées, et en grand renom pour leurs bons effets curatifs dans beaucoup de maladies, jaillissent à proximité de la ville de Bolou. On ne connaît ni leur degré de thermalité ni la nature de leur minéralisation. Outre leurs vertus médicinales, on leur en attribue d'autres assez singulières par leur contraste : l'une de ces sources est incrustante, tandis que l'autre a sur la pierre une telle action dissolvante qu'on ne peut, assure-t-on, conserver cette eau que dans des récipients en bois.

Fleuves, rivières. — Le *Filias-sou*, ancien fleuve Billœus, prend sa source près du hameau de Gunéï, dépendance de Bolou, passe en cette ville, parcourt le merkez-caza, du sud au nord, puis de l'ouest à l'est, dans toute sa largeur et passe dans le caza de Hamidiyé à l'extrême limite sud-ouest de celui-ci.

Routes. — Outre la route carrossable de Bolou à Akdjé-chèhr, on doit mentionner l'ancien chemin des caravanes encore très fréquenté à certaines époques de l'année, et qui conduit de Bolou par Guérèdè et Zafranboli à Castamouni. C'est l'ancienne voie du commerce de transit de Constantinople avec la Perse. Un autre chemin conduit de Bolou à Angora.

Montagnes. — Les seules montagnes qu'on puisse citer dans le merkez-caza sont : le *Boli-dagh* (880 m. d'altitude) et le *Sémiz-dagh* entre lesquelles se déroulent les eaux du *Filias-sou* à travers les champs de céréales et les riches plantations de toutes sortes des fertiles vallées de Bolou et de Dèvrèk.

Industrie. — Après la meunerie, le sciage des bois et le tannage des cuirs et peaux, la principale industrie de cette contrée st le tissage des toiles de lin estimées et d'étoffes de laine. On y fait aussi des fromages qui donnent lieu à des exportations dans les vilayets voisins.

Dîmes et impôts. — Les revenus annuels moyens du merkez-caza de Bolou, énumérés en détail (page 505), s'élèvent à la somme totale de 2,299,651 piastres, soit environ 528,919 fr.

CAZA D'HÉRACLÉE (ÈRÈKLI).

Orientation, limites. — Le caza d'Èrèkli (Héraclée) est situé au nord et vers l'ouest du sandjak de Bolou. Il est limité : au nord-ouest, par la mer Noire ; à l'est, par le caza de Hamidiyé ; au sud, par les cazas de Bolou et de Duzdjè ; et à l'ouest par ce dernier.

Division administrative. — Il n'a point de nahié. On y compte 63 villages.

Autorités. — L'administration civile y est exercée par un *caïmakam*, sous-gouverneur du caza, et l'autorité militaire est, ainsi que la police, entre les mains d'un *mir-alaï* (colonel) ayant sous ses ordres un détachement d'infanterie. Ce même colonel est directeur général des mines d'Héraclée.

Population du caza — La population du caza d'Èrèkli est de 48,428 hab., comme suit :

	HOMMES	FEMMES	TOTAL
Musulmans	21,568	19,618	41,186 hab.
Grecs orthodoxes	751	491	1,242 —
TOTAL. . .	22,319	20,109	42,428 hab.

Chef-lieu — ÈRÈKLI (Héraclée) chef-lieu du caza, résidence officielle du *caïmakam* et du colonel commandant les forces militaires, siège des divers services publics et de la direction générale des houillères dites « d'Héraclée », est située sur la mer Noire, à 2 kil. de l'embouchure d'un ruisseau qui fut jadis le fleuve *Sycus,* aujourd'hui nommé *Kizildjik-sou* et dont la source se trouve à 30 kil. est de cette ville à Kara-bounar (la source noire). C'est un petit port dont toute l'importance commerciale se borne à quelques exportations de loupes de diverses essences d'arbres et des forêts du caza, qui ne sont pas soumises à l'administration forestière, quoique celle-ci figure parmi les services publics du *caïmakam*. Ce port est presque exclusivement fréquenté d'ailleurs par les navires de l'État qui viennent prendre des chargements de charbon de houille à Kozlou et à Zoungouldak, où le peu de sécurité du mouillage ne leur permet pas de séjourner pendant la nuit.

On remarque sur le rivage, à Èrèkli, d'anciens canons français abandonnés, portant sur la culasse un bonnet phrygien, et dont les petits bâtiments à voiles qui viennent embarquer des loupes se servent pour s'y amarrer. Ces chargements appartiennent en majeure partie à des négociants français.

La population de la petite ville d'Èrèkli, comprise dans le chiffre ci-dessus de celle du caza, est de 6,274 hab., comme suit :

	HOMMES	FEMMES	TOTAL
Musulmans	2,587	2,445	5,032 hab.
Grecs orthodoxes. . . .	751	491	1,242 —
TOTAL. . .	3,338	2,936	6,274 hab.

Èrèkli est divisée en deux quartiers, l'un, du côté du sud, habité par les Grecs orthodoxes, et l'autre, au nord, où résident les musulmans, pour la plupart soldats, marins et employés du gouvernement, surveillants des mines de houille, etc. On y compte, outre le *konak* ou hôtel du gouvernement, l'hôtel municipal, la caserne des soldats de marine et les divers corps de garde ; 10 mosquées à minarets dans la ville et 101 dans tout le caza, 1 *médressé*, 1 bibliothèque publique, 2 bains publics (*hammam*), 9 *han* ou hôtelleries, 1 bazar, 471 boutiques, y compris celles des autres localités du caza, 65 fontaines publiques, 23 fours, 1,255 maisons dans la ville et 7,230 dans les autres villes et villages. Les jardins maraîchers des environs sont au nombre de 528, et sur les côteaux d'alentour sont établis, parmi 5 belles vignes, 120 moulins à vent.

Écoles. — Il y a dans la ville et le caza d'Èrèkli 94 écoles, dont 1 supérieure (*médressé*), 2 secondaires, et 91 primaires, fréquentées par 1,841 élèves, comme suit :

			ÉCOLES	ÉLÈVES
Musulmans . . .	1 école supérieure (*médressé*).		1	16
—	2 — secóndaires (*garçons*).		2	285
—	90 — primaires	—	90	1,500
Grecs orthodoxes . 1	—	—	1	40
		TOTAL :	94	1,841

Les administrations des douanes, des postes et télégraphes, des forêts, de la Dette publique et de la régie des tabacs ont des agences à Èrèkli.

Un tribunal de 1re instance, présidé par 1 *naïb*, siège dans cette ville.

Les recettes de la douane d'Èrèkli sont en moyenne annuelle, comme suit :

EXPORTATION : 1 0/0	39,832 piastres
IMPORTATION : 10 0/0.	10,075 »
TOTAL. . .	49,907 piastres

soit environ 11,478 fr.

Le mouvement commercial annuel du petit port d'Héraclée, est évalué en moyenne, comme suit :

Exportation	3,983,200,00 piastres
Importation	125,937,50 —
MOUVEMENT GÉNÉRAL.	4,109,137,50 piastres

soit environ 945, 101 fr.

Èrèkli est l'ancienne Héraclée, colonie de Mégare, fondée, au commandement d'un oracle, en l'honneur d'Hercule qui descendit aux enfers par la caverne Achérusia, située aux environs. Cette caverne a été retrouvée par M. Boré, ancien supérieur général des prêtres de la mission vulgairement appelés Lazaristes. Héraclée fut gouvernée durant soixante ans environ par des tyrans au nombre desquels on compte Denys, mari de la reine Amastris qui donna son nom à la ville voisine, aujourd'hui nommée Amasra et chef-lieu du nahié du caza de Bartin.

Héraclée, qui s'était alliée à Mithridate pour conserver son autonomie menacée par les successeurs d'Alexandre, signa également un traité d'alliance avec les Romains et prétendit garder la neutralité pendant leur guerre contre le roi de Pont. Sous le prétexte qu'elle avait secrètement fourni des vaisseaux à celui-ci, Lucullus la fit assiéger par son lieutenant Cotta qui s'en empara et la réduisit en cendres. Ses murailles furent relevées ensuite et elle reçut pour nouveaux habitants des colons romains.

Donnée par Antoine à Adiatory, prince galate, elle cessa bientôt de lui appartenir, et fut annexée à la province romaine de Pont dont elle fit partie jusqu'à la conquête ottomane, en 1397, sous Bayazid Ier, surnommé *Ildérim* (l'éclair).

Production agricole. — La production agricole du caza d'Èrèkli n'a rien qui la distingue de celle des autres cazas du sandjak de Bolou.

Mines et minières — On trouve plus haut, pages 420 et 498, tout ce qui concerne l'important bassin houiller d'Héraclée.

Forêts. — L'État n'exploite les forêts du caza d'Èrèkli que pour les besoins de sa marine et des mines de charbon, et ne perçoit aucun droit, sauf ceux de la douane, sur leurs produits dont on ignore les quantités annuelles et la valeur. On a déjà dit plus haut (page 420), que toute l'importance de ce caza réside dans ses mines de charbon de houille, considérées comme la propriété du Ministère de la Marine. On peut toutefois se faire une idée de la richesse de ces forêts, par le chiffre précité des exportations d'Héraclée (page 514), consistant surtout en loupes d'essences forestières diverses.

Bestiaux. — La production annuelle de l'élevage dans le caza d'Èrèkli est estimée en moyenne à 38, 893 têtes de bétail de toutes races, comme suit :

RACES	ESPÈCES	TOTAUX PAR ESPÈCES	TOTAUX PAR RACES
Bovine . . .	Bœufs. . . . . Vaches . . . . Bœufs	5.000 1.600 500	7.100
Ovine . . .	Moutons. . . . . Chèvres communes . . . . . Chèvres mohair	10.600 21.620 13	31.793
		Total. . .	38.893

Dîmes et impôts — On estime le revenu annuel du caza d'Èrèkli à la somme de 1,549,402 piastres, soit env. 356,362 fr. les recettes de la douane non comprises et dont le détail figure page 506.

CAZA DE BARTIN

Orientation, limites. — Le caza de Bartin est situé au nord-est du sandjak de Bolou et au nord du vilayet de Castamouni, vers l'ouest de celui-ci. Il est limité : au nord par la mer Noire ; à l'est, par le merkez-sandjak de Castamouni ; au sud et à l'ouest par le caza de Hamidiyé, dont il est séparé de ce dernier côté par l'ancien fleuve *Billæus*, aujourd'hui *Filias-sou*.

Division administrative. — Il n'a qu'un seul nahié qui est *Amasra* et compte 58 villages.

Autorités. — Il est administré par 1 *caïmakam* et par 1 *mudir*.

Population. — Sa population totale est de 52,319 hab., comme suit :

	HOMMES	FEMMES	TOTAL
Musulmans	26,976	24,596	51,572 hab.
Grecs orthodoxes.	410	339	747 —
TOTAL. . .	26,386	24,933	52,319 hab.

Chef-lieu. — BARTIN, chef-lieu du caza, résidence officielle du *caïmakam* et siège des services publics, est située sur l'ancien fleuve *Parthénius*, aujourd'hui *Bartin-sou*, qui lui a donné son nom. Cette ville est à 8 kil. est de Guzèldjé ou Guzèl-chèhr, hameau maritime qu'on doit considérer comme le véritable port de Bartin, et à 10 kil. sud-ouest d'Amasra, chef-lieu du nahié et second port du caza. Bartin et Amasra sont ou plutôt seront bientôt en communication directe avec le chef-lieu du vilayet par une route carrossable en cours de construction, et avec Zafranboli par une autre chaussée également en construction, longue de 105 kil. Cette dernière n'aura pas moins de 10 ponts en pierre, 9 ponts mixtes avec tabliers en bois, et 535 murs de soutènement.

La population de Bartin, comprise dans le chiffre précité de celle du caza, est de 8,677 hab., comme suit :

	HOMMES	FEMMES	TOTAL
Musulmans.	4,350	3,954	8,304 hab.
Grecs-orthodoxes	205	168	373 —
TOTAL. . .	4,555	4,122	8,677 hab.

Écoles. — Les écoles du caza de Bartin sont au nombre de 67, dont 4 supérieures (*médressé*), 1 secondaire et 62 primaires, fréquentées par 830 élèves, dont 795 garçons et 35 filles, comme suit :

				ÉCOLES	ÉLÈVES
Musulmans . . .	4 écoles	supérieures (*médressé*)		4	64
—	1 —	secondaire		1	80
—	60 —	primaires		60	600
Grecs orthodoxes	4 —	— garçons		1	51
—	1 —	— filles.		1	35
			TOTAL. . .	67	830

Amasra. — AMASRA, chef-lieu du *nahié* et seconde échelle maritime du caza, est située sur la mer Noire, à 10 kil. nord-est de Bartin. C'est l'ancienne Amastris, bâtie sur l'emplacement de l'antique Sésame par la reine Amastris, femme de Denys, tyran d'Héraclée. Les débris du palais de cette reine s'y voient encore aujourd'hui parmi d'autres restes nombreux d'antiquités, tels que les murailles de la citadelle construites en blocs de pierre de grand appareil, et les ruines d'un aqueduc. Sésame était, comme Héraclée, une colonie de Mégare. Amastris, en lui donnant son nom, ajouta à la population de cette ancienne ville celle des villes voisines, Cytorus, Tium et Cromna. Les Romains s'en emparèrent lors de la guerre contre Mithridate. Elle fut conquise par Bayazid Ier en 1397 et reprise en 1460 par Mohammed II sur les Génois, qui s'y étaient établis sous l'autorité nominale des empereurs de Trébizonde. Plusieurs inscriptions portant les noms de leurs podestats avec leurs armoiries et celles de la sérénissime république de Gênes subsistent sur des tours ajoutées par eux à l'antique citadelle d'Amastris.

La population d'Amasra, comprise dans le chiffre ci-dessus de celle du caza est de 3,629 hab., comme suit :

	HOMMES	FEMMES	TOTAL
Musulmans.	1,727	1,528	3,255 hab.
Grecs orthodoxes	205	150	374 —
TOTAL. . .	1,932	1,697	3,629 hab.

On compte, tant à Bartin qu'à Amasra et dans les divers villages et hameaux du caza, 1 *konak* ou hôtel du gouvernement, ainsi qu'un grand bâtiment en pierre pour l'école secondaire et 1 hôpital à Bartin, 82 mosquées à minarets (*djâmi*), dont 20 à Bartin, 10 à Amasra et 52 dans les autres localités, 11 *mèsdjid* ou chapelles musulmanes, 4 *médressé*, 2 églises grecques orthodoxes dont 1 à Bartin, 3 bains publics (*hammam*), dont 2 à Bartin et 1 à Amasra, 89 fontaines publiques, 2 bazars et 936 boutiques, 56 fours, 136 moulins, 11 *han* ou hôtelleries, dont 6 à Bartin et 1 à Amasra, 7 scieries dont 2 servent exclusivement à fabriquer des planches, et 10,320 maisons dont 1,735 à Bartin, 725 à Amasra et 7,860 dans les divers villages et hameaux du caza de Bartin.

Tribunaux. — Il y a à Bartin 1 tribunal de première instance, 1 bureau de recensement, 1 bureau du *rousoumat* 1 agence postale et télégraphique, 1 agence de la Dette publique, 1 agence de la régie des tabacs et des agences de la douane, à Bartin (Guzèldjé) et à Amasra.

Production agricole. — La production agricole du caza de Bartin est la même que celle des précédents cazas du sandjak de Bolou.

Forêts. — On n'exploite sous le contrôle de l'État, dans ce caza, que 3 forêts, dont la superficie totale est de 425 kil. carrés. Les principales essences de leur peuplement sont le chêne, le pin sylvestre et le hêtre, employées surtout à faire des planches, Les coupes annuelles faites dans ces 3 forêts sont en moyenne de 15,000 arbres et les droits perçus à ce sujet s'élèvent à 35,000 piastres, soit environ 8,050 fr.

Bestiaux. — L'élevage du bétail produit annuellement, en moyenne dans le caza de Bartin, 15,297 têtes de toutes races, comme suit :

RACES	ESPÈCES	TOTAUX PAR ESPÈCES	TOTAUX PAR RACES
Bovine	Bœufs	2.500	4.050
	Vaches	800	
	Buffles	750	
Ovine	Moutons	5 718	11.247
	Chèvres communes	2 742	
	Chèvres mohair.	2 787	
		TOTAL. . .	15.297

Fleuves, rivières. — Deux cours d'eau principaux arrosent ce caza: le *Filias-sou* (Billœus) qui lui sert de limite à l'ouest et le sépare du caza de Hamidiyé, et le *Bartin-sou* (Parthénius) qui le parcourt en entier du sud-est au nord-ouest et passe à Bartin.

Commerce. — Le mouvement commercial annuel des ports de Bartin et d'Amasra, d'après les registres de la perception des droits de douane, est estimé en moyenne à la somme totale de 8,763,837 piastres, comme suit :

			PIASTRES
Exportation	{ Bartin.	237,700	
	{ Amasra	300,000	. . . 587,700
Importation	{ Bartin.	5,475,762	
	{ Amasra	2,750,375	. . . 8,256,137
	Total du mouvement commercial des deux ports.		8,763,837

soit environ 1,892,011 fr.

Dîmes et impôts. — Le revenu brut annuel du caza de Bartin est estimé en moyenne à 2,483,699 piastres, soit environ 571,250 francs ; le détail figure page 506.

CAZA DE GEUINÈK

Orientation, limites. — Le caza de Geuïnèk est situé au sud-ouest du sandjak de Bolou et du vilayet de Castamouni. Il est limité : au nord, par le caza de Médressi ; au sud, par le vilayet d'Angora et à l'ouest, par le mutessariflik d'Ismidt.

Division administrative. — Ce caza n'a point de nahié. On y compte 119 villages.

Autorité. — Il est administré par un caïmakam.

Population du caza. — Sa population totale est de 18,575 hab., comme suit :

	HOMMES	FEMMES	TOTAL
Musulmans	8,296	9,633	18,559 hab.
Grecs orthodoxes.	11	5	16 —
TOTAL. . .	8,937	9,638	18,575 hab.

Chef-lieu. — GEUÏNÈK ou Gueuïnuk, chef-lieu du caza, résidence officielle du caïmakam, et siège des divers services publics, est située, sur la grande route carrossable d'Ismidt à Angora. Cette petite ville, nommé aussi Torbali, se trouve également sur le passage de l'antique voie militaire qui franchissaif le mont *Orminius*, aujourd'hui *Koumale-dagh*, au pied duquel elle est bâtie. On retrouve encore des restes de cette antique voie militaire dans plusieurs localités voisines. Lorsque la partie de la chaussée actuelle dont la construction incombe au sandjak de Bolou sera achevée, Geuïnèk sera en communication directe du coté de l'est, à l'intérieur du pays, avec Angora, et du coté de l'ouest, avec la mer de Marmara, par Ismidt, en attendant qu'elle soit rattachée à ces deux centres commerciaux par voie rapide, au moyen d'un embranchement du chemin de fer d'Anatolie, qui doit passer à proximité.

La population de Geuïnèk ou Torbali, comprise dans le chiffre ci-dessus de celle du caza, est de 2,000 habitants, comme suit :

	HOMMES	FEMMES	TOTAL
Musulmans	926	1,058	1,984 hab.
Grecs ortodhoxes	11	5	16 —
TOTAL. . .	937	1,063	2,000 hab.

Ecoles. — Il y a à Geuïnèk ou Torbali et dans ses dépendances 186 écoles, dont 2 *médressé* (supérieures), 1 secondaire (école civile) et 183 primaires, fréquentées par 3,475 élèves, comme suit :

				ÉCOLES	ÉLÈVES
Musulmans	2	écoles	supérieures (médressé)	2	50
—	1	—	secondaire.	1	25
—	183	—	primaires.	183	3,400
			TOTAL . . .	186	3,475

Outre le *konak* ou hôtel du gouvernement, l'hôtel municipal, les 2 *médressé* (écoles de droit et de théologie islamiques), l'école civile, les 4 *han* ou hôtelleries, le bazar et les 195 boutiques du chef-lieu, on compte, tant à Geuïnek que dans ses dépendances, 180 mosquées à minarets, 65 moulins à farine ; 16 ponts en pierres, 8 scieries, 7 tanneries et 3,715 maisons dont 400 au chef-lieu.

Tribunaux, services publics. — 1 tribunal de première instance, présidé par le *naïb* du caza, siège à Geuïnek où se trouvent 1 agence postale et télégraphique, 1 percepteur des impôts, 1 bureau de recensement et 1 ingénieur des ponts et chaussées.

Forêts. — Rien ne distingue la production agricole de cette région, de celle des cazas voisins, déjà énumérée ci-dessus. On compte 4 forêts exploitées sous le contrôle de l'État dans le caza de Geuïnek ; leur superficie totale est de 566 kil. carrés. Les essences principales de leur peuplement sont : le hêtre, le chêne et le pin sylvestre, employés surtout en bois de construction et en écorces pour les tanneries.

Les coupes annuelles sont en moyenne de 25,000 arbres sur lesquels il est perçu en totalité 55,000 piastres de droits forestiers, soit environ 12,650 fr.

Bestiaux. — Le produit moyen de l'élevage dans ce caza s'élève annuellement à 63,410 têtes de races bovine et ovine, comme suit :

RACES	ESPÈCES	TOTAUX PAR ESPÈCES	TOTAUX PAR RACES
Bovine . . .	Bœufs . . . . Vaches . . . . Buffles	7 000 2 300 850	10.150
Ovine . . .	Moutons . . . . Chèvres communes . . . . Chèvres mohair	14.090 34 422 4 748	53.260
		TOTAL. . .	63.410

Fleuves, rivières. — Deux cours d'eau peu importants, mais alimentés par un très grand nombre de ruisseaux qui s'y déversent des montagnes voisines, arrosent et fertilisent toute cette belle contrée agricole autant que forestière. Ces 2 affluents du Sakaria sont le *Geuïnèk-sou* et l'*Aldn-sou* qui prennent leurs sources dans ce caza et en parcourent presque toute l'étendue avant d'aller se jeter au *Sakaria*, le premier, vers l'ouest, dans le mutessariflik d'Ismidt, le second, au sud, dans le vilayet d'Angora.

Dîmes et impôts. — Le revenu brut annuel du caza de Geuïnèk est en moyenne de 1,187,786 piastres, soit environ 274,090 fr. dont le détail se trouve page 506.

CAZA DE GUÈRÈDÈ

Orientation, limites. — Le caza de Guèrèdè est situé au sud-est du sandjak de Bolou ; à l'ouest du sandjak de Kanghéri ; au sud et vers l'ouest du vilayet de Castamouni. Il est limité : au nord, par le caza de Hamidiyé ; à l'est, par le sandjak de Kanghéri ; au sud, par le vilayet d'Angora, et à l'ouest, par le merkez-caza de Bolou.

Division administrative. — On y compte 1 nahié qui est *Djagha*, et 56 villages.

Autorités. — Il est administré par 1 caïmakam et 1 mudir.

Population du caza. — Sa population totale est de 45,278 hab., comme suit :

	HOMMES	FEMMES	TOTAL
Musulmans	22,151	22,885	45,036 hab.
Grecs orthodoxes	111	32	143 —
Arméniens grégoriens	9		9 —
— catholiques	30		30 —
TOTAL. . .	22,301	22,917	45.218 hab.

Chef-lieu. — GUÈRÈDÈ, chef-lieu du caza, résidence officielle du caïmakam et siège des services publics, d'un tribunal de première instance, d'une agence postale et télégraphique, d'une commission de l'Instruction publique et d'un bureau de recensement, est située à 50 kil. est de Bolou, en ligne directe, au pied du versant nord de l'Èrèn-dagh, sur la route des caravanes d'Ismidt à la frontière persane. De Bolou jusqu'à Guèrèdè, cette route est magnifique. Traversant alternativement, tantôt sur les hauteurs, de sombres forêts où des chênes géants forment une ombre impénétrable aux rayons du soleil, tantôt dans la vallée, d'agréables jardins et de riches cultures, elle offre au voyageur les aspects les plus variés et les plus pittoresques. Entourée d'innombrables vergers où prospèrent les arbres fruitiers originaires de ce pays et acclimatés depuis de longs siècles en Europe, tels que le pêcher, l'abricotier, le cerisier, le poirier, qui donnent ici les meilleurs et les plus beaux fruits du monde, la petite ville moderne de Guèrèdè, pleine d'activité industrielle et commerciale, s'élève sur l'emplacement et au milieu des ruines de l'antique *Cratia*, qui ajouta plus tard à son nom celui de *Flaviopolis*, par une faveur toute spéciale de l'empereur Constantin. Ces deux noms réunis ont été conservés par

Ptolémée, et se trouvent également ensemble, sur la plupart des médailles de la ville romaine.

Guèrèdè, qui sous son ancien nom de « Cratia-Flaviopolis », fut une ville épiscopale soumise à la juridiction du patriarche de Contantinople, et dont un évêque, Épiphane, assista au Concile d'Éphèse, n'a plus aujourd'hui, pour ainsi dire, d'habitants chrétiens. Sa population, presque entièrement musulmane et comprise dans le chiffre ci-dessus de celle du caza, est d'environ 4,000 hab., comme suit :

	HOMMES	FEMMES	TOTAL
Musulmans.	1,853	1,963	3,818 hab.
Grecs orthodoxes	111	32	143 —
Arméniens grégoriens	9	»	9 —
— catholiques	30	»	30 —
TOTAL . . .	2,003	1,997	4,000 hab.

Il y a à Guèrèdè et dans ses dépendances, 62 mosquées à minarets (*djâmi*), 6 *médressé* ou écoles de droit et de théologie islamiques), 1 école civile monumentale, 3 bains publics ou *hammam*, 1 bazar et 370 boutiques, 19 *han* ou hôtelleries, 3 ponts en pierres, 153 moulins, 15 tanneries et 9,044 maisons dont 800 au chef-lieu.

Écoles. — Les écoles du caza de Guèrèdè se trouvent toutes au chef-lieu et ne sont qu'au nombre de 8, dont 6 supérieures (*médressé*), 1 secondaire (école civile) et 1 primaire, fréquentées par 280 élèves, tous musulmans, dont 150 étudiants en droit et théologie aux 6 *médressé*, 30 élèves à l'école civile et 100 élèves à l'école primaire. Celle-ci est une annexe de la mosquée principale. Les *médressé* sont également des fondations pieuses qui relèvent du ministère du culte ou *chéikh ul-islamat*; l'école civile relève seule du ministère de l'instruction publique.

Production agricole. — Outre les produits qui lui sont communs avec les autres cazas du sandjak de Bolou, celui de Guèrèdè se fait remarquer par les fruits abondants de ses

vergers, fruits dont la bonté et l'excellente saveur ainsi que l'é-
norme quantité de cette production donnent lieu, chaque année,
à des achats considérables pour l'exportation à Constantinople
et autres villes principales de l'empire. On n'estime pas la valeur des fruits du sandjak de Bolou, en année moyenne, à moins
de 50,000 livres turques, soit environ 1,150,000 fr. dont la
majeure partie est fournie par le produit des vergers du caza de
Guèrèdè.

Forêts. — Les agents forestiers de l'État n'exercent leur
contrôle, dans ce caza, que sur l'exploitation de 4 forêts, d'une
superficie totale de 500 kil. carrés. Les coupes annuelles de ces
forêts, peuplées surtout de chênes et de sapins, sont en moyenne
de 20,000 arbres de ces deux essences, dont le bois est employé
en construction et l'écorce réservée aux tanneries. Les droits
perçus sur ces coupes montent à la somme de 55,000 piastres,
soit environ 12,650 fr.

Bestiaux. — Ce caza est le second en importance dans le
sandjak de Bolou, pour la production annuelle de l'élevage, qui
monte en moyenne à 103,647 têtes de bétail des races bovine
et ovine, comme suit :

RACES	ESPÈCES	TOTAUX PAR ESPÈCES	TOTAUX PAR RACES
Bovine	Bœufs......................	14.000	20.100
	Vaches......................	4.600	
	Buffles......................	1.500	
Ovine..........	Moutons....	28.636	83.547
	Chèvres communes	15.002	
	Chèvres mohair....	39.909	
	TOTAL GÉNÉRAL.....		103.647

Fleuves, rivières. — *L'Oulou-tchaï,* nommé plus loin
Hammâmli-tchaï, prend ses deux sources dans le caza de Guèrèdè,
l'une non loin du chef-lieu, au pied de l'Èrèn-dagh, et l'autre à

Tchaouchlar, près de l'Ala-dagh. Cet affluent de l'*Aratch-sou* est décrit plus haut, page 435.

Lacs, marais. — Peut-être convient-il de mentionner ici, malgré leur minime étendue, 2 petits lacs cités par les voyageurs, à cause des ruines antiques qui se trouvent aux alentours. Ils sont situés tous deux à Guèrèdè, l'un à l'est, l'autre à l'ouest. L'un est appelé *Touzla-gueul,* c'est une mare salante ; on nomme le second *Kara-gueul.* Leurs émanations n'ont jamais été considérées comme malsaines.

Montagnes. — Deux des principaux sommets de l'Olgassus, l'*Èrèn-dagh* (1,300 m.) et l'*Ala-dagh* (2,500 m.), circonscrivent au nord et au sud la belle et riche vallée de Guèrèdè.

Productions industrielles. — Après la meunerie qui est l'industrie principale de ce caza, où le blé et l'orge abondent autant que les fruits, on cite honorablement ses maroquins, article d'exportation très recherché, et ses peaux de moutons mégissées.

Dîmes et impôts. — Les revenus bruts du caza de Guèrèdè sont, d'après une moyenne de 6 années, de 1,762,061 piastres, soit environ 405,274 fr. (voir le détail page 506).

CAZA DE DUZDJÈ

Orientation, limites. — Le caza de Duzdjè est situé au nord-ouest du sandjak de Bolou et du vilayet de Castamouni. Il est limité : au nord, par la mer Noire et le caza d'Èrèkli ; à l'est, par ce même caza et le merkez-caza de Bolou ; au sud, par le caza de Médressi ; et à l'ouest, par le mutessariflik d'Ismidt.

Division administrative. — On y compte 1 *nahié* qui est *Akdjé-chèhr* (la ville d'argent) et 133 villages.

Autorités. — L'autorité administrative y est exercée par 1 *caïmakam* et 1 *mudir*.

Population du caza. — La population totale est de 34,691 hab., comme suit :

	HOMMES	FEMMES	TOTAL
Musulmans.	18,123	16,406	34,529 hab.
Grecs orthodoxes.	90	»	90 —
Arméniens grégoriens.	72	»	72 —
TOTAL . .	18,285	16,406	34,691 hab.

Chef-lieu. — DUZDJÈ, chef-lieu du caza et résidence officielle du sous-gouverneur, siège d'un tribunal de première instance, d'une municipalité, d'un bureau de recensement, d'agences des postes et télégraphes, des forêts, du *rousoumat*, de la Dette publique ottomane et de la régie des tabacs, centre de tous les services administratifs du caza, est située à 30 kil. nord-ouest de Bolou, chef-lieu du sandjak et à la même distance sud-est d'Akdjé-chèhr en ligne directe. Elle est reliée à ces deux villes, dont la seconde, chef-lieu de son nàhié, est située sur la mer Noire, par une route carrossable dont plusieurs sections sont encore inachevées, et dont la longueur totale, à cause du grand nombre de lacets nécessités par le relief accidenté du terrain, sera de 109 kil.

Population du chef-lieu de caza. — Sa population, comprise dans le chiffre ci-dessus de celle du caza, est de 1,586 hab., comme suit :

	HOMMES	FEMMES	TOTAL
Musulmans.	848	738	1,568 hab.

Écoles. — On compte dans le caza de Duzdjè 150 écoles, dont 8 supérieures (*médressé*), 2 secondaires (écoles civiles) et 140 primaires, fréquentées par 2,875 élèves, comme suit :

	ÉCOLES	ÉLÈVES
Musulmans : *médressé*	8	120
— écoles secondaires	2	155
— — primaires.	140	2,600
TOTAL. . .	150	2,875

Le bourg de Duzdjè, situé en plaine au milieu de champs bien cultivés et de beaux jardins fruitiers, entre le Boli-dagh et le Gueuyuk-dagh qui sépare cette plaine de celle d'Héraclée, est reconnu pour la petite ville antique de *Dusæ pros Olympium* peu connue par l'histoire, mais citée dans les anciens itinéraires. On y trouve encore quelques ruines intéressantes, notamment les restes d'un aqueduc qui longe le chemin des caravanes de Bolou.

Akdjé-chèhr (la ville d'argent), nommée aussi Akdjé-tcharchi ou le marché d'argent, est une petite ville à peu près de même importance que Duzdjè. Elle est située, sur la mer Noire, à 14 kil. est de l'embouchure d'un fleuve minuscule nommé aujourd'hui *Kutchuk-Milân-tchaï*; c'est l'ancien fleuve *Hypius*. Mithridate trouva en cet endroit un assez bon mouillage pour sa flotte qui s'y réfugia pendant une tempête. Le bourg actuel est intéressant par son marché très fréquenté, ainsi que par ses vastes chantiers où se fabriquent des agrès pour la flotte ottomane.

Un peu plus considérable que celle de Duzdjè, la population d'Akdjé-chèhr, également comprise dans le chiffre précité de celle du caza, est de 1,943 hab., comme suit :

	HOMMES	FEMMES	TOTAL
Musulmans.	900	881	1,781 hab.
Grecs orthodoxes	90	»	90 —
Arméniens grégoriens.	72	»	72 —
TOTAL. . .	1,062	881	1,943 hab.

Uskub. (Prusa ad Hypium.) — On a découvert à Uskub, village des environs de Duzdjè, situé à 4 kil. nord de cette ville, au milieu de grands jardins pour la plupart abandonnés, qui lui ont valu le nom d'*Eski-bagh*, abréviation d'*Eski-baghtché* (ancien jardin), dont on fait *Uskubi*, — les restes de l'ancienne ville d'*Hypia*, à laquelle le roi Prusias IV, après avoir conquis ce pays, donna son nom. On l'appela alors *Prusa ad Hypium*, pour la distinguer des autres villes qui portaient déjà le même nom. M. Eugène Boré a laissé du magnifique site forestier du village d'*Uskub* et des ruines de Prusa, une très belle description.

La branche septentrionale du *Kutchuk-Milân-tchaï* coule à peu près à égale distance de Duzdjè et d'Uskub, laissant la première à gauche, tandis que les jardins et les forêts de la seconde s'étendent sur sa rive droite.

Outre le *konak* ou hôtel du gouvernement, l'hôtel municipal, les 8 *médressé* et les 2 bains publics de Duzdjè ainsi que les 2 écoles civiles, situées l'une dans cette ville et l'autre à Akdjé-chèhr, on compte, tant dans ces deux villes que dans les deux villages qui en dépendent, 140 mosquées à minarets, 3 *tekké* ou couvents de derviches, 15 *han* ou hôtelleries, 450 boutiques, 51 moulins, 7 scieries et 6,938 maisons, dont 317 à Duzdjè et 388 à Akdjé-chèhr.

Production. — Les produits du sol de ce caza consistent surtout en céréales, noix de galle, grains, châtaignes, graines légumineuses et oléagineuses, tabac, salep, etc., et sont d'ailleurs identiques à ceux des autres cazas du sandjak de Bolou.

Forêts. — Il y a dans le caza de Duzdjè, 13 forêts d'une étendue totale de 897 kil. carrés, exploitées sous le contrôle de l'État, qui perçoit, sur des coupes annuelles estimées en moyenne à 87,000 arbres, des droits dont le montant s'élève à 185,000 piastres, soit environ 42,550 fr. Les essences exploitées sont le chêne, le tilleul et le châtaignier; ces bois sont débités en poutres et surtout en planches dans les scieries du caza.

Eaux minérales. — Près de Duzdjè, à une distance

d'environ 11 kil., émerge une source d'eau minérale très fréquentée par les populations environnantes, mais dont on ignore les principes actifs, bien que leur efficacité soit notoire pour la guérison de beaucoup de maladies.

Bestiaux. — Le caza de Duzdjè est, après celui de Bartin, le moins producteur en ce qui concerne l'élève du bétail. En effet, sa production annuelle n'atteint en moyenne qu'à 22,853 têtes de toutes races, comme suit :

RACES	ESPÈCES	TOTAUX PAR ESPÈCES	TOTAUX PAR RACES
Bovine.........	Bœufs........................	4.500	6.800
	Vaches.	1 500	
	Buffles	800	
Ovine..........	Moutons.....................	6.148	16.053
	Chèvres communes..........	8 575	
	Chèvres mohair.............	1.330	
	TOTAL GÉNÉRAL ...		22.853

Fleuves et rivières. — Le *Kutchuk-Milân-tchaï*, ancien fleuve *Hypius*, prend ses deux sources dans le merkez-caza de Bolou, l'une au village Tachdjilar, au pied du Gueuyuk-dagh, et l'autre à Elmalik, au pied du Bolou-dagh. Ces deux sommets de la chaîne de l'Olgassus portaient dans l'antiquité les noms de monts Liperus et de mont Hypius. Dès leur naissance, les sources de ces cours d'eau pénètrent dans le caza de Duzdjè, où elles forment deux branches qui le parcourent presque entièrement de l'est à l'ouest, et ne se rencontrent, pour se fondre en une seule rivière, qu'auprès de sa limite à Gumuch-dèrè, après avoir arrosé une étendue d'environ 40 kil. chacune. A partir du confluent, le petit fleuve fait un brusque coude au nord et va se jeter dans la mer Noire, en côtoyant la limite du mutessariflik d'Ismidt, aux environs d'Akdjé-chèhr. Son parcours total, d'environ 70 kil., est effectué, tout entier, dans le caza de Duzdjè.

Montagnes. — Le relief du terrain de ce caza, quoique très accidenté ainsi que celui de tout le vilayet de Castamouni, n'offre pourtant aucun sommet dont l'altitude mérite d'être citée.

Production industrielle. — La meunerie et le débit du bois des forêts en poutres et en planches, constituent les principales industries du caza de Duzdjè. Les chantiers d'Akdjéchèhr s'occupent uniquement à fabriquer des agrès pour la marine de l'État.

Dîmes et impôts. — On estime en moyenne le revenu brut de ce caza à 1,388,927 piastres par an, soit environ 307,953 fr. (voir le détail au tableau général des dîmes et impôts, page 506).

CAZA DE MÉDRESSI

Orientation, limites. — Le caza de Médressi est situé au sud-ouest du sandjak de Bolou et du vilayet de Castamouni. Il est limité : au nord, par le caza de Duzdjè; au nord-est, par le merkez-caza de Bolou ; au sud-est, par le vilayet d'Angora; au sud-ouest, par le caza de Gheuinèk ; et à l'ouest, par le mutessariflik d'Ismidt.

Division administrative. — Il n'a point de nahié et contient 175 villages.

Population. -- Sa population totale est de 30,461 hab., comme suit :

	HOMMES	FEMMES	TOTAL
Musulmans.	15,119	15,342	30,461

Chef-lieu. — Moudournou, chef-lieu du caza, résidence

officielle du *caïmakam*, et siège des services publics, est située
au milieu des jardins et des arbres fruitiers qui couvrent d'une
épaisse verdure les montagnes et les vallons de toute cette partie du sandjak de Bolou. Une petite rivière, le *Moudournou-*
sou, affluent du *Sakaria*, prend sa source au pied des contreforts de l'Ala-dagh, près de cette ville qu'elle arrose et qui lui
donne son nom, et parcourt environ 35 kil. de l'est à l'ouest, dans
ce caza, avant de pénétrer dans le mutessariflik d'Ismidt, où
s'effectue la plus grande partie de son cours.

La population de Moudournou, comprise dans le chiffre ci-
dessus de celle du caza de Médressi est de 4,296 hab., comme
suit :

	HOMMES	FEMMES	TOTAL
Musulmans	2,097	2,199	4,296 hab.

Écoles. — Les écoles de Moudournou et du caza de Médressi sont au nombre de 145, dont 8 supérieures (*médressé*), 2
secondaires (écoles civiles) et 135 primaires (annexes de mosquées) fréquentées par 2,875 élèves, comme suit :

	ÉCOLES	ÉLÈVES
Musulmans : médressé	8	120
— écoles secondaires.	2	153
— — primaires.	135	2,600
Total . . .	145	2,875

Moudournou, qui n'a pas un seul habitant chrétien, est cependant l'ancienne ville épicospale de Modreæ, surnommée
Κωμηώρις (bourg-ville), c'est-à-dire gros bourg. On n'y rencontre,
aujourd'hui, aucun vestige d'église parmi les ruines éparses dans
la ville et à proximité, mais on compte, tant à Moudournou
que dans ses dépendances, outre le *konak* ou hôtel du gouvernement et l'hôtel municipal, 16 mosquées à minarets, 8 *mé-*
dressé, 2 écoles civiles monumentales, 2 bains publics, 6 *han*
ou hôtelleries, 1 bazar, 448 boutiques, 5 fours, 52 moulins,
48 scieries et 6,092 maisons dont 859 à Moudournou.

Il y a dans cette petite ville 1 tribunal de première instance, 1 bureau de recensement et des agences des postes et télégraphes, de l'administration des forêts et de la régie des tabacs, etc.

Production agricole. — Les productions du caza de Médressi consistent surtout en céréales, fruits, cueillettes forestières, miel, cire et accessoires de l'élevage des troupeaux.

Forêts. — On compte dans le caza de Médressi 9 forêts exploitées sous le contrôle de l'État et dont la superficie totale est de 890 kil. carrés. Les principales essences de leur peuplement sont les diverses variétés de chênes et de sapins, le tilleul, le châtaignier, qui sont surtout débités en planches dans les scieries. Le chiffre des coupes annuelles effectuées dans ces 9 forêts est en moyenne de 84,000 arbres; elles donnent lieu à la perception de 185,000 piastres, soit environ 42,550 fr. de droits forestiers.

Bestiaux. — L'élève du bétail, dans le caza de Médressi, donne en moyenne une production de 99,593 bêtes de toutes races, comme suit :

RACES	ESPÈCES	TOTAUX PAR ESPÈCES	TOTAUX PAR RACES
Bovine........	Bœufs....................... Vaches...................... Buffles	13 000 4.700 1.555	19.255
Ovine.	Moutons............. .. .... Chèvres communes......... Chèvres mohair.	25.143 28 143 27 052	80.333
	TOTAL GÉNÉRAL......		99.593

Industrie. — L'industrie de cette belle région forestière et agricole se concentre essentiellement sur les moulins à farine et les scieries.

Dîmes et impôts. — Le revenu brut moyen du caza de

Médressi est de 1,745,894 piastres par an, soit environ 401,555 fr. (Voir plus haut, page 506 pour le détail.)

CAZA DE HAMIDIYÈ.

Orientation, limites. — Le caza de Hamidiyè est situé au nord-est du sandjak de Bolou et au nord-ouest du vilayet de Castamouni. Il est limité, au nord : par la mer Noire et le caza de Bartin ; à l'est, par ce même caza et les sandjaks de Castamouni et de Kanghéri ; au sud, par le caza de Guèrèdè, et à l'ouest, par les cazas de Bolou et d'Èrèkli.

Division administrative. — Il est divisé en 1 *nahié* qui est Tcharchamba et l'on y compte 340 villages.

Autorités. — L'autorité administrative y est exercée par 1 *caïmakam* et 1 *mudir*.

Population. — La population totale du caza de Hamidiyè est de 51,546 hab., comme suit :

	HOMMES	FEMMES	TOTAL
Musulmans	28,847	22,340	51,187 hab.
Grecs orthodoxes.	206	153	359 —
Total. . .	29,053	22,493	51,546 hab.

Chef-lieu. — Dèvrèk, chef-lieu du caza de Hamidiyè, résidence du *caïmakam* et siège des services publics, est située sur la rive droite du *Filias-sou*, dans une belle vallée enrichie de cultures variées, à 52 kil. nord-est de Bolou, chef-lieu du sandjak, à 150 kil. ouest de Castamouni, chef-lieu du vilayet, et à 50 kil. est d'Èrèkli (Héraclée), sur la mer Noire, en ligne directe. Aucune voie carrossable ne relie Dèvrèk à ces centres principaux de population.

La population de cette petite ville, comprise dans le chiffre

ci-dessus de celle du caza, s'élève actuellement à 1,800 hab.,
comme suit :

	HOMMES	FEMMES	TOTAL
Musulmans	1,000	800	1,800 hab.

Il y avait autrefois à Dèvrèk un certain nombre de familles
arméniennes que le patriarcat de Constantinople avait jugé
assez considérables pour ériger cette ville en siège épiscopal ;
mais, à la suite de querelles qui ont troublé la bonne harmonie
de cette petite église, le pasteur a été chassé par ses ouailles
qui se sont elles-mêmes dispersées. Tous les habitants sont
aujourd'hui musulmans.

Il y a à Dèvrèk, outre le *konak* ou hôtel du gouvernement,
1 hôtel municipal, 1 tribunal de première instance, 1 bureau
de recensement, et 1 agence des postes et télégraphes. On y
compte 5 mosquées à minarets, 2 *médressé*, 3 fontaines publics,
2 bains, 1 bazar, 96 boutiques, 3 cafés, 1 *han* ou hôtellerie et
360 maisons.

Écoles. — Les écoles du caza de Hamidiyè sont au nombre
de 14 dont 2 supérieures (*médressé*), 1 secondaire (école civile)
et 11 primaires (10 annexes de mosquées et 1 annexe d'église);
fréquentées par 190 élèves, comme suit :

		ÉCOLES	ÉLÈVES
Musulmans, à Dèvrèk :	2 *médressé*	2	30
— —	1 école secondaire	1	30
— —	5 — primaires.	5	54
— à Tharchamba	5 — —	5	46
Grecs orthodoxes. 1	— —	1	30
	TOTAL. . .	14	190

Tcharchamba, chef-lieu du nahié de même nom et résidence
du mudir, est située sur le *Filias-sou*, à 30 kil. environ en aval et
au nord de Dèvrèk, sur la rive gauche du petit fleuve, et à 20 kil.
en amont et au sud de son embouchure, dans une plaine bien
cultivée, où se termine une succession de vallées qui descendent

graduellement les pentes de l'Ova-dagh, à partir des environs d'Érèkli, à l'ombre de belles forêts de sapins.

Sa population, comprise dans le chiffre ci-dessus de celle du caza, est de 1,500 hab., comme suit :

	HOMMES	FEMMES	TOTAL
Musulmans	581	560	1,141 hab.
Grecs orthodoxes	206	153	359 —
TOTAL. . .	787	713	1,500 hab.

Il y a à Tcharchamba, 5 mosquées à minarets, 1 église grecque orthodoxe, 1 bazar, 102 boutiques, 2 bains publics et 300 maisons disséminées dans la plaine sur une vaste étendue de terrain parmi les champs de céréales, les vignes, les jardins fruitiers et maraîchers, et de beaux et nombreux groupes d'arbres forestiers.

Filias (Tium). — Sur l'emplacement de l'ancienne ville de *Tium* ou *Téium* se groupent aujourd'hui au milieu de ses ruines éparses, près de l'embouchure du Filias-sou, les maisons rustiques de Filias. L'enceinte demi-circulaire des murailles antiques, se reconnaît aux buissons épineux et à la puissante végétation parasite qui la couvre, tandis que les cours des maisons, les rues et les places publiques de l'ancienne cité sont dessinées par d'abondantes cultures de blé et d'orge, où, çà et là, se rencontrent des restes d'architecture et de sculpture épargnés par le laboureur. — C'est là que naquit Philætère, souche des Attale de Pergame.

Production. — La production agricole du caza de Hamidiyè consiste surtout en céréales : blé, orge, maïs. Elle est abondante et ne se distingue en rien de celle des autres cazas du même sandjak.

Forêts. — Il n'y a pas dans ce caza de forêts sur lesquelles soit exercé le contrôle de l'État. On peut estimer aux deux tiers environ de sa superficie celle de ses magnifiques cantons forestiers, peuplés principalement de vieux chênes, de hêtres énormes et de conifères gigantesques.

Bestiaux. — La moyenne annuelle de la production de l'élevage dans le caza de Hamidiyè est estimée à 80,405 têtes de bétail, comme suit :

RACES	ESPÈCES	TOTAUX PAR ESPÈCES	TOTAUX PAR RACES
Bovine........	Bœufs......................	11.000	15.545
	Vaches......................	3.500	
	Buffles	1 045	
Ovine	Moutons....................	23.540	64.860
	Chèvres communes..........	36.376	
	Chèvres mohair...	4.944	
	TOTAL GÉNÉRAL....		80.405

Dîmes et impôts. — On évalue en moyenne le revenu brut de ce caza à 2,116,286 piastres, soit environ 486,745 fr. par an. (Voir page 506.)

SANDJAK DE KANGHÉRI

Orientation, limites. — Le sandjak de Kanghéri est situé au sud du vilayet de Castamouni, entre les 30° et 31°45', de longitude et les 39° 56' et 41° 5' de latitude. Il est limité : au nord et au nord-est, par le merkez-sandjak de Castamouni ; au sud-est et au sud-ouest, par le vilayet d'Angora ; et à l'ouest, par le sandjak de Bolou.

Superficie. — Sa superficie totale est de 13,500 kil. carrés.

Division administrative. — Il est divisé administrativement en 3 cazas, 7 nahiés et contient en totalité 714 villages, comme suit :

CAZAS	NAHIÉS	VILLAGES
Kanghéri (merkez-caza).	Kotch-Hissar, Chabân-Eunu, Togat.	254
Kalèdjik (1)	Inaloubolou	72
Tchèrkèch	Karadja-Virân, Ovadjik, Baïudir.	388
8 cazas	7 nahiés	714 villages

Division militaire. — Le sandjak de Kanghéri est divisé

(1) Ce caza a été transféré avec ses 72 villages au vilayet d'Angora, les 1|13 mars 1891.

Il n'y a donc plus, à partir de cette date, que 2 cazas et 642 villages dans le sandjak de Kanghéri.

en trois centres de recrutement ressortissant du quartier général divisionnaire de Castamouni et qui sont Kanghéri, Kotch-hissar et Tchèrkèch. Il y a dans chacune de ces places 1 dépôt d'armes et deux catégories de réservistes, montant ensemble pour tout le sandjak à 7,000 hommes et commandées chacune par 1 *bin-bdchi* (chef de bataillon). Ces deux officiers sont aussi chargés du recrutement, et bien que Kalèdjik n'appartienne plus au vilayet de Castamouni, ce caza se trouve toujours placé sous leur commandement et ne cesse pas d'appartenir à la division militaire de Castamouni, qui fait partie du premier corps d'armée (garde impériale) dont le quartier général est à Cons_tantinople.

Autorités administratives. — L'autorité administrative est exercée dans ce sandjak par 1 *mutessarif* (gouverneur), 1 *caïmakam* (sous-gouverneur) et 6 *mudir* (directeurs des *nahiés*).

Le caza de Kalèdjik, quoique transféré au vilayet d'Angora, comme il est dit ci-dessus, sera décrit un peu plus loin. Il y a donc lieu de faire mention ici du *caïmakam*, sous-gouverneur de ce caza et du *mudir*, directeur de son nahié d'Inaloubalou.

Autorités religieuses. — Dans les cazas et nahiés, l'autorité religieuse appartient, pour les musulmans, aux *imâm* relevant du *cadi* de Kanghéri, et aux *naïb* qui résident aux divers chefs-lieux et qui relèvent du *chéikh ul-islamat* (ministère du culte) en ce qui concerne l'application des lois du *chèr'i* ou loi islamique.

Les Grecs orthodoxes relèvent du siège épiscopal de Néocésarée (Niksar), et les Arméniens grégoriens du patriarche de Constantinople.

Services administratifs. — Les services administratifs du sandjak de Kanghéri sont identiques à ceux de Castamouni.

Tribunaux. — Il y a à Kanghéri 1 tribunal du *chèr'i* ou loi islamique et 1 tribunal de première instance du *bédaïèt* ou loi moderne. Il existe également des tribunaux de première instance du *bédaïet* à Tchèrkèch et à Kalèdjik. Tous les tribunaux, soit du *chèr'i*, soit du *bédaïèt*, siégeant à Kanghéri, à Tchèrkèch et dans leurs nahiés respectifs relèvent de la cour d'appel de Castamouni.

Gendarmerie, police. — Le corps de *zaptié* (gendarmes, soldats de police), du sandjak de Kanghéri, se compose de 57 cavaliers et 51 fantassins commandés par 1 *tabour-aghassi* ou chef de bataillon (tabour). Le quartier central est au chef-lieu du sandjak.

Service sanitaire. — Ainsi qu'il a déjà été dit plus haut, au chapitre spécial du vilayet, page 417, les maladies syphilitiques sont, depuis longtemps déjà, pour ainsi dire endémiques, comme autrefois la lèpre en Judée, dans cette province presque tout entière et plus particulièrement encore dans le sandjak de Kanghéri. Un service sanitaire, composé de médecins spécialistes distingués, a été, en conséquence, envoyé par le gouvernement. Des hôpitaux ont été fondés où ces maladies sont soignées gratuitement, des visites à domicile et des distributions de médicaments également gratuites sont faites assidûment dans toutes les localités où sévissent ces maladies, dont les enfants sont eux-mêmes affectés.

Le service spécial du sandjak de Kanghéri compte 4 médecins, dont 3 diplômés de la faculté de Constantinople et 2 pharmaciens, dont un diplômé de cette même faculté est attaché au service particulier du médecin voyageur, chargé, depuis 1885, des visites à domicile dans la région tout entière.

Les trois autres médecins spécialistes sont attachés, l'un à la municipalité de Kanghéri, l'autre à celle de Tchèrkèch et le troisième, non diplômé, à celle de Kalèdjik.

Dette publique ottomane. — Les recettes nettes de l'administration des revenus concédés à la Dette publique otto-

mane dans le sandjak de Kanghéri, s'élèvent en moyenne annuelle à la somme totale de 1,162,429 piastres, comme suit :

Dîme des tabacs	24 piastres
Sel	1,240,795 —
Spiritueux	8,462 —
Timbre	81,573 —
Total. . .	1,330,854 piastres
A déduire : frais d'extraction de sel, appointements, etc. . . .	168,425 —
Recette nettes. . .	1,162,429 piastres

Régie des tabacs. — La régie cointéressée des tabacs
a 2 agences dans ce sandjak, l'une à Kanghéri et l'autre à
Tchèrkèch.

Le montant des ventes de ces 2 agences a été en 1892-93 de
432,540 piastres.

Service télégraphique. — L'administration des postes
et télégraphes a, dans ce sandjak, 2 agences pour la correspondance en langue turque, l'une à Kanghéri et l'autre à Tchèrkèch.

Il y a aussi 1 agence postale et télégraphique de service intérieur à Kalèdjik.

Consulats. — Il ne se trouve dans le sandjak de Kanghéri
ni consulats, ni agences consulaires, mais, au besoin, l'Angleterre et la Perse s'y font représenter par leurs consuls à Angora.

Population. — La population totale du sandjak de Kanghéri est de 167,269 hab., comme suit :

	HOMMES	FEMMES	TOTAL	
Musulmans	84,970	80,730	165,700	hab.
Grecs orthodoxes. ·	570	399	969	—
Arméniens grégoriens. . . .	544	416	960	—
Total. . .	86,084	81,543	167,629	hab.

On compte, en outre, dans le merkez-caza de Kanghéri 572 sujets ottomans étrangers au vilayet, mais qui y font régulièrement un long séjour chaque année pour leur commerce.

Ces voyageurs se répartissent en deux communautés, comme suit :

Musulmans.	400 hab.
Arméniens	172 —
TOTAL	572 hab.
POPULATION FIXE	167,629 —
— TOTALE	168,201 hab.

Mœurs, usages. — Voir à ce sujet, le chapitre spécial du vilayet de Castamouni, page 413.

Ecoles. — Les écoles du sandjak de Kanghéri, y compris celles de son ancien caza de Kalèdjik, sont au nombre de 171, dont 19 supérieures (*médressé*), 5 secondaires et 147 primaires, fréquentées par 4,171 élèves, comme suit :

			ÉCOLES	ÉLÈVES
Musulmans.	*médressé*		19	290
—	écoles secondaires.		5	700
—	— (primaires	.	144	2,980
Grecs orthodoxes. . .	—	—	1	100
Arméniens grégoriens.	—	—	2	100
		TOTAL .	171	4,170

Voir, pour plus de détails, le chapitre spécial du vilayet de Castamouni, page 414.

Climat. — Quoique sujet à de brusques et fréquentes variations, le climat du sandjak de Kanghéri est salubre. L'air y est très pur. L'absence de lacs et de marais, l'abondance de sources et de petites rivières qui descendent des montagnes, les belles forêts de chênes et de conifères entretenant, durant l'été, une température douce et modérée, fécondent les vallées, éloignent les fièvres et les maladies épidémiques. Toutefois l'hiver est rude et la neige interrompt alors toute communication. On ne connaît cependant guère d'autre maladie dans ce pays, dont les conditions naturelles sont généralement favorables, que la syphilis, devenue, comme il est dit plus haut, à peu près endémique; ses ravages sont terribles. Jusqu'à présent toutes les mesures sanitaires prises par le gouvernement n'ont pu obtenir de résultats bien efficaces pour faire cesser le fléau.

Production agricole. — La production agricole du sandjak de Kanghéri est, en moyenne année, comme suit :

	Hectolitres			(suite)	Kilogrammes
Blé	319.680		Noix de galle.		110.000
Orge.	297.850		Glands		400 000
Avoine	1.110		Miel		50.000
Seigle	18.360		Cire		8 500
Maïs	18.850		Salep.		40.000
Millet	1.444		Vin		170 000
Alpistes.	70 670		Laine		280.000
Haricots	. 42.340		Poil de chèvres communes. .		23.000
Lentilles	10.000		— mohair. . .		230.000
Vesce	5.000				
Pois chiches	70.670			Valeur	Livres turques
			Fruits frais		31.000
	Kilogrammes				
Riz	42.600				Pièces
Opium	128		Peaux de chèvres et moutons.		36.000
Coton	121.000		— de bœufs et vaches . .		3.000
Tabac	33 000		— de loups		500
Gomme adragante	25.000		— de renards		1.900
Graine jaune.	6.000		— de lièvres.		8.000

Mines et minières. — Il n'y a point de mine exploitée ou concédée dans ce sandjak. Une houillère découverte près de la ville de Kanghéri en 1888 a été l'objet d'études et d'essais de ses produits qui ont donné de bons résultats, mais qui n'ont eu aucune suite.

La tradition populaire a conservé la mémoire des mines de cuivre et d'une mine d'argent dont on ignore aujourd'hui l'emplacement.

Forêts. — Non moins belles que les forêts des autres sandjaks du vilayet de Castamouni, celles du sandjak de Kanghéri ne sont point exploitées par l'État. Les principales sont situées dans le caza de Tchèrkèch, confinant à celles du sandjak de Bolou et peuplées comme elles de vieux chênes, de hêtres, d'ormes, de châtaigniers, de tilleuls et de sapins. Parmi les diverses essences qui composent le peuplement des autres forêts, situées autour de la ville de Kanghéri, dans le nahié de Kotch-Hissar et près de Touhté, sur le Yilsale-dagh, c'est le pin sylvestre qui domine.

Faune. — On rencontre surtout dans ces forêts, l'ours, le sanglier, le loup, le renard, la chèvre sauvage et le lièvre. La chasse, très productive, entretient un commerce de peaux assez considérable.

Salines. — La description des mines de sel gemme de Kanghéri, exploitées par l'administration des revenus concédés à la Dette publique ottomane, se trouve au chapitre spécial du vilayet de Castamouni, page 426.

Tabacs. — La culture du tabac, négligée depuis l'institution de la régie, fournit encore actuellement dans le sandjak de Kanghéri une récolte moyenne de 33,000 kilogr. de feuilles de la qualité dite « de Bafra » et montre quelque tendance à se relever, bien que cette quantité soit au-dessous du tiers de la moyenne annuelle des anciennes récoltes.

Eaux minérales. — On cite plusieurs sources sulfureuses dans le caza de Tchèrkèch.

Bestiaux. — La production annuelle de l'élevage, dans le sandjak de Kanghéri, est estimée en moyenne à 424,076 têtes de bétail de toutes races, comme suit :

RACES	ESPÈCES	TOTAUX PAR ESPÈCES	TOTAUX PAR RACES
Bovine	Bœufs......................	60.000	87.000
	Vaches....	20 000	
	Buffles...	7 000	
Ovine	Moutons.....................	122 406	337.076
	Chèvres communes	8 554	
	Chèvres mohair............ .	206.116	
	TOTAL GÉNÉRAL ...		424 076

Dans ce chiffre total de 424,076 têtes de bétail est comprise la production du caza de Kalèdjik montant à 66,174 têtes de bétail de toutes races.

Apiculture. — La production annuelle de l'élève des abeilles est en moyenne comme suit :

Miel . . . . 50,000 kilogr.
Cire . . . . 8,500 —

Fleuves, rivières. — Le *Kizil-irmak* (Halys) circonscrit au sud-est la limite du sandjak de Kanghéri et le sépare du vilayet d'Angora. Durant ce parcours de 70 kilom., du sud au nord-est, ce fleuve reçoit un grand nombre de petits affluents qui viennent s'y déverser sur sa rive gauche, après avoir arrosé le merkez-caza de Kanghéri, où ils prennent leur source à l'est des montagnes de cette partie du sandjak.

Outre ces ruisseaux sans dénomination connue, on peut citer le *Dévrèk-sou* qui prend également sa source dans le merkez-caza vers le nord-ouest, entre le Kantar-dagh et le Sari-dagh. Cette rivière parcourt le merkez-caza du nord-ouest au nord-est et passe dans le caza de Tossia après avoir reçu, pendant ce trajet d'environ 80 kil., de nombreux ruisseaux sur ses deux rives.

L'*Oulou-tchaï* ou *Hammâmli-tchaï*, affluent de l'*Aratch-sou*, pénètre à l'ouest dans le caza de Tchèrkèch et en sort au nord pour passer dans le merkez-sandjak de Castamouni. La longueur de son parcours dans le sandjak de Kanghéri est d'environ 50 kil. Il y reçoit beaucoup de petits affluents sur ses deux rives.

Routes, chemins. — Il n'y a dans le sandjak qu'une seule voie carrossable, encore en cours de construction, et qui mettra bientôt la ville de Kanghéri en communication directe avec Castamouni et le port d'Inéboli d'une part, et d'autre part avec Angora.

Les relations du sandjak de Kanghéri avec le chef-lieu du vilayet et les provinces voisines ont lieu, comme par le passé, au moyen de chevaux, de mulets et de chameaux qui suivent les anciennes routes de caravanes.

Transports. — Les transports de marchandises sont ainsi effectués à raison d'un prix moyen de 20 paras (0 fr. 115) l'oke (1 k. 282,95) pour vingt-quatre heures de marche.

Montagnes. — La chaîne qui portait dans l'antiquité le nom de monts *Olgassus*, se rattachant d'un côté aux montagnes de la Bithynie et se reliant de l'autre à la chaîne des monts Théchès, vers Trébizonde, pénètre dans le sandjak de Kanghéri, à l'ouest, par le caza de Tchèrkèch. Ses principaux sommets, dans cette partie du vilayet de Castamouni, sont : au nord-ouest, le *Kourân-dagh* et d'ouest en est le *Ychik-dagh* (1,120 mètres d'altitude) et le *Kantar-dagh*, tous trois dans le caza de Tchèrkèch. Suivant la même direction, on rencontre encore, le premier à l'ouest et le second à l'est du merkez-caza de Kanghéri, deux des principaux sommets de la même chaîne, le *Sari-dagh* et le *Yilsale-dagh,* à partir duquel la chaîne des anciens monts Olgassus se continue dans les autres sandjaks voisins.

Production industrielle. — Les principaux produits de l'industrie du sandjak de Kanghéri sont de beaux tapis; des feutres blancs (*kètchè*) brodés d'or et d'argent pour portières et autres usages mobiliers; des ceintures longues en laine rouge recherchées dans tout l'Orient; des laines filées en écheveau, des sacs en poil de chèvre, objet d'un grand commerce; des étoffes de coton fortes, durables et d'un agréable aspect, des ouvrages de sellerie renommés, et enfin des poteries communes, de la vaisselle à très bon marché et des instruments aratoires grossiers tout à fait primitifs. Ces trois derniers produits sont tout particulièrement estimés et en grande réputation; il s'en fait dans les provinces voisines une consommation importante.

Commerce. — Le commerce du sandjak de Kanghéri consiste en exportations dans les vilayets voisins, principalement à Angora; en exportations dans les places commerciales de la Turquie et de l'étranger par le port d'Inéboli; en importations par ce même port, provenant presque entièrement de l'étranger, et en importations des vilayets voisins.

Il est à peu près impossible d'évaluer les importations et les exportations effectuées à l'intérieur du pays; tout document, à ce sujet, soit officiel, soit d'une autre nature, faisant absolument défaut depuis que les droits douaniers de vilayet à vilayet ont été supprimés partout, excepté aux échelles maritimes, dernier progrès qui reste à faire, et que le commerce et l'agriculture, en Turquie ont l'espoir, bien fondé, de voir se réaliser sous peu.

Quant aux exportations et importations du sandjak de Kanghéri par le port d'Inéboli, ce mouvement commercial, d'après les documents établis par une personne dont la compétence n'est point douteuse et qui habite le pays depuis de longues années, est très approximativement estimé en valeur livres turques, comme suit :

EXPORTATION		IMPORTATION	
Livres turques		*Livres turques*	
Céréales.	7.000	Tissus manufacturés.	22.000
Noix de galle	1 000	Coton filé et autres fils. . . .	2.500
Opium	500	Draperie.	2 500
Scammonée	500	Habillements confectionnés . .	500
Gomme adragante	1.500	Mercerie.	2 500
Cire jaune	2 000	Ferronnerie, cuivre, clous, etc.	2.500
Bestiaux sur pied	8 000	Quincaillerie, papeterie, verrerie . .	1 100
Peaux diverses	1 500	Cuirs et peaux tannées . . .	1 000
Laine.	3 000	Spiritueux	400
Poil de chèvres mohair . . .	20.000	Tabac manufacturé.	1.000
Ceintures de laine	4.000	Café	3.000
Tissus divers	1.000	Sucre.	3.000
Cuivre ouvré	500	Produits alimentaires	1.000
Fer.	1.000	Savon	1.500
Divers	2 000	Pétrole	1.000
		Huile et olives	700
		Fruits secs	1.000
		Allumettes, bougies, etc. . .	300
		Divers	2.000
Total : Livres Turques. .	53.500	Total : Livres Turques. .	52.500

Parmi les articles d'importation énumérés ci-dessus, plusieurs ne sont entrés dans la consommation locale que depuis peu. Ainsi le sucre, dont chacun des habitants de Kanghéri consomme aujourd'hui en moyenne un peu plus que la valeur de 0 fr. 41 par an, y était tout à fait inconnu avant 1878.

Dîmes et impôts. — On estime, en moyenne, le revenu brut annuel du sandjak de Kanghéri à 5,911,498 piastres y compris 844,086 provenant des dîmes et impôts du caza de Kalèdjik. Celui-ci ayant été transféré au vilayet d'Angora, en défalquant de la somme ci-dessus celle de ses revenus, il reste une somme de 5,067,412 piastres, à laquelle il y a lieu d'ajouter :

1° Revenus concédés à la Dette publique ottomane. . 1,162,429 piastres
2° Recettes de la régie coïntéressée des tabacs. . . . 432,540 —

TOTAL DES REVENUS DU SANDJAK DE KANGHÉRI . . 6,662,381 piastres

soit environ 1,540,000 fr.

CAZAS DU SANDJAK DE KANGHÉRI

MERKEZ-CAZA DE KANGHÉRI

Orientation, limites. — Le merkez-caza de Kanghéri est situé à l'est du sandjak de même nom et au sud du vilayet de Castamouni. Il est limité : au nord et au nord-est, par le merkez-sandjak de Castamouni ; au sud-est et au sud-ouest, par le vilayet d'Angora, qui lui sert également de limite au sud depuis que le caza de Kalèdjik lui a été transféré ; enfin, ce merkez-caza est limité au nord-ouest par le caza de Tchèrkèch.

Division administrative. — Il est divisé en 3 *nahiés* qui sont : *Kotch-Hissar*, *Chabân-eunu* et *Togat*. On y compte en totalité 254 villages.

Autorités. — Il est administré par le *mutessarif*, gouverneur du sandjak et par 3 *mudirs*, directeurs des *nahiés*.

Population. — Sa population, comprise dans le chiffre précité de celle du sandjak, est de 90,217 hab., comme suit :

	HOMMES	FEMMES	TOTAL
Musulmans.	46,339	42,673	89,012 hab.
Grecs orthodoxes	473	387	860 —
Arméniens.	192	153	345 —
Total . .	47,004	43,213	90,271 hab.

Report. . .	90,271 hab.

auxquels il convient d'ajouter les sujets ottomans étrangers au vilayet
de Castamouni résidant à Kanghéri à époques fixes, pour affaires . 5,572 —

Population totale du merkez-caza . . . . 90,789 hab.

Chef-lieu. — KANGHÉRI, chef-lieu du sandjak et du merkez-caza de même nom, résidence officielle du gouverneur du
sandjak et siège de tous les services administratifs civils et militaires, des tribunaux du *chèr'i* (droit islamique) et du *bédaïèt*
(droit moderne), quartier central de la gendarmerie et de la
police, station postale et télégraphique, office central du service
sanitaire du sandjak, et des agences de la Dette publique ottomane et de la régie coïntéressée des tabacs, dans cette partie
du vilayet, est située par 31°20' de longitude et 40°34' de latitude.
La ville s'élève à l'est, sur deux versants d'un monticule que
domine la citadelle à 900 m. d'altitude, au milieu d'une
vallée enrichie de cultures variées et arrosée par deux petites
rivières, dont l'une appelée *Adji-sou* à cause de la forte salure
de ses eaux, prend sa source au nord-est du sandjak dans le
Yilsale-dagh, et vient se jeter dans la seconde, affluent de la
rive gauche du Kizil-irmak (Halys) près de la mine de sel gemme
de Kanghéri, à 16 kil. environ au sud-est de cette ville.

La vallée de Kanghéri, entourée de collines qui se relient
vers l'est et l'ouest à de hauts sommets de la chaîne de l'Olgassus, est parsemée de villages prospères, les uns parmi les champs
en plaine, les autres sur les versants couverts d'une belle végétation spontanée et de vignes alternant avec des jardins fruitiers,
offre de tous côtés de nombreux aspects riants et pittoresques.
La ville elle-même, malgré la beauté des sites qui l'environnent,
n'a pas à première vue les mêmes agréments, à cause de ses
vieilles murailles et de ses toits noircis, qui rendent ses abords
très tristes.

Sa population, comprise dans le chiffre ci-dessus de celle du
merkez-caza, est de 15,632 hab., comme suit :

	HOMMES	FEMMES	TOTAL
Musulmans	8,031	6,515	14,546 hab.
Grecs-orthodoxes	400	380	780 —
Arméniens.	164	142	866 —
TOTAL . .	8,595	7,037	15,532 hab.

auxquels il convient d'ajouter les sujets ottomans étrangers à
cette ville, mais qui y font régulièrement un long séjour chaque
année pour affaires, comme suit :

Musulmans. 400		
Arméniens. 106	506 hab.	
Population totale du chef-lieu	16,038 hab.	

Ecoles. — Les écoles de la ville et du merkez-caza de Kanghéri sont au nombre de 117 dont 13 supérieures (*médressé*),
2 secondaires (écoles civiles), et 102 primaires, fréquentées par
2,640 élèves, comme suit :

		ÉCOLES	ÉLÈVES
Musulmans.	*médressé*	13	179
—	écoles secondaires.	2	320
—	— primaires. .	100	2,000
Grecs orthodoxes.	— —	1	100
Arméniens grégoriens.	— —	1	50
	TOTAL . . .	117	2,640

La ville de Kanghéri occupe l'emplacement de l'ancienne
Gangra qui appartint successivement à la Paphlagonie dont
elle était la capitale, puis au royaume de Pont et ensuite à la
Galatie. Le roi Déjotare en fit sa résidence. Réunie à l'Empire
romain, elle fut comprise dans l'Empire d'Orient lorsque Constantin le Grand transféra sa résidence à Constantinople. Conquise en 1397 par Bajazet Ier, elle fut occupée momentanément
par Timour-Leng (Tamerlan), après la bataille d'Angora 22 juillet 1402 et reconquise en 1423 par Mourad II (Amurat). Depuis
lors, Kanghéri n'a jamais cessé d'appartenir à l'Empire ottoman.

On compte aujourd'hui dans cette ville 11 mosquées à minarets, parmi lesquelles on remarque *Imarêt-djdmisi*, qui est
l'ancienne église cathédrale bizantine de Saint-Dimitri convertie en mosquée par Mourad II, et celle dite *Eski djâmi*, édifiée
depuis trois siècles; 16 *mèsdjid*, ou oratoires musulmans,
13 *médressé*, 1 *turbé* ou chapelle funéraire musulmane, autrefois couvent grec orthodoxe dédié à saint Mamas, 1 église
grecque orthodoxe, 1 église arménienne, 1 *konak* ou hôtel du
gouvernement, 1 hôtel municipal, 1 caserne, 1 dépôt d'armes,
1 gendarmerie, 1 bazar et 714 boutiques, 5 *han* ou hôtelleries,
6 bains publics (*hammam*), 10 fontaines publiques, 2 bibliothèques publiques, 5 ponts, dont 1 en pierre et 4 avec tabliers
en bois, 6 moulins à farine et 3,227 maisons.

Chefs-lieux des nahiés. — Kotch-Hissar, chef-lieu
du nahié de même nom, est située à 40 kil. nord de Kanghéri en
ligne directe, sur la route postale d'Ismidt en Asie centrale et sur
la chaussée carrossable de Kanghéri à Castamouni et à Inéboli,
à proximité de l'Ilguisas-dagh, ancien mont Olgassus proprement dit (1,600 m. d'altitude). C'est un bourg moderne, assez
important, comptant 2,052 hab. musulmans et 66 arméniens
grégoriens étrangers au vilayet de Castamouni, soit en totalité
2,118 hab.

Les habitants de la ville et du nahié de Kotch-Hissar sont cultivateurs, éleveurs, commerçants et fabricants de ceintures
longues en laine très recherchées en Turquie et en Perse. Les
habitants de plusieurs villages de ce nahié sont entrepreneurs
de transports de marchandises par petites voitures.

Chaban-eunu, chef-lieu du nahié de même nom, est un centre
agricole autour duquel sont groupés 55 villages, à 50 kil. sud-
ouest de Kanghéri, en ligne directe sur la route des caravanes.
Ses habitants et ceux de tout le nahié sont musulmans et s'occupent exclusivement de cultiver la terre et d'élever des bestiaux.
On voit près de ce bourg 3 anciens châteaux-forts dont le plus
remarquable est appelé *Oda-Kalèsi*.

Touhté, chef-lieu du nahié de Togat, est située à 25 kil. environ

au nord-est de Kanghéri. Cette petite ville de 2,355 hab., dont
119 chrétiens, soit : 80 grecs orthodoxes, 39 arméniens, et
2,236 musulmans, semble avoir été fondée et s'être agrandie
depuis peu, sous l'unique influence du grand marché annuel qui
se tient tout près de là, sur le mont *Yaprakli*, l'un des plateaux
inférieurs de l'*Elmali-dagh*.

On compte à Touhté et aux environs 49 mosquées et 1 église
grecque orthodoxe. Toute la population de la ville et du nahié
s'occupe uniquement de culture et d'élevage, dont les produits
importants sont réservés pour le marché annuel du mont *Yaprakli*.

Production agricole. — La production agricole, qui est
sensiblement la même dans toutes les parties du sandjak de
Kanghéri, est énumérée plus haut page 459.

Bestiaux. — On estime la production annuelle de l'élevage
dans le merkez-caza de Kanghéri, en moyenne, à 228,269 têtes
de bétail de toutes races, comme suit :

RACES	ESPÈCES	TOTAUX PAR ESPÈCES	TOTAUX PAR RACES
Bovine.........	Bœufs......................	28.000	40.000
	Vaches	9 000	
	Buffles	3.000	
Ovine	Moutons......................	57 207	188.269
	Chèvres communes..........	4.043	
	Chèvres mohair.............	126.999	
	TOTAL GÉNÉRAL....		228.269

Industrie. — L'industrie du merkez-caza de Kanghéri
consiste principalement en laine filée, produit de la ville de
Kanghéri ; en longues ceintures de laine, produits de la ville
de Kotch-Hissar ; en étoffes de coton ; sacs de poil de chèvre

commune; sellerie; feutres dits *kètchè*; poterie à bas prix, etc.

Dîmes et impôts. — On évalue en moyenne le revenu brut de ce merkez-caza à 3,151,155 piastres par an, soit environ 724, 765 fr., (voir le détail page 444).

CAZA DE KALÈDJIK

Orientation, limites. — Le caza de Kalèdjik, transféré le 1/13 mars 1891 au vilayet d'Angora, est situé au nord de celui-ci et au sud du sandjak de Kanghéri et du vilayet de Castamouni. Il est limité : au nord, par le merkez-caza et au sud-est par le *Kizil-irmak* (Halys). Ce fleuve séparait autrefois le caza de Kalèdjik du vilayet d'Angora auquel il appartient aujourd'hui et qui formait sa limite au sud-ouest avant que ce changement administratif ne fût opéré.

Division administrative. — Il est divisé administrativement en 1 *nahié* qui est *Inaloubolou*, et l'on y compte 72 villages.

Autorités. — L'autorité administrative y est exercée par 1 sous-gouverneur et par 1 *mudir*.

Population du caza. — Sa population totale est de 20,791 hab., comme suit :

	HOMMES	FEMMES	TOTAL
Musulmans.	10,036	10,179	20,215 hab.
Grecs orthodoxes	2	»	2 —
Arméniens.	311	263	574 —
TOTAL. . .	10,349	10,442	20,791 hab.

Chef-lieu. — KALÈDJIK (petite ville fortifiée), chef-lieu du

caza, résidence du caïmakam, sous-gouverneur, et siège des services publics, est située au pied d'une petite colline et sur la rive
droite d'une rivière affluent du *Tchibouq-sou* ou *Enguri-sou*
(rivière d'Angora) qui serpente dans la vallée, à l'est de cette
ville, tout entourée de vignes et de jardins, et couronnée par
une antique citadelle gauloise à laquelle elle doit son nom moderne. La distance entre Kalèdjik et Kanghéri, situé au nord,
est de 45 kil. en ligne directe.

Sa population, comprise dans le chiffre ci-dessus de celle du
caza, est de 6,791 hab., comme suit :

	HOMMES	FEMMES	TOTAL
Musulmans.	3,000	3,217	6,217 hab.
Arméniens	311	263	374 —
TOTAL . . .	3,311	3,480	6,791 hab.

Ecoles. — Il y a dans la ville et le caza de Kalèdjik 45 écoles,
dont 4 supérieures (*médressé*), 2 secondaires et 39 primaires,
fréquentées par 1,340 élèves, comme suit :

		ÉCOLES	ÉLÈVES
Musulmans :	*médressé*	4	70
—	écoles secondaires.	2	30
—	— primaires.	38	920
Arméniens.	— —	1	50
	TOTAL. . .	45	1,340

D'après une tradition locale, Kalèdjik est l'ancienne Pessinunte, ville galate fondée par les conquérants gaulois de la contrée, située entre les fleuves *Halys* (Kizil-irmak) et *Sangarius*
(Sakaria) vers 260 av. J.-C., sous le règne de Nicodème Ier, roi
de Bithynie. On voit encore aujourd'hui dans la citadelle élevée
sur la colline, qui domine la ville moderne, un grand nombre
d'inscriptions gallo-grecques, et l'on y remarque un cachot
souterrain d'un long parcours où se trouve un puits antique très
profond. — Pessinunte ou Pessinus était à 150 stades, soit environ 26 à 28 kil. des sources du *Sangarius* (Sakaria). Kalèdjik

est précisément à cette même distance des sources de la rivière d'Angora, affluent de ce fleuve, que les géographes anciens ont pu confondre avec lui, d'autant mieux que l'hydrographie de ces contrées n'est pas encore aujourd'hui exempte de beaucoup d'erreurs semblables.   .   . .   .

On compte dans la ville actuelle, outre le *konak* ou hôtel du gouvernement et l'hôtel municipal, 55 mosquées à minarets (*djâmi*), 4 *médressé*, 1 église arménienne, 2 écoles civiles de construction nouvelle, 1 bazar et 200 boutiques, 2 *han* ou hôtelleries, 2 bains publics (*hammam*), 1 pont en pierre, 75 fontaines publiques, 30 moulins et près de 2,000 maisons pour la plupart petites et dont un certain nombre tombent en ruines. Kalèdjik, ville épiscopale dès l'an 60 ap. J.-C., a conservé longtemps une partie de son ancienne importance. Elle a été érigée en chef-lieu de caza par par *iradè* (décret impérial) en 1868. Il y a dans cette ville 1 tribunal de première instance, 1 station postale et télégraphique et 1 bureau de recensement.

INALOUBOLOU, chef-lieu du *nahié* du caza du Kalèdjik, est situé à 10 kil. nord-est de cette ville et à 35 kil. sud-ouest de celle de Kanghéri. Dans ce bourg et les 23 villages qui en dépendent, on compte 6, 553 hab., tous musulmans, et 18 mosquées à minarets.

Le nombre total des maisons du caza et de son nahié est de 4,158.

Production agricole. — La configuration du sol de ce caza, généralement peu accidentée, et sa nature fertile le rendent encore plus favorable que les autres parties du sandjak de Kanghéri, à la culture des céréales, principale occupation de la plupart de ses habitants. Aussi produit-il, à lui tout seul, 72,150 hectolitres de blé et 37, 740 hectolitres d'orge en année moyenne. C'est aussi lui seul qui fournit annuellement les 128 kilogr. d'opium, portés plus haut, page 544, au tableau de la production du dit sandjak, et qui devront maintenant en être retranchés et portés au compte du vilayet d'Angora auquel il a été transféré.

Entre autres produits agricoles dignes d'intérêt, il faut aussi citer ceux de l'apiculture de ce caza qui sont annuellement, en moyenne, comme suit :

Miel. . . . .   10,263 kilogr.

Cire. . . . .   1,539. —

Bestiaux. — On compte annuellement dans le caza de Kalèdjik une production moyenne de 66,175 têtes de bétail de toutes races, comme suit :

RACES	ESPÈCES	TOTAUX PAR ESPÈCES	TOTAUX PAR RACES
Bovine . . .	Bœufs	12.000	17.500
	Vaches.	4.000	
	Buffles	1.500	
Ovine	Moutons	24.753	48.674
	Chèvres communes	1.575	
	Chèvres mohair	22.346	
	TOTAL GÉNÉRAL . . .		66.174

Dîmes et impôts. — Le revenu brut de ce caza est annuellement, en moyenne, de 844,086 piastres, soit environ 194,139 fr.

CAZA DE TCHÈRKÈCH.

Orientation. — Le caza de Tchèrkèch est situé au nord ouest du sandjak de Kanghéri et au sud du vilayet de Castamouni. Il est limité : au nord, par les cazas de Zafranboli et d'Aratch, à l'est et au sud-est, par le merkez-caza de Kanghéri ;

au sud-ouest, par le vilayet d'Angora ; et à l'ouest, par le sandjak de Bolou.

Division administrative. — Il est divisé en 3 *nahié*
qui sont : *Karadja-Virân, Ovadjik* et *Baïndir.* On y compte
388 villages.

Autorités. — Il est administré par 1 sous-gouverneur et
par 3 *mudir.*

Sa population totale est de 56,621 hab., comme suit :

	HOMMES	FEMMES	TOTAL
Musulmans.	28,595	27,878	56,473 hab.
Grecs orthodoxes	95	12	107 —
Arméniens.	41	»	41 —
TOTAL . . .	28,731	27,890	56,621 hab.

Chef-lieu. — TCHÈRKÈCH, chef-lieu du caza, résidence
officielle du caimakam et siège des services administratifs, d'un
tribunal de première instance du *béddièt* (droit moderne), d'un
conseil municipal, d'un bureau de recensement, d'un dépôt
d'armement, d'une station postale et télégraphique et d'une
agence de la régie des tabacs, est située à 70 kil. nord-ouest
de la ville de Kanghéri, chef-lieu du sandjak, et à 100 kil. sud-
ouest de celle de Castamouni, chef-lieu du vilayet.

Sa population, comprise dans le chiffre ci-dessus de celle du
caza, est de 3,983 hab., comme suit :

	HOMMES	FEMMES	TOTAL
Musulmans.	1,978	1,857	3,853 hab.
Grecs orthodoxes . .	95	12	107 —
Arméniens	41	»	41 —
TOTAL. . .	2,114	1,869	3,983 hab.

Ecoles. — Les écoles du caza de Tchèrkèch sont au nombre de 9, dont 2 supérieures (*médressé*), 1 secondaire et
6 primaires, fréquentées par 109 élèves, comme suit :

	ÉCOLES	ÉLÈVES
Musulmans : *médressé*. . . .	2	50
— école secondaire.	1	80
— — primaires .	6	60
TOTAL..	9	190

La ville de Tchèrkèch, toute moderne, dont la fondation ne remonte pas au delà de 200 ans, s'élève au milieu d'une belle vallée, bien cultivée, entre l'Ichik-dagh (1,120 m. d'altitude) et le Sare-dagh, sur un petit cours d'eau affluent de l'*Oulou-tchaï* ou *Hammâmli-tchaï*, rivière éloignée d'environ 23 kil., à l'ouest. La contrée est montueuse et boisée, ainsi d'ailleurs que l'ensemble du caza, entrecoupé de montagnes couvertes de forêts magnifiques et de vallées où dominent parmi les champs de tabac, ceux de blé, d'orge et de maïs encadrés dans la verdure des vignes et des vergers plantés sur la pente des côteaux.

On compte à Tchèrkèch, outre le *konak* ou hôtel du gouvernement, l'hôtel municipal, le dépôt d'armes et l'école civile, 9 mosquées à minarets (*djâmi*) dont l'une a été fondée, au centre de la ville, par Mourad (Amurat IV) en souvenir de son passage en 1634, durant le séjour qu'il fit dans cette partie de l'Asie ottomane, après avoir soumis le pacha d'Erzeroum révolté et avoir pris à la Perse la ville de Bagdad en 1628 ; 2 *médressé*, 3 *tekké* ou couvents de derviches, 7 *turbé* ou chapelles funéraires musulmanes, 1 bazar et 198 boutiques, 5 *han* ou hôtelleries, 3 bains publics (*hammam*) et 635 maisons.

Nahiés. — KARADJA-VIRÂN, chef-lieu du *nahié* de même nom et résidence du *mudir*, est une ville de 2,844 hab., tous musulmans, située à 40 kil. est de celle de Tchèrkèch, sur le chemin des caravanes, en même temps route postale de Bagdad et de la Perse. On compte dans ce nahié 42 villages et une population totale, y compris celle du chef-lieu, de 16,743 hab., dont les principales occupations sont les travaux agricoles, l'élevage et la fabrication des instruments aratoires.

OVADJIK (petite plaine) est situé au nord de Tchèrkèch, à 20 kil. environ de cette ville, sur la rive droite de l'*Oulou-tchaï* ou *Hammâmli-tchaï* qui sépare ce nahié de celui de Baïndir à l'ouest. On y compte 48 villages et 15,890 hab., tous musulmans, pour la plupart agriculteurs et surtout éleveurs.

BAÏNDIR, chef-lieu du nahié de même nom, est situé à 23 kil. ouest de Tchèrkèch, sur la rive gauche du *Hammâmli-tchaï*. La population du nahié, répartie dans 44 villages, est de 15,080 hab., tous musulmans, occupés d'agriculture et de l'élève des bestiaux.

VIRÂN-CHÈHR. — A 5 kil. nord de Baïndir, se trouve une intéressante localité, dépendance de ce nahié, nommée Virân-chèhr (ville ruinée). On y remarque les restes d'un camp retranché gaulois et ceux d'une ville moins antique, que l'on suppose avoir été celle d'Antrapa ou Hadrianopolis, détruite par un tremblement de terre et dont les habitants se réfugièrent à Claudiopolis, aujourd'hui Bolou, chef-lieu du sandjak limitrophe de même nom.

Bestiaux. — La production annuelle de l'élevage dans ce caza est en moyenne de 129,633 têtes de bétail de toutes races, comme suit :

RACES	ESPÈCES	TOTAUX PAR ESPÈCES	TOTAUX PAR RACES
Bovine. . . .	Bœufs	20.000	29.500
	Vaches.	7.000	
	Buffles.	2.500	
Ovine	Moutons	40.446	100.133
	Chèvres communes	2.916	
	Chèvres mohair.	56 771	
	TOTAL GÉNÉRAL. . .		163.329

Dîmes et impôts. — Le revenu brut annuel du caza de Tchèrkèch est en moyenne de 1,916,257 piastres, soit environ 440,739 fr. (Voir plus haut le détail de cette somme page 444).

SANDJAK DE SINOPE

Orientation, limites. — Le sandjak de Sinope est situé au nord-est du vilayet de Castamouni, entre les 31°45′ à 33° de longitude est et les 41°3′ à 42°8′ de latitude nord. Il est limité : au nord, par la mer Noire ; à l'est, par cette même mer et le vilayet de Trébizonde ; au sud, par le vilayet de Sivas ; et à l'ouest, par le merkez-sandjak de Castamouni.

Superficie. — La superficie totale est de 5,500 kil. carrés.

Division administrative. — Il est divisé administrativement en 3 cazas et 3 nahiés et l'on y compte 204 villages, comme suit :

CAZAS	NAHIÉS	VILLAGES
Sinope (merkez-caza) . . .	Guèrzè	65
Boyâbâd	Touraghàn	50
Istéfàn	Akli	89
3 cazas	3 nahiés	204 villages

La circonscription militaire du sandjak de Sinope constitue 1 *liva* (brigade) de la division (*firqa*) de Castamouni, appartenant au 1er corps d'armée (garde impériale) dont le quartier général est à Constantinople. Cette circonscription est subdivisée en deux sections qui sont des centres de recrutement : l'un est situé à Sinope, quartier du général de brigade et de son état-major ; le second centre est situé à Guèrzè, *nahié* du merkez-caza de Sinope.

Autorités. — Le sandjak de Sinope est un mutessariflik de 2ème classe, administré en conséquence, sous le rapport civil, par 1 *mutessarif* de ce même rang, gouverneur du sandjak et du merkez-caza de Sinope ; par 2 *caïmakam*, sous-gouverneurs des deux autres cazas, et 3 *mudir*, directeurs des nahiés.

Tribunaux. — Il y a dans chacun des 3 cazas de ce san-djak 1 tribunal de première instance du *bédâïèt* (droit moderne et à Sinope 1 tribunal (de première instance) du *chèr'i* (droit islamique), ainsi qu'un notariat. Ces 4 tribunaux de droit moderne et de droit islamique ressortissent de la cour d'appel de Castamouni.

Gendarmerie, police. — La gendarmerie et la police du sandjak ont leur quartier central à Sinope où se trouve, ainsi qu'à Boyâbâd, une prison.

Douanes. — En 1893, les droits perçus par la douane au port de Sinope ont été, comme suit :

A l'exportation	91,300 piastres.
A l'importation	434,800 —
Total. . .	526,100 piastres

soit environ 121,000 fr.

Dette publique ottomane. — L'administration des revenus concédés à la Dette publique ottomane a institué à Sinope et à Istéfân 1 agence et 1 dépôt de sel relevant de son nazarèt de Trébizonde.

L'agence de la Dette publique de Sinope et sa dépendance d'Istéfân ont perçu en moyenne annuelle, un revenu net total de 132,973 piastres, comme suit :

Dîme des tabacs. . . . . . .   42,972 piastres.
Sel.   107,937   —
Spiritueux.   19,040   —
Timbre   34,155   —

TOTAL. . .   204,103 piastres.

Frais et appointements. . . .   71,130   —

RECETTE NETTE . .   132,973 piastres.

Régie des tabacs. — La régie coïntéressée des tabacs a dans le sandjak de Sinope 2 agences relevant de son nazarèt de Castamouni. L'un est à Sinope et l'autre à Boyabâd.

Les recettes de ces 2 agences en 1892-93 ont été en totalité de 432,540 piastres, soit environ 99,484 fr.

Télégraphe. — Il y a 3 stations télégraphiques dans le sandjak de Sinope de service intérieur, c'est-à-dire où la langue turque est seule employée : à Sinope, à Guèrzè et à Boyabâd.

Population. — La population totale du sandjak de Sinope est de 139,577 hab, comme suit :

COMMUNAUTÉS	HOMMES	FEMMES	TOTAUX par COMMUNAUTÉS
Musulmans.	66 306	62 044	128.350
Grecs orthodoxes	4.535	4.299	8.834
Arméniens.	173	141	314
Tziganes	1.086	993	2.079
TOTAUX PAR SEXES...	72.100	67.477	
		TOTAL GÉNÉRAL....	139.577

Cette population est répartie entre les 3 cazas qui forment le sandjak de Sinope, comme suit :

CAZAS	MUSULMANS		GRECS ORTHOD.		ARMÉNIENS		TZIGANES		TOTAUX par CAZAS
	HOMMES	FEMMES	HOMMES	FEMMES	HOMMES	FEMMES	HOMMES	FEMMES	
Sinope..............	23.730	22.561	3.763	3.584	173	141	»	»	53.952
Boyábâb	26.030	23.153	66	25	»	»	1.086	993	51.353
Istéfân..............	16.546	16.330	706	690	»	»	»	»	34.272
Totaux par communautés.	66 306	62.044	4.535	4.299	173	114	1.086	993	
							Total général.....		139.577

Ainsi qu'il a été déjà dit plus haut, il convient d'ajouter au total de la population fixe du vilayet de Castamouni, celui des sujets ottomans étrangers à ce vilayet, mais qui le fréquentent régulièrement et y séjournent longtemps chaque année pour affaires. Ces voyageurs, appartenant à diverses communautés, sont, dans le sandjak de Sinope, au nombre de 1,130.

En les ajoutant au tableau ci-dessus, les chiffres totaux de chaque communauté et de l'ensemble de la population du sandjak de Sinope sont modifiés comme suit :

Musulmans	128,551	hab.
Grecs orthodoxes.	9,490	—
Arméniens grégoriens.	554	—
— catholiques.	22	—
Bulgares	2	—
Israélites.	9	—
Tziganes	2,079	—
Total général comprenant les voyageurs réguliers. . .	140,707	hab.

Mœurs, coutumes, etc. — Il n'y a lieu de rien ajouter ici à ce qui a été déjà dit plus haut, page 413.

Écoles. — On compte dans le sandjak de Sinope 164 écoles, dont 8 supérieures (*médressé*), 3 secondaires (écoles civiles), et 153 primaires (annexes de mosquées et d'églises) fréquentées par 3,425 élèves, comme suit :

			ÉCOLES	ÉLÈVES
Musulmans	*médressé*.		8	125
—	écoles secondaires.		3	250
—	—	primaires .	136	2,640
Grecs orthodoxes.	—	—	17	410
		TOTAL. . .	164	3,425

Climat. — A l'exception du caza de Boyâbâd où d'importantes rizières entretiennent autour d'elles, durant les chaleurs de l'été, des fièvres intermittentes, le climat de ce sandjak est remarquable par sa parfaite salubrité et sa température aussi douce que régulière. On attribue ces avantages naturels, en ce qui concerne surtout la presqu'île de Sinope, à sa configuration même, qui l'isole du continent, d'où elle s'avance en saillie, entourée d'eau comme une île, ainsi qu'à ses grandes et magnifiques forêts et à ses nombreuses plantations d'oliviers.

L'hiver est sans froid rigoureux ; l'été, sans chaleurs torrides, est rafraîchi d'ailleurs par le vent nommé « meltem », qui souffle pendant toute sa durée, et l'année, ainsi divisée en deux saisons égales et de température peu différente devient un printemps perpétuel.

Toutes ces circonstances réunies amènent dans la ville de Sinope et sur le littoral du sandjak, principalement à l'époque des bains de mer, une grande affluence d'habitants d'autres localités de la mer Noire moins favorisées. Ils y trouvent une hospitalité commode, peu coûteuse, et des logements propres et sains, dans de jolies maisons construites avec le bois des forêts voisines, tout exprès pour eux.

Production agricole. — La production du sandjak de Sinope est en année moyenne, comme suit :

	hectol.	(suite)	kilogr.
Blé	370.000	Glands	200.000
Orge.	129.500	Miel, cire, salep	50.000
Avoine et seigle	14.800	Vin.	50.000
Maïs	92.500	Huile de poisson	30.000
Haricots, lentilles	38.500	Laine	140.000
Vesce	6.000	Poil de chèvre commune . . .	115.000
Pois chiches	50.160	— mohair. . . .	15.000
Graine de lin	14.800		

	kilogr.		Valeur et L. Turq.
Riz.	750.000	Fruits frais	24.090
Opium	152		
Coton	90.000	Peaux de chèvres et moutons .	18.000
Tabac.	60.000	— de bœufs et vaches . .	1.500
Gomme adragante	15.000	— de loups	200
Graine jaune	5.000	— de renards	850
Noix de galle	55.000	— de lièvres	4.000

Mines et minières. — Jusqu'à présent on n'a pas encore découvert de mines dans le sandjak de Sinope.

Forêts. — Quoique bien moins vastes que les forêts des sandjaks de Bolou et de Castamouni, celles du sandjak de Sinope sont très renommées pour la grande beauté des diverses essences de leur peuplement, qui sont principalement : le chêne, le hêtre, le châtaignier, le tilleul, le sapin, le pin laricio et le pin sylvestre. Ces derniers, parmi lesquels on réserve les plus beaux pour la marine, sont particulièrement remarquables. Les grands arbres abondent dans les forêts de ce sandjak, de sorte qu'on peut fabriquer des planches pour ainsi dire de toutes longueurs et épaisseurs, et les négociants qui s'en approvisionnent trouvent ces bois de beaucoup supérieurs en qualité à ceux des autres forêts de la Turquie. C'est pourquoi, du temps que les grands navires de guerre se construisaient tout en bois, on en voyait constamment sur les chantiers de Sinope, où des corvettes ont été encore construites il y a quinze ans à peine. On n'y fait plus aujourd'hui que des bâtiments de commerce, la marine militaire ayant complètement changé le système de ses constructions navales, mais ces chantiers n'ont rien perdu de leur ancienne réputation, et leurs ateliers de réparation sont toujours très bien achalandés.

Les bois des forêts du sandjak de Sinope sont exportés en grandes quantités à destination de Constantinople, de Smyrne, d'Égypte et autres places commerciales; on en expédie aussi en Russie. Le bois de chauffage et le charbon, qui servent à la consommation locale, proviennent également de ces forêts.

Le tableau ci-après indique, pour chaque caza, la superficie et le peuplement des forêts exploitées dans le sandjak de Sinope, ainsi que le montant des coupes annuelles et des droits perçus :

CAZAS	NOMBRE DE FORÊTS	SUPERCIE — KILOMÈTRES CARRÉS	PEUPLEMENT	COUPE ANNUELLE — NOMBRE D'ARBRES	USAGES	MONTANT des DROITS PERÇUS
						piastres
Sinope...	10	388	Chêne, Pin laricio, Tilleul, Sapin.	9.000	Planches, tanneries	18.000
Boyâbâd.	2	289	Chêne, Hêtre, Châtaignier, Pin ...	8.000	— —	17.000
Istéfân ..	2	187	— — — — ...	10.000	— —	15.000
Totaux..	14	864		27 000		50.000

Faune. — Parmi les animaux sauvages qui fréquentent les forêts et les montagnes du sandjak de Sinope, les principaux sont : le loup, le renard, l'ours, le sanglier et le lièvre.

Salines. — Il n'existe point de salines dans ce sandjak, mais seulement deux dépôts de sel relevant du nazarèt de Trébizonde et situés à Sinope et à Istéfân. Peut-être serait-il avantageux de créer une saline à Ak-Limàn, localité qui semble naturellement bien disposée à cet effet.

Tabacs. — C'est aux environs de la ville de Sinope et autour du bourg de Guèrzè, chef-lieu du nahié de même nom, dépendance de cette même ville, que la production d'excellent tabac abonde. Avant l'institution de la régie, cette production s'élevait annuellement, en moyenne, à 200,000 kilogr. Elle n'est plus aujourd'hui que de 80,000 kilogr., à cause de l'obligation, pour les producteurs, de vendre leurs tabacs à la régie ou par son entremise à des prix peu rénumérateurs. Toutefois certains indices font croire que cette culture ne tardera pas à se relever.

Les tabacs de Sinope étant d'aussi bonne qualité que ceux de Samsoun et de Bafra, la régie en achète beaucoup, et, parfois, on en expédie en Europe.

Eaux minérales. — On cite aux environs de Guèrzè, à 5 kil. environ de ce bourg, une source d'eau minérale nommée *Adji-sou* (l'eau amère), à laquelle on attribue les mêmes qualités qu'à l'eau de Sedlitz. On assure que cette eau est souvent employée avec succès contre les maladies des poumons et de l'estomac, et on la dit sulfureuse et ferrugineuse, tandis que l'eau de Sedlitz est rangée parmi les eaux minérales salines et employée surtout comme purgatif.

Agriculture. — Il n'y a rien à ajouter ici à ce qui a été déjà dit plus haut d'une manière générale, au chapitre spécial du vilayet de Castamouni, page 430.

Bestiaux. — La production annuelle de l'élevage, dans le sandjak de Sinope, est en moyenne de 167,881 têtes de bétail, comme suit :

RACES	ESPÈCES	TOTAUX PAR ESPÈCES	TOTAUX PAR RACES
Bovine.	Bœufs	30 000	43.000
	Vaches.	10 000	
	Buffles	3.000	
Ovine..	Moutons	65.265	124.881
	Chèvres communes	44.895	
	Chèvres mohair	14 721	
	TOTAL GÉNÉRAL . . .		167.881

Apiculture. — L'élève des abeilles produit en moyenne chaque année : 30,000 kilogr de miel et 5,000 de kilogr. de cire.

Fleuves, rivières. — Le *Tataï-tchaï* ou *Gueul-irmak,* affluent assez important de la rive gauche du *Kizil-irmak,* pénè-tre, en sortant du caza de Tach-keupru, dans le caza de Boyâbâd qu'il arrose entièrement de l'ouest au sud-est sur un parcours d'environ 75 kil., durant lequel il reçoit, sur ses deux rives, un grand nombre de petits cours d'eau sans noms particuliers qui font tourner en passant les moulins des villages. Le *Tataï-tchaï* se jette entre Béili-keuï et Hassan-keuï dans le *Kizil-ir-mak* qui sépare au sud-est le caza de Boyâbâd du vilayet de Sivas.

Parmi les nombreux ruisseaux qui descendent des monta-gnes et des collines, de toutes parts dans le sandjak de Sinope, abondamment approvisionné d'excellente eau fraîche et limpide par ces milliers de petites sources qui circulent à travers ses forêts et ses vallons, on peut citer *l'Ayândjik-sou* utilisé, pendant la saison des grandes crues, par les habitants d'Ayândjik, hameau maritime du caza d'Istéfan, pour le transport, au moyen du flottage des bois, qu'ils coupent aux environs.

Le Tchobânlar-sou (eau des bergers) sert au besoin au même usage, dans le caza de Sinope, aux habitants de Tchobân-lar-keuï (village des bergers) autre hameau du littoral.

Routes, chemins. — Il n'y a dans le sandjak de Sinope qu'une seule chaussée carrossable divisée en deux sections : la première de Sinope à Boyâbâd et la seconde de Boyâbâd par Touraghân, chef-lieu du nahié du même nom, dépendance de cette dernière ville, et par Vézir-keupru, dépendance du vilayet de Sivas, à Amassia, chef-lieu d'un sandjak de ce vilayet.

La première section, de Sinope à Boyâbâd, longue de 96^k,300 est depuis longtemps déjà livrée à la circulation.

La seconde section, de Boyâbâd à Amassia, n'est à la charge du vilayet de Castamouni que pour la longueur de 80 kil. comprise dans le sandjak de Sinope à partir de Boyâbâd jus-qu'à la rive gauche du *Kizil-imark* (Halys).

On ne compte pas moins de 165 ponts, dont 55 en maçon-

nerie, 92 en charpente et 18 mixtes; de 41 cassis, et de 1,430
murs de soutènement, sur la première section de cette route
complètement terminée. Le projet de la seconde section, en
cours d'exécution, n'indique aucun autre travail que des terrassements. Il est donc à espérer que l'achèvement de cette partie
de la chaussée carrossable qui mettra les provinces de l'intérieur
en communication avec Sinope ne tardera pas. Elle leur permettra ainsi d'établir des relations directes avec les grandes places
de commerce européennes pour l'écoulement de leurs produits. La production agricole trouvera sans doute dans ces nouveaux débouchés un accroissement de valeur qui lui fera
prendre un essor considérable, et développera les exportations
et les importations dans des proportions dont on ne saurait se
faire aujourd'hui une idée exacte.

Transports. — Les transports se font par chariots, sur la
chaussée carrossable de Boyâbâd à Sinope et vice versa, à
partir du lieu de production jusqu'à l'échelle d'embarquement,
et à partir de celle-ci jusqu'à destination à l'intérieur du sandjak.
Là où il n'y a qu'un chemin de caravane, les transports sont effectués à dos de chevaux, mulets ou chameaux, sauf les cas cités
plus haut pour les bois, à l'époque de la grande crue des eaux, où
le transport peut-être fait plus économiquement par le moyen du
flottage sur les petites rivières d'Ayândjik et de Tchobânlar-keuï.

Montagnes. — Toutes les montagnes et collines du sandjak de Sinope appartiennent, ainsi que celles des autres parties
du vilayet de Castamouni, à la chaîne de l'*Olgassus*. Les deux
principaux sommets de cette chaîne, près de son extrémité orientale dans le caza de Boyâbâd sont, à l'ouest, le *Kirâz-dagh* (mont
des cerises) et au nord-est le *Qathrân-dagh* (mont du goudron).

Le Kirâz-dagh, qui du caza de Tach-keupru prolonge ses contreforts jusqu'à 20 kil. environ à l'ouest de Boyâbâd, mérite
ici une mention particulière. En effet, cette montagne, quoique
peu éloignée de deux chefs-lieux de caza, n'étant rattachée ni
à l'un ni à l'autre, et ne communiquant avec aucun lieu habité

par un chemin praticable, il résulte de cet étrange isolement que la magnifique forêt de chênes et de pins de taille colossale, dont elle est entièrement revêtue, n'a jamais été entamée par la hâche du bûcheron. Il semble donc, aujourd'hui, que la ville de Boyâbâd est en relation avec Sinope par voie carrossable, qu'il y aurait grand profit à faire la dépense d'une route forestière reliant le Kirâz-dagh à cette chaussée. Par ce moyen peu coûteux, on donnerait sur un nouveau point, jusqu'ici improductif, la plus vive activité au commerce de beaux bois de constructions navales et aux grandes pièces de charpente.

Production industrielle. — On trouve plus haut, page 440, au chapitre spécial du vilayet de Castamouni, tout ce qui concerne les divers métiers où les artisans de Sinope excellent, et la mention des récompenses qu'ils ont obtenues aux diverses expositions universelles.

Commerce. — Le mouvement commercial du sandjak de Sinope, à l'exportation et à l'importation, d'après les registres des douanes, est résumé comme suit :

EXPORTATION	Livres turques
Céréales	35.000
Riz	2.200
Graine de lin	2.000
Haricots	1.800
Œufs	500
Cire jaune	1.000
Noix, châtaignes, etc.	4.000
Huile de poissons	500
Poissons salés	2.000
Laine	1.000
Tabac	6.000
Bois de construction	23.000
Loupes et planches de noyer	1.000
Bois de chauffage	4.000
Divers	6.000
TOTAL : L. T.	**92.000**

IMPORTATION	Livres turques
Tissus manufacturés	16.000
Cotons filés et autres fils	5.000
Draperie	1.000
Habillements confectionnés	750
Mercerie	1.000
Fer, cuivres, clous, etc.	1.500
Quincaillerie	750
Papeterie	750
Verrerie	500
Cuirs et peaux tannés	3.900
Spiritueux	1.000
Tabac manufacturé	5.000
Sel	6.000
Café	4.000
Sucre	20.000
Produits et pâtes alimentaires	700
Savon	4.000
Pétrole	1.200
Huile et olives	900
Fruits secs	750
Allumettes et bougies	450
Ciment et autres matériaux	300
Divers	2.000
TOTAL : L. T.	**77.450**

Dîmes et impôts. — Les revenus du sandjak de Sinope, comme on l'a vu au chapitre spécial du vilayet, page 444, s'élèvent, en moyenne, à 11,433,903 piastres par an. Ce total, réparti entre les 3 cazas, est représenté dans le tableau ci-contre, comme suit :

Dîmes et impôts du sandjak de Sinope

CAZAS	IMPOT FONCIER	TÉMETTU (PATENTES)	KOMBARION militaire	TÉKAL	DIME des CÉRÉALES	TAXE sur les BESTIAUX	DOUANE	FORÊTS	DIVERS	TOTAUX par CAZAS Piastres
Sinope.........	5.010.370	4.010.522	94.890	6.690	446.590	175.221	526.400	18.000	41.462	7.299.845
Boyâbâd........	740.500	218.900	43.704	7.453	837.731	273.129	—	17.000	9.066	2.147.483
Istéfân........	329.266	1.041.694	22.259	4.781	514.550	55.293	—	15.000	3.732	1.986.575
TOTAUX PAR REVENUS	6.080.436	2.271.116	160.853	18.924	1.798.871	503.643	526.100	50.000	24.260	11.433.903

TOTAL DES DÎMES ET IMPÔTS : 11.433.903

A cette somme, il convient d'ajouter :

1° — Les revenus concédés à la Dette publique ottomane 204.103
2° — Les recettes de la régie des Tabacs 432.520

TOTAL DES REVENUS DU SANDJAK DE SINOPE : PIASTRES . . 12.070.526

ou environ 2.775.000 fr.

Notices historiques. — Le port de Sinope est formé du vaste espace limité à l'ouest par le cap Indjé-bouroun et à l'est par la presqu'île de Boz-tépé-bouroun, sur l'isthme de laquelle s'élève la ville, ainsi abritée naturellement contre les vents d'est et de sud-est et contre ceux de nord-ouest, si redoutables dans ces parages. C'est un excellent mouillage et le seul bon port de toute la côte.

Cette situation exceptionnelle y avait attiré, dès l'origine de la navigation, les peuples commerçants de l'antiquité. Bien longtemps avant! les Grecs, les Phéniciens fréquentaient déjà ces côtes où ils entretenaient des relations commerciales avec les Assyriens; mais la fondation de la ville de Sinope ne remonte pas aussi loin. On l'attribue à l'Argonaute Antolyeus. La colonie grecque, envoyée un peu plus tard par les Milésiens, qui s'emparèrent de cette ville si heureusement située, devint bientôt très prospère. Avec le bois de ses belles forêts, elle se construisit des flottes, et sa marine, de jour en jour plus importante, la rendit en peu d'années assez puissante pour fonder dans son voisinage d'autres colonies célèbres, telles que Trapézus et Cérasunde, encore existantes aujourd'hui sous les noms peu altérés de Trébizonde et de Kérassunde, et d'autres cités de moindre renom historique.

Pharnace I⁰ʳ fit la conquête de Sinope, qui resta incorporée au royaume de Pont jusqu'à la mort de Mithridate. Né dans cette ville, celui-ci se plut à l'embellir de monuments magnifiques et d'arsenaux maritimes dont les débris ont servi à construire la ville moderne. Sous les rois de Pont, le pays était très florissant et disposait de forces militaires considérables. Sinope et ses environs pouvaient fournir 120,000 archers.

A partir de la mort de Mithridate, Sinope appartint sans interruption aux Romains, et fut rangée au nombre des provinces de l'Empire d'Orient. Les empereurs byzantins la dotèrent de nouveaux et nombreux embellissements, mais leurs palais et leurs temples ont disparu, comme ceux des rois de Pont, sans laisser d'autres vestiges que des ruines informes, décombres épars le long des côtes, où la moindre fouille fait découvrir des monnaies

antiques et des fragments de statues. Entre autres restes semblables, on cite une vaste enceinte de murailles appelée Palatia,
située près des bords de la mer, et au milieu de laquelle on a
bâti une chapelle grecque entourée d'une cour. Les vieux murs,
dit-on, sont ceux d'un ancien palais de Mithridate.

On voit encore à Sinope des murs de l'antique acropole. Sur
le point le plus élevé, on y remarque une construction qui
semble avoir dû servir de vigie et d'où l'on découvre au loin de
tous côtés, l'immense étendue de la mer.

A 3 kil. environ, au nord-ouest de Sinope, se trouve le port
d'Ak-Limân et à 10 kil. au sud-est, celui de Tchobânlar-keuï, où
l'on rencontre, parmi les débris de vieux murs écroulés, des monnaies et autres objets antiques. Du reste, à partir de Sinope
jusqu'à la limite du sandjak de Djanik, au sud-est, et jusqu'à
Inéboli, à l'ouest, le rivage de la mer est partout bordé de décombres d'anciens édifices où l'on n'a jamais opéré les fouilles
les plus superficielles sans y trouver des antiquités intéressantes.
On raconte à ce sujet, dans le pays, qu'un certain Kiani-zadé-Bey
a fait convertir en bagues, pendants d'oreilles et autres bijoux
à l'usage de sa famille, il y a 35 à 40 ans, le contenu de 3 sacs
remplis de précieux objets antiques découverts ainsi dans ces
localités désertes.

Bien qu'à partir de Sinope, toute la rive asiatique de la
mer Noire et du Bosphore eût été conquise, en 1397, par
Bayazid Ier, cette ville et son territoire formaient encore, en
1462, une des principales provinces de l'Empire de Trébizonde
fondé par les Comnènes plus d'un siècle avant cette première
conquête des Ottomans. Peu après la mort du dernier de ces
Comnènes, Mohammed II l'annexa de nouveau à l'Empire
ottoman et cette seconde annexion fut définitive.

MERKEZ-CAZA DE SINOPE

Orientation, limites. — Le merkez-caza de Sinope est situé au nord-est du sandjak de même nom et du vilayet de Castamouni. Il est limité : au nord, par la mer Noire ; à l'est, par cette même mer et le vilayet de Trébizonde ; au sud-ouest, par les cazas de Boyâbâd et d'Istéfân et par la mer Noire.

Division administrative. — Il est divisé administrativement en 1 nahié, qui est Guèrzè, et contient 65 villages.

Autorités. — Le merkez-caza de Sinope est administré directement par 1 *mutessarif* de 2me classe, gouverneur du sandjak, et par le *mudir*, directeur du nahié, sous sa dépendance immédiate.

Population. — Sa population, comprise dans le chiffre précité de celle du sandjak, est de 53,952 hab., comme suit :

	HOMMES	FEMMES	TOTAUX
Musulmans.	23,730	22;561	46,291 hab.
Grecs ortodoxes.	3,763	3,584	7,347 —
Arméniens grégoriens. . . .	177	141	314 —
TOTAL . . .	27,666	26,286	53,952 hab.

| | Report : | 53,952 |

A ajouter : 1,130 sujets ottomans, étrangers au vilayet de Castamouni, comme suit :

Musulmans	201	
Grecs orthodoxes	656	
Arméniens grégoriens.	240	
— catholiques	22	1,130
Bulgares.	2	
Israélites	9	

Total général des habitants du merkez-caza . . . . . . 55,082 hab.

Chef-lieu. — La ville de Sinope, chef-lieu du sandjak et
du merkez-caza de même nom, résidence officielle du
mutessarif, gouverneur, quartier général du *liva* (général de
brigade), siège des tribunaux, de la gendarmerie, de la police,
de la douane, des divers services publics du sandjak et du
merkez-caza et d'agences des postes et télégraphes, de la Dette
publique ottomane et de la régie des tabacs ; principale station
des bâtiments qui naviguent dans la mer Noire et des vapeurs
qui font le service des différents offices postaux, est située par
32°48′ de longitude et 42° de longitude, au bord de la mer et
n'est rattachée au continent que du côté de l'ouest, par un petit
isthme dont toute la largeur peut-être parcourue en quelques
minutes. Son aspect, de quelque côté qu'on l'envisage, est remarquablement agréable et pittoresque. Environnée d'eau de
toutes parts, comme une île, cette jolie ville est encore entourée
et couronnée des restes de ses antiques fortifications, construites en grands et larges blocs de roche très durs. Ses maisons nouvelles, bâties avec goût en beau bois de chêne, de pin
et de noyer des forêts voisines, s'élèvent au milieu de beaux jardins. Les anciennes maisons, devenues rares, ont été construites de matériaux empruntés aux monuments antiques, et
n'offrent d'ailleurs aucun intérêt. Quoique cette ville ait été
l'une des principales de l'empire de Trébizonde, et puisse également compter au nombre des plus importantes de la Turquie,
ni les Byzantins, ni les derniers conquérants n'y ont élevé d'édifices dignes d'être remarqués.

On ne saurait parler de Sinope sans se rappeler le souvenir toujours pénible, bien que déjà lointain, de la catastrophe maritime dont ce port fut le théâtre en 1853 et qui fut le prélude de la guerre de Crimée. Un habitant, témoin oculaire de la bataille navale de Sinope, en fait le récit suivant que nous n'avons fait que traduire sous sa dictée :

« Vers les premiers jours de novembre 1853, quelques vaisseaux dont on ignorait la nationalité se montraient au large et disparaissaient à diverses reprises sans que l'on pût deviner leurs intentions. Tout à coup, le 18 du même mois, on vit entrer de très bonne heure dans le port de Sinope, 3 navires de guerre battant pavillon russe qui prirent position vis-à-vis de la flotte ottomane, déjà ancrée en rade depuis 15 jours. Celle-ci se composait de 12 bâtiments de guerre, dont 2 vapeurs et 10 voiliers. Aussitôt arrivés, les vaisseaux russes firent descendre à la mer leurs chaloupes dans un but qui resta ignoré. Sans attendre qu'ils le fissent connaître, le vaisseau amiral ottoman ouvrit immédiatement le feu de ses batteries sur les Russes, — exemple que suivirent bientôt tous les autres bâtiments de la flotte turque, — tandis que durant un quart d'heure environ les vaisseaux ennemis, après avoir fait remonter à bord leurs chaloupes, gardaient sous cette vive canonnade une attitude en apparence indifférente.

« Au bout de ce temps, des hourras prolongés donnèrent le signal de la riposte, qui ne fut pas moins vive que l'attaque. Le canon tonnait vigoureusement de part et d'autre. La mer était couverte d'une épaisse fumée ; le bruit du combat et l'obscurité allaient sans cesse en augmentant. Les deux flottes avaient complètement disparu à tous les regards. On voyait seulement, au milieu des nuages qui les enveloppaient, s'entrecroiser les éclairs de leurs batteries.

« Vers le milieu du jour, une éclaircie se produisit, et l'on vit alors qu'il ne restait plus en ligne du côté des Ottomans que 9 bâtiments, dont la plupart, désemparés, ne pouvaient soutenir longtemps le combat. Plusieurs même, ayant eu les chaînes de leurs ancres brisées, roulaient vers la terre à la merci de la vio-

lence du vent et des vagues; d'autres semblaient sur le point
de couler à fond.

« Après ce premier succès, les Russes continuèrent à ca-
nonner les restes de la flotte turque avec la même furie, de sorte
que vers 10 heures à la turque (5 heures de l'après midi environ),
il n'en subsistait plus d'autres traces que les agrès, les morts
et les blessés ballottés par les flots. Seul, un vapeur turc, bien
que poursuivi de près par deux vapeurs russes restés en ob-
servation durant la bataille, put parvenir à échapper à ce désastre.

« Un canot de la flotte russe, monté par des officiers, vint
ensuite s'enquérir des autorités ottomanes. Toutes avaient
abandonné la ville, ainsi que la population musulmane dispersée
dans les villages d'alentour. Le commandant du canot demanda
alors à voir le consul d'Autriche sur la maison duquel il voyait
flotter le drapeau ; mais le consul ne put être trouvé. Le lendemain, le canot revint une seconde fois à terre, déposa un pli
au consulat autrichien, et la flotte russe quitta les eaux de Sinope.

« Dès qu'elle fut partie, les habitants chrétiens, qui étaient
presque tous restés en ville, s'empressèrent de recueillir les
blessés de la flotte ottomane et de leur donner les secours nécessaires. Puis, en attendant le retour des autorités locales,
qui ne rentrèrent à Sinope qu'une semaine après la bataille
navale, les communautés chrétiennes réunies firent choix de
20 hommes, qu'elles commirent à la garde du gouvernement.
La caisse du sandjak, contenant un peu plus de 100,00 livres
turques (environ 230,000 francs), fut remise intacte aux autorités ottomanes à leur rentrée dans la ville.

« Les pertes subies par suite de cette bataille navale, portèrent
presque toutes sur la population chrétienne. En effet, les quartiers chrétiens sont situés autour et en dehors de la forteresse
dans laquelle est abrité le quartier musulman. Or, le vaisseau
amiral ottoman, principal but des batteries russes, était placé
devant la forteresse, de sorte que toutes les bombes dirigées
contre lui et qui passaient au-delà tombaient comme une averse

sur les maisons des chrétiens. Il en fut ainsi démoli un grand nombre durant le combat, et 23 hommes, femmes et enfants furent tués ; de plus, la nuit suivante, un navire turc qui sauta, couvrit de ses débris enflammés ces mêmes quartiers ; l'incendie dévora alors 250 maisons et 100 magasins avec toutes les marchandises qu'ils contenaient. »

Aujourd'hui, la ville de Sinope ne renferme plus que 1,790 maisons, dont 957 appartiennent à des musulmans, 705 à des grecs orthodoxes, 98 à des arméniens, le reste à divers ; mais leur nombre tend sans cesse à s'accroître en proportion du nombre des étrangers attirés de plus en plus en cette ville, les uns pour leurs affaires de commerce, et le plus grand nombre, dont il n'est pas tenu compte ici, par les agréments de la saison balnéaire.

Population. — Sa population, comprise dans le chiffre ci-dessus de celle de merkez-caza est de 9,749 hab., comme suit :

COMMUNAUTÉS	HOMMES	FEMMES	ÉTRANGERS	TOTAUX PAR COMMUNAUTÉS
Musulmans	2.620	2.220	201	5.041 hab.
Grecs orthodoxes.	1.673	1.636	656	3.961 —
Arméniens grégoriens...	223	191	240	654 —
— catholiques ..	»	»	64	64 —
Bulgares..............	»	»	6	6 —
Israélites..............	»	»	19	19 —
			TOTAL GÉNÉRAL...	9.749 hab.

Les sujets ottomans, étrangers au vilayet de Castamouni, dont le nombre figure ici , sont ceux que leurs affaires de commerce attirent à poste fixe à Sinope chaque année et qui y font un assez long séjour pour qu'il convienne de les considérer, en quelque sorte, comme faisant partie de la population de cette ville. On peut évaluer à un chiffre pour le moins égal le nombre de ceux qui viennent y habiter durant la saison des bains de mer.

Ecoles. — Les écoles du merkez-caza de Sinope sont au nombre de 50 dont 3 supérieures (*médressé*), 2 secondaires

(écoles civiles) et 45 primaires (annexes de mosquées 'et d'é-
glises), fréquentées par 1,140 élèves, comme suit :

		ÉCOLES	ÉLÈVES
Musulmans :	médressé	3	60
—	écoles secondaires	2	160
—	— primaires	30	600
Grecs orthodoxes :	— —	15	320
	TOTAL	50	1,140

On compte à Sinope et dans le merkez-caza de même nom,
outre le *konak* ou hôtel du gouvernement, la citadelle, la caserne, la gendarmerie, la prison, l'hôpital civil et l'hôpital militaire, l'hôtel municipal, les 2 écoles civiles et 1 lazaret nouvellement établi, 37 mosquées à minarets (*djâmi*), 3 *médressé*,
8 *turbé* ou chapelles funéraires musulmanes, 1 bibliothèque
publique, 1 dépôt d'armes, 15 églises grecques orthodoxes,
1 bazar et 690 boutiques, 20 magasins, 12 *han* ou hôtelleries,
1 abattoir, 5 bains publics (*hammam*), 45 fontaines publiques,
16 ponts dont 2 en pierre et 14 en charpente, 84 cafés, 3 casinos, 3 débits de boissons, 30 fours, 8 hôtels, 15 scieries,
1 tannerie, 1 huilerie et 10,400 maisons, y compris celles de la
ville de Sinope.

Parmi les *turbé* ou chapelles funéraires de cette ville, on
remarque le tombeau d'un saint de l'Islam, *Séyyid Ibrahim Bel-
lâl* qui vient d'être restauré, avec la mosquée qui lui est dédiée,
aux frais de la liste civile, et ceux de : *Sultan Khatoun, Ibrahim
Adil, Isféndériar, Sélâm ed-din* et *Azif Bey.*

Les écoles civiles de Sinope et de Guèrzè, la grande prison
et l'hôpital civil de Sinope, dont la construction a duré plusieurs
années, et qui n'ont été que récemment achevés, sont de véritables monuments.

Forêts. — Les forêts exploitées par l'État ou sous son
contrôle dans le merkez-caza de Sinope (voir page 567), sont
au nombre de 10, d'une superficie totale de 388 kil. carrés.
Les principales essences de leur peuplement sont le chêne,

le tilleul, le pin laricio et le sapin, qui sont débités en planches pour les nouvelles constructions locales et l'exportation. Les écorces sont réservées pour la tannerie. Le montant des coupes annuelles est en moyenne de 9,000 arbres de toutes essences.

Production agricole. — Les principales cultures du merkez-sandjak de Sinope sont celles des céréales, des haricots et du lin, dont la production annuelle est évaluée en moyenne, comme suit :

Blé	111,000 hectolitres
Orge.	29,600 —
Avoine.	6,700 —
Maïs.	55,500 —
Graine de lin.	7,400 —
Haricots	11,500 —
TOTAL. . .	221,700 hectolitres

Bestiaux. — L'élevage produit en moyenne par année, dans ce caza, 58,407 têtes de bétail de toutes races, comme suit :

		TÊTES DE BÉTAIL
Race bovine	Bœufs.	9,000
	Vaches	3,000
	Buffles	1,000
Race ovine	Moutons.	30,465
	Chèvres communes . . .	14,211
	Chèvres mohair..	731
	TOTAL. . .	58,407

Conmerce. — Nous avons vu, page 572, que le mouvement commercial du sandjak de Sinope se chiffrait, année moyenne, par 92,000 livres turques à l'exportation et 77,450 livres turques à l'importation.

Le tableau ci-après montre ce mouvement spécialement pour le port de Sinope en 1893, d'après des données recueillies à la douane de cette ville.

EXPORTATION

PAYS DE DESTINATION

ARTICLES EXPORTÉS	AUTRICHE	FRANCE	TURQUIE	TOTAUX PAR ARTICLES
	francs	francs	francs	francs
Blé	»	264.000	264.500	529.000
Orge	»	69.000	69.000	138.000
Maïs	»	69.000	69.000	138.000
Avoine	»	46.000	46.000	92.000
Graine de lin	»	46.000	»	46.000
Haricots	18.400	»	18.400	36.800
Riz	»	»	50.600	50.600
Noix, châtaignes	92.000	11.500	»	92.000
Huile de poisson	»	»	11.500	11.500
Poissons salés	»	»	46.000	46.000
Laine	23.000	»	»	23.000
Tabac	»	»	138.000	138.000
Bois de construction	»	»	575.000	575.000
id. de chauffage	»	»	92.000	92.000
Divers	»	»	138.000	138.000
TOTAUX PAR PAYS	133.400	506.000	1.506.500	

TOTAL DE L'EXPORTATION..... 2.145.900

IMPORTATION

PAYS DE PROVENANCE

ARTICLES IMPORTÉS	ANGLETERRE	AUTRICHE	FRANCE	RUSSIE	TURQUIE	TOTAUX PAR ARTICLES
	francs	francs	francs	francs	francs	francs
Sucre	»	230.000	230.000	»	»	460.000
Café	»	»	92.000	»	»	9.000
Fer	»	»	34.500	»	»	34.500
Verrerie	»	11.500	»	»	»	11.500
Papeterie	»	18.400	»	»	»	18.400
Allumettes	»	5.750	»	»	»	5.750
Pâtes aliment.	»	»	»	13.800	»	13.800
Alcool	»	»	9.200	»	»	9.200
Cognac, etc.	»	»	10.350	»	»	10.350
Caviar	»	»	»	3.450	»	3.450
Manufactures	368.000	»	»	»	»	368.000
Cuirs	»	»	66.700	»	»	66.700
Pétrole	»	»	»	27.600	»	27.600
Savon	»	»	»	»	92.000	92.000
Huile et olives	»	»	»	»	20.700	20.700
Fruits secs	»	»	»	»	16.100	16.100
TOTAUX PAR PAYS	368.000	265.650	442.750	44.850	128.800	

TOTAL DE L'IMPORTATION.... 1.250.050

Navigation. — Le mouvement maritime du port de Sinope, calculé sur une moyenne de cinq années, est de :

PAVILLONS	NOMBRE DE NAVIRES			TONNAGE			DROITS de PHARES
	VAPEURS	VOILIERS	TOTAL	VAPEURS	VOILIERS	TOTAL	
							piastres
Anglais......	1	»	1	1 168	»	1.168	»
Français....	3	»	3	3.624	»	3.624	»
Héllène.....	1	16	17	881	4.927	5.808	615
Ottoman.....	162	1415	1.577	148.851	25.148	173.999	8.827
Samien......	»	2	2	—	24	24	»
Russe	95	11	106	91.999	1.296	93.295	551
	262	1.444	1 706	246.523	31 395	277.918	9.993

Soit 1.706 navires, jaugeant 277.918 tonneaux

CAZA DE BOYÂBÂD

Orientation, limites. — La caza de Boyâbâd est situé au sud du sandjak de Sinope et à l'est du vilayet de Castamouni. Il est limité : au nord, par les cazas d'Istéfàn et de Sinope ; à l'est, par le vilayet de Trébizonde ; au sud, par celui de Sivas ; et à l'ouest, par le merkez-sandjak de Castamouni.

Division administrative. — Il ne possède qu'un seul *nahié* qui est *Thouraghân*, et contient 50 villages.

Autorités. — L'autorité y est exercée par 1 *caïmakam* et 1 *mudir*.

Population du caza. — Sa population totale est de 51,354 hab., comme suit :

	HOMMES	FEMMES	TOTAL
Musulmans.	26,030	23,153	49,183 hab.
Grecs orthodoxes.	66	25	91 —
Coptes.	1,086	993	2,079 —
TOTAL. . .	27,182	24,171	51,353 hab.

Chef-lieu. — BOYÂBÂD, chef-lieu du caza, résidence officielle du caïmakam, sous-gouverneur, siège des divers services
publics, d'un tribunal de première instance, d'une station télégraphique et postale et d'une agence de la régie des tabacs, est
située sur la rive droite et à 2 kil. environ du *Gueul-irmak*,
affluent du *Kizil-irmak* (Halys) à 300 m. d'altitude, dans la
plaine la plus fertile et la mieux cultivée du vilayet de Castamouni. Cette ville est à une distance de 69 kil., en ligne directe,
du port de Sinope auquel elle est reliée par une route carrossable de 96 kil. 300, et à 90 kil. du chef-lieu du vilayet, en ligne
directe.

Population. — Sa population, comprise dans le chiffre
précité de celle du caza, est de 6,000 hab., comme suit :

	HOMMES	FEMMES	TOTAL
Musulmans.	3,055	2,854	5,909 hab.
Grecs orthodoxes	66	25	91 —
TOTAL. . .	3,121	2,879	6,000 hab.

On compte à Boyâbâd et dans le caza, 2 *konak* ou hôtels du
gouvernement, l'un au chef-lieu du caza, l'autre à Touraghân,
chef-lieu de son *nahié*, 1 hôtel municipal, 1 dépôt d'armes,
1 prison, 100 mosquées à minarets (*djâmi*), 1 *tekkè* ou couvent de derviches, 5 *médressé*, 1 bibliothèque publique, 3 bains
publics (*hammam*), 140 fontaines publiques, 1 bazar et 302 boutiques, 6 *han* ou hôtelleries, 28 cafés, 3 ponts en charpente,
145 moulins hydrauliques à farine, 1 tuillerie, 7 scieries,
1 abattoir à Boyâbâd et 10,270 maisons dont 1,200 dans cette
ville et 800 à Touraghân.

Écoles. — Il y a dans le caza de Boyâbâd 97 écoles dont
5 supérieures (*médressé*), une secondaire (école civile) et 91 pri-

maires (annexes de mosquées et d'églises), fréquentées par 1,835 élèves, comme suit :

		ÉCOLES	ÉLÈVES
Musulmans :	*médressé*	5	65
—	école secondaire	1	90
—	— primaires	90	1,640
Grecs orthodoxes —	—	1	40
	TOTAL . . .	97	1,835

Forêts. — L'exploitation forestière est bornée, dans ce caza, à des coupes annuelles de 8,000 arbres seulement, opérées dans 2 forêts d'une superficie totale de 289 kil. carrés. Les essences dominantes de leur peuplement sont le chêne, le hêtre, le châtaignier et le pin laricio. On les débite en planches pour l'exportation, et l'écorce est employée au tannage des peaux. Le montant des droits forestiers perçus sur les coupes par l'administration est de 17,000 piastres, soit environ 3,910 fr.

Production agricole. — Les principaux produits des cultures des vallées de Boyâbâd et de Tourâghân, riches en céréales et renommées pour leurs rizières, sont : le blé, l'orge et le seigle; le maïs, le riz, les graines légumineuses et oléagineuses; le coton et le salep, les melons, pastèques, aubergines et autres fruits et produits maraîchers expédiés pour la plupart à Sinope et à Castamouni. On évalue cette production comme suit :

	hectolitres		kilogrammes
Blé	185.000	Riz	750.000
Orge	92.500	Coton	90.000
Seigle	11.100	Salep	15.000
Maïs	7.400	Fruits, légumes	10.000
Graine de lin	3.700		
Haricots	12.950		
TOTAL	312.650	TOTAL	865.000

Marchés. — Le marché de Boyâbâd, centre commercial très fréquenté où se réunissent tous les producteurs des contrées environnantes, se tient chaque lundi au bazar de cette ville. Chaque année, des foires qui durent trois jours ont lieu à Ayi-Oyoun, à Tcharchèmbé et à Olaghidj ; il s'y fait un grand commerce des denrées de Boyâbâd.

Bestiaux. — On estime la production annuelle de l'élève du bétail dans le caza de Boyâbâd, en moyenne, à 91,043 bêtes de toutes races, comme suit :

RACES	ESPÈCES	TOTAUX PAR ESPÈCES	TOTAUX PAR RACES
Bovine....	Bœufs de labour.............	15.000	21 500
	Vaches et taureaux..........	5.000	
	Buffles	1.500	
Ovine.......	Moutons...................	30.449	69 543
	Chèvres communes	25.106	
	— mohair.............	13.988	
	TOTAL GÉNÉRAL....		91.043 têtes de bétail

Dîmes et impôts. — En année moyenne, les revenus bruts de ce caza sont de 2,147,483 piastres, soit environ 493,921 fr., (voir le détail page 574).

CAZA D'ISTÉFÂN

Orientation, limites. — Le caza d'Istéfân est situé au nord-ouest du caza de Sinope et au nord-est du vilayet de Castamouni. Il est limité : au nord, par la mer Noire ; au nord-est et à l'est, par le merkez-caza de Sinope ; au sud, par le caza de Boyâbâd ; et à l'ouest, par le merkez-sandjak de Castamouni.

Division administrative. — Il comprend 1 *nahié* qui est Tchâmli, et l'on y compte 89 villages.

نب

Autorités. — L'autorité administrative y est exercée par 1 *caïmakam* et par 1 *mudir*.

Population. — Sa population totale est de 34,272 hab.; comme suit :

	HOMMES	FEMMES	TOTAL
Musulmans.	16.546	16.330	32.876 hab.
Grecs orthodoxes	706	690	1.396 —
TOTAL . . .	17.252	17.020	33.272 hab.

Chef-lieu. — ISTÉFAN, chef-lieu du caza, résidence officielle du sous-gouverneur, siège des services administratifs, d'un tribunal de première instance et d'une agence de la Dette publique, est située au bord de la mer Noire, à 50 kil. ouest de Sinope en ligne droite.

Population du chef-lieu. —Sa population, comprise dans le chiffre ci-dessus de celle du caza, est de 1,200 hab.; comme suit :

	HOMMES	FEMMES	TOTAL
Musulmans	385	366	751 hab.
Grecs orthodoxes	237	272	449 —
TOTAL. . .	622	578	1.200 hab.

On compte, tant à Istéfân que dans le nahié de Tchâmli et les 89 villages ou hameaux de ce caza, 1 *konak* ou hôtel du gouvernement, 1 hôtel municipal, 47 mosquées à minarets (*djâmi*), 1 église grecque, 1 bazar et 25 boutiques, 2 *han* ou hôtelleries, 2 cafés, 23 fontaines publiques, 7 moulins hydrauliques, 4 ponts en charpente, 2 fours, 20 scieries et 6,854 maisons, dont 420 à Istéfân et 311 à Tchâmli. Ce chef-lieu du nahié de même nom, est situé au sud-est du caza, entre la source du *Tchobânlar-sou* et la route carrossable de Sinope à Boyâbâd, au centre d'une région fertile et bien boisée.

Ecoles. — Il n'y a dans le caza d'Istéfân que 17 écoles élémentaires, annexes de mosquées et d'églises, fréquentées par 450 élèves, comme suit :

		ÉCOLES	ÉLÈVES
Musulmans . . écoles élémentaires . . .		13	300
Grecs orthodoxes — — . . .		4	150
TOTAL. . .		17	450

Forêts. — On exploite dans ce caza, sous le contrôle de l'État, 2 forêts dont la superficie totale est de 187 kil. carrés. Les essences qui les peuplent sont le chêne, le châtaignier, le hêtre et le pin. Il s'y fait une coupe de 10,000 arbres par an, en moyenne, dont le bois alimente les scieries des alentours, où l'on frabrique des quantités importantes de planches qui sont embarquées en grande partie sur des *qâiq* et autres embarcations de faible tonnage, tant à Istéfân qu'à Ayândjik, autre petit port voisin. Les écorces de pin sont employées dans les tanneries des cazas les plus proches Les droits forestiers perçus sur les coupes annuelles précitées s'élèvent en totalité à 15,000 piastres, soit environ 3,450 fr.

Production agricole. — La production agricole de ce caza est de même nature que celle des autres parties du sandjak de Sinope, c'est-à-dire qu'elle consiste surtout en céréales.

On évalue sa quantité, année moyenne, en hectolitres, comme suit :

Blé	74,000	hect.
Orge	7,400	—
Maïs	29,600	—
Graine de lin	3,700	—
Haricots	3,700	—
TOTAL. . .	118,400	hect.

Marché, commerce local, etc. — Les deux grands articles d'exportation du caza d'Istéfân sont les bois de construction dont il est chargé des quantités considérables à destination de Constantinople, Smyrne et autres places, ainsi que les châtaignes, pommes et fruits frais d'espèces diverses, qu'on estime à une valeur totale de 14,000 livres turques.

Trois foires, durant chacune trois jours, se tiennent tous les ans dans ce caza, l'une à Yarna, les 23, 24 et 25 avril ; l'autre à Ayândon, les 27, 28 et 29 juillet, et la troisième à Hillé-Aldi, les 15, 16 et 17 août.

Bestiaux. — L'élevage des bestiaux donne lieu, dans le caza d'Istéfân, à une production annuelle évaluée en moyenne à 18,431 têtes de bétail de toutes races, comme suit :

RACES	ESPÈCES	TOTAUX PAR ESPÈCES	TOTAUX PAR RACES
Bovine . . .	Bœufs	6 000	8.500
	Vaches	2 000	
	Buffles	500	
Ovine . . .	Moutons.	4.351	9.931
	Chèvres communes.	5.578	
	Chèvres mohair	2	
		TOTAL GÉNÉRAL...	18.431

Dîmes et impôts. — On trouve plus haut, page 574, les détails concernant le revenu annuel moyen de ce caza, montant à 1,986,575 piastres, soit environ 456,705 fr.

VILAYET DE CONSTANTINOPLE

DÉPENDANCES EN TURQUIE D'ASIE

———

SOMMAIRE DES MATIÈRES

———

———

V. Cuinet. La Turquie d'Asie

VILAYET DE CONSTANTINOPLE

Dépendances, en Turquie d'Asie

1° Ville de Constantinople :

VIIIᵐᵉ Cercle Municipal: KADULDJA.
IXᵐᵉ   —   : SCUTARI-(Uskudar)
Xᵐᵉ   —   : CADIKEUI

2° Cinq Cazas :

1° Iles des Princes. — 2° Guebzé. — 3° Béicos. — 4° Kartal. — Chilé

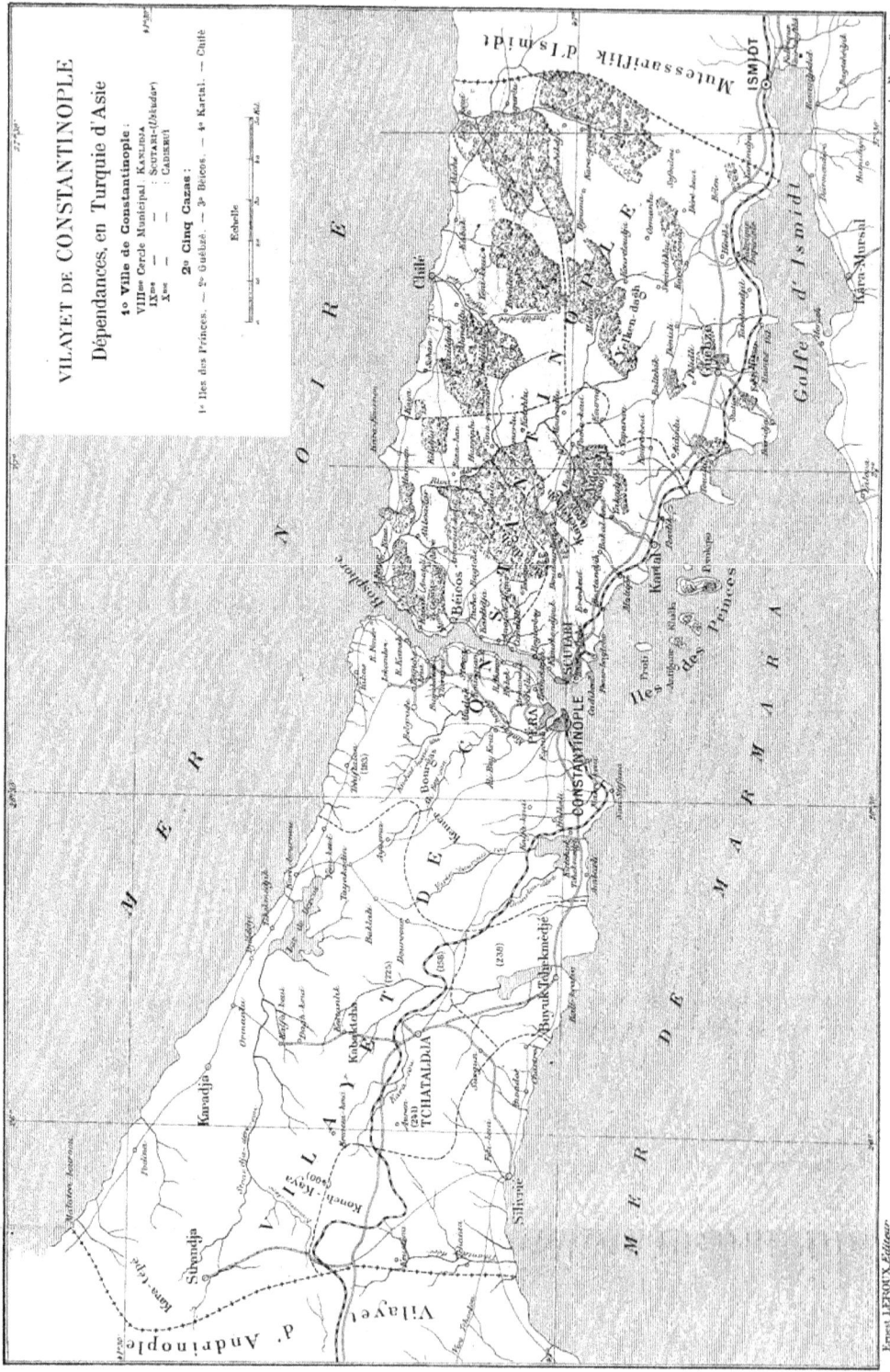

Echelle

Imp. Monrocq, Paris.

Ernest LEROUX, Editeur

VILAYET DE CONSTANTINOPLE

DÉPENDANCES EN TURQUIE D'ASIE

STATISTIQUE DESCRIPTIVE

A partir du mutessariflik d'Ismidt jusqu'au Bosphore, tout le territoire de la Turquie d'Asie appartient au vilayet de Constantinople et forme la partie asiatique du vilayet de ce nom.

Orientation, limites. — Ce territoire est compris entre 26° 40′ à 27° 35′ de longitude, et 40° 43′ à 41° 12′ de latitude. Il est limité : au nord, par la mer Noire ; à l'est, par le mutessariflik d'Ismidt ; au sud, par la mer de Marmara et le golfe d'Ismidt ; et à l'ouest par le Bosphore.

Superficie. — Sa superficie totale est approximativement de 4,000 kilom. carrés.

Division administrative. — Il est composé administrativement de 3 cercles municipaux de la ville de Constantinople et de 5 cazas du vilayet de même nom, comme suit :

1° VILLE DE CONSTANTINOPLE (Asie)

VIII° Cercle municipal : KANLIDJA.
IX°   —   SCUTARI (Uskudar)
X°   —   CADIKEUÏ

2° VILAYET DE CONSTANTINOPLE
(Cazas d'Asie)

CAZAS	NAHIÉS	BOURGS ET VILLAGES
1° Iles des Princes ch.-l. Kizil-Ada (Priukipo)	Iles de Khalki (Heïbèli) — de Proti (Kinali) — de Bourgaz (Antigone)	4
2° Guèbzè	Guèbzè — Daridja	42
3° Beïcos	(Point de nahiés)	18
4° Kartal.	—	24
5° Chilè	—	84
5 cazas	5 nahiés	172

Ces 3 cercles municipaux et ces 5 cazas, situés en Turquie d'Asie, forment, avec le caza de Kutchuk-Tchèkmèdjé ou Tchèk-mèdjé-saghir situé en Turquie d'Europe, une seule et même circonscription, soumise à la réglementation d'un « *cordon sanitaire* », et désignée officiellement, en conséquence, sous le nom de « *cordon* » emprunté, à cet effet, à la langue française.

Division militaire. — Les troupes appartenant à l'armée active (*nizam*) cantonnées ou casernées dans cette circonscription, font partie du premier corps d'armée (1er *ordou*), formant le *khâssè* (garde impériale). Ce corps d'armée, comme les cinq autres *ordou*, a pour commandant en chef un *muchir* (maréchal), et ne diffère de ces derniers que par l'adjonction, même en temps de paix, d'un régiment de pionniers et de bataillons spéciaux, d'ouvriers, etc., ce qui porte le chiffre de son effectif, en tout temps, à 3 ou 4,000 hommes de troupes de plus que celui de la troupe de chacun des cinq autres corps d'armée. Le quartier général du *khâssè* (garde impériale) est à Constantinople où réside le *muchir* (maréchal) commandant en chef.

Autorités. — Toutes les localités actuellement comprises sous le nouveau nom de « *cordon* » ressortissaient autrefois au *zabtiyè-nazarèti* (ministère de la police). Entrées depuis quelque temps déjà dans les dépendances directes de la ville de Constantinople, soit à titre de cercles municipaux, soit en qualité de cazas, l'autorité administrative y est exercée, suivant les cas, par des fonctionnaires relevant de la préfecture de cette ville (*chèhr-émanèti*) qui sont, pour chaque municipalité, 1 *mudir* (directeur), 1 *mohassèbèdji*, (chef de comptabilité), et 1 *tahrir-rat-kiatibi* (employé à la correspondance). Pour chaque caza, ces fonctionnaires se réduisent à 1 *caïmakam* (sous-gouverneur) et 1 *naïb* (juge). L'autorité supérieure est entre les mains du *chèhr-émini* (préfet de la ville de Constantinople).

Toutefois il existe des exceptions en faveur de certains cercles municipaux, tels *Bey-oghlou* (Péra) en Europe, et *Uskudar* (Scutari) en Asie, qui sont restés en possession de *mutes-sarif* (gouverneurs) relevant, comme jadis, du ministère de la police (*zabtiyè-nazarèti*), sans préjudice des fonctionnaires plus nouveaux, ressortissant à la préfecture (*chèhr-émanèti*).

Les autorités religieuses du « *cordon* » sont, tant pour la population musulmane que pour les diverses autres communautés, leurs chefs religieux respectifs résidant à Constantinople, c'est-à-dire : le *chéikh ul-islam*, les différents patriarches, le délégué du Saint-Siège apostolique, le *khâkhâm-bâchi*, (grand rabbin), etc. Quelques villes ou villages, tels que Cadikeuï, ancienne Chalcédoine, sont restés des métropoles où sièges des représentants directs de ces hautes autorités religieuses.

Ces représentants directs des chefs suprêmes des communautés font partie d'ailleurs, pour la plupart, des conseils supérieurs qui les assistent. C'est ainsi, par exemple, qu'au *Fètva-Hané* l'on voit siéger, dans le département du *Cadi-Askier* (grand-juge d'Analolie), le *naïb* de Scutari.

Services administratifs. — Les services administratifs du « cordon » sont les mêmes que ceux des vilayets des *sandjaks*, *cazas* et *nahiès* de toutes les autres parties de l'empire. Leur centralisation s'opère à Constantinople, aux ministères compétents, principalement au *chèhr-émanèti* (préfecture de la ville) et au *zabtiyè-nazarèti* (ministère de la police).

Tribunaux. — Il y a dans chaque cercle municipal et dans chaque caza et nahié du « cordon d'Asie », des tribunaux du *chér'i* (droit islamique) et du *bédaïèt* (droit moderne) ressortissant aux ministères du culte et de la justice.

Gendarmerie. — Les divers services d'ordre public sont effectués dans toute la partie asiatique du « cordon » par des postes nombreux de *zabtiyè*, soldats de police, disséminés de rue en rue dans chaque ville et dans chaque village, tout le long du Bosphore et à chaque station du chemin de fer d'Anatolie, ainsi que par des gendarmes et des soldats du *nizam* (armée active) et de sa réserve ou *ihtiyâth*, installés dans de vastes corps de garde, qui peuvent contenir chacun 150 à 200 hommes. Les uns et les autres sont relevés de mois en mois et quelquefois de 3 en 3 mois ou même deux fois par an ; chaque grand corps de garde contient un petit poste de police, 1 commissaire et 2 ou 3 agents dits « police », ce mot français est brodé en lettres turques sur le collet de leur tunique. Le mot « gendarme » en langue française, est également brodé en caractères turcs sur le collet des gendarmes.

Le premier bataillon du régiment (*alâï*) de gendarmerie de Constantinople fait le service de la ville de Scutari (9e cercle de Constantinople), de celle de Cadikeuï (10e cercle) et du caza de Kartal. Il est caserné à Scutari sous les ordres de son commandant *Hadji-Raïf Bey*. Le grade de « commandant » est exprimé en langue française pour la gendarmerie, de même que celui de « commissaire » pour la police.

Police. — Le siège central de la police, dans la partie asiatique du « cordon», est au *konak* du mutessariflik de Scutari, lequel relève, ainsi qu'il a déjà été dit ci-dessus, du ministère de la police. *Le mutessarif*, gouverneur de Scutari, est assisté par un conseil composé d'un commissaire en premier, président, de 3 commissaires en second, et d'un commissaire en troisième, qui sont membres du Conseil. Il a sous ses ordres les fonctionnaires et employés civils nécessaires, le commandant de gendarmerie, le commandant des *zabtiyè*, le commandant de pompiers, les commissaires et agents de police, etc. Au conseil du mutessarif, sont adjoints 3 *thabib*, médecins, dont 2 musulmans et 1 grec orthodoxe.

Douanes. — A chaque échelle de débarquement et embarquement est établi un petit poste de douane, généralement composé d'un à trois préposés.

Office sanitaire. — L'office sanitaire exerce une surveillance très active sur ces mêmes échelles, tant dans le Bosphore que dans la mer Noire et la mer de Marmara. Partout où l'administration des phares a établi des agences, l'office sanitaire a également ses agents.

Phares. — L'administration des phares de l'Empire ottoman, sur le littoral asiatique du « cordon », a des agences à *Scutari* et à *Anatoli-Kavak*, et des phares à *Kiz-qoulé* (tour de Léandre), à *Fénèr-Baghtchè*, à *Kandili*, à *Kanlidja*, etc.

Postes et télégraphes. — Le ministère des postes et télégraphes a établi dans les limites du « cordon », en Asie, 16 bureaux de poste, 5 stations télégraphiques de service international, c'est-à-dire où la correspondance se fait en turc ou en français, et 8 stations télégraphiques de service intérieur exclusivement fait en langue turque, comme suit :

| LOCALITÉS | STATIONS TÉLÉGRAPHIQUES | | BUREAUX de POSTE |
	SERVICE international. Langues turque et française	SERVICE intérieur. Langue turque	
Anatoli-Kavak	»	1	1
Beïcos	»	1	1
Kanlidja	»	»	1
Anatoli-Hissar	»	1	1
Kandili	»	»	1
Beylerbey	»	1	1
Tchènghèl-Keuï	»	»	1
Scutari	»	1	1
Sélimlyè	»	1	1
Haïdar-Pacha	1	»	1
Cadikeuï	1	»	1
Erèn-Keuï	1	»	1
Kinali (île de Proti)	»	1	1
Bourgaz (île d'Antigone)	»	1	1
Heïbéli (île de Khalki)	1	»	1
Kizil-Ada-si (île de Prinkipo)	1	»	1
TOTAUX. . .	5	8	16

Dette publique ottomane et régie des tabacs. — Ces deux administrations ont aussi des agences de second ordre à Scutari et dans les chefs-lieux des cazas et nahiés ; elles relèvent directement des directions centrales respectives de Constantinople.

Population. — La population totale du « cordon », en Asie, est de 240,381 hab., dont 132,591 hommes et 107,790 femmes, comme suit :

TABLEAU I. — *Population totale des dépendances asiatiques du vilayet de Constantinople :*

CERCLES MUNICIPAUX	MUSULMANS			BULGARES TCHÉRKÈSS			GRECS ORTHODOXES			ARMÉNIENS GRÉGORIENS			CATHOLIQUES ARMÉNIENS-LATINS		
	Hommes	Femmes	Total	Hommes	Femmes	Total	Hommes	Femmes	Total	Hommes	Femmes	Total	Hommes	Femmes	Total
VIII° cercle (Kânlidja). .	8.183	7.613	15.796	600	400	1.000	2.000	1.387	3.387	2.180	1.900	4.080	»	»	»
IX° cercle (Scutari) . .	37.400	32.200	69.600	1.312	298	1.610	6.600	5.580	12.180	8.500	7.300	15.800	150	100	250
X° cercle (Cadikeuï) . .	5.431	3.241	8.672	402	300	702	5.511	2.626	8.137	6.349	4.131	10.480	100	100	200
	51.014	43.054	94.068	2.314	998	3.312	14.111	9.593	23.704	17.029	13.331	30.860	250	200	450
CAZAS de la partie asiatique du vilayet de Constantinople															
1° Iles des Princes . .	1.598	1.392	2.990	»	»	»	2.704	2.306	5.010	756	544	1.300	490 / 503	410 / 400	800 / 903
2° Guebzé.	7.000	5.300	12.300	900	800	1.700	2.650	2.450	5.100	»	»	»	»	»	»
3° Beïcos	2.887	2.007	4.894	450	400	550	1.090	1.060	2.150	1.010	890	1.900	»	»	»
4° Kartal	5.260	5.280	10.500	196	174	370	2.539	2.461	5.000	1.155	1.045	2.200	60 / 50	40 / 30	100 / 80
5° Chilé	7.600	7.200	14.800	800	150	950	1.648	1.552	3.200	400	400	800	»	»	»
TOTAUX PAR COMMUNAUTÉS.	75.359	64.193	139.552	4.660	2.222	6.882	24.724	19.422	44.164	20.330	16.210	36.560	1.053	780	1.833

(A suivre.)

(Suite.) TABLEAU II. — *Population totale des dépendances asiatiques du vilayet de Constantinople :*

CERCLES MUNICIPAUX	PROTESTANTS			ISRAÉLITES			TCHINGANÊ (BOHÉMIENS)			ÉTRANGERS			TOTAL		
	Hommes	Femmes	Total	Hommes	Femmes	Total	Hommes	Femmes	Total	Hommes	Femmes	Total	Hommes	Femmes	Total
VIIIe cercle (Kânlidja). . .	»	»	»	70	50	120	»	»	»	600	200	800	13 633	11.550	25.183
IXe cercle (Scutari) . .	150	100	250	2 600	2.500	5 100	380	320	700	115	85	200	57.207	48.483	105.690
X^e cercle (Cadikeui) . .	50	50	100	282	168	450	150	140	290	1 900	1.280	3.180	20.175	12.036	32.211
CAZAS de la partie asiatique du vilayet de Constantinople	200	150	350	2.952	2.718	6.670	530	460	990	2.615	1.565	4.160	91.015	72.069	163.084
1° Iles des Princes . . .										»	»	»	5.751	4.752	10 503
2° Guèbzé.										100	50	150	10 650	8.600	19.250
3° Belcos										»	»	»	5.437	4.057	9.494
4° Kartal										30	20	50	9.290	9.010	18.300
5° Chilé										»	»	»	10.448	9.302	19.750
TOTAUX par communautés.	200	150	350	2.952	2.718	6.670	530	460	990	2 745	1.635	4.380	132.591	167.790	240.381

TOTAL GÉNÉRAL . . .

Mœurs, usages, etc. — Parmi les 139,522 musulmans, dont le nombre est ci-dessus énoncé, on compte tous les officiers et la plupart des hommes de troupe de la garde circassienne de S. M. I. le Sultan. Dans les colonnes qui portent en tête l'indication de « *Bulgares* » « *Tchèrkès* » ont été seuls compris les immigrés non militaires, pour faire juger de leur plus ou moins d'importance dans les colonies agricoles. Quant aux Circassiens de la garde, leurs familles sont logées dans les quartiers musulmans de la ville de Scutari, et dans sa banlieue, autour du joli faubourg de *Tchamlidja*, où leur général Fuad Pacha a sa résidence. Depuis la création de la garde circassienne, le service des bateaux entre Scutari et Béchiktach, qui se bornait auparavant à deux voyages d'aller et retour, matin et soir, a pris autant d'importance que le service de Scutari-Constantinople. A chacune des deux échelles, en Europe et en Asie, les départs et les arrivées se succèdent sans interruption, du matin au soir, de 45 en 45 minutes, car presque tous les officiers des autres corps de troupe du palais de Yildiz, les hauts fonctionnaires civils et la foule des employés subalternes de cette résidence impériale ont également leurs riches hôtels, leurs palais, *konaks*, *yâli*, etc, et leurs très humbles maisonnettes à Scutari, à Tchamlidja, et autres parages asiatiques. Tous leurs enfants, ceux des riches comme ceux des pauvres, fréquentent assidûment les lycées, les écoles supérieures et surtout les écoles spéciales : marine, arts et métiers, médecine, beaux-arts, artillerie, génie, etc., et les nombreux ateliers de l'État dans lesquels, habillés, nourris, recevant une petite solde, ils apprennent à fond, en théorie et en pratique, les professions utiles et lucratives d'ingénieur-mécanicien, d'ajusteur, etc, sous d'habiles maîtres, engagés par la Turquie en France et en Angleterre. C'est donc un va-et-vient continuel de bateaux et de *caïk*, que l'on songe, depuis vingt ans et plus, à remplacer par de gigantesques ponts sur le Bosphore ou des tunnels sous-marins ; mais ce sont des projets hasardeux qui, jusqu'aujourd'hui, n'ont pu aboutir.

Dans le même chiffre précité, se trouvent compris quelques

chiites, fort peu nombreux de ce côté du Bosphore, car presque tous les sectateurs d'Ali fixés à Constantinople sont des négociants persans, en majorité fort riches, qui préfèrent demeu-
rer à Stamboul'pour être plus près du centre de leurs affaires
et de leurs plaisirs. Outre ces gros négociants et les marchands
de « *tumbéki* », sorte de tabac spécialement destiné au « *nar-
ghiléh* », les sujets persans qui se font le plus remarquer sont
les *échèkdji* ou conducteurs d'ânes employés à transporter les
briques et tuiles, les planches, le sable, la chaux et autres matériaux de construction. On les voit partout où l'on bâtit, en
Asie comme en Europe, ainsi que les colporteurs de chaussettes
en tapisserie, de châles et autres objets à l'usage des ouvriers
persans et des *hammâl* ou portefaix arméniens, *kurdes*, etc.
Tous ces gens habitent les localités où se trouvent les travaux et
les travailleurs qu'ils fournissent; ce sont à peu près les seuls
chiites que l'on rencontre dans les villes et villages du « cordon d'Asie », excepté à certaines époques de l'année telles que
le « *nèv-rouz* » ou premier jour de printemps, et la fête de Hassan et Husséin, fils d'Ali, quatrième khalife Rachédi. Alors la
colonie persane toute entière part du pont situé entre Émin-
eunu et Galata, sur des bateaux à vapeur nolisés à cet effet, et
vient débarquer à l'échelle de Scutari, d'où elle se rend à pied
au vallon de *Séyyid-Ahmed-dèrèssi*, situé à *qaradja-Ahmed*, dans
le grand cimetière musulman de Scutari, où ont lieu les cérémonies d'usage.

Les fêtes commémoratives de la mort du fils d'Ali ont déjà
été décrites au chapitre spéciale du vilayet de Bagdad (tome III,
page 175). Quant aux cérémonies du *nèv-rouz*, celles que l'on
fait publiquement, consistent en comédies, danses, feux de joie,
luttes, joûtes et spectacles de toutes espèces, avec fanfares de
trompettes, de cors et de timbales, et repas sur l'herbe. Tout le
monde est habillé de neuf et chacun s'efforce de surpasser les
autres en magnificence. La fête dure huit jours pendant lesquels
on s'envoie mutuellement, et l'on envoie à ses amis appartenant
à d'autres communautés, plusieurs présents où doivent toujours
figurer certaines sucreries spéciales. Parmi les cérémonies du

nèv-rouz et de la fête de Hassan et Husséin, il ne faut pas oublier la confection exécutée en commun, à « *Sèyyid-Ahmed-dè-rèssi* », par toute la colonie persane, d'un « *âchuré* », mets aussi indispensable en ces occasions que les œufs peints et dorés qu'on s'envoie les uns aux autres la veille du *nèv-rouz*.

L' « *âchuré* » est un plat doux dont la base est du blé cuit à l'eau ; dans l'eau de cuisson du blé, on fait cuire ensuite des pignons, du raisin sec, des amandes, des pois chiches ; on édulcore le tout avec « quantum satis » de sucre, miel ou sirop et d'eau de roses, et l'on obtient de la sorte un manger délicieux, pourvu que chacun des éléments qui le composent y ait été introduit au moment voulu pour son parfait degré de cuisson, et en proportion rationnelle.

Bien que fort goûté chez les Orientaux, en toute occasion, *l'âchuré* est surtout un mets funéraire. Dès les temps anciens, les Grecs et les Persans en mangeaient, comme ils le font encore aujourd'hui, aux repas des funérailles. Cet antique usage est attribué à ce que, dit-on, ce fut de *l'âchuré* qui fut offert à Cérès, par la vieille sicilienne à la porte de laquelle elle tomba brisée de fatigue et torturée par la faim, quand elle cherchait partout, en vain, les traces de sa fille Proserpine enlevée par Pluton, dieu des enfers.

Les *tchingânè* ou bohémiens, appelés aussi *égyptiens* dans beaucoup de pays d'Europe, et nommés *coptes* ou *cophtes*, dans beaucoup de documents officiels ottomans, ainsi qu'il a été déjà dit dans le cours de cet ouvrage, sont sédentaires à Constantinople et dans ses diverses dépendances directes, notamment à Scutari (IX⁰ cercle), où ils occupent un quartier adjacent à la rue *Sélamsiz* et une partie de cette même rue. Ils y exercent, comme à peu près partout, les métiers de fabricants d'ustensiles en fer forgé, de maréchal-ferrant, de maquignon, de vannier, etc. Suivant la saison, ils confectionnent des *manghâl* (braseros), des poêles en tôle, des paniers en bois tressé pour fraises au printemps, raisins en automne ; d'autres paniers plus grands pour garantir les poules mères et leurs petits poussins exposés à être happés par les chats et les oiseaux de proie ; de grandes

corbeilles à linge et de hautes mannes pour couler la lessive,
etc. En tout temps, leurs jeunes gens s'exercent à la musique
en plein air : chant, flûte, tambour surtout, et les jeunes filles
à la danse orientale, autant par plaisir que par nécessité d'un
gagne-pain ; ces dernières vont aussi courir les bois et les prés
pour y faire la cueillette des herbes médicinales, des asperges
sauvages, des champignons qu'elles colportent ensuite dans les
rues de Stamboul et de Péra pour les vendre aux pharmaciens,
aux droguistes et aux ménagères. Comme ceux de tous les autres pays, les *tchingânè* de Scutari et autres échelles du Bosphore excellent en toutes sortes d'artifices, grâce auxquels ils
font paraître jeunes, fringants, et vendent à de bons prix des
chevaux à peine utilisables pour la peau et les os ; et leurs vieilles femmes n'ont pas leurs pareilles pour prédire aux soldats
turcs le bâton de maréchal, et aux jolies servantes de brillants
mariages.

Ecoles. — Les établissements scolaires de la partie asiatique du « cordon » sont au nombre de 606 dont 15 écoles supérieures ou spéciales, fréquentées par 1,329 élèves, dont 1,135
garçons et 194 filles ; 47 lycées, collèges, pensionnats gymnases
et autres établissements d'instruction secondaire, fréquentés
par 3,654 élèves dont 2,698 garçons et 956 filles, et enfin 544
écoles primaires ou élémentaires, fréquentées par 16,829 élèves,
dont 12,006 garçons et 4,823 filles, soit en totalité de 21,812
élèves dont 15,839 garçons et 5,973 filles, comme suit :

Tableau des Écoles des 3 Cercles municipaux et des 5 Cazas du " Cordon d'Asie "

COMMUNAUTÉS	ÉCOLES SUPÉRIEURES				ÉCOLES SECONDAIRES				ÉCOLES PRIMAIRES				TOTAUX PAR COMMUNAUTÉS			
	GARÇONS		FILLES		GARÇONS		FILLES		GARÇONS		FILLES		GARÇONS		FILLES	
	Écoles	Élèves	Écoles	Élèves	Écoles	Élèves	Écoles	Élèves	Écoles	Élèves	Écoles	Élèves	Écoles	Élèves	Écoles	Élèves
Musulmane.	10	793	2	194	13	1.096	3	110	253	7.608	83	1.827	276	9.507	88	2.131
Grecque orthodoxe. . . .	3	290	»	»	10	770	7	424	83	3.054	49	2.065	95	4.104	56	2.489
Arménienne	»	»	»	»	3	190	3	144	34	754	25	337	84	949	28	681
Catholique	1	62	»	»	2	422	1	58	6	315	6	297	9	799	7	355
Protestante.	»	»	»	»	2	70	2	220	1	25	1	45	3	95	3	235
Israélite.	»	»	»	»	1	150	»	»	3	235	3	82	4	385	3	82
TOTAUX PAR DEGRÉS D'ENSEIGNE-MENT	14	1.145	2	194	31	2.698	16	956	377	11.991	167	4.623	421	15.839	185	5.973

TOTAL GÉNÉRAL . . . .

ENSEMBLE. . . . . . . 606 écoles — 21.812 élèves

A l'exception de quelques écoles catholiques, des écoles spéciales de la plupart des communautés et de la totalité de celles
des Musulmans, tous les établissements scolaires primaires énumérés ci-dessus, sont mixtes, c'est-à-dire que les garçons et les
filles y sont admis, soit dans les mêmes classes où ils sont instruits simultanément, soit dans des locaux séparés, mais voisins
et faisant partie d'une même habitation. Les écoles de la communauté arménienne et celles des Filles de la Charité, sont
dans le second de ces deux cas. Bien entendu l'usage des classes
mixtes n'est admis d'ailleurs que pour des élèves externes,
sauf les enfants en bas âge.

Climat. — A très peu de différences près, le climat des dépendances directes de la partie asiatique du vilayet de Constantinople est le même que celui de cette ville. Il est devenu très
sain depuis l'institution des quarantaines et du « cordon » qui
a donné son nouveau nom à cette contrée, naturellement salubre, malgré les brusques variations de température qui se produisent à chacune des sautes de vent si fréquentes dans le Bosphore. Déjà, en 1844, M. Alexandre Timoni, auteur 'd'un ouvrage sur ce détroit, faisait remarquer que, lors de la construction de la belle et grande caserne de Haïdar-Pacha, élevée par
le Sultan Mahmoud II qui lui donna le nom de *Sélimiyèh*, en
mémoire de son père Sélim III, la vieille caserne de *Koulé-Bagh-
tchèssi*, située entre *Vani-keuï* et *Tchènghèl-keuï* ayant été convertie en un hôpital pour les pestiférés, on ne put trouver l'occasion de la faire servir à cet usage. La stricte observance des quarantaines avait suffi pour délivrer Constantinople et ses environs
du cruel fléau de la peste que sa permanence eût pu faire croire
endémique. Lors de la dernière épidémie de choléra, on a vu,
pendant plus d'une année, cette même contrée rester indemne,
grâce à l'application rigoureuse du même système prophylac-
tique, tandis que toutes les autres parties du pays étaient rava-
gées par la maladie. Ce fut seulement quand les précautions se
relâchèrent un peu de leur première sévérité, que le fléau
parvint à s'insinuer dans l'intérieur du « cordon », où le chiffre

de la mortalité resta néanmoins bien au-dessous de ceux qui s'étaient produits partout ailleurs, soit à l'étranger, soit en Turquie.

L'hiver et l'été sont également doux à Constantinople et dans ses dépendances directes, en Europe et en Asie. Pas de froids rigoureux, pas de chaleurs excessives. L'historien Théophane raconte, il est vrai, « qu'en 763, dès le mois d'octobre, la mer Noire gela jusqu'à 30 coudées de profondeur et que la glace s'éleva en outre de 20 coudées par l'amoncellement des neiges ». Il ajoute « qu'à la débâcle qui eut lieu en février 764, des glaçons semblables à des montagnes furent entraînés dans le Bosphore, s'entassèrent dans la Propontide et couvrirent les rivages et les îles jusqu'à Abydos ». Beaucoup de gens, dit encore Théophane, « traversaient à pied de Chrysopolis (Scutari) à Galata ». Il y eut ensuite, par compensation, des chaleurs telles que les sources tarirent, les pluies ayant cessé. On a vu, plus tard encore, deux autres années presque aussi extraordinairement exceptionnelles, et de nos temps mêmes, à l'époque de la guerre de Crimée (1854), sans arriver à un tel degré, le froid fut extrême. La neige, qui ne cessa de tomber en grande abondance durant près d'un mois, s'éleva au-dessus des maisons, dans plusieurs quartiers, et intercepta complètement les communications, notamment à Pancaldi, où le directeur et créateur des phares ottomans, M. Michel, aujourd'hui S. E. Michel Pacha, resta bloqué avec une partie de son personnel pendant tout ce temps. On se visitait et on faisait par les toits des échanges de pommes de terre, de charbon et autres denrées de première nécessité. Dans les quartiers où la circulation était restée possible, le charbon se vendait 10 piastres (environ 2 fr. 30) l'oke (1,282 gr.), et il était défendu d'en délivrer à un seul acheteur plus de 10 okes (12 kilogr. 820 gr.) à la fois.

Mais ce sont là des évènements lointains, ne se produisant qu'à de si rares intervalles que bien des générations se succèdent sans avoir jamais soupçonné la possibilité de rien de pareil.

Le temps moyen de Constantinople et de son « cordon » est

tout à fait différent de ces anomalies. Voici comment l'enregis-
tre l'Observatoire impérial météréologique :

MOIS	JOURS		A 8 HEURES DU MATIN					
	Croissance	Décroissance	Baromètre	Thermomètre	Hauteur d'eau	VENTS RÉGNANTS Nombre de jours		
	Minutes	Minutes		centigrade	millimètres	N.O.à I.	S.E. à O.	Calme
Janvier	46'	»	764.0	4 6	70.4	17	8	6
Février	69'	»	764.0	4.6	62.2	16	8	4
Mars	80'	»	759.3	7.8	66.3	14	12	5
Avril	70'	»	760.3	10 3	45 9	16	10	4
Mai	55'	»	759.8	14.9	45 9	16	11	4
Juin	Du 1er au 21 16'	Du 22 au 30 4'	738.8	19.5	35 5	16	11	3
Juillet	»	45'	758.1	22 1	23.4	21	6	4
Août	»	70'	758 3	22.5	49.1	21	7	3
Septembre.	»	78'	761.6	19.4	55.7	19	7	4
Octobre	»	80'	763.7	15.8	52.0	16	6	9
Novembre	»	56'	763.3	10.9	84.5	16	8	6
Décembre	Du 21 au 31 5'	Du 1er au 20 11'	763 5	6.6	115.6	16	10	5
MOYENNES ANNUELLES.			761.2	13.3	70.65	204	104	57

Production agricole. — Les produits du sol des cazas
asiatiques du vilayet de Constantinople sont absolument les
mêmes que ceux du sandjak d'Ismidt, énumérés page 314. Les
vignes de Tchamlidja (mont Boulgourlou) ; les cerises de Scutari méritent d'être citées. On cultive à Erèn-keuï, station du
chemin de fer d'Anatolie, près Haïdar-Pacha, des cépages
étrangers (français, hongrois, etc), dont on fait surplace des
vins de Bordeaux, de Bourgogne et des meilleurs crus hongrois, goûtés par les connaisseurs, à l'égal des crus originaux.
La société vinicole d'Erèn-keuï fait aussi, avec des raisins dits
tchaouch, des vins du Rhin que les Allemands ont en grande

estime ; enfin ses vins *yèrli* (vins du pays) sont d'excellents vins de table à très bon marché.

Tout ce qui a été déjà dit (page 314 et suivantes) au sujet des productions agricoles d'Ismidt, peut être appliqué à celles du « cordon » asiatique.

Mines et minières. — Il y a des mines de cuivre, de lapis-lazuli et de boracite à *Heïbéli* (île de Khalki), l'ancienne Chaleitis qui en avait pris son nom ; mais depuis l'antiquité, ces mines sont abandonnées. La couleur rouge des terrains de *Prinkipo* (Kizil-Ada-si) et les qualités fortifiantes de la poussière qu'on y respire sont des indices de la présence d'un sesquioxyde de fer, vulgairement appelé ocre rouge ; c'est une couleur des plus employées en peinture. M. le Cᵉ Andréossy, ancien ambassadeur de France à Constantinople, de 1812 à 1814, a récolté sur le littoral asiatique du Bosphore de nombreux et intéressants échantillons d'agate, de cornaline, de calcédoine, renfermant des géodes, ainsi que des échantillons de différents porphyres et de calcaires saccharoïdes, dont il a formé une collection qui figure au catalogue du cabinet des Mines en France. La montagne du Géant, ou *Youcha-daghi* (mont de Josué), est entièrement calcaire ; la pierre qu'on en retire est convertie en chaux, sur le lieu même, dans des fours construits au bord de la mer.

Forêts. — C'est près de cette montagne, vers la fontaine de *Kara-koulah*, à peu de distance du village de *Sèkè-Dèré*, que commençait autrefois la célèbre « *mer d'arbres* » exploitée depuis des siècles avec si peu de ménagements, qu'aujourd'hui l'ancien peuplement a presque totalement disparu. On ne rencontre plus dans cette contrée, où les rayons du soleil n'avaient jamais pénétré sous la voûte sombre des vieux chênes, que des broussailles auxquelles on ne laisse même pas le temps de grandir. Pour retrouver de véritables forêts, il faut s'avancer à 15 ou 20 kil. au delà, en se dirigeant vers le sud-est, le long de la rivière ou petit fleuve *Riva*, ancien *Rhébas* des Argonautes, et rejoindre les grands cantons forestiers des cazas de *Chilé* et de *Guèbzé*, qui s'étendent au loin et se confondent avec les vastes forêts des bords du *Sakaria* (Sangarius), dans les sandjaks d'Ismidt et de Bolou.

Eaux minérales. — Parmi les sources minérales du « cordon d'Asie », il faut citer les eaux de *Tavchândjil* et celles de *Daridja*, dans le caza de Guèbzé. Il est d'usage de prendre ces eaux comme préliminaires d'une cure qu'on va ensuite terminer à Dagh-Hammam, près de *Yalova*. Aux eaux de *Tavchândjil*, fréquentées par les Turcs, et à celles de *Daridja* fréquentées par les Grecs, ce commencement de cure dure neuf jours. Pendant les trois premiers, on se repose en se bornant à s'abstenir de viande et de toute espèce de mets salés ; pendant les trois suivants, on prend chaque matin une grande tasse d'eau, et l'on continue la même abstinence en se tenant chaudement ; enfin, les trois derniers jours, on boit de l'eau minérale trois fois par jour et l'on se nourrit exclusivement de poulet au riz sans sel. Souvent, au lieu d'aller prendre les bains d'eau thermale à Yalova, on termine la cure sur place par des bains de sable, en continuant le régime exclusif de poulet au riz non salé, auxquel on adjoint la soupe acidulée au jus de citron, et pour boisson de la limonade.

Fleuves, rivières. — Le « cordon d'Asie » est arrosé par un grand nombre de sources, de ruisseaux, mais il n'y existe qu'un seul cours d'eau de quelque importance, méritant non pas précisément le nom de fleuve quoiqu'il se jette dans la mer, mais du moins celui de rivière. C'est le *Riva-dèrè-si* ou *rivière de Riva*, ancien *Rhébas* des Argonautes, ainsi qu'il est déjà dit ci-dessus.

Cette rivière prend sa source dans les montagnes du golfe d'Ismidt, entre Bèlèn et Hèrèké, villages du caza de Guèbzé. Elle parcout du sud-est au nord-ouest toute la partie centrale du « cordon d'Asie » et reçoit beaucoup de petits affluents dont le principal est le *Pacha-dèrè-si* qui prend sa source sur le versant est du *Kaïch-dagh*, près du village d'Èrèn-keuï, caza de Kartal. La rivière de *Riva* se jette auprès du village de même nom dans la mer Noire, après un parcours total d'environ 70 kil. à travers les cazas de *Guèbzé* et de *Bëicos.*

Quelques-uns des autres cours d'eau, bien que de fort minime importance, ont une certaine notoriété historique. Tel est, par exemple, le fleuve « *Chalcédon* » aujourd'hui *Kalamich-dèrè*, qui donna son nom à l'antique Chalcédoine. Ce ruisseau, encombré de roseaux, vient se jeter dans la mer de Marmara, au fond du petit golfe formé par *Moda* ou *Mounda-Bournou* et *Fènèr Bournou*, après un parcours total de 3 kil. 600 m.

Plusieurs de ces ruisseaux célèbres : le *Gueuk-sou* ou l'eau du ciel (eaux douces d'Asie), la *rivière de Bëicos,* etc, seront décrits plus loin, aux chapitres spéciaux des cazas qu'ils arrosent.

Routes, chemins. — Les routes sont nombreuses dans le « cordon d'Asie », mais peu carrossables, excepté celles qui passent près d'un palais impérial ou princier et de celles qui aboutissent au chemin de fer. Toutefois, celles-ci même ne sont en assez bon état qu'aux abords des villes, des palais et du chemin de fer. Quelques kilomètres plus loin, l'entretien et souvent la construction des routes laissent beaucoup à désirer. Malgré cela, la circulation des voitures est assez active et parvient à surmonter les difficultés sans trop d'avaries; mais les prix de location restent toujours élevés, quels que soient le nombre toujours grandissant des véhicules et leur défaut de confortable, car le cahotage les use naturellement beaucoup.

Le chemin de fer d'Anatolie a été déjà décrit aux chapitres spéciaux du mutessariflik d'Ismidt et du vilayet de Brousse pages 79 et 336. Il suffira d'énumérer ici les stations comprises dans les limites du « cordon d'Asie » qui sont celles de *Haïdar-Pacha, Kizil-Toprak, Gueuz-Tèpè, Èrèn-keuï, Bostândjik, Mal-tèpè, Kartal. Pèndik, Touzlâ, Guèbzé, Dil-iskèlè-si, Tavchândjil, Hèrèké* et *Yârèmdja.* La longueur kilométrique de ce trajet est de 73 kil. 500 m.

Transports. — Les transports terrestres sont effectués par le chemin de fer, les *araba* (chariots), les voitures de « *mohâdjir* » (réfugiés) et en caravanes à dos de chameaux, chevaux, mulets et ânes. Les transports maritimes ont lieu par bateaux à vapeur, voiliers de moyen et de faible tonnage, barques et *caïk* à rames. Les arrivages réguliers par gros et petits voiliers consistent en grains pour les magasins de l'État, en bois et charbon de bois, en bestiaux sur pied, le tout débarqué aux échelles de Scutari et de Cadikeuï ou Haïdar-Pacha. De la grande échelle de Scutari partent aussi journellement, soit par le *ferry-boat*, soit par de petits voiliers, des *mahone* et des *caïk*, de grands troupeaux de moutons et de chèvres venant de l'intérieur de l'Asie et qui sont transportés aux échelles de Sirkèdji (Stamboul), de Kara-Keuï (Galata) de Kabatach, Béchiktach et autres situées sur la rive européenne du Bosphore. A certaines époques de l'année, les arrivages surpassent de beaucoup les départs; à certaines autres, c'est le contraire. Le mouvement général est plus considérable au printemps et en automne qu'en été, et devient presque nul en hiver.

Le transport des voyageurs par mer sont presque tous effectués au moyen des services de bateaux à vapeur de la compagnie *Haïriyè* (Chirkèt-i Haïriyè) et de la compagnie *Mahsousè*. Cette dernière relève du ministère de la Marine et son directeur est le ministre lui-même. La compagnie *Haïriyè* a le privilège exclusif de la navigation à vapeur entre la ville de Constantinople et toutes les échelles du Bosphore, en Europe et en Asie. Le service d'Asie comprend cinq lignes, comme suit :

1° de Constantinople (1er pont) à Scutari.
2°   —   —   — (échelles de Saladjak et de Harem).
3° de Constantinople (échelle de Sirkèdji à Scutari et Cabatach).
4°   — (1er pont) aux échelles du Bosphore (côte d'Asie et côte d'Europe.
5° de Scutari à Béchiktach.

La zône desservie par ces cinq lignes commence à *Harem-iskèlès-i*, près *Sélimiyè*, à l'extrémité sud du Bosphore et se termine à *Anatoli-Kavak*, à l'extrémité nord du même détroit. Les échelles y comprises et les tarifs de transport d'un voyageur à chacune d'elles, sont comme suit :

	1re CLASSE	2me CLASSE
	PARAS	PARAS
Harem-iskèlès-i (échelle de Harem) .		
Saladjak	30	30
Scutari (grande et petite échelle) . .		
Kouskoundjouk		
Beylerbey.	60	40
Tchénghèl-keuï	70	50
Vani-keuï.	80	60
Kandili	100	80
Anatoli-Hissar		
Kânlidja	120	80
Tchiboukli	140	100
Pacha-Baghtchè.	140	100
Beïcos	160	100
Anatoli-kavak.		

A partir du 15/27 mars 1893, on a commencé à percevoir sur chaque billet un droit de 10 paras (0 fr. 0575) au profit de divers établissements d'utilité publique.

Les bateaux de petit cabotage du *Mahsousè* desservent, dans la mer de Marmara, une zône qui commence, du côté de l'ouest, à l'extrémité sud du Bosphore, à *Haïdar-Pacha*, et se termine, du côté de l'est, à *Prinkipo* (Kizil-Ada-si). Cette zône est divisée pour le service en quatre lignes, qui sont :

1° *Ligne des Iles*; composée des échelles de *Prinkipo*, *Khalki*, *Antigone*, *Proti*, *Pèndik*, *Kartal*, *Mâltèpè*, *Djâdè-Bostân*, *Kalamich*, *Moda* et *Cadi-keuï*.

2° Ligne de *Cadi-keuï*, directe.

3° Ligne d'*Anatolie*, composée des échelles de *Khalki*, *Prinkipo*, *Mâltèpè*, *Djâdè-Bostân*, *Kalamich* et *Moda*.

4° Ligne de *Haïdar-Pacha*, dont la plupart des bateaux coïncident avec le départ ou l'arrivée des trains du chemin de fer d'Anatolie.

Les horaires, et quelquefois aussi les itinéraires des services maritimes ci-dessus, varient suivant les saisons et sont publiés, en langue turque, française, grecque et arménienne le 1/13 de chaque mois. On les vend à bord des bateaux.

Montagnes. — Les montagnes du « cordon d'Asie » sont, comme celles du mutessariflik d'Ismidt, les dernières ramifications de la chaîne de l'Olympe de Bithynie qui vont expirer sur le littoral du Bosphore ou rejoindre en Paphlagonie les monts *Olgassus*, dont la chaîne se rattache, à la hauteur de Trébizonde, aux monts *Tchéchés*. Les principaux sommets de ces divers petits rameaux ou contreforts sont, de l'est à l'ouest et du sud au nord, le long de la mer de Marmara, à partir du golfe d'Ismidt jusqu'à l'entrée du Bosphore, dans la mer Noire, le *Yèlkèn-dagh*, le mont *Ætos* ou l'Aigle, vulgairement appelé en turc *Aïdos* (530 m. d'altitude) le *Kaïch-dagh* (406 m.); entre les deux, la colline de *Màltèpè* ou colline du Trésor; plus loin, en remontant vers l'ouest, le mont *Boulgourlou*, divisé en petit et grand *Tchamlidja* (202 m. et 240 m.), au pied desquels s'étend la ville de Scutari; c'est, dit-on, l'ancienne *Damatrys*, où se trouvait le palais de même nom, bâti par les empereurs Tibère et Maurice, et le bois de Constantin l'Aveugle, fils d'Irène. Ses environs, alors comme aujourd'hui, étaient couverts de jardins et de maisons de plaisance. Les sources limpides qui arrosaient les « paradis » imités des anciens Perses par les princes et les seigneurs byzantins, circulent encore au milieu des belles vignes et des agréables jardins des pachas. Du haut du mont *Boulgourlou*, soit au grand, soit au petit *Tchamlidja*, on découvre de loin, à perte de vue, les deux extrémités du Bosphore, à l'est et à l'ouest, l'Asie et l'Europe, au nord et au sud, la mer Noire et la mer de Marmara. C'est un merveilleux spectacle que l'on ne se lasse jamais d'admirer, au lever du soleil surtout. Il est peu de promenades au monde aussi belles que celle des deux *Tchamlidja*.

A 20 kil. environ au nord-est de Scutari se trouve le village de d'*Alèm-dagh*, et à 10 kil. environ au nord-ouest de ce village, s'élève la montagne de même nom. Le village, situé sur un petit affluent du *Riva*, est principalement peuplé de bûcherons et de charbonniers, ainsi que deux autres villages voisins, un peu plus rapprochés de la montagne, connus sous le même nom. On peut estimer le nombre des habitants réunis de ces trois villages à 250 environ, tant musulmans que grecs orthodoxes, ces derniers en faible minorité. Les bûcherons et charbonniers sont depuis des siècles les principaux fournisseurs de bois de chauffage, de charpente et de charbon de bois de la ville de Scutari, où ils les transportent par *araba* (chariots grossièrement construits); ils vendent généralement à prix débattu le chargement complet. Quelquefois, mais bien rarement, ils vendent les chargements de charbon à l'oke (1,282 gr.) également à prix débattu. L'*Alèm-dagh*, d'une très vaste superficie, est encore aujourd'hui tout couvert d'épaisses forêts de chênes, de hêtres et de sapins, semblables à celles du sandjak d'Ismidt. — On a relevé sur l'*Alèm-dagh* différentes altitudes, variant de 206 à 225 et 250 mètres. Un prolongement de cette montagne s'étend au nord jusqu'à l'embouchure du *Riva*, et s'avance à 5 kil. du mont du Géant qu'il domine d'environ 50 m. A cet endroit, depuis de longues années, les montagnes ne sont plus couvertes que de broussailles.

Le *mont du Géant* ou de *Josué* (Youcha-daghi), 185 m. d'alt. est situé à Anatoli-Kavak, au coude que forme le canal de la mer Noire avec le commencement du Bosphore. » Selon les expressions mêmes du général Cte Andréossy, qui en a fait l'objet d'une étude particulière dans son « Voyage à l'embouchure de la mer Noire », le *Youcha-daghi* était connu dans la haute antiquité sous le nom de *Dos d'Hercule*. Au sommet de cette montagne se trouve, dans une enceinte entourée de murs, plantée d'arbustes et de fleurs, au milieu d'un joli bouquet d'arbres, ce qu'on appelle vulgairement le « tombeau du Géant », ou mieux « le tombeau de St Josué » (*Hazèrti-Youcha*), précédé d'un oratoire musulman (*mèsdjid*) où brûle continuellement une lampe en signe de vénération pour ce saint, chef des Hébreux, considéré par les musulmans comme un *nébi* (prophète). M. Alexandre Timoni a découvert au fond d'une petite armoire pratiquée dans le mur de ce *mèsdjid*, un écrit arabe

avec sa traduction en turc dont ce savant polyglotte a donné lui-
même la traduction en français, rectifiée d'après le texte original, comme suit :

« C'est ici le lieu du fils de *Noun*, St Josué, qui, s'il n'est
« pas du nombre des apôtres, est du moins rangé parmi les
« prophètes. Moïse, le porteur du salut, l'envoya au pays de
« *Roum*. Un jour, avant la fin d'un combat que Josué livrait
« aux habitants, le soleil se coucha. Le porteur du salut pour
« les populations de Roum, St Josué, se battant encore, le
« soleil après s'être couché, se leva. Les peuples de Roum fu-
« rent vaincus. Voyant ce miracle de St Josué, porteur du salut,
« lorsqu'il leur proposa la vraie foi, ils l'acceptèrent.

« Si quelqu'un, homme ou femme, nie cela, l'écrit en est
« dans le lieu saint (*béit el-mouqaddès*); qu'il le consulte et soit
« persuadé que St Josué est prophète.

« *Djéziré Moustafa Chakir Hâfez dé Chypre, des successeurs*
« *de l'émir Vasif, en l'an* 1231. »

L'enceinte, appelée aujourd'hui vulgairement « le tombeau
du Géant » et par les musulmans le « tombeau de Josué » était
connue dans l'antiquité sous le nom de *lit d'Hercule*. Selon
l'opinion la plus répandue, ce tombeau est celui d'Amyens, roi
des Bébryces, tué par Pollux au combat du Ceste.

Le mont du Géant se termine par deux mamelons, l'un a
112 m. et l'autre 64 m. de hauteur perpendiculaire. Le fort de
Youcha (Josué) est situé au bas du premier mamelon. Avec
le château d'Europe qu'on voit près du fort de Rouméli-Kavak,
sur la rive opposée, il défend le passage du canal, assez resserré
en cet endroit.

A 1 kil. 600 m. du fort de Youcha, précisément en face du
fort de Rouméli-Kavak, se trouve le fort d'Anatoli-Kavak,
au pied du mont *Hiéron* (Yorous-daghi), (129 m. d'alt.),
au sommet duquel on voit les ruines d'un château byzantin
bâti sur l'emplacement du temple antique de Jupiter Urius.
Quelques beaux restes de ce temple, notamment le jambage de
la porte principale, ont été heureusement conservés et subsistent intacts, encastrés dans le château du moyen-âge byzantin,

attribué à tort aux Génois, comme le prouvent, à l'intérieur et
à l'extérieur du château, de nombreuses plaques de marbre aux
armes de Constantinople (*la croix grecque fleuronnée surmontant
le croissant de Byzance cantonnée des lettres grecques* ΦΧΦΠ, *ini-
tiales dont la signification bien connue de tous les Grecs orthodoxes est comme suit* : φως Χριστου φαινει πασι (La lumière du
Christ brille pour tous).

Industrie. — Les industries du « cordon d'Asie » consistent
principalement dans la meunerie et la minoterie ; les huileries,
les entreprises de fournitures municipales d'eau potable et de
gaz ; les grandes fabriques d'étoffes de luxe et autres, les bras-
series ; les distilleries de *mastic* et autres liqueurs alcooliques,
les pressoirs à vins, les briqueteries, les tuileries, les fours à
chaux, les boulangeries, la coutellerie, la sellerie, la tannerie,
la teinturerie, la cordonnerie, la confection de vêtements à bas
prix ; la charbonnerie, les scieries de planches, la préparation
des bois de charpente et autres industries forestières ; la chaudronnerie, les chantiers de construction maritime, de réparation d'avaries et de calfatage, etc.

L'une des productions les plus remarquables parmi celles
énumérées ci-dessus est le *tchatma*, sorte d'étoffe de grand
luxe dont les fabriques de Scutari ont eu, jusqu'en ces derniers
temps, la spécialité exclusive, mais qu'aujourd'hui la manufac-
ture impériale d'Hèrèkè est parvenue à produire avec la même
perfection. Cette magnifique étoffe, qui sert ordinairement à
couvrir les sofas, se prépare sur commande avec la mesure
exacte de chaque pièce de meuble. Les dessins sont à grandes
fleurs veloutées, d'un tissu très doux et très épais, de couleur
vigoureuse, se détachant sur un fond de brocart d'or ou d'argent
d'une épaisseur beaucoup moindre, et formant ainsi alternativement des creux et des reliefs d'un effet très riche. Les procédés de fabrication, tenus cachés, sont, paraît-il, lents et minu-
tieux ; les prix du *tchatma* sont élevés, quoique relativement
modérés, et mettent cette étoffe hors de la portée des petites
bourses, par une exception rare chez les produits turcs de toutes

sortes, généralement d'un grand bon marché, non pas seulement relatif mais le plus souvent absolu.

Les étoffes de luxe : satins brochés, moires antiques, tissus rayés de longues files de fleurettes brodées, etc, etc., de Sélimiyè et d'Hèrèkè, ne sont pas moins remarquables et réunissent à toutes leurs qualités de fraîcheur, d'élégance, de solidité du tissu et des couleurs, le mérite du prix modique.

On doit citer aussi les produits de la tannerie militaire de Béïcos qui fournit tous les cuirs et les toiles cirées nécessaires aux équipements de l'armée ottomane. Cette tannerie a pour annexe une école de cordonnerie composée de plusieurs ateliers où se succèdent chaque mois des soldats de diverses armes, qui apprennent, tour à tour, à confectionner de beaux et solides ouvrages sous la direction d'officiers habiles, anciens élèves d'un cordonnier français fort expérimenté, M. Bernard. La tannerie de Béïcos emploie comme ouvriers tanneurs et autres, deux compagnies de 90 hommes chacune, sous les ordres de leurs capitaines respectifs. Ce petit nombre d'ouvriers suffit à tous les besoins de l'armée ottomane, dont chaque corps se trouve du reste pourvu d'excellentes matières premières fabriquées à la tannerie de Béïcos, et d'un nombre suffisant d'ouvriers formés dans ses ateliers et dans ceux de ses annexes.

M. Pellini, ingénieur italien, a inauguré, près de Béïcos, à Indjir-keuï, en juin 1894, une tuilerie dont la fabrication comprend les briques à la façon turque, et les tuiles « dites de Marseille » Le four à briques peut livrer à la consommation 30,000 briques par jour. Il est à feu continu et contient 18 chambres de cuisson. Un premier échantillon retiré du four le jour de l'inauguration, en présence de S. E. Saïd-Bey, vice-président du Conseil d'État, de M. le commandeur Simondetti, délégué italien au Conseil de la dette publique, et de plusieurs autres personnes parmi lesquelles se trouvaient divers spécialistes avantageusement connus, a été examiné et jugé de beaucoup supérieur aux produits similaires jusqu'ici fabriqués sur place. La terre d'Indjir-keuï est considérée d'ailleurs comme ne laissant rien à désirer, et peut-être la meilleure que l'on puisse rencontrer.

On doit citer également une nouvelle industrie introduite récemment dans le pays par MM. Roullet père et fils, ingénieurs spécialistes, d'abord à Lampsaki, dans le sandjak de Bigha, ensuite, et en ce moment même, sur le littoral de Kartal et de Pèndik. Cette industrie consiste dans la préparation des sardines et autres poissons, ainsi que de légumes de toutes sortes en « conserves alimentaires ». Ces établissements, montés avec tous les perfectionnements désirables, sont appelés à une grande prospérité, vu l'abondance, la bonne qualité et le bon marché des matières premières ; ils rendront certainement de grands services dans la contrée et promettent de grandes facilités pour les approvisionnements militaires.

Commerce. — Le mouvement commercial proprement dit, dans les dépendances asiatiques du « cordon », se confond d'une part avec celui de la ville de Constantinople, et d'autre part avec celui du mutessariflik d'Ismidt. Il ne se fait, même à Scutari, malgré le grand nombre de ses *han* remplis des marchandises de tous les pays d'Asie, presque aucune opération commerciale. Tout le mouvement s'opère à Stamboul, à Galata, à Péra, à Ismidt et autres centres d'affaires. Les seuls articles qui donnent lieu à une circulation très active, à des achats, à des ventes, à des transports fréquents et considérables, principalement à Scutari, à Cadi-keuï, à Kartal, à Guèbzé, à Béïcos, à Chilè et dans beaucoup de villages et hameaux perdus au milieu de la « mer d'arbres », sont les bois de charpente et les bois à brûler, le charbon de bois, et autres produits forestiers, (vaisselle de bois, outils, *araba* (chariots grossiers) etc, les filets, nasses et autres engins de pêche, le poisson frais, sec, salé et préparé en conserves, le gros et petit bétail sur pied; les fruits et plantes potagères : fraises, cerises, concombres verts, melons, pastèques; citrouilles, oignons, ail, raisin frais et sec, abricots, pêches, poires, etc.

On peut citer Scutari comme le marché de bois et de charbon le plus important du « cordon d'Asie ». Les ventes y ont lieu en deux principaux endroits; l'un situé dans le haut de la ville et l'autre en bas; le premier de ces emplacements se trouve à l'entrée de Scutari par les quartiers de *Yéni-mahallé* et de *Sélamsiz*, sur la grande route qui conduit à Tchamlidja et sur les routes adjacentes, autour de l'enceinte du cimetière arménien. Chaque vendredi et chaque dimanche, il s'y rencontre en moyenne 300 *araba* de charbon et 20 à 30 *araba* de bois à brûler. Le prix d'un *araba* de charbon, traité de gré à gré, au comptant, varie entre 8 et 15 médjidié; moyenne 11 médjidié (220 piastres) soit environ 46 fr. Celui d'un *araba* de bois à brûler est de 40 à 50 piastres, soit environ 10 fr. en moyenne. Si l'acheteur manque sur place ou si les prix dont sont tombés d'accord les vendeurs ne lui conviennent pas, ceux-ci promènent leur marchandise dans la ville et s'en défont toujours à leur avantage en plus ou moins de temps. On peut donc évaluer le produit annuel de ces ventes de charbon et de bois, comme suit :

31,200 *araba* de charbon, au prix moyen de 46 fr.	1,435,200 fr.
2,600 — de bois à brûler au prix moyen de 10 —	26,000 —
	TOTAL EN FRANCS. . .	1,461,200 fr.

Les *araba* de bois à brûler sont formés tout simplement, sans clous ni cordes, de l'enchevêtrement de ce bois lui-même, débité en très longues bûches. Pour le livrer à l'acheteur, on tire deux de ces bûches et tout s'écroule; d'un côté tombe le bois, de l'autre, les roues, léger fardeau que l'attelage, 2 bœufs ou 2 buffles, rapporte allégrement à la forêt.

Le second emplacement des ventes de bois à brûler et de charbon, à Scutari, est le vaste espace située entre la mosquée de *Mihr* ou *Mâh Soulthân* et les deux débarcadères des bateaux à vapeur du *Chirkèt-i Haïriyè*. Sauf l'absolu nécessaire à la circulation du public, tout cet espace est rempli :

1° Par 2 ou 3 cafés, 1 boutique de changeur, marchand de tabac, 1 boutique d'épicier; les bureaux des phares, de la capitainerie du port, de l'office de santé, la station postale et télégraphique; 1 grand dépôt particulier de grains, de bois façonnés de toile à voile, etc, 1 bain de mer public, les barraquements des receveurs des bateaux à vapeur du percepteur des taxes sur les bestiaux et les fruits, et du douanier, 3 places de *caïk*, 1 *caïk-hané* (abri pour les barques tirées sur le rivage), les directions des compagnies de l'éclairage au gaz et des eaux de Scutari et de Cadi-keuï, le casino des officiers auquel sont annexées quelques boutiques, et enfin la poste au chevaux ;

2° Par un grand chantier de calfatage et autres réparations navires et de barques ;

3° Par trois emplacements qui s'étendent devant la mosquée et les greniers d'abondance, en laissant libre un espace large d'environ 15 à 20 mètres qui sert à la circulation et à une place de voitures publiques.

Ces trois emplacements, mesurant ensemble 2,600 mètres carrés, constituent un chantier de bois de chauffage bien entretenu et des piles de 7 à 800 stères de beau bois de chêne, de hêtre, de frêne et de châtaignier en pièces de grosseurs diverses longues d'environ 2 m. 50. Quelques piles de billes plus longues, mesurant de 0,50 centimètres jusqu'à un mètre et plus de diamètre, forment une réserve de choix pour la charpente. Tous ces bois viennent du caza de Chilè appartenant au « cordon d'Asie » et du port de *Kêrpê* (Calpé de Xénophon) sur la mer Noire. Les mêmes places expédient aussi à Scutari quelques grands *caïk* de charbon qui restent en permanence dans ce port, tant que dure la vente au détail de leur chargement.

Il arrive également à Scutari, chaque année, aux approches de l'hiver, un bâtiment d'assez fort tonnage chargé de charbon du Mont-Athos. Ce charbon, très recherché des gens de métier pour certains usages, n'est pas apprécié en général pour le chauffage. On trouve qu'il brûle trop lentement, puis il coûte relativement cher. Aussi, pour ne pas perdre leur temps, les marins grecs, qui sont associés, déchargent promptement le navire, louent une boutique pour y mettre le charbon, et, laissant à terre un ou deux hommes pour le vendre au mieux des intérêts communs, se hâtent de retourner charger pour une autre place. Deux mois plus tard, ils apporteront des cognacs grecs et reprendront leurs compagnons lestés de bonnes livres turques.

Les bâtiments charbonniers du Mont-Athos sont d'environ 200 tonnes, à raison de 750 piastres la tonne; la valeur de la cargaison d'un de ces bâtiments est donc de 140,000 piastres, soit environ 34,000 fr.

Il y a lieu d'ajouter ici la vente de charbon de bois de trois cents boutiques au petit détail, à raison de 50 piastres par jour en moyenne, soit par an 5,400,000 piastres, 1,240,000 fr.

Le charbon de *caïk* se vend, en moyenne, 15 paras l'oke. Chaque chargement peut être estimé à 30,000 okes, valant en totalité 11,250 piastres, ou environ 2,550 fr.

On compte environ 20 arrivages semblables par an, à l'échelle de Scutari, soit une vente annuelle, en moyenne, montant à la somme de 225,000 piastres, ou environ 51,700 fr.

On estime le prix moyen du *tchéki* (176 okes ou 230 kilogr.) de bois à brûler à 19 piastres. Il s'en vend par jour, en moyenne, 300 *tchéki*, soit une valeur de 5,700 piastres. La vente moyenne annuelle s'élève donc à la somme totale d'environ 2,050,000 piastres, soit 470,000 fr.

A l'ouest du chantier de bois qui vient d'être décrit, entre le casino des officiers, la poste aux chevaux et le *caïk-hané*, devant la grande échelle ou débarcadère du *ferry-boat*, des *caïk* à 2 et 3 paires de rames et des *mahone*, se trouve la vaste place dont le centre est embelli par la fontaine carrée, déjà citée plus haut, l'un des nombreux chefs-d'œuvre d'architecture de Sultan Ahmed III (1703-1716). C'est sur cette place, autour de cette fontaine, que se tenait autrefois, durant deux heures chaque matin, au point du jour, un marché pour la vente en gros des fruits et légumes de la saison, à l'exclusion de tous autres. Actuellement ce même marché se tient du matin au soir pour la vente au détail des mêmes articles au prix de la vente en gros, afin de favoriser la foule d'ouvriers en bâtiment que la réparation des dégâts causés par le récent tremblement de terre attire à Scutari. Le débit journalier du raisin *tchaouch* dit « de Scutari », naguère introuvable sur place, y est d'environ 50 *qanthâr* (le qanthar de 44 okes, ou environ 56 kilogr. 450), à raison d'une moyenne de 45 paras l'oke, soit 49 piastres et demi le *kantar* ou en totalité 2,475 *piastres*. La saison de vente des raisins dure environ 100 jours ; il y a lieu d'en évaluer le produit total à 247,500 piastres, soit environ 56,900 fr.

La vente journalière dans les 150 boutiques de marchands de fruits, à raison de 300 *kantars* en totalité, s'élève à la somme de 14,850 piastres, soit, pour la saison, 1,485,000 piastres ou 341,500 fr.

La saison de vente des citrouilles (très petite espèce de potiron bien moins profitable pour la consommation que la grosse espèce de Paris, mais d'un goût plus fin), des melons de toutes sortes, des pastèques, de l'oignon, de l'ail, dure environ six mois. Les opérations ont lieu sur des quantités beaucoup plus considérables que celles de la vente du raisin, car chaque famille a soin de faire d'importantes provisions de ces denrées qui se conservent tout l'hiver, époque de l'année à laquelle elles sont sujettes à de fortes hausses dont souffrent les imprévoyants. On peut estimer la valeur totale de leur vente, durant la saison, chaque année, à l'échelle de Scutari seulement, à la somme moyenne d'environ 4,000,000 de fr.

La vente au détail des mêmes denrées chez les marchands en boutique s'élève, en moyenne à 2,000,000 de fr.

Ainsi qu'à Péra et dans les autres cercles municipaux de Constantinople, tant à Stamboul que sur les rives du Bosphore, pendant la saison des fraises, ces fruits sont apportés matin et soir directement aux boutiques des marchands, ou bien colportés à travers les rues dans des paniers de bois tressé et suspendus à de longues perches portées horizontalement sur l'épaule. A chacune de ces perches sont enfilés par l'anse 10 à 20 paniers, 5 à 10 par devant, 5 à 10 par derrière, contenant en moyenne chacun 2 okes 1/2, soit un poids total de 25 à 50 okes (32 à 64 kilos) de fraises, sans compter la perche et les paniers. Une perche fait la charge d'un homme qui la supporte très allègrement, même en cas de colportage ; il est vrai que, dans ce cas, le fardeau s'allège vite. Trois à quatre hommes le matin, autant le soir, approvisionnent tous les jours chaque marchand de fraises, ce qui fait environ une vente journalière de 200 à 400 okes de fraises par marchand. On en compte environ 150 à Scutari, soit un total journalier moyen de 45,000 okes, d'une valeur moyenne de 4 piastres, donnant la somme totale de 180,000 *piastres* (environ 41,000 *fr.*) par jour.

La durée de la saison de vente des fraises étant, à Scutari, d'environ 60 jours, la somme totale de son produit s'élève en conséquence à 10,800,000 *piastres*, soit environ 2,480,000 *fr.*

La cerise de Scutari, très renommée, ne paraît sur place qu'en très petite quantité, mais on en peut estimer la vente en gros sur le marché précité, pour la saison entière, soit en 90 jours, à la somme totale de 20,000,000 *piastres* ou 4,600,000 *fr.*

En résumé, la valeur du produit des ventes de charbon, bois de chauffage, raisins frais, potirons, melons, pastèques, oignons, ail, fraises et cerises, sur le marché de Scutari (IX° cercle de Constantinople) peut-être estimé très approximativement à 16,761,800 *fr.*, comme suit :

Vente annuelle

Charbon de bois

Autour du cimetière arménien	1.461 200 fr.	
Au chantier du port (caïk).	51.700	2.787.400 fr.
— — (navires du mont Athos). . .	34.500	
Petit détail dans 300 boutiques	1.240.000	

Bois à brûler

Autour du cimetière arménien.	26.000	496.000
Au chantier du port	470.000	

Ventes de saisons

Raisins frais

Au marché pour la vente en gros (détail).	56.900	398.400
Chez les marchands en boutique —	341.500	

Melons, pastèques, citrouilles, potirons, etc.

Au marché du port (vente en gros)	4.000.000	6.000.000
Chez les marchands en boutique (détail).	2.000.000	

Fraises

Vente au détail	2.480.000

Cerises

Au marché du port (vente en gros)	4.600.000

Total. . .	16.761.800 fr.

Tous les chiffres de vente énoncés ci-dessus se rapportent exclusivement à la production du « cordon d'Asie » et à la consommation locale du IX° cercle municipal de Constantinople (ville de Scutari et ses faubourgs). Quant au mouvement commercial proprement dit, il se confond avec celui du commerce de la ville de Constantinople, pour une certaine part indéfinie, et avec celui du sandjak d'Ismidt pour le reste.

VILLE DE CONSTANTINOPLE

VIIIE CERCLE MUNICIPAL

(KANLIDJA)

Orientation. — Le village de Kanlidja, qui constitue, avec quelques dépendances, le VIIIe cercle municipal de la ville de Constantinople, est situé sur la rive asiatique du Bosphore, à 10 kil. 700 m. nord de Scutari et à 5 kil. 100 m. sud de Béïcos, chef-lieu du caza du même nom, au sud-ouest duquel est enclavé *Anatoli-Hissar*.

Il est administré par 1 *mudir*, directeur du cercle, président du conseil municipal, dont l'élection est soumise à la sanction du préfet de la ville de Constantinople qui nomme directement le *mudir*. Celui-ci dispose d'un personnel administratif, composé d'un *mohâsèbèdji*, chef de comptabilité, et d'un *tahrirat kiatibi*, chargé de la correspondance, ayant sous leurs ordres les employés nécessaires à l'expédition des différents services administratifs, relevant de ladite municipalité.

Population du VIIIe cercle. — La population totale du VIIIe cercle municipal de la ville de Constantinople (Kanlidja et dépendances) est de 25,183 hab., comme suit :

	HOMMES	FEMMES	TOTAL
Musulmans.	8,183	7,613	15,796
» Bulgares (dits *Pomaks*) et *Tchèrkès*. .	600	400	1,000
Grecs orthodoxes	2,000	1,387	3,387
Arméniens grégoriens.	2,180	1,900	4,080
Israélites	70	50	120
Étrangers . . . . , ...	600	200	800
TOTAL. . . .	13,633	1,550	25.183

Ce chiffre de 25,183 hab. comprend la population des bourgs et villages maritimes d'*Anatoli-Hissar*. *Tchènghèl-keuï*, *Kouléli-kichla*, *Vani-keuï*, *Kândili*, *Kânlidja*, *Rifa'at-Pacha keuï*, etc., ainsi que de quelques villages et d'un grand nombre de *tchiftlik* (fermes) dans l'intérieur.

ANATOLI-HISSAR est ainsi nommé à cause du château fort qui domine ce bourg et qui, selon toutes probabilités et conformément à l'opinion émise par le patriarche Cònstantius, a été bâti par Sultan Bayazid *Ildérim* en 1393, sous Manuel II Paléologue, pour faciliter la prise de Constantinople, qu'il assiégeait alors. Il donna à ces murailles le nom de *Guzèl Hissar* ou Beau-Château. Plus tard, quand il l'eût abandonné, en 1402, pour aller avec toutes ses forces essayer de repousser l'invasion de Timour-Leng (Tamerlan), les empereurs grecs y ayant enfermé des prisonniers d'État, il fut appelé le *château du Léthé* (fleuve de l'oubli). En ce temps-là, comme aujourd'hui, il était situé vis-à-vis d'une autre forteresse élevée par ces souverains sur la rive européenne et qui, selon Grégoras, portait le même nom. Ce dernier château a été remplacé par celui qui existe encore actuellement sous le nom de *Rouméli-Hissar* et qui fut bâti par Mohammed II el-Fatih un peu avant la prise de Constantinople.

C'est à cet endroit, où les deux rives du Bosphore sont le plus rapprochées, que Mandroclès de Samos jeta sur ses eaux, par ordre de Darius fils d'Hystaspes, 508 av. J.C., un pont où 700,000 Perses passèrent d'Asie en Europe sous les yeux de leur souverain qui contemplait leur passage du haut d'un trône taillé dans le roc, sur l'emplacement aujourd'hui couvert par les fortifications de Rouméli-Hissar.

A l'exception du château de Bayazid *Ildérim* (la foudre), Anatoli-Hissar n'a plus rien de remarquable que le *Gueuk-sou*, (l'eau bleue ou l'eau du ciel), qui prend sa source dans l'*Alèm-dagh*, coule doucement à travers la charmante prairie à laquelle elle donne son nom, et vient se jeter dans le Bosphore au pied des tours du château, après un parcours total de 10 à 12 kil. de l'est à l'ouest. Cette jolie rivière, aux bords encadrés de verdure est une des principales prises concédées à la compagnie des eaux de Scutari-Cadi-keuï. Tout près de la mer, dans la prairie, s'élève une fontaine de marbre à quatre façades, devant chacune desquelles un jet d'eau jaillit et retombe en fine pluie irisée, avec un incessant et doux murmure, au milieu d'un vaste bassin. Le toit pittoresque à l'ancienne mode turque, étend ses larges auvents soutenus par quatre fines colonnettes de jade et couvre d'une ombre fraîche tout le monument. A droite, les maisons rouges d'Anatoli-Hissar surgissent dans la verdure, des collines couvertes d'attrayants bosquets, retiennent plus loin la vue qui s'en détache avec peine. A gauche, enfin, ce site enchanteur est encore embelli par un kiosque impérial, près duquel un pont bordé de groupes de beaux platanes, de peupliers, d'ormes, de tilleuls, conduit au gracieux village de *Kandili* situé à proximité.

Les habitants du VIII° cercle sont, pour la plupart, des fonctionnaires, des employés du gouvernement, des négociants aisés, des marchands de Constantinople en villégiature, et des ouvriers de divers états. Quelques-uns cultivent les jardins environnants. D'autres font métier de louer des « *araba* », sorte de chariots traînés par des bœufs, aux familles turques de Scutari, de Tchamlidja et autres localités, pour la promenade au *Gueuksou*, très fréquentée par les dames musulmanes de toutes les conditions. Les riches y viennent, en élégant équipage à l'européenne, escortés d'eunuques noirs et d'écuyers cavalcadant aux portières; mais la classe moyenne préfère toujours l'antique « *araba* », que les mères ont grand soin, aussi bien en prévision de durs cahots, que pour faire étalage de leur aisance, de garnir abondamment de matelas superposés, de piles de coussins, d'épais tapis sur lesquels s'entasse joyeusement toute la petite famille, ne cessant point de chanter, de boire de l'eau, de croquer des bonbons, de manger des pois chiches grillés et autres friandises tout le long du chemin, bien abritée du soleil par un grand velum, formé de couvertures à larges raies éclatantes, traînée doucement par deux bœufs blancs pomponnés de rouge ou deux buffles noirs ornés de fronteaux en verroterie bleue.

Écoles. — Les établissements scolaires du VIII⁰ cercle municipal de la ville de Constantinople, sont au nombre de 21, dont 2 écoles spéciales; qui sont : 1 école préparatoire militaire et 1 école de médecine, toutes deux à Koulèli (*Qèchla-i humâyoun*, c'est-à-dire : *caserne impériale*) et fréquentées par 350 élèves appartenant à diverses communautés ; ces élèves sont presque tous internes et complètement à la charge de l'État qui donne des emplois dans l'armée ottomane, à leur sortie de l'école, à tous ceux qui ont terminé leurs études. Les autres écoles sont primaires et fréquentées par 1,029 élèves, dont 822 garçons et 207 filles, soit en totalité, pour les 21 écoles du VIII⁰ cercle municipal de la ville de Constantinople, 1,379 élèves, dont 1,172 garçons et 207 filles, comme suit :

	ÉCOLES	ÉLÈVES	
		GARÇONS	FILLES
Musulmans { 2 écoles spéciales ouvertes à tous, sans distinction de race ni de religion . .	2	350	»
{ 11 écoles primaires.	11	600	»
Grecs orthodoxes : 3 écoles mixtes comptées pour 6 ci-dessus	6	210	199
Arméniens : 1 école mixte à Kandili, comptée pour 2 ci-dessus	2	12	8
TOTAL. . .	21	1.172	207
ENSEMBLE. .		1.879 élèves.	

IXᴱ CERCLE MUNICIPAL

SCUTARI (ET DÉPENDANCES)

Orientation. — Scutari ou Uskudar, ancienne *Chryso-polis*, IXᵉ cercle municipal de la ville de Constantinople, est la résidence d'un *mudir*, directeur, et d'un *mutesarrif*, préfet de police, indépendants l'un de l'autre, le premier administrant au civil pour le *chèhr-émânèti* ou préfecture de la ville de Cons-tantinople, et le second maintenant l'ordre public au nom du *zabtiyé-nazarèti*, ou ministère de la police. Scutari est le siège des divers services publics, d'un tribunal du *bédaïet* (droit mo-derne) avec son bureau exécutif et son parquet, composé d'un président, de deux juges et d'un juge suppléant, d'un procureur impérial et d'un substitut ; c'est aussi le quartier du 1ᵉʳ bataillon (*tabour*) du 1ᵉʳ régiment (*aläi*) de gendarmerie de Constantinople, d'un détachement de *zabtiyé* (soldats de police) et de divers au-tres détachements de l'armée active (*nizam*) et de sa réserve (*ihtiyâth*) ; d'un corps de sapeurs-pompiers, station postale et télégraphique de service intérieur (langue turque). La ville est située à l'extrémité sud du Bosphore, vis-à-vis de Galata, de Péra (Bey-oglou) et de Stamboul (Constantinople).

Population du IXᵉ cercle. — La population totale du IXᵉ cercle municipal de la ville de Constantinople (Scutari et dépendances), d'après les derniers recensements, est de 105,690 hab., comme suit :

	HOMMES	FEMMES	TOTAL
Musulmans.	37.400	32.200	69.600 hab.
— Bulgares (dits *Pomak*) et			
tchèrkès	1.312	298	1.610
Grecs orthodoxes.	6.600	5.580	12.180
Arméniens grégoriens.	8.500	7.300	15.800
Catholiques arméniens et latins. .	150	100	250
Protestants (arméniens)	150	100	250
Israélites.	2.600	2.500	5.100
Tchingânè (bohémiens) *coptes*			
(non chrétiens), etc	380	320	700
Étrangers	115	85	200
TOTAL . . .	57.207	48.483	105.690 hab.

Dans ce chiffre de 105,690 hab., est comprise la population des villes et villages dépendant de Scutari : *Sélimiyè*,
Beylerbey, *Stavro*, *Kouskoundjouk*, *Buyuk* et *Kutchuk-Tcham-
lidja*, *Boulgourlou-keuï* et *Boulgourlou-mèsdjid*, etc., etc.

On compte à Scutari 33 mosquées impériales, dont une à 2 minarets à double *chèréfè*[1]; les 32 autres à 2 minarets à un
seul *chèrèfè* et à 1 minaret, 36 *mèsdjid* ou oratoires musulmans,
16 *tèkkè* ou couvents de derviches, parmi lesquels le célèbre
tèkkè décrit par Théophile Gauthier et « dont les derviches se
« font publiquement, en certains jours, des blessures affreuses,
« qui sembleraient devoir être mortelles, mais que leur « *dèdè* »
« (grand père), c'est-à-dire le supérieur de ce couvent, guérit
« aussitôt après la cérémonie par un léger et rapide attouche-
« ment. Ce même «*dèdè*» guérit aussi instantanément les enfants
« malades en danger de mort, en montant debout sur eux et en
« leur piétinant rudement le corps. C'est un fait attesté par des
« centaines de personnes dignes de foi, qui ont été les témoins
«.ou même l'objet de ces guérisons subites opérées en public » !

Les *médressé* ne sont plus qu'au nombre de 4 dont un seul
est fréquenté.

Il existe à Scutari 4 églises chrétiennes qui sont : celle de
Saint-Jean-Baptiste, paroisse des catholiques du rite latin, celle
de la *Sainte-Croix* aux arméniens grégoriens, toutes deux dans
le quartier de Sélamsiz, et les églises *St-Garabed*, également

(1) Petite galerie à l'extérieur des minarets, du haut de laquelle le *muezzin* an-
nonce l'heure de la prière.

aux arméniens grégoriens, et du *Prophète Élie*, aux grecs orthodoxes, situées à *Yéni-mahallè*, dit le « nouveau-quartier », ainsi
nommé depuis des siècles. Dans ce même quartier, à l'école
française de jeunes filles et de garçonnets, dirigée par les Filles
de la Charité, il y a une jolie chapelle publique.

Les protestants ont, dans le quartier voisin, un oratoire au
collège américain de jeunes filles, et les israélites ont une synagogue dans leur quartier qu'on appelle *Dagh-hammam*, située
sur une colline, entre le quartier arménien de Sélamsiz et la caserne d'infanterie *idjâdiyè*, bâtie lors de la création du nouveau
corps du *nizam-djédid* destiné à remplacer les *yénitchéri* ou janissaires supprimés sous le sultan Mahmoud II, en 1826.

Ces églises et chapelles n'ont rien de remarquable, sinon peut-
être l'église grecque pour son élégant clocher et son école, et
la minuscule église catholique pour sa touchante pauvreté et
son agréable jardinet.

Mais la plupart des mosquées sont de véritables chefs-d'œuvre
d'architecture et d'ornementation ottomanes. On ne saurait se
dispenser d'en décrire ici très succinctement du moins, quatre
des plus belles, qui sont : *Mihr ou Mâh Sultan djami-si* ou *Iskè-
lè djami-si* (la mosquée du débarcadère); *Djami validè djédid*;
validé atiq djami-si et *Tchinili djami-si* (la mosquée de faïence).

1° — Mihr ou Mah Sultan djami-si

Mihr ou Mâh Sultan djami-si (la mosquée de la Sultane Mihr
ou Mâh, vulgairement Iskélè djami-si), est ainsi nommée parce
qu'elle a été fondée en 945 de l'hég. (1548) par la princesse
Mihr ou Mâh Sultan, fille de Sultan Suléimân el-Oanouni et
femme de son grand vézir Rustem-Pacha.

Ce magnifique édifice à 2 minarets et 1 *chèrèfè*, a pour
annexes 1 *médressé* (faculté de droit et de théologie), 1 école
pour l'étude du *Koran* et 1 hospice ou *imarèt* avec des cuisines
pour la nourriture gratuite des étudiants et des pauvres; il a été
construit par maître Sinân, fondateur de la grande école d'architecture ottomane qui, pendant plusieurs siècles consécutifs,

enrichit la Turquie, les Indes et d'autres pays musulmans de nombreux chefs-d'œuvre religieux, civils et militaires. En effet, ce sont des élèves de ce maître illustre qui, sur l'invitation de l'empereur Baber, se rendirent aux Indes où ils construisirent les imposantes et superbes forteresses de Dehli, d'Agra, de Lahore et de Cachemire.

Ce fut aussi un de ses élèves favoris, maître Yousouf, qui éleva ces grands palais, ces mausolées sur lesquels sont fondées la célébrité et la réputation de splendeur des empereurs Mogols. Maître Sinân, qui mourut à 110 ans, édifia sous trois règnes (Suléiman Ier, Sélim II et Mourad III), 73 mosquées, 49 *mésdjid* (chapelles), 18 *turbé* (mausolées) au nombre desquels est le sien, 50 collèges et écoles (*médressé*), 7 écoles spéciales pour l'étude du *Koran*, 17 *imarèt*, 3 hôpitaux, 7 aqueducs, 7 ponts, 27 palais tous disparus, 18 caravanséraï, 5 greniers d'abondance et 31 bains (*hammam*). Parmi tous ces édifices, devraient figurer de nombreuses fontaines monumentales qui n'ont pas été comptées par le maître, probablement parce qu'elles font partie intégrante des mosquées, des *médressé*, des *imarèt*, des palais et autres bâtiments principaux.

La nomenclature détaillée des ouvrages de maître Sinân, écrite par lui-même, a été retrouvée par Son Altesse Edhèm Pacha, qui l'a publiée en 1873 dans un grand ouvrage in-folio en trois langues (turque, française et allemande), orné d'environ 172 planches (plans, élévations, coupes, ornementations, vitraux) auquel il a daigné collaborer en gardant l'anonyme, ainsi que Son Altesse Ahmed Véfik Pacha. Maître Sinân a bâti à Scutari 3 mosquées impériales avec leurs annexes, 3 *médressé*, 1 école pour l'étude du *Koran*; 2 *imarèt*, 1 hôpital, 2 palais (malheureusement disparus), 4 bains (*hammam*) et 2 *turbe* (mausolées), celui de Chèmsi Pacha, dans le quartier de même nom, et celui de El-Hâdji Pacha.

Dans le jardin de *Mihr ou Mâh Sultan djami-si* reposent plusieurs illustres personnages ottomans, les uns sous de simples tombes ornées de sculptures, tels que le célèbre marin *Sinân Pacha*, mort en 961 et *Sari Baba Zâdé Abd ur-Rahim Kaïserli*;

d'autres dans des sépultures de famille, tels qu'*Osman-Bey*, fils du grand vézir Rustèm Pacha, inhumé lui-même dans la mosquée de Chèh-zâdé, à Stamboul, tandis que sa femme, la princesse *Mihr ou Mâh*, morte en 964, est couchée à côté du sultan son père dans le splendide mausolée que maître Sinân lui a élevé à la *Suléimaniyè* de Constantinople, son plus beau chef-d'œuvre après la *Sélimiyè* d'Andrinople.

En vertu d'une autorisation spéciale de S. M. I. le sultan Abd ul-Hamid II, et par les soins de ses enfants, le *turbé* de S. A. *Edhèm Pacha*, tombeau de famille où l'un de ses fils, Mustafa Bey, l'a rejoint, s'élève en ce moment dans ce même jardin de Mihr ou Mâh Sultan djami-si.

Les vastes greniers d'abondance auxquels on accède par une porte intérieure de la cour de la mosquée, et qui s'élèvent devant l'*imarèt* qu'ils cachent à demi, ont été construits sous le règne de Sultan Sélim III, vers 1800.

2° — Djami Validé djédid

Cette mosquée, fondée et construite par Sultan Ahmed III, sur ses propres dessins, au nom de sa mère, la sultane *Gulsoum ummèt-oullah*, en 1120 de l'hég. (1708), est un chef-d'œuvre d'élégante simplicité, largement conçu, d'une exécution facile et dont la riche ornementation est tout à fait digne de l'auteur des belles fontaines du *Bab-i Humayoun*, d'*Azab-kapou* et de *Tophané*, trois merveilles de composition ornementale.

Djami Validé djédid possède trois autres modèles de ce genre d'architecture spéciale où Sultan Ahmed III n'avait point de rival : le *châd-révân*, fontaine pour les ablutions, placée dans la cour intérieure ou *harem* de cet édifice, devant la porte d'entrée principale de la nef; le *tchèchmè*, fontaine publique posée en applique sur le mur d'enceinte de la cour extérieure ; et le *sébil*, fontaine couverte annexée au *turbé* (mausolée) de la sultane Gulsoum, où des tasses de métal, incessamment remplies

d'une eau excellente, puisée au réservoir intérieur, sont atta-
chées par des chaînettes à la grille ajourée qui garnit la façade
du monument du côté de la rue, afin que les passants altérés
viennent s'y rafraîchir.

Le sultan Ahmed III est aussi l'auteur de la grande fontaine
carrée qui embellit la place située entre l'échelle du *ferry-boat*,
le *casino* des officiers, la poste aux chevaux et le grand escalier
extérieur de la mosquée de Mihr ou Màh Sultan. A partir de cette
fontaine, en suivant la rue du marché aux fruits jusqu'au grand
qoullouq (poste militaire), en retour sur cette rue et sur la rue
principale de la ville basse, à peine entre-t-on dans cette dernière rue que l'on voit se dresser majestueusement, à vingt pas
de soi, *Djami Validé djédid* et le mausolée splendide élevé par
Sultan Ahmed III à la sultane sa mère, morte sept ans après
l'achèvement de la mosquée en 1127 de l'hég. (1715 de J.-C.),
à Andrinople où elle accompagnait le souverain, qui fit transporter son corps à Scutari et le plaça dans un superbe sarcophage de marbre blanc admirablement sculpté. Elle y repose
au milieu de ce *turbé*, ouvrage de son fils, sous un dôme de
bronze doré supporté par des colonnes de porphyre rouge, de
marbre vert antique et de granit jaune, dans un jardin de roses
entouré d'une grille si bien ajourée, d'une composition si har-
monieuse et si ingénieusement combinée, qu'il faut toucher
cette grille de la main pour apercevoir qu'elle est faite de barreaux énormes et non pas de fils déliés comme ceux de la cage
d'un oiseau chanteur.

Outre ces trois fontaines, la mosquée de *Validé djédid* a pour
annexes un *imarèt*, (hospice et cuisines pour les étudiants
pauvres), et une école primaire. Elle a deux minarets à deux
chèrèfè; toute une aile de l'édifice, aboutissant au *turbé* de la
sultane mère, se compose du *mahfil humâyoun* (tribune impériale) et des appartements communiquant d'un côté à cette tribune et de l'autre au jardin du *turbé*.

3° — VALIDÉ ATIQ DJAMI

Validé âtiq-djami est située sur les hauteurs de Scutari, au pied du quartier dit « *Yéni-mahallé* », habité par des grecs et des arméniens. De cette situation admirablement choisie, ainsi que celle en général de tous les édifices religieux des musulmans, la vue plonge sur une vaste étendue : le Bosphore, la mer de Marmara, Stamboul, Galata et Péra.

Bâtie en 991 de l'hég. (1584 de J.-C.), par les soins de la princesse *Nour-Bânou*, mère de Sultan Mourad III et femme de Sultan Sélim II, cette mosquée n'avait d'abord qu'une coupole. Ce fut Pir Ali qui, plus tard ayant été nommé procureur de cette fondation pieuse, modifia le plan primitif en y faisant ajouter deux dômes de chaque côté, soit cinq en totalité. *Validé atiq djami* a deux minarets à un *chèréfé*, un *châd-révân* et des cellules garnissant le pourtour de la cour. Ces diverses constructions ne sont pas de la même date que le reste de l'édifice ; leur forme indique une époque postérieure à l'année 1730 de l'ère chrétienne.

Quant à l'édifice primitif, œuvre de maître Sinân dans sa vieillesse, la date de son achèvement est précisée par l'inscription que sa fondatrice a fait graver dans le *mihrab* ; on la traduit en français comme suit :

« *Nour-Bânou*, femme très vertueuse, a décidé, dans sa bienveillance, la construction de ce sanctuaire. Qu'elle est bonne l'intention qui a produit cet effet spécial et choisi ! *Quel paradis céleste !* »

Le dernier vers, formé par les trois mots en italique de la fin, reproduit, suivant l'usage admis dans les inscriptions en vers turcs, cette date de 991 ; chaque lettre du vers ayant une valeur numérique connue, dont l'addition donne le total.

La coupole principale est soutenue par six arcades qui viennent s'appuyer sur un corps de bâtiment représentant en surface plane un carré parfait. De chaque côté du *mihrâb*, point orienté vers La Mecque et vers lequel on se tourne pour faire la prière, des plaques de faïence émaillée peinte sous couverte, sont disposées, à partir du sol jusqu'à la hauteur d'environ 3 mètres, de manière à former des tableaux de fleurs d'un dessin très-pur, d'une facture magistrale et d'un effet saisissant. Elles sont parfaitement conservées et comme neuves. Mais rien n'est plus beau que le curieux travail des plafonds des bas-côtés. Ces plafonds représentent à peu près l'aspect des riches reliures confectionnées avec tant d'heureuse patience par les « *mudjèllid* » de Constantinople : des parties pleines recouvertes symétriquement de caissons formant un dessin régulier sont, ainsi que ces caissons, champlevées, guillochées, gravées, tantôt en creux, tantôt en relief, pour représenter une série de fleurs et d'ornements enchevêtrés dans un de ces beaux désordres, effet suprême de l'art. Et ce n'est là qu'une simple préparation ! Par-dessus ce fond, des peintures du genre des laques japonaises recouvrent ce premier travail, le complètent par de riches et vives couleurs rehaussées de dorures, et en remplissent tous les vides. Montani Efendi, l'un des principaux décorateurs du Palais de Tchéragan, a exécuté en 1860, pour ce palais, des plafonds imités de ces anciens ouvrages turcs qui deviennent chaque jour de plus en plus rares, car les conservateurs des mosquées n'en prennent aucun soin et, souvent même, sous prétexte de propreté, les recouvrent de badigeon !

Les dépendances directes de *Validé atiq djami* sont un *médressé* et une école primaire. Ses autres annexes, qui se composaient d'un *imarèt*, d'un hôpital et d'un grand *musâfir-hané* (maison où les hôtes et les voyageurs sont logés et nourris gratuitement) ont été affectées au service de l'armée active, après être restées abandonnées durant quatorze ans.

L'entretien de cette mosquée et de ses annexes est assuré par les revenus du bain situé à proximité, d'un autre *hummam*, à façade ornée de colonnes de marbre de vert antique, situé également à Scutari, près de Validé-djédid, et d'un *havouz-lou* (piscine) situé à Vlanga, quartier de Stamboul habité par des Grecs.

La sultane *Nour-Bânou*, morte dans l'année de l'achèvement

de sa mosquée (en zi 'l-qaʿdé 991), est inhumée dans le *turbé* de Sultan Sélim II, son mari, à Sainte-Sophie (*Ayia Sofia kébir*).

Dans une des cellules du pourtour de la cour de la *Validé atiq djami*, vivait, au x⁰ siècle de l'hég., un *chéikh* de l'ordre de *Naqchibendiyé* nommé Abd ul-Kadir, descendant direct du fondateur de cet ordre, Abd ul-Kadir Ghilâni. Un jour qu'il méditait sur les délices de la vie future, il aperçut, dans l'arrière cour de la mosquée, du côté gauche, un personnage légendaire, connu chez les musulmans sous le nom de *Khizr*, reconnaissable à l'un de ses pouces qui n'a pas d'os, et avec lequel cependant il peut graver sur le fer; ce fait peut être constaté à la mosquée de Sultan Mohammed II el-Fatih, à Stamboul, où *Khizr* a gravé des lettres sur les barreaux de la grille, comme les fidèles le vérifient tous les jours en passant, aux heures des prières publiques. *Khizr* apparaît sous différentes formes humaines, dit la légende, à ceux qu'il plaît à Dieu de favoriser; ils doivent, dès qu'ils l'ont reconnu à son pouce, s'empresser de lui demander ce qu'ils désirent le plus, bien certains d'être exaucés. Une inscription en vers, composée par le *chéikh Abd ul-Kadir*, s'exprime ainsi qu'il suit à ce sujet :

« Ce lieu est honoré par la présence de *Khizr*,
« Priez donc, à cet endroit plein de magnificence,
« Dieu et le Prophète;
« Afin d'être heureux dans ce monde et dans l'autre. »

4⁰ — TCHINILI DJAMI

Tchinili djami, la mosquée de faïence, est située dans la partie haute de Scutari, au milieu du quartier grec et arménien nommé Yéni-mahallè, non loin de l'église arménienne de Sᵗ Garabed et de l'église grecque du prophète Élie.

Cette petite mosquée, éminemment charmante et pittoresque, tant par son architecture que par le site qu'elle occupe et les anciens bâtiments qui l'entourent et sont pour la plupart ses dépendances, a été construite en 1050 de l'hég.

(1641) par le maître architecte *Khodja Qasim*, émule et compatriote de l'illustre maître *Sinân,* né comme lui en Albanie. Sa fondatrice est la sultane *Koulsoum Mâh-péikér*, femme du sultan Ahmed I:ᵉ et mère des sultans Mourad IV et Ibrahim Iᵉʳ, étranglée à la porte du *Kouch-hané* (volière) par les domestiques du *séraï*, en 1651, sous le règne de son petit-fils, Sultan Mohammed IV. Pendant plus de quarante ans, cette princesse s'était signalée par un grand nombre de fondations pieuses, entre autres *Validé Han*, à Stamboul, dont les revenus assurent l'entretien de la petite mosquée située dans cet établissement, ainsi que les mosquées d'*Anatoli-Qavaq* et de *Tchinili-djami* à Scutari. C'est la sultane *Koulsoum Mâh-péikér* qui a créé les fonds qui subviennent encore aujourd'hui à l'envoi à la Mecque de **2** *saqqâ* (porteurs d'eau) qui donnent à boire aux pèlerins et aux voyageurs et leur versent quelquefois de l'eau sucrée. Une de ses innovations est la réunion des *imâm* et *khâthib*, le jour du départ du *surré*, pour lire un verset du *Koran* en présence du souverain, et elle a fondé également l'envoi de présents aux deux Villes Saintes de la Mecque et de Médine. On lui doit *Yéni-djami* de Constantinople, chef-d'œuvre de *Khodja Qasim*, commencée en 1074 (1663 de J.-C.), aux frais de cette princesse, et terminée en 1094 (1683) par sa rivale *Térkhan atidjé sultane.*

Entièrement revêtue à l'intérieur et à l'extérieur de faïences à dessin bleu sur fond d'émail blanc et coiffée d'un toit à auvent (*satchâq*) de fine menuiserie dorée par places, laquée, ajourée en certains endroits, relevée en d'autres de découpures en relief peintes de vives couleurs, *Tchinili djami* de Scutari est coquettement assise en haut d'un escalier formant piédestal, et dont la dernière marche dessine autour d'elle, de tous les côtés, un large palier. Un élégant *minaret*, peu élevé comme elle, dépassant à peine en hauteur le mur d'enceinte, la surmonte; il n'a qu'un seul *chéréfé* très simple.

Chose assez étrange, tandis que la petite mosquée semble avoir été strictement destinée, par le faible espace qu'elle occupe, au souverain seul, tout au plus accompagné de son vézir et d'un serviteur, ses dépendances, assez nombreuses, sont très vastes. Les appartements impériaux, dont il faut sortir pour pénétrer dans le *djami*, après avoir traversé en quelques pas sa petite cour, ont nécessité, par leur étendue, un très grand développement (environ 1500 mètres) du mur d'enceinte qui ne contient, outre ces appartements et la mosquée, qu'un réservoir d'eau et un petit corps de garde suffisant à peine pour l'escouade de *zabtiyè* qui y est actuellement installée avec son caporal (*on-bachi*). Les autres dépendances, 1 grand jardin, 1 belle école, 2 fontaines publiques, 1 *sébil*, un bain (*hammam*) à deux dômes, sont situées de l'autre côté de l'étroite et longue rue qui sépare les jardins de l'école de ceux du palais. Le tout est situé sur une place ombragée de platanes trois fois séculaires, autour de laquelle deux fontaines coulent en murmurant, tandis qu'on entend par la porte entr'ouverte du bain le grésillement des jets d'eaux retombant en cascatelles dans le bassin de marbre blanc du *djâmèkiàn*.

Population de la ville de Scutari.

— La population de la ville de Scutari, comprise dans le chiffre ci-dessus de celle du IXᵉ cercle municipal de Constantinople est, très approximativement, de 82,400 hab., comme suit :

	HOMMES	FEMMES	TOTAL
Musulmans	35.000	30.000	65.000 hab.
— Bulgares dits *Pomak*, et *Tchèrkès* .	1.300	200	1.500
Grecs orthodoxes	3.500	2.500	6.000
Arméniens grégoriens	4.000	3.000	7.000
— protestants	150	100	250
Catholiques (arméniens, grecs, latins). . .	150	100	250
Israélites	760	740	1.500
Tchinganè (Bohémiens, Coptes, etc.) . . .	380	320	700
Étrangers.	115	85	200
Total . .	45,355	37,045	82,400 hab.

Il y a à Scutari 12,200 maisons, 3,000 boutiques, 1 *bézéstèn* ou marché voûté, 15 quartiers principaux, 26 *tcharchi* ou marchés en plein air ; 215 chambres de *musâfir* (hôtes et voyageurs en mission) 13 bains publics (*hammam*) et 6 bains

de mer (en été) également publics, sans compter les *hammam*
et bains de mer particuliers, très nombreux; 1300 jardins maraîchers, vergers et terrains vagues, dont plusieurs, de grande
étendue, sont cultivés en blé et orge par les riverains, 1 jardin
municipal, environ 50 jardins d'établissements publics tels que
casinos, cafés, spectacles forains, etc., 565 cafés, 69 pharmacies, 100 drogueries, 400 herboristeries, 10 hôpitaux, parmi
lesquels l'hôpital municipal des aliénés qui est en grande réputation, celui des femmes, non moins renommé, fondé par la
princesse égyptienne *Zéineb-hanoum*, en son propre nom et au
nom de son mari, *Kiamil pacha*, et l'hôpital militaire de la
caserne Sélimiyè; 2 théâtres, qui sont alternativement scènes
comiques, tragiques, ou bien, plus souvent encore, cirques ou
ménageries d'animaux féroces; 2 cimetières musulmans, sans
compter ceux des mosquées où les inhumations n'ont lieu qu'en
vertu d'autorisations spéciales, ni le *buyuk-mézáristán*, véritable capitale des nécropoles, aussi peuplé que les plus grandes
villes des vivants; 1 cimetière catholique latin, sur lequel les
protestants, ayant autrement disposé du terrain qui leur avait
été assigné par la municipalité, empiètent fort souvent, 1 cimetière arménien, 1 cimetière grec, et enfin 1 grand cimetière israélite qui s'étend entre le quartier de *Dagh-hammam* à
Scutari et le village de *Kouskoundjouk* qu'il rattache l'un à
l'autre; les 2 grandes casernes *sélimiyé* (cavalerie) et *idjádiyé*
(infanterie), etc., etc.

Écoles. — Les écoles du IX⁰ cercle municipal de Constantinople (ville de Scutari et dépendances) sont au nombre de 121,
dont 4 supérieures (*médressé*) fréquentées par 8 étudiants (*softa*)
et 2 spéciales, fréquentées par 194 jeunes filles; 18 secondaires fréquentées par 1,163 garçons et 434 jeunes filles, et
97 primaires et élémentaires fréquentées par 3,062 garçons
et 1,291 fillettes, soit en totalité : 121 écoles, fréquentées par
6,152 élèves, dont 4,233 garçons et 1,919 filles, comme suit :

		ÉCOLES		ÉLÈVES	
		GARÇONS	FILLES	GARÇONS	FILLES
Musulmans	4 *médressé* (écoles de droit et théologie)	4	»	8	»
	1 école normale d'arts et métiers (femmes)	»	1	»	110
	1 école d'arts et métiers (enfants et jeunes filles)	»	1	»	84
	7 lycées dont 2 militaires et 5 civils.	7	»	743	»
	2 écoles secondaires pour jeunes filles	»	2	»	100
	44 écoles secondaires primaires de garçons et 31 de filles	44	31	2.210	581
	TOTAL DES ÉCOLES MUSULMANES. . .	55	35	2.961	875
Grecs orthodoxes	2 écoles secondaires de garçons (gymnases)	2	»	70	»
	2 écoles primaires de garçons	2	»	270	»
	3 écoles primaires de filles .	»	3	»	330
	TOTAL DES ÉCOLES GRECQUES ORTHODOXES. . .	4	3	340	330
Arméniens grégoriens	2 collèges (garçons) . .	2	»	170	»
	2 pensionnats de jeunes filles.	»	2	»	134
	6 écoles primaires de garçons et 5 de filles.	6	5	327	213
	TOTAL DES ÉCOLES PRIMAIRES GRÉGORIENNES. . .	8	7	497	347
Catholiques :	1 école mixte (comptée pour 2) primaire	1	1	50	100
Protestants :	1 école secondaire mixte (comptée pour 2).	1	1	30	200
Israélites	1 école secondaire de garçons . .	1	»	150	»
	2 écoles primaires de garçons . . .	2	»	205	»
	— — de filles	»	2	»	67
	TOTAL DES ÉCOLES ISRAÉLITES. . .	3	2	355	67
	TOTAL GÉNÉRAL. . .	72	49	4.233	1.919
	ENSEMBLE. . .	121 écoles		6.152 élèves	

Les écoles musulmanes du IXe cercle municipal de Constantinople (ville de Scutari et dépendances) consistent en :

1° — 4 *médressé*, annexes des mosquées *Validé-atik, Va-*

lidé-djèdid, *Mihr ou Mâh*, et *Chèmsi-Pacha*, toutes quatre situées à Scutari. Les trois premières sont décrites plus haut, page 632. — Depuis très longtemps, à cause de la grande célébrité de l'enseignement donné dans certaines mosquées de Stamboul, notamment à Sultan-Bayazid, les jeunes *softa* (étudiants) ont cessé de fréquenter les *médressé* de Scutari. La mosquée *Validé atik* seule est encore le séjour préféré de 8 étudiants ou plutôt de 8 savants légistes et théologiens, auxquels elle donne une hospitalité des plus agréables, quoique très modeste, dans 8 des jolies cellules disposées à cet effet autour du jardin de son arrière-cour, où *Khizr* a jadis apparu au *chéikh Abd ul-Kadir*.

2° — 2 écoles d'arts et métiers, pour jeunes filles, à Scutari, dont l'une normale, et l'autre, située dans le quartier d'*Atlama-tachi*, ne forme que des élèves. Ces deux écoles sont exclusivement des externats. Elles sont ouvertes aux jeunes femmes, filles et fillettes appartenant à toutes les communautés, sans aucune distinction.

3° — 2 lycées militaires, situés à Scutari, dans les quartiers *Top-tachi* et *Pacha-qapousi*, et 5 lycées civils, à *Beylerbey*, à *Scutari* dans les quartiers d'*Atlamu-tachi*, *Top-hanèli-oglou*, *Doghandjilar*, etc, et 2 écoles secondaires de filles, l'une à *Doghandjilar*, et l'autre à *Gulsoum*. Toutes ces écoles reçoivent des élèves de toutes les communautés sans distinction.

4° — 75 écoles primaires (44 de garçons et 31 de filles) exclusivement réservées aux enfants musulmans. Les principales, c'est-à-dire les plus fréquentées, ainsi que celles où l'on donne le plus de soin aux élèves, où, notamment, l'on envoie un maître et une maîtresse prendre le matin et reconduire le soir les enfants à domicile, sont : les écoles de garçons du village de *Stavros*, des quartiers de Scutari, *Mihr ou Mâh-sultan*, *Ahmédiyé*, *Validé atik*, — et celles de filles de *Daoud-agha* et d'*Eski-hammam*. Toutes les écoles primaires musulmanes du IX° cercle municipal relèvent du *chéikh-ul-islamat*. Ce sont des annexes de mosquées. Il en est de même de l'unique *médressé* fréquenté.

Quant aux écoles d'arts et métiers, aux lycées et aux écoles

secondaires de jeunes filles, ces divers établissements scolaires
relèvent du ministère de la guerre. Ils sont tous entretenus entièrement par les soins et aux frais de leur ministère respectif.

Les établissements scolaires orthodoxes du xi° cercle ne sont
qu'au nombre de 7, dont 3 à *Kouskoundjouk* et 4 à Scutari. Les
3 premiers sont : 1 école secondaire (gymnase) de 40 élèves,
avec 2 maîtres ; on y enseigne, outre le grec, les langues turque et française ; 1 école primaire de garçons où l'on compte
120 élèves et 2 maîtres ; et enfin 1 école primaire de filles,
fondée en 1868 par la Société *Irinie* ; cette dernière est fréquentée par 150 petites filles, l'instruction leur est donnée par
2 maîtres et 2 maîtresses. Les dépenses des 3 écoles grecques
orthodoxes de *Kouskoundjouk*, s'élèvent en moyenne à 200 livres
turques, soit environ 4,600 fr. par an.

Les quatre établissements scolaires de la communauté grecque orthodoxe à Scutari sont : une école secondaire (gymnase)
de 30 élèves avec un seul maître ; une école primaire de garçons,
à l'église du Prophète Élie, de 150 élèves et 2 maîtres ; une
école primaire de filles, de 120 élèves et 2 maîtresses, et un
asile de 60 enfants avec une maîtresse. La dépense moyenne
des 4 écoles grecques orthodoxes de Scutari, est estimée à
50,000 piastres par an, soit environ 11,500 fr.

Il est pourvu aux dépenses des établissements scolaires grecs
orthodoxes du IX° cercle municipal de la ville de Constantinople, au moyen de subventions des églises de Saint-Pantaléon
à Kouskoundjouk, et du Prophète Élie à Scutari, ainsi que de
l'archevêque métropolitain de Chalcédoine et autres dons gracieux et aumônes spéciales.

La communauté arménienne possède, dans le IX° cercle,
15 écoles qui peuvent être réduites, en tant qu'édifices distincts,
à 6 écoles mixtes qui ont été comptées deux fois, une pour les
classes de garçons et une pour les classes de filles, plus les
2 écoles *Berbèriăn* (garçons) et *Mezbouriăn* (filles) à Scutari, et
celles de *Haïgaziăn* dans la même ville, rue Sélamsiz.

Parmi ces écoles mixtes, les principales sont, à Scutari, celles
d'*Arnavoudiăn*, 54 garçons, 34 filles et 8 maîtres et maîtresses ;

de *Sainte-Croix* (*Surp-Khatch*), 143 garçons, 120 filles et 22 maîtres et maîtresses ; et à *Kouskoundjouk*, celle de *Loussavoritz*, 27 garçons, 14 filles et 4 maîtres et maîtresses.

Ces écoles relèvent pour la presque totalité du patriarcat grégorien, et sont appelées « *écoles nationales* ». Elles sont dirigées par des prêtres ou archiprêtres. Leurs ressources sont en tout semblables à celle que s'est créée la communauté grecque orthodoxe.

L'école catholique de Scutari est tenue par les Filles de la Charité. Elle est mixte, à classes séparées dans la même maison, les unes pour les garçons, tous externes, et les autres pour les filles parmi lesquelles beaucoup sont pensionnaires. Pour les externes, et c'est le plus grand nombre, les prix d'écolage sont extrêmement réduits ; plusieurs même sont admis gratuitement. L'enseignement général est primaire et exclusivement français ; les livres classiques sont ceux des « Frères de la Doctrine chrétienne ». L'enseignement du grec moderne est facultatif.

Deux nouvelles écoles viennent d'être ouvertes à Scutari, l'une musulmane, dans la ville basse, l'autre catholique, tout en haut de Sélamsiz.

La première est une école secondaire de filles (externat), « *èndch ruchdiè mèktébi* ». Elle est située dans le quartier Atlamatachi, à Bulbul-dèrèsi. Environ 30 jeunes filles et fillettes la fréquentent assidûment depuis le mois de novembre 1894.

La seconde est une école primaire gratuite de garçons, dont la population catholique de Scutari avait grand besoin depuis longtemps. En effet, l'unique école catholique existante au IXᵉ cercle jusqu'ici était celle des « Filles de la Charité ». Cette école était, faute d'autres, divisée en 3 sections : 1 pensionnat (internat secondaire), 1 externat primaire de fillettes et garçonnets ; et 1 école élémentaire où les bébés, filles et garçons, apprenaient ensemble à épeler et à réciter les rudiments du catéchisme. Or, les garçonnets de l'externat mixte s'y trouvaient déplacés en grandissant. Plusieurs atteignaient l'âge de quinze ans sans avoir terminé leurs études. Fallait-il les renvoyer en cet état ?

Les « *petits frères de Marie* » ont tranché la question en venant fonder à Yéni-mahallè, près du grand *qaraqol* de Sélamsiz et dans le voisinage de l'école des « Filles de la Charité », un établissement scolaire dans lequel ils ont reçu, dès le jour de son ouverture, le 27 nov. 1894, les 45 garçonnets de l'externat primaire des bonnes religieuses, qui se sont empressées de les leur envoyer. L'établissement des Filles de la Charité de Scutari ne comprend donc plus actuellement qu'une école de filles ; divisée en internat secondaire et externat primaire, à laquelle est annexée une école élémentaire mixte, où les petits garçons ne sont plus admis passé cinq ans.

L'école des *petits frères de Marie* est actuellement un externat, où l'instruction est primaire et gratuite en principe. Plus tard, s'il y a lieu, agrandissant leur programme d'enseignement, ils transformeront cet externat en collège.

Ils pourront, dès à présent, si on le leur demande, donner des leçons d'italien et d'anglais, mais l'instruction générale est basée sur le français. Quant aux langues du pays, il va sans dire qu'elles feront l'objet de cours réguliers. Le nombre des frères, professeurs à Scutari, est de quatre ; sept autres *petits frères de Marie* sont attachés depuis plusieurs mois au personnel enseignant du collège des prêtres de la mission, communément dits « Pères Lazaristes », à Saint-Benoît de Galata, pour l'instruction spéciale : géométrie, dessin, etc.

A Scutari, dans le quartier *Sélamsiz*, rue *Ekmékdji-bachi*, une nombreuse mission américaine (environ 10 maîtresses et 10 maîtres, avec plusieurs domestiques appartenant à la mission et quelques vigoureux gardiens indigènes), a établi depuis un certain nombre d'années 1 collège-pensionnat (filles et garçons) très prospère, fréquenté par 30 garçons et 200 filles. Cet établissement a été compté deux fois au tableau qui précède ainsi qu'au tableau général des écoles du « cordon d'Asie », une fois pour les filles et une fois pour les garçons. Un bon enseignement secondaire y est donné aux élèves des deux sexes, protestants et arméniens grégoriens, par environ la moitié des missionnaires. L'autre moitié part à cheval, chaque matin, jusqu'au bateau et de là jusqu'au pont de Galata-Stamboul (*Kara-keuï — Emin-eunu*) pour se disperser ensuite de divers côtés, et revient de même chaque soir, les dimanches exceptés.

Les écoles israélites du IX⁰ cercle sont au nombre de 5, dont 3 à Kouskoundjouk et 2 à Scutari. Les trois premières sont une école secondaire de 150 garçons fondée, dirigée et entretenue par l'*Alliance israélite* et 2 écoles primaires, l'une de 150 garçons et l'autre de 45 filles, appartenant à la communauté israélite de Kouskoundjouk. Les deux secondes sont deux écoles primaires, l'une de 55 garçons et l'autre de 22 filles, appartenant à la communauté israélite de Scutari. Ces deux écoles sont situées dans le quartier de *Dagh-hammam*. Les écoles primaires des communautés de Scutari et de Kouskoundjouk sont entretenues au moyen de divers prix d'écolage proportionnés aux ressources de chacun ; elles reçoivent aussi quelques dons gracieux de riches israélites. L'enseignement y est donné avec soin par d'assez bons maîtres et maîtresses.

Quant à l'école de l' « *Alliance israélite* », elle est absolument conforme aux établissements de même degré, en France.

Historique. — Selon la tradition grecque, rapportée par Étienne de Byzance, le nom de *Chrysopolis* que portait Scutari dans l'antiquité, lui a été donné en commémoration de Chryséis, fils d'Agamemnon et de Chryséis (1280-1270 av. J.-C.) qui, pour fuir la persécution d'Ægiste et de Clytemnestre, se retira, dit-il, en ce lieu, y mourut et y eut sa sépulture. D'un autre côté, sous l'empire des Perses, du temps de Darius, fils d'Hystaspe (521-485 av. J.-C.), cette ville était le lieu de centralisation des tribus perses dans la presqu'île, et plus tard, après la conquête athénienne, Alcibiade (450-404 av. J.-C.) fit entourer de murs cette même ville et en fit à son tour une place où était versé l'argent des dîmes payé par tous les navires qui venaient du Pont-Euxin. Ces faits justifient assez le nom de « *ville d'or* » pour qu'il ne soit pas nécessaire d'en chercher d'autre explication. Quant au nom actuel d'*Uskudar*, M. de Hammer pense que c'est un mot de l'ancienne langue perse, signifiant « mes

sager » et qu'il lui a été donné parce que les Perses avaient
établi à Chrysopolis la station principale des courriers qui portaient les ordres souverains dans toute l'Asie, institution qui fut
conservée par les Romains et les Turcs ottomans. Le nom de
Scutari pourrait venir d'un corps de « *scutari* » qui fut créé avec
celui des « *sagittarii* » (archers) par l'empereur Valens (364-378
ap. J.-C.). Ce nom ne se trouve pas dans les auteurs anciens ;
plusieurs auteurs modernes en ont fait la remarque.

Xénophon (445-355 av. J.-C.) rapporte que les Dix-Mille
s'arrêtèrent à Chrysopolis pour y vendre leur butin. Le port de
cette ville avait quelque importance vers cette époque, lorsque
les Athéniens y entretenaient 30 trirèmes sous deux comman-
dants. C'était, d'ailleurs, l'arsenal maritime des Chalcédoniens.
Lors de la destruction de la ville de Chalcédoine, une partie du
port de Scutari fut comblée ; une autre le fut sous les empereurs
byzantins, et ce qui pouvait en rester encore disparut pour
asseoir les fondations de *Mihr ou Mâh-djamisi* et créer la belle
place devant cette mosquée. Déjà, du temps de Strabon, né en
60 avant J.-C., l'importance du port de Chrysopolis était bien
diminuée et ses murailles n'existaient plus, car il lui donne le
nom de village. Cette ville acquit une nouvelle célébrité lors de
la victoire remportée par Constantin le Grand, sur Lycinius qui
fut fait prisonnier. Par la suite, devenue faubourg de Constantinople comme autrefois de Chalcédoine, Scutari reprit son
ancien rang. Les successeurs de Constantin élevèrent des palais
entourés de parcs, de grands jardins, de beaux vignobles à
Chrysopolis et aux environs, et y séjournèrent souvent à cause
de la pureté de l'air. Les Comnène et les Paléologue se plaisaient surtout à y résider ; un de ces palais était nommé *Scuta-
rion* ; un autre, appelé *Damalis* (la génisse), était probablement
voisin du monument de la femme de Charès, aujourd'hui *Qez
qoulé* (vulgo : *Tour de Léandre*) plus haut cité. Outre la poste
impériale créée par les Perses et améliorée par Auguste qui
institua la corporation des *veredarii*, remplacée par celle des
tatar sous les sultans ottomans, les souverains byzantins avaient
établi une ligne télégraphique, correspondant la nuit au moyen

de feux allumés sur les points culminants. La première station était à Chrysopolis au sommet du mont *Auxent* (Boulgourlou) et la dernière à *Koula*, dans le voisinage de Tarsous (Cilicie). A ces deux extrémités de la ligne étaient placées deux horloges semblables, et à chacune des douze heures se rapportait une phrase telle que : « *Les Arabes font des préparatifs de guerre* », ou bien : « *L'ennemi vient de franchir la frontière* » etc., etc., de sorte que, lorsqu'un de ces cas divers survenait, on en était informé au palais impérial, directement relié à la station du mont *Auxent*, d'après l'heure à laquelle étaient allumés les feux. Cette institution n'existait plus lors de la conquête ottomane, car Michel III, voyant, à la veille de courses importantes dans le cirque, le phare du palais annoncer une invasion des musulmans, avait fait détruire ces signaux pour ne plus être troublé dans ses plaisirs.

A partir de la prise de Constantinople par Mahomed II el-Fatih, la prospérité de Chrysopolis, dont le nom moderne de *Scutari* subsista seul, modifié par la prononciation turque qui le changea en celui d'*Uskudar*, ne cessa point de s'affermir. Tous les sultans voulurent y avoir des palais, parmi lesquels on en cite deux bâtis par le célèbre maître Sinân pour *Suléimân-el-Qanouni*, dont l'un à *Tchélèbi-baghtchési* (le jardin du gentilhomme). Ils enrichirent *Uskudar* de belles mosquées, de bains, de fontaines, dotèrent son commerce, tout de transit, de nombreux et vastes *han*, où vont se loger et entreposer leurs précieuses marchandises, les milliers de riches négociants qui viennent s'y rencontrer de toutes les contrées de l'Asie. *Scutari*, enfin, est le séjour de prédilection du grand commerce musulman, des hauts fonctionnaires civils et militaires, des officiers de l'armée impériale, des soldats d'élite de la garde du sultan. C'est aussi celui des élèves des écoles spéciales : médecine, marine, génie, beaux-arts, arts et métiers, etc. C'est le principal lieu de casernement des troupes réunies dans la capitale de l'empire. C'est encore, en quelque sorte, une ville réputée sainte, car les seigneurs de la cour et les citoyens les plus distingués se font inhumer de préférence dans ses cimetières, qui font partie du continent privilégié où sont situées les villes de la Mecque, de Médine, de Damas et de Jérusalem.

Localités remarquables. — Beylerbey. — Le village de *Beylerbey* (prince des princes), l'une des échelles du Bosphore les plus fréquentées comme agréable but de promenade, est ornée d'une très-belle mosquée, de bains publics (*hammam*) de magasins et de nombreuses boutiques, fondations de Sultan Abd ul-Hamid Ier. C'est de son règne (1774-1789) que date l'importance de cette localité, à peine connue auparavant par les jardins qu'y avait fait planter Sultan Mahmoud Ier en 1734, et le kiosque de *Chévk-ábâd* qu'il avait fait construire près de là pour la sultane sa mère. Outre ces anciens monuments et les délicieuses prairies environnantes, on y remarque surtout aujourd'hui le beau palais de marbre blanc élevé par Sultan Mahmoud II et reconstruit entièrement par Sultan Abd ul-Aziz, ainsi que ses magnifiques jardins en terrasses, ses fontaines, ses bains et le vaste bassin situé sur la plus haute terrasse des jardins dont les eaux limpides occupent la superficie presque tout entière. Par une singulière et bien royale fantaisie, le sultan Abd ul-Aziz avait chargé son sculpteur Messina, d'exécuter lui-même et de commander à d'illustres statuaires, tels, par exemple, que Barye, des groupes d'animaux : lions, tigres, panthères, qu'il fit ensuite placer autour de cette belle nappe d'eau, debout sur la terre, sans piédestal, et que son peintre M. Masson, et des artistes fort distingués, appelés de France à cet effet, Tabar entre autres, durent peindre de couleurs naturelles.

C'est ce palais, aussi plein de charme que d'originalité et d'imprévu, qu'il donna, en 1869, pour résidence à l'impératrice Eugénie; et, depuis lors, il est assigné de même à la plupart des souverains et princes régnants de passage à Constantinople. On y admirait déjà, du temps de Sultan Mahmoud II, un superbe vase de vert antique et six grands miroirs d'une rare beauté. De nombreuses richesses artistiques ne cessent de s'y accumuler.

Beylerbey, selon le patriarche Constantius et la généralité

STATISTIQUE DESCRIPTIVE   653

des archéologues, est le « *dhevteros dhiskos* » dont fait mention Denys de Byzance.

STAVROS. — Entre *Beylerbey* et *Kouskoundjouk* se trouve le village maritime de « *Stavros* » (la croix), ainsi nommé, d'après une ancienne tradition, parce que ce fut précisément là qu'en l'an 324, Constantin le Grand arbora l'étendard de la Croix, signe par lequel il fut vainqueur de Lycinius à Chrysopolis.

KOUSKOUNDJOUK. — L'échelle la plus proche de Scutari est Kouskoundjouk, ainsi appelée du nom d'un célèbre dervich, *Kouskoun-Baba*, qui vivait du temps du sultan Mohammed II el-Fatih. Selon le patriarche Constantius, cette petite ville est l'ancienne « *Chryso-kéramis* » où l'empereur Justin et l'impératrice Sophie avaient fait bâtir une église couverte de tuiles dorées ; mais d'autres savants prétendent qu'il se trompe et que cette église se trouvait à *Tchènghèl-keuï*, où l'on a découvert une tuile semblable sur le toit de l'église moderne dédiée à Saint-Georges. De plus, disent-ils, Pierre Gyllius parle d'un fleuve de « *Chryso-kéramis* » qui coule en ce dernier endroit, mais qui se dessèche en été, et d'anciennes fondations qu'on peut reconnaître comme celles du palais impérial de Chryso-kéramis, converti par Justinien, en un magnifique monastère pour les femmes pénitentes.

Quoiqu'il en soit, Kouskoundjouk est un gros bourg qui ne manque pas d'importance et en acquiert davantage de jour en jour. Il commence à peu de distance au nord de Scutari, dans un vallon où viennent se rencontrer, au pied des collines, les cimetières israélites de ces deux localités, que seuls ils séparent à l'est et qui se touchent du côté de l'ouest sur le Bosphore, à *Eukuz-limâni*, échelle de débarquement indiquée, tantôt comme appartenant à Scutari, tantôt comme une dépendance de Kouskoundjouk et souvent aussi considérée comme indépendante. Ce petit port, où Denys de Byzance croit que Io, fille d'Imachus, métamorphosée en vache, se jeta dans la mer pour passer de l'autre côté du détroit, en Europe, et y mettre au monde Kéroès qui donna son nom à la Corne d'or, est bien plus probablement appelé *Eukuz-limâni* (port du bœuf) à cause des nombreux troupeaux de bœufs qui viennent journellement y débarquer de Cabatach et de Béchiktach, qu'en souvenir du passage de la nymphe Io. On le nomme aussi *Pacha-limâni* (port du pacha) parce que la sultane Kiya, femme du grand vézir Mélik Ahmed Pacha, y possédait jadis un palais.

La population de Kouskoundjouk, comprise dans le chiffre précité de celle du IX° cercle municipal de la ville de Constantinople, est de 7,624 hab., comme suit :

	HOMMES	FEMMES	TOTAL
Musulmans	150	80	230 hab.
Grecs orthodoxe	585	500	1,085
Arméniens grégoriens	1,509	1,200	2,709
Israélites	1,840	1,760	3,600
TOTAL. . .	4,084	3,540	7,624 hab.

On compte à Kouskoundjouk 1,270 maisons. Celles des israélites qui forment le plus grand nombre des habitants, s'étendent sur le bord de la mer, dans le vallon et autour de la résidence du *Khâkhâm-bachi* ou grand-rabbin de Constantinople. Elles sont séparées entre elles par des jardins. Les maisons des arméniens et des grecs sont presque toutes au bord de la mer ou sur la colline à gauche ; un certain nombre de *châh-nichin*, sorte de balcons couverts, s'avancent même au-dessus de l'eau. Un café, situé près du débarcadère, est dans ce cas ; la fanfare de la ville en a profité pour s'y installer. Le va-et-vient mouvementé des bateaux offre, en effet, aux musiciens un coup d'œil intéressant, tandis que les passagers, de leur côté, prennent peut-être un certain plaisir à être reçus en musique.

Il y a à Kouskoundjouk 2 synagogues ; la communauté arménienne y a une église, *surp Kirkor* (Saint-Grégoire l'Illuminateur) ; et les grecs orthodoxes y possèdent également une église assez belle et élégamment décorée, dédiée à saint Pantaléon. On remarque dans cette église une image antique, peinte sur bois, rapportée de l'ancien couvent de Stavros ; elle représente la Sainte Vierge avec l'Enfant Jésus.

On prétend que tous les israélites de la Bithynie et du Bosphore veulent se faire enterrer dans le cimetière de Kouskoun-djouk, persuadés que ce terrain est uni à celui de Jérusalem.

Les écoles de cette petite ville figurent, plus haut, au tableau général des établissements scolaires du IX⁰ cercle, page 654.

Qez-Qoulèsi. — Qez-Qoulèsi, la Tour de la Fille ou de la Vierge, vulgairement et très improprement appelée la « Tour de Léandre », est située sur un îlot à 250 m. environ à l'ouest de Scutari. C'est actuellement un phare où résident deux gardiens préposés à son entretien. On y voit plusieurs citernes qui servent à emmagasiner le pétrole; mais, contrairement à ce qui en a été dit et écrit par quelques personnes mal informées, il n'y existe aucune source, aucun réservoir d'eau. L'eau que boivent les gardiens et qui leur sert à préparer leur nourriture, vient des fontaines de Saladjak, de Harem-iskèlèsi, de Sélimiyè où ils vont à tour de rôle s'en approvisionner dans des cruches.

L'îlot actuel était autrefois relié au continent asiatique, soit naturellement, soit par un môle écroulé, dont on croit voir encore les restes au fond de l'eau. Lorsque Charès, général des Athéniens, vint au secours des Byzantins contre Philippe, roi de Macédoine, il occupa Chrysopolis (Scutari) où sa femme Damalis, qui l'accompagnait, tomba malade et mourut. Charès lui fit ériger sur les brisants qu'il y avait alors à cet endroit, un mausolée soutenu par des colonnes et surmonté d'une génisse (*damalis*) en marbre, avec une inscription entièrement conservée par G. Codinus et qui constate ce fait tel qu'il est rapporté ici. On croit que l'original de cette inscription existe encore, encastré dans les pierres du soubassement intérieur de la tour actuelle, reconstruite successivement à la suite d'incendies par Ibrahim Pacha, vézir de Sultan Ahmed III et, en dernier lieu, par Sultan Mahmoud II sur l'emplacement et probablement avec le reste de la première tour bâtie par Manuel Comnène, fils de Calo-Jean (1143-1180), pour la défense et la fermeture de la Corne d'or au moyen de chaînes barrant le passage.

Harem-iskèlèsi. — Harem-iskèlèsi, quartier de la ville actuelle de Scutari, est l'ancien faubourg du *Chéne* ou du *Drys*, jadis le plus brillant quartier de Chalcédoine, où Ruffin, ministre favori de Théodose et d'Arcadius (335-395), possesseur d'immenses richesses, avait fait bâtir une splendide villa, dont les colonnes de marbre précieux, l'or et les mosaïques, les somptueux appartements se miraient dans les eaux bleues du Bosphore, à son embouchure dans la Propontide. Cette villa, ce faubourg, avaient pris un tel accroissement que les écrivains du temps désignaient *Ruffiniana* comme une ville et un port de mer.

Harem-iskèlèsi, l'échelle du *harem* ou appartement des femmes (γυναικεῖον), ainsi nommée probablement parce qu'elle a servi successivement de débarcadère au *gynécée* du palais d'Héraclius Constantin, fils d'Héraclius Iᵉʳ, et au *harem* du séraï de Mourad IV, tous deux bâtis en ce lieu avec une grande magnificence, est aujourd'hui déchue de toutes ses splendeurs. Toutefois, cette petite échelle, réduite à desservir deux fois par jour, matin et soir, les quartiers de l'extrême sud de Scutari et la caserne de Sélimiyè, n'a rien à regretter du côté du pittoresque. Rien n'est plus joli, plus gracieux, que cette plage couverte de sable fin et de galets ronds sur laquelle il faut sauter en débarquant devant un élégant *tèkkè*, bâti moitié en bois de cyprès, moitié en pierres blanches, à l'ombre d'un groupe de hauts platanes entremêlés de vieux chênes, derniers descendants peut-être, du fameux chêne qui donna son nom au faubourg du *Drys*. Des maisons de bois, peintes en couleurs gaies, s'adossent à une falaise de moyenne hauteur qui s'étend en hémycicle autour du *tèkkè*. Tout à travers serpentent deux routes : l'une, carrossable, conduit au bourg de Sélimiyè, dont on voit, à peu de distance, se détacher sur le bleu du ciel, la grande mosquée impériale avec son dôme doré et les flèches aiguës de ses deux minarets; l'autre, assez raide, mais vite gravie, mène à la grande caserne de cavalerie en quelques minutes. En continuant cette route, on arrive au cimetière protestant, consacré aux soldats anglais morts durant la guerre de Crimée. Il est situé entre la grande caserne de Sélimiyè, et Haïdar-Pacha, au bord de la mer surmontée d'une falaise d'environ 20 m. de hauteur. Au milieu du cimetière on a érigé un bel obélisque de granit supporté par quatre anges, ouvrage du sculpteur Marochetti.

Outre une majorité composée d'officiers de tous grades, de quelques sous-officiers et soldats, de médecins et pharmaciens militaires appartenant au personnel de la grande caserne et de l'hôpital de Sélimiyè, on rencontre, matin et soir, sur les bateaux toujours bondés de Harem-iskèlèssi, beaucoup de passagers européens des deux sexes.

X^E CERCLE MUNICIPAL

CADI-KEUI ET SES DÉPENDANCES

Orientation. — CADI-KEUI, ancienne Chalcédoine, X^e cercle municipal de la ville de Constantinople, résidence du *mudir*, directeur du cercle, président du conseil municipal, siège d'un métropolitain grec orthodoxe, station postale et télégraphique de service international (correspondances turque et française), etc., etc., est situé sur la rive asiatique de la mer de Marmara, à gauche de l'embouchure du Bosphore et à droite de l'entrée du port de Constantinople, vis-à-vis de l'ancienne Byzance, aujourd'hui Stamboul, entre Scutari, Harem-iskèlèssi, Haïdar Pacha au nord-ouest, et Fénèr-Baghtchè, ancien port et promontoire d'Hœrcon, au sud-est.

Population du Xe cercle. — La population totale du Xe cercle municipal de la ville de Constantinople (Cadi-keuï et ses dépendances), est de 32,200 hab., comme suit :

	HOMMES	FEMMES	TOTAL
Musulmans.	5,231	3,041	8,272 hab.
— Bulgares (dits *Pomak* ou *Tchèrkès*.) .	402	300	702
Grecs orthodoxes.	5,011	2,626	7,637
Arméniens grégoriens.	5,849	4,131	9,980
— protestants.	50	50	100
Catholiques (Arméniens et Latins)	600	600	1,200
Israélites	482	363	850
Tchinganè (bohémiens, coptes non chrétiens). .	150	140	290
Étrangers de diverses confessions	1,900	1,280	3,180
TOTAL. . .	20,175	12,036	32,211 hab.

Ce chiffre de 32,211 hab. représente la population des bourgs, villages, quartiers, villas et *tchiftlik* (fermes) ou autres exploitations agricoles, telles que vignobles, etc., etc., de *Cadi-keuï*, *Haïdar-Pacha*, *Hadji-Moustafa*, *Kizil-Toprak*, *Djafer-Agha*, *Osman-Agha*, *Séraï-djédid*, *Nerdubân*, *Érenkeuï*, etc.

Il existe à Cadi-keuï 7 mosquées à minarets; la communauté grecque oxthodoxe y possède 1 église métropolitaine, sous le vocable de Sainte-Euphémie; les arméniens grégoriens y ont, dans le quartier de *Djafer-Agha*, 1 église paroissiale dédiée à la Sainte-Vierge; les arméniens catholiques ont 1 église, 1 oratoire et 1 séminaire; les catholiques latins ont 1 église sous le vocable de l'Assomption et 3 chapelles, dont 1 au collège français de Saint-Joseph, aux frères de la Doctrine chrétienne; les protestants fréquentent la chapelle anglaise de Moda-Bournou; enfin les israélites ont 1 synagogue à Haïdar-Pacha.

On compte en outre dans le X° cercle 4,500 maisons, villas, kiosques, etc, 1,300 boutiques, magasins et dépôts, 73 chambres de *musâfir* (hôtes), 2 bains publics (*hammam*) et 2 bains de mer, également publics, à Cadi-keuï, sans compter de très nombreux bains particuliers, 76 jardins d'agrément et environ 250 grands jardins fruitiers et maraîchers, 10 grands jardins publics avec cafés-restaurants, promenades, jeux divers, spectacles, etc.; 1 théâtre, petit monument en pierre, avec façade ornée de colonnes; on y a joué souvent avec succès l'opéra-comique et l'opérette; enfin, on compte dans le X° cercle quelques bâtiments d'exploitation industrielle, parmi lesquels il faut citer les bureaux de la Compagnie des eaux de Cadi-keuï — Scutari, ceux de la Compagnie du gaz et la gare principale (tête de ligne) du chemin de fer d'Anatolie. Les commissaires du gouvernement, fonctionnaires du ministère des Travaux publics, ont leurs bureaux particuliers dans les bâtiments de ces trois exploitations concédées à 3 compagnies, auprès desquelles ils sont chargés d'exercer leur contrôle technique.

Écoles. — Les écoles du X° cercle municipal (Cadi-keuï et sa banlieue) sont au nombre de 44, dont 2 de degré supérieur, fréquentées par 66 étudiants, 7 secondaires, fréquentées par 737 élèves, dont 607 garçons et 132 filles, et enfin 35 écoles primaires ou élémentaires, dans lesquelles sont instruits 1,510 élèves, dont 1,036 garçons et 474 filles, soit, en totalité, pour les 44 écoles du X° cercle municipal de la ville de Constantinople, 2,314 élèves, dont 1,708 garçons et 606 filles, comme suit :

COMMUNAUTÉS	DEGRÉS D'ENSEIGNEMENT	ÉCOLES	ÉLÈVES	
			GARÇONS	FILLES
Musulmane....	1 école spéciale d'agriculture (ouverte à tous)	1	5	»
	1 lycée (ouvert à tous)	1	61	»
	21 écoles primaires, dont 15 de garçons et 6 de filles	21	706	73
Grecque orthodoxe	1 gymnase	1	80	»
	2 écoles primaires, dont 1 de garçons et 1 de filles.	2	150	185
Arménienne grégorienne	4 écoles primaires, dont 2 de garçons et 2 de filles	4	50	60
Catholique......	1 séminaire (arménien catholique)	1	62	»
	1 collège (frères de la Doctrine chrétienne)	1	274	»
	1 collège (mékhitaristes)	1	150	»
	1 pensionnat de jeunes filles (dames de Sion)	1	»	132
	1 école primaire gratuite (dames de Sion)	1	»	41
	3 écoles primaires, 2 de garçons et 1 de filles	3	75	60
Protestante.....	2 écoles secondaires, dont 1 de garçons et 1 de filles	2	40	25
	2 écoles primaires, dont 1 de garçons et 1 de filles	2	25	15
Israélite	2 écoles primaires, dont 1 de garçons et 1 de filles.	2	30	15
	TOTAL. . .	44	1.708	606

En ce qui concerne la communauté musulmane, il n'y a rien à ajouter ici, à tout ce qui a déjà été dit dans les chapitres précédents, sur les établissements scolaires de cette communauté, sauf pour l'école de viticulture dont la faible fréquentation n'a d'autre cause que la nouveauté, en Turquie, de ce genre d'enseignement.

Les élèves les plus assidus des écoles turques d'agriculture ont eux-mêmes quelque peine à se faire une idée de l'utilité d'apprendre à mieux cultiver la vigne. Ils sont étonnés qu'on puisse les soupçonner de quelque infériorité sur ce point, en présence des merveilleuses grappes de raisin des contrées asiatiques. Avec une plus grande expérience des bénéfices que l'on commence autour d'eux à obtenir d'une entente raisonnée du vignoble, ils s'empresseront d'accourir aux leçons des experts professeurs de Kizil-Toprak et d'Erèn-keuï que mettent à leur disposition le ministère de l'Agriculture et l'administration de la Dette publique.

Quant aux autres écoles de la communauté musulmane dans le X⁰ cercle, rien de saillant ne les distingue. Il en est de même pour les établissements des communautés grecque orthodoxe, arménienne et israélite. Seuls, les établissements catholiques, le collège français Saint-Joseph des frères de la Doctrine chrétienne, le séminaire et le collège des arméniens catholiques, le pensionnat des dames de Sion peuvent donner lieu à quelque citation spéciale. Ainsi, par exemple, le collège de Saint-Joseph, fondé en 1870, est remarquable par sa belle situation, l'air pur, l'étendue, la riante verdure de ses jardins et de sa grande cour de récréation sablée et plantée d'arbres, pour sa chapelle retentissante où le grave chant des orgues s'unit à la brillante fanfare des écoliers. Le collège a bien quelques droits à la reconnaissance des parents pour la bonne éducation, la solide instruction qu'y reçoit la jeunesse. Cet établissement compte actuellement 274 élèves, internes et externes, et l'école gratuite, desservie également par les Frères, en compte également 55, soit, en totalité 329 élèves représentés par nationalités et par confessions, comme suit :

NATIONALITÉS	COLLÈGES	ÉCOLES gratuites	RELIGIONS	COLLÈGES	ÉCOLES gratuites
Grecque	79	32	Catholique	129	23
Française	57	4	Grecque orthodoxe. .	96	32
Italienne	26	11	Israélite	24	»
Arménienne	22	2	Musulmane	15	· »
Autrichienne. . . .	15	»	Arménienne grégorienne .	6	»
Espagnole.	14	»	Protestante	4	»
Ottomane	14	»			
Russe	10	3			
Bulgare.	10	2			
Anglaise	8	»			
Allemande.	6	»			
Syrienne	4	1			
Roumaine.	4	»			
Serbe	3	»			
Belge	2	»			
TOTAUX par Nationalités.	274	55	TOTAUX PAR RELIGIONS .	274	55

ENSEMBLE 329 élèves

Les établissements des *Arméniens catholiques* appartiennent aux RR. PP. Mékhitaristes, et n'ont rien à envier à leur ancien collège « Mourad », si avantageusement connu à Paris.

Les *Religieuses françaises de Notre-Dame de Sion* ont fondé leur premier établissement à Constantinople en 1857, par l'ouverture d'un pensionnat à Pancaldi, dans un vaste bâtiment attenant à l'église cathédrale du Saint-Esprit. Cette maison n'a pas cessé de prospérer depuis lors ; elle compte aujourd'hui environ 300 élèves, internes et demi-pensionnaires, de toutes nationalités. Dans une habitation séparée, les dames de Sion de Pancaldi ont créé et entretiennent une école, où près de 200 petites filles reçoivent gratuitement une bonne instruction primaire.

Nous n'avons pas aujourd'hui à nous occuper davantage de cet immense établissement ; nous revenons à celui de Cadi-keuï, compris dans le X⁰ cercle municipal de la ville de Constantinople [1].

Le *pensionnat de Notre-Dame de Sion de Cadi-keuï* (Chalcédoine) fut fondé en 1863, ainsi que l'école gratuite qui y est adjointe, sur les instances de Mgr Brunoni, alors délégué apostolique du Saint-Siège. Cet établissement fut d'abord installé dans les bâtiments attenant à l'église paroissiale que l'on venait de construire, puis il fut transféré dans une propriété plus vaste, mieux située, acquise par la congrégation.

Le *pensionnat de Cadi-keuï* compte actuellement, ainsi qu'il est indiqué dans le tableau général (page 660), 132 élèves, internes et demi-pensionnaires, de toutes nationalités et confessions. L'*école gratuite primaire* en compte 41, soit un total de 173 élèves, comme suit :

(1) Pour plus amples détails, on peut consulter l'*Histoire de la latinité de Constantinople*, par M. A. Belin, continuée par le R. P. Arsène de Chatel (Picard et fils, éditeurs, Paris, 1894).

NATIONALITÉS	Pensionnats	ÉCOLES gratuites	RELIGIONS	Pensionnats	ÉCOLES gratuites
Hellène.	31	11	Catholique.	58	26
Arménienne	23	3	Grecque orthodoxe .	41	12
Italienne	18	10	Israélite	13	2
Française	14	1	Arménienne grégorienne .	13	1
Espagnole.	13	2	Protestante	7	»
Bulgare.	9	2			
Anglaise	9	»			
Autrichienne. . . .	4	8			
Ottomane.	4	1			
Hollandaise	3	»			
Allemande.	2	»			
Belge	1	»			
Russe	1	»			
Arabe	»	3			
TOTAUX par Nationalités . .	132	41	TOTAUX PAR RELIGIONS	132	41

TOTAL GÉNÉRAL   173 élèves

En 1886, Les *Religieux des Augustins de l'Assomption* établis à Coum-Capou (quartier de Stamboul), depuis 1882, ont fondé à Fènèr-Baghtchè, ou Fènèr-Bournou, compris dans le X⁰ cercle municipal, côte d'Asie, une vaste maison dans laquelle ils ont 1 noviciat pour la congrégation, qui compte 30 novices, ainsi qu'un séminaire pour les enfants pauvres qui se destinent à la vie religieuse. En même temps ils ont ouvert 1 école externe gratuite qui compte 28 élèves.

Les *Sœurs oblates de l'Assomption* ont aussi, à Fènèr-Baghtchè, 1 dispensaire et 1 école.

Les *Frères mineurs capucins de Paris* ont établi à Cadi-keuï (Moda-bournou), sur le bord de la mer et dans une magnifique situation, un couvent conforme aux traditions de leur ordre. Ils y suivent les exercices de leur règle et se livrent à l'étude. On y compte actuellement 6 prêtres, 30 clercs, 6 frères lais et 4 moines.

Historique. — CHALCÉDOINE fut fondée, selon l'opinion la plus généralement admise, en 675 av. J.-C. par une colonie de Mégariens conduite par Archias. Cette antique ville était située dans la plaine qui servait, avant la construction du chemin de fer d'Anatolie, de champ de manœuvres aux troupes casernées à Sélimiyè et au travers de laquelle passe aujourd'hui ce chemin de fer. Le village de Haïdar-Pacha, l'un des faubourgs actuels de la ville moderne de Cadi-keuï, borde cette plaine, sillonnée par une rivière dite *Haïdar Pacha-sou*, à sec dès les premiers jours du printemps jusqu'au retour des pluies d'hiver. Cette rivière, qui prend sa source au mont *Boulgourlou*, n'est pas reconnue pour le fleuve *Chalcédon* qui devait son nom au fils du devin Chalchas, et le donna à la ville fondée par les Mégariens. On a reconnu ce fleuve dans le *Kalamis* ou *Kalamich-dèrè*, qui prend sa source à 2^k,300 de celle du *Haïdar Pacha-sou*, passe à l'est de Cadi-keuï et se jette dans la mer de Marmara au fond du petit golfe formé par les caps *Moda-Bournou*, ancien *Akritas*, et *Fènèr-Bournou* (ancien *Hœreon*), golfe reconnu pour l'ancien golfe d'*Eutrope*. Chalcédoine avait un second port, situé plus au nord, et s'ouvrant sur le Bosphore. Justinien y fit construire des ouvrages semblables à ceux que l'on nomme aujourd'hui *caïk-hané* pour abriter les barques tirées à sec sur le rivage. On n'est pas d'accord sur l'emplacement de cet ancien port, mais il est probable que c'était celui délimité actuellement par l'échelle de *Haïdar-Pacha* et celle de Cadi-keuï.

Sur le promontoire *Hœreon* (*Fènèr-Bournou*), Théodose et Justinien possédaient des palais. Ce dernier empereur y fit construire un môle supporté par des arcades. Les habitations étaient nombreuses autour de ce port; on y voyait une église dédiée à St Jean. Quant à l'église de Sainte-Euphémie, fondée par Constantin le Grand sur l'emplacement d'un temple de

Vénus, le 28 juin 326, on est à peu près d'accord pour reconnaître son site primitif près de la fontaine d'*Hermagoras*, la même que l'on voit aujourd'hui sous un magnifique platane, à côté de la gare du chemin de fer d'Anatolie, à Haïdar-Pacha; on en doit la conservation au sultan Abd ul-Medjid, comme le constate l'inscription gravée sur la stèle qu'il y fit placer en 1255 (1839 de l'ère chrétienne), année de son avènement au trône.

Moda-Bournou, ancien promontoire *Akritas* et cap de Chalcédoine, portait un temple de Vénus marine, remplacé de nos jours par des jardins publics ornés de kiosques, cafés, jeux divers, etc. C'est un des plus attrayants quartiers de Cadi-keuï. Entre Moda-Bournou et le promontoire opposé, sur les bords du golfe, il existe un *ayazma*, fontaine sacrée, dédiée à St Jean et qu'on dit avoir appartenu à l'église de même nom, plus haut citée, où Phocas fut couronné le 23 nov. 602. Une légende rapporte qu'une pauvre veuve, habitante de ce quartier, étant menacée d'être dépouillée de sa vigne, eut recours à St Jean qui empêcha cette spoliation en rendant la vigne invisible! Ce golfe est revêtu de la plus riche verdure, le chêne et le laurier y rivalisent en vigueur et en beauté, et l'on voit se succéder, autour de la plage et des bords du *Kalamis-déré*, de grands vergers remplis d'amandiers, de grenadiers, de pêchers et autres arbres chargés de fruits délicieux, dont le feuillage abrite des milliers d'oiseaux chanteurs.

Lorsque Byzance fut fondée en 667 av. J.-C., dix-sept ans après Chalcédoine, ses fondateurs consultèrent l'oracle qui leur dit de s'établir devant la *ville des aveugles*. Il est vrai que le site de Constantinople où fut Byzance est merveilleux entre tous, mais celui de Cadi-keuï, où fut Chalcédoine, pouvait bien être choisi par les plus clairvoyants en présence de tant de charmes naturels qu'ils ne pouvaient comparer alors qu'avec avantage aux sept collines encore nues, peut-être arides et pelées, leur faisant face. Les Perses s'emparèrent (508) de Chalcédoine sous Darius (521-485) et mutilèrent tous les jeunes gens qu'ils envoyèrent à leur roi. Alcibiade ruina cette ville (408 av. J.C.), pendant la guerre du

Péloponèse. Pendant la guerre entre Prusias et Philippe, les Rho-
diens, alliés de celui-ci, la prirent. Aurélius Cotta s'y établit en
l'an 76 avant J.-C. et y fut battu par Mithridate. Sous le règne
de Gallien (260-268 après J.-C.), elle fut rasée par les Scythes.
Les Goths la détruisirent peu après la prise de Constantinople,
mais elle fut aussitôt relevée par ordre de Constantin le Grand.
Le 21 mars 569, le général arabe El-Mansour réduisit en cendres
un de ses faubourgs. En 615, la cinquième année du règne
d'Héraclius Ier, elle fut de nouveau investie par les Perses de
Chosroès (Kéï-Khosrou II) et emportée l'année suivante. Enfin,
peu de temps après la prise de Constantinople par les Turcs
ottomans, les derniers vestiges des riches monuments de Chalcédoine furent transportés dans la nouvelle capitale des musulmans pour l'ornementation des mosquées.

Toutefois, sous ce nouveau régime, Cadi-keuï, détruite par
tant d'agressions multipliées, reprit peu à peu, à la suite d'un
long repos, une nouvelle vie. Sans avoir pourtant, comme Scutari, retrouvé, surpassé même son antique éclat, la ville moderne est parvenue, surtout dans ces derniers temps, à recon-
quérir une certaine importance, grâce à ses charmes naturels
qui lui acquièrent sans cesse de nouveaux habitants.

Localités remarquables. — KIZIL - TOPRAK (terre
rouge), 2ᵉ station du chemin de fer d'Anatolie (3ᵏ,500 à l'est de
Haïdar-Pacha), 830 habitants, est composé de kiosques et de villas ; de 3 *tchiftlik* (fermes) et d'une école impériale de viticulture
relevant du ministère de l'Agriculture et de la Dette publique
ottomane. Au nombre de ses professeurs, on compte MM. Eckerlin, créateur des beaux vignobles d'Erèn-keuï, avec feu Ali
Pacha, ancien ministre des Travaux publics, et Kortadjian
efendi, horticulteur renommé, ancien élève très distingué des
écoles spéciales de France.

Erèn-keuï. — ERÈN-KEUÏ, 4ᵉ station du chemin de fer d'Anatolie, est le siège de l'exploitation des vignobles de la « Société
vinicole de Turquie », créés, comme il est dit ci-dessus par

feu Ali Pacha et M. Eckerlin, avant la constitution de cette Société. On cultive dans cette vaste exploitation industrielle les cépages français et hongrois, donnant les grands vins et les meilleurs vins de table de Bordeaux, Bourgogne, etc., blancs et rouges, tels que les cépages rouges de Carmenet-Breton, qui donnent des vins de Bordeaux de première qualité, de Pinot-Crépet, Pinot-noirien qui donnent de bons vins de table de Bourgogne et des vins de qualité; de Sirrah et de Serine-noire qui donnent des vins de l'Hermitage et d'autres excellents vins de Bourgogne; de Kadarkas, bon cépage rouge de Hongrie et les cépages blancs de Sauvignon jaune qui donnent les excellents vins de Sauternes, Graves et Barsac, de Pinot blanc et gris, qui donnent les bons vins blancs de Bourgogne, Chablis, Montra-chet et Pouilly et dont la seconde (Pinot gris) est en même temps une des principales et des meilleures variétés cultivées en Cham-pagne; enfin, le cépage Furmint de Hongrie qui produit le vin de Tokay.

La « Société vinicole de Turquie » cultive aussi à Erèn-keuï des cépages indigènes blancs et rouges, tels que le *tchaouch* qui lui sert à faire de délicieux vins du Rhin et de la Moselle, très particulièrement estimés des Allemands et des Alsaciens établis à Constantinople, et diverses variétés d'Anatolie et de Roumélie, avec lesquelles elle fait ses vins de table *yèrli*, c'est-à-dire de la localité même, très goûtés à Péra et autres lieux circonvoisins.

Il y a à Erèn-keuï des pépinières appartenant à l'administra-tion de la Dette publique ottomane. Ce bel établissement, dirigé par M. Eckerlin, est destiné à fournir, comme il fournit en effet depuis plusieurs années, des boutures de ceps américains pour la reconstitution des vignobles détruits par le phylloxera.

C'est ainsi que les vignes de Kizil-toprak, d'Erèn-keuï, de Daridja, etc., etc., ont pu être rétablies après avoir subi les ra-vages du phylloxera.

Ces boutures sont distribuées gratuitement à tout viticulteur qui en fait la demande, et l'établissement se charge même, toujours gratuitement, d'enseigner aux vignerons la manière de procéder au greffage dans leurs propres vignes.

L'année dernière, la pépinière d'Erèn-keuï a pu également fournir à la province de Smyrne, sur sa demande, à titre d'essai, 150,000 boutures de ceps américains.

CAZA DES ILES DES PRINCES

Orientation, limites. — Le caza des Iles des Princes est situé au sud-est du vilayet de Constantinople et du « cordon d'Asie ». Il est composé de quatre îles qui sont : *Prinkipo* (Kizil-adassi), *Khalki* (Héibéli-adassi); *Antigone* (Bourgaz ou Boghaz-adassi), et *Proti* (Kinali-adassi), et de cinq écueils qui sont : *Oxia, Plati, Pyta, Niandria* ou *Rhovito* et *Anti-rhovito*. Ce dernier se nomme en turc *Tavchân-adassi* ou l'île des lapins, et l'on donne à *Niandra* le nom de *Sédèf-adassi*, ou l'île de la nacre; on y trouve, en effet, beaucoup d'huîtres et autres coquillages. Dans la division administrative, comme on le voit ci-dessous, il n'est tenu aucun compte de ces cinq écueils.

Le caza des Iles est limité, au nord-ouest, par le littoral de Stamboul; au nord-est, par celui du caza de Kartal ; au sud-est et au sud-ouest, par les eaux de la mer de Marmara.

Division administrative. — Il est divisé administrativement en 1 chef-lieu et 3 *nahiés*, comme suit :

1° chef-lieu : *Kizil-adassi* ou l'île rouge (Prinkipo)

2° nahiés de
$\begin{cases} \textit{Héibèli} \text{ (Khalki)} \\ \textit{Kinali} \text{ (Proti)} \\ \textit{Bourgaz} \text{ ou } \textit{Boghaz} \text{ (Antigone)} \end{cases}$

Autorités. — Le caza des Iles est administré par 1 *caïmakam*, gouverneur, dépendant de la préfecture de la ville de Constantinople, assisté par un conseil à l'élection des communautés respectives, au prorata de leur importance numérique.

Ce *caïmakam* étend sa juridiction sur les 3 *mudir*, directeurs des *nahié*, qui sont également assistés par un conseil élu dans des mêmes conditions.

Tribunaux. — Au chef-lieu du caza et à ceux des trois *nahié* siègent des tribunaux de première instance présidés par des *naïb*. Ces tribunaux jugent, selon les cas, suivant le droit islamique ou *chèr'i* et suivant le droit moderne ou *béddïèt*.

Police, gendarmerie. — Il y a des postes de police dans chaque île, avec des agents appelés *polices* et des *zabtiyé* ou soldats de police, sous les ordres d'un commissaire et d'un ou deux officiers ou sous-officiers, en nombre proportionné aux besoins du service. Ces postes relèvent tous du quartier central de police et de gendarmerie du caza des Iles, qui a son siège à Prinkipo.

Douane. — Il existe aussi dans chaque île un petit poste de douane composé d'un à trois agents.

Postes et télégraphes. — Les stations postales et télégraphiques du caza des Iles sont au nombre de 4, soit 8 en totalité, comme suit :

| | STATIONS TÉLÉGRAPHIQUES | | BUREAUX |
STATIONS	SERVICE international. Langues turque et française	SERVICE intérieur. Langue turque	de POSTE
Kizil-adassi (Prinkipo)	1	»	1
Héibèli (Khalki)	1	»	1
Bourgaz ou *Boghaz* (Antigone)	»	1	1
Kinali (Ile de Proti)	»	1	1
Totaux . . .	2	2	4

Population du caza. — La population totale du caza des Iles est de 10,503 hab., comme suit :

	HOMMES	FEMMES	TOTAL
Musulmans.	1,598	1,392	2,990 hab.
Grecs orthodoxes.	2,704	2,306	5,010
Arméniens grégoriens.	756	544	1,300
— catholiques.	503	400	903
Latins	190	110	300
TOTAL. . . .	5,751	4,752	10,503 hab.

Chef-lieu. — PRINKIPO, appelée officiellement *Kizil-adassi*, c'est-à-dire, en turc, l' « île rouge », portait, sous les Romains, le nom de *Mégalé*. C'est en effet la plus grande île du groupe que les Grecs appelaient *Daïmonissi*, les îles des Génies. Elle mesure, dans sa plus grande largeur, du nord au sud; 5ᵏ,200 m. ; sa plus grande largeur, de l'ouest à l'est, est de 1ᵏ,900 m., d'après la carte levée par trois capitaines du génie et de l'artillerie français (MM. Thomassin, Vincent et de Moreton-Chabrillant), sous la direction du général comte Andréossy, ambassadeur à Constantinople de 1812 à 1814. Un chenal, dont la longueur moyenne (1,300 m.) n'atteint pas un mille marin, la sépare de l'île de Khalki. Une chaîne de collines, dont les 3 sommets principaux sont les monts du Christ, de saint Nicolas et de saint Georges, parcourt toute sa longueur à partir de la ville de Prinkipo située à l'extrémité nord de l'île, précisément en face du cap et du village de Maltèpè (caza de Kartal) qui s'élèvent sur le continent asiatique à la distance d'un mille trois quarts.

Population du chef-lieu. — La population de Prinkipo, comprise dans le chiffre précité de celle du caza, est de 5,960 hab., comme suit :

	HOMMES	FEMMES	TOTAL
Musulmans	737	710	1,447 hab.
Grecs orthodoxes.	1,376	1,334	2,710
Catholiques latins.	190	110	300
Arméniens catholiques.	336	267	603
— grégoriens	550	350	900
TOTAL. .	3,189	2,771	5,960 hab.

Ainsi qu'on vient de le dire, le sol de Prinkipo doit sa couleur, qui lui a fait donner le nom de « l'île rouge », au sesquioxyde de fer, nommé « ocre rouge », qui y abonde. C'est, avec les bois de pins et de cyprès, les myrtes et les térébinthes aux suaves et sains aromes, ce qui rend le séjour des îles aussi salubre et fortifiant qu'agréable. Autour de la ville de Prinkipo s'étendent des vergers peuplés d'arbres de choix, de beaux jardins d'oliviers, des champs de blé et d'orge, de riches cultures; quelques frais herbages s'avancent un peu plus loin jusqu'au pied des collines ; puis, en gravissant leur croupe, on rencontre les fourrés d'arbustes sauvages après lesquels la route s'enfonce dans les bois de pins.

Trois couvents ou monastères grecs, buts de promenade des dimanches pour les habitants de Constantinople, s'aperçoivent bientôt. Le *couvent du Christ*, qu'on découvre le premier, au sommet du mont de même nom, a été bâti, en 1597, par deux religieux ; des mines de cuivre ont été trouvées près de là sur le versant qui regarde Khalki. Il en est fait mention sur la carte du général Andréossy. Plus loin, vers le milieu de l'île, au pied du mont, sur le rivage, le *monastère de St-Nicolas* s'élève auprès des ruines d'un palais de Justin, à la distance d'un mille de l'Ile des Lapins. Au sud, enfin, se trouve le *couvent de St-Georges*, à 200 m. environ d'altitude, à quelques pas de deux belles sources qui coulent en murmurant à l'ombre des platanes, au bord de la route ; de là, la vue plane sur le panorama de l'île tout entière. Une partie de ce couvent est affectée à une maison de santé pour les aliénés.

Le nom d' « Iles du Prince » ou « des Princes », donné souvent au caza des Iles, mais qui s'applique plus spécialement à son chef-lieu, date sans doute du temps de la construction du palais de Justin, près de St-Nicolas. En effet, on sait que ce palais ou cette villa avait reçu le nom de *Prinkipo*. Mais l'opinion générale est que ce nom vient de l'ancien couvent de femmes bâti d'abord par Justin, et reconstruit magnifiquement par l'impératrice Irène qui y fut enfermée par Nicéphore, puis exilée à Lesbos où elle mourut. Son corps fut rapporté et enterré

dans ce même monastère, dont quelques ruines se voient au
nord-est de l'île, à l'endroit nommé *Kamarès*, où, du temps du
patriarche Constantin, on venait, dit-il dans sa « *description de
Constantinople ancienne et moderne* , de découvrir une riche
« mine de fer ». Tant de princes et princesses ont été emprison-
nés dans les couvents de ces îles que le nom d'*Iles des Princes*
leur devait naturellement appartenir quelque jour.

Ecoles. — Les écoles du caza des Iles sont au nombre de
32, dont 3 spéciales, fréquentées par 690 étudiants en théologie
et en sciences commerciales et élèves de la marine ; 7 du degré
secondaire, fréquentées par 650 élèves dont 390 garçons et
260 filles et 22 écoles primaires, fréquentées par 936 élèves,
dont 521 garçons et 415 filles, soit, en totalité, 2,276 élèves,
dont 1,601 garçons et 675 filles, comme suit :

COMMUNAUTÉS	DEGRÉS D'ENSEIGNEMENT	ÉCOLES	ÉLÈVES	
			GARÇONS	FILLES
Musulmans	1 école de marine et d'hydrogra-phie	1	110	»
	1 lycée	1	50	»
	9 écoles primaires dont 5 de gar-çons et 4 de filles	9	117	88
Grecs orthodoxes	1 école de théologie	1	80	»
	1 école supérieure de commerce	1	200	»
	6 écoles secondaires dont 3 de gar-çons et 3 de filles	6	340	260
	9 écoles primaires dont 5 de gar-çons et 4 de filles	9	269	255
Arméniens	2 écoles primaires dont 1 de gar-çons et 1 de filles	2	25	20
Catholiques	2 écoles primaires dont 1 de gar-çons et 1 de filles	2	110	52
TOTAL DES ÉCOLES DU CAZA DES ILES		32	1 601	675
ENSEMBLE		2.276 élèves		

Au chef-lieu du caza, qui est non seulement la ville mais l'île entière de Prinkipo, officiellement appelée *Kizil-adassi*, on compte 11 écoles : 3 secondaires, fréquentées par 280 élèves dont 190 garçons et 90 filles et 8 primaires fréquentées par 437 élèves dont 272 garçons et 165 filles ; soit, en totalité, 717 élèves, dont 462 garçons et 255 filles, comme suit :

COMMUNAUTÉS	DEGRÉS D'ENSEIGNEMENT	ÉCOLES	ÉLÈVES	
			GARÇONS	FILLES
Musulmans . .	1 lycée	1	50	»
	2 écoles primaires de garçons. .	2	92	»
	2 — de filles . . .	2	»	63
Grecs orthodoxes	1 école secondaire de garçons (gymnase)	1	110	»
	1 pensionnat de jeunes filles . .	1	»	90
	1 école primaire de garçons. . .	1	70	»
	1 — de filles	1	»	50
Catholiques . .	2 écoles primaires, dont 1 de garçons et 1 de filles.	2	110	52
	TOTAL. . .	11	462	255
	NOMBRE TOTAL D'ÉLÈVES. . .	717 élèves		

L'école mixte des catholiques, annexe de l'église paroissiale de St-Pacifique, a été comptée double, une fois pour les classes de garçons et une autre fois pour celles des filles.

L'école primaire ou plutôt élémentaire de la communauté grecque orthodoxe a, comme celle de l'église catholique, été comptée une fois pour les garçons et une fois pour les filles. En tant que locaux, les écoles de cette communauté, à Prinkipo, ne sont donc que 3 ; il y a 2 maîtres à l'école secondaire de garçons, 2 maîtresses au pensionnat et 2 maîtres à l'école élémentaire. Les dépenses générales montent à 40,000 piastres (environ 9,200 fr.) par an.

NAHIÉ DE HEIBÈLI (Khalki)

Orientation, limites. — Le nahié de *Héibèli* (Khalki) est situé entre celui de *Bourgaz* (Antigone), dont les eaux lui servent de limite à l'ouest, et le chef-lieu du caza, *Prinkipo*, dont un chenal, d'où lui vient son autre nom de *Boghaz-adassi*, l'île du détroit, le sépare à l'est. Ses autres limites sont : au nord et au sud, les eaux de la mer de Marmara. La plus grande longueur de cette île est, du nord-est au sud-ouest, de $2^k 900$, et sa plus grande largeur, de l'ouest à l'est, est de 2^k (carte Andréossy).

Autorités. — Elle est administrée par 1 *mudir* assisté de son conseil réglementaire.

Population du nahié. — La population du nahié d'*Héibèli* (Khalki), comprise dans le chiffre précité de celle du caza des Iles, est de 2,895 hab., comme suit :

	HOMMES	FEMMES	TOTAL
Musulmans.	548	347	895 hab.
Grecs orthodoxes.	900	600	1,500
Arméniens grégoriens.	150	150	300
— catholiques	100	100	200
TOTAL. .	1,698	1,197	2,895 hab.

Chef-lieu. — KHALKI, chef-lieu de l'île de même nom (nahié de *Héibèli*), résidence du *mudir*, directeur du nahié, station postale et télégraphique de service international (langues turque et française), etc., est une attrayante petite ville coquettement allongée au nord-est de l'île, devant un quai dont la blancheur éclatante se détache sur le vert glauque des eaux. La mer est si transparente en cet endroit qu'on distingue nettement, sur le sable fin, à douze brasses (1) de profondeur, jusqu'aux plus petits détails. La pureté de l'air n'est pas moins grande. Si haut que s'élève le regard, au-dessus du cône de verdure formé par l'île, rien ne l'arrête; il semble plonger dans l'infini. Des deux côtés du débarcadère on voit se développer ici en amphi-théâtre, là en ligne horizontale, les rues de la ville et ses prin-cipaux édifices. En face de soi, on rencontre l'église de St-Nicolas, avec son intéressant clocher polygonal, ajouré de fe-nêtres à chaque étage. Plus loin, sur la gauche, on est attiré par les bâtiments de l'École navale, du milieu desquels s'élance un élégant minaret, que fait ressortir un sombre rideau de cy-près. Plus loin encore, au-dessus de cette école, s'élève le mo-nastère de *St-Georges*, que l'on aperçoit hors la ville, de laquelle il faut sortir pour le visiter, ainsi que les deux autres monastères situés dans des directions opposées : celui de la *Tri-nité*, au nord-ouest, et celui de la *Panayia* (la sainte Vierge) au sud-ouest, sur lesquels on reviendra tout à l'heure à l'occasion des écoles de l'île de Khalki.

Écoles. — Les écoles du nahié et de la ville de Khalki sont au nombre de 10, dont 3 supérieures et spéciales comptant 690 élèves, 2 secondaires sont fréquentées par 290 élèves, 160 garçons et 130 filles, enfin 5 écoles primaires reçoivent 311 élèves, 194 garçons et 117 filles, soit, en totalité, 1,291 élèves dont 1,044 garçons et 247 filles, comme suit :

(1) Andréossy.

COMMUNAUTÉS	DEGRÉS D'ENSEIGNEMENT	ÉCOLES	ÉLÈVES	
			GARÇONS	FILLES
Musulmans . .	(1 école de marine et d'hydrogra- phie	1	410	»
	(1 école primaire	1	10	»
Grecs orthodoxes	1 école de théologie.	1	80	»
	1 école supérieure de commerce .	1	200	»
	2 écoles secondaires dont 1 de garçons et 1 de filles.	2	160	130
	3 écoles primaires de garçons . .	3	184	»
	1 — — de filles . . .	1	»	117
	TOTAL. . .	10	1.044	247

L'École navale de Khalki, dépendance du ministère de la Marine, est divisée en deux établissements distincts, contenus dans les mêmes bâtiments situés, comme il est dit ci-dessus, à gauche du débarcadère, sur le quai. L'un de ces établissements, le principal, constitue l'École navale proprement dite, destinée à former des officiers pour la marine impériale. L'autre est une école d'hydrographie où sont formés des capitaines au long cours et des maîtres au cabotage, dans des conditions semblables à celles qui régissent les écoles similaires des principaux ports en France. L'école navale ottomane a été fondée en 1860 par le sultan Abd ul-Medjid. Elle fournit chaque année un certain nombre d'aspirants assez instruits, dont plusieurs déjà sont devenus des officiers de marine d'un réel mérite. Les langues anglaise et fançaise y sont obligatoires.

De son côté, l'école d'hydrographie donne aux caboteurs du ministère de la Marine et aux compagnies maritimes indigènes de bons capitaines et maîtres au cabotage qu'il fallait naguère engager à l'étranger.

L'École de théologie de la communauté grecque orthodoxe a été installée, en 1844, dans le vieux monastère de la Trinité, fondé au IXe siècle, suivant la tradition, par Photius. Tombé en ruines, il fut rebâti au XVIe siècle par le patriarche Métrophane qui l'enrichit d'une bibliothèque dispersée après sa mort, mais dont les restes portent encore aujourd'hui le nom de « fonds Métrophanes », la plus précieuse partie de la bibliothèque du séminaire qui contient environ 7,000 volumes et beaucoup de manuscrits rares. Ce monastère fut encore restauré en 1772, mais ayant été détruit en 1821 par un incendie, il ne fut relevé par le patriarche Germain qu'en 1844, date de sa transformation définitive en école de théologie, devenue bientôt très renommée.

Le tremblement de terre du 10 juillet 1894, qui a si rudement éprouvé Constantinople, a plus ravagé les îles des Princes que tous les autres endroits où il a sévi. A Khalki surtout, le désastre a été grand : aucune maison n'est restée indemne, pas même celles en bois, qui ont peu souffert partout ailleurs et d'ordinaire sont épargnées. L'école de théologie de Khalki, dans la situation isolée que ses vastes bâtiments occupaient au sommet du mont *Ayia-Trias*, à l'extrémité nord-ouest de l'île, où du haut de ses larges terrasses surplombant la mer, la vue plongeait au loin sur les minarets de Stamboul et sur les flots du golfe de Nicomédie, se trouvait plus particulièrement exposée. Ses murs se sont presque tous écroulés. Il n'y a point lieu toutefois de craindre la perte de ce séminaire de toute l'église orthodoxe : le relever sera sans doute l'affaire de beaucoup d'argent, mais déjà l'on y travaille avec activité, sous la haute impulsion du patriarcat, des grands conseils de la communauté et de l'initiative privée des notables grecs de Constantinople et d'Athènes.

Actuellement, cette grande école, de laquelle sont déjà sortis tant de prélats illustres, ne possède qu'environ 80 étudiants, tous internes. Outre les cours de haute philosophie, de science sacrée et autres études spéciales, l'enseignement donné aux séminaristes comprend les études des littératures grecque et latine, et des langues turque, française et slave. Les professeurs sont au nombre de 14. Les dépenses, qui s'élèvent seulement à 4,000 livres turques par an, soit environ 92,000 fr., sont couvertes au moyen d'une partie du revenu des couvents et de subventions des métropolitains et diocésains.

Au sud du mont *Ayia-Trias*, à peu près à égale distance des deux extrémités nord et sud de la côte ouest de l'île, en face d'Antigone, s'élève une seconde colline surmontée également d'un second monastère transformé en école. C'était le principal couvent de Khalki et il en est demeuré le plus célèbre. Sa situation n'est pas moins admirable que celle de l'école de théologie. Ses bâtiments n'étaient ni moins vastes, ni moins beaux. Dédiés par le fondateur Jean VIII Paléologue, frère et prédécesseur du dernier empereur de Constantinople, à son saint patron Jean-Baptiste, ils furent pourtant connus dès l'origine, sous le nom de *couvent de la sainte Mère de Dieu* qui prévalut toujours à cause d'une gracieuse chapelle qui fut élevée à Marie par la jeune et très aimée impératrice Marie Comnène, femme de Jean Paléologue. Cette chapelle a survécu au grand incendie qui a dévoré le monastère et la belle église de Sᵗ-Jean-Baptiste, après la prise de Constantinople. Précieusement conservée, lors des trois reconstructions qui ont eu lieu depuis cette époque — la première au xviiᵉ siècle, par le grand drogman de la Sublime Porte, Panayottaki (Nicosios), la seconde en 1796, par la famille Ypsilanti, et la troisième, enfin, aux frais de M. Zafiropoulo de Marseille, en 1831), un peu après la transformation du monastère de la sainte Vierge en école de commerce, — la chapelle de Marie Comnène existe encore presque intacte, charmant souvenir de sa piété et de son amour.

En 1785, onze ans avant la reconstruction du monastère par la maison princière des Ypsilanti, l'inscription placée par le fondateur au-dessus de la porte de la grande église de Sᵗ-Jean-Baptiste fut retrouvée, brisée en quatre morceaux, parmi les décombres. Le patriarche Constantius en donne ainsi la copie : Ιωαννης εν Χριστω πιστὸς βασιλευς και αυτοκρατωρ Ρωμαίων ὁ Παλιολογος (Jean fidèle en Christ, roi et autocrate des Romains, le Paléologue). — Cette inscription a été perdue ; peut-être les ouvriers en auront-ils employé la pierre à la bâtisse. Quoi qu'il en soit, on voit dans l'église actuelle et aux environs de nombreuses tombes de patriarches et d'igoumènes ; la sacristie renferme un riche trésor venant en grande partie des Ypsilanti ; les restes de la bibliothèque du couvent forment un corps de 156 manuscrits, parmi lesquels un surtout, datant du ix° siècle, est considéré comme très précieux. A peu de distance de l'entrée de l'école, vers le nord, à gauche de la conduite des eaux de la grande citerne, on voit le tombeau de sir Edward Burton, ambassadeur de la reine d'Angleterre Élisabeth près des sultans Mourad III et Mohammed III, qui tomba malade en Hongrie, où il accompagnait à l'armée le souverain ottoman, et vint mourir à Khalki en 1597, âgé de 35 ans. Son épithaphe latine, bien conservée, est surmontée de ses armes.

L'école supérieure de commerce a dans son programme, outre le grec et les études théoriques et pratiques spécialement propres à former le négociant, le latin, le turc, le français, l'anglais, l'allemand, le dessin linéaire et le dessin d'imitation, la musique vocale et instrumentale et la gymnastique. Cet enseignement est donné aux jeunes étudiants par 18 professeurs, sans compter le savant directeur. Les élèves y sont internes. La pension est de 50 livres turques par an, soit actuellement, en totalité, un revenu d'environ 10,000 livres turques ou 230,000 fr. La dépense totale est en moyenne d'environ 8,000 livres turques, soit 184,000 fr. par an. L'école possède 1 bibliothèque de 4,044 volumes dont 156 manuscrits, 1 laboratoire, 1 musée commercial et historique, une chapelle et 1 infirmerie à laquelle est attachée un médecin à poste fixe.

Les écoles secondaires de la communauté grecque orthodoxe sont, ainsi que les écoles primaires, situées dans le village. Les deux premières qui sont : 1 école de 160 garçons instruits et dirigés par 3 maîtres, et 1 école de 130 filles instruites et dirigées par 2 maîtresses, ont donné son nom à la rue *Mektèb* (rue de l'École). Elles ont pour ressources les revenus de plusieurs propriétés, le produit d'une loterie et d'un bal, quelques dons spéciaux de riches particuliers. Les dépenses annuelles s'élèvent à 340 livres turques, soit environ 7,820 fr.

Outre les deux monastères transformés en écoles qui viennent d'être succinctement décrites, l'île de Khalki possède, ainsi

qu'il a déjà été dit plus haut, un troisième couvent, celui de
St-Georges qu'on aperçoit à l'ouest, par-dessus les bâtiments de
l'école navale, en débarquant. Il est situé précisément en face
du couvent de *St-Georges* de Prinkipo, et jouit d'une très belle
vue sur toute la côte ouest de cette île. C'est aujourd'hui la
propriété du couvent du St-Sépulcre de Jérusalem, auquel il a
été légué par son dernier possesseur, l'ancien patriarche Joan-
nikus III, de la famille des princes Caradja, à sa mort en 1793.
Celui-ci l'avait acquis et reconstruit entièrement, ainsi que
l'église attenante, en 1758, durant son passage à l'archevêché
de Chalcédoine, dont ce monastère dépendait. Élu trois ans plus
tard au patriarcat de Constantinople, il fut déposé au bout de
deux ans et envoyé en exil au mont Athos pour cause d'excessive prodigalité. Revenu de son exil en 1765, il se fit bâtir sur le
rivage, à la pointe orientale de l'île, une grande et belle résidence, à la place même où s'élève aujourd'hui l'école navale.
Ce fut alors qu'il planta, pour faciliter ses relations, les deux
superbes allées de cyprès qui conduisent encore actuellement
de son ancienne maison au monastère de *St-Georges* et à son
église, et de là au village de Khalki.

Mines et minières. — L'emplacement des mines de
cuivre, de chrysocolle (borax, sous-borate de soude) et de lapis-
lazuli, exploitées dans l'antiquité et dont la grande renommée
avait valu à l'île de Khalki son nom primitif de *Khalcis* ou *Khalcitis*, est encore reconnaissable aux vestiges considérables laissés en plusieurs endroits par les anciennes exploitations. Au
sud de l'école de commerce, se dessine un petit golfe formant
un charmant port naturel ; c'est sur les bords de ce golfe que
l'on en rencontre les plus nombreuses traces, consistant en de
grands amas de scories cuivreuses et d'autres matières calci-
nées, parmi lesquelles on remarque des pierres bleues avec de
petites taches brillantes de couleur d'or.

L'airain de Khalcitis était fort recherché pour la statuaire.
La célèbre statue d'Apollon de Sicyone en avait été faite. Aristote dit qu'on l'appelait *khalkos kolymbitis* ou cuivre nageur

parce qu'il était extrait du fond de la mer par des plongeurs. On trouvait aussi de l'or à Khalcitis.

L'île de Khalki n'a pas d'autre histoire que ce qui vient d'être dit ici au sujet de ses 3 monastères et de ses antiques mines. Il semble que toujours elle ait été comme aujourd'hui un séjour de paix profonde et que, même aux jours les plus troublés de l'époque byzantine, elle soit restée étrangère à toutes les cruautés politiques qui ont ensanglanté les îles voisines. On ne saurait bien connaître les îles ou s'en faire une juste idée, sans lire l'ouvrage si intéressant de M. Schlumberger : *Les îles des Princes.*

NAHIÉ DE KINALI (Ile de Proti).

Orientation, limites. — Le nahié de *Kinali* (île de Proti) est situé au nord-est du groupe des îles des Princes. C'est, comme son nom grec moderne l'indique, celle de ces îles qui se présente la première, en venant de Constantinople. Elle est limitée sur tous les points par la mer de Marmara et séparée, au sud de la seconde île du groupe, par un espace de mer mesurant, du point extrême sud-est de Proti au point extrême nord-est d'Antigone, un peu moins d'un mille marin. Dans sa plus grande longueur, de l'ouest à l'est, cette île mesure 2 kil. Sa plus grande largeur, du nord-est au sud-ouest est de 1,400 m. (carte Andréossy).

L'île de Proti est parcourue de l'ouest au sud-est par une chaîne de collines se terminant à l'ouest, au sud et au sud-est en pentes abruptes, et descendant assez doucement à la mer des côtés nord et est. Du port, situé au sud-est, part une petite route longue de 700 m. qui conduit à une grande citerne en ruines. Près de là se trouvait jadis un monastère où Michel Rhangabé se retira après sa fuite devant les Bulgares, en apprenant que Léon l'Arménien venait d'être proclamé empereur à sa place.

Ce dernier, plus tard, fut assassiné par Michel-le-Bègue dans la chapelle du palais, et son corps fut enterré dans ce même couvent, où ses quatre fils, après avoir été mutilés, furent forcés de prendre l'habit monastique. Romain Sécapène, beau-père et collègue de Constantin Porphyrogénète, y fut aussi relégué par ses propres fils qu'il avait associés au pouvoir.

Un autre couvent, fondé par Romain Diogène, était bâti sur le point le plus élevé de l'île de Proti, à l'endroit même où s'élève aujourd'hui le monastère de la *Transfiguration*. Cet empereur, fait prisonnier par Alp-Arslân, fut, suivant l'historien arabe El-Macin, rendu à la liberté moyennant 360,000 pièces d'or et la promesse de délivrer tous les prisonniers de guerre musulmans ; mais il fut déposé à son retour. On lui creva les yeux et on l'enferma dans ce même couvent où ses plaies, mal soignées, causèrent bientôt sa mort. L'impératrice Eudoxie, sa femme, lui fit de magnifiques funérailles.

Constantin Porphyrogénète parle d'un troisième monastère qui existait de son temps à Proti ; il l'appelle *la belle propriété de Bardane* parce que ce patricien, général des armées d'Asie, ayant été proclamé empereur par ses troupes, sollicita et obtint de Nicéphore son pardon, et se retira dans ce couvent qu'il avait fait bâtir autrefois. Nicéphore l'y fit secrètement aveugler peu de temps après, dit l'historien Zonaras.

Population du nahié. — La population de l'île de Proti, comprise dans le chiffre précité de celle du caza des îles ; est de 398 hab., comme suit :

	HOMMES	FEMMES	TOTAL
Musulmans.	63	35	98 hab.
Grecs orthodoxes	78	22	100
Arméniens grégoriens	56	44	100
— catholiques	67	33	100
TOTAL. .	264	134	398 hab.

Écoles. — Les établissements scolaires du nahié de Kinali

(Proti) consistent en 6 écoles primaires fréquentées par 85 élèves dont 45 garçons et 40 filles, comme suit :

COMMUNAUTÉS	DEGRÉS D'ENSEIGNEMENT	ÉCOLES	ÉLÈVES	
			GARÇONS	FILLES
Musulmans: 2 écoles primaires dont 1 de garçons et 1 de filles.		2	5	10
Grecs orthodoxes: 2 écoles primaires dont 1 de garçons et 1 de filles.		2	15	10
Arméniens: 2 écoles primaires dont 1 de garçons et 1 de filles.		2	25	20
	TOTAL. . .	6	45	40

Les écoles musulmanes sont des annexes de la petite mosquée de l'île; l'école grecque orthodoxe, comptée double, une fois pour les garçons et une fois pour les filles, dépend de la petite chapelle du village; celle des Arméniens, également comptée deux fois, est attenante à l'église de St-Grégoire l'Illuminateur (surp-Krikor).

NAHIÉ DE BOURGAZ-ADASSI (Ile d'Antigone).

Orientation, limites. — Le nahié de *Bourgaz-adassi* (l'île de la Tour, Πυργος en grec, appelé aussi *Boghaz-adassi* l'île du détroit, de la gorge) à cause de l'étroit chenal qui sépare cette île 'de celle de Khalki, est plus connu sous le nom d'île d' « Antigone » qui lui fût donné en l'honneur de son père par Démétrius Poliorcète, lorsque, en 298 av. J.-C., il y combattit contre Lysimaque et Cassandre pour la délivrance de Bosphore et de l'Hellespont. Cette île est la seconde en venant de Constantinople. Elle est située au sud de Proti; la première (nahié de *Kinali*), à la distance d'un peu moins d'un mille marin. Ses limites sont : au nord, au sud et à l'ouest, les eaux de la mer de Marmara. Elle est séparée au sud-est de l'île de Khalki par un chenal de 700 m. de large. La plus grande longueur de l'île d'Antigone, soit du nord-ouest au sud-est, ou du nord-est au sud-ouest, est de 1,900 m., et sa plus grande largeur est, au sud de l'île, de 1,300 m., d'est en ouest (carte d'Andréossy).

Population du nahié. — La population totale du nahié de Bourgaz, comprise dans le chiffre précité de celle du caza des Iles, est de 1,250 hab., comme suit :

	HOMMES	FEMMES	TOTAL
Musulmans	250	300	550 hab.
Grecs orthodoxes . . . . . . : .	330	350	700
TOTAL. .	600	650	1,250 hab.

Ce chiffre de 1,250 hab., s'applique entièrement, sauf quelques fort petites quantités qu'il est difficile de préciser, à la population de la petite ville d'Antigone, unique centre de l'île.

Chef-lieu. — ANTIGONE, chef-lieu de l'île de même nom, (nahié de Bourgaz), résidence du *mudir*, directeur, station postale et télégraphique de service intérieur (langue turque), etc.; est située à l'est de l'île, à l'endroit où le chenal s'élargit en hémicycle pour atteindre, entre la pointe nord-est d'Antigone et la pointe nord-ouest de Khalki, une largeur de 1,500 m. Le petit îlot de Pyta, l'île des Pins, nom qui pourrait être appliqué à chaque île de ce groupe, lui masque la vue du bourg de Maltèpè, situé sur la rive du continent asiatique, à 3 $\frac{1}{2}$ milles marins, dans la direction nord-est, et le mont de même nom, situé sur la même rive à 2^k,600 plus à l'est, ne s'aperçoit qu'en partie par-dessus l'extrémité nord de l'île de Khalki.

Près du port, au bord de la mer, on voit encore les restes d'un château-fort appelé *Panormum castrum*; ces ruines sont celles de la tour du Nord, qui complétait le formida-

ble système de défense de l'île par le moyen d'une statue de
femme bicéphale dont le souffle écartait les flammes à 15 au-
nes (18 m.) des murailles! En 615, le même général de
Chosroès, qui prit ensuite Chalcédoine, assiégea d'abord ce
château; il y mit le feu et réduisit en cendres tout ce qui se
trouvait hors de la portée du souffle de la statue; seule la tour
du Nord subsistait encore; il s'en empara par escalade, enleva
le talisman et l'envoya à Chosroès. Cette statue bicéphale
devint en Perse, dit-on, l'objet d'un culte idolâtrique, et, après
la conquête ottomane, le nom de « pyrgos » (tour), que les Turcs
prononcent *bourgaz* fut donné par eux à l'île entière.

Écoles. — Les écoles du nahié de Bourgaz sont au nombre de 5, dont 2 secondaires fréquentées par 80 élèves,
40 garçons et 40 filles, et 3 primaires où 103 élèves, 10 garçons et 93 filles, apprennent, avec les premières notions de
leurs cultes respectifs, les éléments de l'arithmétique, de la lecture et de l'écriture. En totalité le nombre d'élèves, dans ces
écoles est de 183 dont 50 garçons et 133 filles, comme suit :

COMMUNAUTÉS	DEGRÉS D'ENSEIGNEMENT	ÉCOLES	ÉLÈVES	
			FEMMES	FILLES
Musulmans {	2 écoles primaires, 1 de garçons et 1 de filles.	2	10	15
Grecs orthodoxes {	1 école secondaire de garçons . .	1	40	»
	1 do de filles. . . .	1	»	40
	1 école primaire de filles.	1	»	78
	TOTAL.	5	50	133

Les deux écoles secondaires de la communauté grecque orthodoxe sont tenues par un seul maître et une seule maîtresse.
Leurs ressources consistent en subventions de l'église, revenus
de propriétés et le produit d'une loterie. La dépense annuelle est
en moyenne de 160 livres turques (environ 3,680 fr.).

Il existe actuellement dans l'île d'Antigone 2 monastères : celui de la *Transfiguration*, bâti par Basile le Macédonien (867-887), et celui de *St-Georges*, moins ancien.

Dans le premier fut enfermé, sous Constantin Porphyrogénète et Romain Lécapène, Étienne le Magister, soupçonné d'aspirer à l'Empire. L'un des fils de Romain Lécapène, nommé aussi Étienne, et qui avait relégué son père dans un couvent de Proti, fut arrêté avec ses frères par ordre de Constantin Porphyrogénète qui les fit raser et leur fit prendre l'habit monastique à Antigone. Ce couvent a été reconstruit en 1889.

L'église du bourg d'Antigone, dédiée à saint Jean-Baptiste, a été fondée par l'impératrice Théodora, veuve de Théophile l'Iconoclaste, au même endroit où, sous le règne de cet empereur, Méthodius avait été enfermé avec deux brigands durant sept ans. L'un deux étant mort, on laissa son cadavre avec le moine jusqu'au jour de sa délivrance, où Michel, fils de Théophile, le fit nommer patriarche de Constantinople. Une inscription découverte par Constantius, à gauche, en entrant sous la nef de l'église, constatait que le cachot|de Méthodius avait été à cette place. On ignore ce qu'est devenue cette inscription.

CAZA DE GUÈBZÉ

Orientation, limites. — Le caza de Guèbzé est situé au sud-est du « cordon d'Asie ». Il est limité : au nord, par le caza de Chilè ; à l'est, par le mutésarriflik d'Ismidt : au sud, par la mer de Marmara et le golfe d'Ismidt ; et à l'ouest, par le caza de Kartal.

Division administrative. — Il est divisé en 2 nahiés, qui sont *Guèbzé* et *Daridja* ; on y compte 42 villes, bourgs, villages et hameaux.

Autorités. — Il est administré par 1 *caïmakam,* sous-gouverneur, dépendant de la préfecture de la ville de Constantinople, et par 1 *mudir*, directeur du nahié de Daridja, relevant directement de sa juridiction. Ces deux fonctionnaires sont assistés respectivement d'un Conseil élu suivant les règlements généraux en vigueur, et dont les élections sont soumises à la sanction de la préfecture.

Population du caza. — La population totale du caza de Guèbzè est de 19,250 hab., comme suit :

	HOMMES	FEMMES	TOTAL
Musulmans	7,000	5.300	12,300 hab.
Divers (Bulgares musulmans et tchèr-kès).	900	800	1,700
Grecs orthodoxes	2,650	2,450	5,100
Étrangers	100	50	150
TOTAL. .	10,650	8,600	19,250 hab.

Ce chiffre de 19,250 hab., comprend la population de Guèbzè, de Daridja, d'Hèrèkè, fabrique impériale de soieries, tapis, etc., de Touzla et celle de 38 autres villages.

Chef-lieu. — GUÈBZÈ, chef-lieu du caza et du nahié de même nom, résidence du *caïmakam,* siège d'un tribunal de première instance du *chèr'i* (droit musulman) et du *bédaïet* (droit moderne) présidé par le *naïb*, et des divers services publics, est situé, par 27°7' de longitude et 40°46' de latitude à 2^k,500 nord-est de la station dite de Guèbzè du chemin de fer d'Anatolie, à 44^k,250 sud-est de la gare de Haïdar-Pacha, tête de ligne actuelle de ce chemin de fer, et à 46^k,750 ouest de la gare d'Ismidt. Entre Daridja, chef-lieu du nahié de même nom, situé au bord du golfe d'Ismidt, et Guèbzè, la distance est de 11 kil. environ du sud-ouest au nord-ouest.

Population du chef-lieu. — La population de la jolie petite ville de Guèbzè, comprise dans le chiffre ci-dessus de celle du caza, est de 6,030 hab., comme suit :

	HOMMES	FEMMES	TOTAL
Divers.	2,250	2,050	4,300 hab.
Grecs orthodoxes	900	800	1,700
Divers.	30	»	30
TOTAL . . .	3,180	2,850	6,030 hab.

Guèbzè appartient aux Turcs ottomans depuis le règne de
Sultan Orkhan. C'est l'ancienne *Lybissa* où se réfugia Annibal
pour échapper aux Romains. Poursuivi et cerné par eux dans
cette retraite, il s'empoisonna afin de ne pas tomber vivant entre
leurs mains. On voit près du chemin de fer un *tumulus* qui probablement est son tombeau. Très superficiellement fouillé, sans
aucun but scientifique, lors de la construction de la voie ferrée,
on a trouvé des ossements de cheval sous le groupe d'arbres
dont ce *tumulus* est couronné; l'emplacement était couvert de
quelques pierres usées par le temps et qui y ont été laissées.
Cette trouvaille était peut-être un indice.

Sous le règne de Suléïman el-Qanouni, l'un de ses vézirs,
Tchoban-oghlou Mustafa Pacha, dota Guèbzè d'une grande et
belle mosquée aux murs revêtus de mosaïques et d'inscriptions
coufiques en marbre précieux de diverses couleurs. A cette fondation pieuse, il joignit 1 *médressè*, faculté de droit et de théologie et 1 *imarèt*, ainsi que des cellules et cuisines pour le logement et la nourriture des étudiants pauvres et autres. Plusieurs
han ou hôtelleries bâtis en différents quartiers de la ville, ainsi
que des fontaines monumentales, en furent le complément.
Tous ces édifices magnifiques, ouvrages de maître Sinàn, existent encore. Au point de vue artistique, ils ont très peu souffert,
mais il n'en a pas été de même sous le rapport pratique : certaines fontaines ne donnent plus d'eau ; les fourneaux de l'*imarèt*
sont endommagés, la cuisine s'en ressent; les anciens manuscrits précieux de Boukhara, dans la bibliothèque de la mosquée,
sont visités par les vers.

Écoles. — Les écoles du caza et de la ville de Guèbzè sont au
nombre de 112, dont 1 *médressè* avec 10 étudiants, 4 écoles secondaires fréquentées par 220 élèves , dont 160 garçons et 60 filles,

et 107 écoles primaires ou élémentaires où 2171 enfants, 1,656 garçons et 515 filles, apprennent à lire, écrire et compter et où les premiers principes de religion leur sont enseignés. L'instruction à trois degrés est donc donnée dans le caza de Guèbzè à 2.401 élèves, dont 1,829 garçons et 575 filles, comme suit :

COMMUNAUTÉS	DEGRÉS D'ENSEIGNEMENT	ÉCOLES	ÉLÈVES	
			GARÇONS	FILLES
Musulmans. . . .	1 *médressè* (faculté de droit et théologie) à Guèbzè.	1	10	"
	2 écoles secondaires à Guèbzè . .	2	60	10
	64 écoles primaires (9 à Guèbzè, 1 à Daridjn, 3 à Hèrèkè, 1 à Touzla, 50 dans 38 autres villagess) . .	64	1.010	235
Grecs orthodoxes	2 écoles secondaires à Guèbzè. .	2	100	50
	41 écoles primaires (4 à Guèbzè, 3 à Daridja, 2 à Touzla, 2 à Hèrèkè, 30 dans 20 autres villages) . .	41	616	220
Catholiques. . . .	1 école primaire mixte à Hèrèkè, comptée 2 fois	2	30	60
	TOTAL. . . .	112	1.826	575

ENSEMBLE **2.401** élèves

La production du caza de Guèbzè, son agriculture, son commerce, se confondent avec les forces productives du mutésarriflik d'Ismidt et avec celles de la ville de Constantinople.

NAHIÉ DE DARIDJA

Orientation. — DARIDJA, chef-lieu du nahié de même nom résidence du *mudir*, directeur, siège des divers services publics, est situé au bord de la mer de Marmara, à l'entrée du golfe d'Ismidt, à 48 kil. ouest de cette ville, et à 11 kil. sud-ouest de Guèbzè, dont c'était autrefois le port. Ce port était défendu du temps des byzantins par un château-fort pris en 1423 par Mohammed el-Fatih. Il n'en reste plus actuellement qu'une tour en ruines.

Les eaux minérales de Daridja sont très fréquentées. On y vient chaque année, comme à Tavchândjil, village du même caza, situé sur le chemin de fer, 15 kil. plus à l'est, pour faire des cures préparatoires soit aux eaux thermales de Yalova (sandjak d'Ismidt), soit à des bains de sable sur le lieu même. Ces cures ont été brièvement décrites plus haut, page 612, au chapitre des eaux minérales du « cordon d'Asie ».

Les vins de table de Daridja, les raisins blancs de Guèbzè, les fruits et légumes de toute espèce, très abondants dans le caza, sont estimés à Constantinople.

Hèrèkè. — La fabrique impériale de soieries et autres étoffes de luxe établie à Hèrèkè se trouve située, près de la station de même nom du chemin de fer d'Anatolie, à 69^k,750 à l'est de la gare principale de Haïdar-Pacha, à 19^k,500 à l'est de la station de Guèbzè, et à 27^k,250 à l'ouest de celle d'Ismidt. Le village proprement dit est à 5 kil. environ sur la gauche, c'est-à-dire au nord de la station d'Hèrèkè ; mais outre le personnel administratif, dirigeant, etc., logé dans les bâtiments de la fabrique qui sont assez vastes, beaucoup d'ouvriers demeurent sur la ligne même, aux portes de leur usine, où sont groupés dans de jolies maisonnettes, sortes de chalets entourés d'agréables jardins, divers services publics, ceux du chemin de fer, et quelques magasins où l'on peut se procurer à prix convenable tous les objets utiles et nécessaires.

Tant dans ce hameau coquet qu'à l'usine et au village, la population ouvrière et autre d'Hèrèkè s'élève à environ 2,000 hab., comme suit :

Musulmans	1,700 hab.
Grecs orthodoxes	200 —
Étrangers.	100 —
TOTAL. . .	2,000 hab.

La fabrique d'Hèrèkè peut fournir à terme fixe les plus somptueuses étoffes d'ameublement et d'habillement, les plus riches tapisseries de tous genres qui ait été exécutées jusqu'ici à Paris, à Lyon, à Damas, à Alep, en Perse, etc. Elle s'assimile en même temps les derniers progrès réalisés par l'industrie moderne et surtout s'applique à conserver les procédés précieux des temps passés, qui sont la richesse nationale de la Turquie, tels, par exemple, que ceux des *tchatma* de Scutari, et des anciens *damas* de Syrie, qu'on y reproduit déjà dans un haut degré de perfection.

CAZA DE BÉICOS

Orientation, limites. — Le caza de Béicos est situé au nord-est du « cordon d'Asie ». Il est limité : au nord, par la mer Noire ; à l'est, par les cazas de Chilè et de Guèbzè ; au sud, par ce dernier et celui de Kartal; et à l'ouest, par le Bosphore. Le viii⁰ cercle municipal (Kanlidja), est enclavé dans le caza de Béicos au sud.

Division administrative. — Ce caza n'a point de nahié ; on y compte 18 bourgs et villages.

Autorités. — Il est administré par 1 *caïmakam*, sous-gouverneur, relevant de la préfecture de la ville de Constantinople, et il est assisté d'un Conseil de même composition que dans les autres cazas.

Population du caza. — La population totale du caza de Béicos est de 9,494 hab., comme suit :

	HOMMES	FEMMES	TOTAL
Musulmans	2.887	2,007	4,894 hab.
Grecs orthodoxes	1,090	1,060	2,150
Arméniens grégoriens	1,010	890	1,900
Divers (pomak, tchèrkès, etc.) . .	450	100	550
TOTAL. .	5,437	4,057	9,494 hab.

Ce chiffre de 9,494 hab. comprend la population de *Béi-cos*, *Riva*, *Fanaraki*, *Borias* ou *Poïras-limani*, *Anatoli-Ka-vak*, *Sékè-dèrè*, *Aq-baba*, *Mir-Châh-Mehmed*, *Yali-keuï*, *Indjir-keuï* et de 8 autres villages plus éloignés à l'intérieur et pour la plupart forestiers, parmi lesquels il y a lieu de citer *Eumerli* et *Mouradli*, villages de charbonniers et de bûcherons qui approvisionnent Scutari.

Chef-lieu. — Béicos, chef-lieu du caza de même nom, résidence officielle du *caïmakam*, sous-gouverneur, siège du tribunal de première instance du *chèr'i* (droit musulman) et du *bédaïèt* (droit moderne) présidé par le *naïb*, et des divers services publics, station postale et télégraphique de service intérieur (langue turque), etc., est situé dans le golfe appelé *Cycla-micos* ou golfe d'Amycus, roi des Bébryces, qui faisait sa résidence à cet endroit du temps de l'expédition des Argonautes, suivant la plupart des savants. Le tombeau que les Turcs croient être celui de Josué, ainsi qu'il a été dit plus haut, page 617, au sujet du mont du Géant ou de Josué (Youcha-daghi), est généralement considéré comme le tombeau de ce roi.

En effet, comme on le sait, Amycus, roi des Bébryces, fils de Poseidon ou Neptune et de la nymphe Mélie ou Bithynis, défiait au combat du ceste tous les étrangers qui arrivaient dans ses états, et ce combat se terminait toujours par la mort de l'étranger.

Il n'en fut pas ainsi lors du passage des Argonautes, car ce fut Pollux, provoqué par Amycus, qui tua ce dernier. Ses sujets lui élevèrent une tombe sur le mont du Géant, tandis que les Argonautes, dédiaient, de leur côté, sur le sommet voisin, un temple au dieu qui leur avait donné la victoire.

Quoi qu'il en soit de l'identité de ces divers emplacements, celui que Béicos occupe au fond du susdit golfe auquel il donne aujourd'hui son nom, est situé entre Yali-keuï au nord-ouest, la plaine de Sultaniyè et Indjir-keuï, au sud-est ; il est contigu au premier de ces villages, et distant de 1 ^{k}, 300 du second. Le mont du Géant se trouve à 3 ^{k},500 au nord-ouest de Béicos et la pointe du Mégar-bournou, qui termine le golfe à l'ouest, est à 2 kil. de ce même bourg. L'ancien Nymphé du Bosphore, actuellement *Hunkiar-iskèlèsi* (échelle du Grand-Seigneur), donne accès près de là à la charmante « vallée du Grand-Seigneur » arrosée par la rivière de *Béicos* et son principal affluent, le *Tokat-sou*, ainsi appelé du nom d'un kiosque avec belvédère et bain, élevé sur sa rive droite par Sultan Suléiman Ier el-Qanouni, après la conquête du Kurdistan et de la Géorgie. Ce cours d'eau donnait la force motrice nécessaire à l'exploitation d'une grande papeterie que Sultan Sélim III avait établi à Yali-keuï en 1805, et qui fut, un peu plus tard, abandonnée après avoir été convertie d'abord en fabrique de gros drap (*aba*).

Population du chef-lieu. — La population du bourg de Béicos et des hameaux environnants, comprise dans le chiffre ci-dessus de celle du caza, est de 4,363 hab., comme suit :

	HOMMES	FEMMES	TOTAL
Musulmans . . . '	1,107	1,000	2,107 hab.
Grecs orthodoxes . . , ...	569	537	1,106
Arméniens grégoriens	410	490	900
Divers (pomak et tchèrkès) . . .	150	100	250
TOTAL. . .	2,236	2,127	4,363 hab.

Dans le chiffre ci-dessus de 250 *pomak* (Bulgares musulmans et *tchèrkès*) sont compris les colons du *tchiftlik* situé entre Sèkkè-dèrè-keuï et la source de *Kara-qoulaq*, exploitée par ces *mohâdjir* (réfugiés, immigrants). Ces industrieux colons ont créé des dépôts dans plusieurs quartiers de Stamboul et de Péra, pour la vente et la distribution à domicile des eaux renommées de cette source que le comte Andréossy croyait être minérale, ce qui n'a encore été démontré par aucune analyse.

Ecoles. — Les écoles des bourg et caza de Béicos sont au nombre de 61, dont 5 secondaires fréquentées par 218 élèves, 135 garçons et 83 filles, et 56 primaires fréquentées par 1,518 élèves, 978 garçons et 540 filles, soit, en totalité, 1,736 élèves dont 1,113 garçons et 623 filles, comme suit :

COMMUNAUTÉS	DEGRÉS D'ENSEIGNEMENT	ÉCOLES	ÉLÈVES	
			GARÇONS	FILLES
Musulmans . . .	1 lycée à Béicos.	1	60	»
	31 écoles primaires (3 à Béicos, 2 à Aq-baba et 26 dans 16 autres villages. .	31	585	300
Grecs orthodoxes . .	2 écoles secondaires à Béicos	2	55	73
	2 d° primaires d° .	2	63	50
	5 d° d° dans 8 au., tres localités	15	250	150
Arméniens grégoriens	1 école secondaire à Béicos, comptée deux fois (Nigho-hoziän)	2	20	10
	4 écoles primaires dans 4 autres localités, comptées 2 fois	8	80	40
	TOTAL	61	1.133	623

ENSEMBLE 1.769 élèves

Localités remarquables. — Outre *Eumerli* et *Mouradli*, villages forestiers cités plus haut pour les fournitures considérables de bois et charbon qu'ils font par chariots (*araba*), chaque vendredi et chaque dimanche, à la ville de Scutari (IXᵉ cercle de Constantinople), plusieurs autres bourgs, villages et sites divers faisant partie du caza de Béicos doivent être mentionnés.

AQ-BABA, ainsi appelée du nom d'un saint musulman, le derviche Aq-Baba, le père blanc, dont on y vient vénérer le tombeau, couvert de riches tapis, tout entouré de grandes lanternes en cuivre jaune à curieuses découpures, où brûlent perpétuellement des lampes d'argent, est un charmant petit village situé sur la route de l'*Alèm-dagh*, entre Béicos et Sèkkè-dèrè keuï, à 4 kil. nord-est de la première de ces deux localités et à 1ᵏ,500 sud-ouest de la seconde. Le *tèkkè* ou couvent de derviches d'Aq-Baba possède une belle mosquée, un bain public et des jardins délicieux arrosés par d'excellente eau d'un cru tenu en grande estime. Aux environs, les plus jolies promenades du monde sont égayées, au printemps et en automne, par de nombreuses compagnies d'amateurs de la belle campagne, qui viennent y passer la saison des cerises et celles des châtaignes.

Riva, l'ancienne *Rhébas* des Argonautes, est située sur la rivière de même nom, à son embouchure dans la mer Noire et à 6ᵏ,500 du fort Poïras qui garde l'entrée du Bosphore du côté d'Asie. Il y a aussi un fort à Riva, mais 20 soldats seulement y sont casernés sous le commandement d'un officier. Le village, autrefois beaucoup plus important, n'a qu'environ 30 maisons et 171 hab. Entre le cap de Riva, sur lequel s'élève une batterie, et le grand rocher nommé en turc *Soghan-ada* et en grec *Krommyon*, probablement parce que sa forme est celle d'un oignon, la distance est de 1,500 m. Ce rocher qui, dans les gros temps, sert de refuge aux pêcheurs, a été cité par Apollonius sous le nom de *Colone*.

On trouve à Riva des plantations de rosiers à grandes fleurs, fort belles, mais sans odeur, et des jardins maraîchers bien tenus et de bon rapport.

L'embouchure du *Riva-dèrèssi* est constamment sillonnée de bateaux-transports de construction spéciale qui, sans cesse, descendent chargés de bois et remontent à vide pour prendre de nouveaux chargements le long du rivage, dans les forêts qui bordent le parcours tout entier de cette rivière.

Youm-bournou, vulgairement et improprement nommé *Qoum-bournou* (le cap de sable) est l'ancien cap Ἀγκυράιον, où, pour obéir à l'oracle, les Argonautes prirent une ancre en pierre et abandonnèrent celle qu'ils avaient emportée de Cyzique. Le cap Youm-bournou, composé de basaltes, a, sur sa face qui regarde l'ouest, dans le golfe Kabakos, un cirque basaltique semblable à la grotte de Fingal, en Irlande. L'autre moitié du golfe Kabakos est formée par la face nord d'un autre cap, à l'extrémité duquel s'élève la tour de Médée, aujourd'hui *Fanaraki d'Asie*. Au sud de ce dernier cap, sur le penchant de la colline très escarpée, on remarque des batteries construites en 1769. Derrière ces ouvrages, au sommet de la colline, se trouvent à demi cachées les maisons du village, auquel conduit un sentier fort pénible à gravir. L'aspect de ce village est assez triste, la verdure manque, la vue est bornée par les fortifications ; il y existe une ancienne caserne de *yéni-tchèri* (janissaires) assez belle, et une fontaine à façade en marbre avec inscription en lettres d'or.

A POIRAS LIMANI, ancien port *Hilon*, sur d'énormes rochers dont la masse semble former une base indestructible, se dresse avec majesté la plus imposante de toutes les forteresses de la côte d'Asie ; vis-à-vis, sur la côte d'Europe, le fort *Karipdjé* se tient prêt à croiser ses feux, tandis qu'un peu plus loin, vers le sud, à *Fil bournou* (cap de l'Éléphant), ancien *korakion akrotérion* (cap des Corbeaux), les forteresses de Tott font face aux batteries construites par Lafitte et Mounier à *Buyuk-liman* (le grand port), ancienne rade des Éphésiens.

CAZA DE KARTAL

Orientation, limites. — Le caza de Kartal est situé au sud-ouest du « cordon d'Asie ». Il est limité : au nord, par le VIIIᵉ cercle municipal de la ville de Constantinople (Kanlidja et le caza de Béicos ; à l'est, par la mer de Marmara. Le IXᵉ cercle municipal de la ville de Constantinople(Scutari) et le Xᵉ (Cadi-keuï) se trouvent enclavés dans ce caza vers l'ouest.

Division administrative. — Ce caza n'a point de

nahié ; on y compte 24 bourgs et villages ; les principaux sont :
Kartal, Pèndik et *Maltèpè*.

Autorités. — Il est administré par 1 *caïmakam*, sous-
gouverneur, relevant de la préfecture de la ville de Constantinople. Ce fonctionnaire est assisté d'un Conseil formé suivant la
règle générale.

Population du caza. — La population totale du caza de
Kartal, est de 18,300 hab., comme suit :

	HOMMES	FEMMES	TOTAL
Musulmans	5,260	5,240	10,500 hab.
Grecs orthodoxes	2,539	2,461	5,000
Arméniens grégoriens	1,155	1,045	2,200
— catholiques	60	40	100
Latins	50	30	80
Bulgares (pomaks et tchèrkès) . .	196	174	370
Divers	30	20	50
TOTAL . .	9,290	9,010	18,300 hab.

Ce chiffre de 18,300 hab., comprend la population de *Kartal, Pèndik, Maltèpè, Yakadjik*, et celle de 20 autres bourgs et
villages.   .

Chef-lieu. — KARTAL, chef-lieu du caza de même nom, résidence officielle du *caïmakam*, sous-gouverneur, siège des divers services publics, septième station du chemin de fer ottoman
d'Anatolie, etc., etc., est situé à 20^k, 500 sud-est de la gare principale de Haïdar-Pacha, tête de ligne actuelle, à 6^k, 500 sud-
est de la station de Maltèpè (colline du Trésor), à 4 kil. nord-
ouest de Pèndik, l'ancien Pantichion de Chalcédoine, et à
70^k,500 nord-ouest d'Ismidt. Les maisons, séparées par de
grands jardins bien cultivés, remplis de beaux arbres dont les
branchages touffus s'avancent au-dessus des toits plongés dans
leur ombre fraîche et transparente, partent du bord de la mer
et vont au loin gravir les collines du *Kaïch-dagh* et de l'*Aétos*.

Population. — La population du bourg de Kartal, comprise dans le chiffre ci-dessus de celle du caza est de 1,500 hab., comme suit :

	HOMMES	FEMMES	TOTAL
Musulmans	160	140	300 hab.
— pomaks (Bulgares et tchèrkès)	70	30	100
Grecs orthodoxes.	560	440	1,000
Étrangers.	10	5	15
Latins	45	40	85
TOTAL. .	845	655	1,500 hab.

Les Byzantins donnaient à Kartal le nom de *Kartalimin*, à cause de son petit port très fréquenté à toute époque et dont il est souvent question dans l'histoire et les chroniques du Bas-Empire ; c'est actuellement une échelle des vapeurs journaliers de la ligne des îles des Princes.

Au delà de Kartal, derrière ce village et ceux de Pèndik et de Maltèpè, s'étendent sur les coteaux et dans les plaines de superbes vignes, dont le raisin peut rivaliser avec le fameux *tchaouch-uzumu* de Scutari. C'est là, entre Kartal et Maltèpè, sur le penchant même de cette colline, que les empereurs Tibère et Maurice élevèrent le palais de *Bryas*, reconstruit plus tard en « style sarrasin », au dire des chroniqueurs, par Théophile qui employa parmi les matériaux de cette reconstruction, les ruines de l'église et du couvent de St-Satyre fondés par le patriarche Ignatius, fils de Michel Rhangabé, au sommet de cette colline, sur l'emplacement d'un temple païen.

MALTÈPÈ (colline du Trésor) est ainsi nommée, dit-on, parce qu'il y a été trouvé un vase plein d'or et parce qu'il existe près du village de même nom une profonde caverne où, selon la croyance populaire, des monstres, moitié jeunes filles et moitié serpents, gardent des trésors ! Il est d'ailleurs de fait avéré qu'on trouve fort souvent aux environs de Maltèpè d'anciennes monnaies, d'ordinaire byzantines et quelquefois d'un temps plus reculé. L'église de Maltèpè possède quelques fragments de marbres sculptés, de porphyre, ainsi que des inscriptions assez bien conservées, pouvant provenir de l'église de St-Satyre, dont on

pourrait aussi la croire elle-même un reste, vu la consonnance
de sa dédicace au St-Sauveur (Soter, qu'on prononce Sotir), et
de la dédicace ancienne à St-Satyre, si l'on ne savait, comme il
est dit ci-dessus, que l'empereur Théophile a reconstruit le
palais de Pryas avec les débris du grand monastère fondé par
Ignatius.

PÈNDIK, comme il a été dit plus haut, est l'ancien *Pantichion*
de Chalcédoine, où Bélisaire avait une vaste résidence tout entourée de murs, ainsi que le signifie ce nom également donné à
une très longue partie de la rive asiatique du détroit comprise
dans le caza de Béicos, et qu'on appelle le *Pantichion* du Bosphore. Pèndik, comme Kartal et Maltèpè, jouit du double avantage d'être à la fois une station du chemin de fer d'Anatolie et une
échelle des bateaux à vapeur de la ligne des îles des Princes.
C'est un port non moins fréquenté des bâtiments de petit tonnage que ces deux derniers et non moins souvent cité dans les
auteurs byzantins. Procope explique la grande prédilection de
Bélisaire pour ce séjour, d'ailleurs des plus charmants, en disant que ce général « croyait que l'endroit lui portait bonheur »
Avant son expédition contre Gélimer, dernier roi des Vandales,
(532-534), ajoute Procope, le vin que Bélisaire conservait à
Pantichion dans des tonneaux hermétiquement bouchés, avait,
à plusieurs reprises, et quelque soin qu'on eût pu prendre pour
les reboucher, débordé par la fermentation et coulé par terre
en abondance. Tous les amis de Bélisaire, convoqués à voir
ce phénomène, en avaient tiré les plus favorables augures et l'a-
vaient comblé de chaudes félicitations, bientôt amplement
justifiées par les événements.

On montre encore à Pèndik des restes assez considérables,
mais sans intérêt artistique, des anciens murs du Pantichion de
Chalcédoine et d'un château bâti par Bélisaire. On y remarquait
en 1844 deux énormes fûts d'antiques colonnes de marbre
blanc.

Deux siècles environ avant Justinien, l'empereur Valens (364-
378) qui se trouvait alors en Syrie, fit transporter à Constantinople la relique du chef de saint Jean-Baptiste, mais arrivés au

Pantichion de Chalcédoine, les envoyés impériaux, dit Sozo-
mène, ne purent continuer leur voyage !

Pèndik, tout entouré de vignes et de jardins, est un très agréable lieu de villégiature. Une partie du village est située sur la
mer autour du débarcadère ; mais on aperçoit assez difficilement les autres maisons disséminées et comme enfouies sous
la verdure. Deux petites îles sont situées non loin du port ; dans
la plus voisine, au dire des habitants du village, il existe encore
des restes d'une maison de plaisance attribuée à Bélisaire.
Cette île appartient aujourd'hui à M. Baudouy de Constantinople.

Ecoles. — Il y a dans le caza de Kartal 54 établissements
scolaires, dont 3 secondaires, fréquentés par 145 garçons et
59 filles, et 51 primaires fréquentés par 1,181 garçons et
792 filles, soit en totalité 2,177 élèves, dont 1,326 garçons et
851 filles, comme suit :

COMMUNAUTÉS	DEGRÉS D'ENSEIGNEMENT	ÉCOLES	ÉLÈVES	
			GARÇONS	FILLES
Musulmans . .	1 lycée à Kartal	1	70	»
	38 écoles primaires à Kartal et dans 22 autres villages	38	690	450
Grecs orthodoxes	2 écoles secondaires à Kartal . . .	2	75	59
	2 écoles primaires à Pèndik, rue Iskèlè et rue Hadji-Costi . . .	2	102	102
	2 écoles primaires ; 1 à Buyuk-Baqqal-keuï et 1 à Pacha-keuï . .	3	114	56
	2 écoles primaires à Maltèpè . . .	2	110	63
Arméniens grégoriens : 4 écoles primaires à Maltèpè		4	115	96
Catholiques : 1 école primaire à Kartal, comptée 2 fois		2	50	25
	TOTAL	54	1326	851
	ENSEMBLE	2 177		

CAZA DE CHILÈ.

Orientation, limites. — Le caza de Chilè est situé au nord du « cordon d'Asie ». Il est limité : au nord; par la mer Noire ; à l'est, par le mutesarriflik d'Ismidt; au sud, par le caza de Guèbzè ; et à l'ouest, par celui de Béicos.

Division administrative. — Ce caza n'a point de *nahié* ; on y compte 84 villages.

Autorités. — Il est administré par 1 *caïmakam*, sous-gouverneur, qui relève de la préfecture de la ville de Constantinople. Ce fonctionnaire est assisté d'un Conseil élu suivant les prescriptions des règlements généraux.

Population du caza. — La population totale du caza de Chilè, compris dans le chiffre de celle du « cordon d'Asie » plus haut énoncé, page 602, est de 19,750 hab., comme suit :

	HOMMES	FEMMES	TOTAL
Musulmans	7,600	7,200	14,800 hab.
— bulgares (pomak et tchèrkès).	800	150	950
Grecs orthodoxes	1,648	1,552	3,200
Arméniens grégoriens	400	400	800
TOTAL. .	10,429	9,302	19,750 hab.

Chef-lieu. — CHILÈ, chef-lieu du caza de même nom, résidence du *caïmakam*, sous-gouverneur, et siège des divers services publics, etc., etc., est situé sur la mer Noire, à l'embouchure d'un petit cours d'eau nommé *Hédjèli-dèrè*, au fond d'un port naturel abrité contre les vents d'est et de nord-est par le cap Chilè. Le cap de *Kerpé* (Calpé, décrit par Xénophon) est à environ 30 milles nautiques à l'est.

Le petit port de Chilè, quoique sans bien grande importance, est incessamment rempli de grandes barques appartenant en partie à sa propre flottille, en partie à celle des nombreux villages maritimes de l'est et de l'ouest qui viennent y charger; à destination de Constantinople et du Bosphore; les bois à brûler, les bois de construction, les charbons, la boissellerie, etc., apportés de l'*Aghadj-dénizi* (la mer d'arbres) par la rivière *Hédjéli-déré*. En effet, ces immenses districts forestiers sont à peu de distance de la mer et s'enfoncent bien loin à l'intérieur en couvrant de leur puissante végétation les territoires de plusieurs vilayets.

Population du chef-lieu. — La population du bourg de Chilè, comprise dans le chiffre ci-dessus de celle du caza, est de 1,500 hab., comme suit :

	HOMMES	FEMMES	TOTAL
Musulmans	420	380	800 hab.
— pomak (bulgares et tchèrkès)	150	50	200
Grecs orthodoxes	200	150	350
Arméniens grégoriens.	75	75	150
TOTAL. .	845	655	1,500 hab.

Il se fabrique à Chilè et dans quelques villages voisins un certain nombre de grandes barques pontées, beaucoup de mahones et de caïks, et l'on construit à l'occasion sur les chantiers de ce bourg des bâtiments d'un moins faible tonnage. Le commerce, très actif, n'a pas d'autre objet que les produits forestiers et ceux de la pêche.

Ecoles. — Les écoles de Chilè et du caza sont au nombre de 161 dont une supérieure fréquentée par 10 étudiants (*softa*) en droit et théologie; 3 secondaires fréquentées par 120 élèves, dont 100 garçons et 20 filles, et 157 écoles primaires et élémentaires ou 3,400 enfants, 2,750 garçons et 650 filles, apprennent à lire, écrire et compter, soit, en totalité, 3,530 élèves, dont 2,860 garçons et 670 filles, comme suit :

COMMUNAUTÈS	DEGRÈS D'ENSEIGNEMENT	ÉCOLES	ÉLÈVES	
			GARÇONS	FILLES
Musulmans . .	1 *médressé* à Chilè	1	10	»
	1 lycée à Chilè.	1	50	»
	87 écoles primaires, à Chilè et dans 84 villages	87	1.700	100
Grecs orthodoxes . .	2 écoles secondaires, à Chilè, rue Hissar et rue Kouyou n-dji	2	50	20
	1 école primaire à Achaghi Yéni-keuï	1	150	»
	1 école primaire à Achayi Béyi-keuï.	1	»	120
	2 écoles primaires à Békir-keuï	2	120	100
	41 d° dans 30 autres villages	41	630	230
Arméniens : 25 écoles	primaires dans 15 villages . .	25	150	100
	Total . . .	**161**	**2.860**	**670**
	Ensemble		**3.530** élèves	

C'est ici, sur les bords enchanteurs du Bosphore et vis-à-vis de Stamboul, la grande capitale de l'Empire, que prend fin l'Asie-Mineure proprement dite ou Anatolie. Nous ne saurions donc traverser le détroit et faire visiter à nos lecteurs la Ville Impériale sans dépasser les limites que nous nous sommes fixées dans cet ouvrage, consacré uniquement à la partie asiatique des États de S. M. I. le Sultan.

Ici s'arrête donc, naturellement, notre description de la « Turquie d'Asie » proprement dite.

Notre tâche, pourtant, n'est pas terminée :

Pour compléter et justifier notre titre, il nous reste encore à décrire toute cette autre partie de la Turquie d'Asie, non moins intéressante et non moins digne du nom d'Orient : l'antique Syrie, la Phénicie, la Judée, la Palestine, l'Idumée, etc., tout ce vaste territoire enfin aujourd'hui compris sous la dénomination administrative de *vilayets de Beyrouth et de Syrie*, de *mutésar-rifliks du Liban et de Jérusalem*.

Cette seconde partie de notre travail — sous le titre de : *Sy-rie, Liban et Palestine* — va être mise sous presse ; elle sera ainsi le complément nécessaire de notre premier ouvrage.

Nous osons espérer que le public voudra bien nous continuer le bienveillant intérêt qu'il n'a cessé de nous témoigner jusqu'à ce jour et grâce auquel nous avons pu accomplir la tâche diffi-cile que nous nous étions imposée.

FIN

TABLE DES MATIÈRES

CONTENUES DANS LE TOME QUATRIÈME ET DERNIER

DE LA TURQUIE D'ASIE

VILAYET DE BROUSSE

(Khodavèndighiar)

MERKEZ-SANDJAK DE BROUSSE

CAZAS DU SANDJAK DE BROUSSE

SANDJAK D'ERTHOGROUL

CAZAS DU SANDJAK D'ERTHOGROUL

SANDJAK DE KUTAHIA

SANDJAK DE KARASSI (Balikesser)

CAZAS DU SANDAJK DE KARASSI

MUTESSARIFLIK D'ISMIDT

VILAYET DE CASTAMOUNI

VILAYET DE CONSTANTINOPLE

(*Dépendances en Turquie d'Asie*)

VILLE DE CONSTANTINOPLE

VIIIᵉ CERCLE MUNICIPAL

(KANLIDJA)

IXᵉ CERCLE MUNICIPAL

(*Scutari et ses dépendances*)

FIN DU QUATRIÈME ET DERNIER TOME DE LA
« TURQUIE D'ASIE ».

ANGERS, IMP. BURDIN ET Cⁱᵉ, 4, RUE GARNIER.

www.ingramcontent.com/pod-product-compliance
Lightning Source LLC
Chambersburg PA
CBHW071129270326
41929CB00012B/1694